G. 1533.
c. 2.

1517

ÉTAT DES COURS DE L'EUROPE

ET

DES PROVINCES DE FRANCE.

POUR L'ANNÉE M. DCC. LXXXV.

Publié pour la premiere fois en 1783.

Par M. PONCELIN DE LA ROCHE-TILHAC, Ecuyer, Conseiller du Roi à la Table de Marbre.

Publico viget ordine.

Prix 5 liv. broché.

A PARIS,

Chez { l'AUTEUR, rue Garancieres.
{ LAMY, Libraire, Quai des Augustins.
{ MÉRIGOT, le jeune, Quai des Augustins.
ROYEZ, Quai des Augustins.
A Versailles, chez BLAISOT, rue Satory.
A Londres, chez ELMSLY, Libraire.
A Lisbonne, chez Paul MARTIN, Libraire.
A Genève, chez BARDE, Libraire.
A Manheim, chez FONTAINE, Libraire.
A Maestricht, chez DUFOUR, Libraire.
A Turin, chez les freres REYCENDS, Libraires.
A Gand, chez GOESSIN, Imprimeur-Libraire de l'Empereur.
A Leipsick, chez les héritiers J.-Godef. MULLER.
Et chez les principaux Libraires de l'Europe.

M. DCC. LXXXV.

Avec Approbation, & Privilége du Roi.

*On prie ceux qui auront quelques obfervations à faire tant fur cet Ouvrage, que fur l'*Almanach Américain, *de s'adreffer, franc de port, à M.* DE LA ROCHE-TILLAC, *Confeiller du Roi à la Table de Marbre. On fera fcrupuleufement ufage de toutes les inftructions que l'on recevra, pourvu qu'elles foient fignées par des perfonnes en place, & qu'on ait le foin de les faire paffer à l'Auteur, avant le premier Septembre, époque à laquelle on commencera, tous les ans, l'impreffion de ces deux Ouvrages.*

AVERTISSEMENT.

LE sort de cet ouvrage est irrévocablement fixé; & il ne nous reste plus qu'à redoubler d'efforts pour mériter les applaudissements que, dans toute l'Europe, on donna à notre plan, lorsque nous le mîmes pour la premiere fois au jour, & dont, depuis cette époque, on a eu la bonté de continuer à nous honorer. En comparant cette édition à celles qui l'ont précedée, on appercevra sans peine tous les soins que nous avons pris pour perfectionner cette production, & pour la rendre digne de se montrer sur le vaste théâtre auquel elle est destinée. Quelque pénibles que soient les travaux auxquels elle ne cesse de nous assujettir, quelque considérables que soient les depenses qu'elle occasionne, nous continuerons cependant à nous occuper de plus en plus d'un sujet, dont l'aridité pourrait dégouter tout autre que nous, & qui, traité avec une scrupuleuse exactitude, ne cessera vraisemblablement de plaire à tous les ordres de citoyens, par son importance & son utilité.

Il est inutile d'observer que cet Almanach, bien différent des autres ouvrages périodiques de la même espéce, offre annuellement au lecteur des objets nouveaux; notre plan est trop généralement connu, pour que nous pensions à le développer ici; il suffit de jetter un coup d'œil sur ce qui en a été publié jusqu'à présent, pour s'appercevoir qu'en observant constamment la même marche, nous avons l'attention de varier nos notices, de multiplier les recherches, & de jetter toujours un nouvel intérêt sur nos descriptions. A mesure que les années se succederont, l'ouvrage deviendra un répertoire curieux, une précieuse collection de tout ce qu'il importe de savoir sur l'histoire politique, civile, ecclésiastique, militaire, littéraire & naturelle de l'Europe. La seule attention à laquelle nos souscripteurs soient assujettis, est de conserver le recueil complet de l'ouvrage, pour y avoir recours au besoin. En renvoyant ainsi d'un volume à ceux qui les ont précédés, nous évitons l'inconvenient des répétitions, & nous donnons à notre ouvrage un air de nouveauté qui ne peut que plaire en instruisant.

Il ne paraît aucun ouvrage en Europe qui exige une correspondance aussi étendue & aussi couteuse que celui-ci ; chaque année, nous avons recours à toutes les personnes en place, pour en obtenir les éclaircissements qui nous sont nécessaires ; & , ce qui mérite de notre part, la plus vive reconnaissance, toutes en nous fournissant des lumières, y mettent un zèle, un intérêt, un empressement, qui sont pour nous le témoignage le plus flatteur de l'estime qu'elles font de notre travail. En les priant d'agréer ici l'expression de notre gratitude, nous nous recommandons à leur indulgence : le devoir exige sans doute de nous, que nous répondions à ceux qui nous écrivent ; mais, nos occupations sont si multipliées, que nous sommes forcés de garder le silence à l'égard de ceux même auxquels nous avons les plus grandes obligations.

JANVIER.

☾ *Dern. Quart. le* 3.
☉ *Nouv. Lune le* 11.
☽ *Prem. Quart. le* 17.
🌕 *Pleine Lune le* 25.

same	1	La Circoncis.
Di.	2	s. Basile.
lundi	3	ste Geneviève.
mard	4	s. Rigobert.
merc	5	s. Simeon.
jeudi	6	Les Rois.
vend	7	Nôces.
same	8	s. Lucien.
1 Di.	9	s. Pierre, Ev.
lundi	10	s. Paul, Her.
mard	11	s. Théodose.
merc	12	s. Ferjus.
jeudi	13	s. Hilaire.
vend	14	Nom de J.
same	15	s. Maur.
2 Di.	16	s. Guillaume.
lundi	17	s. Antoine.
mard	18	Ch. s. Pierre.
merc	19	s. Sulpice.
jeudi	20	S. Séb. s. Fab.
vend	21	ste. Agnès.
same	22	s. Vincent.
Di.	23	Septuagésime.
lundi	24	s. Babylas.
mard	25	Conv. s. Paul.
merc	26	ste. Paule.
jeudi	27	s. Julien.
vend	28	s. Charlemag.
same	29	s. Fr. de Sales.
Di.	30	Sexagésime.
lundi	31	s. Pierre N.

FÉVRIER.

☾ *Dern. Quart. le* 2.
☉ *Nouv. Lune le* 9.
☽ *Prem. Quart. le* 16.
🌕 *Pleine Lune le* 24.

mard	1	s. Ignace.
merc	2	Purification.
jeudi	3	s. Blaise.
vend	4	s. Gilbert.
same	5	ste. Agathe.
Di.	6	Quinquagésim.
lundi	7	s. Romuald.
mard	8	ste. Apolline.
merc	9	Cendres.
jeudi	10	ste. Scholastiq.
vend	11	s. Severin.
same	12	s. Siméon.
1 Di.	13	Quadragésime.
lundi	14	s. Valentin.
mard	15	s. Théodule.
merc	16	4 Temps.
jeudi	17	ste. Julienne.
vend	18	s. Barbat.
same	19	s. Romuald.
2 Di.	20	Reminiscere.
lundi	21	s. Mélece.
mard	22	s. Laumer.
merc	23	s. Merault.
jeudi	24	s. Onésime.
vend	25	s. Vaast.
same	26	ste. Isabelle.
3 Di.	27	Oculi.
lundi	28	ste. Honorine.

Lettre Dominicale. B.

MARS.

☾ Dern. Quart. le 4.
☉ Nouv. Lune le 10.
☽ Prem. Quart. le 17.
● Pleine Lune le 25.

mard   1 s. Aubin.
merc   2 s. Simplic.
jeudi   3 ste. Bathilde.
vend   4 s. Casimir.
same   5 ste. Emerent.
4 Di   6 *Latare.*
lundi   7 stes. Perp. & F.
mard   8 ste. Colette.
merc   9 s. Jean de D.
jeudi 10 ste. Françoise.
vend 11 s. Euloge.
same 12 s. Léandre.
5 Di 13 *la Passion.*
lundi 14 s Longin.
mard 15 s. Zacharie.
merc 16 s. Abraham.
jeudi 17 ste. Gertrude.
vend 18 s. Eusebe.
same 19 s. Jos. [*Print.*]
6 Di 20 *Rameaux.*
lundi 21 s. Joachim.
mard 22 s. Benoît.
merc 23 s. Paul, Evêq.
jeudi 24 s. Gabriel.
vend 25 *Vend. Saint.*
same 26 s. Rupert.
Di. 27 PASQUES.
lundi 28 s. Jean, H.
mard 29 ste. Balbine.
merc 03 s. Guy.
jeudi 31 s. Rieule.

AVRIL.

☾ Dern. Quart. le 2.
☉ Nouv. Lune le 9.
☽ Prem. Quart. le 16.
● Pleine Lune le 24.

vend   1 s. Hugues.
same   2 s. Franç. de P.
1 Di   3 *Quasimodo.*
lundi   4 *Annonciation.*
mard   5 s. Richard.
merc   6 s. Vincent.
jeudi   7 s. Prudence.
vend   8 s. Paterne.
same   9 s. Hégésip.
2 Di 10 s. Lubin.
lundi 11 st. Gaudebert.
mard 12 s. Jules, P.
merc 13 s. Léon, Pape.
jeudi 14 s. Druon.
vend 15 s. Anicet.
same 16 s. Tiburce.
3 Di 17 s. Timon.
lundi 18 s. Paphnuce.
mard 19 s. Anselme.
merc 20 s. Opportune.
jeudi 21 s. George.
vend 22 s. Robert.
same 23 s. Clet, Pape.
4 Di 24 s. Policarpe.
lundi 25 s. Marc. *abst.*
mard 26 s. Paterne.
merc 27 s. Romain.
jeudi 28 s. Vital, Mart.
vend 29 ste. Cath. de S.
same 30 s. Entrope.

MAI.

☾ Dern. Quart. 2.
☉ Nouv. Lune le 8.
☽ Prem. Quart. le 16.
● Pleine Lune le 24.

5 Di	1	s. Jacq. s. Phil.
lundi	2	s. Athanase.
mard	3	Inv. de ste. Cr.
merc	4	ste. Monique.
jeudi	5	*Ascension.*
vend	6	s. Jean P. L.
same	7	s. Stanislas.
6 Di.	8	Ap. s. Michel.
lundi	9	s. Grégoire N.
mard	10	s. Antonin.
merc	11	s. Mamert.
jeudi	12	s. Nerée.
vend	13	s. Servais.
same	14	Vig. jeûne.
Di.	15	*PENTEC.*
lundi	16	s. Victorin.
mard	17	s. Pacôme.
merc	18	4 *temps.*
jeudi	19	C. s. Augustin.
vend	20	s. Honoré.
same	21	40 Martyrs.
1 Di.	22	*La Trinité.*
lundi	23	ste. Julie.
mard	24	s. Gontran.
merc	25	s. Didier, Ev.
jeudi	26	*FETE-DIEU.*
vend	27	s. Urbin.
same	28	s. Quadrat.
2 Di.	29	s. Hildevert.
lundi	30	s. Germain.
mard	31	ste. Petronille.

JUIN.

☉ Nouv. Lune le 7.
☽ Prem. Quart. le 14.
● Pleine Lune le 22.
☾ Dern. Quart. le 29.

merc	1	s. Probat.
jeudi	2	*Oct. Fête. D.*
vend	3	ste. Clotilde.
same	4	s. Opta.
3 Di.	5	s. Boniface.
lundi	6	ste. Jeanne.
mard	7	s. Norbert.
merc	8	s. Medard.
jeudi	9	s. Liboire.
vend	10	s. Yves, Pr.
same	11	s. Barnabé.
4 Di.	12	s. Basilide.
lundi	13	s. Fargeau.
mard	14	s. Rufin.
merc	15	s. Fargeau, év.
jeudi	16	Aurelien.
vend	17	S. Eloy.
same	18	ste. Marine.
5 Di.	19	ss. Gerv. & Pr.
lundi	20	s. Silver. [Eté.]
mard	21	s. Leuf roi.
merc	22	s. Paulin.
jeudi	23	Vig. jeûne.
vend	24	*Nat. de s. J.B.*
same	25	s. Prosper.
6 Di.	26	s. Agoard.
lundi	27	s. Irénée.
mard	28	Vig. jeûne.
merc	29	*s. Pierre s. P.*
jeudi	30	Com. s. Paul.

JUILLET.

☉ *Nouv. Lune le 6.*
☾ *Prem. Quart. le 14.*
🌕 *Pleine Lune le 21.*
☾ *Dern. Quart. le 28.*

vend	1.	s. Martial.
same	2	Visit. N. D.
7 Di.	3	s. Anatole.
lundi	4	Tr. s. Martin.
mard	5	s. Abel.
merc	6	s. Tranquil.
jeudi	7	s. Thom. Ev.
vend	8	s. Thibauld.
same	9	s. Cyrille.
8 Di.	10	7 Freres.
lundi	11	Tr. s. Benoît.
mard	12	s. Prix.
merc	13	s. Turiaf.
jeudi	14	s. Bonaventur.
vend	15	s. Henri.
same	16	N. D. du C.
9 Di.	17	s. Alexis.
lundi	18	s. Clair.
mard	19	s. Vinc. Paul.
merc	20	ste. Marguer.
jeudi	21	s. Victor.
vend	22	ste. Madelein.
same	23	s. Apollinaire.
10 Di.	24	*Jours Canicul.*
lundi	25	s. Jacq. s. Ch.
mard	26	Tr. s. Marcel.
merc	27	s. Georges.
jeudi	28	ste. Anne.
vend	29	ste. Marthe.
same	30	s. Abdon.
11 Di.	31	s. Germ. Aux.

AOUT.

☉ *Nouv. Lune le 5.*
☾ *Prem. Quart. le 13.*
🌕 *Pleine Lune le 20.*
☾ *Dern. Quart. le 26.*

lundi	1	s. Pierre ès-li.
mard	2	s. Etienne P.
merc	3	Inv. s. Etien.
jeudi	4	s. Dominique.
vend	5	s. Yon.
same	6	Tra. N. Seign.
12 Di.	7	s. Gaëtan.
lundi	8	s. Justin.
mard	9	s. Domitien.
merc	10	s. Laurent.
jeudi	11	Susc. ste. Cou.
vend	12	ste Claire.
same	13	Vig. *jeûne.*
13 D	14	s. Hyppolite.
lundi	15	*ASSOMPT.*
mard	16	s. Roch.
merc	17	s. Anastase.
jeudi	18	ste. Helene.
vend	19	s. Agapite.
same	20	s. Bernard.
14 D	21	s. Privat.
lundi	22	s. Symphor.
mard	23	s. Timothée.
merc	24	s. Barthélemi.
jeudi	25	s. Louis.
vend	26	*Fin des J. Can.*
same	27	s. Césaire.
15 D.	28	s. Augustin.
lundi	29	s. Médéric.
mard	30	s. Fiacre.
merc	31	s. Ovide.

SEPTEMBRE.

☉ *Nouv. Lune le* 3.
☾ *Prem Quart. le* 11.
● *Pleine Lune le* 18.
☾ *Dern. Quart. le* 25.

jeudi 1 s. Leu s. Gilles.
vend 2 s. Lazare.
same 3 s. Grég. Pape.
16 D 4 ste. Rosalie.
lundi 5 s. Victorin.
mard 6 s. Zacharie.
merc 7 s. Cloud.
jeudi 8 *Nativ. N. D.*
vend 9 ste. Reine.
same 10 s. Nic. Tol.
17 D 11 s. Patient E.
lundi 12 s. Raphaël.
mard 13 s. Maurille.
merc 14 4 *Temps.*
jeudi 15 s. Nicod.
vend 16 s. Cyprien.
same 17 s. Lambert.
18 D 18 Ex. ste. Croix.
lundi 19 s. Th. de V.
mard 20 s. Eustache.
merc 21 s. Matthieu.
jeudi 22 s. Maur. [*Aut.*]
vend 23 ste. Thecle.
same 24 s. Andoche.
19 D 25 s. Firmin.
lundi 26 ste. Justine.
mard 27 s. Come, s. D.
merc 28 s. Ceran.
jeudi 29 s Michel.
vend 30 s. Jérôme.

OCTOBRE.

☉ *Nouv. Lune le* 3.
☽ *Prem. Quart. le* 11.
● *Pleine Lune le* 18.
☾ *Dern. Quart. le* 24.

same 1 s. Remi.
20 D 2 l'Ange Gard.
lundi 3 s Denis Aréo.
mard 4 s. François
merc 5 ste. Aure.
jeudi 6 ste. Foy
vend 7 s. Serge.
same 8 ste. Brigide.
21 D 9 *s. Denis.*
lundi 10 s. Paulin.
mard 11 s. Agilbert.
merc 12 s. Venant.
jeudi 13 s. Geraut.
vend 14 s. Caliste.
same 15 ste. Thérése.
22 D 16 s. Gal.
lundi 17 s. Cerboney.
mard 18 s. Luc, Ev.
merc 19 s. Loup, Ev.
jeudi 20 s. Caprais.
vend 21 ste. Ursule.
same 22 s. Mellon.
23 D 23 s. Romain.
lundi 24 s. Magloir.
mard 25 s. Cresp. s. C.
merc 26 s. Rustique.
jeudi 27 s. Caprais.
vend 28 s. Sim. s. Jud.
same 29 s. Narcisse.
24 D 30 s. Quentin.
lundi 31 Vig. *jeûne.*

NOVEMBRE.

☉ *Nouv. Lune le* 2.
☽ *Prem. Quart. le* 9.
● *Pleine Lune le* 16.
☾ *Dern. Quart. le* 23.

mard	1	*T. Saints.*
merc	2	*Les Trépassés.*
jeudi	3	s. Marcel.
vend	4	s. Charles.
same	5	s. Hubert.
25 D	6	s. Léonard
lundi.	7	s. Baudin.
mard	8	stes. Reliques.
merc	9	s. Mathurin.
jeudi	10	s. Léon I, P.
vend	11	s. Martin.
same	12	s. René.
26 D	13	s. Brice, Ev.
lundi.	14	s. Emilien.
mard	15	s. Eugene.
merc	16	s. Edme.
jeudi	17	s. Agnan.
vend	18	s. Odon.
same	19	ste. Elisabeth.
27 D	20	s. Edmond.
lundi.	21	Pr. N. Dame.
mard	22	ste. Cécile.
merc	23	s. Clément.
jeudi	24	s. Severin Sol.
vend	25	ste. Catherine.
same	26	ste. Gen. Ard.
1 D.	27	*Avent.*
lundi	28	s. Sosthène.
mard	29	s. Saturnin.
merc	30	s. André.

DÉCEMBRE.

☉ *Nouv. Lune le* 1.
☽ *Prem. Quart. le* 9.
● *Pleine Lune le* 15.
☾ *D. Q. le* 23 ☉ *le* 31.

jeudi	1	s. Eloy.
vend	2	s. Fr. Xavier.
same	3	Vig. Jeûne.
2 Di.	4	ste Barbe.
lundi	5	s. Sabas.
mard	6	s. Nicolas.
merc	7	s. Gorgone.
jeudi	8	*Conc. N. D.*
vend	9	s. Melch.
same	10	Vig. Jeûne.
3 Di	11	s Damase.
lundi.	12	s. Valery.
mard	13	s. Luce, Ev.
merc	14	*4 Temps.*
jeudi	15	ste. Adélaïde.
vend	16	s. Mesmin.
same	17	s. Adélajde.
4 Di	18	s. Gatian.
lundi.	19	s. Nemese.
mard	20	s. Vig. Jeûne.
merc	21	s. Vig. J. [Hiv.]
jeudi	22	s. Flavien.
vend	23	ste. Victoire.
same	24	Vig. jeûne.
Dim	25	*NOËL.*
lundi	26	s Etienne.
mard	27	s. Jean, Ev.
merc	28	ss. Innocens.
jeudi	29	s. Tho. Can.
vend	30	s. Roger.
same	31	s. Silvestre.

TABLE DES MATIERES.

Nota. Les chiffres romains désignent la I. & II. Partie.

Ambassadeurs de France près les cours étrang. I. p. 59
Archiduché d'Autriche, I, 267
Armée d'Espagne, I, 91
——— de Sardaigne, I, 137
——— d'Angleterre, I, 169
——— de Russie, I, 199
——— de Danemarck, I, 219
——— de Suéde, I, 231
——— de Hollande, I, 320
——— de Saxe, I, 343
Bureaux des finances de France, I, 236
Tous ces bureaux des Finances sont à la suite des généralités auxquelles ils appartiennent.
Chambre des comptes de France, II, 171
——— de Paris, II, 171
——— de Bourgogne, II, 175
——— de Montpellier, II, 177
——— de Rouen, II, 179
——— de Dauphiné, II, 181
——— de Brétagne, II, 182
——— de Lorraine, II, 184
——— de Provence, II, 186
——— de Bar-le-Duc, II, 188
——— de Nevers, II, 189
Chambre de Wetzlar, I, 288
Change de France, I, 8
——— d'Espagne, I, 83
——— de Sardaigne, I, 131
——— d'Angleterre, I, 148
——— de Russie, I, 196
——— de Danemarck, I, 215
——— de Berlin, I, 258
Change de Bohême, I, p. 253
——— d'Autriche, I, 268
——— des Pays-bas Autr. I, 282
——— de Venise, I, 295
——— de Gênes, I, 299
——— de Hollande, I, 317
Chapitres nobles de France, II, 8
——— d'hommes, II, 8
Tous ces chapitres sont distribués par ordre alphabétique.
Chap. nobles de dames, II, 31
Ces chapitres sont également distribués par ordre alphabétique.
Clergé de France, II, 1
——— d'Espagne, I, 99
——— de Sardaigne, I, 138
Comtat d'Avignon, I, 290
Conseils de France, I, 50
Conseil supérieur d'Alsace, II, 161
——— du Roussillon, II, 168
——— d'Artois, II, 169
——— d'Ecosse, II, 170
——— de Saxe, I, 343
Cours souveraines de France, II, 54
Cours des Aides de France, II, 190
——— de Paris, II, 190
——— de Bordeaux, II, 192
Cour des Aides de Clermont Ferrand, II, p. 194

TABLE

——— de Montauban,	II, 295	Maison d'Uzès,	I, 13
Cour des Monnoies de France,	II, 198	——— d'Elbeuf,	I, 13
		——— de Guémené,	I, 14
Diete de Ratisbonne,	I, 184	——— de Rohan-Rochefort,	I, 15
Duché de Courlande,	I, 293		
Electeurs d'Allemagne,	I, 128	——— de la Trémoille,	I, 15
——— de Mayence,	I, 128	——— de Béthune,	I, 16
——— de Trêves,	I, 130	——— de Luynes,	I, 20
——— de Cologne,	I, 132	——— de Brissac,	I, 21
Empire d'Allemagne,	I, 178	——— de Richelieu,	I, 22
——— de Russie,	I, 192	——— de Fronsac,	I, 22
——— de Turquie,	I, 227	——— de Rohan,	I, 23
Europe,	I, 1	——— de Piney,	I, 23
Evêché de Basle,	I, 322	——— de Gramont,	I, 24
Les autres évêchés princip. d'Allemagne sont placés par ordre alphabétique.		——— de Villeroy,	I, 25
		——— de Mortemart,	I, 25
		——— de S. Aignan,	I, 26
Forces militaires d'Europe,	I, 3	——— de Gêvres,	I, 26
		——— de Noailles,	I, 26
Généralités de France,	II, 236	——— de Noailles-Mouchy,	I, 27
Toutes ces généralités sont rangées par ordre alphabétique.		——— d'Aumont,	I, 28
		——— de Charost,	I, 28
Grand-conseil,	II, 54	——— de Harcourt,	I, 29
Grands-d'Espagne,	I, 84	——— de Fitzjames,	I, 29
Gr.-officiers de France,	I, 51	——— de Chaulnes,	I, 30
Les grands officiers des autres états sont placés à l'article qui leur convient.		——— de Rohan-Rohan,	I, 30
		——— de Brancas,	I, 31
		——— de Valentinois,	I, 32
Gouverneurs des provinces de France,	II, 216	——— de Nivernais,	I, 32
		——— de Biron,	I, 33
Tous ces gouvernements sont distribués par ordre alphabét.		——— d'Aiguillon,	I, 33
		——— de Fleury,	I, 34
Gouverneurs des provinces d'Espagne,	I, 92	——— de Duras,	I, 34
		——— de Lavauguyon,	I, 35
——— de Russie,	I, 200	——— de Choiseul,	I, 35
——— de Suéde,	I, 230	——— de Choiseul-Praslin,	I, 36
Hôtels des monnoies de France,	II, 299		
		——— de la Rochefoucault,	I, 38
Tous ces hôtels sont placés par ordre alphabétique.		Maison de Clermont-Tonnerre,	I, 38
Intendans des provinces de Sardaigne,	I, 136	——— d'Aubigny,	I, 39
——— de France,	II, 236	——— de Broglie,	I, 40
Lombardie Autrichienne,	I, 285		

DES MATIERES.

―― de Coigny, I, 41
―― de Liancour, I, 41
―― de Laval, I, 42
―― de Montmorency, I, 43
―― de Tingry, I, 44
―― de Lorges, I, 45
―― de Croy, I, 45
―― de Villequier, I, 47
―― du Châtelet, I, 47
―― de Polignac, II, 47
―― de Maillé, II, 48
―― de Levis, II, ibid
Maréchaux de France, I, 56
Marine de France, I, 57
―― d'Espagne, I, 93
―― d'Angleterre, I, 171
―― de Russie, I, 199
―― de Danemarck, I, 210
―― de Suéde, I, 231
―― de Hollande, I, 325
Ministres de France près
  les cours étrang. I, 59
―― d'Espagne, I, 97
―― du Pape, I, 126
―― de Portugal, I, 109
―― des deux Siciles, I, 118
―― de Sardaigne, I, 143
―― d'Angleterre, I, 176
―― d'Allemagne, I, 190
―― de Russie, II, 206
―― de Danemarck, I, 223
―― de Suéde, I, 236
―― de Prusse, I, 265
―― de Pologne, I, 247
―― de Venise, I, 301
―― de Gênes, I, 301
―― de Lucques, I, 301
―― de Raguse, I, 301
―― de Malte, I, 310
―― de Hollande, I, 326
―― du Palatinat. I, 341
―― de Saxe, I, 344
Ministres des villes Anséat.
  près les cours étrang. I, 328

―― de Mayence, I, 329
Modene, I, 289
Monnoies de France, I, 7
―― d'Espagne, I, 81
―― de Sardaigne, I, 130
―― d'Angleterre, I, 147
―― de Russie, I, 196
―― de Turquie, I, 210
―― de Danemarck, I, 214
―― de Suéde, I, 227
―― de Berlin, I, 258
―― de Pologne, I, 239
―― de Bohême, I, 253
―― d'Autriche, I, 267
―― des pays-bas Au-
  trichiens, I, 279
―― de Florence, I, 287
―― de Venise, I, 295
―― de Gênes, I, 298
―― de Bâle, I, 310
―― de Hollande, I, 315
Ordre de S. Lazare, I, 61
―― de S. Michel, I, 65
―― du S. Esprit, I, 68
―― de S. Louis, I, 71
―― du Mérite milit. I, 74
―― de la Toif. d'or, I 94 & 272
―― de Charles III, I, 95
―― D'Avia, I, 107
―― du Christ, I, 108
―― de l'Epée, I, 108
―― de l'Annonciade, I, 141
―― de S. Maurice & de
  S. Lazarre, I, 142
―― de la Jarretiere, I, 173
―― du Bain, I, 174
―― du Chardon, I, 175
―― de S. Patrice. I, 175
―― de S. André, I, 203
―― de Ste. Catherine, I, 204
―― de Saint Alexandre
  Newsky, I, 204
―― de S. George, I, 205
―― de S. Wolodimer, I, 205

—— de Ste. Anne,	I, 106	Pays-bas Autrichiens,	I, 278
—— de l'Eléphant,	I, 221	Population de l'Europe,	I, 2
—— de Dannebrog,	I, 225	Présidiaux de France,	
—— des Chérubins,	I, 232	leur compétence,	II, 61
—— de l'Epée,	I, 233	*Tous ces présidiaux sont dis-*	
—— de l'Étoile polaire,	I, 235	*tribués par ordre alphabétique à*	
—— de Wafa,	I, 236	*la suite des Cours auxquelles ils*	
—— de l'Aigle blanc,	I, 263	*ressortissent.*	
—— de S. Stanislas,	I, 246	Princes & comtes de l'Em-	
—— de l'Aigle noir,	I, 245	pire,	I, 351
—— du Merite,	I, 265	*Les noms de toutes ces mai-*	
—— de la croix étoilée,	I, 274	*fons sont placés par ordre alphab.*	
—— de Marie-Thérèse,	I, 275	Princip. de Monaco,	I, 291
—— de S. Etienne,	I, 276	—— de Bouillon,	I, 292
—— de Malte,	I, 302	—— de Neufchâtel,	I, 315
—— de S. Hubert,	I, 336	Prix des denrés en Eur.	I, 4
—— de S. Georges,	I, 339	Républiques d'Europe,	I, 294
—— du Lion,	I, 340	—— de Venise,	ibid.
—— de Ste. Elisabeth.	I, 341	—— de Gênes,	I, 298
—— de S. Michel de Bav.	I, 377	—— de Lucques,	I, 301
Pairs d'Angleterre,	I, 150	—— de Raguse,	I, 301
—— d'Ecosse,	I, 157	—— de Malte,	I, 302
—— d'Irlande,	I, 164	—— des Suisses,	I, 310
Pairs ecclésiastiques de		—— de S. Gal,	I, 314
France,	I, 11	—— de Mulhausen,	I, ibid
—— laiques,	I, 12	—— de Bienne,	I, ibid
Voyez le mot maison, pour		—— des Grisons,	I, ibid
chacune de ces familles.		—— du Valais,	I, ibid
Palatinat,	I, 333	—— de Genève,	I, 315
Parlements de France,	II, 56	—— des Provinces-	
—— de Paris,	II, 56	unies,	I, 315
—— de Toulouse,	II, 85	—— de Lubeck,	I, 377
—— de Grenoble,	II, 99	—— de Hambourg,	I, 377
—— de Bordeaux,	II, 103	Revenus des Etats d'Eu-	
—— de Bourgogne,	II, 113	rope,	I, 4
—— de Normandie,	II, 124	Royaume de France,	I, 5
—— de Provence,	II, 131	—— d'Espagne,	I, 79
—— de Bretagne,	II, 133	—— de Portugal,	I, 101
—— de Navarre,	II, 142	—— des deux Siciles,	I, 109
—— de Metz	II, 145	—— de Sardaigne,	I, 128
—— de Besançon,	II, 150	—— d'Angleterre.	I, 144
—— de Flandre,	II, 155	—— de Danemarck,	I, 212
—— de Nancy,	II, 157	—— de Suède,	I, 215
Parme & Plaisance,	I, 288	—— de Prusse,	I, 255

—— de Pologne,	I, 237	Sociétés littéraires d'An-	
—— de Hongrie,	I, 247	gleterre,	I, 177
—— de Bohême,	I, 251	—— de Danemarck,	I, 224
—— de Saxe,	I, 342	Table de marbre,	I, 58
Sénat de Pologne,	I, 240	Toscane,	I, 286

Fin de la Table.

ERRATA, OU CHANGEMENTS
survenus pendant l'impression.

I. PARTIE.

Page 12, *ligne* 11, Langres, *ajoutez* comté.

Page 14, *ligne* 6, *ajoutez* : marié à mademoiselle de Conflans.

Ibid. *ligne* 13, *ajoutez* : mariée au prince de Rochefort.

Ibid. ligne 23, article XXIV, *lisez* XXV.

Page 14, *ligne* 31 *ajoutez* marié 29 Mai 1781 à Louise Aglaï de Conflans.

Ibid. ligne 36, ôtez cette ligne pour y substituer : mariée 12 Juillet 1780, à Charles Louis Gaspard, prince de Rohan-Rochefort.

Page 15, *ligne* 13, *ajoutez* : marié 12 Juillet 1780 à Marie Louise Josephe, princesse de Rohan-Guémené.

Page 16, *ligne* 25 né, *ajoutez* 20 Juillet 1711.

Page 21, *ligne* 31 marié, *ajoutez* 1°. à Marie Antoinette de Wignacourt, morte 4 Mai 1778, 2°.

Page 25 ligne 12 marié, *ajoutez* le 13 Sept. 1781 à Gabrielle Charlotte Marie Eugenie comtesse de Boisgelin, chanoinesse de Remiremont.

Page 28, *ligne* 17, ôter cette ligne & *lisez* : Louise Felicité Victoire d'Aumont, mariée 15 Juillet 1777, à Honoré Anne Charles Maurice de Grimaldi, prince héréditaire de Monaco, né 17 Mai 1758.

Page 32, à l'article Valentinois, faites usage de l'errata pour la page 28, *ligne* 17.

Page 32, *ligne* 15, Vergogne, *lisez* Vergagne.

Page 39, *ligne* 16, 1751 *ajoutez* : marié 24 Janv. 1779, à Anne Marie Louise Bernard de Boulainvilliers, morte 4 Février 1781.

Page 44, *ligne* 17 morte le, *ajoutez* : 8 Janvier 1778.

Page 47 ligne 11, *ajoutez* : marié 6 Août 1781 à Melanie Charlotte de Rochechouart, présentée 19 du même mois.

ERRATA.

Ibid. ligne 38, N. *substituez* : Louise Gabrielle Aglaë de Polignac, mariée 11 Juillet 1780.

Page 48, *ligne* 13, Brebant, *lisez* Brehant.

Page 48, *ligne* 18, *ajoutez* né 14 Avril 1735.

Page 84, *ligne* 19 & 20, ôter ces deux lignes pour y substituer : *petit-fils*, Ferdinand, né en 1784.

Page 106, *ligne* 16, ôter le cardinal de Cuna, & mettre à sa place le cardinal de Sylva y Pereira.

Page 109, *ligne* 27, *ajoutez* : le capitaine Neri, *chargé d'affaires*.

Page 152, *ligne* 20, le comte Jean Walddegrave, mort.

Page 154, ôter de la liste des barons les lords Talbot, Grosvenor & Beaulieu, pour les placer à la fin de celle des comtes, dignité à laquelle ils viennent d'être élevés.

Page 215, *ligne* 25, ôter Julienne Marie, qui vient de mourir.

Page 224, ôter les lignes 7 & 8.

Ibid. ligne 14, Jurlsberg, *lisez* Jarlsberg.

Page 315 *ligne* 1 Geneve, *ajoutez* Syndics, Messieurs.

Nota. Nous recevons à l'instant des instructions très intéressantes sur le présidial de Riom, avec les noms des membres de cette compagnie respectable, que nous sommes forcés de renvoyer à l'année prochaine, avec plusieurs autres notices de cette espece.

APPROBATION.

J'AI lu par ordre de Monseigneur le Garde des Sceaux, la troisieme édition d'un ouvrage ayant pour titre Etat des Cours de l'Europe, & des provinces de France ; je n'y ai rien trouvé qui doive en empêcher l'impression. A Paris ce 30 Nov. 1784.

BRET.

1783.

ÉTAT DES COURS DE L'EUROPE.

TABLEAU DE L'EUROPE.

SI toute la surface du globe étoit habitée, elle pourroit nourrir plus de trois mille millions d'ames. Cependant la Terre n'en comprend actuellement qu'environ le tiers. En comptant 33 ans pour une génération, il naît, dans un pareil espace de temps, mille millions d'hommes: c'est plus de trente millions par an, deux millions & demi par mois, cent quatre-vingt-deux mille par jour, trois mille quatre cent par heure, & environ soixante par minute. Il naît plus de garçons que de filles en Europe; le nombre des uns est à celui des autres, comme 21 à 20: c'est le contraire en Asie.

Étendue. Voici l'étendue des différens États qui composent l'Europe, telle qu'elle a été calculée par J. Frédéric Hansen. Nous employons ici les lieues quarrées de France, réduites à 25 lieues communes de 25 au degré.

	lieues
La Russie européenne.	160000
La Pologne & la Lithuanie.	95834
La Suède & la Finlande.	95953
L'Allemagne.	51212
La Turquie européenne & la Crimée.	49285

EUROPE.

	lieues.
La France.	27778.
Le Danemarck & la Norwege.	16933.
La Grande-Bretagne & l'Irlande.	16667.
La Hongrie, la Transilvanie, la Sclavonie, les parties de la Croatie & de la Dalmatie possédées par la Maison d'Autriche.	13222.
Le Portugal.	5208.
Les Deux Siciles.	5100.
Etats de Sardaigne.	3400.
La Suisse.	2018.
Etat Ecclésiastique.	2111.
Les Etats Prussiens.	2025.
Les Provinces-Unies.	1736.
Etats de Venise.	1736.
Toscane.	1222.
Gênes & Corse.	806.
Les Etats de Modene.	250.
Les Etats de Parme.	250.

Nota. La Crimée appartient aujourd'hui à la Russie, & l'Isle de Corse à la France.

Population. On a fait dans un Papier public le tableau comparatif des naissances & des morts qui ont eu lieu pendant l'année 1783. On sait de quelle importance sont ces calculs, pour fixer la population.

	Naissances.	Morts.
Paris.	19,688	20,010
Londres.	17,091	19,290
Vienne en Autriche.	9,230	11,093
Amsterdam.	4,941	9,141
Berlin.	4,758	5,129
Warsovie.	3,934	3,267
Madrid.	4,686	3,664
Copenhague.	3,054	3,917
Hambourg.	2,670	2,892
Konigsberg.	2,112	1,955
Rotterdam.	1,792	1,797
Strasbourg.	1,552	1,848
Dantzick.	1,409	1,837
Utrecht.	1,279	866
Munich.	1,190	1,406
Leyde.	1,038	1,189
La Haye.	1,030	1,364
Leipsic.	899	1,110

EUROPE.

	Naissances.	Morts.
Francfort fur le Mein	858	1,198
Brunfwik	773	805
Caffel	680	834
Stutgard	676	900
Manheim	657	1,325
Altons	620	754
Gothembourg	449	553
Hanau	380	472
Gotha	322	365
Darmftad	302	504
Norkoping	231	382
Evêché de Dromtheim	35,252	4,111
—— de Chriftianfand	3,642	3,195
—— de Sceland	7,723	6,247
—— de Ripen	3,446	2,617
—— d'Aalbourg	2,157	1,624
—— de Wibourg	1,662	1,234
—— d'Aarhuns	3,810	3,039
—— d'Aggerhuns	8,816	8,600
Ifle de Fuhen	5,227	4,374
Holftein-Neumünfter	3,783	3,050
Holftein-Rendsbourg	11,720	10,377
Comté de Pinneberg	780	595
Comté de Rantzaw	389	294
Marche de Brandebourg	33,982	18,556
Poméranie Pruffienne	14,922	11,781

Forces militaires. On préfume qu'il y a actuellement en Europe 1495000 foldats, fans compter la Pologne & quelques états d'Allemagne & d'Italie, dont l'état militaire eft peu confidérable. Ces troupes font diftribuées ainfi :

France.	200000	*Grande-Bretagne.*	70000
Efpagne.	100000	*Danemarck.*	71354
Portugal.	25000	*Suede.*	50000
Troupes Impériales.	40000	*Deux Siciles.*	50000
Suiffe.	50000	*Savoie.*	30000
Ruffie.	300000	*Provinces-Unies.*	50000
Turquie.	100000	*Saxe Electorale.*	23000
Autriche.	200000	*Baviere.*	25000
Pruffe.	180000	*Hanovre.*	21000

A ij

EUROPE.

Revenus. Un calculateur anglois fit, l'année dernière, le tableau suivant des revenus nets des principaux Etats de l'Europe.

	livres tournois.		livres tournois.
France.	371250000	Autriche.	157500000
Espagne.	206000000	Prusse.	90000000
Portugal.	140800000	Pologne.	22500000
Angleterre.	337500000	Russie.	112500000
Irlande.	29250000	Suede.	45000000
Sardaigne.	33750000	Danemarck.	45000000
Deux Siciles.	40500000	Hollande.	112500000
Turquie	200250000		

Total pour ces quinze Etats. 1890000000

Prix des denrées. Un observateur anglois, qui a long-tems voyagé en Europe, a fait un tableau des dépenses qu'exigent les différents pays qu'il a parcourus. Voici les rapports qu'il a déterminés.

En Angleterre. En supposant qu'un homme vive à la campagne, avec un bien suffisant pour soutenir une femme, quatre enfans, avoit une chaise de poste, un domestique, & communiquer avec ses voisins; le tout sera dans le rapport d'une dépense de 500 livres.

En France, il vivra sur le même pied, le long de la Loire, ou dans le centre du Royaume, ou en Champagne, Bourgogne, à la campagne, ou dans une petite ville, dans le rapport de 250 livres.

En Espagne. Le climat de la Catalogne est le plus beau du monde ; celui du royaume de Valence est très-avantageux. Dans toutes les villes de ces deux contrées, il vivra dans le rapport de 180 livres.

En Italie, dans toutes les parties de la Toscane, excepté Florence & Livourne, dans le rapport de 200 liv.

Dans le territoire de Gênes, non à Gênes même, dans celui de 200 liv.

Près de Naples, dans le rapport de 350 liv.

A Rome, en voyant bonne compagnie, 400 liv.

En Allemagne, sur les bords du Rhin, dans le Palatinat, dans les plus belles parties de l'Allemagne, le rapport sera de 300 liv.

En Bohême, il sera de 200 liv.

En Hollande, à la ville ou à la campagne, il n'y vivra que dans le rapport de 800 liv.

On voit par ce tableau, que, plus il y a d'argent dans un pays, plus la vie y est chere.

420. FRANCE, catholique.

SOMMAIRE CHRONOLOGIQUE. Commencement de la Monarchie Françaife dans la perfonne de Pharamond, felon l'opinion affez commune, mais fort peu vraifemblable, 402; réduction de toutes les Gaules par Clovis, 507 & 508; fin de la race de ces premiers Rois en Childéric III, dépofé en 751, & mort en 754; élection de Pepin, pere de Charlemagne, 751; couronnement à Soiffons par Boniface, Archevêque de Mayence, comme Légat du Pape, même an, & facré par le Pape même à S. Denis en France, 18 Juillet 754; fin de la race par mort de Louis V, & exclufion de Charles Duc de Lothier ou de baffe Lorraine fon unique oncle, 987; mort de celui-ci 992 ou 993, & de fes feuls enfans mâles 1009 ou 1010: premier auteur certain de la troifieme race, Robert-le-Fort, Duc & Marquis de France, bifayeul de Hugues Capet, en 861: élévation de celui-ci fur le trône 987; fin de la premiere ligne mafculine en Louis Hutin 5 Juin 1316, & en fes freres cadets Philippe-le-Long & Charles-le-Bel, 3 Janvier 1322, & le premier Février 1328; fin de la feconde ligne mafculine, appellée de Valois, en Charles VIII 7 Avril 1498, & en Henri III 2 Août 1589; féparation de la Maifon aujourd'hui regnante, en Robert, Comte de Clermont en Beauvoifis, & par mariage, Sire de Bourbon en Bourbonnais, Août 1270; premier nom de la Maifon, *Clermont*; érection du Bourbonnais en duché-pairie & adoption du nom de Bourbon, Décembre 1327: fin de la premiere ligne mafculine en Pierre II, Duc de Bourbon, 8 Octobre 1503, & en Charles, Comte de Montpenfier en Auvergne, & Connétable de France, 6 Mai 1527; féparation de la branche des Comtes de la Marche, Janvier 1342, & de celle des Comtes de Vendôme, fortis par rameau des Comtes de la Marche, Juin 1393; extinction de la ligne mafculine des mêmes Comtes de la Marche 24 Septembre 1438; érection du Comté de Vendôme en duché-pairie, Février 1515; avénement de la branche à la couronne de Navarre par fucceffion féminine, 25 Mai 1555, & à celle de France par droit d'agnation, 2 Août 1589; Edit portant réunion de la premiere au Royaume de France, Juillet 1607; Bulle du Pape qui réferve aux Rois de France le titre de *Roi très-chrétien*, qui leur était héréditaire de tems immémorial, Décembre 1469.

Anciens usages. On voit dans les *Olim*, qu'autrefois, lorsqu'un Seigneur refusait d'ouvrir son château aux Sergens du Roi, les Arrêts ordonnaient que les portes en seraient enlevées, pour être brûlées en la place publique, & qu'on ne pourrait en remettre d'autres, jusqu'à ce que le Roi l'eût permis. Un Arrêt accorde cependant la permission de clorre le château avec des épines. Il existait alors, sur ce sujet, un usage contraire en Bourbonnais à l'égard des Censitaires qui n'avaient pas payé les cens qu'ils devaient au Seigneur. C'est ce que l'on voit dans une Déclaration seigneuriale de 1460, copiée d'après d'autres plus anciennes. « En cas, y lit-on, que les Censitaires ne paient pas leur redevance audit terme, mondit sieur leur peut faire ôter les huis de leurs hôtels hors des gonds, & mettre à travers l'huis ; & au cas qu'ils les relevent avant d'avoir payé, après qu'il leur a été commandé de par lui, ils sont amendables de la somme de sept sols. » Les premiers ne pouvaient plus fermer leurs maisons ; les seconds ne pouvaient plus ouvrir. Il falloit qu'ils couchassent dans la rue, ou qu'ils entrassent par la fenêtre, s'ils ne voulaient ou ne pouvaient payer.

Juifs. Il existoit autrefois en France une loi, selon laquelle un Juif qui se convertissait au christianisme, *tombait en forfaiture* à l'instant de sa conversion, son Seigneur ou son Roi confisquaient tout ce qu'il avait, & on le laissait dans un dénuement universel. Ce malheureux Peuple a éprouvé d'ailleurs en ce Royaume des révolutions funestes, qui furent occasionnées autant par l'envie de se rendre maître de leur fortune, que par la haine que l'on portait à leur culte. En 1248, ils furent chassés du domaine royal par S. Louis, avant son départ pour la croisade, & il s'empara de leurs biens, non pas cependant pour se les approprier, mais pour restituer à ses sujets les usures que les Juifs avaient tirés d'eux. Ils furent rappellés au retour de la croisade en 1253 ; chassés de nouveau en 1268, & rétablis quelques mois après par ce même Prince. C'est à ce dernier retour qu'ils furent obligés d'avoir un morceau de drap rouge sur la poitrine & sur le dos, pour qu'on les reconnût, sous peine de dix livres d'amende. On nomma cette marque la roue des Juifs, *rota Judæorum*, parce qu'elle étoit ronde. En 1302, Philippe-le-Bel défendit aux Inquisiteurs d'inquiéter les Juifs ; mais en 1306, il les chassa du Royaume, & s'empara de leurs biens. En 1315, sous Louis Hutin, ils furent rappellés, & le Roi les mit sous sa protection spéciale. En 1317 Philippe-le-Long leur permit même d'hériter. Mais en 1322, nouvelle expulsion par Charles-le-Bel, qui s'empara de leurs biens. Philippe de Valois les rappella vers l'an 1328. Ce Prince les

FRANCE.

chassa à son tour en 1346. Ils furent rappellés en 1350 par le Roi Jean; chassés encore en 1357, & rappellés en 1359. Ils resterent en France sous Charles V. Charles VI donna même en leur faveur l'Edit de 1381, dont nous venons de parler. Mais en 1394 ils furent chassés pour la septieme fois, & ils y rentrerent ensuite sans y être autorisés publiquement. Louis XIII, en 1615, bannit du Royaume ceux qui y demeuroient; il n'en excepta que ceux de Metz. Aujourd'hui les Juifs, unis, pour ainsi dire, au reste des citoyens, peuvent posséder des terres en France; mais ils sont, comme les Protestans, exclus des charges. Ils sont plus nombreux en Alsace qu'en aucun endroit de ce Royaume: aussi y jouissent-ils de grands priviléges.

MONNOIES DE FRANCE.

MONNOIES D'OR.

	liv.	sols.	den.		liv.	sols	d.
Le quadruple.	96	0.	0.	Le louis.	24	0	0.
Le double louis.	48	0	0.	Le demi-louis.	12	0	0.

MONNOIES D'ARGENT.

Le gros écu.	6	0	0.	La piece de	1	4	0.
Le petit écu.	3	0	0.	La piece de	0	12	0.
				La piece de	0	6	0.

MONNOIES DE CUIVRE.

La piece de	0	2	0.	La piece de	0	0	6.
La piece de	0	1	6.	Le liard.	0	0	3.
La piece de	0	1	0.	Le denier.	0	0	1.
Le gros sol.	0	1	0.				

Les especes étrangeres n'ont aucun cours en France; on ne les reçoit qu'aux hôtels des monnoies & aux changes. Il faut en excepter les guinées d'Angleterre, qui passent, dans les ports de mer, sur le pied de 24 liv.

Les monnoies de France ont cours, pour le même prix, dans toute la Flandre française. Ici seulement sont les monnoies imaginaires, inconnues dans tout le reste du Royaume, telles que le florin & la livre de gros. Le florin se divise en 20 patars, & le patar en 15 deniers. Pour un florin on compte toujours 25 sols de France. L'escalin vaut six patars. La livre de gros

FRANCE.

vaut six florins, ou 7 liv. 10 sols de France. C'est ainsi que l'on compte à Lille.

La proportion de l'or à l'argent est ici, comme 1 à $14\frac{100}{717}$.

Titre des matieres d'Or, en France.

Le titre le plus fin est de 24 karats. Le karat se divise en 32 grains de fin. Ainsi 24 karats contiennent 768 grains de fin ; le grain de fin d'or équivaut à 6 grains de poids ; 768 grains de fin équivalent donc à 4608 grains de poids, qui composent un marc.

Titre des matieres d'argent.

Le titre le plus fin est de 12 deniers. Le denier se divise en 24 grains de fin ; ainsi 12 deniers contiennent 288 grains de fin. Le grain de fin d'argent équivaut à 16 grains de poids ; 288 grains de fin équivalent donc à 4608 grains de poids, qui composent un marc.

On compte en France, dans les opérations de commerce par livres, sols & deniers tournois. L'écu, dont on se sert dans les changes, a 3 livres, 60 sols, ou 720 deniers tournois. Cet écu se partage encore en 20 sols, à 12 deniers d'or. Un sol d'or comprend trois sols tournois ; & un denier d'or, trois deniers tournois.

La France change sur les Places suivantes, &

o Donne,	pour recevoir.
Sur Amsterdam.. 1 éc. de 60 s. t.	$52\frac{1}{2}$ d. de gros de banq. plus ou moins, à 1, 2 & 3 usances.
Anvers..... 1 dito....	54 d. de g. pl. ou m. arg. de ch.
Ausbourg & Nuremberg. 35 s. t. pl. ou m.	1 florin courant.
Bâle..... 165 éc. de 60 s. t. pl. ou m.	100 rixd. argent de chang.
Bologne... 1 dito....	54 bolognini plus ou moins.
Espagne.... 78 s. t. pl. ou m.	1 piastre de 8 reaux de plat.
Ou..... 15 s. t. pl. ou m.	1 doublon de 32 r. de plat. ou de $60\frac{4}{17}$ de Vell.
Florence... 100 éc. de 60 s. t.	48 écus d'or, plus ou moins.
Francfort... 133 dit. pl. ou m.	100 rixd. courants.
Ou..... 53 s. pl. ou m.	1 florin courant.
Genève.... 168 éc. pl. ou m.	100 rixd. courants.
Gênes..... 96 s. t. pl. ou m.	1 piast. de 15 s. hors de banq.
Hambourg.. 1 éc. tournois.	26 schil. lubs. plus ou moins.
Ou...... 184 dit. pl. ou m.	100 rixd. de banq.

FRANCE.

Donne,		pour recevoir.
Leipsick...	133 dit. pl. ou m..	100 rixd. courants.
Lisbonne..	1 dito......	460 rais, plus ou moins.
Livourne..	97 f. t. pl. ou m..	1 piaft. de 8 reaux.
Londres...	1 écu tournois..	31 den. fter. plus ou moins.
Milan....	1 dito.....	55 f. imp. plus ou moins.
Naples...	142 dit. pl. ou m.	100 ducats.
Novi....	320 dit. pl. ou m.	100 écus d'or de marc.
Rome....	100 écus tourn..	37 écus d'étemp.
Ou. ...	107 f. t. pl. ou m..	1 écu monnoie.
St. Gal...	1 écu tourn...	62 kreutzers, efpece, pl. ou m.
Turin...	1 dito......	52 f. piémontois, plus ou m.
Venife...	100 dito,.....	61 duc. de banq. pl. ou m.
Vienne...	53 f. t. pl. ou m.	1 florin, argent de caiffe.

En France, les ufances des lettres-de-changes d'Efpagne & de Portugal font de 60 jours de dates. Celles de toutes les autres places de l'Europe, ne font que de 30 jours de date. L'Ordonnance de 1637 accorde 10 jours de grace, fans y comprendre le jour de l'échéance; mais le paiement ou le protêt doit être fait le dixieme jour. Les difpofitions de ce Réglement ne font pas généralement obfervées dans toutes les places de ce royaume; & quelques-unes d'entr'elles ont confervé, fur cela, leurs ufages particuliers. Les lettres à vue doivent être payées dans les 24 heures. Les billets & promeffes, valeur reçue en marchandifes, ont communément un mois de faveur après leur échéance.

MAISON ROYALE.

Louis XVI, né à Verfailles 23 Août 1754, nommé duc de Berry, puis Dauphin 30 Déc. 1765, Roi de France & de Navarre 10 Mai 1774, facré & couronné à Rheims 11 Juin 1775, marié 16 Mai 1770, à

Reine. Marie-Ant.-Jof. de Lorraine, archiducheffe d'Autriche, fœur de l'Empereur, née à Vienne 2 Novemb. 1755.

Fils. Louis-Jof.-Xav.-François, Dauphin de France, né à Verfailles 22 Octobre 1781.

Fille. Marie-Thérefe-Charlotte de France, MADAME, née à Verfailles 19 Décembre 1778.

Freres. Louis-Stanislas-Xavier de France, comte de Provence, MONSIEUR, né à Verfailles 17 Novembre 1755, marié 14 Mai 1771, à

FRANCE.

Mar.-Jos.-L. de Savoie, comtesse de Provence, MADAME, née 2 Septembre 1753.

Charles-Philippe de France, comte d'Artois, né à Versailles 9 Octobre 1757, marié 16 Novembre 1773, à

Marie-Thérèse de Savoie, comtesse d'Artois, née 31 Janvier 1756.

Sœurs, Marie-Adél.-Clot.-Xav. de France. Voyez *Savoie*.

Elisabeth-Philip.-Marie-Hélene de France, née à Versailles 3 Mai 1764.

Tantes. Marie-Adél. de France, née à Versailles 23 Mars 1732.

Victoire-Louise-Marie-Thérèse de France, née à Versailles 11 Mai 1733.

Louise-Marie de France, née à Versailles 15 Juillet 1737, Religieuse Carmélite, 1 Octobre 1771, élue supérieure 25 Novembre 1773.

Neveux. N. de France, duc d'Angoulême, fils du C. d'Artois, né à Versailles 6 Août 1775, Gr.-prieur de France, en 1776.

N. de France, duc de Berri, fils du comte d'Artois, né à Versailles 24 Janvier 1778.

PRINCES DU SANG.

BRANCHE D'ORLÉANS.

PHILIPPE d'Orléans, duc d'Orléans, né à Versailles 12 Mai 1725, marié 17 Décembre 1743, à Louise-Henriette de Bourbon-Conti, veuf 9 Févr. 1759.

Fils. Louis-Philippe-Joseph d'Orléans, duc de Chartres, né a S. Cloud 13 Avril 1747, marié 5 Avril 1769, à

Louise-Marie-Adél. de Bourbon, fille de M. le duc de Penthievre, née 13 Mars 1753, dont

Petit-fils. N. d'Orléans, duc de Valois, né 6 Octob. 1773.

N. d'Orléans, duc de Montpensier, né 3 Juillet 1775.

N. d'Orléans, comte de Beaujolois, né 7 Octobre 1779.

Petite-fille. N. Mademoiselle de Chartres, née 23 Août 1777.

BRANCHE DE BOURBON-CONDÉ.

LOUIS-JOSEPH de Bourbon, prince de Condé, né à Paris 9 Août 1736, marié 3 Mai 1753, à Charlotte-Godefride-Elis. de Rohan-Soubise, veuf 4 Mars 1760.

Fils. Louis-H-Jos. de Bourbon-Condé, duc de Bourbon, né 13 Avril 1756, marié 24 Avril 1770, à

FRANCE.

Louise-Marie-Thérese-Bathilde d'Orléans, née à S. Cloud 9 Juillet 1750, *dont*

Petit fils. N. de Bourbon-Condé, duc d'Enghien, né à Chantilly 2 Août 1772.

Fille. Louise-Adél. de Bourbon-Condé, née 5 Octob. 1757.

BRANCHE DE BOURBON-CONTI.

Louis-Fr.-Jos. de Bourbon, prince de Conti, né à Paris 1 Sept. 1734, marié 7 Février 1759, à

Epouse. Fortunée-Marie d'Est, princesse de Conti, née 24 Novembre 1731.

Louis-Jos.-Marie de Bourbon, duc de Penthievre, né à Rambouillet 16 Novembre 1725, marié 29 Décemb. 1744, à Marie-Thér.-Félicité d'Est, veuf 30 Avril 1754.

Brue. Marie-Thér.-Louise de Savoie Carignau, née 8 Septembre 1749, mariée 17 Janvier 1767, à Louis-Alexandre-Joseph-Stanislas de Bourbon, prince de Lamballe, & fils du duc de Penthievre, veuve 6 Mai 1768.

MAISON DES DUCS ET PAIRS DE FRANCE.

PAIRS ECCLÉSIATIQUES.

Des six Pairs de France, ecclésiastiques, trois sont ducs-pairs, & les trois autres, comtes-pairs. Les ducs-pairs sont : l'archevêque de Rheims, l'évêque de Laon & l'évêque de Langres. Les évêques de Beauvais, de Châlons & de Noyon sont comtes-pairs. C'est à l'archevêque duc de Rheims qu'il appartient de sacrer le Roi, & dans cette importante cérémonie, l'évêque de Laon porte la sainte ampoule ; celui de Langres, le sceptre ; celui de Beauvais, le manteau royal ; l'évêque de Châlons porte l'anneau, & celui de Noyon se charge du baudrier. Voyez *nos Cérémonies religieuses des peuples du monde*, tom. III.

Nota. Dans l'édition de 1784, nous avons fait connoître, par un précis historique, l'origine de chaque pairie, tant ecclésiastique que séculiere, & l'époque de l'enregistrement des Lettres-Patentes de leur érection. On a cru qu'il était inutile de répéter ici des détails, qui, quoique très-intéressans, occuperaient beaucoup plus de place que notre plan ne nous permet de leur consacrer. *Voyez l'édition de 1784. page 10—60.*

FRANCE.

I. RHEIMS, duché.

ALEXANDRE-Angélique de Taleyrand-Périgord, né à Paris en 1736, nommé co-adjuteur de l'archevêché de Rheims, en 1766, sacré archevêque de Trajanople, 28 Décembre de la même année, abbé de Cercamp, en 1772, archevêque de Rheims en 1777.

II. LAON, duché.

LOUIS-Hect.-Honoré-Maxime de Sabran, né dans le diocèse de Rietz 4 Décembre 1739, abbé de Josaphat en 1767, nommé à l'évêché de Nancy, en 1774, sacré évêque de Laon, 26 Avril 1778, grand-aumônier de la Reine en 1780.

III. LANGRES.

CÉSAR-Guillaume de la Luzerne, né à Paris en 1738, agent général du clergé de France en 1765, sacré 30 Septembre 1770, abbé de Bourgueil, 1781.

IV. BEAUVAIS, comté.

FRANÇOIS-Joseph de la Rochefoucauld, né à Angoulême en 1735, sacré 22 Juin 1772.

V. CHALONS, comté.

ANNE-Antoine-Jules de Clermont-Tonnerre, né à Paris, 1 Janvier 1749, sacré 14 Avril 1782, abbé de Moustier-Ender, la même année.

VI. NOYON, comté.

LOUIS-Antoine de Grimaldi, des princes de Monaco, né au château de Cagne, Diocèse de Vence, 17 Décembre 1736, sacré évêque du Mans 5 Juillet 1767, nommé à l'évêché de Noyon en 1777, abbé de S. Jean, diocèse d'Amiens, en 1780.

PAIRS LAICS.

On connaît, en France, deux especes de duchés, les duchés simples, & les duchés pairies. Les uns & les autres peuvent être vérifiés au Parlement; ce qui opere une différence pour les prérogatives qui y sont attachées. Les duchés non enrégistrés au Parlement, ne donnent, à ceux qui en ont obtenu le brevet ou les lettres-patentes, d'autre privilège que les honneurs du Louvre, pendant leur vie seulement. Les honneurs & les droits de la pairie n'appartiennent qu'à ceux dont les terres ont été érigées en duché-pairie par des lettres enregistrées au Parlement.

Les terres érigées en duché ne doivent relever que de la couronne ; c'est pourquoi les Seigneurs dont ces terres relevoient autrefois, ont le droit de demander une indemnité à celui qui a obtenu des lettres d'érection. Cette mouvance immédiate, acquise à la couronne, ne retourne plus au précédent Seigneur, même après l'extinction du titre de duché.

Enfin, il y a encore des duchés par simple brevet, qui n'a pas été suivi de lettres d'érection. Le titre de duc est alors personnel à celui que le roi en a honoré.

Les pairs de France faisaient autrefois deux hommages au Roi, l'un à cause du fief auquel était attaché le duché ; l'autre, pour la pairie ; mais depuis long-tems le fief & la pairie sont unis, & les pairs ne font plus qu'un seul hommage.

Les nouveaux pairs sont reçus par la grand'chambre seule ; mais toutes les chambres doivent s'assembler, quand il s'agit d'enregistrer des lettres d'érection.

I. U z é s.

FRANÇOIS-Emmanuel de Crussol, duc d'Uzés, né 1 Janvier 1728, reçu au Parlement comme pair, 6 Février 1755, lieutenant-général des armées, 1 Mars 1780, marié 8 Janvier 1753, à

Epouse. Mag.-Jul.-Vict. de Pardaillan de Gondrin, sœur cadette du dernier duc d'Antin, née 20 Mars 1731.

Fils. Marie-Fr.-Emmanuel, duc de Crussol, colonel en second du régiment de Berri, cavalerie, né 30 Décembre 1756, marié 8 Avril 1777, à

Amable-Emilie de Châtillon, fille du feu duc de Châtillon, *dont*

Petit-fils. Emmanuel, comte de Crussol, né 16 Nov. 1778.

Théodoric de Crussol d'Uzés, né 12 Mars 1782.

De cette souche se sont séparées, en 1692, la branche de Crussol-Montausier ; en 1680, celle de Crussol-Florensac, & en 1657, celle de Crussol S. Sulpice : en 1680, de cette dernière est sortie celle de Crussol d'Amboise.

II. E l b e u f.

CHARLES-Eugene de Lorraine, duc d'Elbeuf, prince de Lambesc, né 28 Septembre 1751, grand écuyer de France, 28 Juin 1761, chevalier des ordres 1 Janvier 1777, grand sénéchal héréditaire de Bourgogne, gouverneur d'Anjou en 1761, brigadier de dragons, 5 Décembre 1781.

Frere. Joseph-Marie de Lorraine, prince de Vaudemont, né 23 Juin 1759, mestre de camp commandant du régiment de Lorraine, marié 30 Décembre 1778, à

Louise-Aug.-Elis.-Mar.-Colette, princesse de Montmorency, née 31 Mai 1763.

Sœurs. Josephe-Thérese de Lorraine, née 26 Août 1753, mariée 18 Novembre 1768, à Victor-Amédée, prince de Savoie-Carignan, veuve, avec deux fils, en Septembre 1780.

Anne Charlotte de Lorraine, née 15 Décem. 1755, coadjutrice de l'abbaye de Remiremont, en 1775; abbesse de la même abbaye, 19 Novem. 1782.

Mere. Louise-Jul.-Const. de Rohan-Rochefort, née 28 Mars 1734, chan. de Remiremont, 10 Décembre 1742, mariée 3 Octob. 1748, à Ch.-Louis de Lorraine, grand écuyer de France, veuve 28 Juin 1761.

Voyez l'article de la *Maison impériale*, à laquelle cette branche appartient.

III. MONTBAZON ET GUEMENÉ.

JULES-Herc.-Mériadec de Rohan, duc de Montbazon, prince de Guemené, chef des noms & armes de Rohan, né 25 Mars 1726, vice-amiral de France 28 Mars 1784, marié 19 Février 1743, à Marie-L.-H.-J. de la Tour d'Auvergne, née 5 Août 1725, morte en 1782.

Fils. Henri-L.-Marie de Rohan, prince de Guemené, né 31 Août 1745, brigadier de cavalerie, 1 Mars 1780, marié 15 Janvier 1761, à

Victor-Arm.-Joseph de Rohan-Soubise, née 28 Décembre 1743, dont

Petit fils. Ch.-Alain.-Gabr. de Rohan, titré duc de Montbazon, né 18 Janvier 1764.

Louis-Vict.-Mériadec de Rohan, chanoine de Strasbourg, né 20 Juillet 1766.

Jul.-Arm.-L. de Rohan, né 20 Octobre 1768.

Petite-fille. Marie-L.-Jos. de Rohan, née 13 Avril 1765, appellée *Mademoiselle de Rohan*, présentée en 1773.

Fils. Louis-René Ed. prince de Rohan-Guemené, né 25 Sept. 1734, grand aumônier de France & commandeur des ordres, Novembre 1777, cardinal, Juin 1778, prince évêque de Strasbourg, 11 Mars 1779, proviseur de Sorbonne en 1782.

Ferd.-Max.-Mériadec, prince de Rohan-Guemené, né 7 Novembre 1738, archevêque de Cambrai en 1781, grand prévôt du chapitre de Strasbourg, & tréfoncier de Liége.

FRANCE. 15

2ᵉ. Branche de Rohan-Soubise.

Séparation de la branche de Montbazon, Octobre 1654. *Voyez l'article XXIV des ducs & pairs.*

3ᵉ. Branche de Rohan Rochefort.

Séparation de la premiere, 7 Août 1693.
Charles-Jul.-Arm. de Rohan-Rochefort, né 29 Août 1729, gouverneur de Nîmes & de S. Hypolyte, lieutenant-général des armées, Mars 1782, marié 24 Mai 1762, à

Epouse. Marie-Hen.-Ch.-Dorothée d'Orléans-Rothelin, née 25 Octobre 1744.

Fils. Ch.-L.-Gasp., appelé *vicomte de Rohan*, né 1 Novembre 1765.

Louis-Cam.-Jules, appelé le *prince Jules*, né 16 Avril 1770.

Fille. Charlotte-Louise-Dorothée, née 25 Octobre 1767.

Frere. Eug.-Herc.-Camille de Rohan, appelé le *prince Camille*, né 6 Avril 1737, abbé d'Humblieres, chanoine de Strasbourg, tréfoncier de Liége, chevalier profès de l'ordre de Malte, 27 Mai 1765.

Sœurs. Eléonore-L.-Const. née 15 Janvier 1728, mariée en Espagne 3 Juil. 1742, au comte de Mérode, grand d'Espagne de la premiere classe.

Louise-Jul.-Const. née 28 Mars 1734, chanoinesse de Remiremont, 10 Décem. 1742, mariée 3 Octob. 1748, à Charles-Louis de Lorraine, grand écuyer de France, veuve 28 Juin 1761.

IV. Thouars, ou la Tremoille.

Jean-Brétag.-Godefroi de la Tremoille, duc de Thouars en Poitou, né 5 Février 1737, maréchal-de-camp 3 Janvier 1770, marié 1°. 18 Février 1751, à Marie-Génev. de Durfort, fille du duc de Randan, morte sans enfans, 2 Décembre 1762 : 2°. 5 Juin 1763, à

Epouse, Marie-Maximil.-L.-Emman.-Fr.-Sophie de Salm-Kyrbourg, née 19 Mai 1744, *dont*

Fils. Ch.-Bretagne-Jos. prince de Tarente, né 4 Mars 1764, officier de cav., marié 10 Juillet 1781, à

Louise-Emmanuelle de Chastillon, née en 1763.

Fils gémeaux. N. Prince de Talmont.....⎫ nés en Décembre
Ch.-Godefr. Aug. comte de Laval, chanoine⎬ 1765.
de Strasbourg, 22 Septembre 1777.......⎭

Fils. Louis-Stanislas Kostka, né 12 Juin 1767, chevalier de Malte.

Mere. Marie-Vict.-Hort. de la Tour d'Auvergne, née 27 Jan. 1704, mariée 19 Janvier 1725, veûve 23 Mai 1741.

V. SULLY.

MAXIMILIEN-Ant.-Arm. de Béthune, chef de la maison de Béthune, ci-devant prince souverain, par la grace de Dieu, d'Henrichemont & de Bois-belles, appellé *duc de Béthune*, duc de Sully en Sologne, pair de France, premier baron de l'Orléanois, comte de Béthune, advoué d'Arras, marquis de Lens, vicomte de Breteuil & de Francastel, baron d'Agillon, de S. Gondon, de Coullon & Sennely & autres lieux, &c. né 18 Août 1730, chevalier des ordres 1 Janvier 1784, marié 21 Février 1749, à

Epouse. Louise-Gabrielle de Châtillon, de l'illustre maison de Châtillon-sur-Marne, sœur du feu duc de Châtillon, née 20 Septembre 1731, nommée, en 1753, dame du palais de la feue dauphine, mere du roi.

Fils. Mar.-Gabr.-L. de Béthune, appellé *duc de Sully*, né 2 Juillet 1756, mestre-de-camp en second du régiment royal étranger, marié 11 Janvier 1780, à

Alexandre-Bern.-Barbe-Hort. d'Epiney S. Luc, née...

Petite-fille. Maxim.-Aug.-Henr. de Béthune, née 29 Sept. 1771, fille de feu Maxim.-Alexis de Béthune, duc de Sully, fils aîné du duc de Béthune, mort 24 Mars 1776.

2. BRANCHE DES COMTES DE SELLES.

ARMAND-Louis, marquis de Béthune, né.... chevalier des ordres 2 Février 1757, colonel général de la cavalerie légere de France, & lieutenant-général des armées, 17 Décemb. 1759, marié 1°. à Marie-Edmée de Boulogne, morte 3 Juillet 1753, 2°. 19 Avril 1755, à

Epouse. Marie-Thérèse Crozat, sœur de la comtesse de Béthune & de la maréchale de Broglie.

Fils du second lit. Armand-Louis, dit le *comte de Béthune*, né 20 Janvier 1756, brigadier de cavalerie, 1 Mars 1780.

Armand-L.-J., appellé le *comte Armand*, né 30 Avril 1757.

Fille du premier lit. Catherine-Pauline, née..... mariée en Mai 1770, à J.-Antonin Colbert, marquis de Signelay, chevalier de S. Louis, brigadier des armées & colonel du régiment de Champagne, dont des enfans.

Filles du second lit. Armande-Paul.-Charl., née 18 Octobre 1759, mariée à Félicité-J.-L.-Et. de Durfort, appellé *comte Louis de Durfort*, fils aîné du comte de Durfort, maréchal des camps & armées, & ministre plénip. de France en Toscane.

Armande

Armande-L.-Adel., née 12 Novembre 1761, mariée au comte de Castellane.

3. Branche de Béthune-Charost.

Voyez l'article XX des Ducs & Pairs.

4. Branche des Béthune-Pologne.

Joachim-Casimir-Léon, comte de Béthune-Pologne & des Bordes, né 31 Juillet 1724, colonel du régiment royal de Pologne, brigadier de cavalerie, 1 Mai 1758, chevalier d'honneur de Madame Adélaïde de France, fille de Louis XV, lieutenant-général de l'Artois, & gouverneur d'Arras, 6 Juin 1767; mort 19 Décembre 1769. Il avoit épousé, 19 Mars 1749, Ant.-Marie-Louise de Crozat, née 18 Avril 1731, fille aînée de L.-Ant. de Crozat, baron de Thiers & de Tugny, marquis de Moy, maréchal de camp, lieutenant-général de Champ. & de Mar.-L.-Aug. de Montmorenci-Laval. De ce mariage sont issues.

Adél.-Aug.-Joach. de Béthune, née 9 Juillet 1756, mariée par contrat du 3 Novembre 1776, à Charles-Ant.-Séb. Canouto Ferero-Fiesque, prince de Masseran, grand d'Espagne de la premiere classe, gentilhomme de la chambre du roi d'Espagne, colonel de cavalerie, commandeur de l'ordre de Calatrava; fils de P.-Phil.-Vict.-Améd. Ferero-Fiesque, prince de Masseran, ambassadeur d'Espagne en Angleterre, chevalier des ordres de la toison d'or & de S. Janvier, & de Charlotte-L. princesse de Rohan-Guemené.

Louise-Charlotte de Béthune, née 18 Juin 1759, mariée par contrat du 10 Mars 1778, à J. René Mans. marquis de la Tour-du-Pin-Gouvernet, né en 1750, colonel du régiment de Bourbon, infanterie, mort 2 Septembre 1781.

Adél. Fr.-Léontine de Béthune, née 4 Mars 1761, mariée par contrat signé 20 Juillet 1783, au marquis de Deux-Ponts, comte de Forbach, fils aîné du feu duc, souverain de Deux-Ponts, & cousin germain du duc régnant.

5. Branche de Béthune des Planques en Artois.

Ce rameau est divisé en deux branches, depuis 1606.

6. Branche de Béthune-Hesdigneul.

Joseph Max.-Guislain, marquis de Béthune & d'Hesdigneul, comte de Noyelles-sous-Lens, vicomte de Nielles, seigneur de Tencques, Tencquette, Bailleulval, l'Epesse, le Befvre-Espreaux, &c. membre de l'état noble d'Artois, né au château d'Hefdigneul, près Béthune, 3 Août 1705, ancien capitaine de cavalerie, par commission du 23 Avril 1723, gouverneur des ville & château de Marle-en-Thiérarche, 10 Mars 1750, marié 1°. 19 Septembre 1745, à Jeanne-L. de Guernonval, dame du Havau, Fléchinel, &c. fille de Phil.-Maxim.-Erneft de Guernonval, baron d'Efquelbecq, vicomte de Ledringhem, feigneur de la Comté, &c. & de Jeanne-Mad. Brunel de Montforand, née 21 Octobre 1714, morte 7 Août 1746; 2°. le 30 Mars 1748, à

Epoufe. Madeleine de Fay-d'Athis, née à Longwi, 2 Septembre 1714, fille & unique héritiere d'André de Fay-d'Athis, comte de Cilly, feigneur de la Neuville-Bofmont, Mauc reux Rary, &c. maréchal des camps & armées du roi, commandeur de l'ordre de S. Louis, gouverneur des ville & château de Marle; & de Claud. de Boham, dame d'Aouft, Lonoy, Don, Cliron, &c. &c.

Fils du premier lit. Eugene-Fr.-Léon, prince de Béthune & du S. Empire, châtelain de Siffonne, feigneur de la Motte-Baraffe, Havau, Fléchinel, &c. membre des états nobles de Flandre & Artois, né à S. Omer, 30 Juillet 1746, infcrit dans la premiere compagnie des moufquetaires de la garde du roi, guidon des gendarmes de la garde, & meftre de camp de cavalerie, 18 Avril 1771, chambellan actuel de l'empire, 17 Décembre 1776, commandeur, grand-croix de l'ordre électoral du lion-blanc palatin, 3 Mai 1780, créé prince de Béthune par diplôme de l'empereur, 6 Septembre 1781, commandeur, grand-croix des ordres royaux de S. Stanislas & de l'aigle-blanc de Pologne, 10 Novembre 1782, marié, 1 Juin 1772, à

Albertine-Jof.-Eulalie le Vaillant, baronne de Bousbecque, dame de Waudripont, née à Lille 19 Juin 1750, créée dame de l'ordre impérial & royal de la croix étoilée, 14 Septembre 1781, fille & unique héritiere de Pierre-J.-Phil.-Guiflain-Jof. le Vaillant, baron de Bousbecque, feigneur de Waudripont, Formifel, le Colbra, l'Aubefpine, Roctoville, &c. & de Mar.-Fr.-Hyac.-Imbert, née comteffe de la Bazecque, *dont*

Petit-fils. Maxim.-Guill.-Aug. né 17 Septembre 1774.

Alb.-Mar. Jof.-Omer-Charl.-Eug.-Maxim. né 7 Mars 1776.

Mar.-Amé-Bein.-Ant.-Jof.-Eug.-Maxim. né 2 Juillet 1777, reçu chevalier de Malthe de minorité, par bref du 7 Septembre fuivant.

Phil.-Jof.-Fr.-Eug.-Maxim. né 14 Janvier 1780.

Petites-filles. Marie.-Jof. Charlotte, née 22 Mars 1773.

Joféphine-Fél.-Adél.-Jul.-Eug.-Clot-Sophie, née 25 Avril 1782.

Fils du fecond lit. André-Maxim. Guiflain, baron de Béthune, né à Atras 9 Avril 1749, fous-lieut. au rég. de Berry, cavalerie,

FRANCE.

19 Juin 1765, capitaine au régiment dauphin, cavalerie, 17 Juin 1770, guidon des gendarmes de la garde, & mestre de camp de cavalerie, 28 Déc. 1774, réformé 1 Janvier 1776, en conservant son rang de colonel, à la suite de la cavalerie.

Claude-Fr. Guislain, vicomte de Béthune, né à Arras 29 Décembre 1750, sous-lieutenant au régiment de Berry, cavalerie, 22 Juin 1767, capitaine au régiment dauphin, cavalerie, 12 Novembre 1770, guidon des gendarmes de la garde, & mestre de camp de cavalerie, 5 Octobre 1777, mestre de camp en second d'une brigade dans le corps des Carabiniers de MONSIEUR, frere du roi, 10 Mai 1780.

Fille du second lit. Marie-Jos.-Julie de Béthune, née à Arras, 24 Mars 1754, mariée, par procureur, à Paris, 12 Février 1782, & en personne, à S. Jean de Maurienne, 8 Mars suivant, à Charl. Jos. Casimir de Caissotti, marquis de Verdun, comte de Ste. Marie, de Ste. Victoire, de Rodoret, de Perero, seigneur de S. Martin, &c. né à Turin 27 Juillet 1731, fils unique de Ch. Louis de Caissotti, marquis de Verdun, ministre d'état & grand chancelier du roi de Sardaigne; & de Victorine-Dominiq. marquise, comtesse de Ressan, de Rodoret, &c.

Sœur. Ant.-Eug.-Jos. de Béthune, née à S. Omer 29 Déc. 1710, reçue chanoinesse de Denain en 1715, mariée 22 Juillet 1742, à Louis-Alb.-Fr.-Jos., comte de Houchin, marquis de Longastre & de Berthe, baron de Broucq, vicomte d'Haubourdin & d'Emerin, seigneur d'Annezin, Bilques, Mory, Chocques, &c. député général & ordinaire de la noblesse des états d'Artois, né en 1710, & mort à Arras 30 Mars 1758.

7. BRANCHE DE BÉTHUNE S. VENANT.

ADRIEN Jos.-Amelie, comte de Béthune, seigneur d'Auchel, Nedon, Gouy, &c. Colonel en second du corps des Carabiniers de MONSIEUR, chevalier de l'ordre de S. Louis, brigadier de cavalerie, 1 Mars 1780, & membre de l'état noble d'Artois, né...., marié 1 Juin 1767, à Marie-Fr.-Jos. de Bernard, fille du comte de Calonne-Rickouart, née en 1752, & morte en Juin 1779.

Fils. Marie-Louis Jos.-Fr., né 13 Juin 1771.

N. né en 1778.

Filles. Marie-Amél.-Eugen.-Ernestine-Fr. de Béthune, née 28 Novembre 1768, reçue chanoinesse de Maubeuge, 26 Mai 1777.

Marie-Adrien.-Aldeg., née 28 Mai 1773, reçue chanoinesse de Maubeuge en 1781.

Marie-Jos.-Fr. Ernestine, née 8 Juin 1774.

Frere. Louis-Eug. Ernest, comte de Béthune & de S. Venant, vicomte de Lieres, seigneur de Penin, né à Arras 18 Avril 1731, ancien capitaine du régiment du roi, infanterie, chevalier de S. Louis.

Sœur. Mar.-Ernest.-Fr. de Béthune, chanoinesse de Maubeuge, née...., mariée 9 Septembre 1758, à Charl.-Gab. de Raymond, marquis de Modène & de Pomerols, brigadier d'infanterie.

Oncle. Adr.-Fr. comte de Béthune, né en 1694, sous-lieutenant au régiment du roi, infanterie, 10 Juillet 1714, lieutenant 5 Mai 1715, capitaine 6 Janvier 1721, chevalier de St. Louis & capitaine de grenadiers en 1742, commandant de bataillon & colonel d'infanterie 20 Juin 1744, brigadier d'infanterie 27 Juillet 1747, lieutenant-colonel du régiment du roi 24 Déc. 1758, maréchal de camp 10 Février 1759.

8. Branche de Béthune établie en Écosse.

Cette branche subsiste en Ecosse, depuis plusieurs siècles. Elle y a donné un cardinal, deux grands chanceliers du royaume & un régent, dans le seizieme siècle. Elle a pour chef David de Béthune, baron de Kilconqu'hir, qui a épousé Anne de Béthune sa parente, baronne de Balfour en Ecosse; ils vivaient l'un & l'autre en 1776. On ignore s'ils ont des enfans.

VI. Luynes.

Louis-Jos.-Charl.-Amab. duc de Luynes en Touraine, & de Chevreuse-Montfort en Yveline, né 4 Novembre, 1748, d'abord connu sous le nom de *Comte d'Albert*, puis titré duc de Luynes, 2 Janvier 1759, enfin duc & pair de France par la mort de Marie Charles, duc de Luynes son pere, maréchal des camps & armées, 5 Dec. 1781, marié 19 Avril 1768, à

Epouse. Guyonne Eliz. Jos. de Montmorenci-Laval, née 14 Février 1755, fille de Gui-André Pierre duc de Laval, lieutenant-général des armées, & de Jacqueline Hortense de Bullion Fervaques.

Fils. Paul André Charles, titré *duc de Chevreuse*, né 16 Octobre 1783.

Fille. Pauline Hortense née premier Janvier 1774.

Grand-oncle. Paul Albert de Luynes, cardinal, archevêque de Sens, & en cette qualité primat des Gaules & de Germanie, prélat commandeur de l'ordre du Saint-Esprit, abbé commendataire de Corbie, au diocèse d'Amiens, & de Cerisy au diocèse de Bayeux, premier aumônier de feue la Dauphine, mère du Roi, l'un des 40 de l'académie française, & honoraire de celle des sciences de Paris, né 5 Janvier 1703, a été d'abord appellé

Comte de Montfort & *Comte d'Albert*; fait colonel d'un régiment d'infanterie de son nom 6 Mars 1719, a quitté le service en 1721, nommé à l'Abbaye de Cerisy en 1727, évêque de Bayeux, Août 1729, sacré 25 Septembre suivant, reçu de l'académie française en 1743, pourvu de la charge de premier aumônier de la feue Dauphine en 1747, nommé archevêque de Sens, Août 1753, élu de l'académie des sciences en 1755, créé cardinal, sur la présentation de Jacques II Roi de la Grande-Bretagne, 5 Avril 1756, nommé à l'Abbaye de Corbie, Août suivant, commandeur de l'ordre du Saint Esprit 14 Mai 1758, a eu permission d'en porter les marques sur l'admission de ses preuves 21 Septembre même année, reçu en Janvier 1759, président du bureau des maisons religieuses, en.....

VII. BRISSAC.

Louis-Hercule-Thimoleon de Cossé, duc de Brissac, en Anjou, marquis de Thouarcé & autres terres, né 14 Février 1734, guidon des gendarmes d'Aquitaine 28 Janvier 1754, colonel du régiment de Bourgogne cavalerie, en 1759, gouverneur de Paris en 1775, maréchal de camp, 1 Mars, 1780, colonel des cents-suisses, la même année, marié 28 Février 1760, à

Epouse. Adélaide Diane Hortense Delie Mancini de Nevers, fille du duc de Nivernais & de Hel. Fr. Ang. Phelippeaux de Pontchartrain, née 17 Décembre 1742.

Fille. Adélaide-Pauline-Rosalie de Brissac, née 23 Janvier 1765, mariée 28 Décembre 1782, au duc de Mortemart.

Voyez le n°. XV. des ducs & pairs.

2. BRANCHE DU MARQUIS DE COSSÉ-BRISSAC.

Hyacinthe Hugues Thimoleon, titré *duc de Cossé*, par brevet de 1784, né 29 Nov. 1746, brigadier de cavalerie 5 Déc. 1781, mestre de camp commandant du rég. royal Roussillon, cavalerie, marié en seconde noce le 24 Mai 1784, à

Epouse. Françoise Dorothée d'Orleans, comtesse de Rothelin, née....

Fils. Thimoléon de Cossé, né en 1774.

Charles de Cossé, né en 1775.

Fille. Constance de Cossé, née en 1772.

Frere. François Arthus Hyacinthe Thimoleon de Cossé, né 2 Sept. 1749, reçu chevalier de malthe de minorité, mestre de camp commandant du régiment de Vivarais, infanterie, marié en 1780, à

N. D'Armaillé, née:... dont

Niece. N. de Cossé, née en 1783.

VIII. Richelieu.

Louis Fr.-Arm. Duplessis, duc de Richelieu, en Poitou, & de Fronsac en Guienne, deux fois pair de France, né 13 Mars 1696, a été d'abord titré *duc de Fronsac*, est devenu duc de Richelieu par succession paternelle 10 Mai 1715, colonel d'un régiment d'infanterie de son nom 15 Mars 1718, reçu de l'académie Françaife 12 Décembre 1720, gouverneur de Coignac en Angoumois 12 Septembre 1722, ambassadeur extraordinaire de France à Vienne en 1724, chevalier des ordres, 1 Janvier 1728, reçu, premier Janvier 1729, élu honoraire de l'académie des sciences en 1731, brigadier d'infanterie 20 Février 1734, maréchal de camp premier Mars 1738, lieutenant-général au gouvernement de Languedoc & commandant dans la même province 29 même mois. Premier gentilhomme de la chambre 14 Février 1744, lieutenant-général des armées 2 Mai suivant, ambassadeur extraordinaire à Dresde pour le second mariage du Dauphin, Décembre 1746, créé maréchal de France 11 Octobre 1748, aggrégé au corps des nobles Génois, avec faculté de porter les armes de la république 17 même mois; s'est démis du gouvernement de Coignac en Juin 1750, nommé gouverneur de Guienne & Gascogne en remettant la lieutenance générale & le commandement de Languedoc 4 Décembre 1755, marié 1°. 12 Février 1711, à Anne Catherine de Noailles, morte sans enfans, 7 Novembre 1716; 2°. 7 Avril 1734, à Eliz. Sophie de Lorraine, sœur du dernier prince de Guise, morte 2 Août 1740. 3°. 15 Février 1780, à

Epouse. Jacq. Cath. Jos. née comtesse de Lavaulx.
Fils du second lit. (Voyez Fronsac qui suit).

2. Branche d'Aiguillon.

Séparation de la branche ducale de Richelieu, Janvier 1646. *Voyez le n°. XXX des ducs & pairs.*

IX. Fronsac.

Louis-Jos.-Ant. Duplessis Richelieu, duc de Fronsac, noble Génois, né 5 Août 1736, premier gentilhomme de la chambre en survivance de son pere en 1756, lieutenant-général des armées premier Mars 1780, marié 1°. 15 Février 1764, à Adél. Gab. d'Hautefort de Juilliac, morte 13 Février 1767 2° 20 Avril 1776, à

Epouse. Marie Ant. de Galifet, née

Fils. du premier lit. Arm. Emman. Jof. Septimanie Dupleſſis Richelieu, comte de Chinon, né 25 Septembre 1766 marié 4 Mai 1782, à

Alex. Roſalie de Rochechouart née le....

Filles du ſecond lit. Arm. Marie Dupleſſis Richelieu, née 27 Juin 1777.

Simplicie Gabrielle Arm. Dupleſſis Richelieu, née 2 Nov. 1778.

X. ALBRET ET CHASTEAU-THIERRY (1).

GODEFROY Charles Henri de la Tour-d'Auvergne, duc ſouverain de Bouillon, prince d'Empire, duc d'Albret & de Chateau-Thierry, pair de France, comte d'Auvergne, d'Evreux, du Bas-Armagnac, baron de la Tour en Auvergne, Ohergues & Montgicon, né 26 Janvier 1728, maréchal de camp, 10 Mai 1748, grand chambellan de France en ſurvivance du prince de Guémené, en 1771, marié 28 Décembre 1743, à

Epouſe. Louiſe Henr. Gabrielle de Lorraine, née 30 Octobre 1718, ſœur du feu prince de Marſan.

Fils. Jacques-Léopold-Charles Godefroy, prince de Bouillon, colonel d'un régiment de ſon nom, né 15 Janvier 1746, marié 17 Juillet 1766, à

Marie Hedwige Eléonor de Heſſe-Rhinfels-Rothenbourg, fille du Landgrave Conſtantin & de Marie Sophie Comteſſe de Starenberg, née 15 Juin 1747.

Il y a une autre branche de cette illuſtre maiſon répréſentée par le comte de la Tour-d'Auvergne, lieutenant-général, premier Mars 1780. Voyez *Bouillon* à l'article des principautés ſouveraines.

XI. ROHAN.

L. MAR. Bret. Dom. duc de Rohan Chabot, né 17 Janvier 1710, lieutenant.général des armées 5 Décembre 1781, marié 1°. 19 Décembre 1735, à Ch. Roſ. de Chatillon, morte 6 Avril 1753. 2°. 23 Mai 1758, à

Epouſe. Emilie de Cruſſol, ſœur du duc d'Uzés, née 26 Octobre 1732.

XII. PINEY.

ANNE-Ch. Sigiſm. Montmorency-Luxembourg, duc de Luxembourg, de Piney & de Châtillon-ſur-Loing, pair & premier baron chrétien de France, né 15 Octobre 1738, maréchal des camps & armées premier Mars 1780, marié 9 Avril 1771, à

---

(1) MM. les ducs d'Albret & de Rohan, ſe diſputent la preſéance ſur laquelle nous n'entendons pas prononcer ici.

Epouse. Magd. Renée Suz. Adél. de Voyer d'Argenson de Paulmy, premiere dame du palais, noble Vénitienne, grand-croix de l'ordre de malthe, née 25 Janvier 1752.

Fils. Anne Henri René Sigism. Montmorency-Luxembourg, duc de Châtillon, premier baron chrétien de France, né 16 Février 1772.

Charles-Emmanuel-Sigism. Montmorency-Luxembourg, premier baron chrétien de France, chevalier non profès de l'ordre de Malthe, né 27 Juin 1774.

Filles. Bonne-Charl.-Den.-Adél. Montmorency-Luxembourg, née 29 Avril 1773.

Mar.-Magd.-Charl. Henr.-Emil. Montmorency-Luxembourg, née 13 Avril 1778.

Pere. Ch.-Paul-Sigism. Montmorency-Luxembourg, duc de Châtillon, appelé *duc de Boutteville*, premier baron chrétien de France, lieutenant-général des armées, né 10 Février 1697, marié 1°. le 2 Juillet 1713, à Anne-Cath.-Eléon. le Tellier de Barbezieux de Louvois, morte sans enfans, 21 Octobre 1716; 2°. 19 Avril 1717, à Anne-Angel. d'Arthus de Vertilly, morte 28 Février 1769.

Frere. An.-Paul Emm.-Sigism. de Montmorency-Luxembourg, appellé le prince de Luxembourg, premier baron chrétien de France, capitaine des gardes du corps, brigadier des armées, né 8 Décembre 1742.

Sœur. Bonne-Mar.-Félic. Montmorency-Luxembourg, mariée à Armand-Louis de Kerfily, marquis de Serent, maréchal des camps & armées, gouverneur du duc d'Angoulême.

De ce mariage sont issus deux fils & deux filles.

XIII. GRAMONT.

ANTOINE duc de Gramont en Guienne, pair de France, prince souverain de Bidaché dans la basse Navarre, vicomte d'Aster & de Louvigny, sire de Lesparre, gouverneur de la haute & basse Navarre & du Béarn, gouverneur particulier des villes de Pau & de Bayonne, né 19 Avril 1722, brigadier d'infanterie 1 Mai 1745, marié 1°. 2 Mars 1739, à Marie-Louis.-Vict. fille du dernier duc de Gramont, son oncle, héritiere du duché d'Humieres, morte 11 Janv. 1756: 2°. 16 Août 1759, à

Epouse. Béatrix, comtesse de Choiseul de Stainville, sœur du duc de Choiseul.

Fils du premier lit. Louis-Ant.-Armand, comte de Guiche; puis duc de Lesparre, né 17 Septembre 1746, marié par contrat du 24 Juin 1763, à

Philippine-Louiſ.-Cath. de Noailles, fille du maréchal duc de Noailles, née 14 Septembre 1745.

Neveu. Antoine-L.-Mar., fils d'Ant.-Ad.-Charles comte de Gramont, frere du duc, appellé d'abord comte de Gramont, puis duc de Guiche, né 17 Août 1755, marié... à

N....... de Polignac, fille du duc de Polignac, & de N.... de Polaſtron, *dont*

Arriere-niece. N. de Gramont, née.....

Neveu. Ant.-Fr. appelé d'abord comte d'Aſter, puis comte de Gramont, ſecond fils d'Ant.-Adr.-Charles, comte de Gramont, frere du duc, né 1 Septembre 1758, marié à N.... de Boiſgelin de Cuſſé, Chanoineſſe de...

Niece. Genevieve, fille du feu comte de Gramont, née 28 Janvier 1750, mariée à P.-Hyacint. comte d'Oſſun, fils unique du marquis d'Oſſun, grand d'Eſpagne de la premiere claſſe, chevalier de la toiſon d'or & de l'ordre du S. Eſprit, miniſtre d'état, dont une fille.

XIV. VILLEROY.

GABRIEL-L.-Fr. de Neufville de Villeroy, duc de Villeroy, pair de France, chev. des ordres, capitaine de la plus ancienne compagnie françaiſe des gardes du corps, lieutenant-général des armées, gouverneur & lieutenant-général, pour le roi, des villes de Lyon, provinces du Lyonnois, Forez & Beaujollois, né 8 Octobre 1731, lieutenant-général des armées, 5 Décembre 1781, marié 13 Janvier 1747, à

Epouſe. Jeanne-L.-Conſt., ſœur des ducs d'Aumont & de Villequier, née 11 Février 1731, miſe en poſſeſſion du tabouret chez la feu reine, par brevet d'honneur, accordé à ſon mari 9 Mars 1759.

XV. MORTEMART.

VICTURNIN-Jean-Mar. de Rochechouart, duc de Mortemart, né 8 Février 1752, marié 1°. 19 Mai 1772, à Anne-Cath. de Harcourt-Liſlebonne, morte en 17..; 2°. 28 Décembre 1782, à

Epouſe. Adél.-Pauline-Roſalie de Coſſé Briſſac, fille du duc de Briſſac, née 23 Janvier 1765.

Filles du premier lit. Anne-Victurnienne-Henr., née 7 Mai 1773.

Nathal.-Henr.-Victorine, née 23 Juin 1774.

N..... née en 1777.

Frere. Victurnien-Léon-Eliz., marquis de Rochechouart, né 2 Février 1755, marié en 1780, à

N... de Nagu, née.....

Neveu. N... fils du marquis de Rochechouart, né en 1781.

Sœur. Victurnienne-Delphine-Natalie, née 24 Janvier 1759, mariée en 1775, au marquis de Rougé, dont deux fils.

Mere. Charlotte-Natalie de Manneville, fille unique du marquis de Manneville, gouverneur de Dieppe, troisieme épouse de feu Jean-Vict., duc de Mortemart.

XVI. St. Aignan.

Paul-Marie-Vict. de Beauvilliers, duc de S. Aignan en Orléanais, pair de France, comte de Montrefor, né 2 Août 1766.

Mere. Marie Mad. de Roisset de Fleury, dame du palais de la reine, duchesse de Beauvilliers, née 27 Janvier 1744, veuve 18 Octobre 1771.

Tante. Collette-Mar.-Hortense de Beauvilliers, née 10 Août 1749, mariée en Janvier 1771, au marquis de la Roche-Aymont, alors menin du dauphin.

XVII. Gesvres.

L. Joach. Paris Potier, duc de Gesvres, en Valois, pair de France, né 9 Mai 1733, gouverneur de l'Isle de France, 7 Juillet 1758, lieutenant-général du pays de Caux & du baillage de Rouen, Mai 1766, marié 4 Avril 1758, à

Epouse. Fr.-Mar. du Guesclin, née 14 Juillet 1737, mise en possession du tabouret en Janvier 1759.

XVIII. Noailles.

Louis duc de Noailles ci-devant duc d'Ayen en Limousin, né 21 Août 1713, ancien premier capitaine des gardes-du-corps, chevalier des ordres 2 Février 1749, gouv. de Saint-Germain, 23 Déc. suivant, gouv.-général du Roussillon en 1766, maréchal de France 24 Mars 1775, marié 25 Fév. 1737, à

Epouse. Cath.-Fr.-Gh. de Cossé, fille unique du feu duc de Brissac, née 13 Janvier 1724.

Fils. J.-Paul-Fr. de Noailles, né 26 Octobre 1739. Maréchal de camp, titré duc d'Ayen, premier capitaine des gardes-du-corps, chevalier de l'ordre de la toison d'or, marié 4 Février 1755, à

Henr.-An.-L. d'Aguesseau de Fresne, née le 12 Février 1737, dont

Petites-filles. An.-Jean.-Bap-Paul.-Adél.-L.-Cath.-Dom. née 11 Novembre 1758, mariée au vicomte de Noailles fils du maréchal de Mouchy.

FRANCE. 27

Marie-Adrien-Fr. de Noailles, épouse de Marie-Jos.-Paul-Yves-Roch-Gilbert Dumotier, marquis de la Fayette., né 6 Septembre 1757

Françoise-Ant.-Louise de Noailles, veuve du marquis du Roure, née le 3 Septembre 1763.

Anne-Paul-Dominique de Noailles née 22 Juin 1766, mariée le 12 Mai 1783, au marquis de Montagu.

Angélique-Franç. d'Assise Rosalie de Noailles, née le premier Août 1767.

Fils Eman. M.-L. né 12 Décembre 1743, appellé *Marquis de Noailles*, gouverneur de Vannes, & d'Auray, Décembre 1762, ambassadeur à Vienne 1783, marié en Décembre 1762, à N. D'Allencourt-Dromenil, petite-fille de M. de Boullogne, ministre d'état, née.....

Filles. Adél.-Cath. née 24 Décembre 1741, mariée, contrat signé les 12 & 16 Juin 1755, au comte de Tessé.

Phil.-L.-Cath., née 14 Septembre 1745, mariée, contrat signé 24 Juin 1763, au duc de Lesparre.

Sœur. Marie-Anne Fran. née 12 Janvier 1719, mariée en Avril 1744 à Louis Engilbert, comte de la Marc.

2. BRANCHE DE NOAILLES-MOUCHI.

PHILIPPE, comte de Noailles, frere du maréch. de Noailles, né 7 Déc. 1715, grand d'Espagne de la 1re classe, 20 Janvier 1741, chevalier de Malthe à perpétuité pour ses fils aînés 28 Sept. même année, chevalier de la toison d'or 27 Mai 1746, grand-croix de l'ordre de Malthe, 16 Novembre 1750, ambassadeur extraordinaire en Sardaigne 9 Août 1755, chevalier des ordres 7 Juin 1767, maréchal de France, 24 Mars 1775, commandant en chef en Guienne, depuis 1775, marié 27 Novembre 1741, à

Epouse. Anne-Claude-Louise d'Arpajon, héritiere du feu maréchal de Lautrec, fille unique de feu Louis, marquis d'Arpajon, chevalier de la toison d'or, lieutenant-général des armées, née 4 Mars 1729, reçue grand-croix de l'ordre de Malthe par privilege particulier 13 Décembre 1745, dame d'honneur de la feue Reine, en Juin 1763.

Fils. Louis-Philippe-Marc-Antoine, chevalier né de l'ordre de Malthe, né 27 Novembre 1752, appellé *prince de Poix*, capitaine des gardes en survivance du prince de Beauveau, en 1774, marié 9 Septembre 1767, à

Anne-Louise-Marie de Beauveau, fille unique du maréchal de Beauveau & de feue Marie-Sophie de la Tour-d'Auvergne, présentée 2 Septembre 1767, *dont*

Petit-fils. Arthus Tristan Jean Charles Languedoc, né 14 Février 1771.

Antoine Claude Dominique, né 25 Août 1777.

Alexis, né 1 Juin 1783.

Fils. Louis Marie, appellé vicomte de Noailles, né 17 Avril 1756, marié à

Anne-Jeanne-B.-Paul. Adél.-L.-Cath.-Domin. de Noailles, fille du duc d'Ayen, dont une fille.

Fille. Louise Henriette-Philippine, née 23 Août 1745, mariée à Emmanuel Céleste-Augustin de Durfort, titré duc de Duras.

XIX. AUMONT.

Louis-Marie-Guy d'Aumont-de-Rochebaron, duc d'Aumont, en Champagne, pair de France, né 5 Août 1732, maréchal de camp, 25 Juillet 1762, marié 2 Décembre 1747 à L.-Jeanne-Mazarini, duchesse de Mazarin, veuf en 1781.

Fille. N. D'Aumont, mariée en 1782, au prince Joseph de Monaco.

Voyez le n°. XIV des *ducs & pairs*, & le n°. XII des *ducs héréditaires*.

XX. BÉTHUNE-CHAROST.

Armand Joseph de Béthune, duc de Charost, en Berri, pair de France, baron d'Ancenis, & en cette qualité, baron pair & président né de la noblesse aux états de Bretagne, baron de Charenton, seigneur du Meillant, Brueres, Mareuil, &c. maréchal des camps & armées, lieut.-général dans la province de Picardie & Boulonnois, gouverneur des ville & citadelle de Calais & pays reconquis, l'un des députés actuels de la noblesse à l'administration provinciale du Berri, né premier Juillet 1738, d'abord appellé *marquis de Charost*, puis duc d'Ancenis, possesseur du duché en 1759, marié 1°. 19 Février 1760, à Louise Suzanne Edmée Martel, morte 6 Octobre 1770. 2°. 17 Fev. 1783, à

Henriette-Adélaïde-Joséphine du Bouchet de Sourches, née 27 Mars 1759.

Fils du premier lit. Armand-L.-Franç Edme comte de Charost, né 5 Août 1770.

XXI. S. CLOUD.

Ant.-Eléo.-Leon le Clerc de Juigné, né 2 Novembre 1728. Sacré évêque de Châlons-sur-Marne 29 Avril 1764; nommé à l'archevêché de Paris 23 Décembre 1781, ci-devant vicaire-général de Carcassonne, agent-général du clergé en 1760.

FRANCE.
XXII. Harcourt.

François Henri duc de Harcourt, né 11 Janvier 1726, lieut. général des armées 25 Juillet 1762, gouverneur de la province de Normandie en 1775, marié 13 Juin 1752, à

Epouse. Fr.-Cath.-Scholaftique d'Aubuffon de la feuillade, née...

Frere. Anne-Fr. de Harcourt, marq. de Beuvron, duc par brevet de 1784, né 4 Oct. 1727, chev. des ord. 26 Mai 1776, lieut. général, premier Mars 1780, marié 13 Janv. 1749, à

Marie-Cath. Rouillé, fille unique d'Ant.-Louis de Rouillé, ministre d'état, *dont*

Neveu. Marie-Franç. comte de Harcourt, fils du duc de Beuvron, né 25 Mai 1755, marié 3 Juillet 1780, à

Madel.-Jacq. le Veneur de Tillieres.

Niece. Cecile-Marie-Charl.-Gabr. de Harcourt du Neubourg, fille du duc de Beuvron, née 27 Fév. 1770.

Coufines. Gabrielle-Lydie de Harcourt, marquife de Guerchy, fille du feu maréchal de Harcourt, veuve du marquis de Guerchy, née 21 Décembre 1722.

Branche de Harcourt d'Olonde.

Charles-Louis-Hector marquis de Harcourt, fils du feu marquis de Harcourt-d'Olonde, né 15 Juillet 1743, marié 16 Février 1767, à

Epouse. Anne-Marie-Louife de Harcourt, fille aînée du duc de Beuvron, née 12 Janvier 1750, *dont*

Fils. Amed.-Marie-Charl.-Fr. de Harcourt, né 17 Juil. 1771.

Cl.-Emman. de Harcourt, né 29 Mai 1774.

Filles. Anne-Charl.-Victorine de Harcourt, née premier Juillet 1769.

Alexandrine-L. de Harcourt, née 3 Avril 1783.

Gabrielle-Lydie de Harcourt, veuve du marq. de Harcourt, & mere de Charles-Louis Hector marquis de Harcourt.

Charlotte-Rofe-Françoife de Harcourt, fille de la précédente & mariée au comte de Briqueville.

XXIII. Fitz-James.

Charles Fitz-James, duc de Fitz-James en Beauvoifis, né 4 Novembre 1712, reçu au parlement comme pair 17 Mars 1755, nommé chevalier des ordres premier Janv. 1756, reçu 2 Février fuivant, commandant en Languedoc & fur les côtes de la méditerranée 15 Sept. 1761, en Guienne, Navarre & Béarn, premier Nov. 1765, & en Bretagne, depuis 1771 jufqu'en 1775, maréchal de France 24 Mars 1775, marié premier Février 1741, à Victoire-Louife-Jofephe de Matignon, veuf 2 Août 1777.

Fils. Jacques-Charles, duc de Fitz-James, né 26 Nov. 1743; marié 10 Janvier 1769, à

Mar. Claudine Sylv. de Thiard de Biſſy, née 14 Août 1754.

Petits fils. Charl., fils du duc de Fitz-James, né 25 Juin 1773.

Edouard, fils du duc de Fitz-James, né 10 Janvier 1776.

Petite-fille. Henriette, fille du duc de Fitz James, née 10 Octobre 1770, mariée 23 Août 1784, au marquis de Maillé, premier gentilhomme en ſurvivance de la chambre de M. le comte d'Artois.

Fils. Edouard de Fitz-James, meſtre de camp du rég. de ſon nom, chevalier de Malthe, né 1 Septembre 1750.

Fille. Laure de Fitz-James, né en Décembre 1744, mariée en 1763, à Phil.-Gab.-Maur.-Joſ. d'Alſace d'Henin-Liétard, comte de Boſſu, prince de Chimay & du S. Empire.

XXIV. CHAULNES.

MAR.-Joſeph-L. d'Albert-d'Ailly, duc de Chaulnes, né 24 Novembre 1741, connu d'abord ſous le nom de *Vidame d'Amiens*, enſuite ſous celui de *Pecquigny* & ſous celui de *duc de Chaulnes*, après la mort de ſon pere, pourvu d'un brevet de cornette ſurnuméraire de la compagnie des chevaux légers de la garde ordinaire du roi, avec commiſſion de meſtre de camp, 19 Juin 1756, dont il a donné ſa démiſſion ſur la fin de l'année 1769, marié 23 Mai 1758, à

Epouſe. Mar.-Paul-Ang. d'Albert de Luynes, fille de M. Ch. d'Albert, duc de Chevreuſe, & d'Henriette Nicole d'Egmont Pignatelly, née 7 Septembre 1744.

XXV. ROHAN-ROHAN.

CH.-L. de Rohan duc de Rohan-Rohan, prince de Soubiſe, né 16 Juillet 1715, gouverneur de Fl. Hain. & Lille, 16 Septembre 1751, maréchal de France 19 Octobre 1758, gouverneur des châteaux de Madrid & de la Muette, Mars 1770, grand-croix de l'ordre de S. Louis, 21 Février 1779, marié 1°. 29 Déc. 1734, à Anne-Marie-L. de la Tour d'Auvergne, morte 19 Sept. 1739; 2°. 5 Nov. 1741, à Anne-Thér. de Savoye, ſœur unique du prince de Carignan, premier prince du ſang de Savoie, morte 5 Avril 1745; 3°. 24 Déc. 1745.

Epouſe Anne-Vict.-Mar.-Chriſtine de Heſſe-Rhothembourg, née 25 Février 1728.

Du premier lit eſt ſorti, 1°. N... de Rohan, nommé le comte de S. Pol, né 12 Septembre 1739, mort 25 Mai 1742; 2°. Charles-Godefr.-Eliz. de Rohan, née 7 Octobre 1737.

FRANCE.

mariée 3 Mai 1753, au prince de Condé, morte 4 Mars 1760. Voyez *Condé* & *Rohan-Guemené*.

XXVI. VILLARS-BRANCAS.

Louis de Brancas, duc de Brancas, comte de Maubec, d'Oife, de Champ-tercier & de Lauraguais, né 5 Mars 1714, chevalier de l'ordre de la toifon d'or, 1 Juin 1745, lieutenant-général 10 Mai 1748, reçu au Parlement comme pair 18 Février 1751, pourvu du gouvernement de Guife, 2 Septembre 1758, marié 1°. 27 Août 1731, à Gen. Fel. d'O, morte 26 Août 1735; 2°. 19 Janvier 1742, à Diane-Adél. de Mailly, morte fans enfans; 3°. à

Epoufe. Fréd. Guil. de Nivenheim, ci-devant chanoineffe de Bebouc à Cleves & d'Ovrindorf à Vefel

Fils. L.-Léon-Fél. de Brancas, fils du duc de Brancas & de Gen.-Fél. d'O titré comte de Lauraguais, duc par brevet d'honneur, 5 Janvier 1755, de l'académie royale des Sciences, marié 11 Janvier 1755, à

Elif.-Paul de Montmorency de Gand de Meddelbourg, née 20 Octobre 1737, dont

Petites filles. Louife-Ant.-Candide-Fél. de Brancas, fille du duc de Lauraguais, née 23 Novembre 1755, mariée 19 Janvier 1773, à L.-Ingelbert-Mar.-Raim.-Aug., par la grace de Dieu, duc fouverain d'Aremberg, prince de l'Empire, grand d'Efpagne de la premiere claffe, chevalier de la toifon d'or.

Ant.-Candide-Paul. de Brancas, fille du duc de Lauraguais, née 24 Septembre 1758, actuellement penfionnaire à l'abbaye aux Bois à Paris.

Fils. Buffile Ant. de Brancas, fils du duc de Brancas & de Gen-Félicité d'O, titré comte de Brancas, né 15 Août 1735, marié 25 Février 1766, à

Mar.-L. de Lowendal, fille du maréchal comte de ce nom, née le ..., *dont*

Petit-fils. Louis-Mar Buffile de Brancas, titré vicomte de Brancas, né 12 Mai 1772.

Petites filles. Ant.-Candide.-L-Conft. de Brancas, née 21 Octobre 1768.

Adél. de Brancas, née le ...

Fils. Louis Alb. de Brancas, fils du duc de Brancas & de Fréd. Guil. de Nivenheim, titré *chevalier de Brancas*, né 8 Octobre 1774, chevalier de Malthe.

La branche aînée de cette illuftre maifon, diftinguée par le furnom & par les armes de Forcalquier, qu'elle écartelle au 2 & 3, en vertu d'une substitution qui lui a été faite des biens de cette famille est représentée aujourd'hui par

L. P. de Brancas, des comtes de Forcalquier, prince de Nizare, titré marquis de Brancas, marquis de Cereste, baron de Robion, grand d'Espagne de la premiere classe, chevalier des ordres, lieutenant-général des armées du roi, pourvu, 1 Avril 1753, de la lieutenance générale au gouvernement de Provence, gouverneur des villes & château de Nantes, né le 15 Mai 1718, marié en Mars 1747 à Marie-Grand'homme de Gizeux, dont il a eu deux enfans morts sans alliances.

XXVII. VALENTINOIS.

HONORÉ Char. Maurice-Anne Grimaldi, duc de Valentinois, prince héréditaire de Monaco, né 17 Mai 1758, marié 16 Juillet 1777, à

Louise-Fél.-Vict. d'Aumont, fils du duc d'Aumont & de L.-Anne de Durfort Duras, duchesse de Mazarin, née . . .

Fils. Honoré Grimaldi de Monaco, né en 1778.

Frere. Joseph Grimaldi de Monaco, appelé le prince *Joseph*, fils du prince de Monaco, né en 1763, marié en 1782, à

. . . . de Choiseul, fille du maréchal de Choiseul-Stainville.

Voyez Monaco à l'article des Principautés souveraines.

XXVIII. NIVERNAIS.

LOUIS-Jules Barbon Mancini-Mazarini, duc de Nevers, prince titulaire de Vergogne & de l'Empire, grand d'Espagne, noble Vénitien, Baron Romain, né 16 Décembre 1716, duc de Nivernais Décembre 1730, colonel du régiment de Limousin, infanterie, 10 Mars 1734, grand d'Espagne par succession maternelle, 11 Janvier 1738, reçu de l'académie Française 4 Février 1743, brigadier d'infanterie 20 même mois, dem. de son régiment Avril 1744, honor. de l'académie des inscriptions 27 Janvier 1746, ambassadeur extraordinaire à Rome 1 Janvier 1748, chevalier des ordres en chapitre extraordinaire 25 Avril 1751, admis en chapitre extraordinaire 31 Mai suivant, avec permission d'en porter les marques même jour, reçu solemnellement, 21 Mai 1752, dem. de l'ambassade de Rome Octobre 1753, nommé à celle de Berlin Février 1756, & à celle de Londres, en qualité d'ambassadeur extraordinaire & plénipotentiaire pour traiter de la paix, Septembre 1762, marié 1º. 18 Décembre 1730, à Hél.-Angel Fr. Phélipeaux, fille du second lit du feu comte de Pontchartrain, ministre & secrétaire d'état d'état, & sœur consanguine du dernier comte de Maurepas, morte 13 Mars 1782, 2°. 14 Octobre 1782, à Marie-Thér. de Brancas, veuve du comte de Rocrefort, morte 4 Décembre 1782.

XXIX. BIRON.

Louis-Ant. de Gontaut, duc de Biron, né 2 Février 1701 chevalier des ordres 1 Janvier 1744, colonel des gardes Françaises 16 Mai 1745, maréchal de France 24 Février 1757, gouverneur général du Languedoc Juillet 1775, marié 29 Février 1740, à

Epouse. Pauline-Fr. de la Rochefoucauld-de-Roye, marquise de Severac, née 2 Mars 1723.

Frere. Charles-Ant.-Armand. duc de Gontaut, né 8 Septembre 1708, lieutenant-général des armées 10 Mai 1748, chevalier des ordres 1 Janvier 1757, lieutenant-général du Languedoc 14 Octobre même année, créé duc par brevet du 25 Août 1758, marié 21 Janvier 1744, à Antoinette-Eustochie Crozat du Châtel, morte 16 Avril 1747.

Neveu. Armand-Louis marquis de Gontaut, fils du duc de Gontaut, né 15 Avril 1747, brigadier de dragons, 5 Décembre 1781, marié 4 Février 1766, à Amélie de Boufflers, fille unique du dernier duc de Boufflers, née 5 Mai 1751.

XXX. AIGUILLON.

Emman.-Arm. Duplessis-Richelieu duc d'Aiguillon, pair de France, noble Génois, comte d'Agenois, Condomois, de Plelo & de S Florentin, baron de Pordic, marquis de Moncornet, seigneur de Verret &c. chevalier des ordres du Roi, lieutenant-général des armées & au gouvernement du comté Nantois, gouverneur de la Haute & Basse-Alsace, gouverneur particulier des villes, parc, château & citadelle de la Fere en Picardie, lieutenant-commandant de la compagnie des chevaux-légers de la garde ordinaire du Roi, né le 31 Juillet 1720, a été d'abord appelé comte d'Agenois, fait colonel du régiment de Brie infanterie 6 Mai 1739, duc par démission & titré duc d'Agenois 14 Janvier 1740, brigadier d'infanterie 2 Mai 1744, maréchal de camp premier Janvier 1748, noble Génois 17 Octobre même année, est devenu duc d'Aiguillon par succession paternelle 31 Janvier 1750, a été pourvu du gouvernement de la Fere, 12 Février, & reçu au parlement comme pair 3 Septembre même année, a été fait lieutenant général du comté Nantois 10 Avril 1753, commandant en chef de la province de Bretagne 20 Avril même année. Nommé Chevalier des ordres premier Janvier 1756, reçu 2 Février suivant, lieutenant-général des armées premier Mai 1758, gouverneur de la Haute & Basse-Alsace en 1762, secrétaire & ministre d'état des affaires étrangeres 6 Juin 1771, chargé du département de la guerre 10 Janvier 1774, marié 4 Février 1740, à

Epouse. Louise Félicité de Bréhan de Plelo, fille unique de feu L. Rob.-Hyp. comte de Plelo, ambassadeur de France en Danemarck & d'une sœur du feu duc de la Vrilliere, ministre & sécretaire d'état, née 30 Novembre 1726, dame du palais de la feue Reine en Avril 1748.

Fils. Arm.-Désiré comte d'Agenois, noble Génois, né le premier Novembre 1761, Lieutenant-commandant des chevaux-légers de la garde ordinaire du Roi en survivance, 31 Octobre 1779, reçu premier Juillet 1780.

Fille. Innoc.-Aglaé, née 28 Décembre 1747, mariée le 11 Novembre 1766, à Antoine de Moreton, marquis de Chabrillan, premier écuyer de madame la comtesse d'Artois, morte à Aiguillon 9 Juin 1776, laissant deux enfans mâles en bas âge.

XXXI. FLEURY.

ANDRÉ-HERC. de Rosset duc de Fleury en Languedoc, né 17 Septembre 1715, lieutenant général 10 Mai 1748, reçu pair 18 Février 1751, grand bailli de Nancy 24 Décembre 1752, chevalier des ordres premier Janvier 1753, premier gentilhomme de la chambre 5 Juin 1741, a prêté serment le 8, enregistrem. le 17 du même mois a la chambre des comptes, marié le 6 Juin 1736, à

Epouse. Ant.-Magd.-Franç. de Monceaux, fille du feu marq. d'Auxy, née le 19 Octobre 1721, dame du palais de la feu Reine 28 Août 1740.

Fils. André-Hercule-Alexandre de Rosset marquis de Fleury major gén. des armées de l'Inde, mort en mer le 20 Mars 1781.

Frere du précedent, André-Hercule-Alex. vicomte de Fleury 30 Mars 1750.

Filles. Marie-Vict. de Fleury née 10 Nov. 1745, religieuse carmelite 24 Mai 1770, nommé Marie-Joseph de Jesus.

Hen.-Eliz. Gab. de Fleury, née 24 Fév. 1749, mariée 29 Avril 1771, à Pierre-Charles, Marquis de la Riviere.

XXXII. DURAS.

EMMAN.-Félic. de Durfort, duc de Duras, né 19 Déc. 1715, premier gentilhomme de la chambre 17 Octobre 1757, chev.

FRANCE.

des ordres 7 Juin 1767, gouverneur & lieutenant-général de la Franche Comté en 1770, maréchal de France 24 Mars 1775, marié 1°. premier Juin 1733, à Charl.-Ant. Mazarini, fille du duc de Mazarin, morte 6 Sept. 1735. 2°. Juin 1736, à

Epouse. L Fr.-Macl.-Cel. de Coëtquen, fille unique du second lit du feu Marquis de Coëtquen.

Fils du second lit Emman.-Céleste-Augustin de Durfort, duc de Duras, né 28 Août 1741, maréchal de camp, premier Mars 1780, marié 16 Décembre 1760, à

Louise-Henriette-Charlotte de Noailles, fille du maréchal de Noailles-Mouchy, née 23 Août 1745, *dont*,

Petit-fils. Amedée, baron de Bretagne, marquis de Duras, né en Décembre 1772.

Fils du second lit. Charles-Armand-Fidele, comte de Duras, né 18 Déc. 1743, brigadier d'infanterie premier Mars 1780, marié par contrat du 28 Avril 1765, à

N Rigaud de Vaudreuil, fille de feu Jos.-Hyacinthe, marquis de Vaudreuil, morte 22 Novembre 1768, *dont*

Petite-fille. Maclovie de Duras, née 22 Mai 1779.

Nous donnerons, l'année prochaine, le tableau des autres branches de cette illustre maison.

XXXIII. LA VAUGUYON.

Paul Fr de Quelen-de-Stuert de Caussade, duc de la Vauguyon, né 30 Juil. 1746, ambassadeur de France auprès des étatsgénéraux Mai 1776, brigadier d'infanterie 5 Déc. 1781, chev. des ordres 1 Janv. 1784, marié le 15 Octobre 1766, a

Epouse. Ant.-Rosalie de Pons, fille du vicomte de Pons, lieutenant-général des armées, & de Gab.-Rose de Breteuil, née 11 Mars 1751.

Fils. Paul Maxim.-Cazim. prince de Carency, né 28 Juin 1768. Paul de la Vauguyon, né 24 Février 1777.

Filles. Ant.-Rose de Saint Mégrin née en Février 1770.
Pauline de la Vauguyon née en Mai 1783.

XXXIV. CHOISEUL.

Etien.-Fr. de Choiseul-de-Stainville, duc de Choiseul-Amboise en Touraine, né 28 Juin 1719, chevalier des ordres 29 Mai 1757, chevalier de la toison d'or Décembre 1761, lieutenant général des armées 17 Décembre 1759, ministre & sécrétaire d'état au département des affaires étrangeres 7 Avril 1766, marié 12 Décembre 1750, à

Epouse. Louise-Hon. Crosat, marq. de Caraman & Duchatel, née..

Frere. Jac. de Choiseul, comte de Stainville, baron de Dommanges aux eaux, le 16 Avril 1761, né..... maréchal de France 13 Juin 1783 marié 3 Avril 1761, à

Thomasse-Thér. de Clermont-d Amboise, fille de feu Jac. L.-Geor. marq. de Rénel, & de Marie Hen. Racine du Jonquoy.

Nieces. Marie Stéphanie de Choiseul-Stainville, file du maréchal de Choiseul, née 10 Nov 1763, mariée 10 Oct. 1777, à Claude-Ant-Clériadus de Choiseul-Beaupré, qui, à son mariage, a pris le nom de Choiseul-Stainville.

N. . de Choiseul Stainville, fille du maréchal de Choiseul, mariée en 1782, au prince Joseph de Monaco.

Sœurs. Charlotte-Eugénie de Choiseul, abbesse de S. Loui de Metz.

Béatrix, comtesse de Choiseul-Stainville, ci-devant chanoinesse de Remiremont, mariée 16 Août 1759 au duc de Gramont *Voyez le numéro suivant.*

XXXV. CHOISEUL-PRASLIN.

Cette maison est distribuée en deux branches, qui ont pour origine commune François de Choiseul, qui le 7 Fév. 1578 épousa Françoise d'Equilly, dont Jacques de Choiseul de Chavigny, auteur de la branche du duc de Praslin, & Jean de Choiseul d'Equilly, auteur de la branche du baron de Choiseu

Cesar-Gabriel de Choiseul, duc de Praslin, pair de France ministre d'état, né 14 Août 1712, lieutenant-général des armées 10 Mai 1748, ambassadeur extraordinaire a Vienne Déc. 1758 ministre plénipotentiaire au congrès d'Augsbourg, & à son retour, successivement ministre & sécretaire d'état au département des affaires étrangeres, ensuite à celui de la marine, & che du conseil royal des finances, serment prêté 7 Avril 1766, reç chevalier des ordres premier Janvier 1762, créé 2 Nov. suiva duc de Praslin, pair de France ; signe les trois préliminaires paix, & le 26 est fait lieutenant-général des huit évêchés, la Haute & Basse Bretagne, marié 30 Avril 1732, à Marie Champagne, fille du marquis de Villaines, morte 27 Déc. 178

Fils Renaud-César-Louis de Choiseul, vicomte de Choiseu chev. de l'ordre royal & militaire de S. Louis, né 18 Août 1735 nommé en Mars 1764, pour aller complimenter l'empereu l'impératrice & le roi des romains sur son élection ; ambassade extraordinaire à la cour de Naples, Avril 1766, maréchal camp 3 Janv. 1770, marié 30 Janv. 1754, à

Guyonne Marguerite-Philippine de Durfort, fille de feu Lou de Durfort, comte & ensuite duc de Lorges, lieutenant-géné

FRANCE.

des armées, menin du feu dauphin. & de Marie-Reine-Marguerite Butaut de Marſan, aont

Petit fils. Ant.-Céſar de Choiſeul, comte de Praſlin, meſtre de camp en ſecond du régiment de la reine infanterie, né 6 Avril 1756, marié 22 Août 1775, à

Charlotte Antoinette Marie-Septimanie ô Brien-de-Thomond, reſtée fille unique de Charles ô Brien-de-Thomond, maréchal de France, chevalier des ordres, commandant en la province de Languedoc, & de Marie-Louiſe-Gautier de Chiffreville, *dont*

Arrieres petits-fils. Charles-Raynard Laure-Félix, né 24 Mars 1778.

Alphonſe-Charles, né 11 Juillet 1780.

Arriere-petite-fille Anathaede-Laure-Zoée, née 5 Juil. 1782.

Petit-fils Céſar-Hypôl., comte de Choiſeul, fils du vicomte de Choiſeul, lieut. colonel de cavalerie, & ſous-lieut. des gendarmes de la reine, né 4 Août 1757, marié 2 Mai 1780, à

Louiſe-Joſephine de Choiſeul, fille aînée de Louis-Marie-Gab.-Céſar de Choiſeul, Baron de Choiſeul, & de Marie-Jeanne Françoiſe de Girard-de-Vannes, née.... *dont*

Arriere petit fils Céſar-Gabriel, né 2 Juillet 1782.

Petit fils René-Céſar, né 15 Mai 1779.

Petites-filles. Bonne-Déſirée, née 15 Juillet 1775.

Julie-Alix, née 29 Mai 1777.

2. Branche d'Équilly.

Louis-Marie-Gabriel-Céſar de Choiſeul, Baron de Choiſeul, maréchal des camps & armées, ambaſſadeur de France à la cour de Turin, commandeur profés des ordres royaux & militaires de Notre-dame de Montcarmel & de S. Lazare, collateur de plein droit des prévôtés, canonicats & prébendes de l'Egliſe collégiale de Notre-dame d'Autun, ſeigneur d'Alligny, Buſſieres, Cheli, Montfarutre, Roche, Argoulor, Galmaroux, la Maigni, la Rue, Perrouſſi, &c. né 5 Juin 1734, marié en Mars 1760, à Marie-Franç. de Girard-de-Vannes, fille & unique héritiere de Pier.-Jacq. de Girard-de-Vannes, ✠G.-Bailli d'épée du Nivernais, & de Franç. de Beze de la Balouze.

Filles. Louiſe-Joſ., née 20 Sept. 1764, mariée le 2 mai 1780, au comte Hyppolite de Choiſeul, petit fils du duc de Praſlin.

Charlotte Ferdinande-Marie de Choiſeul, née à Turin 14 Fév. 1767, fiancée par contrat du 26 oct. 1781 à Arnaud de Sérent, fils du marq. de Sérent, gouv. du duc d'Angouleme.

Sœurs. Claudine-Jacquette de Choiſeul, née 24 Fév. 1731.

mariée 16 Juillet 1752, à Franç-Victor de Clugni de Théniffey, son coufin-germain.

Marie-Catherine de Choifeul, née 6 Mars 1732, chanoineffe de Neuville, puis mariée 6 Nov. 1757, à Paul Ch.-Ant.-Fr. Leroi de Chavigny, comte de Montluc, feigneur d'Auzou.

XXXVI. LA ROCHEFOUCAULD.

LOUIS Alexandre de la Rochefoucauld-Roye, duc de la Rochefoucauld, pair de France, duc de la Roche-Guyon au Vexin Français non pair, prince de Marsillac en Poitou, marquis de Maignelais en Picardie, de Liancour en Beauvoifis & de Barbesieux en Saintonge, comte de Dureftal en Anjou, baron de Verteuil, Morton, Eftiffac, Enville &c..... né 11 Juillet 1743, appellé d'abord *prince de Marfillac*, puis *duc de la Roche-Guyon*, enfin duc de la Rochefoucauld, devenu duc & pair 14 Avril 1769, marié 1°. 13 Déc. 1762, à Louife-Pauline de Gand-de-Merodes, princeffe de Mamimes & de Montmorency, fille du feu comte de Middelbourg, fœur cadette de la comteffe de Lauraguais, morte fans poftérité 8 Sept. 1771. 2°. 28 Mars 1780, à

Epoufe. Charlotte-Sophie de Rohan-Chabot, fille du duc de Chabot.

Sœurs. Elifabeth-Louife, née 17. Juin 1740, mariée 11 Avril 1757, à Ant.-Aug. de Rohan-Chabot, comte de Maillé-la-Marche.

Adélaide-Emilie, née 4 Oct. 1745.

Mere. Marie-Louife-Nicole, fille aînée du feu duc de la Rochefoucauld, veuve 28 Sept. 1746, de Jean-Bapt.-Louis-Fred. duc d'Enville lieut.-général. des armées navales.

Coufines. Pauline-Louife Marguerite-Françoife, fille unique du feu duc de la Rochefoucauld, mort lieutenant-gén., veuve du comte de Middelbourg.

Elifabeth-Pauline de Gand-de-Merodes de Montmorency, fille aînée du comte de Middelbourg & de la précédente, née 20 Octobre 1737, mariée 11 Janv. 1755, au comte de Lauraguais. Voyez *Brancas*.

Marie-Elifabeth, fille du feu comte de la Rochefoucauld-Roye, veuve du duc d'Ancenis, coufin du duc de Béthune.

Françoife-Marguerite, abbeffe de Notre-dame de Soiffons.

Elifabeth Catherine, religieufe à Soiffons.

Charlotte-Eléonore, religieufe à Soiffons.

XXXVII. CLERMONT-TONNERRE.

JULES-Charles-Henri. duc de Clermont-Tonnerre, grand maître héréditaire du Dauphiné, connétable, premier baron &

premier commis né des états de la province du Dauphiné, né 6 Avril 1720, lieutenant-général des armées 25 Juillet 1762, lieu. général de la province du Dauphiné en 1765, reçu au parlement comme pair de France 13 mars 1782, par la mort du maréchal de Tonnerre, arrivée 15 Mars 1781, chevalier des ordres, 30 Mai 1784, marié 4 Juin 1741, à

Epouse. Marie-Anne Julie le Tonnelier, fille aînée du feu marquis de Breteuil, ministre de la guerre, née premier Déc. 1716, nommée dame du palais de la feue reine en 1757.

Fils. Charles Gaspard, marquis de Tonnerre, mestre-de-camp de cavalerie, né 30 Juillet 1747.

Anne-Ant. Jules, né 3 Janvier 1749, évêque comte de Châlons-sur-Marne en 1782.

Gaspard Paulin, vicomte de Clermont-Tonnerre, mestre-de-camp de cavalerie, né 23 Août 1751.

Freres. Jean-Louis Aynard, abbé de Luxeuil, né 30 Août 1724.

Joseph François, marquis de Clermont-Tonnerre, né 12 Janv. 1727, maréchal de-camp, 25 Juillet 1762, marié à Gimel de Lantilhac, née... *dont*

Neveu. N... Comte de Clermont Tonnerre, mariée par contrat du 24 Fév. 1782, à

N... comtesse Delphine de Sorans, dame de Remiremont, dame pour accompagner madame Elisabeth de France, présentée le 10 Mars.

Sœurs. Madeleine Louise-Jeanne, fille du feu maréchal, duc de Clermont Tonnerre, mariée au duc de Bourbon Buffet, dont deux enfans, le comte de Bourbon-Chateau, & le vicomte de Bourbon-Buffet.

XXXVIII. AUBIGNY.

CHARLES Lenox, duc d'Aubigny, en Berri, pair de France, lor-duc de Richemond au comté d'Yorck en Angleterre & de Lenox en Ecosse, comte de la Marche, dans le South-Wales & de Darnley, baron de Setrington & de Turbolton, pair d'Angleterre, titré duc de Richemont, né 3 Mars 1735, devenu duc d'Aubigny par succession paternelle, 19 Août 1750, marié 2 Avril 1757, à

Epouse. Marie Bruce, sœur de George, lord-comte d'Ailesbury, pair de la grande Bretagne, née le....

Nous ignorons s'il existe des enfans de ce mariage.

DUCS HÉRÉDITAIRES, NON-PAIRS,
Vérifiés au Parlement.

I. Chevreuse

[*Voyez* Luynes, à l'article des ducs & pairs.

II. Boutteville.

Charles-Paul Sigismond de Montmorency-Luxembourg, duc de Châtillon & de Boutteville, premier baron chrétien, né 10 Fév. 1697, lieutenant-général des armées 2 Mai 1744.

Voyez le n°. XII. *des ducs & pairs.*

III. Broglie.

Vict.-Fr. duc de Broglie, né 19 Octobre 1718, chevalier des ordres premier Janvier 1759, prince de l'Empire 8 Mai de la même année, maréchal de France 16 Décembre suivant, gouverneur-général de Metz & pays Messin, Février 1771, marié 1°. 2 Mai 1736, à Marie-Anne Dubois de Villers, morte 13 Déc. 1751. 2°. 11 Avril 1752, à

Epouse. L. Aug.-Salbigothon de Crozat de Thiers, née 25 Octobre 1733.

Fils. Ch.-L.-Vict., prince de Broglie & du S. Empire, né 22 Sept. 1756, mestre de camp comm. du régiment de Bourbonnois, inf. le 6 Juill. 1783, marié, 3 Février 1779, à

Sophie, comtesse de Rozen Kleinroopt, arriere-petite-fille du maréchal de Rozen.

Aug.-Jof. pr. de Rével, né à Broglie en 1762, capit. à la suite du rég. d'Aunis, inf., aide de camp de M. Frankenrain à l'expédition de Minorque, marié, 9 Avril 1782, à

Fr.-Angel. de la Brousse de Verteillac, née le...

Ch.-Louis-Vict., fils du maréchal de Broglie, né 28 Août 1765.

Maur.-J.-Magd. abbé de Broglie, né 5 Septembre 1766.

Vict.-Amedée-Marie, né 13 Octobre 1772.

Filles. L.-Aug.-Thérèse, née 6 Mars 1753, mariée 15 Février 1768, au comte de Damas de Crux, morte en 1769.

Charl.-Améd. Salbigothon, née 12 Juin 1754, mariée 5 Mars 1774, au comte Louis d'Helmstat, aujourd'hui mestre-de-camp commandant du régiment royal Allemand.

Adel.-Fr., née 19 Juin 1764, mariée 2 Avril 1784, à Adélaïde-Marie Stanislas,

FRANCE.

Aglaë-Ch.-Marie, née 21 Septembre 1771.

Sœur. Marie-Thérèse de Broglie, née 11 Mai 1732, veuve de Louis Charles, premier comte de Lameth, maréchal des camps & armées, maréchal-des-logis de la cavalerie de l'armée du haut Rhin, mort à Francfort.

2. BRANCHE issue du comte Charles de Broglie, frere du marquis de Broglie, mort le 16 Août 1781, & de Louise-Ang. de Montmorency.

AUGUSTE-L.-Jos., comte de Broglie, né 30 Janvier 1765.
Frere Ferd.-Fr. de Broglie, né 30 Janvier 1768.
Sœurs. Louise-Aug.-Ch.-Fr. de Broglie, née 25 Août 1760, mariée au marquis de Vassé.
Philippine-Thérèse, née 25 Février 1762.
Adélaïde-Charlotte, née 29 Juillet 1763.

IV. COIGNY.

MARIE-François-Henri Franquetot, duc de Coigny, en basse-Normandie, marquis de Bordage & de la Moussaye en Bretagne, grand bailli de Caën & gouverneur de la même ville, du château royal de Choisy & des ville & citadelle de Cambrai, né 28 Mars 1737, colonel général des dragons en 1771, chevalier des ordres 1 Janvier 1777, lieutenant général des armées, 1 Mars 1780, capitaine des chasses de la varenne du Louvre, dans la même année, marié 21 Avril 1755, à Marie-Jeanne-Olympe de Bonnevie, dame de la Ville & marquise de Vervins en Picardie, morte 27 Septembre 1757.

Fils Franç. Marie-Casimir, marq. de Coigny, prem. écuyer du Roi en survivance de son pere, le 5 Juin 1783, né 2 Septembre 1756, marié le 21 Février 1775, à

Louise Marthe de Conflans, née ... *dont*

Petite fille. Antoinette-Franç.-Jeanne, fille du marquis de Coigny, née 23 Juin 1778.

Frere Aug.-Gabriel, appelé le *comte de Coigny*, né 23 Août 1740, maréchal-de-camp, 1 Mars 1780, marié 18 Mars 1767, à Anne-Jos.-Michele de Roissy, morte en Octobre 1775, *dont*

Niece. Anne-Franç.-Aimée, née 12 Octobre 1769.

Frere. Jean-Philippe, née 14 Décembre 1743, chevalier de Malte.

V. LIANCOURT.

FRANÇOIS-Alex.-Fred. duc de Liancourt & d'Estissac, né 11

Janvier 1747, brigadier de dragons, 5 Décembre 1781, duc d'Estissac par succession paternelle, 28 Mai 1783, marié 10 Septembre 1764, à

Epouse. Félicité Sophie de Lannion, fille du feu comte de Lannion, gouverneur de Minorque, née 20 Octobre 1745.

Fils. François, né 1 Septembre 1765.

Alexandre-François, né 26 Août 1767.

Frédéric Gueteau, né 5 Février 1779.

Filles. Aglaë Emilie-Joséphine, né 28 Mai 1774.

Sœur. Emilie-Alexie, née 31 Décembre 1742, mariée 10 Mars 1761, au prince de Robecq-Montmorency.

Mere. Marie fille du feu duc de la Rochefoucauld, née en 1718, mariée 17 Novembre 1737 au feu duc d'Estissac, veuve 28 Mai 1783.

VI. LAVAL.

Gui-And.-Pierre de Montmorency-Laval, chef des noms & armes de sa maison, duc de Laval dans la province de la Marche, en cette qualité premier baron de la province, marquis de Laval-Lezay en Poitou, grand'croix de l'ordre de S. Louis, commandeur de celui de S. Lazare, Gouverneur du Pays d'Aunis, de Sédan & de Carignan, 4 Juin 1764, né 21 Sept. 1723, maréchal de France 13 Juin 1783, marié 29 Décembre 1740, à

Epouse. Jac-Hort. de Bullion, fille du feu marquis de Fervaques lieutenant général 17 Septembre 1759, chevalier des ordres, née ....

Fils. Anne-Alex-Sulpice-Jos. né 22 Janvier 1747, appelé le duc de Laval, maréchal de-camp, 1 Mars 1780, marié par contrat du 30 Décembre 1764, à

Marie-L.-Eliz.-Mauricette, fille unique du comte de Montmorency, frere du prince Tingry, née ...., présentée 16 Février 1766, *dont*

Petit-fils. Gui-Marie-Anne-Louis, fils du duc de Laval, né 25 Août 1766, marié 28 Avril 1784, à

Pauline-Renée Sophie de Voyer de Paulmy d'Argenson, née..

Anne-Pierre-Adrien, fils du duc de Laval, né 29 Octobre 1768.

Achille-Jean-Louis, fils du duc de Laval, né 15 Juin 1772.

Eugene, fils du duc de Laval, né 20 Juillet 1773.

Fils. Math.-Paul-Louis, dit le *vicomte de Laval*, né 3 Août 1748, colonel du régiment d'Auvergne, capitaine de la capitainerie royale de Compiegne, en 1766, marié par contrat du 29 Décembre 1765, à

... de Boullogne, née .... Présentée 23 Février 1766, *dont*

Petits-fils. Math.-Jos.-Félicité, fils du vicomte de Laval, né 10 Juillet 1767.

FRANCE. 43

Anne-Pierre, fils du vicomte de Laval, né 16 Avril 1769.

Fille. Guyonne-Jof. Eliz., née 14 Février 1755, mariée 19 Avril 1768, au duc de Luynes.

2 BRANCHE de *Montmorency-Laval*, *appelée à la succession du duché.*

LOUIS-Adél.-Anne-Joseph de Montmorency-Laval, appelé *comte de Laval*, meftre-de-camp de dragons, feigneur de l'ancien duché pairie de S. Simon en Picardie, vicomte de Claftre, baron de Benay, feigneur châtelain de Flavi-le-Martel & du poirier au Maine, né 8 Oct. 1751, marié 28 Avril 1773, à

Epoufe. Anne-Jeanne-Thérefe-Joféphine de la Roche genfac, fille du marquis de la Roche-genfac & de dame de Caulet de Gramont, née en 1754.

Tantes. Marie-Louife, fille aînée du feu maréchal de Montmorency Laval, abbeffe de Montmartre, née 31 Mars 1723.

Henriette Louife, mariée à Blockard-Maximilien-Aug. comte d'Helmftadt & de Morhange, libre baron du S. Empire, fouverain de Bicheosheim, au cercle du bas-Rhin, ancien meftre-de-camp du régiment de Bretagne, cavalerie, aujourd'hui Bourgogne.

VII. CAMBRAI.

FERD. Maxim.-Mériadec, Pr. de Rohan-Guemené, né 7 Novembre 1738, facré archevêque de Bordeaux 8 Avril 1770, nommé à l'archevêché de Cambrai en 1781, grand-prévôt du chapitre de Strasbourg, & tréfoncier de Liége.

VIII. MONTMORENCY.

L'aîneffe eft dans cette branche depuis 1570.

ANNE Léon, duc de Montmorency, premier baron de France & premier chrétien, prince fouverain d'Aigremont, baron libre de l'Empire & des deux Modaves, comte de Gournay, Tancarville & Creully, marquis de Signelay, Crevecœur, Lonrey & autres lieux, menin du feu dauphin & connétable héréditaire de la province de Normandie, né 11 Août 1731, maréchal des camps & armées 25 Juillet 1762, marié 1°. à Marie-Judith de Champagne au Maine, morte en 1763 ; 2°. 6 Octobre 1767, à

Epoufe. Anne-Franç.-Charlot. de Montmorency-Luxembourg, petite-fille du prince de Tingry, née 17 Novembre 1752.

Fils. Anne-Franç.-Charles comte de Montmorency, né 20 Juin 1768.

Anne-Louis-Christian, comte de Tancarville, né 16 Mai 1769.

Anne-Jos.-Thibault, appelé chevalier de Montmorency, né 17 Mars 1773.

Anne-Charles-Louis, comte de Gournay, né 3 Décembre 1781.

Filles. Anne-Louise-Mad.-Eliz., né 8 Juillet 1771.

Anne-Eléonor-Pulcherie, appelée Mademoiselle de Pricy, née 1 Novembre 1776.

Pere. Anne-Léon de Montmorency, chef des noms & armes de Montmorency, chevalier des ordres, lieutenant-général des armées, chevalier d'honneur de Madame Adélaïde, commandant en chef du pays d'Aunis, gouverneur de Salins, né en 1705, marié 1°. 11 Décembre 1730, à Anne-Marie-Barbe, fille de feu Arnold, baron de Ville & d'Empire, morte 23 Août 1751; 2°. 23 Octobre 1752, à Marie-Mad.-Gabr. Charette, de Montebert, veuve du dernier comte de Vertus, & auparavant de Louis de Serent, marquis de Kerfily, morte le ...

2. BRANCHE DE MONTMORENCY-ROBECQUE.

ANNE-Louis-Alex. de Montmorency, prince de Robecque, grand d'Espagne, comte d'Esterre, vicomte d'Aire dans les Pays-bas, né le 25 Janv. 1724, gouv. d'Aire, l.-gén., 25 Juil. 1762, marié 1°. à N., fille du feu maréc. de Luxembourg, morte en ..; 2°. 10 Mars 1761, à Emilie-Alexie de la Rochefoucauld, fille du feu duc d'Estissac, née 31 Décembre 1742.

Frere Louis-Anne-Alex. de Montmorency, appelé le marquis de Morbecque, né 25 Janvier 1727, lieutenant-général 1 Mars 1780.

Voyez les autres branches de l'illustre maison de Montmorency, article XII des *ducs & pairs*, & article VI & IX des *ducs héréditaires.*

IX. BEAUMONT.

CHARLES-Franç. Christian de Montmorency-Luxembourg, prince de Tingry, lieutenant-général de la province de Flandres & gouverneur des ville & citadelle de Valenciennes, né 11 Novembre 1713, lieutenant-général des armées 10 Mai 1748, capitaine des gardes-du-corps 27 Mai 1764, marié 1°. 4 Octobre 1730, à Anne-Sabine Olivier de Senozan, veuf 29 Septembre 1741: 2°. à N.... de la Tour-Maubourg, morte le ...; 3°. 11 Février 1765, à

Epouse. Eléonore-Josephe-Pulcherie de Laurens, née à Avignon 18 Mars 1745, cousine de la feue maréchale de Luxembourg, qui la présenta le 3 Mars 1765.

FRANCE.

Fils. N. de Montmorency, appelé le *comte de Beaumont*, né en 1768.

Fille. Louise-Franç.-Pauline de Montmorency-Luxembourg, née en Janvier 1734, appelée *duchesse de Montmorency*, mariée 7 Février 1752, veuve en 1761, d'Anne-Franc. de Montmorency-Luxembourg, duc de Montmorency, remariée, en conservant les honneurs de duchesse, 14 Avril 1764, au comte de Montmorency-Logny, mort en....

Du premier mariage est issue une fille, mariée au duc de Montmorency. *Voyez l'article précédent.*

X. LORGES.

JEAN-Laur. de Durfort-Civrac, duc de Lorges, né en 1746, créé duc héréditaire en 1773, lieutenant-général au comté de Bourgogne 15 Mai 1778, brigadier de cavalerie 5 Décembre 1781, marié 22 Mai 1762, à

Epouse. Adél. Phil., fille du dernier duc de Lorges, née 16 Septembre 1744, dame de la feue Dauphine, Juin 1762.

Fils. Gui-Eméric-Anne, né 25 Juin 1767.

Alexandre-Améric, né 6 Février 1770.

Belle-sœur Guyonne-Marg.-Phil. de Durfort, sœur de la duchesse de Lorges, mariée au vicomte de Choiseul. *Voyez Praslin.*

Belle-mère. Marie Marg. Reine Butaut de Marsan, veuve du dernier duc de Lorges, née 4 Janvier 1718, dame de la feue Dauphine, Janvier 1745.

Tante. Eliz.-Philippine de Poitiers-de-Rye, fille unique de feu Ferdin.-Jos., marquis de Varambon & de Coublens, appelé *comte de Poitiers*, née posthume 23 Décembre 1715, mariée 13 Juillet 1728, à Gui-Mich. de Durfort, Maréchal, duc de Randan, frère aîné du dernier duc de Lorges, veuve en 1773.

Voyez le n°. XXXII des Ducs & Pairs.

XI. CROY-D'HAVRÉ.

JOSEPH-Anne Aug.-Maxim. de Croy, duc d'Havré & de Croy, prince d'Empire, grand d'Espagne de la première classe, né 12 Octobre 1744, gouverneur de Scheleftat 23 Juin 1767, brigadier de cavalerie, 1 Mars 1780, marié 20 Février 1762, à

Epouse. Adél.-Louise-Franç. Gabr. de Croy-Solre, sa cousine, née 6 Décembre 1741.

Fils. Ernest-Emman.-Joseph, né 20 Mars 1780.

Filles. Adél.-Mar.-L.-Justine-Jos., née 10 Juillet 1768.

Amélie-Gabrielle, née 13 Avril 1774.

Aimée-Pauline-Joséphine, née 25 Décembre 1776.

Sœurs. Marie-Anne-Christine-Jos. née 7 Février 1737, mariée 20 Mars 1760, à Gabr.-François, chevalier, comte de Rougé, châtelain de la Bizotiere, maréchal-de-camp 16 Avril 1767.

Emmanuelle L.-Gabr., née 24 Juillet 1738, religieuse à la Visitation, à Paris, rue *du Bacq*.

Louise-Eliz.-Fél.-Franç.-Armand-Mar.-Jean.-Joséphine, née 24 Juin 1749, mariée 8 Avril 1764, à Louis-Franç. de Bouchet, marquis de Tourzel, conseiller d'état, grand-prévôt de France en survivance, brigadier des armées, mestre-de-camp & commandant du régiment royal-cravattes, cavalerie.

Oncle. Jean-Juste-Ferdinand Jos. de Croy, né 21 Mai 1716, devenu comte de Priego & grand d'Espagne de la premiere classe, par son mariage du 12 Février 1742, avec l'une des filles du duc de Lanti, son oncle maternel, brigadier de cavalerie des armées de France, 20 Février 1741, chevalier de l'ordre de la toison d'or, de celui de Charles III, commandeur de celui de S. Jacques, gentilhomme de la chambre du roi d'Espagne; lieutenant général de ses armées, & ancien colonel du régiment des gardes Wallones.

Tante. Marie-Louise-Jos. de Croy-d'Havré, née 22 Fév. 1774, veuve de Charles-Frédéric, marquis de Tana, d'Antraives & de Verolingo, comte de Lunon, premier gentilhomme de la chambre du roi de Sardaigne.

2. BRANCHE DE CROY-SOLRE.

ANNE-Emman.-Ferdin.-François Prince de Croy, né 10 Novembre 1743, brigadier de cavalerie, 1 Mars 1780, marié 29 Octobre 1764, à.

Epouse. Aug.-Fréd.-Guillelmine de Salm-Kyrbourg, née 13 Septembre 1747, présentée 25 Novembre 1764: *dont*

Fils. Aug.-Phil.-L.-Emmanuel, appelé *prince de Meurs*, né 3 Novembre 1765.

Emman.-Mar.-Maximilien de Croy, né 7 Juillet 1768.

Louis-Char.-Fréd.-François, né 19 Décembre 1769.

Charles-Maurice-Guillaume, né 30 Juillet 1770.

N ...., né en 1773.

N ....., né en 1775.

Fille. N... de Croy d'Havré, née...

Cousine. Anne-Marie de Croy, sœur du dernier duc de Croy de Rœux, veuve 17 Juin 1725, du marquis de Leide, capitaine-général au service d'Espagne.

De ce mariage est issu un fils que nous croyons sans alliance.

FRANCE.

XII. VILLEQUIER.

LOUIS-Al.-Céleste d'Aumont-de-Rochebaron, frère du duc d'Aumont, duc de Villequier, né 14 Août 1736, premier gentilhomme de la chambre, 12 Avril 1762, maréchal-de camp 3 Janvier 1770, chevalier des ordres 2 Février 1777, marié 25 Janvier 1759, à Félicité-Louise le Tellier, fille du feu marquis de Courtanvaux, capitaine colonel des cent-Suisses, morte 14 Juin 1768, le... marié 2° à...

Fils. N... Marquis de Villequier, né... prem. gentilhomme de la chambre, en survivance de M. le duc son père, en 1784.

Voyez l'article XIX *des Ducs & Pairs.*

XIII. CHASTELET.

LOUIS-Marie-Florent, duc du Châtelet d'Arancourt, né à Semur, 20 Novembre 1727, ci-devant ambassadeur de France à Vienne & à Londres, menin du feu Dauphin, grand-chambellan du roi Stanislas, chevalier des ordres, 10 Juin 1764, colonel-lieutenant du régiment du roi, en 1761, lieutenant-général des armées, 1 Mars 1780, gouverneur général du Toulois & de Toul, en 1782, marié 26 Avril 1752, à

Diane Adél. de Rochechouart, fille du comte de Rochechouart-Faudoas, née en Octobre 1732.

2. BRANCHE DE CLEMONT.

ANT. Bernardin, comte du Châtelet, né..., marié 1° en 1741, à Anne de Mailly de Charneuil, morte sans enfans; 2°. à

Epouse. Cath. Michele de Jassaux, fille de feu M. de Jassaux, conseiller au parlement.

XIV. POLIGNAC.

JULES, comte de Polignac, marquis de Mancini, né le 9 Juin 1745, créé duc héréditaire avec les honneurs de Louvre, par brevet du 20 Sept. 1780, mestre de camp du régiment du Roi cavalerie, brigadier des armées le 5 Déc. 1781, premier écuyer de la Reine, en survivance du comte de Tessé, en 1776, marié par contrat du 5, célébré à S. Sulpice, le 7 Juill. 1767, à

N.... de Polastron, fille de Jean-François-Gabriël, comte de Polastron, gouv. de Castillon, grand sénéchal du comté d'Armagnac, & d'Anne Charlote de Noé, *dont*

N.... de Polignac, mariée à Ant.-Louis-Marie, duc de Guiche, né le 17 Août 1755.

Frere. Philippe-Jules-Franç. de Polignac, né en Janv. 1747.
Sœur. Diane-Franç.-Zephirene de Polignac née le 14 oct. 1746.
N.... de Polignac, née en Août 1748.

Pere Melchior-Arnaud, marquis de Polignac, né le premier Fev. 1717, colonel du régiment Dauphin cavalerie, le 10 Fev. 1738, premier écuyer de M. le comte d'Artois, chevalier des ordres le 2 Fév. 1777, marié le 16 Décembre 1738, à

Diane-Adel.-Zéphirene Mancini Mazarini, née le 3 Fév. 1726.

XV. MAILLÉ.

CHARLES RENÉ, duc de Maillé de la Tour Landri, né.... gentilhomme de la chambre de M. le Comte d'Artois, en 1773, lieutenant-général des armées en 1784, marié, 9 Mars 1769, à

Epouse. Madeleine-Angelique-Charlotte de Brebant, née...

Fils. Charles-François Arnaud, marquis de Maillé, né 10 Janvier 1770, gentilhomme de la chambre de M. le Comte d'Artois, en survivance du duc de Maillé son pere, en 1784, marié 23 Août de la même année, à

Henriette-Victoire, fille du duc de Fitz-James, née 10 Octobre 1770.

Charles-Jean de Maillé, né 24 Juin 1771.

XVI. LEVIS.

FRANÇOIS Gaston, marquis de Levis, né le 23 Août 1720, brigadier des armées le 11 Mars 1756, marechal de camp le 20 Octobre 1758, lieutenant général le 10 Fev. 1761, gouv.- général de la Province d'Artois, en 1765, chevalier des Ordres le 26 mai 1776, créé marechal de France le 13 Juin 1783, créé duc héréditaire avec les honneurs du Louvre, par brevet de 1784, marié le 22 Janvier 1762, à

Epouse. Gabriëlle Augustine *Michel*, fille de N.... trésorier général de l'artillerie de France, directeur de la compagnie des Indes; elle a été présentée le 28 Fev. 1762.

Fils. Pierre-Marc Gaston de Levis.

Gabrielle-Augustine-Françoise de Levis.

Marie-Gabrielle Artois de Levis, tenu sur les fonts de baptême en 1766, par les états d'Artois.

Henriette de Levis, née le 22 Avril 1767.

DUCS A BREVET, Messieurs

Le comte de Lauraguais, né 3 Juillet 1733.
Le duc d'Ayen, né 26 Octobre 1739.
Le duc de Gontaut, né 8 Septembre 1708. *Voyez Biron.*
Le duc de Duras, né 28 Août 1741.
Le Vicomte de Choiseul, né 18 Août 1735.
Le duc de Lesparre, né 17 Septembre 1746.
Le duc de Lauzun, né 15 Avril 1747.
Le duc de Fitz-James, né 26 Novembre 1743.
Le maréchal de Laval, né 22 Janvier 1747.
Le duc de Chabot, né 20 Avril 1733.
Le prince de Poix, né 22 Novembre 1752.
Le duc de Narbonne, né 17 Décembre 1718.
Le duc de Civrac, né 19 Mars 1716.
Le comte de la Tour d'Auvergne, né 10 Août 1720.
Le comte de la Tour d'Auvergne, né 10 Novembre 1770.
Le duc de Guines, né ...
Le duc de Mailly, né 28 Novembre 1744.
Le duc de Crussol, né 30 Décembre 1756.
Le duc de Sully, né 2 Juillet 1756.
Le duc de Broglie, né en Octobre 1762.
Le duc de Guiche, né 17 Août 1755.
Le C. de Gand, *Brev. d'honneur héréditaire*, né... Août 1751.
Le comte de Choiseul-Stainville, né 18 Août 1735.
Le vicomte de Laval, né 3 Août 1748.
Le comte de Charlus, né en Avril 1756.
Le marquis de Cossé, né 29 Novembre 1748.
Le marquis de Beuvron, né 4 Octobre 1727.

MINISTRES ET SECRÉTAIRES D'ÉTAT, Messieurs

1774 Le comte de Vergennes, chef du conseil royal des fin. *Les Affaires étrangeres.*
1780 Le marquis de Ségur, maréchal de France & chevalier des ordres. *La Guerre.*
1780 Le marquis de Castries, maréchal de France & chevalier des ordres. *La Marine.*
1783 Le baron de Breteuil, chev. des ordres. *La Maison du Roi.*
1783 De Calonne, grand-trésorier de l'ordre du S. Esprit, contrôleur-général des Finances.

CONSEILS DU ROI.

CONSEIL D'ETAT.

Ce Conseil se tient le Dimanche & le Mercredi.

LE ROI.

Messieurs

1759 Le maréchal, prince de Soubise.
1778 Le marquis d'Ossun, ministre d'état.
1774 Le comte de Vergennes, ministre & secrétaire d'état
1781 Le maréchal de Castries, ministre & secrétaire d'état
1781 Le maréchal de Ségur, ministre & secrétaire d'état.
1783 Le baron de Breteuil, ministre & secrétaire d'état.

CONSEIL DES DÉPECHES.

Ce Conseil se tient le Samedi.

LE ROI.

Messieurs

1774 Le garde des sceaux.
1759 Le maréchal, prince de Soubise.
1781 Moreau de Beaumont, conseiller d'état, ordinaire.
1771 Bertier de Sauvigni, conseiller d'état, ordinaire.
1783 Le marquis d'Ossun, ministre d'état.
1774 Le comte de Vergennes, ministre & secrétaire d'état
1780 Le maréchal de Castries, ministre & secrétaire d'état
1780 Le maréchal de Séjur, ministre & secrétaire d'état.
1783 Le baron de Breteuil, ministre & secrétaire d'état.
1783 De Calonne, controleur général des Finances.

CONSEIL ROYAL DES FINANCES.

Ce Conseil se tient le Mardi.

LE ROI.

Messieurs.

1783 Le comte de Vergennes, ministre & secrétaire d'état
1774 Le garde des sceaux.
1766 Feydau de Marville, *doyen du conseil*.

FRANCE.

Messieurs

1769 Moreau de Beaumont, conseiller d'état, ordinaire.
1767 De Boullongne, conseiller d'état, ordinaire.
1777 Boutin, conseiller d'état.
1783 De Calonne, contrôleur-général des Finances.

CONSEIL ROYAL DU COMMERCE.

Ce Conseil se tient tous les quinze jours.

LE ROI.

Messieurs

1774 Le garde des sceaux.
1780 Le maréchal de Castries, ministre & secrétaire d'état.
1774 Le comte de Vergennes, ministre & secrétaire d'état.
1767 Moreau de Beaumont, conseiller d'état.
1781 De Boullongne, conseiller d'état.
1783 Pelletier de Beaupré, conseiller d'état.
1775 Bouvard de Fourqueux, conseiller d'état.
1780 De Monthion, conseiller d'état.
1783 Le baron de Breteuil, ministre & secrétaire d'état.
1783 De Montholon, Conseiller d'état ordinaire.
1783 De Calonne, *controleur général des finances.*

CONSEIL D'ÉTAT ORDINAIRE. *Messieurs*

1768. Le chancelier de France.
1774. Le garde des sceaux de France.

Ce conseil est de plus composé de trente-six conseillers; savoir, 30 conseillers d'état, tirés de la magistrature, dont 18 ordinaires; trois d'Eglise, & trois d'épée aussi ordinaires.

Quatrevingt-huit maîtres des requêtes, dont le doyen est conseiller d'état né.

MAISON DU ROI,

CHAPELLE, *Messieurs*

1777 Le cardinal prince de Rohan, *grand-aumônier de France.*
1764 L'évêque de Senlis, *premier aumônier.*
1776 Le Cornu de Ballivière, *aumônier ordinaire.*
Huit aumôniers qui servent par quartier.

FRANCE.

HÔTEL DU ROI. *Messieurs*

1740 Le prince de Condé, *grand-maître de la maison du R*
        1770 Le duc de Bourbon, *en survivan*
1769 Le comte d'Escars, *premier maître d'Hôtel.*
        1783 Le baron d'Escars, son frere, *en surviva*
1746 Le marquis de Mondragon, *maître d'Hôtel ordinaire*
1780 Le duc de Brissac, *premier pannetier.*
1756 Le marquis de Verneuil, *premier échanson.*
1726 Le marquis de la Chesnaye, *premier tranchant.*

ECUYERS DU ROI. *Messieurs*

1774 Le duc de Coigny.
        1783 Le marquis de Coigny, son fils, *en survive*
1778 Le comte de Tesson, *écuyer ordinaire.*

CHAMBRE DU ROI.

1775 M. le duc de Bouillon, *grand chambellan de France*

PREMIERS GENTILSHOMMES. *Messieur*

1741 Le duc de Fleury.
1744 Le maréchal duc de Richelieu.
        1756 Le duc de Fronsac, *en surviva*
1757 Le maréchal duc de Duras.
1762 Le duc de Villequier.
        1784 M. son fils, *en surviva*

GARDE-ROBE. *Messieurs*

1768 Le duc de Liancourt, *grand maître.*
1760 Le comte de Boisgelin, } *maîtres.*
1773 Le marquis de Chauvelin, }

MEDECINE ET CHIRURGIE. *Messieurs*

1774 De Lassone, conseiller d'état, *premier médecin.*
1774 Le Monnier, *médecin ordinaire.*
1760 Andouillé, conseiller d'état, *premier chirurgien.*
1784 Lestpaneau, *en survivance.*
1768 La Marque, *chirurgien ordinaire.*

BIBLIOTHÈQUE.

1784 M. Le Noir, Conseiller d'état, lieut.-général de pol. maître de la librairie de la chambre, du cabinet & de la bliothéque du Roi.

CÉRÉMONIES. Messieurs

1781 Le marquis de Dreux de Brézé, grand maître.
1780 Lallemant, comte de Nantouillet, maître.
17.. M. son père, en survivance.
1760 Brossed de la Haye, roi d'armes de France.
1767 Uchois de Wironvilliers, aide.

LOGEMENTS DE LA COUR ET SUITE. Messieurs

1774 Le marquis de la Suze, gr. maréchal des logis.
1771 D'Albiaud, baron d'Entrechaux, capitaine gén. des guides, camps & armées.

MEUBLES DE LA COURONNE.

1769 Randon de la Tour, garde général.

GRANDE ÉCURIE. Messieurs

1781 Le prince de Lambesc, grand écuyer de France.
1773 De Malbec de Monjoc, marquis de Briges, cap. du haras du Roi, premier écuyer.
1779 Le comte de Briges, son fils, en survivance.

PETITE ÉCURIE. Messieurs

1774 Le duc de Coigny, premier écuyer.
1783 Le marquis de Coigny, son fils, en survivance.

VÉNERIE. Messieurs

1717 Le duc de Penthievre, grand veneur.
17.. Le Tourner d'Yanville, commandant.
1780 Le comte de Vaudreuil, grand fauconnier.
1780 Le comte d'Haussonville, grand louvetier.
17.. De Saint Didier, commandant.
1741 Le marquis d'Ecquevilly, capitaine du Vautrait.
1768 Le comte d'Ecquevilly, son fils, en survivance.
17.. Caqueray de Magnes, commandant.
17.. De Boubers, commandant en second.

BÂTIMENTS. Messieurs

1774 Le comte d'Angiviller, directeur & ordonnateur général des bâtiments, jardins, arts, académies & manufactures royales.
1775 Mique, premier architecte du Roi, honoraire.
1770 Pierre, premier peintre du Roi.
1776 Jardin, architecte ordinaire.
1776 Heurtier, inspecteur général.

FRANCE.

GARDES DU CORPS.

Compagnie Ecossaise, *Bandouliere Blanche.* Messieurs
1776 Le duc d'Ayen, *capitaine.*
1781 Le chevalier de Larroux, *aide-major.*

I. Compagnie Française, *Bandouliere Bleue.* Messieurs
1757 Le maréchal prince de Beauvau, *capitaine.*
            1774 Le prince de Poix, *en surviva*
1780 De Collinot, *aide-major.*

II. Compagnie Française, *Bondouliere Verte.* Messieurs
1766 Le duc de Villeroy.
            1779 Le duc de Guiche, *en surviva*
1783 De Tavernery, *aide-major.*

III. Compagnie Française, *Bandouliere Jaune.* Messieurs
1764 Le prince de Tingry, *capitaine.*
            1767 Le prince de Luxembourg, *en surviva*
1784 De la Coudrelle, *aide-major.*

ETAT MAJOR DE LA MAISON DU ROI. Messieurs

1771 Le marquis de Pontecoulant, *major-général.*
1772 Le comte d'Agoult,   } *aides-majors généraux.*
1782 Le vicomte d'Agoult, }
1764 De Brachet, *sous-aide-major.*
1779 Le chevalier Chalus, *fourrier-major.*

COMPAGNIE DES CENT GARDES-SUISSES. Messieurs

1781 Le duc de Brissac, *capitaine colonel.*
17.. De Beauvoir, ✠ *Français.* } *aides-majors-chefs.*
17.. De Busset, ✠ *Suisse.*   }

GARDES DE LA PORTE. Messieurs

1783 Le vicomte de Vergennes, *capitaine colonel.*
1779 D'Avrange d'Haugeranville, *major.*

GARDES DE LA PRÉVÔTÉ DE L'HÔTEL. Messieurs

1719 Le marquis de Sourches, ✠ *capitaine colonel.*
            1769 Le marquis de Tourzel, ✠ *en surviva*
1782 De la Chapelle, *lieut. général ordinaire d'épée.*
1777 De Warville, ✠ *major.*

FRANCE

GENDARMES DE LA GARDE. *Messieurs*

1734 Le maréchal prince de Soubise, *capitaine lieutenant.*
1780 Le marquis de Brisay, } *sous-lieutenans.*
1782 Le Vicomte de Ségur, }
1775 De Pompry, *aide major, chef.*

CHEVAUX-LEGERS DE LA GARDE. *Messieurs*

1769 Le duc d'Aiguillon, *lieutenant.*
             1780 Le comte d'Agenois, *en survivance.*
1780 Le marquis de la Roche-du-maine, } *sous-lieutenans.*
178. Le marquis de Jumel. }

GARDES-FRANÇAISES. *Messieurs*

1745 Le maréchal duc de Biron, *colonel.*
1771 Le marquis de Vilé, *lieutenant colonel.*
1777 Le marquis de Rochegude, *en second.*
1766 Le marquis du Sauzay, *major.*
1772 D'Agout,
1777 De Revigliasc
1778 De Bocquetay,   }
1779 De Mesgrigny, †   } *aides-majors.* ✠
1780 De Serquigny,   }
1781 De Barcillat,   }
1783 Dubois Berenger, }

GARDES-SUISSES. *Messieurs*

1771 Le comte d'Artois, *colonel général.*
1767 Le comte d'Affry, *colonel.*
1767 Le Baron de Besenval, *lieutenant colonel.*
1767 Le Baron de Bachmann, *major.*
1770 De Byss, ✠
1781 De Sarbeck,   } *aides-majors.*
1782 De-Salis-Zizers,   }
1781 Le comte de Fegely, }
1779 Le baron de Dietrich, *secret. gén. des Suisses & Grisons.*

GARDES DU TRÉSOR ROYAL. *Messieurs*

1755 Micault d'Harvelay,
1777 De la Borde, fils, *adjoint & surviv.*
1756 Savalette,
1774 Savalette de langes, *adjoint & surviv.*

D 4

FRANCE.

TRÉSOR GÉNÉRAL DES DEPENSES DE LA GUERRE. *Messieurs*

1778 Megret de Serilly.
1782 Fontaine de Biré.

DEPENSES DE LA MAISON DU ROI.

1775 Randon de la Tour, *trésorier payeur général*.

JURISDICTION DE LA COUR.

1719 M. le marquis de Sourches, *grand prévôt de France*.
    1769 M. le marquis de Tourzel, *son fils*, *en survivance*.

MARÉCHAUX DE FRANCE.

Ces grands officiers militaires, dont le plus ancien jouit des honneurs & des privilèges du connétable de France, ont été établis, en 1185, par Philippe Auguste.

Messieurs

11 Oct. 1748. Le duc de Richelieu, né 13 Mars 1696. *premier*.
24 Fév. 1757. Le duc de Biron, né 2 Février 1701.
24 Août 1758. L. George Er. de Contades, né en Oct. 1704.
19 Oct. 1758. Le prince de Soubise, né 16 Juillet 1715.
16 Déc. 1759. Le duc de Broglie, né 19 Octob. 1718.
    Le duc de Noailles, né 21 Août 1713.
    Le duc de Fitz James, né 4 Novembre 1712.
    Le duc de Mouchy, né 7 Décembre 1715.
    Le duc de Duras, né 19 Décembre 1715.
13 Juin 1783. Le comte de Mailly d'Aucourt, né.....
    Le marquis d'Aubeterre, né 14 Janvier 1714.
    Le prince de Bauveau, né 10 Novembre 1720.
    Le marquis de Castries, né 25 Février 1727.
    Le duc de Laval, né 21 Septembre 1723.
    Le comte de Vaux, né.....
    Le marquis de Ségur, né 20 Juillet 1724.
    Le comte de Choiseul-Stainville, né 18 Août 1735.
    Le marquis de Lévis, né 23 Août 1720.

MM. les maréchaux de France ont un Tribunal qui se tient ordinairement chez le plus ancien de cette illustre compagnie, & dont un maître des requêtes est rapporteur.

FRANCE.

M. de Tolosan, maître des requêtes, *rapporteur*.
M. de la Croix ✠ *secrétaire général*.
M. Gondot ✠, *honoraire*.

Il y a de plus, en France, environ 100 lieutenans-généraux, 500 maréchaux de camp, 325 brigadiers d'infanterie, 150 brigadiers de cavalerie, 56 brigadiers de dragons, & une foule innombrable d'autres officiers moins considérables.

MARINE DE FRANCE.

AMIRAL DE FRANCE.

1737. M. le duc de Penthievre.

VICE-AMIRAUX. *Messieurs*

1777. Le comte d'Estaing.
1781. Le m. de Saint Aignan.
1784. Le prince de Montbazon.
1784. Le Bailli de Suffren.

LIEUTENANS-GÉNÉRAUX. *Messieurs*

1777. Le duc de Chartres.
Le bailli de Raimond d'Eaux.
Le comte du Chaffault de Besné.
1779. Le comte de Beugnon.
Le comte de Guichen.
1780. d'Abon.
La Jonquiere-Taffanel.
1781. La Touche-Tréville.
Le comte de Grasse-Tilly.
De Laccary.
1782. Le m. Deshayes de Cry.
Le chevalier de Fabry.
Le vic. de Rochechouart.
Le c. de Bartas S. Laurent.
Le c. d'Arbaud de Jouques.
de la Mothe-Piquet.
Le comte d'Hector.
Le marquis de Vaudreuil.
1783. Le chev. de Monteil.
1784. de Bausset.

CHEFS D'ESCADRE. *Messieurs*

1767. Mercier.
1776. Le m. de la Prévalaye.
Le bailli Desnos.
Faucher.
Le comte du Dresnay des Roches.
Le chevalier de Forbin d'Oppede.
1778. Boisseau de la Galernerie.
Moriés Castellet.
1779. de Bougainville.
1781. Le comte de Marin.
Le ch. du Breil de Rays.
le chevalier d'Apchon.
1781. Le chevalier d'Albert S. Hypolite.
Le chevalier de Coriolis d'Espinouse.
Le comte de Cherisey.
Le comte de Vaudreuil.
Beaussier de Châteauvert.
Le marquis de Chabert.

1784 De Peynier.	1784 De Briqueville.
Le comm. de Dampierre.	Le chev. de Basleroy.
Le M. de la Porte-Vesins.	Le comte de Michon &
De la Cardonnie.	Genouilly.
Le marq. de Nieuil.	Dupleſſix Paſcaux.
Le C. Dumaits de Goimpy.	D'Albert de Rioms.
Le comte d'Amblimont.	Dès Touches.
De Glandévés.	Valmenier Cacqueray.
Le bar. d'Arros d'Argelos.	

SECRÉTAIRE GÉNÉRAL DE LA MARINE.

1783. M. Perrier, *hôtel de Toulouſe*.

TRÉSORIERS GÉNÉRAUX DES DÉPENSES DE LA MARINE ET DES COLONIES. *Meſſieurs*

1780. Boutin.
1782. Baudard de S. James.

TABLE DE MARBRE.

Les officiers de la table de marbre ſont officiers de robe & d'épée. Comme magiſtrats, ils jouiſſent du droit de *committimus* au grand ſceau, de l'exemption du droit de franc-fief, & de divers autres priviléges attachés à la haute magiſtrature. Comme officiers d'épée, ils appartiennent à la grande gendarmerie, & l'édit du 4 Mai 1637 leur en attribue toutes les prérogatives. Ils ont le droit de porter le grand uniforme de la marine & ils peuvent remplir la plupart de leurs fonctions, lorſqu'ils en ſont revêtus. C'eſt à eux, excluſivément à tout autre tribunal qu'il appartient de connaître des cauſes des étrangers. Un privilége qui leur eſt propre, c'eſt qu'un ſeul d'entre eux peut juger à l'audience, en dernier reſſort. Les jugemens de la table de marbre, comme ceux des amirautés inférieures & des juridictions conſulaires, condamment communément par corps. C'eſt à ce tribunal que ſont reçus tous les officiers qui compoſent les amirautés de ſon reſſort.

1737. M. le duc de Penthievre, amiral de France, *Chef*.

PRÉSIDENS. *Meſſieurs*

1778. De la Haye de Cormenin, chevalier, *lieut.-gén. civil*.
1781. Tronquet de S. Michel, *lieutenant-général-criminel*.
1777. Mantel de la Blancherie, conseiller en 1749, *lieut.-part*

FRANCE.

CONSEILLERS. *Messieurs*

1751. Maignan de Savigny, doyen.
1761. Gaigne.
1765. Pleney.
1769. Marguet.
1781. Poncelin de la Roche-Tilhac, al.
1782. Jourdain de Muizon.

GENS DU ROI. *Messieurs*

.............................Avocat-général.
1783. Le duc des Joncheres, *procureur-général.*
1758. Poncet de la Grave, *procureur-général honoraire.*
.................Substitut de M. le procureur-général.
1776. Bottée, *greffier en chef.*
1778. Richard, *commis-greffier.*
1784. Haüy, *interprete de la Cour.*

Sept *Huissiers-Audienciers-Commissaires-Visiteurs.*

MINISTRES DE FRANCE

Près les Cours étrangères. *Messieurs*

1783 *Angleterre.* Le comte d'Adhémar, *ambassadeur.*
1779 *Basse-Saxe.* Le ch. du Viviers, *ministre plénipotentiaire.*
1783 *Bruxelles.* Le comte d'Andlau, *ministre plénipotentiaire.*
1784 *Cologne.* Le comte de Maulevrier-Colbert, *ministre plénip.*
    de S. Paul....... *secrétaire d'ambassade.*
1784 *Constantinople.* Le comte de Choiseul-Gouffier., *ambassad.*
1779 *Danemarck.* Le baron de la Houze, *ministre plénip.*
1779 *Deux-Ponts.* Le baron de Corberon, *ministre plénip.*
1775 *Diete de l'Empire.* Le marq. de Bombelles, *ministre.*
1774 *Dantzick*, de Pons, *résident.*
1784 *Espagne.* Le duc de la Vauguyon, *amb. extra. & plénip.*
1779 *Etats-Unis de l'Amerique.* Le ch. de la Luzerne, *m. plén.*
1775 *Franconie.* Mesnard de Choufy, *ministre plénipotentiaire.*
1771 *Francfort sur-le-Mein.* Barotzy, *résident.*
1777 *Genes.* Le marq. de Monteil, *ministre plénipotentiaire.*
1779 *Geneve.* Le baron de Castelnau, *résident.*
1783 *Hongrie & Boheme.* Le marquis de Noailles, *amb. extra.*
    Barthelemi, *secrétaire d'ambassade.*
1774 *Hesse-Cassel.* Le comte de Grais, *ministre plénipotentiaire.*
1778 *Haut-Rhin.* Le baron de Groschalg, *ministre plénipotent.*
1782 *Liege.* Le marq. de Sainte-Croix, *ministre plénipoten.*

FRANCE

1774 *Ligues-Grises.* Le bar de Salis de Marschlins, ch. d'aff.
1779 *Mayence.* Le comte ()-Kelly, *ministre plénipotentiaire.*
1779 *Malte.* De Seytres de Caumont, *chargé d'affaires.*
1779 *Portugal.* O Dunne, *ambassadeur.*
1784 *Provinces-Unies.* Le marquis de Verac, *ambassadeur.*
　　　　　　　　Le Marchand, *secrétaire d'ambassade.*
　　　　　　　　Berenger, *chargé d'affaires.*
1782 *Prusse.* Le comte d'Esterno, *ministre plénipotentiaire.*
1772 *Parme.* Le comte de Flavigny, *ministre plénipotentiaire.*
1769 *Rome.* Le cardinal de Bernis, *ministre.*
1784 *Russie.* Le comte de Segur, *ministre plénipotentaire.*
　　　　　　　Caillard, *secrétaire de légation.*
1784 *Deux Siciles.* Le bar. de Taleyrand, *ambassadeur extraordin.*
　　　　　　　Le chevalier Dénon, *secrétaire d'amb.*
1765 *Sardaigne.* Le bar. de Choiseul, *ambassadeur.*
1782 *Suede.* Le marq. de Pons, *ambassadeur.*
1784 *Suisse.* Le marquis de Vergennes, *ambassadeur.*
1784 *Saxe.* Le vicomte de Vibraye, *ministre plénip.*
1778 *Treves.* Le comte de Moustier, *ministre plénipotentiaire.*
1784 *Toscane.* Le comte Louis de Durfort, *ministre plénipotent.*
1755 *Valais.* De Chaignon, *chargé d'affaires.*
1784 *Venise.* Le comte de Châlons.
1784 *Wirtemberg & Cercle de Souabe.* Le baron de Mackau, *ministre plénipotentiaire.*

INTRODUCTEURS DES AMBASSADEURS. *Messieurs*

1764 De Lalive de la Briche, *semestre de Janvier.*
1767 Tolozan, *semestre de Juillet...*
1781 Fontaine de Cramayel, *en survivance.*
1761 De Sequeville, *secrétaire ordinaire du Roi pour la conduite des ambassadeurs.*

ORDRES DE CHEVALERIE.

2119 ORDRES DE ST. LAZARRE ET DE NOTRE-DAME DU MONT-CARMEL.

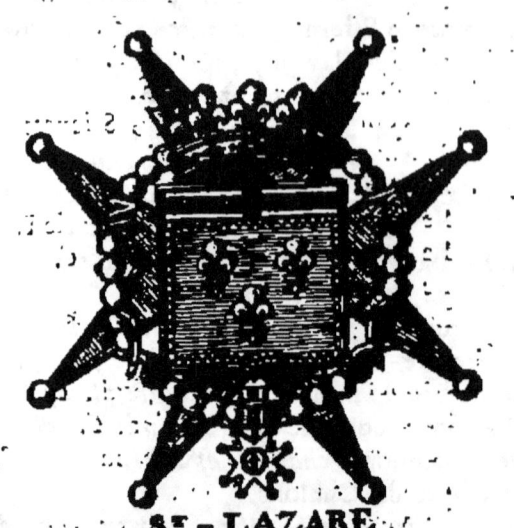

St-LAZARE

Voyez sur la naissance & la constitution de ces deux ordres réunis, l'édition de 1783, *pag.* 315.

L'*astér.* * désigne ceux qui sont de la seconde classe ; le C les Commandeurs ; & le CE les Commandeurs ecclésiastiques.

MONSIEUR.

Messieurs

17 Déc. 1718 De Bossernd, baron de Schivre, doyen, C. *
17 Juill. 1721 De Lusignen Mamachy, C. †
27 Août 1721 Le marquis de la Ravoye, C.
19 Oct. 1722 De Michelis de Villars, C.
15 Juin 1723 De Gauchy, C. *
23 Sept. 1723 Hebert de la Pleignieres, C. *
24 Mars 1724 Rancher, marquis de la Ferriere, C. *
1 Sept. 1724 De Gerin, C. *
2 Déc. 1724 Le comte de Raray, C.
30 Déc. 1725 De St. Victor, C.
15 Févr. 1727 De Bernay de Favancourt, C.
9 Sept. 1727 De Boisgnorel, C.

FRANCE.

		De Vezins de Castelmus, C. *
		Desnots, C. *
3 Mai	1729	De la Bussiere, C. *
15 Août	1729	Fris de Bazignan, C. *
17 Déc.	1729	Brunet du Moland, C. *
21 Juin	1730	Brunet de Rouilly, C. *
19 Sept.	1730	Dorat de Chameulles, C. *secrétaire général.*
5 Nov.	1730	Dulaurens de Peyrolles, C.
21 Août	1757	Le marquis de Paulmy, C.
29 Sept.	1758	L'Abbé de Bouville, CE.
24 Fév.	1759	Le comte de Comminges Scievras. C.
10 Mai	1760	Mesnard de Chousy, C.
5 Fév.	1762	L'Evêque de Condom, CE.
		Le comte de Narbonne-Pelet de Fritzlar, C.
		Le comte de Durfort d'Aime, C.
		Le comte de Faudoas, C.
		Le marquis de Tenances, C. *
20 Janv.	1763	Le marquis de Marbeuf.
		Galluci, baron de l'Hopital, C.
		Le comte de d'Angiviller, C.
		Le comte de Laizer-de Siougeat, C.
		Le comte de Quelen, C.
		Le vicomte de Boisgelin de Kergomar, C.
1 Juil.	1763	Le comte de Montaut, C.
3 Mai	1764	Le baron de Lentzbourg, C. *
9 Sept.	1764	Le comte d'Amblimont, C.
30 Mars	1765	Le baron de la Houze.
24 Mai	1766	Mesnard de Clesles, C.
		Le comte de Wargemont, C.
17 Sept.	1767	Le marquis de Chabert, C.
11 Janv.	1769	Le marquis de Hallot, C.
		Le comte de Bercheny, C.
		Le comte de Bullioud. *
16 Dec.	1769.	L'Abbé de l'Attaignant, CE.
		Le comte d'Ourches, C.
		Le marquis de Valençay, C.
		Le comte d'Helland d'Ampoigné, C. *
		Le marquis de Sainte Hermine, C. *
19 Avril	1774	L'Evêque de Séez, CE.
27 Mars	1775	Le marquis de Montesquiou Fezensac, C. *chancelier, garde des sceaux.*
		Le marquis de Bombelles, C.
16 Juil.	1779	L'Evêque de Lescar, CE.
		Le duc de Laval, C

FRANCE.

  Le maréchal duc de Lévis. C.
  Le marquis de Timbrune, Valence C.
  Le comte de Chabrillant. C.
  Le duc de Maillé.
  Le chevalier de monteil, C.
  Le marquis de Berenger.
  Le baron de Choiseul.
  Le vicomte de Mauldo, C.
  Le marquis de Noailles.
  Le chevalier de Boisgelin.
16 Juil. 1779 Le chevalier d'Artaignan, C.
  Le vicomte de Laval.
  Le comte d'Agoult, *prévôt & grand maître des cérémonies*.
  Le baron de Durfort, C.
  Le vicomte de Beaumont.
17 Déc. 1779 Le vicomte de Rochechouart. C.
  Le vicomte de Virieu.
17 Juil. 1780 L'Evêque de Dijon, C E.
18 Déc. 1780 L'Evêque de Lisieux, C. E.
16 Juil. 1783 Le marquis de Damas.
  Le chevalier de Châtelux.
  Le marquis d'Autichamp.
  Le comte de Gontaut St.-Geniez.
  Le comte de Toulouse-Lautrec.
  Le marquis de Dormissan.
  Le comte de Menou.
  Le comte de Cresnay.
  Le baron de Crussol.
  Le marquis de Nieul.
  Le marquis de Chabrillant.
  Le Vicomte de Mailly.
  Le comte de Chasteigner. C.
  Le comte de Brassac.
  Le comte de la Chastre.
  Le comte de Surgeres.
  Le comte de Modene.
  Le comte de Montforeau.
  Le vicomte de Pouldenx.
  Le marquis de Quemadeuc. C.
  Le baron de Coetlosquet. C.
  Le vicomte de Sesmaisons.
  Le vicomte de Rastignac. C.
  Le comte d'Albignac.

16 Juin 1784 Le comte du Lau.
Le marquis de Fumel-Monsegur.
Le comte de Sarcus.
Le marquis de Lordat.
Le marquis de Lascases.
Le marquis de Roquelaure.
Le vicomte du Roure.

CHEVALLIER ADMIS ET NON ENCORE REÇUS.

Le comte de Ségur.
L'Abbé le cornu de Baliviere. *C. E.*

ELEVES DE L'ECOLE ROYALE-MILIT. NOMMÉS CHEVALIERS.

Messieurs

17 Déc. 1779 Du Chassan.
De Puch.
D'Alphonse.
18 Déc. 1780 DeFoville.
De Villelle.
16 Juil. 1782 Court de la Grainville.
Dantel de Pierreville.
Du Marché.
16 Juil. 1783 Roux du Rognon de Rochelle.
De Vaugrigneuse.
Colas de la Baronnois.
16 Juillet 1784 Le baron de Croizat.
D'Hedouville.
Champion de Nasonty.

CHEVALIERS ADMIS ET NON ENCORE REÇUS. *Messieurs*

De Carbonnieres.	D'Hélie de St. André.
De Boudens Vandesbourg.	De Coigne.

CLERGÉ.

AUMONIERS DES DEUX ORDRES UNIS. *Messieurs*

L'Abbé Gautier.	L'Abbé Gagnyé, *en surv.*

AUMONIERS. *Messieurs*

L'Abbé Genest.	L'Abbé Ray.
L'Abbé Lemiere.	L'Abbé Gandolphe.

CHAPELAINS. *Messieurs*

L'Abbé Conort.	L'Abbé Remi.
L'Abbé Bretin.	L'Abbé Royou.
L'Abbé de Flavigny.	L'Abbé Picot.
L'Abbé Bequet.	L'Abbé Theut.

Officiers

FRANCE.

OFFICIERS QUI NE SONT PAS CHEVALIERS. *Messieurs*

De Bard, *trésorier général.*
Chérin, *généalogiste.*
Du Rouvoy, *principal commis du greffe.*
Poncet, *préposé à la garde des archives.*
Le Sueur, *régisseur-receveur des biens patrimoniaux de l'ordre, & agent.*
Duc, *en survivance de la place d'agent.*
Férès, *héraut.*
Silvestre, *en survivance.*
De Gagny, *huissier.*
De Cardonne, *en survivance.*
Le Maire, *huissier.*
Bertholet-Campan, *en survivance.*
Gautier de Sibert, *historiographe.*
L'Abbé Arnaud, *en survivance.*

CONSEIL CONTENTIEUX DES ORDRES RÉUNIS. *Messieurs*

L'Abbé Rat de Mondon, *avocat au parlement.*
Collet, *avocat au parlement.*
De Mirebeck, *avocat au conseil.*

1469. ORDRE DE ST. MICHEL.

Voyez sur la naissance & la constitution de cet ordre, l'édition de 1783, pag. 327.

FRANCE.

Messieurs

1741 Le Marquis de Roux, conseiller d'état, *Doyen*.
1743 Coulon de la Grange-aux Bois, grand-maître des eaux & forêts de Metz.
1756 Perrier, ci-devant premier comm. des bâtimens du Roi.
Collet, *secrétaire perpétuel de l'ordre*.
1757 Balanda Sicard, juge royal au bailliage de Perpignan.
Cochin, graveur du Roi.
Flachat de Saint-Bonet, ancien prévôt des marchands.
1758 Maritz, inspecteur général des fontes & forges de l'artillerie de France.
De l'Ecluse de la Chaussée, doyen des députés du commerce.
Le comte de Touftain-de-Richebourg, ch. de S. Louis.
Lechon Dupuis, médecin de la marine.
1760 Richard Duberhertn, premier médecin des armées du Roi.
1761 Jourdain, lieutenant de l'amirauté de Brest.
Le vicomte d'Alzon, subdél. du Languedoc.
De Boquenem de Mériendal, maire de Sarrelouis.
Cromot du Bourg, surintendant des finances de Monsieur.
1762 De Maziere de St Marcel, lieutenant-général honoraire au bailliage de Vienne.
Pierre, premier peintre du Roi.
Varenne, receveur général des finances de Bourgogne.
1763 Brochier, consul en Portugal.
Mercier, ancien échevin de Paris.
Babille, avocat au parlement, ancien échevin de Paris.
Perronnet, premier ingénieur des ponts & chauss. de France.
Berthier, gouverneur des hôtels de la guerre, de la marine & des affaires étrangères.
Mique, premier architecte du Roi.
1765 Duparc-Poulain, professeur royal en droit fr. à Rennes.
Francœur, surintendant de la musique du Roi.
Rossignol, consul en Russie.
Le Noir, trésorier général des offrandes du Roi.
Marion, député du commerce pour la ville de Paris.
Brianciaux de Milleville, pensionnaire du Roi.
1768 Guerin, ancien chirurgien-major des mousquetaires.
Koppens de Hersin, lieutenant de l'amir. de Dunkerque.
Benoist, secrétaire de M. le duc de Penthievre.
Fabry, subdélégué dans le pays de Gex.
Cliquot de Blervache, inspecteur général du commerce.
Roussel, garde des arch. des dom. roy. en Languedoc.

FRANCE.

1769 Bouvart, médecin de la faculté de Paris.
Poissonnier des Perrieres, ancien médecin du Roi.
Clairain des Lauriers, ingénieur constructeur en chef de la marine.
Pigal, sculpteur du Roi.
Jardin, directeur des bâtimens du Roi de Danemarck.
Moreau de la Rochette, inspecteur des pépinieres royales & des chasses de la capitainerie de Fontainebleau.

1773 Tillet, commissaire pour les essais & affin. du Roi.
Gendriet, inspecteur des ponts & chaussées.
Sorbet, ancien chirurgien-major des mousquetaires.
Desmaisons, de l'académie d'Architecture.
Lalouette, médecin de la faculté de Paris.

1775 Poivre, ancien commissaire ordinaire de la marine.
Delaunay Deslandes, directeur général de la manufacture des glaces de St. Gobin.
Gauthier, chirurgien ordinaire de Monsieur.
Beaugeaid, trésorier général des états de Bretagne.
Du Morey, ingénieur ordinaire du Roi.
De la Salle, dessinateur & fabricant à Lyon.
Morat, directeur général des pompes.
Berenger, commissaire d'artillerie.
Bouchet, premier ingénieur des turcies & levées.
Sylvestre, maître à dessiner des princes.

1776 Durand, entrepreneur des fortifications de Douay.
1777 Moreau, chirurgien major de l'Hôtel-Dieu.
1780 Poursin de Grand Champ, secrétaire du Roi.
Touard de Riolle, maire de Pont-à-Mousson.
Faurot, secrétaire du Roi.
Coustou, inspecteur des bâtimens du Roi.
Chaubry, ancien avocat du Roi au présidial de la Fleche.
Quatremere de l'Epine, ancien échevin.
Pia, ancien échevin.
Quatremere, ancien consul.
Leclerc, médecin de M. le duc d'Orléans.
Isnard, secrétaire de la chambre du com. de Marseille.
Artein, commissaire - général des fontes de l'artillerie.

1781 Ardillier de Laumont, administrateur gén. du Domaine.
1782 Vien, recteur de l'académie de peinture & sculpture.
Richer, ancien échevin.
Moreau, maître général des bâtimens de la ville.
Buffault, receveur général de la ville.
Colombier, docteur-rég. de la faculté de Paris.

1784 De Montgolfier.
Pelé.

CHEVALIERS ADMIS ET NON REÇUS. *Messieurs.*

Le baron d'Olne, résident à Liége.
Petitot, premier architecte du domaine de Parme.
Goudart, directeur des manufactures d'Aubenas.
De Saizieux, consul à Tunis.
Garty, inspecteur des hôpitaux militaires en Corse.
L'Archevêque, sculpteur du Roi de Suede.
Defornets d'Orgix.

1588. ORDRE DU ST. ESPRIT.

ST ESPRIT

Voyez l'édition de 1783, pag. 331.

LE ROI.

Messieurs

1 Janv. 1729	Le maréchal de Richelieu.
15 Avril 1729	Le Roi d'Espagne.
1 Juin 1740	Le duc d'Orléans.
2 Fév. 1742	Le duc de Penthievre.
1 Janv. 1744	Le maréchal de Biron.
1 Janv. 1747	Le marquis de St. Georges, prince d'Ardore.
2 Fév. 1749	Le maréchal de Noailles.
25 Mai 1749	Le baron de Montmorency.
17 Mai 1750	Le prince de Conti.
2 Fév. 1752	Le prince de Condé.
21 Mai 1752	Le duc de Nivernais.

FRANCE.

2 Fév. 1753	Le duc de Fleury.
2 Fév. 1756	{ Le marquis de Fitz-James. { Le duc d'Aiguillon.
2 Fév. 1757	{ Le maréchal Prince de Beauvau. { Le duc de Gontaut. { Le comte de Maillebois. { Le marquis de Béthune. { Le maréchal d'Aubeterre.
29 Mai 1757	Le duc de Choiseul.
14 Mai 1758	Le cardinal de Bernis.
1 Janv. 1759	Le cardinal de Luynes.
2 Fév. 1759	{ Le maréchal de Contades. { Le comte de Rochechouart.
18 Mai 1760	Le prince des Asturies.
21 Juil. 1760	L'Infant dom Louis.
8 Sept. 1760	Le Roi des deux Siciles.
10 Mai 1761	L'Evêque d'Orléans.
1 Janv. 1762	Le duc de Praslin.
2 Fév. 1762	{ Le maréchal duc de Broglie. { Le duc de Grimaldi.
2 Mai 1762	{ Le duc de Chartres. { Le maréchal de Castries.
25 Août 1762	L'Infant duc de Parme.
10 Juin 1764	Le duc du Châtelet.
1 Janv. 1767	Le comte d'Estaing.
7 Juin 1767	{ MONSIEUR. { Le marquis de Duras. { Le maréchal de Mouchy. { Le comte de Périgord. { Le marquis de Brancas. { Le prince de Tingry. { Le C. de Pons S. Maurice. { Le maréchal de Ségur.
1 Janv. 1771	LE COMTE D'ARTOIS.
1 Janv. 1773	{ Le duc de Bourbon. { Le duc de Villeroy. { Le marquis de Sourches. { Le marquis de Montmorin.
1 janv. 1776	{ L'archevêque de Narbonne. { Le comte de la Roche-Aymon. { Le comte de Talleyrand Périgord. { Le vicomte de la Rochefoucauld.
26 mai 1776	{ Le duc d'Uzès. { Le duc de Brissac.

16 Mai 1776	{ Le comte de Tessé. Le maréchal de Mailly. Le comte de Montboissier. Le maréchal duc de Lévis. Le duc de Beuvron. Le baron de Breteuil. Le duc de Civrac.
1 Janv. 1777	{ Le prince de Lambesc. Le duc de Coigny.
2 Fév. 1777	{ Le duc de Villequier. Le marquis de Polignac. Le marquis de Bérenger.
9 Nov. 1777	Le cardinal de Rohan.
2 Fév. 1778	Le marquis d'Ossun.
7 Juin 1778	{ Le marquis de Vogué. Le prince de Montbarrey. Le comte de Boisgelin.
1 Janv. 1780	L'évêque de Senlis.
14 Mai 1780	Le cardinal de la Rochefoucauld.
1 Janv. 1782	L'archevêque de Toulouse.
1 Janv. 1784	Le duc de Béthune. Le duc de la Vauguyon. Le duc de Chabot. Le duc de Guines. Le comte de Rochambeau. Le marquis de Bouillé. Le marquis de la Salle. Le comte d'Affry. Le marquis de Langeron. Le comte de Guichen. Le marquis de Jaucourt. Le comte de Montmorin. Le marquis de Clermont-d'Amboise. Le comte d'Escars. Le marquis de Damas de Crux. Le comte de Tavannes Le marquis de Montesquiou Fesenzac. Le chevalier de Crussol. Le comte de Vintimille. Le comte de Vaudreuil. Le comte d'Esterhazy. Le marquis d'Ecquevilly.
30 mai 1784	Le duc de Clermont-Tonnerre. Le duc de Liancourt.

FRANCE.

Le comte d'Apchon.
Le Bailli de Suffren-Saint-Tropez.
1 Janv. 1785 L'Evêque d'Autun.

CHEVALIERS ADMIS ET NON ENCORE REÇUS. *Messieurs*

2 Fév. 1756 Le prince Louis de Wirtemberg.
2 Fév. 1761 Don Gabriel, Infant d'Espagne.
7 Juin 1767 Don Antoine, Infant d'Espagne.
1 Janv. 1768 Le prince de Palestrine.
18 Mai 1777 Le comte d'Aranda, ambassadeur d'Espagne.

GRANDS OFFICIERS COMMANDEURS. *Messieurs*

1770 L'archevêque de Bourges, *chanc. & surint. des finances.*
1783 D'Aguesseau, cons. d'état ord. *maître des Cérémonies.*
1784 De Calonne, control. général. *grand trésorier.*
1781 Amelot, ministre d'état, *secrétaire.*

OFFICIERS NON-COMMANDEURS. *Messieurs*

1758 Bertin, *intendant.*
1772 Chérin, *généalogiste & historiographe.*
1781 Dutillet de Villars, *héraut.*
1768 Caterbi, *huissier.*

1693. ORDRE DE ST. LOUIS.

S.T LOUIS

Voyez sur la naissance & la constitution de cet ordre, l'édition de 1783, pag. 334.

FRANCE.

GRANDS-CROIX DU SERVICE DE TERRE. *Messieurs*

1761 Le mar. de Montmort.
1764 Le comt. de Beauteville.
1766 Le baron de Bezenval.
  Le marquis de Cernay.
  Le comt. de Coëtlogon.
1768 Le comte de Vaux
1769 De Castella.
1771 Le c. de Rochambeau.
1772 Le comte de Narbonne-Pelet-Fritzlar.
1773 Pinon Mar. de S. George.
1774 Le comte de la Chaize.
1776 De Gribeauval.
1777 Le marquis de Talaru.
1778 Le mar. de Pontécoulan.
  Le marquis du Sauzay.
  Le Gouz Duplessis.
1779 Le m. prince de Soubise.
  Le mar. de Monteynard.

Le comte d'Affry.
Le duc de Laval.
Le comte de Marbeuf.
Le comte de Flavigni.
Le comte de Montazet.
Le comte de Diesbach.
Le comte d'Archiac.
1780 Le comte de Puységur.
1781 Le marquis de Traisnel.
  Le c. de Choiseul-Beaupré.
  Le comte de Fumel.
  De Fourcroy.
1782 Le baron de Viomesnil.
  Le marquis de Bussy.
1783 Le comte de Durfort.
  De Bellecombe.
1784 Le comte de Caraman.
  Le comte de Guibert.
  Le marquis de Ray.

COMMANDEURS DU SERVICE DE TERRE. *Messieurs*

1751 Le comte de Sparre.
1753 Le marq. de Croismare.
1766 Le comte de Courten.
  Le marquis d'Héricourt.
  Le baron de Lort.
1768 Le marquis de Rostaing.
1769 Le comte de Nolivos.
1771 Le comte d'Auger.
  Le marquis de Tourny.
  Le marquis Desfallés.
  Le c. de Turpin de Crissé.
  Le vicomte de Valfons de Sebourg.
1772 Le comte de Verceil.
  Le marquis de Vité.
1774 Le baron du Blaisel.
  De Choisy.
1775 Le ch. de St Sauveur.
  Le comte de Gayon.
  Le comte de Melfort.
1776 De Pfiffer de Wyher.

Le vicomte de Thianges.
1777 Le comte Durosel de Beaumanoir.
  Le marq. de la Grange.
  Le baron du Goulet.
1778 Le comte de Vogué.
  De Saint-Wast.
  Le baron de Bachmann.
  Le m. de la Vaupalliere.
  Le marq. de Timbrune-Valence.
1779 Le comte de Scey.
  Le marq. de Vaubecourt.
  De Chaulieu.
  Le mar. de Rochegude.
  De Prisye.
  D'Invilliers.
  Le comte de Melfort.
  Le comte de la Roqu
  Le marquis de Molac.
  Le comte de Sommiev

FRANCE.

      Le comte de Wal.
      Le comte de Langeron.
      Le c. de Mazancourt.
      D'Adhémar, chevalier de Panat.
      De Poularies.
      Le chev. de Balleroy.
      Le marq. d'Aurichamp.
      Le marquis de Lambert.
1780 Le baron de Zurlauben.
      Le comte de Grave.
      D'Aumont.
1781 Le comte de Goyon.
      Duporal.

      Le comte de Blot.
      Le comte de Barrin.
      Le marquis d'Ambly.
      D'Aubigny.
1782 Le marquis de S. Simon.
      Le marquis de Bouzols.
1783 De Sombreuil.
      Le marquis du Chilleau.
1784 Le comte de Cherisey.
      Le comte de Jumillac.
      Le marquis de Thiboutot.
      De Gomer.
      Le comte de Mun.
      Le chevalier de Coigny.

GRANDS-CROIX DU SERVICE DE MER. *Messieurs*

1775 Le comte du Chaffault.
1778 Le comte d'Orvilliers.
1779 Le c. de la Rochefoucault
1781 Le comte de Guichen.

1784 Le comte de Brugnon.
      Le c. de Barras S. Laurent.
      De la Motte-piquet.
      Le marquis de Vaudreuil.

COMMANDEURS DU SERVICE DE MER. *Messieurs*

1771 Le comte de Broves.
      Le chevalier de Fabry.
1772 Le marquis de S. Aignan.
1777 d'Abon.
1779 Le marq. de la Prevalaye.
1780 De la Touche Treville.
      Le comte de Graffe.
      Le comte d'Hector.

      Le chevalier de Monteil.
1782 Le chevalier de Bausset.
      Le chev. Destouches.
1784 Le marquis de Chabert.
      D'Albert de Rions.
      D'Aymar.
      Le comte de Bruyers de Chalabre.

1759. ORDRE DU MERITE MILITAIRE.

Le Cordon de cet Ordre, qui le distingue de celui de S. Louis, est bleu foncé, sans être ondé; la Croix est d'or; sur un côté est une epée en pal, avec la legende: *Pro virtute bellicâ* sur le revers est une couronne de laurier, & cette legende: *Ludovicus decimus-quintus instituit*. 1759. Voyez l'édition de 1783, page 343.

MERITE MILITAIRE

GRANDS-CROIX. *Messieurs*

1782 Le baron d'Aulbonne.
1763 Le baron de Wurmser, lieutenant général.
1770 Le prince d'Anhalt-Coëthen, lieutenant général.
1777 Le baron de Salis Mayenfeldt, maréchal de camp.
1783 D'Hartmanis, maréchal de camp.

COMMANDEURS. *Messieurs*

1772 Le comte de Stralenheim, maréchal de camp.
1772 Le baron de Falkenhayn, lieutenant général.
1782 Lullin de Chateauvieux, maréchal de camp.
1783 Le baron de Diesbach, maréchal de camp.
1783 De Steiner, *surnumeraire*.
1779 Le comte de Weilnau, *surnumeraire*.

SECRÉTAIRE INTERPRETE.

M. le baron de Dietrich.
M. le baron de Dietrich, pere, *honoraire*.

FRANCE.

CONSULS DE FRANCE DANS LES PLACES ETRANGERES. *Messieurs.*

ITALIE.

Rome,	{ Digne, *Consul.*
	{ Moutte, *agent du commerce.*
Etat ecclésiastique,	Domin. Piétro, *agent du commerce.*
Civita-Vecchia,	{ Videau, *consul,*
	{ Videau fils, *en survivance.*
Sinigaglia,	Le comte de Béliardi, *consul.*
Naples,	{ Le ch. de Saint-Didier, *consul général.*
	{ Marianne, *vice-consul.*
Messine,	Lallemant, *vice-consul.*
Palerme,	Gamelin, *vice-consul.*
Venise,	Le Blond, *consul.*
Isles Vénitiennes,	Saint-Sauveur, *consul général.*
Raguse,	Desrivaux, *cons g. & chargé des aff. de Fr.*
Nice,	Le Seurre, *consul.*
Caillery,	Guys, *consul.*
Gênes,	{ Raulin, *consul.*
	{ Ribiés, *chancelier.*
Savone,	Garibaldo, *vice-consul.*
Port-Maurice,	Imbert, *vice-consul.*
Livourne,	Le chevalier de Bertellet, *consul.*
Porto-Ferrayo,	Lombardy, *vice-consul.*
Ancône,	Le marquis de Bénincasa, *consul.*
Port-Fano,	Giunti, *vice-consul.*
Pezaro,	Billy, *vice-consul.*
Trieste,	Bertrand, *consul.*

ESPAGNE.

Madrid,	{ Boyetet, *chargé d'aff. de la mer, & du com.*
	{ Aillaud, *chancelier.*
Cadix,	{ Duplessis de Mongelas, *consul-général.*
	{ Poirel, *vice consul.*
	{ Dirandatz, *chancelier.*
Séville, & San Lucar,	D'Annery, *vice-consul.*
Maluga,	Humbourg, *consul.*
Carthagène,	De Bertellet, *consul.*
Alicante,	{ De Puyabry, *consul.*
	{ Dutour de Puyabry, *vice consul.*

FRANCE.

Barcelone,	Aubert, *consul.*
	Aubert, fils, *vice-consul.*
Valence,	Faure, *vice-consul.*
La Corogne,	Destournelle, *consul.*
Gijon,	L'Esparda, *consul.*
Majorque,	Oyon, *consul.*
Oran,	Prat, *consul.*
Isles Canaries,	Le Comte, *consul.*

PORTUGAL.

Lisbonne,	{ Meyronnet de Saint-Marc, *consul-général.*
	D'Hermant, *vice-consul.*
Madere,	De la Tuelliere, *consul.*
Fayal-Street.	D'Harriague, *vice-consul.*

PAYS DU NORD.

Amsterdam,	{ Le ch. de Lironcourt, *commandant de France pour la marine & le commerce.*
	L'Archevêque, *chancelier-secrétaire.*
Roterdam,	Castagny, *agent de la marine de France.*
Ostende,	Garnier, *consul.*
Hambourg,	Coquebert de Montbret, *consul-général.*
Rostock,	Lagau, *vice-consul.*
Dantzick,	De Pons, *consul-général.*
Stockholm,	Delisle, *consul.*
Berghen,	De Chézaulx, *consul.*
Christiansand,	De Chézaulx Desprès, *vice-consul.*
Elseneur,	De Brosseronde, *consul.*
Drontheim,	Framery, *consul.*
Pétersbourg,	De Lesseps, *consul-général.*
Moscou,	Raimbert, *vice-consul.*

AU LEVANT.

Maroc,	{ Mure, *vice-consul, chargé d'affaires du consulat-général par intérim.*
	....., *drogman.*
Alger,	{ De Kercy, *consul. gén. & chargé des affaires de France auprès du Bey.*
	Bourville, *vice-consul.*
	Ferrier, *drogman.*
Tuni	{ Du Rocher, *consul-général & chargé des affaires de France auprès du Bey.*
	Desparron, *vice-consul.*
	Venture, *drogman.*

FRANCE.

Tripoly de Barbarie	D'André, consul-général & chargé des affaires de France auprès du Pacha-bey. Vallière, vice-consul. ...., drogman.
Constantinople,	Ant. Fonton, premier drogman. Dom. Fornetti, second drogman. Pierre Fornetti, troisieme drogman. Jos. Fonton, drogman du Palais. Ch. Testa, drogman de l'échelle.
Dardanelles,	Roussel, vice-consul sous les ordres de l'ambassadeur de la Porte.
Smyrne,	Amoreux, consul-général. Amé, vice-consul. Ch. Fonton, premier drogman-chancelier. Math. de Val, second-drogman. Christ. d'Amirat, surnuméraire.
Scio,	Dumesnil, vice-consul. Alex. Digeon, drogman.
Rhodes,	Mille, vice-consul. Simian, drogman.
Morée;	Thibout, consul-général. Butet, vice consul. J.-B. Fornetti, premier drogman. Mettrud, second drogman.
Corron,	Beaussier, vice-consul.
Athènes,	Georges Fleurat, chancelier-drogman. Gaspary, vice-consul hon., chargé de l'agence du consulat-général de Morée.
Alexandrie,	Mure, consul-général. Du Trouy, vice-consul. J.-B. Adanson, premier drogman. .... second drogman.
Rozette;	Cousinery, vice-consul. Renard, drogman.
Seyde,	Arazy, consul-général. Isnard, vice-consul. Wiet, premier drogman-chancelier. Pierre Renard, second drogman.
S. Jean d'Acre,	Renaudot, vice consul. Gasp Testa, drogman chancelier.
Alep,	Amé, consul-général. Bremond de Vaulx, vice-consul. Ch. Fonton, premier drogman chancelier. P. de Val, second drogman.

FRANCE.

Salonique,
- De saint-Marcel, *consul.*
- Bauné du Pavillon, *vice-consul.*
- Roboly, *premier drogman chancelier.*
- D'Antan, *second drogman.*

La Canée,
- Pellegrin, *consul.*
- Guy de Villeneuve, *vice-consul.*
- Gasp. Fonton, *drogman-chancelier.*

Candie,
- Le chevalier de Laydet, *vice-consul.*
- François Yhary, *drogman.*

Chypre,
- Astier, *consul.*
- De Roup, *vice-consul.*
- Louis Fornetti, *drogman.*

Tripoly de Syrie,
- Chateauneuf, *consul.*
- Burles de Jarsal, *vice-consul.*
- L'Homaca, *drogman.*

Lataquie,
- De Voize, *vice-consul.*
- Astoin Sielve, *chancelier-drogman.*

Bassora,
- Rousseau, *consul.*
- Fr. Geoffroy, *chancelier.*

Bagdat, Auguste, *vice-consul.*

AMERIQUE SEPTENTRIONALE.

Philadelphie, De Marbois, *consul-général.*
Boston, Lerombe, *consul-général.*
Baltimore, Le chevalier d'Annemours, *consul.*
Rhode-Island, De Marbois, le jeune, *vice-consul.*
Portsmouth, Toscan, *vice-consul.*
Richemont, Oster, *vice-consul.*
New-York, S. Jean de Crevecœur, *consul.*
Savanah, La Forest, *vice-onsul.*

1033. ESPAGNE, *Catholique.*

SOMMAIRE CHRONOLOGIQUE. Commencement du Royaume de Castille, 1033 ou, 1035 ; jonction de ceux de Tolede, de Leon & de Galice, avec les Asturies, de Cordoue, de Jaën, de Seville, des Algarves, de Murcie, d'Algesire, de Gibraltar, & des Isles Canaries, 1085, 1230, 1236, 1243, 1248, 1253, 1266, 1344, 1350 & 1402 : commencement du Royaume d'Arragon, 1035 ou 1055 ; jonction du comté de Barcelone, 1162 ; & des Royaumes de Valence, de Sardaigne & de Corse, de Mayorque, Minorque & Ivica, de Sicile, de Grenade, de Naples & de Navarre, 1230, 1323, 1344, 1409, 1492, 1503, & 1512 : union de la Castille, & de l'Arragon, avec leurs annexes dans la maison d'Autriche, Janvier 1516 ; Conquête des Indes, du Mexique & du Perou 1492, 1519 & 1533 : dévolution de toute la Monarchie à la maison de France, par succession de celle d'Autriche, 1 Novembre 1700 ; Bulle du Pape qui réserve aux Rois d'Espagne le titre de *Roi Catholique*, déja donné antérieurement à quelques-uns de ces Rois, 1492.

Revenus. Les revenus de la couronne d'Espagne, peuvent être divisés en rentes générales, & en rentes provinciales : les rentes générales sont les droits qui se perçoivent sur les marchandises qui entrent dans le Royaume, ou qui en sortent ; les rentes provinciales sont des droits perçus sur les principaux objets de consommation intérieure ; les autres sources des revenus royaux sont : 1°. Le droit de *Lanzas*, rétribution annuelle, que payent tous les grands & les citoyens revêtus d'un titre de Castille. Il fut substitué, en 1631, à l'obligation où étaient autrefois tous les nobles, de servir le Roi en personne ; il a été fixé pour tous à 3600 réaux.

2°. Le droit de *Médias anatas* : il se paye à chaque mutation de possesseur, soit d'une grandesse, soit d'un titre de Castille ; dans ce cas il est fixé à 5500 réaux. Il est aussi payé par tous ceux qui entrent en possession d'une charge pour laquelle ils doivent prêter serment ; & il consiste dans la moitié du revenu de la premiere année.

3°. *L'Escusado.* C'est le droit dont jouit la couronne de percevoir la plus grosse dixme du Royaume. Ce droit, autrefois affermé douze millions de réaux, est aujourd'hui administré par le clergé qui en rend huit millions de réaux au Roi.

4°. *Las tercias réales.* C'est une contribution du clergé,

accordée au Roi Alphonse en 1271, & qui consiste dans les deux neuvièmes de toutes les dixmes.

5°. *La crusada* est le produit annuel de la vente d'une bulle que chaque particulier est obligé d'acheter, pour avoir la permission de manger des œufs & du lait, pendant le carême; les simples particuliers paient cette bulle 21 quartos; les personnes aisées, 12 réaux. On ne met pas de bornes à la générosité des gens riches. Cet impôt rapporte au Roi d'Espagne, environ 4 ou 5 millions de notre monnoie.

6°. Les droits sur l'exportation des laines, sont une branche importante du revenu de la couronne; on en estime le produit à 5 millions.

7°. Les droits perçus à l'entrée des ports de Madrid, sont aussi partie des revenus royaux. On les afferme 7 millions cents mille réaux.

Nous omettons ici quelques autres branches du revenu, dont le rapport est médiocre; tels sont un petit don gratuit, payé par le clergé sous le nom de *Subside*; & la dîme que le Roi perçoit sur les commanderies des quatre ordres militaires, de S. Jacques, de Calatrava, d'Alcantara & de Montesa; tous ces revenus réunis sont généralement évalués à 50 millions de piastres, ou 175 millions de nos livres; à cela on peut ajouter le commerce des Indes, dont les droits produisent annuellement 24 millions de réaux, ou 5 millions 8 cents mille livres, monnoie de France.

Pour abolir ces différentes sortes de droits, dont la perception est nécessairement fort coûteuse, on a formé le projet d'un cadastre. D'après ce plan, les revenus des laïques ont été estimés 2 milliards 372 millions 109 mille 916 réaux de vellon, ou 593027479 livres de notre monnoie. Ceux des ecclésiastiques montent à 359 millions 806 mille 251 réaux de vellon, ou 89951537 de nos livres; ainsi, en imposant sur les biens des laïques 4 réaux 2 maravedis par cent réaux, & sur tous ceux des ecclésiastiques, 3 réaux 2 maravedis, aussi par cent réaux, le produit des deux impositions donnent 107 millions 285 mille 593 réaux de vellon; ce qui, avec les dîmes, suffirait pour faire abolir toutes les autres impositions.

Marine. La marine d'Espagne, dont le rétablissement est dû au règne de Ferdinand VI, à été depuis dans un état assez florissant. En 1770, il y avoit 51 vaisseaux de guerre, 22 frégates, & 29 autres bâtiments; ce qui formait un total de 102 vaisseaux de tout rang. Ce nombre s'est accru successivement chaque année, de manière qu'en 1778, il y avait 60 vaisseaux de guerre, depuis 60 jusqu'à 110 canons, 37 frégates

ESPAGNE.

gates, 10 flutes, 3 paquebots, 10 chebecs, 7 galiots & divers autres petits bâtiments de guerre. On ne comprend pas dans ce nombre 23 ou 24 autres bâtiments qui servent à la correspondance entre la Métropole & ses Colonies, & qui en tems de paix, partent tous les mois, un à un de la Corogne. Indépendamment des trois principaux ports où l'Espagne a fixé ses trois départements de la marine royale, savoir, Cadix, Ferrol & Carthagene, elle en a encore plusieurs autres très importans, tant sur l'Océan que sur la méditerranée. *Voyez l'Almanach Américain*, article E pagne.

Sciences. On compte en Espagne 19 Universités, dont la plupart sont mieux fondées que celles de France & d'Angleterre; en voici les noms & l'époque de leur établissement.

1517	Alcala.	1200	Salamanque.
1445	Avila.	1474	Saragosse.
1537	Grenade.	1531	Seville.
1354	Huesca.	1471	Siguença.
1300	Lerida.	16..	Tarragone, *sous Phil. II.*
1543	Onnate.	1475	Tolede.
1555	Orihuella.	1540	Tortose.
1549	Osluna.	1454	Valence.
1536	Oviedo.	1346	Valladolid.
1200	Palencia.		

Mœurs. Un concile provincial, tenu à Tolede, en 1473, est fort propre à nous faire connaître les mœurs de ce siècle; on y lit les décrets suivans: 1°. Les évêques ne paraîtront jamais en public, qu'en rochet & en camail. 2°. les prêtres célébreront la messe, au moins trois ou quatre fois l'année; les ecclésiastiques ne s'attacheront au service, & ne recevront ni gages ni pensions, d'aucun seigneur particulier, mais seulement du Roi. 4°. Les cures & les bénéfices, qu'on appelle dignités, dans les cathédrales & les collégiales, ne seront donnés qu'à des prêtres qui sauront la grammaire.

MONNOIES D'ESPAGNE,

Comparées à celles de France.

MONNOIES D'OR.

Mon. d'Espagne.		réaux.	marav.	liv.	sols	Mon. de France.
Le Doublon, à 8 écus d'or.	ancien,	321	6	80	0	
	nouveau,	321	0	79	15	

ESPAGNE.

Mon. d'Espagne.		réaux.	marav.	Mon. de France. liv.	sols.
Le Doublon de 4 écus d'or.	ancien,	160	20	40	0
	nouveau,	160	0	40	0
Le Doublon de 2 écus d'or.	ancien,	80	10	20	0
	nouveau,	80	0	20	0
L'écu d'or. Doublon com.	ancien,	40	-5	10	0
	nouveau,	40	0	10	0
Doublon simple............				15	0
Le demi-écu d'or, ou piastre d'or.	ancien	0	0	5	0
	moderne.	21¼	0	5	0

MONNOIES D'ARGENT, ou de plata.

Mon. d'Espagne.	réaux de vellon.	marav.	Mon. de Franc. liv.	sols.	den.
Le réal a 8,	20	0	5	0	0
Le réal a 8 sevillanes de 1718,	16	0	4	0	0
Le réal a 4,	10	0	4	10	0
Le réal à 4 sevillanes de 1718,	16	0	2	0	0
Le réal a 2, ou la piecette,	4	1	1	0	0
Le réal de plata columnario,	2	17	1	5	0
Le réal de plata,	2	0	0	10	0
Le demi-réal de plata colum.	1	¼	0	12	0
Le demi-réal de plata,	1	0	0	5	0

MONNOIES DE CUIVRE, ou vellon.

	marav.	liards de France.
La piecette de deux quartos,	8	4
Le quarto,	4	2
L'ochavo,	2	1

MONNOIES IMAGINAIRES.

	réaux de vellon.	marav.	liv. t.	sol.	den.
Le doublon d'or cabesa,	14	9	4	15	6
Le ducat d'argent, ou la double pistole ancienne,	42	25	20	6	6
Le ducat neuf d'argent,	16	17	4	5	0
Le ducat de vellon,	11	1	2	15	3
L'écu de vellon,	10	0	2	10	0
La pistole de change,	0	0	15	0	0
La piastre de change,	0	0	3	15	0
Le ducat de change.	0	0	2	15	0

ESPAGNE.

TITRE DES MATIERES D'OR.

L'Or le plus fin est reputé à 24 karats; le karat se subdivise en 4 grains, que l'on nomme *grains de fin*. Ainsi, 96 grains de fin sont égaux, en Espagne, à 4608 grains de poids, & par consequent chaque grain de fin doit être consideré comme équivalent à 48 grains, du poids du marc Royal de Castille.

TITRE DES MATIERES D'ARGENT.

Le titre de l'Argent le plus fin est de 12 deniers; ce denier se subdivise en 24 grains de fin; ainsi, les 12 deniers produisent 288 grains de fin, qui, à raison de 16 grains de poids pour un grain de fin, font les mêmes 4608 grains qui composent le marc Royal de Castille.

L'Espagne change sur les places suivantes, &

	Donne,	Pour recevoir,
Sur Amsterd.	1 duc. de 375 marv. vieille monnoie.	91 den. de gros bc. pl. ou m.
Anvers....	1 dito.........	94 den. de gros de c. p. ou m.
France...	8 réaux de plata, ou 15 réaux 2 marv. de vellon.	74 sols tournois, plus ou m.
Ou.....	1 doubl. de 32 réaux de plata, ou 60 r. 8 marv. de vel.	14 $\frac{1}{2}$ liv. tourn. plus ou m.
Gênes.....	126 piastres de 8 réaux, pl. ou m.	100 piast. de 5 $\frac{1}{4}$ l. h. de bc.
Ou.....	1 double effectif.	23 $\frac{1}{2}$ liv. h. de bc. plus ou m.
Hambourg.	1 duc. de 375 marv.	91 d. de gros bc. pl. ou m.
Lisbonne.	1 piastre de 8 r.	600 rées plus ou m.
Ou.....	1 double effectif.	2400 rées plus ou m.
Livourne...	122 piastres de plata plus ou moins.	100 piastres. de 8 réaux.
Londres.....	1 piastre de plata.	37 den. sterl. plus ou m.

Les usances des lettres-de-change de France, de Gênes, de Livourne & de Londres, sont de 60 jours de date; d'Amsterdam & de Hambourg, de 2 mois de date; & celles de Rome de 3 mois de date.

Les lettres de change d'Amsterdam, de France, de Gênes, de Hambourg & de Londres, ont 15 jours de grace; celles de Rome n'en ont aucun.

Les lettres-de-change de l'intérieur de l'Espagne, savoir: d'Alicante, de Barcelone, de Cadix, de Carthagene, de Séville & de Valence, ont 8 jours de grace, & celles de Bilbao ont 19 jours.

A Cadix, toutes les lettres-de-change des pays étrangers & celles des autres endroits de l'Espagne, n'ont que six jours de grace: à Séville les lettres des pays étrangers ont 15 jours de faveur.

La pragmatique sanction de 1779 a fixé la proportion de l'or à l'argent, comme 1 à 15.

MAISON ROYALE.

CHARLES III, né 20 Janvier 1716, roi des deux Siciles 15 Mai 1734, puis roi d'Espagne 10 Août 1759, marié 19 Juin 1738, à Marie-Amélie de Saxe, veuf 27 Sept. 1760.

Fils. Charles-Antoine-Pascal, prince des Asturies, né 11 Nov. 1748, marié 4 Sept 1765, a

Epouse Louise-M.-Th de Parme, née 9 Déc. 1751, dont
Petits fils. Charles François de Paule, } nés 5 Sept. 1783.
Philippe François de Paule, ...
Petites filles. Charlotte-Joach. née 15 Avril 1775.
Marie-Amélie, née 10 Janv. 1779.
Marie-Louise, née 6 Juillet 1782.
Fils. Ferdinand. *Voyez* deux Siciles.
Gabriel-Antoine François Xavier, né 11 Mai 1752.
Ant.-Pasc.-Fr. Jean-Nep -Ani.-Raym.-Sylv. né 31 Déc. 1755.
Filles. Marie-Joséphine, née 16 Juillet 1744.
Marie-Louise, *voyez* Toscane.
Frère. Louis-Antoine-Jacques, né 25 Juillet 1727.

GRANDS D'ESPAGNE, REGNICOLES.
Messieurs.

Le Duc de Medinaceli.
Le D. de Sanstevan.
Le D. del Infantado.
Le D. d'Alba.
Le D. de Uceda.
Le D. de Frias.
Le D. de Arion.
Le D. de Ossuna.

Le comte de Benavente.
Le D. del Arco.
Le D. de Albuquerque.
Le marquis de Astorga.
Le marquis de Estepa.
Le marquis de Alcagnices.
Le marquis de Montealegre.
Le comte de Talara.

ESPAGNE.

Le marquis de Villena.
Le marquis de Velamazan.
Le marquis de Mondejar.
Le D. de Berwick.
Le comte de Priego.
Le comte de Aguilar.
Le marquis de Sainte-Croix.
Le D. de Abrantes.
Le comte de Fernan Nunnez.
Le comte de Cifuentes.
Le comte de Montiso.
Le comte de Maceda.
Le D. de Monteillano.
Le comte de Salvatierra.
Le comte de Orgaz.
Le comte de Miranda.
Le comte de Sainte Eufemia.
Le marquis de Balbafes.
Le marquis de Montados.
Le marquis de Villadarias.
Le comte de Motezuma.
Le comte de Mora.

Le comte de Cerbeillon.
Le D. de Granada.
Le marquis de Valdecarzana.
Le D. de Almodovar.
Le prince de Masseran.
Le marquis de la Lapilla.
Le comte de las Torres.
Le marquis de Abudeite.
Le marquis de Mortara.
Le marquis de Castelar.
Le marquis de Malpica.
Le marq. de Belgida.
Le marquis de Guadalcazar.
Le marq. de Castrillo.
Le comte de Corres.
Le prince Pio.
Le marquis de la Mina.
Le marquis de dos Aguas.
Le D. de Grimaldi.
Le comte de Glimes.
Le D. de Montemar.
Le marquis de Castromonte.

MAISONS D'ARRAGON.

Le D. de Hixar.
Le comte de Aranda.
Le comte de Fuentes.
Le comte de Atarez.
Le marq. de Castel dos Rius.
Le comte de Sastago.
Le D. de Villahermoso.
Le comte de Peralada.

Le comte de Fuenclara.
Le marquis de Ariza.
Le duc del Parque.
Le duc de San Carlos.
Le comte de Murillo.
Le comte de Bornos.
Le marquis de Fuente el Sol.
Le marquis de San Vicente.

GRANDS HONORAIRES, Messieurs.

Le comte de la Roca.
Le comte de Alcolea.

Le marquis de Villescas.

TITRES ETEINTS,

Dont les Domaines & les grandesses ont été incorporés dans d'autres Maisons.

Dans celle de Medinaceli,

Le marquisat d'Aytona.
Le duché de Alcala & le duché de Ségorve.

Le duché de Santistevan, possedé à présent par le marquis de Cogolludo, fils aîné de Médinaceli, restera dans cette maison pour toujours.

Dans la maison de Alba,

Le marquisat de Villefranche, le comté de Oropesas, les duchés de Medina Sidonia & Huescar, avec leurs dépendances.

Dans celle d'Ossuna,

Le marquisat de Pegnafiel, fils aîné d'Ossuna, le comté de Benavente, le duché de Gandia, le duché de Béjar, &c. resteront dans cette maison.

Dans celle d'Astorga.

Le comté de Altamira.
Le duché de Seza avec ses dépendances.

Dans celle de Montealegre.

Le comté de Ognate avec ses dépendances.

Dans celle de Falara,

Le comté de Torrejon.

Dans celle de Villena.

Le marquisat de Bedmar.

Dans celle de Velamazan,

Le comté de la Corogne.

Dans celle de Berwick,

Le comté de Lémos & les duchés de Liria & Veraguas.

Dans celle de Motezuma,

Le marquisat de Villagarcia.

Dans celle de Valdecarzana.

Le comté de las Amayuelas.

Dans celle de Belgida,

Le marquisat de Saint-Jean de Piedras Albas.

Les comtés de Castroponce, les marquisats de Camarasa, les duchés de Arcos, de Banos & de Naxera, ont été incorporés dans d'autres maisons après l'extinction des familles auxquelles ils appartenaient.

GRANDS D'ESPAGNE FIXÉS EN FRANCE.
Messieurs

création.   avénement.

1520 Le comte d'Egmont.............1753
1520 Le prince de Salm-Kyrbourg.....1778
1520 Le duc d'Havré & de Croy......1761
1520 Le prince de Nassau Siegen....1782
1701 Le comte de Buzançois.........1764
1703 Le duc d'Oudeauville..........1781
1704 Le comte de Tessé.............1742
1706 Le duc de Croy................1784
1708 Le prince de Chimay...........1761
1709 Le duc de Nivernais...........1738
17.. Le prince de Grittelle........1761
1712 Le maréchal de Mouchy.........1741
1713 Le prince de Robecq...........1745
1714 Le comte de Périgord..........1757
1722 Le comte de Valentinois.......1754
1722 Le marquis de Rohault.........1777
1723 Le comte d'Hautefort..........1761
1723 Le marquis de S. Simon........1774
1727 Le maréchal de Beauvau........1754
1730 Le marquis de Brancas.........1753
1740 Le comte de la Marck..........1773
1742 Le duc de Caylus..............1783
1765 Le marquis d'Ossun............1765
1780 Le prince de Montbarey........1780
1781 Le duc de Crillon de Mahon....1782
1782 Le comte d'Estaing............1782

CONSEIL D'ÉTAT. *Messieurs.*

Le pr. de Yachi, *absent.*
Le D. de Grimaldi, *absent.*
Le marq. de Squilace, *absent.*
Le comte de Floridablanca.
Le C. de Gausa.

D. Joseph de Galvez.
Le marq. Llano, *secrétaire avec les honneurs du conseil.*
D. Bern. Del Campo, *secret. en surv. avec les honn. de cette ch.*

SECRÉTAIRES D'ÉTAT AVEC LEURS DÉPARTEMENTS. *Messieurs*

Le comte de Floridablanca, premier secrétaire d'état, *les graces & la justice.*

Le comte de Gausa, *les finances*, & par interim, *la guerre:*
D. Joseph de Galvez. *les indes,*
D. Ant. Valdès y Bazan, *la marine.*

CONSEIL ROYAL ET SOUVERAIN DU ROI.

I. Chambre du Gouvernement. *Messieurs*

Le C. de Campomanes *doyen.*
D. Ant. Veyan y Monteagudo.
D. Louis de Urries y Cruzat.
D. Ig. de Santa Clara y Villota.
D. Manuel de Villafanne.
Le comte de Balazote.
D. Manuel Fern. Vallejo.
D. Pedro Prud. de Taranco.
D. Mig. de Mendinueta y Musquiez.
D. B. Cantero y de la Cueca
D. ped. Joach. de Murlia y Cordova.

D. . . . .
D. Santiago Ignacio de Espinola, *proc. gen. pour tout ce qui concerne les provinces soumises à la chancelerie de Grenade.*
D. Hyac. Moreno y Montalvo, *Proc. gen. pour les provinces d'aragon.*
D. Ant. Cano Manuel, *proc. gen. pour la chancelerie de valladolid.*

II. Chambre du Gouvernement. *Messieurs*

D. Rodrigo de la torre marin.
D. Juan. Acedo Rico.

D. Pablo Ferrandiz Bendicho
D. Marco Argaiz.

Chambre des Quinze Cents, *ou* Mil y Quinientas. *Messieurs*

D. Ped. Jos. Perez Valiente.
D. Ant. Inclau y Valdés.
D. J. Man. de Herrera y Navia.

D. Manuel Doz.
D. Thomas Gargello.

Chambre de Justice. *Messieurs*

D. Fernando Jos. de Velasco.
Le marquis de Roda.

D. Pablo de Mora Jaraba.
D. Thomas Bernard.

Chambre de Province. *Messieurs*

Le marquis de Contreras.
D. Gonz. Enriquez de Luna.
D. Jos. Marrinez y de Pons.

D. Blas de Hinojosa.
D. Raym. de Irabien, *gouverneur de la chambre.*

Juges de Competence. *Messieurs*

D. Rodrigo de la torre marin.
D. J. Acedo Rico.

ESPAGNE.

JUNTE DE JUGES DES COMMISSIONS. *Messieurs*

D. Antoine Inclan, *du conseil de Castille.*
D. Miguel de Mendinueta, *du même conseil.*
Le comte de Torrecuellar, *du conseil des ordres.*
D. Juan Ant. Velarde y Cienfuegos, *du conseil royal.*
D. Ped. Fern. de Vilches, *proc. gén. & du même conseil.*
D. Pedro. Joach. de Murcia, *juge de ministre.*

JUGES DES PLANTATIONS ET DE L'AGRICULTURE. *Messieurs*

Le marquis de Contreras, *pour les 25. l. qui environnent la cour.*
D. Juan Acedo Rico, *pour le reste du royaume à l'except. de la marine & des mines d'Almaden.*
D. Fern. Jos. de Velasco, *chef de la librairie.*
D. Bernard Cantero y de la Cueva, *surintendant-général de la police de Madrid.*

JUNTE ROYALE DU MONT DE PIETÉ, DES VEUVES ET DES ORPHELINS. *Messieurs.*

Le comte de Campomanes, *directeur.*
D. Rodrigo de la torre marin, *du conseil souverain.*
D. Philipp. Santos Dominguez, *du conseil des indes.*
D. Jos. de Zuasco y Bustamente, *du conseil des ordres.*
D. Pablo Ant. de Ondarza, *du conseil des finances.*
D. Manuel Navarro, *secrétaire & controleur.*
D. Manuel de Guemes, *trésorier.*

CONSEIL SUPREME DE GUERRE.

I. CHAMBRE. *Messieurs*

Le comte de Gausa, *comme secrétaire d'état par intér. pour les affaires de la guerre.*
Le comte de O-Reilly, *comme insp.-gén. de l'infanterie.*
D. Ant. Ricardos Carrillo, *comme insp.-gén. de la cavalerie.*
D. Mart. Alvarez de Sotomayor, *comme insp. gén. de la milice.*
D. Eug. Breton, *comme insp. ect.-général des dragons.*
D. Miguel de Galvez.
Le marquis del Real Tesoro.
D. Ant. de Arce, *comme insp.-gén. de la marine.*
D. Pedro Francisco de Goyeneche.
Le duc de Ossuna, *comme colonel des gardes de l'inf. espagnole.*
Le comte de Lacy, *comme command.-gén. du corps de l'artill.*

D. Diego Joseph Navarro.
D. Joachin de Maguna.
D. Ignace Ponce de Leon.
D. Felix de Texada, *comme inspecteur-général de la marine.*
D. Ignace de Heredia, *en qualité de ministre politique, à Rome*
Fr. Jer. de Herran, *procureur-général de robe.*
D. Louis de Urbina, *procureur-général d'épée.*
D. Math. de Villamayor, *secrétaire.*

CHAMBRE DE JUSTICE. *Messieurs*

Le marq. del Réal Tesoro.	D. Ant. Valladolid. Alcaraz.
D. Jul. de San Cristoval.	D Ant. Abadia.

CONSEIL SOUVERAIN DE L'INQUISITION.

D. Pedro Rubio Benedicto, évêque de Majorque, inquisiteur général, *président.*

CONSEIL SOUVERAIN DES INDES.

D. Joseph de Galvez, *président.*

CONSEIL ROYAL DES ORDRES.

[.................... *président.*

CONSEIL ROYAL DES FINANCES.

Le comte de Gausa, *président.*

COMMISSARIAT GENERAL DE LA CROISADE.

D. Jos. Garcia Herreros, *commissaire général.*

TRIBUNAL APOSTOLIQUE ET ROYAL DES GRACES ET DES PARDONS.

D. Joseph Garcia Herreros, *président.*

JUNTE ROYALE DE COMMERCE, DES MONNOIES ET DES MINES.

Le comte de Gausa, *président.*

JUNTE ROYALE DES BIENS DES VEUVES.

D. Antonio Veyan y Monteagudo, *président.*

JUNTE ROYALE APOSTOLIQUE.

Le comte de Balazote, *président.*

JUNTE ROYALE DU TABAC.

Le comte de Gausa, *président.*

ESPAGNE.

JUNTE ROYALE DU MONT-DE-PIÉTÉ.
Le comte de Gausa, président.

JUNTE ROYALE DE LA LOTERIE D'ESPAGNE.
Le comte de Gausa, *président*.

SURINTENDANT GÉNÉRAL DES POSTES DU ROYAUME.
Le comte de Floridablanca.

JUNTE SOUVERAINE POUR LES AFFAIRES DES POSTES.
Le comte de Floridablanca, *président*.

JUNTE ROYALE DE CHARITÉ.
D. Raymond de Irabien, *président*.

TRIBUNAL SOUVERAIN DE MÉDECINE.
D. Mucio Zona, premier médecin du roi, *président*.

ÉTAT MAJOR DES ARMÉES D'ESPAGNE.

CAPITAINES-GÉNÉRAUX. *Messieurs*

1763 le C. de Aranda.
1770 Le marq de Croix.
1782 Le Duc de Crillon.

LIEUTENANS-GÉNÉRAUX *Messieurs*

1747 Le Duc. de Berwick.
1755 Le Comte de Priego.
1763 Le comte de Glimes.
1767 Le Comte O-Reilly.
1770 Le marq. de Viance.
    Le marq. de Ruchena.
    Le marq. de Bassecourt.
    D. Miguel Lopez.
    Le marquis de Vallehermoso.
    Le G. de Xerena.
    D. Ant. Ricardos.
    D. Manuel de Azlor.
    Le marq. de Rubi.
    Le D. de Ossuna.
    D. Cristoval de Zayas.
    Le Comte de Miranda.
1772 Le prince de la Riccia.
1775 D. Juan Sherlock.

1776 D Louis de Urbina.
    Le Comte del Asalto.
1777 D. Pedro Zermeno.
    D. J. Jos. de Vertiz.
    D. Victorio de Navia.
    Le marq. de Grimaldo.
1779 D. Louis Niculant.
    Le Comte de Bornos.
    Le Comte de Lacy.
    Le vic. de la Herreria.
    De Martin Alvarez.
    D. Eugenio Breton.
    D. Felix O-Neille.
    Le D de Castropignano.
    D. Manuel Pacheco.
    D. Ladislas Habor.
    Le marq. de la Torre.
    D. Dom. Salcedo.
    Le C. de Revillagigedo.

ESPAGNE.

D. Diego Navaro.
D. Pasch. de Cisneros.
D. Aug. de Jauregui.
Le Marq. de la Cannada.
Le baron Despangen.
1781 Le Comte de Galvez.
D. J. Man. de Cagigal.
1782 Le M. de Caza-Cagigal.
D. Oracio Borghese.
Le Comte de Cifuentes.
D. Math. de Glavez.
1783 Le marquis de Zayas.
D Carlos de Hauregard
D. Rudesindo Tilly.
D. Justo Tellez.

D. Ant. Oliver.
Le marquis de Monte hermoso.
Le marquis de Torre-Manzannal.
1784 Le C. de Castiglione.
Le Chevalier Panissera.
Le C. Arborio mella.
Le Chevalier Kalbermaten.
Le Comte de Leutron.
Le Commandeur D'Antoni.
Le Chev. de Salmour.
1759 Le marq. de Squilace, ho.

69 *Maréchaux de camp*, & 150 *Brigadiers*.

INSPECTEURS DES TROUPES. *Messieurs*

Le Comte de O-Reilly, *l'Infanterie*.
D. Antonio Ricardos, *la Cavalerie*.
D. Eugénio Breton, *les Dragons*.
Le Comte de Lacy, *l'Artillerie*.
D. Silvestre Abarca,
D. Francois Sabatini, } *les Ingénieurs*.
D. Juan Caballero,
D. Martin Alvarez, *les Milices*.

GOUVERNEURS GENERAUX DES PROVINCES D'ESPAGNE. *Messieurs*

Castille vieille.   D Louis de Nieulant *capitaine-général*.
     D. Jos. de Ansa, *secrétaire*.
Arragon.   . . . . *capit-général*.
     D. Pedro de Aranda, *secrétaire*.
Catalogne.   Le Comte del Asalto, *capitaine général*.
     D. Barnabé Espeso, *secrétaire*.
Valence & Murcie.   Le marq. de Croix, *capitaine-général*.
     D. Fr. Mig del Val, *secrétaire*.
Majorque,   Le comte de Cifuentes, *capitaine-général*.
     D. Galceran de Vilalba, *comm-gén*.
     D. Fr. de Orrios, *secrétaire*.
Minorque.   D. Antonio Gutierrez, *commandant*.
     D. Pédro Beyermon, *secrétaire*.

ESPAGNE.

Navarre.	D. Man. Azlor, *vice-roi & capit.-général*.
	D. Seb. Luengo, *secrétaire*.
Quipuzcoa.	Le marq. de Bassecourt, *capitaine-général*.
	D. J. Jos. Horé, *secrétaire*.
Andalousie.	Le comte de O-Reilly, *capit.-général*.
	D. L. M. Granmeson *secrétaire*.
Côte de Grenade.	Le marquis de Vallehermoso, *capit.-gén*.
	D. Diego Vent. de Mérida, *secrétaire*.
Galice.	D. Pedro Cermeño *capitaine-général*.
	D. Diego Vent. de Mérida, *secrétaire*.
	D. Joach. de Forcada, *secrétaire*.
Estramadoure.	Le marquis de Cazagagigal *capit.-général*.
	D. Ped. Zérezal, *secrétaire*.
Madrid & son départ.	D. Christoval de Zayas, *gouv. comm.-gen. & lieutenant-general*.
	Le cap. D. Guill. San Martin, *secrétaire*.
Oran en Afrique.	D. Ped. Guelfi, *commandant-général*.
	D. Louis Roel, *secrétaire*.
Zeuta.	Dom. Salcedo, *gouv. & lieut.-général*.
	D. Philippe Garcia, *secrétaire*.
Iles des Canaries.	Le mar. de la Cañada, *comm. & lieut.-gén*.
....	*commandant en second*.
	D. G. Jos. de Los Reyes, *secrétaire*.

MARINE D'ESPAGNE.

1783 Dom. Louis de Cordova, *capitaine & directeur-général*.

LIEUTENANS-GÉNÉRAUX. *Messieurs*

1757 Le M. de San Léonardo.	D. Miguel Gaston.
1774 Le M. del Real Tésoro.	D. Ant. de Arce.
Le M. de Casa Tilly.	1780 D. J. de Langarayhuarte.
D. Man. de Guirior.	1781 D. Jos. Solano.
D. Man. de Florez.	1783 D. Ign. ponce de Léon.
1779 D. Jos. de Roxas.	D. Antonio posada.
1779 D. Antonio Ulloa.	D. A. Osorno y Herrera.
D. J. Bapt. Bonet.	D. Antonio Barcelo.
D. Ant. Rod. Valcarcel.	

CHEFS-D'ESCADRE. *Messieurs*

1774 D. Ad. Caudron Cantin.	1782 D. Fr. Hidalgo Ciesne-
1779 D. Juan Tomaseo.	roes.
D. Bonav. Moreno.	D. Juan de Arooz.

ESPAGNE

Messieurs

Le marquis de Mélina.
D. Joseph de Mazarredo.
D. Ant. Valdès y Bazan.
D. Antonio Vacaro.
D. Joseph de Cordova y Ramos.
D. Fr. Gil y Lemos.
D. Fr. de Borja.
D. Franc. Morales.
D. Joseph de Castejon.
D. Félix de Tezada.

41 *Brigadiers de Marine*, 125 *capitaines de vaisseau*, & 150 *capitaines de frégate*.

ORDRES DE CHEVALERIE.

(*Voyez l'édit de 1783, page 324.*)

1429. ORDRE DE LA TOISON D'OR.

TOISON D'OR.

LE ROI, *chef & souverain de l'ordre*.

CHEVALIERS. *Messieurs*

1735 L'infant D. Louis.
1738 Le D. de Penthievre.
     Le pr. Albert de Saxe
1745 Le D. de Lauraguais.
1746 Le maréch. de Mouchy.
1749 Le pr. des Asturies.
1751 Le Duc de Parme.
     Le roi de Naples.
1752 L'infant D. Gabriel.
     Le Duc d'Orléans.

ESPAGNE

1756 L'infant D. Antoine.	Le Duc de Hijar.
Le comte de Aranda.	Le prince de la Riccia.
1761 Le roi de France.	Le M. de Montealegre.
Le comte d'Artois.	Le Marquis de Ariza.
Le Duc de Choiseul.	Le Duc d'Ayen.
1764 Le Comte d'Egmont.	Le Marquis d'Ossun.
Le Comte de Priego.	Le connétable Colonna.
1765 Le Duc de Grimaldi.	Le duc de Crillon.
1767 Le C. de Provence.	Le pr. Janv. de Naples.
1771 Le M. de Santa-Cruz.	1783 Le comte de Fernand-Nunez.
Le Duc de Uceda.	
Le Duc de Medina-cœli.	Le comte de Montmorin.
Le maréch. de Duras.	Le pr. D. Phil. de Parme.
1773 Le prince de Parme.	Le marquis de Crillon.
1777 Le pr. héréd. de Naples.	L'infant d'Espagne.
1780 Le Duc d'Ossun.	L'infant D. Philippe.
Le Comte Aguilar.	*dix colliers vacans.*

MINISTRES ET CONSEILLERS DE L'ORDRE. *Messieurs*

Le marquis de Grimaldo, *chancelier.*
Le comte de Castelblanco, *greffier.*
D. Eug. de Llaguno Amirola, *roi d'armes.*

1771 ORDRE DE CHARLES III.

CHARLS III.

(*Voyez* sur la naissance & la constitution de cet ordre, l'édit. de 1783, page 345.)

ESPAGNE.

La Roi, *chef & souverain de l'ordre.*

CHEVALIERS GRAND-CROIX. *Messieurs.*

Le prince des Asturies.
L'Infant D. Gabriel.
L'Infant D. Antoine.
L'Infant D. Louis.
Le patriarche des Indes, *grand chancelier & prem. officier de l'ordre.*
1771 Le comte de Priego.
Le comte de Atarés.
Le marquis de Estepa.
Le marquis de Villena.
Le duc d'Ossun.
Le duc de Almodovar.
Le duc del Arco.
Le duc del Infantado.
Le marq. de Belamazan.
D. Manuel Pacheco.
Le M. de Montealegre.
Le M. de Valdecarzana.
Le comte de Miranda.
Le M. de Castromonte.
Le duc de Hijar
Le M. de San-Leonardo.
1772 Le Roi de Naples.
Le duc de Parme.
L'Archev. de Tolede.
1773 D. Jos. Doria Pamphili.
1776 Le duc de Uceda.
Le marquis de Ariza.
Le comte de Cifuentes.
Le C de Fernan-Nunez.
Le M. de Cogolludo.
D. Angel de Spinola.
1777 Le pr. héréd. de Naples.
1780 Le pr. Janv. de Naples.
Le D. de Medina-cœli
Le M. de Casteldosrius.
L'archevêque de Valence.
Le duc d'Alburquerque.
Le duc de Frias.
Le comte de Altamira.
Le marquis de Croix.
D. Louis de Cordova.
Le marquis de Viance.
Le duc de Crillon.
Le comte de Lacy.
1782 l'Archev. de Santa Fé.
1783 Le pr. héréd. de Parme.
Le pr. D Phil. de Parme.
L'Infant d'Espagne.
L'Infant D. Philippe.
D. Martin Alvarez de Sotomayor.
Le comte de Macida.
Le comte de Gausa.
D. Joseph de Galvez.
Le C. de Floridablanca.

OFFICIERS DE L'ORDRE. *Messieurs*

D. Bern. del Campo, *secrétaire,* & en son absence, D. Miguel Otamendi.
Le marquis de Ovieco, *maître des cérémonies.*
Le C. de Valdeparaiso, *trésor.*

MINISTRES

MINISTRES D'ESPAGNE.

Pres les Cours étrangeres. *Messieurs*

Venise.	Le marquis de Squilace, *ambassadeur.*
	D. Isidore Martin, *secrétaire.*
Paris.	Le comte de Aranda, *ambassadeur.*
	D. Ignace de Heredia, *secrétaire.*
Rome.	Le duc de Grimaldi, *ambassadeur.*
	D. Jos. Nic. de Azara, *agent & proc.-gén. du Roi.*
Lisbonne.	Le comte de Fernan Munez, *ambassadeur.*
	D. Joseph Caamano, *secrétaire.*
Vienne.	Le comte de Aguilar, *ambassadeur.*
	D. Domingo de Yriarte, *secrétaire.*
Turin.	Le D. de Villahermosa, *ambassadeur.*
	D. Jos. de Ocariz, *secrétaire & chargé d'affaires.*
Londres.	Le duc de Almodovar, *ambassadeur.*
	. . . . *secrétaire.*
Gênes.	D. Juan Cornejo, *ministre plénipotentiaire.*
	D. Basilio Ortiz de Velasco, *secrétaire.*
Dresde.	D. Joseph de Onis, *ministre plénipotentiaire.*
La Haye.	Le comte de Sanafé, *ministre plénipotentiaire.*
	D. Eugene de Renovales, *secrétaire.*
Parme.	Le marquis de Matallana, *ministre plénipotent.*
	D. Benito de Agüera, *secrétaire.*
Naples.	Le vic. de la Herreria, *ministre plénipotentiaire.*
	D. Angel Trigueros, *chargé d'affaires.*
Copenhague.	D. Ig. mar. de Corral y Aguirre, *ministre pl.*
	D. Melchor de Pernia, *secrétaire.*
Stockholm.	Le comte de Güemes, *ministre plenipotentiaire.*
	D. Guillaume Courtois, *secrétaire.*
Pétersbourg.	Le marquis de la Torre, *ministre plénipotent.*
	D. Miguel-Jos. de Asanza, *secrétaire.*
Berlin.	D. Simon de las Casas, *ministre plénipotentiaire.*
	D. Jos. Bermudez de Castro, *secrétaire.*
Florence.	D. Fr. Monino, *ministre plénipotentiaire.*
	D. Fr. Vernaccini, *secrétaire.*
Constantinople.	D. J. de Buliñi, *ministre plénipotentiaire.*
	D. Jos. de Buliñi, *secrétaire.*

ÉTABLISSEMENS RELATIFS AUX SCIENCES ET AUX ARTS.

ACADÉMIE ROYALE D'ESPAGNE.

Le Marquis de Santa Cruz, *directeur perpétuel.*
D. Manuel de Lardizaval, *secrétaire.*

ACADÉMIE ROYALE DE PEINTURE, DE SCULPTURE ET D'ARCHITECTURE.

Le comte de Floridablanca, *protecteur.*
Le mar. de la Florida Pimente, *vice-protecteur.*
D. André de la Calleja, *directeur général.*
D. Antonio ponz, *secrétaire.*

SOCIÉTÉ ROYALE & ÉCONOMIQUE DES AMIS DU PAYS.

D. Pablo Ferrandiz Bendicho, *directeur.*
D. Gasp. Melchor de Jovellanos, *second directeur.*
D. Jos. de Guevara Vasconcellos, *censeur.*
D. Jos. Faustino Medina, *secrétaire.*
D. Jos. Manuel de Bannos, *contrôleur.*
D. Jos. de Almaiza, *trésorier.*

ACADÉMIE royale du Droit espagnol & public, établie à San-Isidro el Réal.

D. Miguel de Galvez, *président.*
D. Antonio de Villa Urrutia, *secrétaire.*

ACADÉMIE royale des sacrés canons, de la liturgie, de l'histoire & de la discipline ecclésiastique.

D. Pédro Joseph Perez Valiente, *protecteur.*
D. Alonso Camacho, *président.*
D. Paschal Quilez y Talon, *secrétaire.*

ACADÉMIE ROYALE DE MÉDECINE.

D. Mucio Zona, *président.*
D. Jos. Burunda, *vice-président.*
D. Juan Gamez, *secrétaire.*
D. Casim. Gomez Ortega, *secrétaire pour la correspondance étrang.*

ACADÉMIE ROYALE DE LANGUE LATINE.

D. Alfonse Gomez Zapata, *directeur.*
D. Manuel Benavente *examinateur.*

ESPAGNE.

D. François Torrecilla, *examinateur.*
D. Angel Vazquez Millan, *examinateur.*
D. Man. Cécilio Saiz, *secrétaire.*

GRAND BIBLIOTHECAIRE DU ROI.

D. Franç. Perez Bayer, *precepteur des infans.*

CABINET ROYAL D'HISTOIRE NATURELLE.

D. Pédro Franco Davila, *directeur.*
D. Eugenio Izquierdo, *vice-directeur.*

JARDIN ROYAL DES PLANTES.

D. Mucio Zona, premier médecin du Roi, *intendant.*
D. Jos. Perez Caballero, *sous-directeur.*
D. Casimiro Gomez Ortega, *premier professeur.*
D. Antonio Palau, *second professeur.*

ARCHEVÊQUES ET EVÊQUES D'ESPAGNE.

Messieurs

		Revenus.
Tolede,	Fr. de Lorenzana.........	2000000 liv.
Cordoue,	D. Barth. Yusta Navarro....	150000
Cuenca,	Ph. Ant. Solano.........	170000
Siguenza,	J. Diaz de la Guerra......	150000
Jaen,	Aug. Rubin de Cevallos...	150000
Ségovie,		60000
Carthagéne,	Man. Rub. de Celis......	80000
Osma,	B. Ant. Calderon.........	90000
Valladolid,	Ant. Joach. de Soria......	55000
Seville,	D. Alonso Marco de Llanes.	400000
Malaga,		160000
Cadix,	Jos. Escalzo y Miguel.....	45000
Canaries,	P. Joa. de Herrera.......	40000
Zeuta,	Fr. Diego Martin.	30000
Compostelle,	Sebastien Malvar.........	150000
Salamanque,		80000
Tuy,	Fern. de Angulo.	40000
Avila,	Christ. Thom. de Torrecilla.	10000
Coria,	J. Jos. Garcia Alvaro.....	90000
Plasencia,	Jos. Gonz. Laso.........	200000
Astorga,	Fr. Ant. Lopez..........	45000
Zamora,	Man. Ferrer............	60000
Orans,	Péd. de Quevedo y Quintano.	46000
Badajox,	Fr. Alonso de Solis y Grajera.	60000

ESPAGNE.

		Revenus.
Mondonedo,	Fr. Quadrillero	18000 liv.
Lugo,	Fr. Armana	12000
Ciudad Rodrigo,	Al. de Molina Santaella	45000
Exem. { *Léon*	Cayet. Quadrillero	46000
{ *Oviedo.*	Aug. Conz. Pilador	40000
GRENADE,	Ant. George Galban	150000
Guadix,	B. de Lorca	36000
Almeria,	Fr. Ant. Rodriguez	20000
BURGOS,	Jof. Xav. Rod. de Arellano.	140000
Pampelune,		100000
Calahorra,	J. Luelmo y Pinto	80000
Palencia,	Jof. L. de Mollinedo	82000
Santander,		....
Tudele,	Fr. Ramon de Larumbe	....
TARRAGONE,		80000
Barcelone,	Gav. de Valladares y Mefia.	35000
Gerona,	Th. de Lorenzana	12000
Lerida,	Jer. Mar de Torres	35000
Tortofe,	Péd Cortès	60000
Vich,	Fr. Veyan y Mola	20000
Urgel,		70000
Solfone,	Fr. Raph. de Lafala	15000
Ibize,	Man. de Abbad y Lafiera	....
SARAGOSSE,	Aug. de Lezo Palomeque.	150000
Huefca,	Pafc. Lopez de Eftaun	45000
Barbaftro,	J. Man. de Cornel	30000
Xaca,	Fr. Jul. de Gafcuena	....
Tarazona,	Jof. Laplana y Caftillon	80000
Albaracin,	Jof. Conft. de Andino	42000
Teruel,	Roc. Mart. Merino	45000
VALENCE,	Fr. Fab. y Fuero	160000
Segovie,	Laur. Gomez de Haedo	80000
Orihuela,	Jof. Tormo	40000
Majorque,	Péd. Rubio Benedicto	50000

1139. PORTUGAL. *Catholique.*

Sommaire Chronologique. Commencement du royaume de Portugal 1139 ; jonction de partie du royaume des Algarves 1188, & d'autre partie 1249 & ans suivans ; extinction de la ligne légitime des rois, 1383 ; bulle du Pape portant permission de subjuguer l'empire de la Chine & tous autres royaumes barbares des Indes, 1454 ; autre bulle de partage entre l'Espagne & le Portugal, en vertu de laquelle le Portugal a dans sa part toutes les Indes orientales, 1493 ; conquête de la côte Orientale de l'Ethiopie, & des isles de Quiloa, Mozambique & autres, 1498 & années suivantes ; jonction du royaume a celui d'Espagne, Août & Septembre 1580 ; élévation de la maison de Bragance sur le trône par droit de succession d'une héritiere légitime, 1 Décembre 1640 ; bulle du Pape qui octroie & affecte au Roi de Portugal le titre de *Roi très-fidéle*, 23 Décembre 1748. Erection du siege de Lisbonne en Patriarchat, 1716.

Climat. Ce Royaume, le plus occidental de l'Europe, jouit d'un climat plus tempéré que l'Espagne, quoique sous les mêmes parallèles, parce que les diverses parties qui le composent, sont moins éloignées de la mer. L'air y est rafraîchi, pendant l'été, par un vent de mer qui le purifie : dans quelques provinces, il pleut presque continuellement pendant cinq mois. Quelquefois l'hiver y est rigoureux : on n'y fait cependant du feu que dans les cuisines. Dans les mois de sécheresse on éprouve de fréquents ouragans qui élevent des nuages de poussiere. Le jour alors est chaud, mais la nuit est fraîche. Rarement le tonnerre se fait entendre. La terre y est couverte de verdure, toute l'année ; & l'on y voit des roses dans le mois de Décembre. Ses champs sont naturellement très-fertiles ; & ils produisent le meilleur blé de l'Europe. Ils ne suffisent cependant pas à nourrir la moitié des habitans. On leur apporte du blé des açores, de la mer Baltique, de la France, & sur-tout de l'Angleterre.

Productions. Le territoire du Portugal est parsemé de montagnes dont quelques-unes sont riches en Mineraux, en argent, en cuivre, en étain, en plomb, en fer, en vif-argent, & en pierres précieuses, telles que des turquoises & des hyacinthes. Les richesses que les Portugais tirent du Brésil, ne leur permettent pas de fixer leurs regards sur celles qu'ils ont chez eux. Ils n'exploitent que les mines de fer, de plomb, d'étain & d'alun. Ils négligent les Pierres cianées qu'ils trouvent près de Boba, dans l'Alentijo pour les emeraudes qui leur ressemblent. Il en est de très-beaux dans les montagnes d'Estrémos; il en est dans les environs de Lisbonne, qui sont du plus beau noir & très-nettes. Près de Cintra, on trouve des aimans; & sur les côtes de Sétubal, de l'Ambre. On y voit différents marbres, & sur la montagne d'Alcantara, près de Lisbonne, est une caverne de salpêtre aux environs de laquelle on trouve du Satyrion. On voit en Portugal une plante, dont la fleur de plusieurs couleurs imite si bien une mouche, que l'on craint de la cueillir. Les herbes odoriférantes y abondent, ainsi que celles qui servent à la teinture. Le miel y est blanc, d'une odeur douce; on en recueille dans les bois, dans les campagnes, celui-ci est le meilleur; celui-là est encore plus agréable que dans les autres pays d'Europe. On connait les citrons & les oranges de Portugal; ces fruits sont originaires de la Chine. On y recueille des figues, des amandes, des dattes &c. Il y a de bons pâturages. En général, le bétail n'y est pas beau; la laine du mouton y est belle, quoiqu'inférieure à celle d'Espagne. Les chevaux sont petits, mais courent avec légéreté. On y éleve beaucoup d'ânes.

Revenus. Les revenus de la couronne consistent dans les biens héréditaires de la maison de Bragance, dans les domaines conquis par les Portugais, dans les péages, les impôts de la douane, la ferme du tabac du Brésil, la fabrication des monnoies, la bulle des indulgences que tous les trois ans le Pape accorde au Roi, les grandes maîtrises dont ce Prince est revêtu, les dixmes sur le clergé hors du Royaume, le cinquieme dénier lévé sur l'or du Brésil, dans la ferme des diamans du Brésil & dans la confiscation des biens des criminels.

MONNOIES DE PORTUGAL,

Comparées à celles de France.

L'Écu de 3 liv. de France vaut intrinsequement 480 reis, mais sa valeur varie au change; & à Lisbonne on donne ordinairement environ 445 reis pour l'écu de 3 liv.; néanmoins l'évaluation suivante sera faite valeur intrinseque, qui est plus facile à calculer.

PORTUGAL. 103
MONNOIES EFFECTIVES.
ESPECES D'OR.

Noms Portugais	Noms Français	val. en reis.	val. arg. Fr.
			lv. f. d.
Cinco Moedas.	Cinq monnoies.	24,000	150 0 0
Doze mil reis.	Douze mille reis.	12,000	75 0 0
Moeda de ouro.	Monnoie d'or.	4,800	30 0 0
Meya moeda.	Demi-monnoie.	2,400	15 0 0
Quartinno.	Un quart.	1,200	7 10 0
Peça dobrada.	Double piece.	12,800	80 0 0
Huma peça.	Une piece.	6,400	40 0 0
Tres mil duzentos.	Trois-mille deux cent reis.	3,200	20 0 0
Deze a seis testoens.	Seize testons.	1,600	10 0 0
Octo testoens.	Huit testons.	800	5 0 0
Cruzado novo de ouro	Cruzade neuve d'or.	480	3 0 0
Cruzado.	Cruzade vieille.	400	2 10 0

ESPECES D'ARGENT.

		reis	llv. f. d.
Cruzado novo.	Cruzade neuve.	480	3 0 0
Doze vintems.	Douze vingtaines.	240	1 10 0
Seis vinteins.	Six vingtaines.	120	0 15 0
Tres vinteins.	Trois vingtaines.	60	0 7 6
Hum vinteins.	Une vingtaine.	20	0 2 6
Tostao.	Teston.	100	0 12 6
Meio Tostao,	Demi-Teston.	50	0 6 3

Nota. Il faut observer que chaque piece d'or ou d'argent paye un cinquieme de moins que sa valeur courante : par exemple, la plus grosse piece d'or qui dans le commerce vaut 24000 reis, ne paye, & n'a de valeur réelle que 20,000 reis, & ainsi des d'autres.

La maniere de dresser les comptes en Portugal, est par reis & cruzade; la cruzade vaut 400 reis.

Lisbonne change sur les places suivantes, &
donne, *pour recevoir,*

Sur Amsterdam.	1 crus. de 400 rées.	47 den. de gs. bc. pl. ou m. à us. de 2 mois de date.
Cadix & Madrid.	1410 rées. pl. ou m.	1 doublon de 32 rx. de plat. à us. de 15 jours de vue.

G 4

PORTUGAL.

	donne;	pour recevoir.
Gênes.	724 dito pl. ou m.	1 piastre de 115 sous h. de bc. à uf. de 3 mois de date.
Livourne.	730 dito. pl. ou m.	1 piastre de 8 rx. à uf. de 3 mois.
Londres.	1090 dito.	67 den. sterl. pl. ou m. à 30 jours de vue.
Paris.	460 dito. pl. ou m.	1 écu de 60 sols, à usance de 60 jours de date.

Les usances des Lettres-de change d'Espagne sont de quinze jours de vue; de Londres, de trente jours de vue; de Hollande & d'Allemagne, de deux mois de date; de France, de soixante jours de date; d'Italie & d'Irlande, de trois mois de date.

Il y a six jours de grâce accordés aux lettres-de-change des pays étrangers, quand elles sont acceptées; celles qui ne sont pas acceptées, doivent être payées le jour de leur échéance.

Les lettres-de change des états de la reine en Europe, Asie, Afrique ou Amérique, ont quinze jours de grâce.

Il est d'usage que les lettres-de-change se payent en or; mais si l'on offre le payement en argent, on ne peut pas le refuser.

La proportion de l'or à l'argent est ici d'un à $15 \frac{4613}{1917}$.

MAISON ROYALE,

Reine. MARIE-Françoise-Elizabeth de Portugal, née 21 Déc. 1734, Reine de Portugal & des Algarves 24 Février 1777, mariée 6 Juin 1760, à son oncle.

Roi. Don Pierre, né 5 Juillet 1717.

Fils. Jos.-Fr.-Xavier, prince du Brésil, né 21 Août 1761. marié 21 Février 1777, à

M.-Fr.-Bened. sœur de la reine, née 15 Juillet 1736, à

J.-M.-L.-Jos.-Fr.-Xav. de P. Ant.-Dom.-Raph. frère du pr. du Brésil, né 13 Mai 1767.

Fille. M.-Ant.-Vict.-Jos.-Xav. de P.-Ant.-J.-Dom.-Gab. sœur du pr. du Brésil, née 15 Décembre 1768.

Sœur. N.-Ant.-Fr.Jos.-Rite-Jean de Portugal, nièce du Roi, née 8 Octobre 1736.

CONSEILS GÉNÉRAUX.

Il y a plusieurs conseils en Portugal, où se traitent les affaires de l'état : les principaux, sont le conseil d'état proprement dit, le conseil de guerre, le conseil des finances, le conseil des Colonies, le conseil de la Marine & celui de la Justice. Tous les autres ne sont qu'une émanation de ces quatre tribunaux, & ils leur sont subordonnés.

Conseil d'État.

Les Evêchés, les gouvernements, les vice-royautés, les ambassades, les ministres, les alliances, les grands mariages, la paix, la guerre sont du département de ce conseil. La reine y préside ; ensuite vient le roi son époux ; puis le cardinal de Cunha, archevêque d'Evora, le marquis d'Anjeja, don Antoine d'Andrade de Enderrabedes, grand-chancelier du royaume, le vicomte ponte de Lima & 3 secrét. d'état qui sont,

Messieurs,

1770. D. Martin de Mello è Castro, *pour le départ. de la mar. de la guerre, du domaine royal & des conquêtes.*
1774. D. Agnès de Saa è Mello, *pour le départem. des affaires étrangeres.*
1777. Le vic. de Villanova d'Acerviera, *pour le depart. des affair. intérieures du royaume.*

Conseil de Guerre.

Ce conseil est composé de quatre conseillers d'état, d'un secrétaire qui, pour l'ordinaire, est en même tems secrétaire d'état au département de la guerre. Ils veillent sur les forteresses, les arsenaux, les hopitaux, l'artillerie, le logement des gens de guerre, & sur differents officiers des provinces ; la nomination de tous les officiers des troupes, depuis le sergent jusqu'au capitaine, leur appartient.

Désembargo de Paça, ou Conseil du Palais.

Ce conseil, semblable à celui de Castille, établi en Espagne, est le tribunal suprême auquel ressortissent tous les autres tribunaux du royaume. Il consiste en un président, 20 conseillers qu'on appele Désembargadores, de 5 secrétaires de la chambre, d'un tréforier & de plufieurs huiffiers. Le préfident eft en même tems juge fouverain de la police.

1777. Le comte de Valderies, *préfident.*
1776. D. Ant. d'Andrade de Enderrabedes, *gr. chanceller.*

CONSEIL D'ÉTAT PRIVÉ.

Dans les caufes civiles & criminelles, ce confeil fe diftribue en deux chambres, en celle *da fupplicaçao*, ou confeil de requêtes, & en celle appellée *la cafa da civil relaçao*, ou confeil de la juftice. Ces deux cours jugent en dernier reffort, & par appel des tribunaux des provinces, toutes les caufes qui excedent la fomme de 250000 rées en biens-immeubles & 300000 en biens-meubles. Chacune de ces chambres eft encore fous-divifée en deux jurifdictions. L'une, pour les requêtes, comprend 39 confeillers, & l'autre, qui a pour objet les affaires civiles, eft compofée de 24 confeillers.

Le cardinal de Cunha, *préfident de la Relaçao.*

CONSEIL DES FINANCES.

Ce confeil a l'adminiftration des revenus de l'état, felon les divers départements qui le compofent. Ces départements font celui de Portugal & du royaume d'Algarves ; celui d'Afrique, celui des Indes & des flottes. A ce confeil reffortiffent trois autres tribunaux, favoir, la chambre des comptes, celles des douanes & celle du commerce.

1777 Le comte d'Arambuja, *préfident.*
1777 Le m. d'Anjeja *furintendant des finances.*
1777 Le comte da Cruz, *chanc. du confeil des finances.*

CONSEIL DES COLONIES.

1777 M. le comte d'Acunha, autrefois vice-roi du Bréfil, *préfident.*

SECRÉTAIRERIE D'ÉTAT.

La Secrétairerie d'état comprend deux departements ; celui des graces & celui des expéditions. La nomination aux emplois civils, celle aux officiers militaires, du lieutenant colonel au capitaine, les difpenfes, les commandeurs, des juges, les graces, les penfions, les legs pieux, les paffe-ports, font de fon reffort. Le fecretaire des fignatures prefente au monarque toutes les patentes, provifions, tous les arrêts, tous les brévets que les tribunaux adreffent au prince pour qu'il les figne.

PORTUGAL

MINISTRES ET SECRÉTAIRES D'ÉTAT, Messieurs

Le cardinal de Cunha, conseiller d'état & du cabinet.
Le vic. de Villanova d'Acer..., pour le départem. des affaires étrangeres.
D. de Saa è Mello, pour la guerre & les affaires étrangeres.
D. Emello è Castro, pour la marine & des colonies.

PRINCIPAUX-OFFICIERS DE LA COURONNE, Messieurs

1779 Le c. de Sambuja, gouv. de Lisbonne & de l'Estramad.
1774 Bar. da Costa, surint. & insp. gen. de la fond. des can.
1781 Le m. d'Anjeja, grand-amiral du royaume.
1777 Le gen. Lian, surintendans des ports & de la marine.
1779 D. L. de Vasconcellos di Gastelmelhor, gouv. du Brésil.
1779 D. Fred. de Souza Calhack, gouv. de Goa.

ORDRES DE CHEVALERIE.

1147. ORDRE D'AVIS, ou D'AVIA.

L. D'AVIA.

(*Voyez l'édition de 1783, page 316.*)

LA REINE, grand-maître.

ACADÉMIE DE MARINE.

La reine ayant créé, par une Ordonnance du 14 Décembre 1782, une compagnie de 48 gardes-marine, a fondé ensuite une académie pour leur instruction; plusieurs chaires ont été successivement ouvertes dans cette académie, le 22 Mars 1783, pour le dessin, l'architecture navale, la théorie des manœuvres, le maniement des armes, & les évolutions de l'infanterie; le 25 Juin, celle de mathématiques, & le 2 Juillet une derniere de langue française.

1783. Le marquis d'Angreda, capitaine-général-inspecteur des armées navales, *directeur.*

1783. Le comte de Saint-Vincent, maréchal-de-camp, avec exercice dans la marine, *vice-directeur.*

MINISTRES RESIDENTS
Près les Cours étrangeres. *Messieurs*

Copenhague.	Guedes de Miranda, *envoyé extraordinaire.*
La Haie.	D. J. Almeida y Noronha, *ministre plénipot.*
Londres.	Le ch. Pinto, *envoyé extraordinaire.*
	Friére, *chargé d'affaires.*
Madrid.	D. François de Souza, *ambassadeur.*
Naples.	De Sa, *ministre plénipotentiaire.*
Paris.	Le comte de Souza Cotinho, *ambassadeur.*
Petersbourg.	D'Horta Machado, *envoyé extraordinaire.*
Rome.	D. Diego de Noronha, *ministre plénipotent.*
	Pagliarini, *agent.*
Turin.	D. Rodrigue de Souza Cotinho, *ministre plén.*
Vienne.	Le comte d'Oeynhausen, *ministre plénipot.*
Amsterdam.	Gildemester, *consul-général.*

1130. DEUX SICILES *Catholique.*

SOMMAIRE CHRONOLOGIQUE. Commencement du duché de Pouï & de Calabre 1059; & du royaume de Sicile, tant en l'Isle de ce nom que dans le continent de Naples, 1130; dévolution de droit au royaume de Jerusalem, 1223; division de celui de Sicile en deux royaumes de même nom, 1282,

& réunion des mêmes royaumes, 1503; diplôme contenant cession de l'un & de l'autre, avril 1734; entrée solemnelle a Naples 9 même mois, & à Capoue 22 décembre suivant; sacre & couronnement à Palerme en Sicile, 3 juillet 1735; investiture des deux royaumes accordée par le Pape, 5 mai & 28 Juin 1738.

Vice-roi de Sicile. La premiere place de l'état, en Sicile, est celle de vice-roi. Sa mission a pour objet de remplacer la personne du roi dans tous les tribunaux dont il est le président né. Cette place a été instituée en 1408, en faveur de la reine Blanche, fille du roi Charles de Navarre, par son mari Martin le jeune, & confirmée ensuite par Martin II. dit le vieux, père du premier. Long-tems cette charge eminente fut conférée à vie; mais Ferdinand le Catholique en restraignit la durée à trois ans, après-lesquels il nommait un autre sujet, ou confirmait l'ancien; & cet usage se pratique encore aujourd'hui. Dès l'an 1065, le comte Roger avait établi une place semblable, sous le nom de vicaire ou président. En 1568, Philippe II. ayant réformé le gouvernement de ce royaume, ce prince confirma l'autorité des vice-rois, & réserva le titre de président à l'officier qu'un vice-roi mourant nomme pour le remplacer, jusqu'à ce que sa charge soit remplie par le souverain. Il arriva, à ce sujet, une aventure qui donna lieu à cet établissement. Le comte de Los Rivos, vice-roi sous Philippe II. sentant approcher sa dernière heure, nomma sa femme vice-roi de l'Isle. Le comte étant mort, sa femme entra en charge; mais la Cour de Madrid, bien-tôt instruite de cette disposition bizarre, publia un édit foudroyant contre cette disposition, fit effacer des fastes des vice-rois l'épouse du feu gouverneur, & exclut à jamais les femmes de cette place, sous prétexte que la faiblesse de ce sexe le rendait incapable de remplir un emploi aussi important. Il declara alors qu'à l'avenir le successeur du vice-roi mourant ne pourrait prendre d'autre titre que celui de président.

Ce grand officier commande toutes les forces de l'état; il est lieutenant & capitaine général du royaume; il preside à la justice, à l'annone, au trésor public, à tous les tribunaux, à toutes les jurisdictions, & il exerce partout l'autorité souveraine, en l'absence du roi. Il remplit les fonctions de legat *à Latere*, titre attaché au royaume de Sicile, accordé par le Pape Urbain II. au comte Roger, de qui ce pontife avait reçu des services essentiels. Dans les jours de cérémonie, l'Archevêque de Palerme suivi des evêques, en habits pontificaux, le reçoit à la porte de la cathédrale, & lui présente l'eau benite. Pendant les ceremonies de la chapelle, le vice-roi est assis sur un siege plus élevé que l'archevêque, du côté de l'évangile, tandis que le premier est placé du côté de l'épître. Il a le droit de faire deux fois par an, à pâque & à noël, la visite des prisons publiques ; & alors, accompagné de toute la pompe de la majesté royale, assisté du grand conseil, il decide du sort de tous les prisonniers qui sont obligés de se présenter l'un après l'autre aux piés du trône. Il depend même alors de lui de faire grace à qui bon lui semble. Cet officier jouit aussi du droit de faire grace à tous ceux que la grande cour condamne à mort ; il nomme à tous les emplois publics des villes, tels que ceux de capitaines, préteurs, senateurs, jurés, juges, & divers autres officiers civils du royaume ; il est seulement assujetti à désigner trois sujets pour chaque place, parmi lesquels le roi choisit, mais dont il nomme ordinairement le premier en liste. Tous les regiments, étrangers ou nationaux, qui se trouvent en garnison dans l'île, reçoivent l'ordre de lui, & sont obligés de monter la garde au palais de Palerme où il fait sa residence. La compagnie des hallebardiers royaux est assujettie au même service. Cependant, le capitaine de cette compagnie proteste toujours qu'il sert le roi, & non le vice-roi ; mais cette protestation frivole ne nuit pas au service. Le revenu des vice-rois est d'environ deux cents mille livres de notre monnoie. Ils jouissent de plus de tous les revenus casuels qui appartiennent à la dignité suprême. Pour eviter les désordres qui seraient la suite des vues particulieres, & la partialité que l'on aurait à craindre de la part d'un Sicilien, la loi ne permet pas de choisir cet officier parmi les habitans de l'île.

MONNOIES DE NAPLES,
comparées à celle de France.

Monn. de Naples.	Monn. de France.		
	liv.	sols.	den.
L'once de Sicile.	12	12	0
L'écu de Sicile.	5	0	$9\frac{1}{5}$
La pièce d'argent de 10 carlins.	4	4	
Le demi-écu.	2	10	$4\frac{4}{5}$
La pièce de 2 carlins.	0	16	$9\frac{11}{25}$
La pièce de 26 grains.	1	1	$10\frac{2}{5}$
Celle de 23 grains.	0	10	$11\frac{1}{5}$
Le ducat de change.	4	4	0
Le carlin.	0	8	$4\frac{4}{5}$
Le grain.	0	0	$10\frac{1}{25}$
14 grains font environ.	1		

Naples change sur les places suivantes & donne — *pour recevoir,*

	donne	pour recevoir
Sur Amsterd.	1 ducat di regno.	76 gros de bc. plus ou moins
Bari.	99 dito plus ou moins.	100 ducati di regno, à usance de 15 jours.
Gênes.	100 dito pl. ou m.	90 piastres de 115 sols h. de bc. pl. ou m. à us. de 22 j. de vue.
Lecce.	99 dito pl. ou m.	100 ducati di regno, à us. de 15 jours de vue.
Livourne.	114 dito pl. ou moins.	100 piastres de 8 réaux à usance de 15 jours de date.
Londres.	1 dito.	40 den. sterl. plus ou moins.
Rome.	120 dito pl. ou m.	100 écus romains à us. de 10 jours de date.
Venise.	116 dito pl. ou moins.	100 duc. de bc. à us. de 15 jours de l'acceptation.

Les usances des lettres-de-change de Rome, sont de 8 jours de vue ; de Florence, de 10 jours de date ou 15 jours de vue ; de Venise, de 15 jours de l'acceptation ; de Gênes & de Livourne, de 22 jours de vue ; d'Espagne, de 2 mois de date.

Il y a trois jours de grâces accordés ; & le troisieme il faut que le payement ou le protêt se fasse.

A Naples il y a plusieurs banques ; les principales sont : 1°. *la banque du S. Esprit* ; 2°. celle *des pauvres* : 3°. celle *de la piété.* ; 4°. celle *de S. Elie* ; 5°. celle *de S. Jacques.*

Toutes les lettres-de-change & d'autres payements dont le montant passe les 10 ducats, doivent se payer par une de ces banques, sous peine de nullité. C'est par cette raison que les négocians, les banquiers, les marchands & les particuliers y mettent leurs fonds ; & pour reconnaissance, on leur délivre un papier timbré nommé *madre-fede*, sur lequel est marqué le nom du particulier & la somme qu'il a mise en banque, qui sert, pour ainsi dire, de compte courant entre la banque & le propriétaire.

Les payements des lettres-de-change en banque, se font le samedi de chaque semaine, excepté les lettres à vue, qui doivent être payées à leur présentation ; l'acceptant donne une assignation au porteur de la lettre sur une banque, dans laquelle il spécifie la somme, le tireur & les endossements de la lettre ; la banque marque ensuite la forme sur le *madre-fede*, & le teneur de la terre en est débité en banque, ou peut recevoir de l'argent comptant tel qu'il le trouve à propos.

MAISON

MAISON ROYALE.

Ferdinand IV, Infant & fils du roi d'Espagne, né 12 Janv. 1751, roi 5 Oct. 1759, marié 7 Avril 1768, à

Reine. Marie-Charlotte Louise de Lorraine, sœur de l'empereur, née 13 Août 1752.

Fils. François-Janvier-Joseph, né 19 Août 1777.
Charles-Janvier-François, né 25 Avril 1780.
Filles. Marie-Thérèse, née 6 Juin 1772.
Marie-Anne Joséphine, née 23 Nov. 1775.
Marie-Christine, née 17 Janvier 1779.
Marie-Amélie, née 26 Avril 1782.

CONSEIL D'ÉTAT.

Le Roi.
                   Messieurs

Le prince di Campofiorito.
Le marquis della Sambuca.
Le marquis Demarco, *honoraire.*

Secrétaires d'État. *Messieurs*

Le marquis della Sambuca, *premier secrétaire d'état, la maison royale, les domaines, les postes, les spectacles, &c.*
Le marquis Demarco, *les graces, la justice & le clergé.*
Le chevalier Acton, *la guerre & la marine.*
Le prince di Cimitile, *président du conseil souverain des finances & directeur des finances de la couronne, avec les honneurs & les privileges de secrétaire d'état.*

Conseil Souverain des Finances. *Messieurs*

Le prince di Cimitile, *président.*
Le prince di Migliano, *conf. hon., avec voix déliberative.*
D. Ferdinand Corradini, *conf. & directeur-gén. des douanes.*
D. Philippe Mazzocchi, *conf. & chargé de la direction des tribunaux relatifs aux douanes.*
2 *Assesseurs* & 4 *Commissaires.*

Junte Suprême des Abus. *Messieurs*

Le prince di Campofiorito.
Le marquis della Sambuca.
Le marquis Demarco.
Le prince di Cimitile.

H

Le marquis D. Baltazar Cito.
Le marquis Cavalcanti.
Le marquis Parizi.
Le confesseur du Roi.
Le grand chapelain, *aumônier*.
D. Diodato Targiani.
Le marquis Granito.
D. Dominique Potenza, } *commissaires*.
Le duc di Toritto,
D. Nicolas Vespoli, *av. gén.*
D. Gaëtano Carcani, *secrétaire*.

GRANDS OFFICIERS DE LA COURONNE. *Messieurs*

Grand connétable, D. Philippe Colonna, duc di Tagliacozzo, & prince di Palliano.
Grand justicier, D. Prosper Marie de Guevara, duc di Bovino.
Grand chambellan, D. Thomas d'Avalos, marquis del Vasto.
Grand amiral..........
Grand protonotaire, D. Barthel. di Capua, prince della Riccia.
Grand chancelier, D. Franç. Marin Marie Caracciolo, prince d'Avellino.
Grand Sénéchal, D. Gregoire Caracciolo, prince di S. Buono.

MAISON DU ROI ET DE LA REINE. *Messieurs*

Grand majordome, Le prince di Belmonte Pignatelli.
Grand écuyer, le duc di Termoli.
Somigliere del corpo, le prince di Butera.
Capitaine des gardes, le prince di Stigliano.
Grand veneur, le prince di Tarsia.
Capitaine des hallebardiers, le prince di Colubrano.
Premier écuyer du Roi, le duc di Gravina.
Grande chambellane de la Reine, la duchesse d'Andria Guevora.
Grand Majordome de la Reine, le prince della Scalca.
Grand écuyer de la Reine, le prince di Santo Buono.
Premier écuyer de la Reine, le prince della Roccella.
Gouvernante des princes & princesses, la princesse di Cariati Caracciolo.
Sous-gouvernante, la marquise Isastia.

ETAT MAJOR DES ARMÉES.

Le prince di Campofiorito & Jaci, *Capitaine-général*.

Deux Siciles.

Lieutenans Généraux. *Messieurs*

D. Jean Bapt. Bigotti.
Le marquis Arezzo.
Le comte Marazzani, *retiré*.
Le comte D. Stratti Gicca.
Le prince di Stigliano.
Le chevalier D. Thomas Ruffo.
Le chevalier D. Amato Poulet.
Le prince di Belmonte Pignatelli.
Le chevalier D. Joac. de Fons de Viela.
D. François Pignatelli des Princes de Strongoli.
Le chevalier D. Jean Rocca.

20 *Maréchaux de camp*, & 35 *Brigadiers*.

MARINE.

Bataillon royal des volontaires de la Marine, & Escadre royale des Galiotes, au service particulier du Roi.

Commandant-général, Le Roi.
Second commandant, le prince héréditaire.
Commandant-gouverneur, le duc di Gravina.
Second commandant, le prince di Alliano.
Premier major, le prince di San Severo.
Second major, le duc della Salandra.

Capitaines. *Messieurs*

Le duc di Gravina.
Le prince di Ardore.
Le prince della Cattolica.
Le duc di Cassano.
Le duc della Regina.
Le prince di Migliano.
Le prince di Marsico-Nuova.
Le chevalier D. Gaëtan Ventimiglia.
Le prince di Raffadale, *aggregé*.

Etat Major actuel de la Marine. *Messieurs*

Commandant général de la Marine royale & des forces maritimes,
Le Bailli D. Paschal Borras.
Inspect. général des arsenaux, le commandeur D. Domin. Pescara.
Inspect. des bataillons de la Marine, D. François Ategui.
Sous-inspecteur des armements, D. Girolamo Bologna.
Sous-inspect. des constructions, D. Rosalbo Quattromani.

Deux Siciles. 117

Le pr. di Raffadale.
Le prince di Calvarufo.
Le prince di Tarfia.
Le prince di Trabbia.
Le prince della Roccella.
Le comte di S. Marco.
Le comte d'Aguillar.
Le marquis di Fufcaldo.
1771 Le duc d'Andria.
Le prince della Torella.
Le prince d'Angri.
Le prince di Monforte Moncada.
1773 D. Philippe de Parme.
1774 Le prince di Stigliano.
1775 Le prince di Termoli.
Le marq. della Sambuca.
Le duc di Gravina.
Le prince di S. Severo.

Le prince della Rocca.
Le marq. di Trevico.
Le marquis D. Domin. Caracciolo.
Le pr. di Palugonia.
1777 D Franç. pr. héréditaire des 2 Siciles.
Le duc di Bovino.
Le pr. di Montemiletto.
Le prince di Marfico.
Le prince Barbarini.
Le comte de Prades.
Le duc di Sermoneta.
1780 D. Janvier, infant des 2 Siciles.
Le prince di Cimitile.
Le prince di Caramanico.
1781 Le bailli Borras.

ROYAUME DE SICILE.

Cour du Vice-Roi. *Messieurs*

Le marquis D. Dominique Caracciolo, *vice-roi & cap.-gén.*
Grand chambellan, le chevalier D. François Natale.
Écuyer, D. Carlo Manien.
Secrétaire royal de la fecrétairerie d'état, D. Joseph Gaigani.

Officiers militaires. *Messieurs*

Commandant-général des armées, le marquis di S. Pafquale, par interim.
Capitaine de la comp. royale des hallebardiers, le prince di Campofranco.
Lieutenant des hallebardiers, le marq. D. Joseph Calzarera.
Sous-infpecteur de l'infanterie, le chev. D. Jof. la Torre.
Commandant de l'artillerie, D. Grégoire Basco.
Commandant des ingénieurs, le C. D. Lorenzo Perfichelli, *direct.*
Adjudant royal du vice-roi, le marq. di Montes Caglioto.

Giunta di Presidenti, e Consultore. *Messieurs*

Préfident de la grande cour, le marquis D. Stephano Airoldi.
Préfident du trib. du domaine, D. Joseph Leone.

H 3

DEUX SICILES.

Président du trib. du confiftoir. le chev. J. Bapt. Afmundo Paterno.
Confulteur, D. Saverio Simonetti.
Secrétaire, D. Michel Denti.
Notaire, D. Pietro Provenzano.

MINISTRES RESIDENTS
PRÈS LES COURS ÉTRANGERES. Meffieurs

Madrid.	Le prince de Raffadali, *amb. extraordinaire.*
France.	Le prince Caramanica, *amb. extraordinaire.*
	De Pio, *fecrétaire d'ambaffade.*
Londres.	Le comte D. Ferdinand Lucchefi, *env. extraord.*
La Porte.	D. Guill. comte de Ludolf, *env. extraordin.*
	D. Conft. Ludolf, *co-envoyé, avec la furviv.*
Turin.	Le marquis del Gallo, *env. extraordinaire.*
Rome.	....
Vienne.	Le chev. de Somma, *min. plénipotentiaire.*
Pétersbourg.	Le D. de Serra Capriola, *miniftre plénipotentiaire.*
Lisbonne.	Le marquis del Vafto ....
Copenhague.	.... *miniftre plénipotentiaire.*
Venife.	Le marquis de Malafpina, *min. plénipotentiaire.*
Malte,	Le command. D. Innoc. Pignatelli, *miniftre pl.*

AGENTS DES DEUX SICILES,
EN PAYS ÉTRANGERS. Meffieurs

Alicante,	D. Ignace Barella.
Florence,	D. François Vernaccini.
Genes,	Le chevalier Rati.
Lyon,	D. Fred. Bianchi.
Milan,	D. Antoine Cantelli.
Ragufe,	D. Pietro Biagio Stella.
Rome,	D. Gaëtano Centomani.
Venife,	Le chevalier Rombenchi.
Viterbe,	Le marquis Efpeco.

ÉTAT DE L'EGLISE.

SOMMAIRE CHRONOLOGIQUE. Etablissement du Siege apostolique à Rome an de notre ere 42 ; premier séjour des Papes à Avignon, Novembre 1305 ; retour à Rome 17 Janvier 1377. Fin du dernier schisme, Novembre 1417.

PROVINCES. Les états de l'Eglise sont distribués en quatorze provinces principales ; savoir, le patrimoine de Saint Pierre, le duché de Castro & Ronciglione, l'orviétan, le pérugin, le bolonais, le férrarois, la romagne, la marche d'Ancone, le duché d'Urbin, le duché de l'Ombrie, la sabine, la campagne de Rome, la principauté d'Avignon, & le Comtat Vénaissin.

ROME. La ville de Rome dans son état actuel, peut encore passer pour la plus belle de l'univers. L'entrée du côté de la porte du peuple, est d'une magnificence qui en impose à tout étranger qui la voit pour la premiere fois. Ses rues, ses places, cette multitude d'édifices publics & de palais construits avec autant de solidité que d'élégance, ses obélisques, ses colonnes, ses fontaines décorées avec goût & noblesse, qui fournissent continuellement & en abondance d'excellentes eaux dans tous les quartiers de la ville ; le soin que l'on a d'entretenir le pavé & de veiller à la propreté des rues ; les chef-d'œuvres de sculpture ancienne & moderne & de peinture, que l'on y conserve ; la douceur de son climat, la beauté de ses jardins, le luxe pompeux de représentation qui y regne ; tous ces objets rassemblés forment un tableau riche & varié, & rendent cette ville encore digne d'être la capitale de l'univers. Son étendue, y compris la partie qui est au-delà du tibre, & tout le vatican, est d'environ quinze milles communs d'Italie, ce qui revient à cinq lieues de France. Elle n'est entourée que d'une simple muraille sans fossés, défendue de quelques tours & de quelques bastions que l'on a soin d'entretenir, & que le Pape Benoît XIV a fait réparer par-tout où elle menaçait ruine. Le tibre coule du Nord au couchant de la ville, & sépare Rome proprement dite de la cité Léonine, qui comprend Saint Pierre & le Vatican, & toute la partie appellée *Transtevere*.

GARDE DU PAPE. Le Pape, l'un des plus anciens souverains de l'europe, a une cour analogue au rang qu'il tient parmi les puissances chrétiennes. Sa garde est fort nombreuse & très-brillante. Elle est commandée par les chevaliers de la garde, appellés *Lanzie Spezzate*. Ces officiers sont au nombre de dix,

& ils ont autant de surnumeraires obligés au service. Ils ont une solde fixe. Il y en a ordinairement deux de garde au palais du Pape, qui montent à cheval, & qui accompagnent le Pontife quand il sort. L'habillement de ces officiers est le manteau, & l'habit noir à la Romaine ; c'est-à-dire, un corselet avec un jupon ou tonnelet, des manches ouvertes qui ne descendent pas jusques au coude ; une grande cravate & une perruque longue avec l'épée. Ils montent la garde, le pistolet à la main, & ils ont pour officier supérieur le prélat commissaire des armées.

La compagnie des chevaux légers de la garde est composée de soixante officiers bien vêtus & montés. Leur uniforme est rouge, à parements & renversures de velours bleu, boutons & boutonnieres d'or. Quand ils sont de garde, ils portent une espece de casaque ou de soubreveste d'ecarlate, chamarrée de galons d'or, & marchent le pistolet haut ; l'équipage du cheval est bleu, bordé d'or.

Les cuirassiers de la garde, au même nombre que les chevau-légers, ont l'uniforme bleu, à parements & renversures rouges, boutons & boutonnieres d'argent, l'équipage du cheval, rouge, bordé d'argent.

Les suisses ont les longues chausses, & le baudrier mi-partie de rouge & de jaune, l'habit rouge à parements jaunes.

Ces troupes composent la garde ordinaire du Pape. Il y a dans Rome deux compagnies nombreuses d'infanterie, connues sous le nom de garde-Avignonaise & de garde-Corse ; la premiere a l'uniforme rouge, parements & renversures bleus, & les boutons blancs. Les officiers sont revêtus de rouge, galonnés d'argent. La seconde a l'uniforme blanc, avec parements & renversures rouges & les boutons blancs. Ces deux troupes servent à garder les portes de la ville, a prêter main forte, en cas de besoin, aux commis des douanes ; elles ont quelques gardes établis dans les différents quartiers de la ville pour sa sûreté. Le service s'y fait avec assez de certitude.

Les places de chevau-légers & de cuirassiers de la garde, sont presque toutes occupées par des marchands ou des artistes auxquels on les accorde pour récompense. Elles sont fort utiles, à raison de leur solde, qui iroit à près de trois livres de France, s'ils la tiraient entiere ; mais, comme la plupart de ces places se vendent, & que ceux qui les achetent, n'ont pas le moyen de les payer comptant, on leur retient partie de la solde jusqu'à concurrence du prix convenu pour la vente. Ces cavaliers s'entretiennent ; la chambre apostolique fournit le cheval & l'équipage ; & elle le nourrit dans les écuries qui y sont destinées. Il en est ainsi des gardes-Corses & Avignonaises, qui ont toujours beaucoup de surnuméraires, qui paient pour l'être & pour jouir de l'expectative d'une place dans les troupes.

MONNOIES DU PAPE,
comparées à celles de France.

Monnoies du Pape,	Monnoies de France.		
	liv.	sols.	den.
L'écu romain.	5	5	0
L'écu d'estampe.	7	17	6
Le sequin romain.	10	15	0
Le quartini d'or.	2	12	6
Le jule ou paule.	0	10	6
Le carolin de composition.	0	19	0
La bayoquelle simple.	0	5	0
La bayoque.	0	1	5/7
Le teston.	1	11	0
89 bayoques font.	1	0	0

On tient à Rome les écritures en écus & bayoques. L'écu vaut 10 jules, ou paules; & le jule, 10 bayoques: ainsi l'écu vaut 100 bayoques.

Rome change sur les places suivantes, & donne, pour recevoir,

Sur Amsterd.	42 bayoq. pl. ou m.	1 botins, bc.
Ancône.	99 éc. rom. pl. o. m.	100 écus romains.
Bologne.	102 dito, pl. ou m.	100 éc. d'or de 7 ½ liv.
Florence.	78 éc. d'est. p. o m.	125 sols h. de bc. p. o. m.
Gênes.	1 écu romain.	125 sols h. de bc. p. o. m.
Livourne.	90 bayoq. p. ou m.	1 piastre de 8 réaux
Lyon.	37 éc. d'est p. ou m.	100 écus de 60 sols tourn.
Madrid.	1 dito.	560 marav. de p. p. o. m.
Milan.	78 dito, pl. ou m.	100 écus impériaux.
Naples.	100 écus romains.	127 duc. di regno p. o. m.
Novi.	109 écus d'estampe.	100 écus de marc.
Paris.	1 écu romain.	105 sols t. p. o. m. à 30 & 40 jours de date.
Venise.	62 éc. d'est. p. o m.	100 ducats bc.

Les usances des lettres-de-change tirées des pays étrangers, sont de trois semaines après l'acceptation: celles qui sont tirées des états du pape sur Rome, ne sont que de 15 jours de l'acceptation.

Quoique le samedi de chaque semaine soit destiné pour le payement des lettres-de-change, il est d'usage parmi les négocians de les payer le jour de leur échéance, parce que les jours de faveur n'y ont pas lieu.

Les acceptations faites par un commis d'un négociant sans signature, sont valables. Toutes les lettres tirées des pays étrangers, sont acceptées le samedi de chaque semaine, excepté en celles du royaume de Naples, qui s'acceptent le vendredi, & celles des états du pape le mercredi & le samedi.

Faute d'acceptation & de payement, le protêt doit se faire dans les jours ci-dessus spécifiés, où s'acceptent & se payent les lettres à usances.

Les lettres à vue à certains jours nommés, si elles ne sont pas payées à leur présentation, il faut les faire protester le même jour.

Tous les payemens se font par des billets de crédit, ou par des assignations sur le *mont-de-piété*, ou la banque du *St. Esprit*; les banquiers, les négocians & les marchands déposent des gages à ce lombard, & des especes à la banque du St. Esprit; pour ces dépôts, on leur délivre des billets de crédit des sommes qu'ils souhaitent, depuis 10 écus monnoies; ou on leur donne le crédit de leurs dépôts sur les livres. Lorsqu'un banquier ou un négociant a de gros payemens à faire, il assigne sur la banque où il a ses fonds, en faveur de celui auquel il doit payer; pour cette assignation, le particulier se fait donner des billets de crédit en sa faveur, pour les sommes dont il a besoin: tous ces billets ont cours dans le commerce comme l'argent comptant.

Les sommes au-dessus de 10 écus monnoies, se payent dans les monnoies ci-dessus spécifiées.

La proportion de l'or à l'argent est de un à quatorze & demi. Le titre de l'or se divise en 24 karats, & le karat en huitieme; le titre de l'argent se divise en douze onces.

SOUVERAIN.

Pie VI. (Jean-Antoine Barschi), né à Cesène, ville de la Romagne, 27 Décembre 1717, cardinal 26 Avril 1773, élu pape 15 Février 1777, sacré & couronné 22 du même mois.

CONSEIL D'ÉTAT.

Le pape a pour conseil le sacré college, composé, suivant la bulle de Sixte V, du 3 Decembre 1586, de 70 cardinaux, partagés en trois ordres; six cardinaux-évêques, 50 cardinaux-prêtres & 14 cardinaux-diacres. Les cardinaux-évêques ont chacun un évêché voisin de Rome; les cardinaux-prêtres & les cardinaux-diacres ont chacun une église de cette métropole.

CARDINAUX-EVEQUES.

Création de Benoît XIV.

1747 J.-Fr. Albani d'Urbin, né à *Rome* 26 Février 1720, *doyen.*
1747 H.-B.-M.-Cl. Duc d'Yorck, né à *Rome* 6 Mars 1725.

Création de Clément XIII.

1758 Ch. Rezzonico, *Vénitien*, né 25 Avril 1724.
1758 Fr.-Jo. de Pierre de Bernis, *Français*, né 22 Mai 1715.
1759 André Corsini, né à *Rome*, 11 Juin 1735.

CARDINAUX-PRETRES.

Création de Bénoît XIV.

1756 P. d'Albert de Luynes, né à *Versailles*, 5 Janv. 1703, *doyen.*

Création de Clément XIII.

1759 Marc-Ant. Colonna, *Romain*, né 12 Août 1724.
1761 Chr. de Magazzi de Valle & de Soleuthiern, de *Trente*, né 20 Octobre 1714.
1766 J.-Ch. Bouschi, né à *Faenza*, 9 Avril 1715.
1766 Ant. Branciforte, né à *Palerme*, 28 Janvier 1711.
1766 Laz. Opitius Pallavicine, *Génois*, ne 30 Octobre 1719.
1766 Vitaliani Borromeo, *Milanès*, né 3 Mars 1720.

Création de Clément XIV.

1771 Ant.-Eug. Visconti, né à *Milan*, 28 Décembre 1713.
1771 Innocent Conti, né à *Rome*, 1 Février 1731.
1773 François Caraffa, *Napolitain*, né 29 Avril 1722.
1773 Fr.-Xav. de Zelada, né à *Rome*, 27 Août 1717.

Création de Pie VI.

1775 Lev. Antonelli, né à *Senigoglia*, 6 Novembre 1730.

1775 Fr.-M. Banditi, né à *Rimini*, 9 Septembre 1706.
1776 L.-Val. Gonzaga, né à *Revere*, 9 Octobre 1725.
1776 J. Archinto, né à *Milan*, 10 Août 1736.
1776 Gui. Calcagnini, né à *Ferrare*, 25 Avril 1725.
1776 Aug.-M. Durini, né à *Milan*, 24 Mai 1725.
1777 Bern. Honnorati, né à *Jefy*, 17 Juillet 1724.
1777 And. Giofanetti, Camaldule, de *Bologne*, né 6 Janv. 1722.
1777 Alex. Mattei, né à *Rome*, 20 Février 1744.
1777 Sigim.-Hyac. Gerdil, né à *Samos*, 23 Juin 1718.
1777 Guil. Palotta, né à *Macerata*, 13 Novembre 1727.
1778 Dom. de la Rochefoucaud *François*, né en 1713.
1778 J.-H. de Fracckenberg, né à *Gloskau*, 18 Septembre 1726.
1778 Jof. de Bathiani, né à *Vienne*, 30 Janvier 1717.
1778 Th.-M. Ghilini, d'*Alexandrie*, né 5 Août 1718.
1778 Ch.-Jof.-Phil. de Martiniana, né à *Turin*, 19 Juin 1724.
1778 L. Ren.-Edou. de Rohan, *Français*, né 25 Sept. 1734.
1778 Ferd. Sofa. de Sylva y Péreira, né a *Lisbonne*, 5 Déc. 1722.
1779 Fr. Herzan d'Haras, né 25 Avril 1735.
1780 P. Fr. Antamori, né à *Rome*, 14 Novembre 1712.

CARDINAUX-DIACRES.

Création de Benoît XIV.

1743 Dom. Orfini d'Arragon, *Napolitain*, né 5 Juin 1719.

Création de Clément XIII.

1763 André Negroni, *Romain*, né 2 Novembre 1710.

Création de Clément XIV.

1770 Ant. Cafali, *Romain*, né 25 Mai 1715.
1770 Pafcal Aquaviva, *Napolitain*, né en 1719.
1773 Fr. Delcy, né à *Sienne*, 6 Octobre 1707.

Création de Pie VI.

1775 Ign. Boncompagni Ludovifi, né à *Rome*, 18 Juin 1743.
1777 Greg. Salviari, né à *Rome*, 12 Décembre 1722.
1778 Jean Cornaro, *Vénitien*, né 30 Juin 1720.
1780 Vinc. M. Altieri, né à *Rome*, 27 Novembre 1724.
1784 …Archetti, né……………
  23 chapeaux vacans, y compris les quatre refervés *in petto*.

MINISTRES D'ETAT.

Le cardinal Pallavicini, *premier ministre & secrétaire d'état.*
Le prélat Campanella, *auditeur.*
Le cardinal Conti, *secrétaire des brefs.*
............, *pro-secrétaire des mémoires.*
Le cardinal Negroni, *pro-dataire.*

GRANDS OFFICIERS DU PALAIS PONTIFICAL.

Majordome, le prélat Onesti, *neveu de sa sainteté.*
Maître de la chambre, le prélat Doria Pamphili.
Secrétaire de la chiffre, le prélat Federici.
Camerlingue de la sainte Eglise, le cardinal Ch. Rezzonico.
Vice chancelier, le cardinal duc d'Yorck.
Préfet du bon gouvernement, le cardinal Casali.
Pénitenciaire majeur, le cardinal Boschi.
Vicaire de sa sainteté, le cardinal Colonna.
Pro-trésorier général, le cardinal Pallotta.
Gouverneur de Rome, le prélat Spinelli.
Commissaire-général des armées, le prélat Maffei.
Commissaire-général de la mer, le cardinal Palotta.

CHEFS DES TRIBUNAUX & DES CONGREGATIONS

Consistoire.	Le Pape, *président.*
Chambre apostolique.	Le card. Ch. Rezzonico, *présid.*
	Le prélat Gregou, *audit.-gén.*
Chancellerie.	Le card. d'Yorck, *président.*
Pénitencerie.	Le card. Boschi, *président.*
	Le prélat Stay, *dataire.*
Daterie.	Le card. Negroni, *président.*
Cong. d'Avignon & de Lorette.	Le card. Pallavicini, *préfet.*
Tribun. des grâces.	Le card. Salviati, *président.*
Tribun. de Justice.	Le card. Corsini, *préfet.*
Cong. de l'immunité ecclés.	Le card. Boromeo, *préfet.*
Cong. du concile.	............, *préfet.*
Cong. du saint office.	Le Pape, *préfet.*
	Le card. Rezzonico, *secrétaire.*
	Le prélat Sylva, *assesseur.*
Cong. consistoriale.	Le Pape, *préfet.*
	Le prélat Negroni, *secrétaire.*
Cong. des rites.	Le card. Jean Archinto, *préfet.*

Cong. de l'index.   le card. Gerdil, *préfet.*
                                    le P. Bonfili, *secrétaire.*

Cong. pour la corr. des liv.
  de l'égl. orient.   le card. Boschi, *préfet.*
                                    le prélat Borgia, *secrétaire.*

Cong. des év. & des rég.   le card. Caraffa, *préfet.*
                                    le prélat Caraffa, *secrétaire.*

Cong. de la résid. des év.   le card. Colonna, *préfet.*
Cong. de la discip. régul.   le card. Boschi, *pro-préfet.*
Cong. de propaganda fide.   le card. Antonelli, *préfet.*
                                    le prélat Borgia, *secrétaire.*

Cong. des indulg. & des reliq.   le card. . . . . . . *préfet.*
                                    le prélat Capece, *secrétaire.*

Collége & sémin. romain.   le card. de Zelade, *préfet.*

PRELATS AUDITEURS DE ROTE. Messieurs

Bologne.	Ratta, *Doyen.*	*Arragon,*	Sentmanar.
Ferrare.	Riminaldi.	*Castille,*	de Azedo.
Toscane.	. . . .	*Venise,*	Flangini.
Rome.	Origo.	*Rome,*	Lancellote.
France.	De Bayanne.	*Allemagne,*	De Salm.
Rome.	Soderini.	*Milan,*	Resta.

LEGATS. Messieurs

Romagne.   le cardinal Valenti Gonzaga.
Ferrare.   le cardinal Caraffa.
Bologne.   le cardinal Boncompagni.
Urbino.   Livizzani, *président.*

NONCES APOSTOLIQUES. Messieurs

Bruxelles.   Busca, archevêque d'Emesso.
Cologne.   Bellisomi, archevêque de Thiane.
Florence.   Crivelli, archevêque de Patras.
Lucerne.   Caprara, archevêque d'Iconie.
Naples.   . . . .
Paris.   le prince Doria Pamphili, arch. de Séleucie.
Petersbourg. le cardinal Archetti.
Pologne.   le prélat Saluzzo.
Portugal.   Ranuzzi, archevêque de Tyr.
Espagne.   Colonna de Stigliane, archevêque de Sebaste.
Turin.   l'abbé, comte Codronchi.

Venise. Firrao, archevêque de Petra.
Vienne. Garampi, évêque de Montefiascone.
Malte. Zondadari, *inquisiteur.*

CONFALONIER PERPETUEL DU SENAT ET DU PEUPLE ROMAIN, ET SENATEUR DE ROME.

Le prince Abbondie Rezzonico, chevalier de l'étole d'or & procurateur de S. Marc.

PRELATS gouverneurs des villes de l'état ecclésiastique.

Rome.	Ferd. Spinelli.
Ancône.	Louis Gazzoli.
Ascoli.	Ant. Tomati.
Bénévent.	P. Jos. Giustiniani.
Camerino.	Désid. Spreti.
Citta di Castello.	Pierre Gravina.
Civita-Vecchia.	Jean Bapt. Mirelli.
Fabriano.	Philippe Raphaëlli.
Fano.	J. Ch. Borromeo.
Fermo.	Ferd. Fantuzzi.
Frosinone.	J. B. Baldassini.
Jesi.	François Cacherano.
Lorette.	Ph. Casoni.
Macerata.	Ant. Lanté.
Mont alto présidato.	. . . .
Narni.	. . . .
Norcia Prefettura.	D. Campanari.
Orviete.	Et. Riva.
Perouse.	Jean Fr. Arrigoni.
Rieti	
Sabine.	Viv. Orsini.
San Severino.	Barn. Belli.
Spolete.	François Bucciorti.
Viterbe.	Ang. Altieri.

VICE-GÉRENTS.

Terni.	Jos. Amici.
Tivoli.	Dom. Torti.
Todi.	Jean François del Bene.

GOUVERNEMENTS qui se donnent par brefs à des docteurs.

Anagni.	Ant. Bartoli.
Assise.	Ant. Benedetti.

Cesène.	Biag. Brenciaglia.
Citta della Pieva.	J. G. Maſſani.
Civita Caſtellana.	Louis Serafini.
Comacchio.	J. François Gregorini.
Faenza.	Nic. Montanari.
Foligno.	And. Donati.
Forti.	Ant. Vais.
Imola.	Vinc. Betti.
Matelica.	A. Bonifazi.
Monte S. Gio.	Fel. Maurizi.
Rimini.	
Terracine.	Fort. Joſ. Peſci.
Valentano.	P. Paul Sperelli.
Veroli.	Ger. Bianchi.
Vetralla.	Fr.-Vict. Rota.
Viſſo.	Arch. Aleſſi.

GOUVERNEUR DU CHASTEAU SAINT-ANGE.

Le bailli Ricci.

DIRECTEUR GÉNÉRAL DES POSTES.

Le marquis Camille Maſſimi.

JUGE DU PEUPLE ROMAIN.

Le prélat Pierre Négroni.

1720. SARDAIGNE, *Catholique.*

SOMMAIRE CHRONOLOGIQUE. Commencement des comtés de Maurienne & de Savoie 1023; première inveſtiture des duchés de Chablais & d'Aoſte, 1238; Diplômes imperiaux portant érection des comtés de Savoie & de génevois en duché, 19 Février 1416 & 152; dévolution du droit de ſucceſſion au Royaume de Chypre, Juillet 1487; conceſſion & inveſtiture du duché de Montferrat, Juillet 1708; ceſſion du Royaume de Sicile, 11 Avril 1713; & de celui de Sardaigne en place de la Sicile, Décembre 1718; conſentement de l'Eſpagne à cette ceſſion, 21 Janvier 1720; & priſe de poſſeſſion 8 & 15 Aout ſuivant; inveſtiture éventuelle du Duché de Plaiſance, Octobre 1748.

Turin. La ville de Turin, capitale du Piémont, eſt la réſidence de la cour du roi de Sardaigne. Elle eſt ſituée dans un terrein uni

SARDAIGNE.

uni entre le Pô, au levant, & la Doire au nord-ouest. Elle est entourée d'un rempart terrassé & revêtu de bonnes murailles, d'un large fossé défendu par des bastions; ce qui en fait une place régulierement fortifiée, & très-bien entretenue. On y entre par quatre portes. Celle du Pô, au levant, est d'une architecture noble & solide; les revêtissements en sont de marbre; les armes de la maison de Savoie ornent le fronton, soutenu par quatre grosses colonnes. On voit par l'inscription gravée au-dessus de la porte, que ces ornements furent faits par l'ordre de Charles Amédée II, duc de Savoie, en 1638, & de Christine de France sa mere, pendant sa régence; ils furent achevés en 1680. La porte neuve, au midi, aussi revêtue de marbre, ornée de colonnes & de statues des Princes de la maison royale, fut achevée peu après le mariage de Christine de France fille de Henri IV, avec le Duc Victor Amédée, l'an 1620. C'est ce que l'on apprend de l'inscription gravée sur le marbre. La porte de Suze, au couchant, qui conduit à Rivoli; & la porte du palais qui va au pont de la Doire, après avoir traversé le fauxbourg du Pallon, auquel aboutissent, à droite, le grand chemin de Milan, & à gauche, celui de la vénerie, maison de plaisance du roi. Entre la porte neuve & la porte de Suze, on trouve la citadelle bâtie en Pentagone régulier. On assure que c'est l'une des meilleures de l'europe; elle fut commencée en 1564, par le Duc Emmanuel Philibert, après que ce prince fut rentré en possession de ses états, par son mariage avec Marguerite de France, sœur de Henri II. Le plan n'en a pas été changé; mais les deux prédécesseurs du roi actuellement régnant en ont beaucoup perfectionné les ouvrages. Elle est défendue par une très-belle artillerie, & par une garnison considérable: dans l'intérieur est une église paroissiale consacrée à Sainte Barbe, pour le service des soldats & des habitans de la citadelle. La porte principale est ornée d'un grand écusson de bronze qui passe pour un chef-d'œuvres; le puits de la citadelle est très-large & a deux escaliers tournans, par l'un desquels les chevaux même peuvent descendre jusqu'au niveau de l'eau pour s'y abreuver & remonter par l'autre. Elle a soutenu plusieurs sieges, spécialement celui de 1706, commandé par le duc d'Orléans & le Maréchal de Marsin, qui furent forcés dans leurs lignes par le roi Victor Amédée & le prince Eugène. Sur les glacis de la citadelle du côté de la ville, est une belle promenade plantée d'abres qui forment trois allées. Celle du milieu, où passent les carosses, est très-large; les deux des côtés sont destinées aux gens de pié, & sont bordées de gazons verds. Cette

I

promenade va jusqu'à la porte de Suze, entre la ville & le fossé de la citadelle.

A l'extrémité de cette promenade, du côté de la porte neuve, on trouve l'arsenal, grand & vaste, bâtiment toujours gardé par un détachement du régiment d'artillerie ; il a été commencé par le Duc Charles Emmanuel II, continué par le roi Victor, & très-augmenté & embelli par Charles Emmanuel. On voit sous le vestibule quatre coulevrines d'une grosseur prodigieuse ; il y a une fonderie de canons & un cabinet d'Histoire Naturel, qui a pour objet les métaux qui se trouvent dans les états du roi de Sardaigne, & dans les autres parties de l'europe.

La ville est distribuée en 145 petits quartiers, dont le nom est écrit sur les angles de chacun. La plus grande partie de ces quartiers est quarrée ; & cette distribution contribue beaucoup à la régularité de Turin, à la beauté & à l'alignement de ses rues, à l'étendue des différents points de vue, & à l'agrément général de la ville. Cette disposition est sur-tout remarquable dans le nouveau Turin, qui comprend cette partie de la ville qui avoisine la porte du Pô & la porte neuve jusqu'à l'esplanade intérieure de la citadelle. Quant au vieux Turin, les quartiers n'y sont pas si réguliers, les rues n'y sont pas alignées, & elles sont étroites, quoique par un édit de 1736, il ait été ordonné de travailler par-tout à l'alignement & à l'uniformité des bâtiments, & que le gouvernement y ait déjà beaucoup contribué par plusieurs édifices publics qu'il a fait élever à ses dépens.

Cette ville a dans son enceinte 43 églises, dont une cathédrale & dix paroissiales, dix-neuf maisons religieuses d'hommes, neuf pour les femmes, sept hopitaux, deux colleges d'exercice pour la jeunesse, trois séminaires pour les ecclésiastiques, trois conservatoires pour élever les jeunes filles orphélines, un pour les garçons, & deux maisons de force.

MONNOIES DE SARDAIGNE,

comparées à celles de France.

Au pair.

Mon. de Sardaigne.	Mon. de France.		
	liv.	sols	den.
Le carlin de 120 liv.	144	0	0
La pistole ou doppia de 24 liv.	28	16	9
La demi-pistole.	14	8	0

SARDAIGNE.

Mon. de Sardaigne.	Mon. de France.		
	liv.	sols	den.
Le ¼ de pistole.	7	4	0
Le sequin.	11	6	6
L'écu de 6 liv.	7	4	0
Le picola scudo, ou ½ écu.	3	12	0
Le teston de 30 sols.	1	16	0
La livre qui étoit autrefois réelle, & qui actuellement n'est plus que fictive.	1	4	0
La piece de 7 sols ½.	0	9	0
Celle, de 2 sols ½.	0	3	0
Le sol.	0	1	$2\frac{4}{10}$
La piece de 2 deniers.	0	0	$2\frac{4}{10}$

La loi défend d'introduire dans la circulation aucunes especes de billon étrangères ; les espéces d'or & d'argent y sont admises comme en France, à raison de leurs titres, & des prix fixés par des tarifs.

On évalue à 80 millions les espéces d'or & d'argent, nationales ou étrangeres, & celles de billon qui circulent dans les états du Roi de Sardaigne.

La monnoie se fabrique pour le compte du Roi ; les officiers du travail ont des appointemens fixés, & ils n'ont aucune part aux bénéfices ; le droit de Seigneuriage produit à peu près 2 pour cent.

La proportion entre l'or & l'argent est comme 1 à $14\frac{7}{13}$.

On y change sur les places suivantes, &

	Donne,	Pour recevoir.
Sur Amsterd.	38 s. de Piém. p. ou m.	1 fl. bc. à usance.
Augsbourg & Vienne, ..	46 dito, plus ou m.	1 fl. courant.
Genève, ...	86 sols, plus ou m.	1 écu de 3 liv. cour.
Gênes, ...	9½ liv. plus ou moins.	1 Zecchin hors de bc.
Hambourg,.	30 dito, plus ou m.	1 marc lub. bc.
Lisbonne,.	42 dito, plus ou m.	1 crusade 400 rées.
Livourne,.	82 sols, plus ou m.	1 piastre de 8 réaux.
Londres,..	10 liv. plus ou m.	1 liv. sterl.
Paris,....	51 sols, plus ou m.	1 écu de 60 s. t. à vue & aux payemens.
Madrid,..	68 sols, plus ou m.	1 piastre de 8 réaux.

	Donne,	Pour recevoir,
Milan,	98 dito, plus ou m.	1 philip. de 7½ liv. cour.
Rome,	91 dito, plus ou m.	1 écu de 10 paoles.
Venise,	84 sols, plus ou m.	1 ducat bc.
Ou,	54 dito, plus ou m.	1 ducat cour.

Les usances des lettres-de-change de Londres sont de 3 mois de date; de celles d'Espagne, de Portugal, de Hollande, de Breme, de Lubeck, de 2 mois de date; de celles de France, de 1 mois de date; de Rome, d'Ancône, de Naples, de Sicile, de 21 jours de vue; de Bergame, de Bologne, de Florence, de Livourne, de Genève, de Milan, de Gênes, de Venise, d'Augsbourg, de Vienne & d'Allemagne, de 15 jours de vue.

Il y a 15 jours de grâce accordés, mais qui sont arbitraires pour le teneur d'une lettre-de-change: on peut faire protester le jour de l'échéance, ou attendre jusqu'au cinquieme jour; le dimanche & les jours de fêtes y sont compris: si le cinquieme jour se trouve un dimanche ou autre jour de fête, il faut que le payement ou le protêt se fasse le jour auparavant.

Les lettres-de-change qui se négocient là le jeudi, le vendredi & le samedi, se payent, le lundi après; & celles qui se négocient le lundi, le mardi & le mercredi, se payent le jeudi après; mais cette coutume est arbitraire: suivant la loi, celui qui fournit la lettre, en peut d'abord prétendre le payement.

MAISON ROYALE.

VICTOR Amédée III, né 26 Juin 1726, roi de Sardaigne, 20 Février 1773, marié 31 Mai 1750, à

Reine. Marie-Ant. Ferdinande d'Espagne, née 17 Nov. 1729.

Fils. Ch.-Em. Ferd.-M. prince de Piémont, né 24 Mai 1751, marié 27 Août 1775, à

M. Adél.-Clot. de France, née 23 Sept. 1759.

Vict.-Em. de Savoie, duc d'Aost, né 24 Juillet 1759.

Maur.-M.-Jos. duc de Montferrat, né 13 Sept. 1762.

Ch.-Fel-Jos.-M. duc de Genève, né 6 Avril 1765.

Jos.-Ben.-M.-Plac. comte de Maurienne, né 5 Oct. 1766.

Frere. Ben.-M.-Maur. duc de Chablais, né 21 Juin 1741, marié 19 Mars 1775, à

Marie Anne Charlotte Gabrielle de Savoie, née 17 Déc. 1757.

Sœur. Marie Félicité, née 19 Mars 1730.

SARDAIGNE.

MAISON DE SAVOIE-CARIGNAN.

Ch.-Em.-Ferd.-J.-M. Louis pr. de Carignan, né 24 Oct. 1770.
Mere. Jos.-Th. de Lorraine, princesse douairiere de Carignan, née 26 Août 1753.
Oncle. Eugene-M.-L. Hilarion, né 21 Oct. 1753.
Tantes. Charlotte Marie-Louise, née 17 Août 1744.
Léopoldine-Marie, née 21 Déc. 1744, mariée au prince Jean André Doria Pamphili.
Gabrielle-Marie, née 17 Mars 1748, mariée en 1769 au prince Ferd. Lobkowitz.

MINISTRES D'ÉTAT. Messieurs

Le comte Bogino de Migliandolo, chevalier grand-croix & commandeur de l'ordre de S. Maurice & de S. Lazare.

Le comte Lascaris de Castellar, chev. de l'ordre de l'Annonciade, & grand croix de celui de S. Maurice & de S. Lazare.

Le comte della Marmora, chevalier de l'ordre de l'Annonciade, grand-croix de celui de S. Maurice & de S. Lazare, & lieutenant général de la cavalerie.

Le marquis d'Aigblanche, chev. de l'ordre de l'Annonciade, chevalier grand-croix & commandeur de celui de S. Maurice & de S. Lazare.

Le comte Corte de Bonvoisin, chev. grand-croix de l'ordre de S. Maurice & de S. Lazare, & premier secrétaire d'état pour les affaires intérieures.

Le comte Perron de S. Martin, baron de Quarto & seigneur de S. Vincent, chevalier de l'ordre de l'Annonciade, chevalier grand-croix de celui de S. Maurice & de S. Lazare, général de la cavalerie, & premier secrétaire d'état pour les affaires étrangeres.

D. Ch.-Fr. Demorri di Castelmagno, chevalier grand-croix & grand trésorier de l'ordre de S. Maurice & de S. Lazare.

D. Charles François Valperga, comte de Masino, marquis de Caluso, chevalier grand-croix & commandeur de l'ordre de S. Maurice & de S. Lazare.

Departements de Messieurs les Secrétaires d'État.

Affaires étrangeres.   M. le comte Perron de S. Martin, *premier secrétaire d'état.*
M. le comte Perret d'Hauteville, cons. des finances, *conseiller d'état.*

Affaires intérieures.	M. le C. de Bonvoisin, *prém. secrét. d'état.*
	M. Jac. Pio Bertolotti, *premier commis.*
La guerre.	Le chev. D. Joseph Ruffinotto Coconito Montiglio di Montiglio, *prem. secrét.*
	M. Tolosano, avocat, *premier commis.*

CONSEILS DU ROI.

CONSEIL ROYAL DES FINANCES. *Messieurs*

Le président de la chambre des comptes.
Le premier secrétaire de la guerre.
Le contrôleur général des finances.
Le comte Melina di Caprilio, secrét. du cabinet & command. de l'ordre de S. Maurice & de S. Lazare.
Le général des Finances.
Le trésorier général.
L'intendant général des fortifications & arsenaux.
L'intendant général de l'artillerie.
Le comte d'Hauteville.
L'intendant général Vacca.
L'intendant général Giaime.
L'intendant général Burzio.
D. *Vassallo Somatis di Mombello*, vice-intendant général de la maison du Roi, y assiste aussi quelquefois.

CONSEIL DE COMMERCE.

M. le président comte & command. Pettiti di Roreto, *chef.*

CONSEILLERS. *Messieurs*

Le contrôleur général des Finances.
Le général des Finances.
Le marquis Caissotti di Verduno, *premier conseiller & chef en second.*
L'intendant général des Gabelles.
L'intendant général Vacca.
Le comte Castelli di Sessant.
L'intendant général comte & commandeur, Ponzitione di Borgo d'Ale.
Le chevalier Ferraris di Celle.
Le comte George Lunelli di Cortemiglia.
. . . .
Le comte & command. Valperga di Valperga, *surnuméraire.*

SARDAIGNE.

GRANDS OFFICIERS DE LA COURONNE.
Messieurs

Grand aumônier.	Costa d'Arignano, archev. de Turin.
Grand chambellan.	Le comte Lascaris.
Grand-maitre de la maison du roi.	Le comte Ferrero della Marmora.
Grand écuyer.	Le comte Solaro di Favria.

Chefs des principaux départements relatifs à l'administration publique. Messieurs.

Contrôleur-général.	Le comte de Rossi di Tonengo.
Général des finances.	Le marquis Fontana di Cravanzana.
Trés.-gen. des troupes.	Le chevalier della Chiesa di Ponzano.
Intendant-général de la maison du roi.	Vassallo Somatis di Mombel, *régent*.
Int.-gén. de l'artillerie.	L'intendant général Canova.
Int. gén. des fortifications & arsenaux.	Le ch. Bertolini, *surintendant & conserv. des bois & forêts de la couronne.*
Int.-gén. des gabelles.	Le chevalier Giaime.
Direct. gén. des postes.	Le chevalier Colomb.
	Le chevalier Boccardi, *en second.*

Chefs des principaux départemens relatifs à l'administration des affaires de Sardaigne.

Vice-roi.	Lieutenant & Capitaine général du royaume, D. Angelo Maria Solaro di Moretta, chév. grand-croix de l'Annonciade & de St. Maurice & de St. Lazare, & lieutenant Général.
Chancelier.	Le comte Corvesy di Gorbio.
Secr. d'état & de guerre auprès du vice-roi.	D. Silvestro Borgese, juge de l'audience royale.
Intendant-général.	D. Jean Baptiste Toesca.
Vice-Contrôleur général.	D. René Gros.
Cons.-gén. du tabell.	D. Jean Baptiste Toesca.
Tresorier-général.	D. Gemiliano Deidda.

CONSEIL SOUVERAIN DE SARDAIGNE FIXÉ A TURIN. Messieurs

Le comte D. Bonav. Sclarandi Spada della Maddalene e di Bastia, *président.*
D. François Vico, marquis de las Conquistas, gentilhomme de la chambre, *regent d'épée.*
D. François Pes, *régent de robe.*

CONSEILLERS. *Messieurs*

Le comte D. François Marie Bruno di Cussani e di Stroppiana, président du conseil royal de Piémont.
Le chevalier D. Joseph Dellavalle, marquis di Clavesana, président de la chambre des comptes.
Le marquis Ennibal Fauzone di Clavesana, prem. conseiller & prem. référendaire du conseil d'état & des memomoriaux.
D. Joseph Louis Cappa, *avocat général.*
D. Pierre Paolo Pulciani, *substitut.*
D. Prosper Viretti, secrét. privé du Roi, *secrétaire du conseil.*

INTENDANS DES PROVINCES.

INTENDANS-GÉNÉRAUX. *Messieurs*

Savoie.	Le comte François Sechi di Beragnin
Nice.	Le comte Cortina di Malgrà.
	D. Guigliotti, préfet d'Oneglia, *vice int.*
Alexandrie.	Le comte Caccia di Romentino
Montferrat.	D. P.-Ant. Ganova.
Novarese & Vigevenasque.	Le chevalier Lovera.

INTENDANTS PARTICULIERS. *Messieurs*

Savoie.	....
Genevois.	Le comte Ballada di S. Roberto.
Chablais.	Fr.-Ant. Pescatore.
Faussigny.	Fél.-Clement Rolfi.
Tarantaise.	Charles Olive.
Maurienne.	Le chevalier Alessio de S. Real.
Carouge.	J. B. Foassa Friotto.
Turin.	Le comte Ponziglione di Borgo-d'Ale, *int.-gen. du Piémont.*

SARDAIGNE. 137

Albe.	Le comte de Calandra.
Ast.	Le comte Bottonne de S. Joseph.
Bielle.	P. Ant. Rubatti.
Cuneo.	Ch.-Fél. Leprotti.
Ivrée.	Le chevalier Ghilini.
Mondovi.	Le chevalier Arborio Gattinara.
Pignerol.	Ch.-Vict. Pagan.
Saluces.	Jos.-M. Derossi.
Suze.	Le comte Galeani Napione di Coccanato Passerano.
Verceil.	J.-B. Patria.
Acqui.	Laur. Perpetuo Christiani.
Tortone.	Pierre Gatti.
Voghera.	Le chevalier Antoine Ratti Oppizzonne.

ÉTAT MAJOR DES ARMÉES.

CAPITAINES-GÉNÉRAUX. *Messieurs*

Le D. de Chablais.
Le D. d'Aost.
Le D. de Montferrat.

GÉNÉRAUX. *Messieurs*

Le comte di Favria, *cavalerie.*
Le comte Mazzeti, ... ⎫
Le marquis du Cirié, ... ⎬ *infanterie.*
Le chevalier Tarino Imperiale. ⎭
Le marquis di S. Marzano, ... ⎫
Le duc de Genève, ... ⎬ *cavalerie.*
Le comte de Maurienne, ... ⎭
Le comte Pinto, ... ⎫ *infanterie.*
Le comte Provana di Leyni, ⎭
Le comte Perrone, ⎫ *cavalerie.*
Le baron de Viry.. ⎭
Le comte Badat, ... ⎫ *infanterie.*
Le comte Valesa, *inspecteur-general des armées.* ⎭

34 *lieutenants-generaux,* 32 *majors-generaux* & 32 *brigadiers.*

CAPITAINES GÉNÉRAUX DE LA MILICE, INFANTERIE. *Messieurs*

D. François Amat, marquis de Villarios.
D. François Brunengo, comte de Montelcone.

CAPITAINE-GÉNÉRAL DE LA MILICE, CAVALERIE. *Messieurs*

D. François Sangiust, e Catalen baron di Teulada.

ARCHEVÊQUES ET ÉVÊQUES.

ARCHEVÊQUES DE SARDAIGNE. *Messieurs*

Cagliari, D. Melano di Portula, *domin.*, né 27 Sept. 1733.
Oristano, D. Louis Cusani............
Sassari, D............

ÉVÊQUES DE SARDAIGNE. *Messieurs*

Iglesias,   D. Hyac. Rolfi, *augustin*, né...
Ales,   D. Pilo, *carme*, né 23 Mars 1717.
Alghero,   D. Radicati, *dominicain*, né 29 Septembre 1719.
Ampurias,   D. Arras, né 13 Octobre 1717.
Bosa,   D. Quasina, né 13 Novembre 1721.
Galtelli,   D. Serra Urru, né 9 Janvier 1729.

ARCHEVÊQUE EN SAVOYE.

Tarentaise à Moutiers,............

ÉVÊQUES. *Messieurs*

Genève, Biord de Samoëns, né 16 Octobre 1719.
S. J. de Maurienne, Compans de Brichanteaux, né 13 Déc. 1737.
Chamberi, Michel Conseil, né 19 Mars 1716.

ARCHEVÊQUE EN PIEMONT.

Turin, M. Costa d'Ariguano, né 10 Mars 1737.

ÉVÊQUES. *Messieurs*

Fossano, Morozzo di Magliano, né 6 Novembre 1721.
Ivrée, Le Comte de Serravalle, né 29 Avril 1735.
Mondovi, Joseph Marie Corte, né 9 Décembre 1727.
Pignerol, D'Orlié de St. Innocent, né 21 Juin 1709.
Saluces, Joseph Joachin Lovéra, né..........
Ast, Paul Maurice Caissotti *orat.*, né 9 Décembre 1726.
Verceil, Le cardinal de Martiniana, né en Juin 1724.
Aoste, Fr. de Sales d'Annesse di Thorens, né 6 Avril 1704.
Nice, Valperga di Maglione, né 11 Août 1740.
Bielle, Viancino di Torricella, né 13 Août 1726.
Suse, Ferraris di Genola, né 20 Octobre 1745.

ÉVÊQUES DU MONTFERRAT. *Messieurs*

Acqui,................
Albe, Joseph Langosco Stroppiana, né 23 Octobre 1722.

SARDAIGNE. 139

Cafal, Jof. Louis Avogadro, *chan. rég. de Latran* né 12 Déc. 1708.

EVÊQUES DANS LA LOMBARDIE. *Messieurs.*

Alexandrie, Jof. Thomas Deroffi, né 25 Mai 1708.
Novare, Marc. Aurele Balbis Bertone, *chanc. de l'ordre de l'Annonc.*, né 2 Juin 1725.
Tortone, Charles Maurice Peiretti, né ....
Vigevano, Jof. Mar. Fr. Scarampi di Prunei, né 14 Fév. 1720.
Bobbio, Charles Nicolas Fabi, *augustin*, né ....

ETABLISSEMENTS RELATIFS AUX SCIENCES ET AUX ARTS.

UNIVERSITÉ ROYALE DE CAGLIARI IN SARDAIGNE. *Messieurs*

D. Victor Philippe Melano di Portula, archev. de Turin, *chancelier*
Le Comte Clément Corvefy di Gorlio, *vice-chancelier*.
Le chanoine D. Jof. Mariano Cordiglia, *préfet de théologie*.
.............*préfet du droit civil & canon.*
Le docteur Paul Pala, *préfet de la médecine*.
Le pere J. Ant. Coffu, Professeur de Théologie *préfet des Arts.*
D. Saturnin Cadello, marquis de St. Efpérate, profeff. émérite de droit civil, *censeur.*
Le docteur Louis Lay, *assess. de l'Université.*
Le docteur Salvatore Cadeddu, *secrétaire.*

CHEFS DE L'UNIVERSITÉ ROYALE DE SASSARI. *Messieurs*

.....................*chancelier.*
D. Jof. Valentino, *assess. civil au tribunal du gouvernement.*
Le Chevalier Gromo di Ternengo, *vice intendant-général.*
Le chanoine Gavino Pitalix, *préfet de théologie.*
Le docteur Léonard Solis, *préfet de droit civil & canon.*
Le docteur Fois, *préfet de la médecine.*
J. Bapt Pélolia, prêtre, professeur en théologie, *préfet des arts.*
Le docteur Christophe Quesada, *censeur.*
Le docteur Ant. Sircana, *assesseur.*
Domin Solis, Avocat, *secrétaire.*

UNIVERSITÉ ROYALE DE TURIN. *Messieurs*

...............*chef de l'administration.*
Le Comte Ant. Lanfranchi di Ronfecco, *chevalier grand chancelier de l'ordre de l'Annonciade & de celui de St. Maurice & de St. Lazare, Vice-Chancelier.*

SARDAIGNE.

CONSEILLERS DU ROI REFORMATEURS DES ÉTATS.

Messieurs

D. Philippe de Carretto di Camérano, Abbé de St. Janvier, chevalier grand croix de l'ordre de l'Annonciade, & aumônier du Roi.
D. Angelo Jos. Ign. Comte Falietti, *Conseiller d'Etat.*
Le Comte B-nvenuto Robbio di St. Rafaele.
Le Comte Pio Grisella di Cunico.
D. Victor Amédée Didier, *Conseiller du Roi, réformateur & Censeur.*
D. Jos. Del Curetto di Camerano des marquis Del Caretto, *Recteur.*
Le Comte Paul Augustin, Gastaldi de Néville, *assesseur.*
Charles Emanuel Bertolotti, *secrétaire.*
Felix Coraggio, *trésorier.*

MUSÉE DES SCIENCES ET ARTS.

Le Chevalier Vincent Ferdin. Tarino Di Cossambrato, *directeur.*
. . . . *Co-directeur.*

ACADÉMIE ROYALE DE PEINTURE ET DE SCULPTURE DE TURIN.

Messieurs

Le Comte Lascaris, *chef & premier directeur.*
Le Comte Tana, *secrétaire perpétuel & directeur.*
Le Comte J. France Sammartino Della Motta, *vice secrét. perpet.*
Laurent Pécheux, *premier peintre du Roi, directeur artiste.*
Porporati Carlo Antonio, *sous-secrétaire.*

ORDRES DE CHEVALERIE.

1362. Ordre de l'Annonciade.

DE L'AÑONCIADE.

Voyez sur la naissance de cet ordre l'edition de 1783, p. 321.

Le Roi, *chef.*

CHEVALIERS. *Messieurs*

Le prince de Piémont.
Le duc d'Aost.
Le duc de Monferrat.
Le duc Génevois.
Le comte de Maurienne.
Le duc de Chablais.
Le pr. Eugene de Carignan.
L'Abbé de St. Gal
Le comte Mazzetti.
Le marquis di St. Marzano.

Le comte di Favria.
Le marquis di Cirié.
Le comte Provana di Leyni.
Duperron, comte de St. Martin
Le comte de Montalte.
Le comte des Hayes.
Le comte Lascaris de Castellar.
Le comte della Marmora.
Le baron de Viry.
Le marquis d'Aigblanche.

OFFICIERS DE L'ORDRE, *Messieurs*

Balbis Bertone, év. de Novare, *chancelier.*
Spinola di Garessio, *maître des cérémonies.*
Le marquis Vivalda, *trésorier.*
De la Lande de Roquefeuille, *roi-d'armes & héraut.*

SARDAIGNE

ORDRE DE ST. MAURICE ET DE ST. LAZARE.

S. MAURICE & S. LAZARE

CHEVALIERS GRAND-CROIX.

Tous ceux qui appartiennent à l'ordre précédent, & dont on vient de donner les noms, sont aussi de celui-ci.

Messieurs

Le marquis Lambertini, *commandeur*.
Le comte de Viry.
Le comte Lanfranchi di Ronsecco, *grand-chancelier*.
Le comte Bogino di Migliandolo, *commandeur*.
Le comte Provana de Leynì.
Le comte di Masino.
Le comte Gabaleon di Salmour.
Le comte Tarino impériale.
Le comte de Scarnafigi, *ambassadeur en France, commandeur*.
Le comte de Castelmagno.
L'Abbé de St. Janvier.
Le comte Corte de Bonvoisin.
D. Carlo Mathéo Mossi, *lieutenant général*.
Le comte Coardi di Carpenetto.
Le comte de S. Sébastien.
Le chevalier Coconito Montiglio di Montiglio.
Le comte Pinto di Barri, *commandeur*.
Le comte Panissera.
Le marquis di Bernezzo, *commandeur*.

SARDAIGNE.

Le comte Solaro de Moretta.
Le comte Cordara di Calamandrana.
Le comte Badat.
Le comte d'Andon.
D. Ange Marie Solaro di Moretta.
Le comte Balbiano di Viale
D. Evasio Mossi di Morano.
Le marquis de Cravanzana.
D. Jaque Salteur, *premier président du parlement de Chamberi.*
Le comte Durini.
Le comte di Monteleone.
D. Jules Victor Incisa di Camerana, *commandeur.*
D. George Schiner, abbé de S. Maurice d'Agaune.
D. Cocherano di Bricherasio, *premier secrétaire du grand maître.*
D. Alessio, comte Mélina di Caprilio, *commandeur.*
Jean Baptiste Breró, *héraut.*

MINISTRES DE SARDAIGNE
Pres les Cours étrangeres. Messieurs

France. Le comte de Scarnafigi, *ambassadeur.*
Espagne. Le chevalier Mossi di Morano, *ambassadeur.*
Vienne. Le comte Graneri, *envoyé extraordinaire.*
Angleterre. Le Chevalier de Pollon, *env. extraordinaire.*
Naples. Le marquis de Breme, *envoyé extraordinaire.*
Prusse. Le comte Fontana, *envoyé extraordinaire.*
Russie. Le marquis di Parella, *envoyé extraordinaire.*
Rome. Le comte Valperga di Maglione, *ministre plénip.*
Portugal. Le chevalier Nomis di Pollone, *ministre plénip.*
Venise. Le chevalier Malingri di Bagnolo, *résident.*
Genève. Le baron Despines, *résident.*
Hollande. Le comte Montagnini de Mirabello, *ministre.*
Gênes. Le chevalier Nomis di Cossilla, *ministre.*
Saxe. Salomon, *chargé d'affaires.*

Agents. Messieurs

Vienne. Negelin de Blumenfeld.
Lyon. Violet.
La Haye. Gosse, le jeune.
Toscane. Paul Baretti.

CONSULS DE SARDAIGNE EN PAYS ETRANGERS,
Messieurs

Amsterdam.	Triguetti.	Majorque.	Marc Bourbon.
Ancône	. . . .	Maroc.	D Audibert Caillé, conf.-général.
Fermo.	Le C. Afd. Vinei		
Gênes.	Hyac. Volmi	Rome.	Domin. Brina.
La Spezia.	Paul Crozza.	Palerme.	Joseph Raibaudi.
Livourne.	Paul Baretti.	Sinigaglia.	Le ch. Denedetti.
Londres.	Paul Boyer.	Trieste.	Jérome Belusco.
Marseille.	Paul Righini, conf.-gén. pour toute la méditérannée.		

800. ANGLETERRE, église Anglicane.

SOMMAIRE CHRONOLOGIQUE. Réunion des divers Royaumes d'Angleterre en un seul, 819; conquête du Royaume par Guillaume duc de Normandie, 1066; & de partie de l'Irlande, 1172; commencement du titre de Lord ou seigneur suprême d'Irlande, 1177; & jonction de ce titre à celui des rois d'Angleterre, 1199; acte du parlement d'Irlande qui défere au roi d'Angleterre le titre de roi d'Irlande, 1541; confirmation de ce titre par le Pape, 1554; jonction du Royaume d'Ecosse, Avril 1605; traité entre des commissaires d'Angleterre & d'Ecosse pour l'union des deux Royaumes & celle des deux parlements en un seul, 6 Août 1706; & ratification, 8 Février 1707. Appel de la maison électorale de Brunswick à la couronne d'Angleterre comme héritiere la plus proche dans la ligne protestante des descendans du roi Jacques, & exclusion de toute ligne catholique, 14 Mars 1701; confirmation du même acte 25 Octobre 1705, & ouverture de la succession, 12 Août 1714.

Banque. La banque d'Angleterre, qui occupe à Londres l'hôtel des épiciers dans le Poultry, fut établie, en 1694, sous Guillaume III. Les besoins de l'état engagerent ce monarque à faire un emprunt de douze cents mille livres sterling, à 8 pour cent d'interêt. Le parlement, qui lui avait accordé l'usage de cette ressource, lui avait donné en même tems le pouvoir de former en corps politique les particuliers qui contribueroient à compléter cette somme. En conséquence, le Roi fit de ces actionnaires une corporation sous le nom de *gouverneur & compagnie*

pagnie de la banque d'Angleterre. Ils eurent part aux privileges communs à toutes les compagnies érigées en corps politique, comme d'avoir un sceau particulier, de pouvoir acquérir des terres; & bientôt cette société ayant ouvert ses bureaux, la souscription fut entièrement remplie.

Cette compagnie n'eut d'abord le droit d'emprunter sous son sceau que jusqu'à la concurrence de 1,200,000 sterling. Le parlement étendit depuis ce droit à proportion de l'augmentation de ses fonds. Ainsi, quelque considérables qu'ils soient, elle peut multiplier ses emprunts jusqu'à ce qu'ils l'égalent, mais non au-delà. Si elle passait son pouvoir, en excédant dans ses emprunts la valeur de son fonds, chaque membre de la compagnie serait obligé au prorata de satisfaire aux dettes de son propre fonds. Cette société ne peut faire de commerce par elle-même, ni par des agents; elle a seulement le droit d'escompter les lettres de change, d'acheter des lingots d'or & d'argent, de se défaire des effets qu'on lui a engagés, lorsqu'on ne les paie pas au bout de trois mois, & de vendre les productions des biens fonds dont elle est propriétaire. Tous les billets sous le sceau de la compagnie, ont le privilege des billets à ordre; le propriétaire peut les céder, & le cessionnaire a le droit d'en poursuivre le payement en justice, en son propre nom.

Le parlement, craignant que la nouvelle compagnie n'eût pour la cour des condescendances funestes, a déclaré, dans l'un des articles de l'acte d'institution, que, si quelque membre de la compagnie achetait, sans l'aveu du parlement, une terre ou quelque revenu appartenant à la couronne, ou prêtait au roi telle somme que ce fût, même par forme d'anticipation sur ses revenus, il serait condamné à une amende triple de la somme prêtée, dont le cinquieme appartiendrait au dénonciateur, & le reste serait remis à la disposition du gouvernement.

Cet établissement n'est pas seulement utile aux particuliers; il offre encore des ressources au gouvernement, dans les moments de besoin. En 1751, par exemple, elle lui prêta une somme de 1,016,436 livres sterling, 4 schelling 6 deniers, pour laquelle il lui fut donné des billets de l'échiquier à 3 pour cent. Les fonds que la banque prête au gouvernement, sont hypothéqués sur certains impôts. Le parlement peut racheter les annuités que la nation doit à la banque, en la remboursant; & jusqu'à ce qu'il le fasse, la compagnie jouit du revenu. Une des charges qu'on lui a imposée, est de donner de l'argent comptant pour tous les billets de l'échiquier qu'on lui présente; & cette obligation est fort avantageuse à l'administration. Sur le refus, le porteur d'un billet de cette nature peut actionner le *gouverneur* & *la compa-*

ANGLETERRE.

gnie. Son crédit a mis souvent le gouvernement en état de rembourser des annuités à gros intérêts, qu'il a remplacées par de nouvelles souscriptions à plus bas prix. Le profit qui résulte de ces opérations pour l'état, est employé entiérement à l'amortissement des capitaux. Cette compagnie jouit du droit exclusif d'emprunter de l'argent sur des billets à vue, ou payables dans un terme au dessous de six mois; &, pour que ces billets aient, dans le public, une confiance entiere, la contrefaction & l'altération en sont punies de mort. Si la banque refusait de payer ses billets, le trésorier de l'échiquier doit le faire sur les fonds qu'il a, ou qui doivent venir entre ses mains pour l'acquit des annuités qui lui sont dues.

Les profits de la banque se partagent, tous les six mois, entre les actionnaires. La qualité d'intéressé dans les affaires de cette compagnie, n'est pas incompatible avec celle de membre du parlement. Mais le gouverneur & les directeurs de la banque ne peuvent en même tems être gouverneur & directeurs de la compagnie des Indes Orientales. La banque tient la caisse des particuliers *gratis*. On lui confie non seulement de l'argent comptant, mais aussi des coffres pleins de vaisselle d'argent, des diamans, des joyaux, les titres même des terres & des maisons. Elle fait ses payements, ou par transports des comptes, ou par billets payables au porteur, ou en argent.

Finances. Pour se faire une idée de l'établissement annuel des impositions d'Angleterre, il suffit de jetter les yeux sur le tableau suivant, que l'on croit exact.

Subsides accordés.

Marine.

	l. st.
26,000 Matelots, compris 4,493 Soldats de marine,	1,352,000.
Dépenses pour vaisseaux en magasins & demi payes,	701,069.
Constructions de vaisseaux, chantiers,	1,100,000.
Total	3,153,069.

Artillerie.

Restant de 1783,	181,141.
Dépenses de 1784,	429,008.
Total,	610,149.

ANGLETERRE.

Armée.

Total des diverses dépenses, ...	4,064,593.
Non valeur & déficit sur les différens fonds & branches du revenu, en 1783, ...	1,676,647.

Services divers.

Pour la Compagnie du Levant, ...	4000.
Pour le Muséum Britannique, ...	3000.
Ponts & chemins dans le nord du Royaume,	4,850.
Adresses des Communes, ...	120,000.
Pour les bâtimens du Palais de Sommerset, ...	25,000.
Pour les colonies d'Amérique, ...	9,150.
Forts en Afrique, ...	10,000.
Remboursement de billets de l'Echiquier, ...	2,500,000.
Remboursement de dits accordés en 1781, pour le renouvellement de la charte de la Banque,	2,000,000.
Total des subsides, ...	14,181,240.

Voies & Moyens.

Taxes sur les terres & sur la drêche, ...	2,750,000.
Billets de l'Echiquier, ...	2,500,000.
Dits avancés par la Banque d'Angleterre, ...	2,000,000.
Epargnes à la Trésorerie, ...	99,935.
Dites sur le service de l'armée, ...	424,780.
Fonds d'amortissement pour 1784, ...	1,000,000.
Emprunt de 1784, ...	6000,000.
Total des voies & moyens, ...	14,773,715.
Excédant sur les subsides, ...	592,477.

MONNOIES D'ANGLETERRE,

Comparées à celles de France.

ESPECES D'OR.

Mon. d'Angleterre.	Mon. de France.		
	liv.	sols	den.
La piece de 5 guinées,	122	0	0
Celle de 2 guinées,	48	16	0
La guinée,	24	8	0
La demi-guinée,	12	4	0

K 2

ANGLETERRE.

Espèces d'Argent.

Le crown, ou l'écu,	6	0	7
Le demi-crown,	3	0	$3\frac{1}{2}$
Le scheling,	1	4	$1\frac{1}{2}$
Le demi-scheling,	0	12	$0\frac{7}{10}$
Le tiers,	0	8	$0\frac{7}{15}$
Le quart,	0	6	$0\frac{7}{20}$
Le sixieme,	0	4	$0\frac{7}{30}$
Le douzieme,	0	2	$0\frac{7}{60}$

Monnoies de Cuivre.

Le half-penny,	0	1	$0\frac{7}{120}$
Le farting, *ou* liard,	0	0	$6\frac{7}{240}$

Monnoies de Compte.

La livre sterling,	22	10	0
Le sol sterling,	1	2	6
Le denier sterling,	0	1	$10\frac{1}{2}$

La proportion entre l'or & l'argent est en Angleterre comme 1 à $14\frac{41}{14}\frac{9}{510}$. Le droit de seigneuriage & de brassage n'y a pas lieu ; la monnoie s'y fabrique aux dépens de l'état, comme cela se pratiquait chez les Romains.

On y tient les écritures en livres, sols & deniers sterlings. Londres change sur les places suivantes, &

	Donne,	Pour recevoir,
Sur Amsterd.	1 liv. sterling.	35 escal. de gros bc. pl. ou m. à 2 & $\frac{1}{2}$ us. & à vue.
Anvers,...	1 dito.	36 dito de gs. a. de c. à 2 us. d'un mois de date.
Cadix & Madrid,...	37 deniers sterl. plus ou m.	1 piastre de 8 rx. de pl. à 1 & $1\frac{1}{2}$ us. de 60 à 90 jours de date.
Dublin,...	100 liv. sterling.	119 l. sterl. Irland. pl. ou m. à 21 jours de vue.
Gênes,..	49 den. sterl.	1 piastre de 115 s. h. de bc. à us. de 3 m. de date.
Hambourg..	1 liv. sterling.	35 escal. de gs. bc. pl ou m. à 1, $1\frac{1}{2}$, 2 & $2\frac{1}{2}$ d'us. d'un mois de date.
Lisbonne & Porto,.	$5\frac{1}{2}$ sols. sterl. plus ou m.	1 millerées à 30 j. de vue.

ANGLETERRE.

Donne,	Pour recevoir
Livourne, 50 d. ſter. p. ou m.	1 piaſtre de 8 rx. à uſ. de 3 mois de date.
Naples, 43 dito p. ou m.	1 ducado di regno à uſ. de 3 mois de date.
Paris, 31 dito pl. ou m.	1 écu de 60 ſ. t. à 1 & 2 uſ. d'un mois de date & à vue.
Rotterdam, 1 liv. ſterling.	36 eſcal. cour. pl ou m. à 2 & 2 ½ uſ. d'un mois de date & à vue.
Veniſe, 50 d. ſter. p. ou m.	1 ducat de bc. à uſ. de 3 mois de date.

Les uſances pour les lettres-de-change de France, d'Allemagne, de Hollande & de Brabant, ſont d'un mois de date; celles d'Eſpagne & de Portugal, de deux mois de date; & celles d'Italie, de 3 mois de date.

Il y a trois jours de grâce après le jour de l'échéance pour les lettres-de-change à uſancés, & à quelques jours de vue; le troiſieme jour il faut que le payement ou le protêt ſe faſſe; ſi le troiſieme jour rencontre un dimanche ou autre jour de fête, il faut que le payement ou le protêt ſe faſſe le jour auparavant. Les lettres à vue doivent être payées à leur préſentation. A cinq heures après midi, les payemens ceſſent en tout tems.

MAISON ROYALE.

GEORGES III, né 4 Juin 1738, proclamé roi d'Angleterre & électeur de Hanovre, 26 Oct. 1760, marié 8 Sept. 1761, à
Reine. Sophie Charlotte, princeſſe de Mecklenbourg-Strélitz, née 16 Mai 1744, couronnée 22 Septembre 1761.
Fils. G.-Fred.-Aug. prince de Galles, né 12 Août 1762.
Frédéric, né 16 Août 1763. Pr. év. d'Oſnabruck, 27 Fév. 1764.
Guillaume Henri, né 21 Août 1765.
Edouard, né 2 Novembre 1767.
Erneſt Auguſte, né 5 Juin 1771.
Auguſte-Frédéric, né 27 Janvier 1773.
Adolphe-Frédéric, né 24 Février 1774.
Filles. Ch. Auguſte-Matilde, née 29 Sept. 1766.
Aug.-Sophie, née 8 Novembre 1768.
Elizabeth, née 22 Mai 1770.

Marie, née 25 Avril 1776.
Sophie, née 3 Novembre 1777.
Amélie, née 7 Août 1783.
Frere. Guillaume-Henri, né 25 Nov. 1743, duc de Gloucester & d'Edimbourg 1764, marié à
Marie del Valpole, veuve du comte de Waldegrave, née 3 Juillet 1759, dont
Neveu. Guil.-Frédéric, né 25 Janvier 1776.
Niece. Sophie-Matilde, née 29 Mai 1773.
Frere. Henri Fréderic, duc de Cumberland, né 7 Nov. 1745, marié 3 Nov. 1771, à Anne Horton, fille du lord Irnham.
Sœur. Augustine, mariée au duc de Brunswick-Wolfenbutel.
Tante. Amélie-Sophie-Eléonore, née 16 Juin 1711.

PAIRS D'ANGLETERRE.

La liste des Pairs d'Angleterre a reçu des accroissements considérables depuis un siècle, sous six regnes consécutifs. A la mort de Charles II, la chambre des pairs était composée de 176 membres; de 192, à celle de Guillaume III; de 209, à celle de la Reine Anne; il y en avait 216 après Georges I, 229 au decès de Georges II; aujourd'hui on y compte 247 Pairs spirituels & temporels, y compris les 16 d'Ecosse.

PAIRS DU SANG ROYAL.

Georges III. 1762 Le prince de Galles.
1764 Le D. de Gloucester.
*1765 Le D. de Cumberland.

DUCS 22.   *Milords.*

Cette * désigne les Catholiques; & celle-ci, † ceux qui sont en bas âge. Les uns & les autres n'ont pas entrée au parlement.

Ric. III. 1483 *Ch. Howard, D. de Norfolk & d'Arundel, *premier duc & pair d'Angleterre.*
Ed. VI.   1546 Edouard Seymour, duc de Somerset.
Ch. II.   1675 Charles Lenox, duc de Richemont.
            1675 August-Henri Fitzroy, duc de Grafton.
            1682 Henri Somerset, duc de Beaufort.
            1683 George-Beauclerk, duc de S. Albans.
Guil. III. 1689 Harry Powlet, duc de Bolton.
            1694 Thomas Osborne, duc de Leeds.
            1694 Fr. Russel, duc de Bedford.

ANGLETERRE.

Guill. III. 1694 Guil. Cavendish, duc de Devonshire.
Anne. 1702 Georges Spencer, duc de Marlborough.
1703 Ch. Manners, duc de Rutland.
1711 Douglas Hamilton, duc de Brandon & de Châtellerault.
Georges I. 1715 Brownlow Bertie, duc d'Ancaster.
1716 Guil. Henri Cavendish Bintinck, duc de Portland.
1719 Georges Montagu, duc de Manchester.
1719 Jac. Brydges, duc de Chandos.
1720 Jean-Fréd. Sackville, duc de Dorset.
1720 Fr. Egerton, duc de Bridgewater.
G. II. 1756 Henri Fienes Pelham Clinton, duc de Neucastle.
G. III. 1766 Hug. Percy, duc de Northumberland.
1766 Georges Montagu, duc de Montagu.

COMTES, 82. Milords.

Hen. VI. 1442 * Gorges Talbot, comte de Shrewsbury.
Hen. VII. 1485 Edouard Smith Stanley, comte de Derby.
Hen. VIII. 1529 Fr. Hastings, comte de Huntingdon.
Ed. VI. 1551 Hen. Herbert, comte de Pembroke.
Jac. I. 1603 Jean Howard, comte de Suffolk.
1605 Jean Cecil, comte de Salisbury.
1605 Brownlow Cecil, comte d'Exeter.
1618 Spencer Compton, comte de Northampton.
1622 Basile Feilding, comte de Denbigh.
1624 Jean Fane comte de Westmorland.
1627 Ch.-Hen. Mordaunt, comte de Peterborough.
1628 Georges Harry Grey, comte de Stamford.
1628 Georges Finch, comte de Winchelsea.
1628 Phil. Stanhope, comte de Chesterfield.
1628 Sackville Tufton, comte de Thanet.
Ch. II. 1660 Jean Montagu, comte de Sandwich.
1661 Guillaume Holles Capel, comte d'Essex.
1661 Fréd. Howard, comte de Carlisle.
1662 Henri Scott, comte de Doncaster.
1672 Ant. Hashley Cooper, comte de Chaftesbury.
1679 Fréd.-Aug. Berkeley, comte de Berkeley.
1682 Willoughby Bertie, comte d'Abingdon.
1682 Henry Noël, comte de Grainsborough.
1682 Other Hickman, comte de Plymouth.
Guil. III. 1690 George-Aug. Saunderson, comte de Scarborough.
1695 Guill. Hen. Nassau de Zulestein, C. de Rochford.
1696 † Guil.-Ch. Keppel, comte d'Albemarle.
Guill. III. 1697 G.-Guil. Coventry, comte de Coventry.

ANGLETERRE.

	1697	Georges Bussy-Villiers, comte de Jersey.
Anne.	1706	Vere Poulett, comte de Poulett.
	1706	Ge. Jac Cholmondeley, C. de Cholmondeley.
	1711	Ed. Harley, comte d'Oxford & de Mortimer.
	1711	Rob. Shirley, comte de Ferrers.
	1711	Guil. Wentworth, comte de Strafford.
	1711	Guil. Legge, comte de Darmouth.
George I.	1714	Ch. Bennet, comte de Tankerville.
	1714	Henneage Finch, comte d'Aylesford.
	1714	Fréd. Hervey, C. de Bristol, évêque de Derry.
	1717	Henr. Yelverton, comte de Sussex.
	1717	Ge. Nassau Clavering Cowper, comte de Cowper.
	1718	Phil. Stanhope, comte de Stanhope.
	1719	Rob. Scherrad, comte de Harborough.
	1721	Tho. Parker, comte de Macclesfield.
	1721	George Fermor, comte de Pomfret.
	1722	Guil. Graham, comte & baron de Graham de Belford, duc de Montrose en Ecosse.
	1722	Jean Ker, comte & baron Ker de Wakefield.
George II.	1729	Jean Walddegrave, comte de Walddegrave.
	1730	Jean Ashburnham, comte d'Ashburnham.
	1731	Th. Howard, comte d'Effingham.
	1741	George Walpole, comte d'Orford.
	1741	Ch. Stanhope, comte d'Harrington.
	1743	Jean Wallop, comte de Portsmouth.
	1746	George Greville, comte Brooke.
	1746	Grandville Leveson Gower, comte Gower.
	1746	Jean Hobart, comte de Buckinghamshire.
	1746	Guil. Fitzwilliam, comte Fitzwilliam.
	1748	Ge. Henr. Arthur Herbert, comte de Powys.
	1749	George Wyndham, comte d'Egremont.
	1749	George Nug. Grenville Temple, comte Temple.
	1749	George Simon Harcourt, comte Harcourt.
	1750	Fr. Seymour Conway, comte de Hertford.
	1752	Fr. North, comte de Guildford.
	1753	Ch. Cornwallis, comte Cornwallis.
	1754	Ph. Yorke, comte de Hardwicke.
	1754	Hen. Vane, comte de Darlington.
	1756	Hen. Bellasyse, comte Fauconberg.
	1756	H.-Th. Fox, comte de Leichester.
George III.	1761	Jean Richard West, comte Delaware.
	1764	Richard Henley, comte de Northington.
	1765	Jacob Pleydell Bouverie, comte de Radnor.
	1765	Georges Jean Spencer, comte Spencer.

ANGLETERRE.

George III. 1766 Jean Pitt, comte de Chatam.
1772 Hen Bathurst, comte Bathurst.
1772 Guil. Hill, comte de Hillsborough.
1776 Brudenell, comte de Ailesbury.
1776 Th. Villiers, comte de Clarendon.
1776 Guil. Murray, comte de Mansfield.
1784 Georges Nevill, comte de Abergavenny.
1784 Georges Townshend, comte de Leicester.
1784 Henri Paget, comte de Usbridge.
1784 Jacques Lowther, comte de Lonsdale.
1784 Georges Gordon, comte de Norwich.

VICOMTES 17. *Milords.*

Edouard VI. 1549 George Devereux, vicomte Hereford, *premier vicomte d'Angleterre.*
Marie. 1554 Ant.-Jos. Browne, vicomte Montague.
Charles II. 1682 Georges Townshend, vicomte Townshend.
1682 Th. Thynne, vicomte Weymouth.
Anne. 1712 Fréd. St John, vicomte Bolingbroke.
George I. 1720 Georg. Evelyne Boscawen, vicomte Falmouth.
1721 Georges Byng, vicomte Torrington.
George II. 1746 Guil. Fitzgerald, vic. Leinster de Taplow.
George III. 1762 Th. Noël, vicomte Wentworth.
1762 Guil. Courtenay, vicomte Courtenay.
1763 Jean Ward, vicomte Dudley & Ward.
1766 Ch. Maynard, vicomte Maynard.
1776 Thomas Hampden, vicomte Hampden.
1781 Ge. Edgecumbe, vicomte Mount Edgecumbe.
1782 Georges Germain, vicomte Sackville.
1782 Rich. Howe, vicomte Howe.
1782 Auguste Keppel, vicomte Keppel.

BARONS 81. *Milords.*

1269 † Ed. Southwell, lord Clifford of Appleby.
Edouard I. 1296 George Tuchet, lord Audley of Heleigh.
1299 Hug. Percy, lord Percy, fils aîné du duc de Northumberland.
Edouard II. 1307 Th. Barret Lennard, lord Dacre.
Henri VI. 1447 Th. Twisleton, lord Saye & Sele.
1448 * Ch. Ph. Stourton, lord Stourton.
Henri VII. 1492 Jean Peyto Verney, lord Willoughby de Broke.
Elizabeth 1558 Henri Beauchamp S. John, lord St. John of Bledso.

Jacques I.	1603 * Rob. Ed. Petre, lord Petre of Writtle.
	1605 * Hen. Arundel, lord Arundel of Wardour.
	1608 † Jean Bligh, lord Clifton of Leighton-Bromswold.
	1615 * Jean Dormer, lord Dormer of Winge.
	1616 Henri Roper, lord Teynham.
Charl. I.	1643 Ed. Leigh, lord Leigh.
	1643 Guill. Byron, lord Byron of Rochdale.
Charles II.	1665 Guill. Craven, lord Craven.
	1672 * Hugh Henri Clifford, lord Clifford of Chudley.
	1673 Fr. Godolphin Osborne, marquis de Carmarthen, lord Osborne.
Anne.	1711 Edmond Boyle, lord Boyle.
	1711 Thom. Hay, lord Hay of Pedwarden.
	1711 Henr. Willoughby, lord Middleton.
Georges I.	1716 Georges Onslow, lord Onslow.
	1716 Rob. Marsham, lord Romney.
	1718 Ch. Sloane Cadogan, lord Cadogan.
	1723 Pierre King, lord King.
Georges II.	1728 Jean Monson, lord Monson.
	1733 Jean Chetwynd Talbot, lord Talbot.
	1735 Fr. Godolphin, lord Godolphin.
	1741 Th. Bromley, lord Montfort.
	1741 Jean How, lord Chedworth.
	1743 Edwin Sandys, lord Sandys.
	1746 Math. Fortescue, lord Fortescue.
	1749 Guill. Ponsonby, lord Ponsonby.
	1750 Aubrey Beauclerk, lord Vere.
	1756 Hor. Walpole, lord Walpole.
	1760 Guill. Petty, lord Wycombe.
	1760 Henri Bilson Legge, lord Stawel.
	1760 Louis Monson Watson, lord Sondes.
Georges III	1761 Th. Robinson, lord Grantham.
	1761 Rich. Grosvenor, lord Grosvenor.
	1761 Nath. Curzon, lord Scarsdale.
	1761 Fred. Irby, lord Boston.
	1762 Th. Pelham, lord Pelham.
	1762 † Henri Rich. Fox, lord Holland.
	1762 Jean Jacques Perceval, lord Lovel.
	1762 Jos. Damer, lord Milton.
	1762 Ed. Hussey Montagu, lord Beaulieu.
	1763 Georges Venables Vernon, lord Vernon.
	1763 Th. Reynolds Morton, lord Ducie.

ANGLETERRE.

Georges III.
- 1765 Ch. Pratt, lord Camden.
- 1765 Henri Digby, lord Digby.
- 1766 J. Campbell, lord Sundridge of Coombank.
- 1776 Jean Stuart, lord Cardiff.
- 1776 Mart. Bladen Hawke, lord Hawke.
- 1776 Jeffery Amherst, lord Amherst.
- 1776 Brownlow cust, lord Brownlow.
- 1776 Georges Pitt, lord Rivers.
- 1776 Nath. Ryder, lord Harrowby.
- 1776 Th. Foley, lord Foley.
- 1778 Ed. Thurlow, lord Thurlow.
- 1780 Alex. Wedderburn, lord Loghborough.
- 1780 Guill. Gage, lord Gage.
- 1780 Jacques Brudenell, lord Brudenell.
- 1780 Th. de Grey, lord Walsingham.
- 1780 Guill. Bagot, lord Bagot.
- 1780 Ch. Fitzroy, lord Southampton.
- 1780 Hen. Herber, lord Portchester.
- 1782 Richard Barry Dunning, lord Ashburton.
- 1782 Flet. Noithon, lord Grantley.
- 1782 Georg. Brydges Rodney, lord Rodney.
- 1783 Th. Townshend, lord Sidney.
- 1783 Fr. Rawdon, lord Rawdon.
- 1783 Thomas Pitt, lord Camelford.
- 1784 Henri Frédéric Carteret, lord Carteret.
- 1784 Edouard Eliot, lord Eliot de S. Germain.
- 1784 Thomas Bulkeley, lord Bulkeley.
- 1784 Thomas Egerton, lord Grey de Wilton.
- 1784 Charles Cockes, lord Sommers.
- 1784 Jean Parker, lord Boringdon.
- 1784 Noel Hil, lord Berwick.
- 1784 Jacques Dutton, lord Sherborne.

PAIRESSES D'ANGLETERRE 10.

Ces dames sont exclues de la chambre des lords à cause de leur sexe ; mais, après leur mort, leurs fils ainés jouissent de tous les privileges des pairs, quoique leurs peres n'appartiennent pas à cet ordre.

- 1285 Rachel Austen, baronne le Despencer, veuve du feu chevalier Austen, de Bexley, prov. de Kent.
- 1740 Jem. Campbell, marquise Gray & baronne Lucas, épouse du comte de Hardwicke.

1299 Charl. Murray, baronne Strange, veuve du dernier duc d'Athol, & dame de l'île de Man.
1307 Eliz. Somerset, baronne de Bottecourt, duchesse douairiere de Beaufort.
1314 Prisc. Barb.-Eliz. Burrell, baronne Willoughby de Eresby, épouse du chevalier P. Burrell.
1761 Mar. Stuart, baronne de Mount Stuart of Wortley, en Yorkshire, épouse du comte de Bute.
1761 Hester Pitt, baronne de Chatam, veuve du Comte de Chatam.
1767 Charl. Townshend, baronne de Greenwich, veuve 1°. du dernier comte de Dalkeith; 2°. du chev. Townshend. *Sa pairie est bornée aux enfans du lord Townshend.*
1777 Eliz. Campbell, baronne Hamilton, duchesse d'Argyle. *Sa pairie est bornée à ses enfans.*
1780 Cecile Rice, baronne Dinevor, veuve de Georges Rice.

ARCHEVÊQUES ET EVÊQUES,

ayant séance à la chambre des pairs.

ARCHEVÊQUES. Milords

1783 *Cantorbéry*, Jean Moore, *primat de toute l'Angleterre.*
1776 *York*, Guill. Markham, *primat d'Angleterre.*

ÉVÊQUES. Milords

1777 *Londres*, Robert Lowth, *Doyen de la chapelle du Roi.*
1771 *Durham*, Jean Egerton.
1781 *Winchester*, Brownlow Nort, *prélat de l'ordre de la jarretierre.*
17.. *Herefort*, Jacque Beauclerck, *vice président de l'Asyle.*
17.. *Chichester*, Guill. Ashburnham, *recteur de Gesling, prov.*
1783 *Norwich*, Louis Bagot.
1773 *Bath & Wells*, Charles Moss, *chanoine de Sarum.*
1769 *S. Asaph*, Jonathan Shipley.
1779 *Carlisle*, Edmond Law.
1782 *Salisbury*, Shute Barrington, *chancel. de l'ordre de la jarretierre.*
1768 *Peterborough*, J. Hinchliffe, *recteur du college de la trinité à Cambridge.*

ANGLETERRE.

1781 *Ely*,   Jacque Yorke.
1764 *Rochester*,   J. Thomas, *doyen de Westminster & de l'ordre du bain.*
1781 *Worcester*,   Rich. Hurd, *secrétaire du cabinet du Roi.*
1783 *Bangor*,   J. Warren, *archid. d'Anglesey & de Bangor.*
1776 *Chester*,   Beilby Porteus, *maître de l'hôpital de Sainte croix.*
1777 *Oxford*,   J. Butler, *prébendier de Winchester.*
1777 *Exeter*,   J. Ross, *archidiacre d Exeter & vicaire de Frome.*
1779 *Lincoln*.   Th. Thurlow, *doyen de St. Paul.*
1783 *S. David*,   Edouard Smallwell, *chanoine de St. christ à Oxford.*
1781 *Litchfield & Coventry*, J. Cornwallis, *recteur de Néwington.*
1781 *Gloucester*,   Sam. Hallifax, *recteur de Warsop.*
1783 *Bristol*,   Chr. Wilson, *chanoine de S paul.*
1782 *Landaff*,   Rich. Watson, *archidiacre d'Ely, & profes. de théologie à Cambridge.*

Prélat n'ayant pas séance à la chambre.

17.. *Sodor & Man.*   Georges Mason.

PAIRS D'ECOSSE.

Cette étoile * *désigne les catholiques, cette* † *les mineurs d'âge, & celle-ci* 1 *ceux qui, au mois de Mai 1784, ont été choisis pour entrer au parlement.*

DUCS DU SANG ROYAL.

      Rothsay,   le prince de Galles.
1764 *Edimbourg*,   le duc de Gloucester.
1766 *Strathern*,   le duc de Cumberland.

DUCS 9. Milords.

1643 *Hamilton*,   Douglas Hamilton.
1673 *Buccleugh*,   Henri Scot.
1675 *Lennox*,   Charles Lennox.
1684 *Gordon*,   Alexandre Gordon.
1684 1 *Queensberry*, Jean Douglas.
1703 *Argyll*.   Jean Campbell.

ANGLETERRE

1703 1 *Athol*, Jean Murray.
1707 *Montroze*, Guill. Graham.
1707 *Roxburgk*, Jean Kerr.

MARQUIS 3. Milords

1694 *Tweedale*, Georges Hay.
1701 1 *Lothian*, Guill. Jean Kerr.
1701 *Annandale*, Georges Johnstone.

COMTES 47. Milords

1257 *Sutherland*, † Elis. comtesse de Sutherland.
1399 *Crawfurd*, G. Lindsay Crawfurd.
1452 *Errol*, Georges Hay.
1456 *Caithness*, Jean Sinclair.
1457 *Rothes*, Jeanne Elizab. comtesse Leslie.
1457 1 *Morton*, Georges Douglas,
1469 *Buchan*, David Stwart Erskine.
1488 1 *Glencairn*, J. Cunninghame.
1503 1 *Eeglingtoun*, Arch. Montgomery.
1509 1 *Cassilis*, David Kennedy.
1581 *Moray*, François Stewart.
1604 *Home*, Alexandre Home.
1606 *Strathmore*, † Jean Lyon.
1606 1 *Abercorn*, Jacques Hamilton.
1619 *Haddington*, Thomas Hamilton.
1619 *Kellie*, Archambault Erskine.
1623 1 *Galloway*, Jean Stewart.
1624 1 *Lauderdale*, Jacques Maitland.
1633 *Loudoun*, Jean Campbell.
1633 *Kinnoul*, Thomas Hay.
1633 *Dumfries*, Patrick Crigzton.
1633 1 *Dalhousie*, Georges Ramsay.
1633 *Elgin & Kincardin*, Thomas Bruce.
1633 *Traquair*, Jean Stewart.
1637 *Findlater & Seafield*, Jacques Ogilvy.
1641 *Leven & Melvill*, David Leslie.
1646 *Dysert*, Lionel Tollemach.
1646 *Selkirk*, Dunbar Douglas.
1647 *Northeks*, Georges Carnegy.
1647 *Halkertoun*, David Falconer.
1647 *Ba'carras*, Alexandre Lindsay.
1651 *Newburgh*, Radelyffe Livingstone.
1666 *Aboyn*, Charles Gordon.

ANGLETERRE.

1660 Dundonald, Archambault Cochran.
1678 Breadalbane, Jean Campbell.
1682 1 Aberur.1, Georges Gordon.
1686 1 Dunmore, Jean Murray.
1695 Orkney, la comtesse Marie Obrien.
1697 1 Marchmont, Henri Campbell.
1701 Hyndfort, Jean Carmichael.
1703 Stair, Jean Dalrymple.
1703 1 Roseberry, Niel Printose.
1703 Glasgow, † Georges Boyle.
1703 Bute, Jean Stuart.
1703 Hopetoun, Jacques Hope.
1703 Portmore, Charles Collier.
1706 Deloraine, Henri Scot.

VICOMTES 4. Milords

1620 Falkland, Lucius Charles Carey.
1623 1 Stormont, David Murray.
1641 Arbuthnot, Jean Arbuthnot.
1662 Dumblain, Thomas Osborne.

BARONS 26. Milords

1424 Somerville, Jacques Somerville.
1440 Forbes, Jacques Forbes.
1442 Cathcart, Guillaume Cathcart.
1445 Saltoun, Alexandre Fraser.
1445 Gray, André Gray.
1489 Sempill, Hugues Sempill.
1509 Elphinstone, Charles Elphinstone.
1563 Torpichen, Walter Sandilands.
1600 Lindores, Jean Leslie.
1606 Bluntyre, Alexandre Stewart.
1609 Cranstoun, Jacques Cranstoun.
1609 Colvill de Culross, Charles Colvill.
1627 Napier, François Napier.
1627 Fairfax, Robert Fairfax.
1628 Reay, Hugues Mackay.
1628 Aston, Walter Aston.
1633 Kircudbright, Jean Maclellan.
1640 Mordington, la baronne Marie Weaver.
1642 Banff, Guillaume Ogilvy.
1643 Elibank, Georges Murray.
1650 Forrester, la baronne Cécile Forrester.

-1651 Rollo, Jean Rollo.
1651 Ruthven, Jean Ruthven.
1660 Newark, Alexandre Leslie.
1661 Bellenden, Jean Kerr Bellenden.
1682 Kinnaird, Georges Kinnairds.

CONSEIL PRIVÉ DU ROI.

*Cette étoile * désigne les membres du parlement.*

Milords

Le prince de Galles.
Le duc de Gloucester.
Le duc de Cumberland.
L'archevêque de Cantorbery.
Lord chancelier.
L'archevêque d'York.
* Le comte Gower, *lord président.*
Le duc de Grafton.
Le duc de Manchester.
Le duc de Somerset.
Le duc de Richmond.
Le duc de Bolton.
Le duc de Leeds.
Le duc de Marlborough.
Le duc de Rutland.
Le duc de Portland.
Le duc de Chandos.
Le duc de Dorset.
Le duc de Newcastle.
Le duc de Northumberland.
Le duc de Montagu.
Le marquis de Carmarthen.
Le comte de Carlisle.
Le comte de Dartmouth.
Le comte de Hertford.
Le comte de Derby.
Le comte de Huntingdon.
Le comte de Salisbury.
Le comte de Denbigh.
Le comte de Sandwich.
Le comte de Jersey.
Le comte de Kinnoul.
Le comte de Marchmont.
Le comte de Bute.
Le comte de Tankerville.
Le comte de Pomfret.
Le comte d'Ashburnham.
Le comte d'Effingham.
Le comte de Buckinghamshire.
Le comte Temple.
Le comte Cornwallis.
Le comte de Hardwicke.
Le comte Bathurst.
Le comte de Northington.
Le comte de Hilsborough.
Le comte de Ailsbury.
Le comte de Clarendon.
Le comte de Mansfield.
Le comte de Lesborough.
Le comte Verney.
Le comte de Shannon.
Le comte de Ludlow. *
Le comte de Shelburne.
Le comte Nugent. *
Le comte de Cholmondeley.
Le comte de Chesterfield.
Lord Aylesford.
Lord Leicester.
Lord Georges Cavendish.
Lord Charles Spencer. *
Lord Robert Spencer. *
Lord Frederic Campbell. *

Lord

ANGLETERRE.

Lord George Lenox. *	Sir Joseph Yorke, chev. *bar.*
Le vicomte Townshend.	Henri Seymour Conway, *éc.*
Le vicomte Weymouth.	Welbore Ellis, *écuyer.* *
Le vicomte Stormont.	Humphrey Morice, *écuyer.*
Le vicomte Mount Edgecumbe.	Richard Rigby, *écuyer.* *
Le vicomte Sackville.	Sir Jean Eardley Wilmot.
Le vicomte Keppel.	Isaac Barré, *écuyer.* *
Le vicomte Barrington.	Sir Thomas Parker, chev.
Le vicomte Howe.	Charles Jenkinson, *écuyer.* *
Le vicomte Bateman. *	Sir Guill. Lynch, chev. *bar.*
Le vicomte Hichinbrook *	Sir Jean Goodricke, *bar.*
Le vicomte Chewton.	Charles Townshend, *écuyer.*
Le vicomte Beauchamp. *	Sir Richard Worsley, *bar.* *
Le vicomte mount Stuart.	Charles Jacques Fox, *éc.* *
Le vicomte Galway.	Edmund Burke, *écuyer.* *
Lord North. *	Sir George Yonge, *bar.* *
L'évêque de Londres.	Sir Guillaume Howe, chev. *B.*
Lord Onslow.	Guill. Pitt, *écuyer.* *
Lord Grantham.	Henri Dundas, *écuyer.* *
Lord Pelham.	Guillaume Eden, *écuyer.* *
Lord Camden.	Charles Greville, *écuyer.* *
Lord Amherst.	Richard Fitz Patrick, *écuyer.* *
Lord Loughborough.	Frederic Montagu, *écuyer.* *
Lord Grantley.	Jacques Grenville, *écuyer.*
Lord Sydney.	Lloyd Kenyon, *écuyer.*
Lord Southampton.	Hon. Robert Walpole, *clerc or-*
Lord Carteret.	*dinaire du conseil.*
Lord Walsingham.	Etienne Cottrell, *clerc ord.*
Lord Mulgrave. *	*du conseil.*
Charles Guil. Cornewall, *ora-*	George Chetwynd, *clerc ord.*
teur des communes.	*du conseil.*
Jacq. Stuart Mackenzie, *écuyer.*	Guillaume Fawkener, *clerc ord.*
Thomas Harley, *écuyer.*	*du conseil.*

CONSEIL DU CABINET.

1784 Guillaume Pitt, *premier lord de la trésorerie.*
1784 Le marquis de Carmarthen, } *secrétaires d'état.*
1784 Lord Sidney,
1784 Le vicomte Howe, *premier lord de l'amirauté.*
1784 Le comte Gower, *président du conseil privé.*
.... *garde du sceau privé.*
1784 Guillaume Pitt, *chancelier de l'échiquier.*

CHEFS DES PRINCIPAUX DÉPARTEMENTS DE L'ANGLETERRE.

Lords Commissaires de la trésorerie. Messieurs

1784 Hon. Guillaume Pitt.
1784 Jean Buller, l'aîné, écuyer.
1784 Le marquis de Graham.
1784 Edouard Jacques Eliot, écuyer.
1784 Jean Aubrey, écuyer.

Chaque membre a 1600 livres sterling d'appointements par an.

Chancelier de l'échiquier.

1784 Hon. Guill. Pitt, avec 1800 liv. sterling d'appointements.

Gardes-commissaires du sceau privé. Messieurs

1784 Guillaume Fraser, écuyer.
1784 Etienne Cottrell, écuyer.
1784 Evan Nepean, écuyer.

Lord chef de Justice du banc du Roi.

Le comte de Mansfield, avec 5500 liv. st. d'appoint.

Lord chef de Justice des plaids communs.

Lord Loughborrough, avec 4500 liv. st. d'appointements.

Chefs de l'échiquier. Messieurs

1784 Guillaume Pitt, chancelier avec 1800 liv st. d'appoint.
1784 Sir Jean Skynner, chevalier, lord chef baron, avec 3500 livres sterling d'appointements.

Secrétaires d'état. Messieurs

1784 Le marquis de Carmarthen, les affaires étrangères.
1784 Lord Sidney, les affaires intérieures.

Secrétaire de la guerre.

1784 Sir George Yonge, Baronet.

Trésorier des troupes de terre.

1784 Hon. Guillaume Wyndham Grenville.

ANGLETERRE.

TRÉSORIER de la marine.

1784 Hon. Henri Dundas.

COUR de l'amirauté. Messieurs

1784 Le vic. Howe pr. lord. | 1784 Jean Louis Gower, éc.
1784 Charles Brett, écuyer. | 1784 Lord Ashley, écuyer.
1784 Robert Hopkins, éc. | 1784 C. G. Percival, écuyer.
1784 Jean Jeff. Pratt, écuyer. |

Le premier lord de cette cour à 3000 liv. st. d'appointements, & les autres 1000.

MAITRES généraux des postes. Messieurs

1784 Le comte de Tankerville.
1784 Lord Carteret.

Ces deux officiers créés par acte du parlement, du 27 Dec. 1660; ont chacun 2000 livres sterling d'appointements.

ORATEUR de la chambre des lords.

Lord Edouard Thurlow.

ORATEUR de la chambre des communes.

Hon Ch. Wolfran Cornwall, écuyer.

LORD maire de Londres.

1784 Hon. Robert Peckham.

GRANDS OFFICIERS DE LA COURONNE. Messieurs

Grand chancelier d'Angleterre, Lord Edouard Thurlow.
Grand-chambellan, le comte de Salisbury.
Grand aumônier, l'archevêque d'York.
Grand-maître de la maison du Roi, le duc de Chandos.
Trésorier de la maison du Roi,................
Grand écuyer, le duc de Montagu.
Comte-maréchal héréd. d'Angleterre, le duc de Nortfolk.
Grand chambellan d'Angleterre, Milady Willougby.
Capitaine des gardes, le comte de Aylesford.
Capitaine de la compagnie des gendarmes, le comte de Leicester.

PRINCIPAUX OFFICIERS D'ÉTAT EN ÉCOSSE. Messieurs

Garde du grand sceau, le comte de Marchmont.
Garde du sceau privé, Jacques Stewart Mackenzie.
Lord secrétaire, Frederic Campbell.

Vice-amiral, Guillaume Gordon.
Grand justicier général, le vicomte Stormont.
Lord président, Robert Dundas, *écuyer*.
Lord chef baron de l'échiquier, Jacques Montgomery.
Grand connétable, le comte de Errol.
Porte étendard héréditaire, le comte de Lauderdale.
Grand maréchal, Jacques Erskine.
Maître héréd. de la maison du Roi. le duc d'Argyle.

IRLANDE.

Voyez sur l'histoire d'Irlande & sur sa constitution, l'édition de 1783, page 75.

PAIRS D'IRLANDE.

Cette étoile * désigne les mineurs, & cette croix † les catholiques romains.

1764 *Conaught*, le prince Guillaume Henri d'Angleterre.
1766 *Dublin*, le prince Henri Fréderic d'Angleterre.
1768 J. Hewitt, vicomte Lifford, *lord-chancelier*.

ARCHEVÊQUES. *Milords*.

1768 *Armagh*, Richard Robinson, *primat de toute l'Irlande*.
1779 *Dublin*, Robert Fowler, *primat d'Irlande*.
1779 *Cashel*, Charles Agar, *primat de Munster*.
1782 *Tuam*, Jean Bourke, *primat de Conaught*.

DUC.

1766 *Leinster*, milord Guillaume Robert Fitz-Gerald.

COMTES. *Milords*

1543 *Clanricarde*. H. Sm. de Burgh, lord Dunkellyn.
1620 *Cork & Orrery*. Edm. Boyle, lord Dungarvan.
1620 *Antrim*. Rob. Guill. Donnel, lord Dunluce.
1621 *Westmeath*, Thomas Nugent, lord Delvin.
1622 *Desmond*, Basile Fielding, lord Fielding.
1627 *Meath*, Ant. Brabazon, lord Ardée.
1627 *Barrymore*, * Richard Barry, lord Buttevant.
1647 *Donegall*, Arthur Chichester, lord Chichester.

IRLANDE.

1647	Cavan,	* R. Lambart, vicomte Kilcoursie.
1654	Inchiquin,	Murrough O'Bryen, lord O'Bryen.
1660	Mountrath,	Ch.-H. Coote, lord Castle-Coote.
1661	Drogheda,	Charles Moore, lord Moore.
1661	Wat & Wex,	† G. Talbot, lord Talbot.
1684	Granard,	* George Forbes, lord Forbes.
1716	Fitz-William,	Guill. Fitz-William, lord Miltown.
1722	Kerry,	Fr.-Th. Fitz-Maurice, lord Clan Maurice.
1725	Darnley,	* Jean Bligh, lord Clifton.
1731	Tylney,	Jean Child-Tylney, lord Castlemaine.
1733	Egmont,	J.-Jac. Perceval, lord Perceval.
1739	Besborough,	Guill. Ponsonby, lord Duncannon.
1742	Verney,	Ralph Verney, lord Fermanagh.
1743	Panmure,	Jean Maule, lord Maule.
1746	Tyrone,	G. De le Poer Beresford, lord le Poer.
1748	Carrick,	Henri Th. Butler, lord Ikerrin.
1751	Hillesborough,	Wills Hill, lord Kilwarlin.
1751	Upper Ossory,	Jean Fitz-Patrick, lord Gowran.
1753	Shelburne,	Guill. Perry, lord Fitz-Maurice.
1756	Shannon,	Richard Boyle, lord Boyle.
1756	Massaréene,	Cl. Skeffington, lord Loughneagh.
1756	Lanesborough,	R.-Herber Butler, lord Newtown.
1756	Clanbrassil,	Jacques Hamilton lord Limerick.
1756	Belvedere,	George Rochefort, lord Bellfield.
1758	Wandesford,	Jean Wandesford, lord Castlecomer.
1759	Louth,	Th. Birmingham, lord Athenry.
1759	Fife,	Jacques Duff, lord Marduff.
1760	Mornington,	Rich. Cowlay wesley, lord wellesley.
1760	Ludlaw,	Pierre Ludlow, lord Preston.
1761	Tyrconnel,	G. Carpenter Gore, lord Carlingford.
1762	Moira,	Jean Rawdon, lord Rawdon.
1762	Arran,	Arthur Saund Gore lord Sudley.
1762	Courtown,	Jacques Stopford, lord Stopford.
1763	Miltown,	Joseph Leeson, lord Rusborough.
1763	Charlmount,	Jacques Caulfield, lord Caulfield,
1766	Mexborough,	* Jean Saville, lord Pollington.
1766	Winterton,	Edouard Turnour, lord Turnour.
1766	Bective,	Thomas Taylor, lord Headfort.
1767	Grandison,	Georges Mason Villiers.
1767	Howth,	Th. S. Lawrence, lord S. Lawrence.
1767	Bellamont,	Charles Coote, lord Colloony.
1768	Kingston,	Edouard King, lord Kingsborough.
1771	Seston,	Ch.-Guill Molyneux, lord Molyneux.
1771	Roden,	Robert Jocelyn, lord Jocelyn.

IRLANDE.

1771	Seaforth,	Kenneth M. Kenzie, lord Fontrose.
1771	Altamont,	J. Denis Brown, lord Westport.
1772	Ross,	Ralph Core, lord Core.
1776	Lisburne,	Wilmot Vaughan, lord Vaughan.
1776	Clanwilliam,	Jean Meade, lord Gillford.
1776	Nugent,	Robert Craggs Nugent, lord Clare.
1776	Glandore,	Jean Crosbie, lord Crosbie.
1777	Shipbrooke,	Francois Vernon, lord Orwell.
1777	Aldborough,	Edouard Stratford, lord Amiens.
1777	Clermont,	G. H. Fortescue, lord Fortescue.
1780	Mount-Cashel,	Etienne Moore, lord Kilworth.

VICOMTES. *Milords*

1550	Mountgarret,	Edmont Butler.
1721	Valentia,	Arthur Anesley.
1612	Netterville,	Jean Netterville.
1623	Grandison,	George Bussy Villiers.
1625	Kilmory,	Jean Needham.
1628	Lumley,	Richard Lumley-Saunderton.
1628	Strangfort,	Philippe Smythe.
1618	Wenman,	Philippe Wenman.
1628	Taaffe,	* François Taaffe.
1628	Ranelagh,	Charles Jones.
1629	Fitz William,	Richard Fitz-William.
1642	Cullen,	Charles Cockaine.
1642	Tracy,	Thomas Charles Tracy.
1643	Bulkeley,	Thomas Jacques Bulkeley.
1646	Kingsland,	Henri Benoît Barnewell.
1661	Cholmondeley,	Georges Jacques Cholmondeley.
1681	Downe,	Jean Christophe Burton Dawney.
1700	Howe,	Richard Howe.
1700	Strabane,	Jacques Hamilton.
1716	Molesworth,	Richard Nassau Molesworth.
1717	Chetwyndh,	Guillaume Chettwynd.
1717	Mid'eton,	Georges Brodrick.
1717	Boyne,	Richard Hamilton.
1717	Allen,	Josué Allen.
1719	Grimston,	Jacques Bukknall-Grimston.
1720	Barrington,	Guillaume Wildman Barrington.
1720	Gage,	Guillaume Hall Gage.
1722	Palmerston,	Henri Temple.
1725	Bateman,	Jean Bateman.
1727	Galway,	Guill. Henri Monckton Arundel.
1743	Powerscourt,	Richard Wingfield.

IRLANDE.

1751 Ashbrook,   Guillaume Flower.
1763 Mount Morres,   Harvey Redmond Morres.
1766 Dungannon,   Arthur Trevor.
1766 Gleruwley,   François Charles Annesley.
1776 Southwell,   Thomas Southwell.
1776 De Vesci,   Thomas Vesey.
1776 Enniskillen,   Guillaume Willoughby Cole.
1776 Carlow,   Jean Dawson.
1780 Liffort,   Jacques Heiwit.
1780 Defart,   Otway Cuffe.
1780 Erne,   Jean Creighton.
1780 Farnham,   Barry Maxwell.
1780 Carhampton,   Simon Luttrell.
1780 Bangor,   Bernard Ward.
1780 Melbourne,   Penyston Lamb.
1780 Gowran,   Jacques Aygar.
1780 Maygo,   Jean Bourke.

ÉVEQUES. Milords

1766 Meath,   Henri Maxwell.
1772 Kildare,   Charles Jackson.
1784 Dimerick,   Guillaume Cecil Pery.
1775 Elphin,   Charles Dodgson.
1783 Down & Connor, Guillaume Dickson.
1779 Waterfort,   Guillaume Newcome.
1768 Derry,   Frédéric Hervey.
1772 Korke & Ross,   Isaac Mann.
1782 Leighlin & Fernes, Walter Cope.
1774 Kilmore,   Georges Louis Jones.
1780 Raphoe,   Jacques Hawkins.
1782 Clogher,   Jean Hotham.
1780 Killaloe & kilsenora Thomas Bernard.
1782 Ossory,   Guillaume Beresford.
1782 Clonfert,   Jean Law.
1781 Cloyne,   Richard Woodward.
1781 Killala & Achoney, ...
1782 Dromore,   Thomas Percy.

BARONS. Milords

1374 Kinsale,   Jean de Courcy.
1583 Cahier,   Jean Butler.
1619 Castle Stewart, André Thomas Stewart.
1610 Digby,   Henri Digby.
1621 Blayney,   Cadwallader Davis Blayney.

IRLANDE.

1627	Leitrim,	Robert Shetrard.
1712	Conway,	François Seymour Conway.
1713	Aylmer,	Henri Aylmer.
1718	Carbery,	Georges Evans.
1753	Carysfort,	Josué Jean Proby.
1756	Milton,	Joseph Damer.
1758	Longford,	Edouard Michel Pakenham.
1752	Lisle,	Jean Lysaght.
1762	Coleraine,	Jean Hanger.
1762	Clive,	Edouard Clive.
1769	Waltham,	Drigues Billers Olmius.
1765	Pigot,	Robert Pigot.
1768	Mulgrave,	Constantin Phipps.
1770	Dartrey,	Thomas Dawson.
1776	Macartney,	George Macartney.
1776	Gosford,	Archambaud Acheson.
1776	Clonmore,	Ralph Howard.
1776	Milford,	Richard Philipps.
1776	Newborough,	Thomas Wynn.
1776	Lucan,	Charles Bingham.
1776	Macdonald,	Alexandre Macdonald.
1776	Newhaven,	Guillaume Mayne.
1776	Kensington,	Guillaume Edwardes.
1776	Westcote,	Guillaume Henri Lyttelton.
1776	Ongley,	Robert Henley Ongley.
1776	Shuldam,	Molyneux Shuldam.
1776	Doneraile,	Sentleger Sentleger.
1776	Templetown,	Clotworthy Upton.
1776	Massey,	Hugues Massey.
1777	Rokeby,	Richard Robinson.
1780	Muskerry,	Robert Tilson Deane.
1780	Belmore,	Almar Lowry Corry.
1780	Welles,	Thomas Knox.
1780	Sheffield,	Jean Baker Holroyd.
1780	Conyngham,	François Pierpoint Burton.
1782	Hood,	Samuel Hood.
1783	Herberton,	Arthur Pomeroy.
1783	Leitrim,	Robert Cléments.
1783	Landaff,	François Matthew.
1783	Riversdale,	Guillaume Tonson.
1783	Delaval,	Jean Hussey Delaval
1783	Muncaster,	Jean Pennington.
1783	Penryhn,	Richard Pennant.
1784	Earlsfort,	Jean Scott.

IRLANDE

PAIRESSES. Mesdames

1767 Alix Agar, *comtesse de Grandisson,*
1766 Elizabeth Ormsby Rowley, *vicomtesse Langford.*
1770 Catherine Perceval, *baronne Arden.*
1783 Christiane Hely Hutchinson, *baronne donoghmore.*

PRINCIPAUX-OFFICIERS D'IRLANDE. Messieurs

1784 *Lieutenant-général & gouverneur*, le duc de Rutland.
17.. *Chancelier*, le vicomte Lifford.
1784 *Chef de justice de la cour du banc du roi*, le baron Earsfort.
17.. *Chef de justice de la cour des plaids com.* le chev. Paterson.
17.. *Grand-trésorier*, le duc de Devonshire.
17.. *Vice trésorier*, lord Walsingham.
17.. *Grand juge de l'amirauté*, Warden Flood.
1784 *Commandant en chef*, le lieut. gén. Guill. Aug. Pitt.
17.. *Grand aumônier*, lord Primat d'Irlande.
17.. *Premier secrétaire d'état*, Jean Hely Hutchinson.
17.. *Secrétaire en chef du lord lieutenant*, Th. Orde.

ÉTAT-MAJOR DES ARMÉES D'ANGLETERRE. Messieurs

Commandant en chef, Sir George Howard, chev. baronet.
Adjudant général, Guillaume Faucett, lieutenant-général.
Quartier maitre gén. George Morrison, lieutenant-général.
Trésoriers généraux, { Guillaume W.y. Grenville.
                        { Lord Mulgrave.
Commiss. g. des vivres, Thomas Bowlby, écuyer.
Député comm. général, Welbore Ellis Agar.

AU NORD DE LA GRANDE-BRETAGNE. Messieurs

Commandant en chef, Alex. Mackay, lieutenant-général.
Adjudant général, Alexis Leslie.
Député adjudant, Alexis Ross, colonel.

GENERAUX. Messieurs

1765 J. Oglethorp.
1770 Lord J. Murray.

1773 Cuthbert Ellison.
Le comte de Sandwich.

170 IRLANDE.

  H. Seymour Conway. Lord Fréd. Cawendish.
  Le comte Waldegrave. Le duc de Richmond.
  Le duc de Gloucester. Le comte de Pembroke.
1777 Sir George Howard. Jean Severn.
  Sir J. Yorke.   Sir Jean Sebright.
  Phil. Honiwood.   George Carey.
1778 Le duc d'Argyll. 1783 Jean Murray.
  Jean Fitz-William. Cyrus Trapaud.
  Lord Amherst.   Sir Guill. Boothby, *bar*.
  Sir J. Griffin Griffin. Benjamin Carpenter.
  Studholm Hodgson. Bigoe Armestrong.
  Sir George A. Elliott. Le comte de Shelburne.
1782 J. Lambton.   Guillaume Haviland.
  Jean Parslow.   Sir Jean Irwin.
  Thomas Gage.   Charles Vernon.
  Le vicomte Townshend. David Græme.

LIEUTENANS GÉNÉRAUX. *Messieurs*

1770 Theo. Dury *marine*. H. Fletcher Campbell.
1777 Rob. Melvill.   Bernard Hale.
  M. Fréderick.   R. Boyd.
  Jean Thomas.   Sir H. Clinton.
  Horn. Elphinston.   Lord Southampton.
  Jacques Johnston.   Bernard Hale.
  Philippe Sherrard.   Jean Burgoyne.
  G. L. Parker.   Sir R. Hamilton.
  Le comte de Drogheda. Robert Robinson.
  Alexandre Mackay.   Fr. Craig.
  G. Auguste Pitt.   Le comte Percy.
  Lord Adam Gordon. Guillaume Tayler.
  Fr. Haldimand.   Le comte Cornwallis.
  Alexis Maitland. 1779 Robert Watson.
  Jean Pomeroy.   Daniel Jones.
  Le comte d'Eglington. J. Mackenzie, *marine*.
  Hunt Walsh.   Jean Bell, *marine*.
  George Preston.   Lanc. Baugh.
  Sir Guy Carleton.   Sir David Lindsay.
  Sir Charles Thompson. H. Smith, *Marine*.
  Robert Clerk.   1781 Ezech. Fleming.
  Sir Guillaume Draper. Edouard Maxwell.
  R. Cundinghame.   Guillaume Style.
  Sir Guillaume Howe. Henri Lister.
  Lord Georges Lennox. J. Robertson.

IRLANDE.

Eyre Massey.	Russel Manners.
Guillaume Tryon.	Thomas Hall.
Georges Warde.	Sir R. Murray Keith.
Jacques Cunningham.	Jacques Grant.
Robert Skene.	Guillaume Fawcitt.
Slower Mocher.	Le marquis de Lothian.
Joseph Gabbert.	Richard Prescot.
Robert Sloper.	C. Grey.
Staates Long Morris.	Sir Th. S. Wilson.
Jean Vaugham.	G. Morrison, C.-m.-gen.
Le comte de Ross.	Th. Clarke.
Sir Robert Pigot.	C. Rainsford.
Jean Dalling.	

86 Majors-généraux, 121 colonels, 246 lieutenans colonels & 352 majors.

MARINE D'ANGLETERRE.

AMIRAL DE LA FLOTTE.

Hon. Jean Forbes, general de Marine.

AMIRAUX DE LA BLANCHE. *Messieurs*

Sir Thomas Frankland.	Jacques Young, écuyer.
Le duc de Bolton.	Sir Jac. Douglas, écuyer.
Le comte de Northesk.	Le vicomte Mount Edgecumbe.
Le chevalier Thomas Pye.	Samuel Graves, écuyer.
François Geary, écuyer.	Lord Keppel.
Lord Rodney, *vice-amir. d'angl.*	Le duc de Cumberland.

AMIRAUX DE LA BLEUE. *Messieurs*

Math. Buckle, écuyer.	Le vicomte Howe.
Clark Gayton, écuyer.	Hugues Pigot, écuyer.
Jean Montagu, écuyer.	

VICE-AMIRAUX DE LA ROUGE. *Messieurs*

Lord Shuldam.	R. Duff, écuyer.
L. Vaughan, écuyer.	

VICE-AMIRAUX DE LA BLANCHE. *Messieurs*

J. Reynolds, écuyer.	Jean Byron.
Sir Hugues Pailise, baronet.	Math. Barton, écuyer.

IRLANDE

Messieurs

Le chevalier Pierre Parker.
Samuel Barington.
M. Arbuthnot, écuyer.
Robert Roddam, écuyer.
Georges Darby, écuyer.
Jean Campbell, écuyer.

VICE-AMIRAUX DE LA BLEUE. *Messieurs*

J. Gambier, écuyer.
Guillaume Lloyd, écuyer.
Fr. Guill. Drake, écuyer.
Le chevalier Ed. Hughes.
Hyde Parker, écuyer.
Jean Evans, écuyer.
Mark Milbank, écuyer.

CONTRE-AMIRAUX DE LA ROUGE. *Messieurs*

Nicolas Vincent, écuyer.
Sir Edouard Vernon, écuyer.
Joseph Rawley, écuyer.
Rich. Edwards, écuyer.
Th. Graves, écuyer.
R. Digby, écuyer.
Sir J. Lockart Ross, baronet.

CONTRE-AMIRAUX DE LA BLANCHE. *Messieurs*

Guill. Langdon, écuyer.
Lord Rodney, *vice-amir. d'angl.*
George Darby, *cont. amir. d'angl.*
Guill. Gordon, *vice-amir. d'Ec.*
Benj. Marlow, écuyer.
Alexandre Hood, écuyer.
Alexandre Innes, écuyer.

CONTRE-AMIRAUX DE LA BLEUE. *Messieurs*

Sir Chaloner Ogle, chev.
Lord Hood.
Mathieu Moore, écuyer.
Sir Rich. Hughes, baronet.
Fr. Sam. Drake, baronet.
Sir Edmond Affieck, bar.

CONTRE-AMIRAUX, *à demi-paye.* *Messieurs*

Lord Elibank.
R. Robinson, écuyer.
George Elliot.
Jean Hardy, écuyer.
Guill. Bladwell, écuyer.
Ch. Knowler, écuyer.
H. Rosewell, écuyer.
Th. Knowler, écuyer.
Jean Hale, écuyer.
Rich. Kninght, écuyer.
J. Harrison, écuyer.
M. Whithwell, écuyer.
Dav. Edwards, écuyer.
Jean Knight, écuyer.

IRLANDE

ORDRES DE CHEVALERIE D'ANGLETERRE.
1350 Ordre de la Jarretiere.

LA JARRETIERE

Voyez l'édition de 1783, page 320.

Le Roi.

Le prince de Galles.
Le prince Guill. Henri.
Le duc de Gloucester.
Le Landgrave de Hesse-Cassel.
Le prince Ferdinand.
Le prince d'Orange.
Le duc de Cumberland.
L'évêque d'Osnabruck.
Le duc de Mecklenb. Strelitz.
Le prince de Brunswick.
Le duc de Leeds.
Le duc de Newcastle.
Le duc de Montagu.
Le duc de Northumberland.
Le comte de Hertford.
Le comte de Bute.

Messieurs

Le duc de Marlborough.
Le duc de Grafton.
Le comte Gower.
Lord North.
Le vicomte Weymouth.
Le duc de Richmond.
Le duc de Devonshire.
Le comte de Shelburne.
Le duc de Rutland.
L'év. de Winchester, *prélat de l'ordre.*
L'év. de Salisbury, *chancelier.*
Le docteur Harley, *secrétaire.*
Isaac Heard, *roi-d'armes.*
Sir Fr. Molyneux, *gent. dit bâton noir.*

IRLANDE.

1399 ORDRE DU BAIN.

DU BAIN

Voyez l'édition de 1783, page 325.

1760 LE ROI.

1760 L'évêque d'Osnabruck.
1744 Sir H. Calthorpe.
1753 Lord Béaulien.
1761 Sir Georges Pocock.
     Sir J. Griffin Griffin.
     Sir Jos. Yorke.
     Sir Georges Warren.
     Lord Amherst.
     Sir Charles Frédérick.
1763 Le comte de Bellamont.
1764 Sir Guillaume Draper.
1768 Sir Horace Mann.
1770 Sir Jean Lindsay.
1771 Sir Ralph. Payne.
     Sir Ch. Thompson, B.
     Sir Guillaume Lynh.
1772 Sir R. Murray Keith.
     Lord Macartney.
     Sir Guill. Hamilton.
1774 Sir G. Howard.
     Sir Robert Gunning.

Messieurs

     Sir J. Blaquiere.
1775 Sir G. Gordon.
     Sir J. Irwin.
1776 Sir Guy Carleton.
     Sir Guillaume Howe.
1777 Sir Henri Clinton.
1778 Sir Ed. Hughes.
1779 Sir Jacques Harris.
     Sir Hector Munro.
     Le comte d'Antrim.
1780 Lord Rodney.
1780 Sir Th. Wroughton.
1782 Sir Jean Jervis.
1783 Sir George Aug. Elliott.
1783 Sir Charles Grey.
1783 Sir Beilby Thompson.
     L'évêque de Rochester, *doyen*.
     Th. Grey Cullum, *roi d'armes*.
     J. Suff. Brown, *gén. & héraut*.
     G. Whitehead, *secrétaire*.
     Is. Heard, *gent. du baton rouge*.
     G. Rowland Tryon, *messager*.

IRLANDE

1540 ORDRE DU CHARDON.

DU CHARDON

Voyez l'édition de 1783, page 330.

LE ROI.

Le comte de Portmore.
Le prince Guillaume Henry.
Le duc de Queensberri.
Le comte de Carlisle.
Le duc de Buccleugh.
Le vicomte Stormont.
Le duc de Roxburgh.
Le comte de Northington.

Messieurs

Le comte de Roseberry.
Le comte de Galloway.
Le duc de Gordon.
Le marquis de Lothian.
Le docteur Hamilton, *doyen.*
G. Dempster, écuyer *secrétaire*.
Campbell Hooke, éc. *roi-d'arm.*
Robert Quarme, écuyer *gentil. du bâton verd.*

1783 ORDRE DE St. PATRICE.

Cet ordre a été établi le 5 Février 1783, pour les seigneurs Irlandais seulement.

LE ROI.

Le prince Edouard.
Le duc de Leinster.
Le comte de Clanrickarde.
Le comte d'Arram.
Le comte de Westmeath.
Le comte d'Inchiquin.
Le comte de Drogheda.
Le comte de Tyrone.

Messieurs

Le comte de Shannon.
Le comte de Clanbrassel.
Le comte de Mornington.
Le comte de Courtown.
Le comte de Charlemont.
Le comte de Bective.
Lord Carysfort.

IRLANDE.

Le D. de Rutland, *gr.-maître.*
L'archev. d'Armagh, *prélat de l'ordre.*
L'archev. de Dublin, *chancel.*
Guillaume Craddock, doyen de S. Patrice, *greffier.*

Lord Delvin, *secrétaire.*
Ch. Henri Coote, *généalogiste.*
Jean Freemantle, *gentilh. du baton rouge.*
Guill. Hawkins, *roi d'armes.*

AMBASSADEURS D'ANGLETERRE

PRÈS LES COURS ÉTRANGÈRES. Messieurs

Vienne.	Murrey Keith, bar. *env. extr. & plén.*
Bruxelles.	Le vic. Torrington, *ministre plénip.*
Russie.	Alleyne Fitz-Herbert, *envoyé extr. & plénipotentiaire.*
Suéde.	Sir Th. Wroughton, ch. bar. *env. extr.*
Copenhague.	Hugues Elliot, *envoyé extraordinaire.*
Pologne.	Le vic. Dalrymple, *ministre plénipot.*
Dantzick.	Alex. Gibsone, écuyer, *commissaire.*
Prusse.	Sir Jean Stepney, *envoyé extraord.*
Saxe.	Morton Eden, *env. extraordinaire.*
Baviere & Diete de Ratisb.	Thomas Walpole, *ministre plénipot.*
Cologne.	Ralph Heathcome, écuyer, *min. plén.*
Hollande.	Sir Jacq. Harris, *env. extraordinaire.*
Rotterdam.	. . . . *agent.*
La Brille.	. . . . *agent.*
Villes Anséatiques.	Em. Mathias, écuyer, *résident.*
France.	Le D. de Dorset, *amb. extr. & plénip.*
	Daniel Hailes, *secrétaire d'amb.*
Espagne.	Le comte de Chesterfield, *ambassadeur extraordin. & plénipotentiaire.*
Portugal.	R. Walpole, *env. extr. & min. plénip.*
Constantinople.	Le chevalier R. Ainslie, *ambassadeur.*
Sardaigne.	J. Trevor, *envoyé extraordinaire.*
Naples.	Le ch. G. Hamilton, *env. extr. & plen.*
Florence.	Le chev. Hor. Mann, *env. extraordin.*
Venise.	J. Strange, écuyer, *résident.*
Suisse.	Braun, *chargé d'affaires.*

PRINCIPAUX

PRINCIPAUX ÉTABLISSEMENS RELATIFS AUX ARTS ET AUX SCIENCES.

ACADÉMIE ROYALE DES ARTS, *établie en* 1768.

Le Roi, *protecteur*.	Sir G. Chambers, *trésorier*.
Le chev. Reynolds, *président*.	F. M. Newton, *secrétaire*.

SOCIÉTÉ ROYALE DE LONDRES, *établie en* 1663.

Le Roi, *protecteur*.
Sir Joseph Banks, baronet, *président*.

SOCIÉTÉ D'ANTIQUITÉS, *établie en* 1751.

Le Roi, *protecteur*.	Ed Brigden, écuyer, *trésorier*.
Le duc de Leicester, *président*.	Jean Brand, *secrétaire*.
R. Gough, écuyer, *directeur*.	Guill. Norris, *secrétaire*.

MUSÉUM BRITANNIQUE, *établi en* 1753.

L'archevêque de Cantorbery, *président*.
Lord-chancelier, *sous président*.

SOCIÉTÉ DE MÉDECINE, *établie en* 1773.

Le docteur Guillaume Pitcairn, *président*.

SOCIÉTÉ DE MARINE, *établie en* 1756.

Lord Romney, *président*.
J. Thornton, *trésorier*.

SOCIÉTÉ POUR L'ENCOURAGEMENT DES ARTS, DES MANUFACTURES ET DU COMMERCE, *établie en* 1753.

Lord Romney, *président*.
Le duc de Richmond, *vice-président*.

UNIVERSITÉ D'OXFORD.

1772 Lord North, *chancelier*.
1767 Lord Leigh, *surintendant*.
Samuel Dennis, *vice-chancelier*.

UNIVERSITÉ DE CAMBRIDGE.

1768 Le duc de Grafton, *chancelier*.
1764 Le comte de Hardwicke, *surintendant*.
1779 Aud.⁴ Pemberton, *commissaire*.

IRLANDE.

UNIVERSITÉ DE ST. ANDRÉ, en Écosse.

Le comte de Kinnoul, *chancelier*.
J. M. Cormack, *principal*.

UNIVERSITÉ DE GLASCOW.

Le marquis de Graham, *chancelier*.
Edmond Burke, *lord-recteur*.
Leechman, *principal*.

UNIVERSITÉ D'ÉDIMBOURG.

Le prevôt & les magistrats de la ville, *protecteurs*.
Guillaume Robertson, *principal*.

UNIVERSITÉ DE DUBLIN.

Le duc de Gloucester, *chancelier*.
Le lord Primat, *vice-chancelier*.

---

800. EMPIRE ROMAIN. *Catholique & Protestant.*

SOMMAIRE CHRONOLOGIQUE. Premier établissement du dernier Empire des Romains ou d'Occident, en la personne de Charlemagne roi de France, 25 Décembre de l'an 800, selon notre maniere de compter, ou 801, selon l'usage de Rome ; premiere possession de l'Empire par des princes Allemands, Février, 962 ; réunion du duché de Franconie, 1024 ; & de celui de Souabe, 1269 ; premiere élévation de la maison d'Autriche sur le trône impérial, en la personne de Rodolphe, comte de Hapsbourg, Octobre 1273 & Janvier suivant ; possession non interrompue depuis le mois de Juin 1438 jusqu'à l'extinction de la race masculine, 20 Octobre 1740.

Population. Le célebre M. Busching, auquel nous devons une géographie si généralement estimée, vient de publier, dans son Journal Hebdomadaire, un nouvel essai du dénombrement de l'Empire d'Allemagne. Voici ses résultats.

	ames.
La Bohème, comprend...............	2,100,000.
La Moravie,.....................	1,000,000.
La Silésie Autrichienne,.............	200,000.
La Haute & Basse Lusace,............	380,000.

ALLEMAGNE

Le Cercle d'Autriche, ...	4,150,000.
Le Cercle de Bourgogne, ...	1,600,000.
La Bavière comptait en 1771, sans le Clergé & les troupes, ...	1,148,438.
L'Evêché de Saltbourg, ...	250,000.
Le Duché de Wurtemberg comptait, en 1782,	565,890.
Les Margraviats de Bade	200,000.
La Ville d'Augsbourg, ...	40,000.
Les Evêchés de Bamberg & de Wurtzbourg,	400,000.
La Ville de Nuremberg & son District, ...	70,000.
Les Duchés de Juliers & de Bergue, ...	260,000.
L'Evêché de Munster, ...	130,000.
L'Evêché d'Osnabruck en 1772, ...	116,664.
Les pays de Prusse, dans le Cercle de Westphalie, en 1782, sans les troupes, ...	550,699.
Les pays de Nassau, Dillenbourg, Siegen, Dietz & Hadamar, ...	74,000.
Le Duché d'Oldenbourg, en 1769, ...	79,071.
L'Electorat de Maïence, ...	314,000.
Le Palatinat du Rhin compté en 1779, ...	289,614.
Les Landgraviats de Hesse Cassel & de Hesse-d'Armstadt, & le Comté de Hanau, ...	700,000.
L'Evêché de Fulde, ...	70,000.
La Ville de Francfort sur le Mein, ...	42,600.
Les pays de la Saxe Electorale dans les Cercles de Haute-Saxe & de Franconie, en 1775,	1,326,041.
La Poméranie Suédoise, en 1781, ...	100,549.
La Poméranie Prussienne, en 1782, sans le militaire, ...	462,970.
La Marche de Brandebourg, en 1781, exclusivement du militaire, ...	1,007,232.
La Principauté de Gotha, en 1780, ...	77,898.
Le Comté de Schwartzbourg, ...	100,000.
Duché de Magdebourg & le Comté de Mansfeld, en 1781, sans le militaire, ...	271,461.
La Principauté d'Halberstadt & le Comté de Hohenvein, en 1782, sans les troupes, ...	130,761.
Les pays de la Maison Electorale de Brunswick & de Lunebourg, en 1756, ...	750,000.
Le Duché de Brunswick, en 1775, sans le militaire, ...	166,340.
Le Duché de Holstein, ...	300,000.
Les pays de Meklenbourg, ...	210,000.
La Ville de Mulhausen & son District, ...	13,000.

Ce tableau de la population des principaux Etats de l'Allem., forme un total de près de 21 millions d'ames : je m'abstiens, ajoute M. Busching, de prononcer si le reste des autres Etats renferme, 3 ou 4 millions, pour compléter les 25 millions d'ames dont on évalue la population de l'Empire.

Villes Impériales. La diete des états de l'Empire est composée de trois colleges ; celui des électeurs, celui des princes & comtes de l'Empire, & celui des villes impériales. Nous avons assez fait connaitre, dans les précédentes éditions de cet ouvrage, les privileges de ceux qui forment les deux premieres classes. Les villes Impériales doivent seules aujourd'hui fixer nos regards. Nous observerons d'abord que l'Allemagne ne comprenait pas autrefois tant de villes florissantes qu'on y en compte actuellement. La partie qui avoisine le Rhin, des deux côtés de ce fleuve, depuis Strasbourg jusque en Westphalie, & que l'on appelait la premiere & la seconde Germanie, a commencé, sous Jules César, à élever des villes où depuis l'opulence Romaine se montra dans tout son éclat. Treves, Strasbourg, Augsbourg & Cologne occupaient le premier rang parmi ces cités. Jusqu'au regne de Charlemagne, on ne voit aucune ville remarquable dans l'interieur de l'Allemagne, sur-tout du côté du Nord. Ce prince donna occasion à leur établissement, en ordonnant d'environner de murailles les monasteres, pour les mettre à l'abri des injures des barbares. Les Evêques en firent autant, dans tous les endroits soumis à leur autorité. Malheureusement ce zele éclairé des puissances trouva des obstacles de la part des Allemands, naturellement jaloux de la liberté, & qui craignaient qu'on ne les enchaînât ainsi dans l'enceinte des villes, sous prétexte de protéger leur vie & leurs propriétés. Aussi voit-on qu'au Xe. Siecle, les Huns, parcourant comme un torrent toutes les régions de l'Allemagne, ne trouvaient aucune résistance à la fureur meurtriere qui les animait. Henri l'Oiseleur, sentant les conséquences funestes de ces déprédations, pensa à mettre les peuples à l'abri de tant de ravages. Il fit fortifier les plus importans villages de la Saxe & des environs, & spécialement ceux qu'il présumait être les plus exposés aux incursions des barbares. C'est à ce prince que les villes de Misnie, de Quedlinbourg, de Mersebourg, & plusieurs autres doivent leur naissance. Le commerce florissant des villes situées le long du Rhin, leurs richesses, le faste de leurs citoyens, tout cela aiguillonna les habitans des villages voisins, qui jusqu'alors n'avaient connu que l'agriculture. Ils se livrerent aussi au commerce, & leur industrie commençant à prendre quelque activité, les porta à se livrer aux arts, aux professions lucratives ; pour vaquer avec plus de sûreté à leurs nouvelles occupations, ils entourerent de murailles leurs habitations, ils fortifierent leurs villes, ils opposerent des digues aux brigandages des nations vagabondes. On vit naître alors différentes ligues, plusieurs associations, soit entre des villes commerçantes, soit avec des princes & des seigneurs, dont l'objet était la sûreté du commerce. Peu-à-peu les villes se multiplierent, s'aggrandirent ; & vers le milieu du XIIIe siecle, on comptait déjà plus de quatre-vingt villes en Allemagne, toutes assez florissantes, & que l'on appellait Villes Anséatiques.

Dans l'origine, toutes ces villes étaient soumises immédiatement à l'autorité des rois, qui seuls pouvaient accorder les droits de cité. Dans la suite, les Empereurs accorderent aux Evêques & aux Ducs le droit d'établir des villes, & d'y exercer les droits régaliens ; & ces princes ne se réserverent sur elles que le domaine éminent. De-là vint la distinction entre les villes immédiates & médiates. Celles-ci, dependant immédiatement de leurs Evêques ou de leurs Ducs, n'étaient soumises aux rois ou aux Empereurs, que moyennant la soumission que ces princes faisaient au trône. L'amour de la liberté, l'oppression & les mauvais traitements que ces cités éprouvaient de la part de leurs Ducs & de leurs Comtes, leur servirent, dans la suite, de motifs pour se soustraire à leur autorité. Les principaux moyens qu'elles mirent en œuvre pour y réussir, furent d'abord les ligues qu'elles firent entre elles. L'extinction de quelques maisons princieres favoriserent aussi leur projet. Le grand interregne, auquel, les 80 villes anséatiques durent leur liberté, augmenta aussi beaucoup leurs privileges ; enfin les Empereurs contribuerent aussi beaucoup à y rétablir les anciennes maximes, en donnant à ces villes des privileges, qui assurerent leur indépendance. Ces cités, ainsi soumises immédiatement à l'Empereur & à l'Empire, s'appelerent Villes Impériales ; & celles qui resterent soumises à leurs anciens maîtres, porterent le titre de villes municipales.

Il est des cités, parmi les villes Impériales, qui ont été choisies pour figurer dans l'administration de l'Empire. Ainsi, l'élection de l'Empereur doit se faire à Francfort sur le Mein, & son couronnement à Aix la Chapelle. La diete, où la premiere assemblée des états, doit se tenir à Nuremberg, dépositaire des bijoux de l'empire, & chaque fois qu'on les prive de cette prérogative, on leur donne des réversales ou lettres d'assurance. D'autres ont le droit de convoquer ou de faire assembler les villes Impériales, selon les besoins de l'état ; telles sont celles de Francfort, de Ulm & de Nuremberg. Il y en a qui comme Reutlingue & Spire, jouissent du droit d'asyle. La religion de ces villes varie, selon les diverses opinions que les citoyens ont autrefois adoptées. Les unes, telles que Cologne, & Aix la Chapelle, sont entierement catholiques; d'autres, comme Eslingen & Fridberg, professent la réforme évangélique; d'autres sont Mixtes, comme Augsbourg, dont le sénat même est mi-parti de catholiques & de protestans.

 Le gouvernement de ces villes n'est pas le même par-tout. Leur sénat est composé, ou de bourgeois, ou de nobles, quelquefois des uns & des autres. Le magistrat de chacune de ces cités, considéré en corps, représente la qualité d'état d'empire, & il en exerce les droits. Ainsi, ces villes ont comme telles, voix délibératives à la diete; &, quoiqu'elles ne soient pas admises au rapport & contre-rapport qui se fait entre le college électoral & celui des princes, l'arrêté de ces deux colleges ne peut cependant faire un recez d'Empire, ni lier les villes Impériales, avant que leur consentement y soit intervenu. Elles ont, à l'égard de leur territoire, le même pouvoir que les princes d'empire exercent dans leurs provinces. Ce pouvoir leur est confirmé par l'empereur, ou, en son nom, par ses commissaires, lorsqu'elles lui prêtent foi & hommage. Elles jouissent aussi de tous les droits de l'immediateté applicable à une communauté & à leur état respectif; elles sont cependant privées du droit *d'Austregues*, & la loi les oblige à comparaitre en premiere instance devant les tribunaux de l'Empire. Il leur est permis de tenir des dietes générales ou particulieres, pour y délibérer sur tout ce qui peut les intéresser, pourvu qu'elles ne portent aucune atteinte aux droits des autres états. Ces villes sont distribuées en deux classes, qui forment le banc du Rhin, & le banc de Souabe. Chaque ville y envoie son député qui la représente. Leurs suffrages ne s'y comptent que par banc; & de cette maniere toutes les villes Impériales n'ont que deux voix à la diete générale.

Voyez le tableau de toutes ces villes dans l'édition de 1784, pages 161 & 162.

MAISON IMPÉRIALE.

Joseph II, archiduc d'Autriche, né 13 Mars 1741, couronné Roi des Romains 3 Avril 1764, Empereur, 18 Août 1765, grand-maître de l'ordre de la toison d'or & de l'ordre de Marie-Thérèse, 19 Août de la même année, marié 1°. 6 Octobre 1760, à Marie-Eliz., princesse de Parme, morte 16 No-

ALLEMAGNE.

vembre 1763; 2°. 23 Février 1765, à Jos.-Marie-Félic., sœur du feu duc de Baviere, morte 27 Mai 1787.

Freres. Pierre Léopold,..... *Voyez Toscane.*
Ferdinand-Charles, né 1 Juin 1754, marié 15 Octobre 1771, Marie-Béatrix de Modene, née 7 Avril 1750, dont,

Neveux. Franç. Jos.-Jean, né 7 Septembre 1779.
Ferdinand, né 25 Avril 1781.
Maximilien, né 14 Juillet 1782.

Nieces. Marie-Thérèse, née 1 Novembre 1773.
Marie-Léopoldine-Anne-Joseph-Jeanne, née 10 Déc. 1776.

Frere Max.-Fr.-Xav., archiduc, né le 8 Décembre 1756, grand-maître de l'ordre teutonique, 4 Juillet 1780, co-adjuteur de l'électeur de Cologne, 7 Août même année, & de l'évêché de Munster, 16 du même mois, titul. de ces deux prélatures en 1784.

Sœurs. Marie Anne, archiduchesse, née 6 Octobre 1738, abbesse de Prague en 1755.
Marie-Christine. *Voyez Pays-Bas.*
Marie-Elisabeth, née 13 Août 1743.
Marie-Amélie. *Voyez Parme.*
Marie-Caroline. *Voyez Naples.*
Marie-Antoinette. *Voyez France.*

Voyez dans l'édition de 1784, page 156—162, la distribution des différents membres de l'empire; tels que le collège des électeurs, ceux des princes & des comtes, tous ceux, en un mot, qui ont séance à la diete du corps Germanique.

DIRECTEURS ET CONVOCATEURS DES DIX CERCLES DE L'EMPIRE.

I.	*Cercle d'Autriche,*	l'archiduc.
II.	—— *de Bourgogne,*	l'empereur, comme duc de Bourgogne.
III.	—— *du Rhin,*	l'électeur de Mayence.
IV.	—— *de Franconie,*	l'év. de Bamberg & les Margraves de Brandebourg-Bareuth & Brandebourg Anspach.

Ces deux derniers alternent de trois en trois ans.

V.	—— *de Souabe,*	l'évêque de Constance.
VI.	—— *de Baviere,*	le duc de Wurtemberg, le duc de Baviere & l'archevêque de Saltzbourg.
VII.	—— *du haut Rhin.*	l'év. de Worms & l'élect. Palat.

VIII.	—— de la haute Saxe,	l'électeur de Saxe.
IX.	—— de la basse Saxe,	Magdebourg & Brême alternativement tous les trois ans, & l'aîné des deux maisons de Brunswick-Lunebourg.
X.	—— de Westphalie,	l'év. de Munster & les électeurs de Brandebourg & Palatin, comme co-Propriétaires du pays de Juliers.

ARCHI-OFFICIERS DE L'EMPIRE.

Archi-chancelier en Germanie, l'archevêque de Mayence.
Archi-chancelier dans les Gaules & le royaume d'Arles, l'archevêque de Treves.
Archi-chancelier en Italie, l'archevêque de Cologne.
Archi-échanson, le roi de Bohême.
Archi-maitre d'hôtel, le duc de Baviere.
Archi-maréchal, l'électeur de Saxe.
Archi-chambellan, l'électeur de Brandebourg.
Archi-trésorier, l'électeur Palatin.

Le roi d'Angleterre, comme duc de Brunswick-Lunébourg, lui dispute cette qualité.

OFFICIERS HÉRÉDITAIRES DE L'EMPIRE.

Echanson, le comte d'Althan.
Maitre d'hôtel, le comte de Waldbourg.
Maréchal, le comte de Pappenheim.
Chambellan, le prince de Hohenzollern.
Trésorier, le comte de Sinzendorf.
Grand-maitre des postes de l'Empire en Bourgogne, le prince de la Tour & Taxis.

TABLEAU DE LA DIETE DE RATISBONNE.

COMMISSION IMPÉRIALE.

Le prince de la Tour & Taxis, *commissaire principal*.
Le baron Erthal, *commissaire*.
Jean-Pierre Marx, *directeur de la chancel. de la comm. impér.*
Jean-George Neumuller, *secrétaire*.
J.-Mich. de Bree, chevalier du S. Empire, *greffier*.

COLLÉGE ÉLECTORAL.

Mayence, Fr.-G. de Haufer de Wilsdorf, *env. princip. & direct. de la diete*, chargé aussi des affaires de Lobkowitz.

ALLEMAGNE.

Jean-Nic. Heerlein, *secrétaire de légat.*
Jean-Nic. Schwabenhausen, *Greffier.*

Trèves, J.-Fr. baron de Linker, de Lutzenwick & de Romsberg, chargé aussi des affaires de *Prum* & de *Salm-Salm*.

J.-Jacq. Vacano, *secrétaire de légat.*

Cologne, Maxim.-Joseph, baron de Bebenbourg, chargé aussi des affaires de l'ordre teutonique, de *Munster*, de *Hildesheim*, de *Paderborn*, de *Strasbourg*, de *Brixen*, & de *Stablo*.

Bohême, le comte de Trautmannsdorf.
J. Ferd. Jungen, *secrétaire de légat.*

Palatinat, le comte Phil. de Lerchenfeldkoefering.
J. Nepom. de Vischl-Auf Bergendorf, } *sec. de lég.*
Corn. Ern. G. Kummer,

Saxe, P. Fred. baron de Hohenthal, *député direct. pour les évangélistes*.
Ch. Godef. Mirus, } *secrétaires de légat.*
Nic.-Aug. Herrich,

Brandebourg, Joach.-L. de Schwartzenau, chargé aussi des affaires de *Bade*, de *Magdebourg*, d'*Halberstadt*, de la *Poméranie ultérieure*, de *Menden*, de *Camin*, d'*Aostfrise*, *Bade-Dourlach*, de *Bade-Bade* & de *Hochberg*.

Hanovre, Louis-Fréd. baron de Beulwitz, chargé aussi des affaires de *Brême*, *Brunswick*, *Zell*, *Calenberg*, *Grubenhagen*, *Verden* & *Lawenbourg*.

COLLEGE DES PRINCES.
PRINCES ECCLÉSIASTIQUES.

Directeur d'Autriche, le baron de Borié, chargé aussi des affaires de *Bourgogne*, *Corvei*, *Dietrichtein*, *Taxis* & *Romeny*.
Ott, *secrétaire de légat pour l'Autriche.*
Mayr, *sec. de légat. pour Dietrichtein.*

Directeur de Saltzbourg, J.-Chrét., baron de Zulerberg, chargé aussi des affaires de *Bâle*.
J. Ern. Markloff, *secrétaire de légat.*

Ordre teutonique, Maxim.-Jos. baron de Bebenbourg, chargé aussi de *Strasbourg*, *Hildesheim*, *Paderborn*, *Trente*, *Brixen*, *Stablo* & *Hohenzollern*.

ALLEMAGNE.

                Schrodt, *sec. de lég. pour l. teuton.*
                De Pra de Plain, *secrétaire de l. pour Hildesheim & Paderborn.*
                Vollerth, *sec. de lég. pour Brixen.*

Bamberg,   H.-Jos. baron de Schneidt.
                G.-Jos. Vollerth, *secrétaire de lég.*

Wurtzbourg, ...
                G.-Jos.-Nic. Markloff, *sec. de lég.*

Worms, ...
Eischtadt,   le baron de Haimb, chargé aussi de *Corvei.*
                Welk, *sec. de légat pour Corvei.*

Spire, Coire & Weissembourg, H.-J. baron de Schneidt.
Constance,   le comte de Lerchenfeld, chan. de Ratisbonne, chargé aussi de *Kempten.*
                Corn. Erm. Kummer, *secrét. de légat. pour Constance.*
                Ch. Meyer, *sec de lég. p. Kempten.*

Augsbourg,   Ign.-A.-Fréd. baron d'Oexle de Friedenberg, chargé aussi de *Passaw, d'Elwangen,* de *Berchtolsgaden, Furstenberg,* des prélats de *Souabe* & du *Rhin,* d'*Aremberg,* d'*Avesperg,* de *Schwartzenberg* & de *Lichtenstein.*

Frisingue & Ratisbonne,   H.-J. baron de Schneidt.
Liége,   Ch.-Louis Magis.
Osnabruch, ...
Lubeck,   Conrad Reinhard de Kock.
Fulde, ...

BANC DES PRINCES LAICS.

Baviere & Leuchtenberg.   H. Jos. baron de Schmide.
Magdebourg.   L. de Schwartzenau.
Pfalzlautern, Simmern, Neubourg & Veldenz.   Fr. de Brentano; Godefroi de Brentano, *adj. pour Veldenz.*
Brême,   Voyez l'électeur de *Hanovre.*
Deux-Ponts.   Voyez *Liége.*
Saxe-Cobourg.   H. C. de Pfau, seig. de Willmarsen.
Saxe-Weimar & Eisenach.   ....
                Phil. Fréd. Ernesti, *secr. de légat.*

ALLEMAGNE.

Saxe-Gotha & Altenbourg.	Ph. baron de Gemmingen, chargé aussi de Mecklenbourg Schwerin, de Hesse-Damstadt & de Schwartzbourg.
Brandebourg - Onolzbach & Culembach.	Théod. de Saltzmann.
Brunsmick Wolfembuttel.	Louis Wülkenitz.
Wurtenberg & Montbeliard.	. . . .
	God. Zoret, *secrétaire de légat.*
Hesse-Cassel & Hersfeld.	Fr. Louis de Wülkenitz.
Poméranie antérieure.	J.-Aug. de Greiffenheim.
	Magn. Oloff Bioestierna, *adjoint.*
Bade-Dourlach.	Voyez l'électeur de *Brandebourg.*
Holstein.	. . . .
Anhalt.	. . . .
	J. Cod. Klapius, *secrét. de légat.*
Nassau-Hadamar, Siegen, Dillenbourg & Dietz.	Fr.-L. de Wülkenitz.
Furstemberg.	Voyez *Augsbourg.*
Tour & Taxis.	Voyez *Autriche.*
Schwartzbourg.	Voyez *Saxe-Gotha.*
C. de l'Empire en Wétéravie.	Derm. H. de Grun.
Comtes de l'Emp. en Souabe.	. . . .
C de l'Emp. en Franconie. & en Westphalie.	Ch. Lirk. H. de Fischer, chargé aussi des aff. du pr. de *Hohenloé-Neuenstein* & de celles du C. de *Neuwied.*

COLLÉGE DES VILLES IMPERIALES.

DIRECTION ACTUELLE.

H. God. de Selpert, premier député du conseil secret de Ratisbonne, directeur des villes impériales, chargé aussi des affaires de *Hall* en Souabe, *Memmingen*, *Lindau*, *Bilberach*, *Kempten* & *Kaufbeuern*.

Sigism. G. Ulric Boesner, chargé aussi de *Heilbronn* & de *Schweinfurt*.

J. Barth. Gumpelzheyner.

G. God. Gumpelzheyner, chargé aussi de *Mulhausen*, *Nordhausen*, *Goslar*; & d'*Eilbronn* & *Schweinfurt*, avec M. Boesner.

George Albrecht Harrer, *secrétaire de la direction.*

Cologne & Aix-la-chapelle.	J. H. de Winkelmann.
Augsbourg.	De Scheffer.

ALLEMAGNE

Ulm.	De Schleich.
Nurenberg.	De Loefelhoz.
Worms..............	{ J.-Fréd. Haeberle, chargé auſſi des villes de *Lubeck*, *Eſlingen*, *Nordlingue*, *Dortmund* & *Friedberg*.
Spire, Rothenbourg, Brême & Windsheim.	J. Chriſt. Theod. Gemeiner.
Reutlingue.............	{ J. Chriſt de Selpert, chargé auſſi de concert avec M. ſon pere, de *Hall* en Souabe & de *Memmingen*.
Francfort.............	{ J. Paul de Selpert, chargé auſſi de la ville de *Hambourg*.
Ueberlingue, Wangen, & Gengenbach.	J. God. Reichanzer.
Rothweil, Gemund en Souabe, Weil, Pfullendorf, Offenbourg & Zell.	....
Hambourg.	Jacq. Schuback.
Dunchelſpuel, Wetzlar, Winpſen & Bobſingen.	Rich Alb. Haeberle.
Weiſſembourg & Aalen.	J.-G. de Selpert, bail. de Ratisbonne.

MARÉCHAL HÉRÉDITAIRE DE L'EMPIRE A LA DIETE.

Fr.-Chriſt. Louis de Lang de Muttenau, *abſent*.

Jean-Fréd. H. de Lang de Muttenau, conſ. de la chancellerie du C. de Pappenheim, *lieut.-maréchal des-logis de l'Empire*.

CHAMBRE IMPÉRIALE DE WETZLAR.

1763 Le comte Franç. de Spaur, conſ.-int. de l'empire, *juge de la chambre*; *catholique*.

PRÉSIDENTS. Meſſieurs.

1772 J. Sigiſm. ch. baron de Theungen de Zeitlofs, conſ.-int. act. de la conf. d'Augsbourg.

1778 Adolphe de Trott, conſ.-int. actuel; *catholique*.

ASSESSEURS. Meſſieurs.

1764 Mayence.	Fr. G. de Loskant; *catholique*.
Trèves...............	
1759 Cologne.	{ J. Arn. H. Joseph Cramer de Clauſpruch, *catholique*.

ALLEMAGNE.

1760 Bohême. —   J. Gasp. Ant. d'Albini, *cath.*
17.. Bavière.   ....
1760 Saxe.   J. Christ. de Leipsiger, *conf. d'Augs.*
1777 Brandebourg.   { G. L. Mich. de Hembsbach, *confession d'Augsbourg.*
1781 Palatinat.   De Vulpius, *catholique.*
17.. Brunswick-Lunébourg ....
1760 L'empereur.   Charl. Théod. de l'Eau, *catholique.*
1778 C. d'Autriche.   H. Louis Ch. de Gebler, *cathol.*
17.. C. de Bourgogne ....
1774 Cercle de Franconie.   { Chrét. Jos. baron d'Ulmenstein, *conf. d'Augsbourg.*
     { 1775 Ft. Jos. d'Albini, *catholique.*
1774 C. de Bavière.   { J. Chrét. Jos. de Waldenfels, *cath.*
     { 1777 Jos. de Weinbach, *cathol.*
1745 C. de Souabe.   { J. Henri de Harpprecht, *confess. d'Augsbourg.*
     { 17.............. *catholique.*
1774 C. du haut Rhin.   Fréd. Jos. de Schmitz, *catholique.*
     17........... *conf. d'Augsbourg.*
C. de Westphalie.   { .... *conf. d'Augsbourg.*
     { .... *catholique.*
1778 C. de la haute Saxe.   { Ch. George de Riedesel, *confess. d'Augsbourg.*
     { .... *conf. d'Augsb.*
1773 C. de la basse Saxe.   Fr. Dietrich de Dithfurth, *confess. d'Augsbourg.*
     1780. Ad. Fréd. de Reinhardt, *conf. d'Augsbourg.*

DIRECTOIRE DE LA CHANCELLERIE.

..................*fiscal-général de l'Empire.*
1780 J. Pierre de Birkenstork, *catholique.*

AVOCAT-FISCAL.

1770 L.-Henri Chelver, *catholique.*

RECEVEUR.

1775 Wolf. de Hotzendorf, *catholique.*

CHAMBRE IMPÉRIALE DE ROTHWEIL

JUGE AULIQUE HÉRÉDITAIRE.

Le prince Joseph de Schwartzenberg, Landgrave prince de Klergau, chevalier de la toison d'or, conseiller-intime actuel, & grand-maître de la maison de l'empereur.

CONSEIL IMPÉRIAL AULIQUE.

Le baron Jean Hugues de Hagen, conf. intime actuel, & ministre de conferences de l'empire, *président*.
Le prince Rodolphe de Colloredo, *vice chanc. de l'empire.*
Le comte Wolf. Chret. d'Uberacker, conf. intime actuel, *vice-président.*

MINISTRES DE L'EMPEREUR
PRÈS LES COURS ÉTRANGERES. *Messieurs*

Berlin.	Le baron Rewitzky, *envoyé extraordinaire.*
	De Rottenbourg, *secrétaire de légation.*
Bruxelles.	Le comte de Belgiojoso, *ministre plénipot.*
Colog. & aux c. du b. Rhin & de west.	Le comte de Metternich-Winnebourg, *min.* De Bossart, *résident.*
Constantinople.	Le b. d'Herbert de Rathkeal, *int. & min. pl.*
	De Testa, *conf. de légat.*
Copenhague.	Le baron de Collenbach, *secrét. de légat.*
Dresde.	Le baron de Metzbourg, *chargé d'affaires.*
Florence.	Veigel, *chargé d'affaires.*
Francfort.	De Roetlein, *résident.*
Grisons.	Le baron de Buol, *envoyé extraordinaire.*
La Haye.	Le b. de Reischach, *env. ext. & min. plénip.*
	Doringer, *secrétaire de légat.*
Lombardie.	Le comte de Wilzek, *commiss. plénip.*
Lisbonne.	De Lebzeltern, *ministre plénipotentiaire.*
Londres.	Le comte de Kageneck, *env. extraordinaire.*
	Le baron de Reigersfeld, *sec. de légat.*
Madrid.	Le comte de Kaunitz Rittberg, *ambassad.*
	De Humbourg, *secrétaire de légat.*
Mayen. & aux c. de h. & b. Rhin.	Le c. de Metternich-Winnebourg, *min. pl.* Kornrumpf, *secrétaire de légat.*
Malte.	Le baron de Hompesch, *ministre plénipot.*

ALLEMAGNE. 191

Manheim, Munich & c. de Souabe.	Le comte de Lehrbach, *ministre plénipot.* Tautphaeus, *sec. de légat.*
Naples.	Le comte de Richecourt, *envoyé extraordinaire & ministre plénipot.* Hadrava, *secrétaire de légat.*
Paris.	Le comte de Mercy-Argenteau, *ambassad.* De Blumendorf, *secrétaire d'ambassade.* Hoppé, *officier de chancellerie.*
Pétersbourg.	Le comte de Cobenzel, *ambassadeur.* Le baron de Seddeler, *cons. d'ambassade.* De Rath, *secrétaire d'ambassade.*

Ratisbonne. *Voyez* le tableau des membres de la diete, p. 184.

Rome.	Le cardinal Herzan, *protecteur d'Allem.* Brunati, *secrétaire de légat.*
Cercle de la b. Saxe.	Le baron Binder de Kriegelstein, *min. plen.*
Stocholm.	. . . . Preindl, *secrétaire de légation.*
Suisse.	Tassara, *résident.*
Cercle de Franconie.	Le comte Ferd. de Trautmansdorf Weinsberg.
Tréves.	Le comte de Metternich-Winnebourg, *m.pl.*
Turin.	Le marquis de Ghirardini, *env. extr. & m. pl.* De Ben, *secrétaire de légation.*
Varsovie.	Le baron de Thugut, *env. extr. & min. pl.* De Caché, *chargé d'affaires.*
Venise.	Le comte de Breuner, *env. extr. & min.pl.* Corradini, *secrétaire d'ambassade.*

Voyez, pour les officiers employés à l'administration des états héréditaires de l'empereur, les articles *Autriche*, *Hongrie*, *Bohême*, *Pays-bas Autrichiens* & *Lombardie Autrichienne.*

1450. RUSSIE.

SOMMAIRE CHRONOLOGIQUE. Commencement de l'Empire sous titre de grand duché de Moscovie par affranchissement d'obéissance aux Tartares, & extinction ou réduction de plusieurs princes particuliers de Russie, 1450 & 1477; conquête des duchés de Smolensko & de Kiow sur la Pologne, 1513; & des royaumes de Sibérie, de Cazan & d'Astracan sur des princes Tartares, 1552 & 1554; commencement du titre de Czar ou roi, mêmes ans; premiere conquête de l'Estonie ou Livonie Orientale sur l'ordre Teutonique, 1555; derniere réduction de cette province, ensemble de l'Eronie, de la Carelie, de l'Ingermanie & de la Kexholmie avec partie de la Finlande sur les Suédois, 1709 & années suivantes; & de partie de la Géorgie avec le Scirvan sur la Perse & sur les Turcs, 1717 & ans suivans; résolution du sénat de Russie qui décerne au Czar le titre d'Empereur, 22 Octobre 1721; & proclamation en conformité, Novembre même année; reconnaissance de ce titre par les états généraux des provinces unies, 24 Avril 1722; par le roi & les états de Suède, 29 Juin 1723; par le roi de Prusse, même an; par l'Empereur Charles VI, 6 Aout 1716; & depuis par le grand seigneur & autres puissances.

Mines. Nous avons déjà dit ailleurs que les mines de Russie formaient l'un des principaux objets de la richesse de cet empire.

La plus ancienne & la moins avantageuse des mines d'or, est celle qu'on exploite au Nord de Pétersbourg, entre la Mer Blanche & le Lac Onéga. Elle est désignée sous le nom de Vxetzkoé Loudnick. Elle ne rend pas annuellement plus de douze marcs d'or.

Les mines d'or de Catherinenbourg, pour lesquelles on a formé trois établissements, où sont occupés plus de douze cens ouvriers, rendent davantage. Les dépenses faites, elles donnent un produit de 200 ou 260 livres de poudre d'or.

Les mines de Kollivant, entre l'Irtish & l'Oby, sont bien plus riches & d'un produit considérable. L'argent presque vierge qu'on en tire, contient au-delà de trois livres d'or par cent livres d'argent. La séparation s'en fait à Pétersboug. Le total du produit, depuis 1749 jusqu'en 1771, a été de dix mille pouds, qui ont rendu trois cens dix-huit pouds d'or; (le pouds équivaut

vaut à 33 livres de seize onces.) Depuis 1771., il s'est élevé à mille & même onze cens pouds d'argent aurifere.

Les Mines d'argent & de plomb, situées à Nertschinsz, appartiennent encore à la couronne; on les entama en 1704; ce fut long-tems sans succès. Elles donnent aujourd'hui un revenu considérable; & l'étendue des mines découvertes les rend presque intarissables. Elles entretiennent six fonderies.

Quant aux Mines de cuivre & de fer, la couronne s'en est peu réservé. La plupart des fonderies, établies d'abord aux frais du public, ont été cédées à des particuliers à un prix très-médiocre. Il reste encore des fonderies impériales, entr'autres celles d'Olonets: elles donnent par an huit à dix mille pouds de fer de fonte, en canons, bombes & boulets, & quinze mille pouds de fer en plaques & en barres d'une assez mauvaise qualité.

Les Mines situées aux deux côtés des monts Ourals, sont importantes; elles fournissent la majeure partie de fer employé pour la marine, pour l'armée, & pour les travaux publics.

Aux environs de Catherinenbourg est la fonderie de Kaminskoi, célèbre par la fonte des canons; elle produit seule quatre-vingt-treize mille pouds (3,069,000 livres) de fonte & plus de huit mille pouds (264,000 livres) de fer forgé. Il y a encore d'autres fonderies sans compter celles des particuliers, lesquelles sont au nombre de cent cinq, dont 56 pour le fer, 37 pour le cuivre; les autres pour le cuivre & le fer en même tems.

Il ne seroit point aisé de déterminer le revenu total de ces richesses; voici ce que l'on peut dire de plus positif.

Kollivand rend annuellement en argent mille à onze cens pouds; mille pouds de notre monnoie font 3,165,000 liv.

— Trois livres d'or sur cent d'argent, lesquelles font deux cents livres Russes, c'est-à-dire, de notre monnoie, 1,382,400 liv.

Catherinenbourg, deux cents quarante livres de poudre d'or, c'est-à-dire, 247,680 livres de fer.

Nerstschincsk, quatre cens pouds d'argent, c'est-à-dire, 128,000 livres de fer.

— Douze mille d'or sur le millier d'argent, c'est-à-dire, 216,000 livres de fer.

— Quatorze mille pouds de cuivre à onze roubles, c'est-à-dire, 770,000 livres de fer.

— Bénéfice sur la monnoie de cuivre, 1,309,080 livres de fer.

Ainsi le total est de 7,309,080. liv.

Dans cette évaluation on a omis le bénéfice entier des mines de fer, celui de l'emploi de ce métal, ainsi que du cuivre en artillerie, en munitions de guerre, en fabrications de tout genre pour la couronne : on ne calcule pas non plus le revenu de plusieurs mines de cuivre d'un produit variable & indéterminé, ni les gains immenses de la caisse sur les tributs des propriétaires, sur la vente forcée qu'on en exige, & sur la vente libre.

En réunissant ces différens objets, on peut estimer que l'Impératrice retire de ces montagnes Asiatiques, en fabrications, en bénéfices sur les espèces, ou en lingots, quinze à vingt millions. Ces mines enrichissent le trésor public, & suppléent à la modicité de ses revenus, sans épuiser la population & sans contrarier des travaux utiles.

Commerce. Les papiers publics ont répandu le tableau suivant du commerce de Pétersbourg & de Cronstadt, pendant l'année 1783. Le nombre des bâtimens sortis de ces ports a été de 614, dont 62 Russes & 552 étrangers, parmi lesquels il y en avait 270 Anglois. Ils ont exporté pour 10,097,797 roubles & 70 copeikes de marchandises. Les Bâtimens qui y sont entrés dans le cours de la même année, étaient au nombre de 911, dont 579 étrangers; ils avaient pour 11,674,120 roubles 11 copeikes de marchandises à bord; ainsi les importations ont excédé les exportations de 1,575,323 roubles 59 copeikes. Elles les avaient aussi excédées en 1782 de 737,135 roubles. En 1780 & 1781, les exportations avaient été plus fortes que les importations. La recette des droits de douane en 1783, a monté à 2,966,188 roubles 28 copeikes. Le total des recettes des mêmes droits depuis 1780 jusqu'à la fin de la même année 1783, a été de 10,601,036 roubles 63 copeikes; & celles qui avaient été faites pendant les quatre années précédentes, c'est-à-dire depuis 1776 jusqu'en 1780, n'avaient formé qu'un total de 7,266,639 roubles & 24 copeikes, ce qui produit pour l'époque suivante de 1780 à 1783 inclusivement, un excédent de 3,335,297 roubles. L'or & l'argent entrés en Russie, tant en lingot qu'en monnoie, pendant l'année dernière, sont évalués à 164,183 roubles.

Pétersbourg. Cette ville, aujourd'hui capitale de l'empire Russe & la plus belle du Nord, fut fondée en 1703, par Pierre I. Elle est d'une étendue prodigieuse ; & l'on y compte soixante mille maisons de différentes grandeurs. On l'a bâtie sur trois îles. Celle sur laquelle on a construit le fort, autrefois appellée l'île des Lievres, porte aujourd'hui le nom de Pétersbourg. Elle est située au milieu de la Neva. Le terrein en a été considétablement élevé. Le fort, qui a six bastions, offre deux portes sur l'une desquelles, en dehors du portail, est l'image de S. Pierre, de grandeur naturelle, & tenant deux clefs dans ses mains. En dedans est l'aigle noir de Russie, couronné, & tenant dans ses serres, d'un côté le sceptre, & de l'autre le globe impérial. Plus bas paraît la statue de S. Nicolas, patron de la Russie. C'est dans ce fort qu'est l'église de S. Pierre & de S. Paul, surmontée d'une haute tour. Depuis Pierre I, on a choisi cette église pour y inhumer les empereurs. Le toit de la tour est enrichi du haut en bas d'une dorure magnifique. Il y a aussi un carillon, qui joue d'heure en heure, & qui, indépendamment de cela, s'y fait entendre chaque jour, pendant deux heures consécutives. Dans l'un des bras de la Neva, sont les galeres de l'Empire, qui y séjournent pendant l'hiver.

La seconde île s'appelle l'île de l'Amirauté. On y voit encore cette petite maison de bois où Pierre I logea, au mois de Mai 1705, lorsqu'il prit possession de cette île. On l'a environnée d'une muraille de pierres. Là est le palais d'été de l'Impératrice, décoré de jardins superbes, de grottes, de jets d'eau, de fontaines, de bocages de chênes, & de statues de marbre. Plus loin est un autre palais que l'Impératrice habite pendant l'hiver. Ces édifices également somptueux & magnifiques, sont environnés de plusieurs palais qui appartiennent aux principaux de la cour. C'est-là qu'on a placé l'arsenal, la fonderie, les cazernes, le chantier des galeres, plusieurs églises, un laboratoire pour les feux d'artifice, & divers autres bâtiments considérables. Pétersbourg comprend aussi la grande île du prince Menzicoff, que les Russes appellent l'île de S. Basile. Cette île, qui est la plus grande, est jointe aux autres, par un pont de bateaux, de 1200 pas de long, & qui traverse la Neva. En 1716, on la coupa de canaux, & on la fortifia, dans l'intention d'y bâtir la ville de Pétersbourg, dans le goût de celle d'Amsterdam. Pierre I n'eut pas la consolation de voir l'exécution de ce projet. En 1719, on y bâtit le magnifique édifice de l'académie des sciences, celui de la bibliotheque de l'Empereur, & celui du cabinet des raretés, qui fut réduit en cendres en 1747, & qui a été reconstruit; quelques palais, la maison de l'université, l'école militaire, la bourse, le théatre, la douane, la chancellerie pour les médecins & trois apothicaireries, le port des galeres, la belle église de S. André & quelques autres édifices publics; mais il s'en faut encore beaucoup que tout l'emplacement soit entiérement occupé.

On voit à Pétersbourg toutes sortes de fabriques, de sucre, de miroirs, d'or, d'argent, de tapisseries, de vernis, & diverses autres manufactures; mais les canaux, qui contribuent à les faire travailler, commencent déjà à se combler. Un défaut essentiel qui se trouve dans ce terrein, c'est qu'il n'a pas été élevé dès le commencement, & que souvent une seule inondation occasionne des pertes considérables. Ces inondations arrivent ordinairement, lorsque le vent du couchant, joint à celui du midi, arrête l'écoulement des eaux de la Neva & du lac Ladoga. Aussitôt que ce vent change, la Neva retombe avec impétuosité dans la mer, parce que ce fleuve est obstrué par plusieurs cataractes, au dessus de Pétersbourg. Lorsque les marchands se voient menacés d'un débordement, ils élèvent des digues devant leurs maisons, pour empêcher que l'eau n'y entre, & qu'elle ne mine leur terrein.

MONNOIES DE RUSSIE,

Comparées à celles de France.

Monn. Russes.	Monn. de France.		
	liv.	sols.	den.
L'impériale,	42	10	0
La demi-impériale,	21	5	
Le ducat,	11	11	3
Le rouble,	4	5	0
La Griwna,	0	8	6
L'altyn, monn. idéale,	0	2	$6\frac{1}{5}$
La grosche,		1	$8\frac{2}{7}$
La copeika,	0	0	$10\frac{1}{7}$
La denischka,	0	0	$5\frac{1}{10}$
23 copeiks $\frac{9}{17}$ font	1		

L'impériale vaut 10 roubles; le rouble vaut 10 griwny; la griwna, 10 copeiks; la copeika, 2 denischka; la denischka vaut 2 poluschky; 3 copeiks font un altyn.

La proportion entre l'or & l'argent est comme 1 à $13\frac{7}{8}$

De Pétersbourg, de Moscou & d'Archangel, on change sur les places suivantes, & l'on

Donne,	Pour recevoir,
Sur Amsterd. 1 rouble.	44 stuivers cour. pl. ou m. à 65 jours de date.
Hambourg, . 1 dito.	43 schillings lubs banq., plus ou moins.
Londres, . . . 1 dito.	51 den. sterlings, pl. ou m.

RUSSIE.

Les lettres-de-change à certain jour de date, ont 10 jours de grâce, après celui de l'échéance; les lettres à vue n'ont que trois jours de grâce après celui de la présentation, le dimanche & les fêtes compris. Les lettres-de-change à certain jour préfix n'ont aucun jour de faveur : elles doivent être protestées le même jour, faute de payement.

MAISON IMPÉRIALE.

Catherine Alexiewna II, née 2 Mai 1729, mariée 1 Sept. 1745, à Pierre III empereur, impératrice & autocratrice de toutes les Russies, 28 Juin 1762, veuve 28 Juillet 1762, couronnée à Moscou 3 Octobre 1762.

Fils. Paul Petrovitz, fils de l'impératrice, grand-duc de Russie, né 1 Octobre 1754, marié 10 Octobre 1773, à Natalie Alexiewna de Hesse-Darmstadt, veuf 26 Avril 1776; remarié la même année, à

Marie Fœdorowna de Wuremberg, né 2 Oct. 1759, *dont*
Petits-fils. Alexandre Paulovitz, né 23 Décembre 1777.
Constantin Paulovitz, né 8 Mai 1779.
Petite-Fille. Allexandra Paulowna, née 9 Août 1783.

CONSEIL PRIVÉ. *Messieurs*

Le comte de Razoumofsky, mar. gén.
Le comte de Roumaetzow-Zadounaisky, mar. gén.
Le prince de Potemkin.
Le comte Jean de Czernischeff, vice-prés. du coll. de l'amirauté.
Le prince de Varemshky, conf. privé, actuel.
Le comte d'Ostermann, conf. privé actuel.
De Samoylow, maj. gén., *directeur de la chancellerie.*

CHEFS DES PRINCIPAUX DÉPARTEMENTS DE L'EMPIRE. *Messieurs*

Coll. des affaires étrang. .... *chef.*
Le comte d'Ostermann, *vice-chanc.*
Coll. de guerre. .... *président.*
Le prince de Potemkin, *vice-président.*
Coll. de l'amirauté. Le Grand duc, *président.*
Le C. Jean Czernischef, *vice présid.*

RUSSIE.

Coll. des finances.	Le pr. de Stscherbatowo, président.
	De Bakounin, vice-président.
Cont. des finances pour les aff. de Livonie, d'Esthonie & de Finlande.	Le baron de Loudvig, major-dart.
Coll. de Justice.	De Koslo, premier directeur.
	De Coloschin, en fonction de président.
Coll. de Justice pour la Livonie, l'Esthonie & la Finlande.............	............président.
	De Kreydemann, vice-président.
Coll. des biens immeubles.	De Soltikow, premier directeur.
	De Wysotzky, vice-président.
Coll. de révision............	....directeur-général.
	De Kheraskow, président.
	De Potapow, vice-président.
Coll. de commerce.	Le C. Alex. de Worontzow, président.
	............vice-président.
Coll. des mines.	De Resanow, chef.
	De Narow, fais. les fonct. de vice-prés.
Coll. d'économie...........	............président.
	............, vice-président.
Académie des sciences.	Le comte de Razoumousky, présid.
	Le baron de Maltitz, directeur.
Coll. de médecine de l'université de Moscou.	De Rgewsky, président.
	De Schouvaloff. ⎫
	De Melissino. ⎬ Curateurs.
	De Kheraskow. ⎭
	De Priklonsky, directeur.
Académie des arts.	De Schouvaloff, premier fondateur.
	De Betzky, président.

GRANDS OFFICIERS DE LA COURONNE.

Messieurs

Grand-échanson.	Alex. de Natischkin.
Grand-écuyer.	Léon de Natischkin.
Grand-chambellan.	De Schouvaloff.
Grand-mar. de la cour.	D'Orloff.
Grand maître de la cour.	De Yelagbn.
Grand-veneur.	Le prince de Golitzin.
Maréchal de la cour.	Le prince de Boratinsky.
Écuyer.	De Potemkin.

CHEFS DES DIVISIONS DES ARMÉES DE RUSSIE.

Messieurs

Division de Pétersbourg.	Le C. Rasoumofsky, mar.-général.
—— de Livonie.	. . . . maréchal-gén.
—— de l'Ukraine.	Le C. de Roumantzow-Zadounaïsky, maréchal-général.
—— de la Russie blanche.	Le baron d'Elmpt, général en chef.
—— de Moscou.	Le comte de Bruce, général en chef.
—— de Casan.	De Souworow, lieutenant-général.
—— de Finlande.	. . . .
—— de Voronege.	Le comte de Soltikow, gen. en chef.
—— d'Esthonie.	De Soltikow, general en chef.
—— de Smolensk.	Le prince de Repnin, gen. en chef.
—— des chevaux legers & des troupes irrégulieres.	Le prince de Potemkin, marechal.
—— du corps de Siberie.	D'Ogareff, général lieutenant.
—— du corps d'Orenb.	d'Opouchtin, lieutenant-général.
—— corps d'artillerie.	. . . . grand maître
—— corps du genie.	. . . . directeur général.

De Dournow commissaire-général des guerres.
Le prince de Stscherbatow, lieutenant-général, commissaire-gén. des vivres.

MARINE DE RUSSIE.

Le grand-duc, grand-amiral.
Le comte Jean de Czernischeff, chef de la flotte & du port des Galeres.

AMIRAUX. Messieurs

De Senavin.
De Tschitschagow.
De Greig.

VICE-AMIRAUX. Messieurs

De Barsch.
De Borissow.
De Klohatschew.

CONTRE-AMIRAUX. *Messieurs*

De Crouse.
De Souchotin.
De Moussin-Pouschkin.
Vonderwies.
De Golenitscheff-Koutousoff, vice-amiral, *trésorier-général & directeur du corps des cadets de la marine*.
D'Hannibal, lieu. gén. *maître d'artillerie-général*.
Le baron de Tscherkassow, vice-am. *comm.-gén. des guerres*.
De Rabinin, vice-amiral, *contrôleur-général*.
De Boutschin, vice-amiral, *intendant-général*.

PRÉLATS DU ST. SYNODE DE RUSSIE. *Messieurs*

Gabriel, archevêque de Nowgorod & de Pétersbourg.
Innocent, archevêque de Plescou & de Riga.
Jean Panfilow, confesseur de S. M. I.
Platon, archevêque de Moscou & de Kalouga.
Ambroise, évêque de Kroutitsk & Moschaisk.
Alexandre, archiprêtre.

GOUVERNEURS DES PROVINCES. *Messieurs*

Moscou.	Le comte de Bruce, *gén. en chef*.
	D'akharow, maj. général, *lieut. gouv.*
Pétersbourg.	De Potapow, major général, *gouverneur*.
	De Mavrin, brigadier, *vice gouverneur*.
Nowgorod.	D'Archaroff, général en chef, *gouv. gén.*
	De Protassow, cons. d'état, *en fonct. de gouv.*
	De Chatlamow, c. d'état, *en f. de v. gouv.*
Twer.	D'Archaroff, général en chef, *gouv. gén.*
	De Toutolmin, major. général, *gouverneur*.
	D'Arseniew, brigadier, *vice-gouverneur*.
Kalouga.	De Kretschetnikow, l. g. en f. *de gouv. gén.*
	De Protaslow, maj. g. *en fonct. de gouv.*
	De Sytin, cons. d'état actuel, *en fonction de vice-gouverneur*.
Plescou.	Le P. Nicolas de Repnin, général en chef, *gouverneur-général*.
	De Koschin, cons. d'état actuel, *gouv.*
	Alexis de Kolochwastow, brig. *vice-g——*
Yarsslaw.	De Melgounow, cons. privé act. g——

RUSSIE.

	De Kolochwaſtow, maj. gén. *gouverneur.*
	Le P. Meſtſcherskoi, col. *vice-gouverneur.*
Toula.	De Kretſchetnikow, lieut. gén. *en fonction de gouverneur-général.*
	De Sibborouskoi, lieut. gén. *gouverneur.*
	De Boudanow, conſ. d'état, *vice-gouv.*
Koſtroma.	Le C. de Worontzow, gen. en chef, *gouv. g.*
	De Czetnicheff, major-général, *gouv.*
	De Lopoukhin, col. du génie, *en fonct. de vice-gouverneur.*
Raſan.	De Kamensky, l. g *en fonct. de gouv. gen.*
	De Wolkow, major-général, *gouverneur.*
	De Kologrwiow, conſ. d'état, *en fonction de vice gouverneur.*
Orel.	Le P Proſorowsky, gén. en chef, *gouv. g.*
	De Neplocijew, conſ. d'état, *en f. de gouv.*
Mohilew.	De Paſſec, gén. en chef, *gouverneur-gén.*
	D'Engelhard, conſ. d'état, *gouverneur.*
	De Tſcheremiſſinof, conſ. d'état, *en fonct. de vice-gouverneur.*
Polozk.	De Paſſec, général en chef, *gouv. gén.*
	De Rhebnder, lieut.-gén. *en fonct de gouv.*
	De Sanskoy, conſ. d'état actuel, *vice-gouv.*
Wolodimer.............	*gouv. gén.*
	De Samoïlow, conſ. d'état actuel, *en fonct. de gouverneur.*
	Le P. d'Ougromskoi, brig. *en f. de v. gouv.*
Smolensk.	Le P. de Repnin, gén. en chef. *gouv. gén.*
	De Chiapovizkoi, c. d'état act. *en f. de gouv.*
	De Borkow, colno, *vice-gouverneur.*
Nigegorod.	De Stoupichin, gén. en chef, *gouv. gén.*
	De Bielawin, major-général, *gouverneur.*
	Yelagin, conſ. de coll. *en fonct. de v. gouv.*
Koursk.	Le P. de Praſorowsky, général en chef, *en fonction de gouverneur général.*
	De Zoubow, conſ. d'état actuel, *en fonct. de vice-gouverneur.*
	D'Annenkow, conſ. d'état, *vice-gouverneur.*
Woronege.	De Tſcherrkow, lieutenant-général, *en fonction de gouverneur-général.*
	De Porapow, lieut-gén. *gouverneur.*
	D- Yarſow, brigadier, *vice-gouverneur.*
Tanbow.	De Kamensky, lieut. g. *en fonct. de gouv.*
	De Kakownizym, major-gén. *gouverneur.*

RUSSIE

	D'Ouschakow, conf. d'état, *en fonct. de vice-gouverneur.*
Charkow.	De Tschertkow, l.-g. *en fonct. de gouv. gén.*
	De Norow, major-général, *gouverneur.*
	De Faminzin, conf. d'état, *vice-gouverneur.*
Wologda.	De Melgounow, c. d'état p. act. *gouv.-gén.*
	De Makarow, major-gén. *gouverneur.*
	De Sisoyew, conf. d'état, *vice-gouverneur.*
Penza.	Le P. de Meftschersky, l.-g *en f. de gouv. g.*
	De Stoupischin, major-gén. *gouverneur.*
	De Kopiew conf. de coll. *vice gouverneur.*
Wiatska.	De Stoupischin, gén. en chef, *en fonction de gouverneur-général.*
	De Shicharew, major-général, *gouverneur.*
	De Louboutschaninow, c. d'état, *v. gouv.*
Simbirsk.	D'Opouchtin, lieut.-gen. *en f. de gouv. gén.*
	Le P. de Baratayew, major-g. d'art. *gouv.*
	De Koltowsky, colon. *vice-gouverneur.*
Saratow.	Le pr. de Potemkin, g. en chef, *gouv. gén.*
	De Poliwanow, *gouverneur.*
	De Tziplatew, brig. *vice-gouverneur.*
Ufa.	D'Opouchtin, l. gén. *en fonct. de gouv. gén.*
	De Samarin, chamb. *gouverneur.*
	De Tschertkow, conf. de coll. *vice-gouv.*
Casan.	Le pr. de Meftschersky, l. g. *en f. de g. gén.*
	De Bibikow, maj. gén. *gouverneur.*
	De Sheltouchin, conf. d'état, *vice-gouver.*
Petite Russie.	Le comte de Roumantzow-Zadounaisky, mar. gén. *gouverneur gén.*
Kiew.	De Schirkow, lieut. gén. *gouverneur.*
	De Baschilow, c. de coll. *vice-gouv.*
Tschernigow.	De Miloradowitsch, l g. *gouverneur.*
	De Novikow, c. d'état, *vice-gouv.*
Novogorodseverskoi.	De Schourman, c. d'état act. *gouv.*
	De Toumanskoy, c. d'état act. *vice-gouv.*
Tobolsk.	De Kaschkin, l. g. *en f. de gouv. gén.*
	D'Osipow, maj. g. *en f. de gouverneur.*
	De Protopopow, col. *en f. de vice-gouv.*
Perm.	De Kaschkin, l. g. *en f. de gouv. gén.*
	De Koltouskoi, brig. *en f. de gouv.*
	De Makarew, c. d'état, *en f. de vice-gouv.*
Kolywan.	De Yacobi, l. g. *en f. de gouv. gen.*
	De Moeller, maj. gén. *gouverneur.*
	De Jwanowsky, coll. *vice-gouverneur.*

RUSSIE.

Astracan.	Le pr. de Potemkin, gén. en chef, gouv. g.
	De Schukow, c. d'état a&. gouverneur.
Irkretsk.	De Yaobi, l. g. gouverneur.
	De Lampe, maj. gén. *en f. de gouv.*
	De Zedelmann, maj. gén. *vice gouv.*
Nouvelle Russie.	Le pr. de Potemkin, gén. en chef, gouv. g.
	De Yasykow, maj. gén. *gouverneur.*
Asoff.	Le pr. de Potemkin, gén. en chef, gouv. g.
Livonie.	Le c. de Browne, g. en chef, gouv. gén.
	De Piel, l. g. *gouverneur.*
	De Naounoff, l. g. *vice-gouv.*
Esthonie.	Le c. de Browne, g. en chef, gouv. gén.
	De Grotenhelm, l. g. *vice gouverneur.*
Vibourg.	Le pr. Fred. g. ch. de Wurtemberg-Stutgard, *en f. de gouverneur-gén.*
	D'Engelhard, l. g. *gouverneur.*

ORDRES DE CHEVALERIE.
Voyez l'edition de 1783, page 181.
1698. ORDRE DE ST. ANDRE.

S. ANDRÉ.

L'IMPÉRATRICE, *grand-maître.*
72. *chevaliers.*

RUSSIE.

1714. ORDRE DE STE. CATHERINE.

L'IMPÉRATRICE, *grande-maîtresse*.
19 *dames de l'ordre.*

1725. ORDRE DE ST. ALEXANDRE NEWSKY.

Voyez sur cet ordre l'édition de 1783, page 346.

L'IMPÉRATRICE, *grand-maître*.
153 *chevaliers.*

ORDRE DE ST. GEORGE.

Les chevaliers de cet ordre sont distribués en quatre classes.

L'Impératrice, grand-maître.
3 chevaliers de la première classe.
? de la seconde.
41 de la troisième.
295 de la quatrième.

17. ORDRE DE ST. VOLODIMER.

L'Impératrice, grand-maître.
Environ 20 chevaliers de la première classe.

2 de la seconde.
10 de la troisieme.
70 de la quatrieme.

1739. ORDRE DE STE. ANNE.

S. ANNE.

Voyez l'édition de 1783, page 342.

Le grand-duc de Russie, grand-maître.
265 chevaliers.

MINISTRES DE RUSSIE

PRÈS LES COURS ÉTRANGÈRES. Messieurs

Varsovie.	Le c. de Stakelberg, amb. extr. & min. plén.
	Le baron d'Asch, résident.
Vienne.	Le pr. de Golitzin, amb. extr. & min. plén.
Paris.	Le prince de Boratinsky, ministre plénip.
	De Cotinsky, conf. de chancellerie.
	D'Obrescoff, conseiller d'ambassade.
	De Doubrowski, secrétaire d'ambassade.
Madrid.	De Sinovieff, envoyé extr. & ministre plénip.
	Nikitinow, chargé d'affaires.
Lisbonne.	Le comte de Nesselroth, env. extr. & m. pl.
Naples.	Le comte de Scawronsky, min. plénipot.
	Le comte de Gica, conf. d'ambassade.
Turin.	Le prince d'Youssoupoff, env. extraordin.

RUSSIE.

Dresde.	Le prince de Beloselsky, *envoyé extraord.*
La Haye.	De Kalitschoff, *ministre.*
Amsterdam.	Oldekop, *agent.*
Londres.	De Simolin, *envoyé extr. & min. plénipot.*
Ratisbonne.	Le baron d'Assebourg, *min. plénipotentiaire.*
Francf. sur le Mein.	Le comte Roumanzow, *env. extr. & min. pl.*
Berlin.	Le comte de Dolgoroukow, *env. extraordin.*
Copenhague.	Le c. de Rasoumoffsky, *env. extr. & min. pl.*
Stockholm.	Le c. de Moussin-Pouschkin, *env. extr. & m. pl.*
Hambourg.	De Gross, *envoyé extraordinaire.*
Lubeck.	D'Alopeus, *ministre.*
Mitau.	Le baron de Mestmacher, *ministre.*
Dantzick.	De Peterson, *résident.*
Venise.	De Kriedner, *chargé d'affaires.*
Gênes.	De Mordwinow, *chargé d'affaires.*
Italie.	Le comte de Mocenigo, *com. gén. de la mar.*
Helseneur.	Hofmann, *consul.*
Constantinople.	De Boulgakow, *env. extr. & min. plénip.*
Valachie, Moldavie & Bessarabie.	Loschkarew, *consul général.*
Archipel.	Le comte Voinowicz, *consul général.*
Sinape.	J. Forsmann, *assess. du college, consul.*
Smyrne.	Khemnizer, *consul général.*
Candie.	Charles Otto Schpalkhaber, *assess. du college, consul.*

EMPIRE DE TURQUIE. *Mahomet.*

Forces. Les forces militaires des Ottomans, d'après la constitution de l'Empire, sont connues. *Businello*, Ambassadeur de la République de Venise à Constantinople, & l'Auteur de l'*Etat présent des forces Turques*, en ont donné de bons tableaux ; mais, quoique fondés sur la constitution militaire, ils sont insuffisans, sur-tout aujourd'hui que l'administration Turque est si changée, pour pouvoir déterminer avec certitude le nombre des troupes en état de marcher. Il est même impossible d'en fixer le nombre actuel ; & on ne sauroit approcher de la vérité qu'en partant des principes suivans : savoir, que presque tous les Musulmans sont soldats ; qu'en cas de nécessité, on prend de force le dixième homme, & quelquefois le sixième, comme cela est arrivé sous Mahomet IV, qui, en 1674, fit, en très-peu de tems, une levée de 50,000 hommes dans la Bosnie

& l'Albanie, & que la politique des autres puissances de l'Europe est toute différente de celle des Ottomans, qui dévastent quelquefois des provinces entières pour recruter leur armée. D'après ces préliminaires, voyons actuellement la composition de l'armée du Grand-Seigneur : ses troupes sont composées, comme par-tout ailleurs, d'infanterie, de cavalerie & d'artillerie, à laquelle il faut ajouter quelques corps qui y ont un grand rapport. Les troupes qui sont toujours sur pied, sont appelées *Kapikulo* ou *Kapikulleri*; on y comprend les *Janissaires*, les *Spahis* proprement dits, & les *Artilleurs*. Les *Janissaires* sont l'élite de l'armée. Amurath I établit ce Corps en 1360; il est divisé en 162 *Odas* (Chambres) ou bataillons, dont chacun doit être composé de mille hommes; mais rarement un *Odas* compte plus de 700, & souvent seulement 500 hommes. Par conséquent on ne peut évaluer ce Corps qu'à 113,400 hommes. De ce nombre il faut déduire les vieux Janissaires incapables de servir, & ceux qui, pour jouir des prérogatives de ce Corps, s'y sont fait inscrire. On ne craint point de s'écarter trop de la vérité en admettant la déduction du dixième homme ; ainsi les combattans de ce Corps se réduisent à 102,060 hommes. Trente mille Janissaires composent la garnison de Constantinople & d'autres villes, pour y maintenir l'ordre & la tranquillité. Ces 30,080 hommes étant nécessaires pour la protection & la défense des villes, il ne reste plus que 72,060 hommes de ce Corps, qui peuvent entrer en campagne. Dans la guerre de 1716, leur nombre était de 80,000, & en général toute l'armée Turque n'était forte que de 190,000 combattans. La paye des Janissaires varie; elle monte, selon les services & l'ancienneté, depuis un aspre (6 deniers de France) par jour, jusqu'à 15 aspres; ils reçoivent en outre chaque jour du pain, du riz & de la viande. Les Janissaires peuvent être regardés comme les seules troupes réglées de la Porte Ottomane ; ils sont contenus par une certaine espèce de subordination, connaissent le sentiment de l'honneur, & vivent ensemble dans de grands bâtimens que l'on peut assimiler à nos cazernes. Il y a ordinairement 30,000 hommes à Constantinople, les autres sont répartis dans les provinces. Ils ont pour armes des fusils, des pistolets & un sabre. Ils connaissent peu la Tactique ; &, quoique personnellement valeureux, ils ne pourraient jamais résister long-tems à des troupes bien disciplinées & instruites dans l'art des évolutions. Les Janissaires devenus incapables pour le service, conservent, leur vie durant, une pension journalière de 13 aspres, & ils peuvent se retirer où bon leur semble. Leur Général est appelé *Aga* ; c'est un poste éminent & très-recherché.

recherché. Il a sous lui les Chefs des Odas, auxquels le reste des Officiers est subordonné. — L'Artillerie est composée de *Toptschy* & de *Kumbaradschy*, c'est-à-dire, d'Artilleurs proprement dits, & de Bombardiers. Leur Commandant est appelé *Baschy*; le *Toptschy Baschy* est le premier Chef de l'Artillerie, duquel dépendent les autres Officiers de ce Corps. — Les Artilleurs Turcs sont peu instruits, & n'ont aucune idée de ce qu'on appelle la science du Génie. Le nombre des *Toptschy* est de 18,000 hommes, dont 6,000 sont ordinairement en garnison à Constantinople; celui des *Kumbaradschy* devrait être de 2000 hommes, 600 à Constantinople; mais rarement ce Corps est complet, & souvent il n'est complété que lorsqu'il doit marcher. Une certaine Milice, appelée *Menterdschy*, & forte d'environ 6000 hommes, ne sert que pour faire les campements, dresser, déplier & réparer les tentes, &c. Cette troupe, qui exerce ses fonctions avec une adresse surprenante, est très-nécessaire aux Commandans Turcs, qui, lorsqu'ils entrent en campagne, mènent avec eux beaucoup de tentes & de bagages. Il faut encore ajouter à l'Infanterie les *Serradschy*, que les Pachas sont obligés de fournir à proportion de leurs revenus; leur nombre peut aller à 6000 hommes; les *Bostandschy*, ou la garde du Sérail, forte quelquefois de 12,000 hommes; & la Milice du Caire, ou les Janissaires d'Egypte, qui sont au nombre de 3000 hommes.

Marine. La Marine Ottomane est peu importante; les vaisseaux de ligne en état de servir, sont tout au plus au nombre de dix. Il est vrai qu'en tems de guerre, les Régences d'Alger, de Tunis & de Tripoli, ainsi que le Caire, sont obligées de fournir au Grand-Seigneur plusieurs vaisseaux armés & équipés; Alger doit en donner 4, Tunis 3, & Tripoli 3, depuis 40 jusqu'à 44 canons, & le Caire 2 de 50 canons, chacun de 600 hommes. Indépendamment des vaisseaux de ligne, il y a encore dans cette marine des frégates, des galères & des galiotes; mais ces derniers bâtimens étant petits, & ne portant que quelques canons, ne sont guère propres qu'à la course. On compte trois espèces de vaisseaux de guerre; savoir, de 100 jusqu'à 160 canons, de 66 canons, & de 36 à 48 canons. L'équipage complet d'un vaisseau de 160 canons est de 1300 leventi ou soldats mariniers, & de 100 matelots Grecs; celui d'un vaisseau de 66 canons, de 850 hommes, & celui de 36 à 48 canons, de 230 hommes. On ne construit plus de vaisseau de 160 canons, à cause de la difficulté de la manœuvre, & on donne actuellement la préférence aux vaisseaux de 70 canons. Le Chef de la Marine est appelé Capitan Bacha ou Grand-

Amiral. On compte beaucoup, en temps de guerre, sur le secours des Barbaresques, leurs Marins étant plus habiles & plus exercés que les Marins de la Porte.

Revenus. Les revenus de l'Empire sont considérables. Les Grecs, & nommément ceux de Constantinople, qu'on évalue à 300,000 ames, sont obligés de payer par tête, à un certain âge, une capitation qu'on appelle *Chavatsch*, de cinq piastres. Ceux qui ne la payent pas sont emprisonnés jusqu'à ce que ce payement soit fait. Les Marchands payent des taxes à proportion de l'étendue de leur trafic. Les Arméniens, qui sont plus nombreux encore que les Grecs, acquittent aussi des contributions considérables. Les Chrétiens qui vivent sous la protection d'un Ambassadeur ou d'un Consul, sont exempts d'impositions. On évaluait autrefois les sommes qui entraient dans le trésor public & dans celui du Grand-Seigneur, à environ 15 millions de rixdalers; mais ces revenus ordinaires ayant été augmentés par le haussement des droits de Douane & par d'autres arrangements, on peut les porter à 20 millions de rixdalers. — Les impositions sur les marchandises sont très-modérées, en comparaison de ce qu'on en acquitte dans d'autres Etats; on n'en paye communément que trois pour cent, d'après la déclaration du propriétaire. Dans presque tous les Ports Ottomans, le commerce est florissant; cela n'est pas étonnant, puisqu'il est permis d'y entrer avec presque toutes les marchandises quelconques, & de les y débiter. La fraude dans la déclaration des droits de Douane, est punie du paiement du double des droits.

MONNOIES DE TURQUIE,

Comparées à celles de France.

Mon. de Turquie.	Mon. de France.		
	liv.	sols	den.
Le sequin de Venise.	11	12	6
Le sequin hongre.	10	19	0
Le sequin fondonclis.	11	0	0
Le seq. zenzestis de Constantinople.	10	10	0
——— celui du Caire.	8	5	0
Le seq. tourralis de Constantinople.	9	15	0
——— celui du Caire.	7	17	6
Le sequin de Tunis, Tripoli, Alger & Barbarie.	9	15	0
Le sultanin ou serifi.	9	15	0

TURQUIE.

	liv.	fols.	den.
Le piaftre de change.	3	0	0
Le lion.	3	0	0
La piaftre de réaux.	3	0	0
Le caragrouch.	3	0	0
L'affelani.	2	17	6
Le tourq.	0	19	0
L'iffolotte vieille.	1	18	6
L'iffolotte neuve.	1	17	6
L'abra.	0	4	6
Le parat.	0	1	6
Le medin.	0	1	6
L'afpre	0	0	6
40 afpres font,	1	0	0

On Fabrique, à Constantinople, les monnoies dans le plus grand secret ; le titre des espèces d'or est assez constamment le même ; mais celui des espèces d'argent éprouve souvent des changements, qui dépendent de la volonté du prince. Les ordonnances, en vertu desquelles se font ces changements, ne sont connues que des personnes que l'on emploie à la fabrication des monnoies.

Chaque nation tient à Constantinople les écritures selon les usages de son pays ; mais il est assez ordinaire qu'on les tienne aussi en piastres & en aspres, ou en piastres, parats & aspres.

La monnoie de change est la piastre qui équivaut à notre écu de change de trois livres.

MAISON IMPÉRIALE.

ABDUHL-HAMET, né 20 Mars 1725, proclamé grand sultan 21 Janvier 1774, couronné 27 du même mois.

Fils. Sultan Hamid, né 7 Décembre 1776.

Sultan Selim, né 17 Mars 1779.

Sultan Muftapha, né 9 Septembre 1779.

Sultan Mehemet, né 20 Septembre 1782.

N......... né en 1783.

Sultan Murad, né 7 Novembre 1785.

Filles. Sultane Hesma, née 2 Août 1778.

Sultane Rebia, née 21 Mars 1780.

Sultane N..... née 10 Juillet 1780.

Sultane Melek, née 27 Janvier 1781.

Sultane N...... née 8 Août 1781.

Neveu. Sultan Selim, fils de Mustapha III, né 24 Déc. 1761.
Niece. Sultane Beyran, sœur du précédent, mariée 6 Mai 1784, à
Selictar-Mustapha-Pacha.

MINISTRES. Messieurs

1783 Hamit-Effendi, *grand-visir.*
1783 Haire-Mehemet, *lieutenant du grand-visir.*
1783 Mustapha, *reis effendi,* ou *grand-amiral.*
17.. Cadi-Achmet, *Muphti.*
1783 Kouli-Kiaga, *aga des Janissaires.*
     Ahmed-Effendi, *Kiaia-dey.*
1783 Alex. Maurocordato, grec, *secrétaire d'état.*
1783 Draco-Suzo, *hospodar de Valachie.*
1784 Ismael Bey Pacha, *gouverneur de Belgrade.*
1784 Jenisch-Mehemed Pacha, *gouverneur de Morée.*

903. DANEMARCK, *Lutherien.*

SUND. Le détroit du Sund, qui vaut au Danemarck des sommes très-considérables, est extrêmement profond, & c'est pour cela qu'il ne gele que très-difficilement. Cependant, en 1658, il fit un froid si excessif, que les Suédois profiterent de la glace épaisse qui le couvrait, pour transporter leurs canons. La largeur de ce détroit, près de Cronebourg, n'est que d'une demi-lieue. Il serait néanmoins assez difficile aux Danois d'intercepter entièrement ce passage; il ne serait pas non plus fort facile de le passer malgré eux. Ce passage est trop large, pour en défendre l'entrée à un vaisseau; & il est trop étroit pour qu'une flotte y puisse entrer librement. Les vaisseaux marchands passent ce détroit avec sûreté; &, comme ils trouveraient, en passant par le petit Belt, des écueils dangereux, tous paient avec plaisir le droit fixé pour le passage du Sund. Les feuilles périodiques ont publié, l'année derniere, le tableau des vaisseaux, qui, pendant le cours de 1783, ont traversé ce détroit pour se rendre dans la Baltique, & de cette mer dans celle du Nord. Cette liste comparée à celles de 1781 & de 1782, peut servir à constater l'importance du commerce actuel dans ces parages.

DANEMARCK.

Nations.	Années.		
	1781	1782	1783
Anglais	2021	1267	2840
Suédois	2212	2114	2470
Prussiens	1507	1912	2059
Danois	1588	1633	1762
Impériaux d'Ostende	95	507	529
Transport	7423	7433	9660
Hollandais			519
Bremois	231	242	265
Dantzicois	226	236	202
Russes	116	145	155
Lubecois & d'Oldenb.	90	113	127
Rostockois	89	94	117
Hambourgeois	54	49	66
Portugais			29
Espagnols			7
Français			7
Courlandais		3	5
Américains			4
Vénitiens	1	3	2
Napolitains			1
Total	8230	8318	11161

Forces. Nous avions porté, dans l'édition de 1784 (1), les Forces Danoises à 72,354 hommes. Si l'on en doit croire les papiers publics, ces forces sont de 78,015 hommes distribués ainsi : l'infanterie est composée de 31,780 hommes, dont 22,600 nationaux, & 9180 étrangers. La cavalerie est de 6292 hommes. Toutes ces troupes sont réparties dans le Danemarck. Il y a en Norwege 27,660 hommes d'infanterie & 4493 de cavalerie. On porte l'artillerie & le génie à 3109 ; ainsi, en réunissant à ces troupes dix régiments de garnison, l'armée Danoise sera composée de 78,015 hommes.

---

(1) Voyez l'édition de 1784, page 187.

MONNOIES DE DANEMARCK,
comparées à celles de France.

Monnoies Danoises. *Monnoies de France.*

ESPECES D'OR.

	liv.	fols.	den.
Ducat de 14 m.	11	1	8
Autre de 11 m.	8	14	2

ESPECES D'ARGENT.

	liv.	fols.	den.
La couronne.	3	7	$3\frac{1}{2}$
La $\frac{1}{2}$ dito.	1	13	$7\frac{1}{4}$
La piece de 24.	1	3	9
Celle de 10.	0	9	$10\frac{3}{4}$
Celle de 8.	0	7	11
Celle de 4.	0	3	$11\frac{1}{2}$
Celle de 2.	0	1	$11\frac{3}{4}$
Liard de cuivre.	0	0	$5\frac{11}{16}$

MONNOIES IMAGINAIRES.

	liv.	fols.	den.
La rixdale de change.	4	15	0
Le marc danois.	0	15	10
Le schelling danois.	0	0	11 8

La Fabrication des monnoies d'or & d'argent, est ici peu utile au souverain; mais il retire un bénéfice fort considerable de celle des especes de billon : on l'evalue à 49 pour cent.

La proportion de l'or à l'argent est d'un à quinze & neuf soixante-neuviemes.

Le titre de l'or se divise en 24 karats, & le karat en 12 grains. Le titre de l'argent se divise en 16 lots, & le lot en 18 grains.

On tient les écritures à Copenhague de deux manieres, 1°. en rixdales, marcs & schellings; 2°. en rixdales de schellings.

La rixdale imaginaire est comptée pour six marcs, le marc pour 16 schellings Danois; chaque schelling vaut deux liards de cuivre.

On compte aussi par marcs & sols lubs qui valent le double des marcs & schellings Danois.

DANEMARCK.

On y change sur les places suivantes, & l'on

donne,   *pour recevoir,*

Sur *Amsterd.* 118. rixd. dan. cour. plus ou moins.	100 rixd. cour. à 15 jours de vue.
Hambourg.. 122 dito pl. ou m.	100 rix. bc. à 15 j. de vue.
Londres.... 5 dito pl. ou m.	1 liv. sterl. à 2 m. de date.

Il n'y a rien de réglé sur les usances. Les lettres-de-change se payent suivant le tems & les jours qu'on y a indiqués.

Il y a 8 à 10 jours de grâce en usage, le dimanche & les jours de fêtes y compris; faute de payement, il faut protester le dixieme jour de l'échéance; en cas de négligence, toute la perte est pour le compte du porteur de la lettre.

La ville d'Altona est exceptée de la rigueur de cette loi. On y peut protester encore le onzieme jour sans aucun préjudice pour le porteur, suivant l'ordonnance du 16 Avril 1681.

MAISON ROYALE,

CHRISTIAN VII, né 29 Janvier 1749, roi d Danemarck & de Norwege 13 Janv. 1766, marié 8 Oct. 1766, à Car. Mathilde d'Angleterre, veuf 10 Mai 1775.

Fils. Fréderic, prince royal, né 28 Janvier 1768.

Fille. Louise Aug. princesse de Danemarck, née 7 Juillet 1771.

Frere. Fréderic, P. de Danemarck, né 11 Octobre 1753, marié 11 Octobre 1774, à

Soph.-Fréd. de Mecklembourg-Schwerin, née 24 Août 1758.

Niece. Julienne-Marie, née 2 Mai 1784.

Sœurs. Soph.-Madel. princesse de Danemarck, V. *Suede.*

Guill. Carol. V. *Hesse-Cassel.*

Louise, princesse de Danemarck, V. *Hesse-Cassel.*

Belle-mere J.-M. de Brunswick-Wolfembutel, reine douairiere, née 4 Sept. 1729, mariée 26 Juin 1752, à Fréderic V. veuve 13 Janvier 1766.

CONSEIL D'ÉTAT DE DANEMARCK.

CONSEIL D'ETAT PRIVÉ.

Le Roi préside en personne à ce conseil, avec le prince royal & le prince héréditaire.

DANEMARCK.

MEMBRES DU CONSEIL. *Messieurs*

Otton, comte de Thott, chevalier de l'Eléphant.
Otton de Schack Rathlou, chevalier de l'Eléphant.
Le comte de Bernstorff, chevalier de l'Eléphant, & *ministre des affaires étrangères*.
De Rosenkrantz, chevalier de l'Eléphant.
De Buth, général d'infant & chev. de l'Eléphant.
De Stampe, chevalier de Dannebrog.

MEMBRES DE LA HAUTE JUSTICE.

Le Roi.

Messieurs

Le comte de Thott, ministre d'état.
De Schack Rathlou, ministre d'état.
P. Rosenorn, chevalier de Dannebrog, conseiller de conférence.
Braem, conseiller intime.
Stampe, conseiller intime.
Le baron de Knuth, conseiller intime.
G. Lüxdorph, conseiller intime.
A. André de Suhm, conseiller de conférence.
P. K. Ancher, conseiller de conférence.
J.-Fr. Reich, conseiller de conférence.
Et. H. Cordtsen, conseiller de conférence.
G. Frimann Koren, conseiller de conférence.
J. Joa. Anchersen, conseiller de conférence.
M. Treschow, conseiller d'état.
G. Bornemann, conseiller de conférence.
Ch.-Fréd. Jacobi, conseiller de conférence.
H. Colbiornsen, conseiller d'état.
J. Barth. Eichel, conseiller d'état.
Knud Holtermann, conseiller de justice.
J. Ed. Colbiornsen, conseiller d'état.
Olaus ch. Wessel, conseiller de justice.
I. Rosenkrantz Levetzau, chambellan.
Mort. Sommer, conseiller de justice.
Le baron de Wind, chambellan.
Olaus rested, assesseur.
Mads Fridsch, assesseur.
G. Ch. Drewsen, assesseur.

COUR SUPREME DE COPENHAGUE.

M. de Suhm, conseiller de conférence, *justicier*.

DANEMARCK. 217

Collége de la Chancellerie de Danemarck. *Messieurs.*

H. Stempe, chev. de Dannebrog, & conf. d'état int. proc. gén.
G. Lüxdorph, chevalier de Dannebrog, & conf. d'état intime.
P. Aagaard, conseiller de conférence.
Ch. Schow, conseiller d'état.
Oluff Lundt Bang, conseiller d'état.

Chancellerie Allemande. *Messieurs.*

Ad. G. Carstens, *directeur.*
Ch.-L. Schütz, conf. de conf.
Le comte de Baudissin, chamb.
Fr.-Ch. Kruck, conf. d'état.
} *Députés.*

Département des Affaires Etrangeres.

M. le comte de Bernstorff, chevalier de l'ordre de l'Elephant, *ministre des affaires étrangères.*

Collége de la Guerre. *Messieurs*

G. de Huth, chevalier de l'Elephant, général d'infanterie, & chef du corps du génie & de l'artillerie.
H. Ad. de Ahlesfeld, chevalier de Dannebrog & lieutenant-général de cavalerie.
Jér. J. Schultze, chevalier de Dannebrog, & conf. d'état int.
God. de Pentz, chevalier de Dannebrog & général-major d'inf.
Morke de Morgenstierne.

College de la Guerre pour la Norwege. *Messieurs*

P. de Poumeau, général-lieutenant d'infanterie.
A. Fr. de Wackenitz, chambellan.

College des Finances. *Messieurs*

H. Henri de Schilden, conseiller privé.
Ch. Aggerskov, conseiller de conférence.

Chambre des Comptes. *Messieurs*

H. Henri de Schilden, conseiller privé.
Al. Berner, conseiller de conférence.
J. Erichsen, conseiller de conférence.
Le comte de Reventlau, chambellan.

CHAMBRE DES COMPTES ET DES DOUANES DES INDES OCCIDENTALES ET DE GUINÉE. *Messieurs*

D. Schleth, conseiller de conférence.
P. Rosenorn, chambellan.

COLLEGE DE COMMERCE ET D'ÉCONOMIE. *Messieurs*

Le comte de Schimelmann,
P. H. Classen, conseiller de conférence.
Aug. Hennings, conseiller d'état.

DIRECTION DES MINES. *Messieurs*

A. Holt, conseiller d'état.
Carst. Anker, conseiller d'état.

COUR DES MONNOIES. *Messieurs*

H. Schierren Knoph, *directeur*.
G. D. Jorgensen, *réviseur*.

COUR DES AIDES. *Messieurs*

Le comte de Thott, ministre d'état.
Schack Rathlou, ministre d'état.
H. de Stampe, procureur-général.
Le comte de Schimmelmann, conseiller d'état intime.
Le comte de Reventlou, conseiller d'état intime.
Hans H. de Schilden, chambellan.

COLLEGE DE L'AMIRAUTÉ. *Messieurs*

Corn. de Schindel, ch. de Dannebrog & vice-amiral.
Ant. Nic. de Fontenay, contre-amiral.
Le comte de Moltke, chevalier de Dannebrog & commandant.
Le comte de Reventlou, *assesseur auscultant*.

BUREAU DE LA MARINE, ou SEE-COMMISSARIATS-COLLEGIUM. *Messieurs*

Fr. M. Krabbe, chevalier de Dannebrog, & cons. d'état intime.
Ch. D. Fr. comte de Reventlou, chev. de Dannebrog, conseiller d'état intime.
Fr. comte de Reventlou.
Ern. Alb. de Bertouch.
J. D. Gorne.

DANEMARCK

GRANDS OFFICIERS DE LA COURONNE.
Messieurs

Grand-chambellan, le général d'Eistedt.
Grand maréchal, de Numsen.
Grand-veneur, Ch. Holstein, comte de Lethrabourg.
Grand-maître des cérémonies....................
Premier gentilhomme de la chambre, de Kalkrenter.
Confesseur,......................

ETAT-MAJOR DES ARMEES DE DANEMARCK
GENERAUX. Messieurs

Charles Landgrave de Hesse-Cassel, feld-maréchal, gouverneur du Slesvick & du Holstein, & command. général en Norvége.
Fréd. Christ. prince de Slesvick-Holstein-Augustenbourg, général d'infanterie.
Le comte d'Hahlefeld, général de cavalerie.
Le comte de S-hmerrau, général de cavalerie.
Emil.-Aug. prince de Slesvick Holstein-Augustenbourg, général d'infanterie.
Fr.-Ch. Ferd. prince de Brunswick-Lunébourg-Bevern, feld maréchal.
G. de Huth, général d'infanterie.
Hans H. de Eistedt, général de cavalerie.
Le comte de Schulenbourg, chevalier de Dannebrog, général-major de cavalerie.
G. de Sames, général-major d'infanterie.
F.-Chr. de Zepelin, général-major de cavalerie.
Le comte de Moltke chevalier de Dannebrog, lieut.! général de cavalerie.
J.-Ger. de Scholten, gén. major d'infanterie.
Mag.-Ern. de Fircks, chev. de Dannebrog, & gén. maj. d'inf.
H.-Ad. de Ahlefeldt, chev. de Danneb. & gén. maj. de caval.
G.-H. de Krogh, chev. de Danneb. & gén. maj de cavalerie.
H. de Schlanbusch, gén. major d'infant.
God. de Pentz, chev. de Danneb. & gén. maj. d'infanterie.
Ch.-God. de Dilleben, gén. m\`j d'inf. & ingen. major.
Elis.-Det. de Lozzau, gén. major d'infaterie.
Ch.-L. de Roëpstorff, gén. major d'infanterie.

Val.-G.-H. de Huitfeld, *gén. maj. d'infant.*
J. D. de Kreber, *gén. maj. d'infant.*
Fréd. de Numsen, chev. de Danneb. *gén. maj. de cavalerie.*
Fr.-Char.-Ulr. c. de Ahlefeldt, chev. de Danneb. *gén. maj de c.*
Le bar. de Hazlhausen, chev de Danneb. *gén. maj. d'infant.*
Le comte de Rantzau, *gén. maj. d'infanterie.*
Christ. c. de Ahlefeldt, chev. de Danneb. *gén. maj. de caval.*
Je. Fréd. de Stange, *gén. maj. de cavalerie.*
J.-Jacq. de Fasting, *gén. maj. d'infant.*
J.-L.-Maxim. de Biellardt, *gén. maj. d'infant.*
J.-Fréd. de Der Osten, *maj. d'infant. & comm. à Copenhague.*
Fréd. de Dietrichson, *gén. maj. d'infant.*
Ch.-J.-Fréd. de Wahl, *gén. maj. d'infant.*
J.-Fréd. de Maas, *gén. maj. d'infant.*
P.-Gust. de Golowin, *gén. maj. d'infant.*
Le baron de Gersdorff, *gén. maj. de cavalerie.*
Ch.-Jos. Wolffsgeil, *gén. maj. de caval.*
J.-Ch. de Bessel, *gén. maj. de caval.*
Mag. Fréd. de Barner, *gén. maj. d'infant.*
J. de Schinckel, *gén. maj. de cavalerie.*

COMMANDANT EN CHEF EN NORWEGE.

Le prince de Hesse-Cassel, chev. de l'Eléphant.

CHEF DE FORTIFICATIONS DE DANEMARCK.

M. G. de Huth, chevalier de l'ordre de Dannebrog.

CHEF DU CORPS ROYAL D'ARTILLERIE.

M. François d'Aubert.

COMMANDANT-GÉNÉRAL DE CAVALERIE.

Le baron de Gersdorff.

COMMANDANT-GÉNÉRAL DE L'INFANTERIE.

Le baron de Harthausen, chevalier de Dannebrog.

MARINE DE DANEMARCK.

M. Fréd.-Chr. Kaas, chev. de Dannebrog, *amiral.*

VICE-AMIRAUX. *Messieurs*

Sim. Hoglant, chevalier de Dannebrog.
L.-H. Fisker, chevalier de Dannebrog.
Ch.-Fréd. de Fontenay, chevalier de Dannebrog.
C---- de Schindel, chevalier de Dannebrog.

DANEMARCK

CONTRE-AMIRAUX. *Messieurs*

Dan.-Ern. Bille.
Olaus Stephansen.
Bendix Lassen Bille.

J.-Corn. Krieger.
Fréd.-Ch. Kaas.
Le comte de Moltke.

COMMANDANS. *Messieurs*

A.-G. Séhultz.
Ger. Wulterfdorff.
Fréd.-G. Krog.
Jacq. Ahrenfeldt.
Volq. Risbrich.

Ant.-G. Ellebracht.
A. Lous.
Hans.-G. Krog.
Ulr.-Ch. Kaas.
Fréd. Grothschilling.

21 *capitaines commandans* & 42 *capitaines*.

CHEF DU CORPS DES CADETS DE MER.

G.-B. Wanterfeldt, *capitaine-commandant*.
J. Bille, *capitaine-lieutenant*.

ORDRES DE CHEVALERIE.
1463. ORDRE DE L'ELEPHANT.

LE ROI.

Messieurs

Le prince héréditaire.

DANEMARCK

	Le prince Frédéric.
1776	Le roi de Suède.
1737	Ch.-Chrift.-Erd. prince de Würtemberg-Oels.
1749	Le prince de Slefwick-Holftein-Auguftenbourg.
1752	Moltke, comte de Bregentueld.
1760	G. prince de Hesse-Caffel.
1761	Le prince Fr. de Mecklenbourg-Schwerin.
1763	Le prince Em.-Aug. de Slefwick-Holftein-Auguftenbourg.
1763	Otton, comte de Thott.
1764	Fréd.-Ch.-Ferd. prince de Brunfwick-Lnnébourg-Bevern.
1766	Le comte de Reventlou.
1766	Le Landgrave de Hesse-Caffel.
1766	Le prince de Naffau-Weilbourg.
1768	Le comte Conv. G. d'Ahlefeldt.
1768	Gafp. de Saldern.
1769	Le Marggrave de Bade-Dourlach.
1769	Le prince de Naffau-Saarbruck.
1769	Le prince de Mecklenbourg-Strelitz.
1769	Fr.-Ch. Rofenkrantz.
1769	H.-C. de Danneskiold Laurowigen.
1772	Le comte de Rantzau.
1773	Le comte de Scheel.
1773	Henn. de Qualen.
1773	De Schack Rathlou.
1773	Hans. H. de Eistedt.
1774	Le comte de Wedel-Frys.
1775	Le prince d'Anhalt-Koëthen.
1775	Le prince Fréd.-Franc. de Mecklenbourg-Schwerin.
1775	Le comte de Bernstorff.
1776	Le prince Grég. de Potemkin.
1776	Le comte de Schmettau.
1779	Le comte de Rens.
1780	Le prince de Holftein-Gottorp, coadj. de Lubeck.
1780	Le prince Ch.-G.-Aug. de Brunfwick-Wolfenbutel.
1781	Le prince héréditaire de Holftein-Auguftenbourg.
1782	Le comte Reynald de Bentheim-Steinfort.
1784	De Huth, général d'infanterie.
1784	Le comte de Haxlhaufen.
1784	De Brockenhuns.
1784	Le comte de Moltke.
1784	De Moltke.
1784	Le comte de Holftein Lethrabourg.

DANEMARCK

1219. ORDRE DE DANNEBROG.

DE DANNEBROG

Voyez sur cet ordre, l'édition de 1783, pag. 318.

Le Roi, *chef & souverain de l'ordre.*

167. *chevaliers.*

MINISTRES DE DANEMARCK,
Près les Cours étrangères. *Messieurs*

France.	Le baron de Blome, chev. de Dannebrog, env. ext.
	De Struve, conf. d'ambaff. & chargé d'affaires.
	Von Haven, *aumônier.*
Londres.	Le comte Franc. de Reventlou, env. extraord.
	G.-Fr.-En. Schonborn, *secrét. de lég.*
Pologne.	J. de Scholler, *résident.*
Portugal.	Ch.-G.-de Johnn, *env. extraord.*
Prusse.	Le comte de Baudiffin, *env. extraordinaire.*
	A.-Chr. Rüdinger, *secrétaire de légation.*
Ratisbonne.	Fr.-L. de Eyben, chev. de Dannebrog, *résident.*
	J.-Ch. Weinmann, *conseiller de légat.*
	J.-Chr. Schinmeyer, *secrétaire de légat.*
Vienne.	Le baron de Guldencrone, *env. extraordinaire.*
	Rachel, *secrétaire de légation.*

DANEMARCK.

Russie.	De Saint Saphorin, *envoyé extraordinaire.*
	De Rosenkrantz, *secrét. de legation.*
Saxe.	J.-H. de Knuth, c. de Knuthenbourg, *env. ext.*
Suede.	De Juel, *envoyé extraordinaire.*
	J. Konemann, *sec. de legat.*
Sicile.	Fr. Ant. Wedel, comte de Jansberg, chevalier de Danneb., *env. extraord.*
Espagne.	De Dreyer, *env. extraord.*
	L. Bertelsen, *secrétaire de légat.*
Constantinople.	. . . .
	S.-P. Bornmann, *agent.*
Cerc. de Souabe.	Ch.-Eber. de Wachter, *env. extraord.*
La Haye.	Le comte Wedel Jurlsberg, *env. extraord.*
	De Schubart, *secrétaire de légat.*
	Pierre Frédéric Gosse, *agent.*
Cer. du b. Rhin.	Le comte de Schimmelmann, *env. extraord.*
Eutin.	Le comte de Moltke, chev. de Danneb. *min.*

PRINCIPAUX ETABLISSEMENTS RELATIFS AUX ARTS ET AUX SCIENCES.

UNIVERSITÉ DE COPENHAGUE.

1784 Le comte de Thott, min. d'état, *protecteur.*
Nic.-Ed. Balle, *recteur.*
H. de Stampe, chev. de Dannebrog, *questeur.*

UNIVERSITÉ DE KIEL.

Le comte de Reventlou, *protecteur.*

SOCIÉTÉ ROYALE DES SCIENCES DE COPENHAGUE.

B. G. Lüxdorph, chev. de Dannebrog, *président.*
Ch.-Fréd. Jacobi, consf. de confer. *secrétaire perpétuel.*

ACAD. DE PEINTURE, SCULPTURE ET ARCHITECTURE.

Le Roi, *protecteur.*
Le prince Frédéric, *président.*
J. Wiedewelt, professeur de peinture, *directeur.*
Corn. Hoyer, *secrétaire. perpétuel.*

ACADEMIE POUR LA NOBLESSE.

M. de Haxlhausen, chev. de l'Elephant, *chef.*

DANEMARCK.

SOCIÉTÉ ROYALE ÉCONOMIQUE DE DANEMARCK.

Le Roi, *protecteur*.
Le prince héréditaire, *patron*.
B. G. Sporon.
J.-M. Greuss. } *présidents*.
Th. Bugge.
Charles Martfeldt, *secrétaire*.

ACADEMIE D'AGRICULTURE.

A.-G. Moltke, chev. de l'Eléphant, *président*.
P.-E. Petersen, *secrétaire*.

SUEDE, *Protestant*.

Sommaire Chronologique. Ancien royaume électif & successif; jonction de celui de Gothie, 1020 ou ans suivans; réunion des deux couronnes, 1279; union des même royaumes & de ceux de Danemarck & de Norwege, 1396; rupture entiere de l'union & élévation de Gustave sur le trône de Suede & de Gothie, 17 Juin 1523; hérédité de la couronne accordée à ses descendans mâles, 1544; déposition du roi Sigismond son petit-fils pour cause de religion catholique, & exclusion de tout prince de même religion, 17 Mars 1600; élévation de son oncle Charles IX, sur le trône, avec droit d'hérédité à tous descendans tant mâles que femelles, 22 Mars 1604; extinction de la ligne masculine, 16 Novembre 1632; cession solemnelle de partie du duché de Poméranie à Osnabruck & Munster, 6 Août & 24 Octobre 1648; rétablissement du droit d'élection de la couronne, Janvier 1719; élection du feu roi pere du Monarque régnant avec concession d'hérédité à ses descendans, Juillet 1743. Réunion solemnelle de la nation, dans laquelle elle accorde à Gustave III la même autorité monarchique dont ses prédécesseurs avaient joui, 1771.

Gouvernement. La révolution salutaire qui s'est faite en 1772, cette révolution mémorable qui a changé la face de la Suede sans verser une seule goutte de sang, a ramené la constitution de ce royaume à ses anciens principes. Le roi de Suede est aujourd'hui le protecteur de ses sujets, de la religion & des mœurs. Il est le général né de l'état, le chef de ses forces. C'est à lui que les soldats prêtent serment, c'est lui qui en dispose, qui les rassemble & qui les sépare. Il gouverne, maintient & défend les habitans & le royaume. Seul il peut faire grace ; seul il fait des nobles, & dispense les honneurs & les titres. En certains cas, son pouvoir est balancé par celui du sénat & des états. Ces sénateurs sont nommés par le roi & sont choisis parmi les nobles Suédois. Ils ne peuvent excéder le nombre de dix-sept. Ils sont les conseillers du monarque ; mais ils ne gouvernent pas : ils sont indépendans de tout autre pouvoir que du sien. Dans tout ce qui concerne le pouvoir exécutif, si leur voix est unanime, le roi doit céder à leur décision. S'ils sont divisés, il choisit. Sept de ces sénateurs forment le premier tribunal du royaume, sous le nom de révision de justice. Le roi préside à ce tribunal, y a deux voix, & y décide, lorsqu'elles sont partagées. C'est à ce Monarque qu'il appartient de nommer les grands officiers militaires. Il choisit les archevêques, les évêques, les surintendans, chacun parmi trois personnes qu'on lui présente. Il forme à son gré son conseil, son cabinet, y propose, y détermine tout ce que la loi ne soumet pas à la connaissance du sénat ou des états.

Les états sont composés des députés de la noblesse, du clergé, des bourgeois & des paysans. Chaque ordre élit son chef ou orateur. Les sénateurs n'y ont pas le droit de suffrages ; mais chaque famille noble, chaque évêque ou surintendant, chaque consistoire a le sien. Deux prévôtés, quelquefois trois, n'en ont qu'un. Chaque district de paysans, chaque ville n'en a qu'un : quelques-unes cependant en ont deux ; Stockholm en a quatre. Les états s'assemblent au château royal dans la salle d'état ; & chaque ordre a encore un lieu particulier où il s'assemble & où il délibere. Le roi seul peut les convoquer quand il le juge nécessaire. S'il est mineur, ce sont ses tuteurs. Ce prince est majeur à 18 ans. Si le roi meurt sans enfans, & que la ligne masculine soit éteinte, les états n'ont besoin que du vœu de la loi pour s'assembler. Une diete ne peut durer plus de trois mois ; le roi peut alors la dissoudre. Ce prince ne peut établir des impôts, des subsides, changer le titre des monnoies, déclarer la guerre, faire la paix, sans le consentement des états. Il ne peut publier ni abroger une loi sans eux, ni eux sans lui. Les questions relatives à l'interprétation de la loi, sont décidées par le consentement mutuel des états & du roi. Le sénat ne peut que faire ses observations sur une loi proposée ; son consentement n'est plus nécessaire. Les états nomment le comité secret d'état, & c'est devant ce comité que l'on porte les dépenses publiques, afin qu'il juge de l'emploi des deniers. Les ordres de l'état, les villes, les particuliers doivent être maintenus dans leurs privileges.

SUEDE.

MONNOIES.
ESPECES D'OR.

Monn. de Suede.		Monn. de France.		
	schilling.	liv.	sols.	den.
ducat.	48	10	13	1

ESPECES D'ARGENT.

riksdaler.	48	6	0	0
⅔ riksdaler.	32	4	0	0
⅓ riksdaler.	16	2	0	0
⅙ riksdaler.	8	1	0	0
1/12 riksdaler.	4	0	0	10
1/24 riksdaler.	2	0	0	5

ESPECES DE CUIVRE.

La p. de 2 f. ½ schil.	0	0	0	15
La p. d'un f. ¼ schil.	0	1	0	8

1 runstycke dont 12 font un schilling : ce schilling est la seule monnoie imaginaire de Suede.

On y tient les écritures par riksdalers, schilling & runstycke. L'usance est ordinairement, à Stockolm, d'un mois de vue. La loi accorde six jours de grâce après l'échéance, y compris le dimanche & les jours de fêtes ; mais il faut protester le sixieme. Les lettres-de change ont douze jours de grâce, y compris celui de l'échéance, à moins qu'elles ne soient à vue, ou à deux ou trois jours de vue ; car alors il faut payer les premieres dans 24 heures, & les secondes à leur échéance.

MAISON ROYALE.

GUSTAVE III. de Holstein-Eutin, né 24 Janvier 1746. Roi de Suede 12 Février 1771, marié en Oct. 1776, à

Reine. Sophie-Madeleine de Danemarck, née 3 Juillet 1746.

Fils. Gustave-Adolphe, prince royal héréditaire, né 1 Novembre 1778.

Frère. Charles, duc de Sudermanie, né 7 Oct. 1748, marié 7 Juillet 1774, à

Hedwige-Elisabeth-Charlotte de Holstein-Eutin, fille de l'évêque de Lubeck, née 22 Mars 1759.

Frere. Fréderic-Adolphe, duc d'Ostrogothie, né 18 Juil. 1750.

Sœur. Sophie-Albertine, née 8 Octobre 1753, coadjutrice de l'abbaye de Quedlinbourg, en 1767, abbesse en 1783.

SÉNAT DE SUEDE. Messieurs

Le C. de Hierne.
Le C. de Gyllenstierna.
Le comte de Stockenstroem.
Le comte de Bielke.
Le comte de Hermanson.
Le comte de Beckfinis.
Le comte de Posse.

Le baron. de Falkengren.
Le comte de Falkenberg.
Le comte de Hessenstein.
Le comte de Binge.
Le baron Charles de Sparre.
Le baron Frédéric de Sparre.
Le comte de Creutz.

PARLEMENTS.

PARLEMENT DE SUEDE. *Messieurs*

Le baron de Rosir, *président.*
De Fredenstierna, *vice-président.*
11 *conseillers,* 10 *assesseurs,* 1 *secrétaire* & 1 *avocat-fiscal.*

PARLEMENT DE GOTHIE. *Messieurs*

Le baron de Kurk, *président.*
Le baron de Klingspor, *vice-président.*
9 *conseillers,* 7 *assesseurs,* 1 *secrétaire* & 1 *avocat-fiscal.*

PARLEMENT DE WASA. *Messieurs*

Le comte de Bonde, *président.*
De Silfversparre, *vice-président.*
2 *conseillers,* 4 *assesseurs,* 1 *secrétaire* & 1 *avocat-fiscal.*

COLLEGES ROYAUX.

COLLÉGE ROYAL DE LA GUERRE. *Messieurs*

Le comte de Horn, *président.*
De Spongen.
D'Arbin, *général-quartier-maître,* direct. des fortif & l. gén.

SUEDE.

Le comte de Heeftraend, gén.-amiral, chef des Flottes royales.
De Toll, colonel.
2 *conseillers*, 2 *commissaires de guerre*, 1 *secrét & 1 avoc. fiscal.*

COLLEGE ROYAL DE L'AMIRAUTÉ. *Messieurs*

Le baron de Falkengren, *président.*
De Nordenankar, *vice-amiral.*
Le baron de Cederstroem, *contre-amiral.*
De Chapman, *colonel.*
3 *conseillers*, 1 *secrétaire & 1 avocat-fiscal.*

COLLEGE ROYAL DE LA CHANCELLERIE. *Messieurs*

Le comte de Creutz, *président.*
. . . . *vice-président.*
Le comte de Wachtmeister, *chancelier de justice.*
Le baron de Ramel, *chancelier du palais.*
De Benzelftierna, *secrétaire d'état, & directeur en chef des postes.*
Le baron de Liliencrants, *secrét. d'état, & ministre des fin. & du commerce.*
De Carllon, *secrétaire d'état & ministre de la guerre.*
De Schroedersheim, *secrét. d'état. & min. des affaires intérieures.*
. . . . *ministre des affaires étrangères.*
3 *conseillers de la chancellerie & 1 secrétaire.*

COLLEGE ROYAL DES FINANCES. *Messieurs*

Le comte de Hermanson, *président.*
De Stierngranat, *vice président.*
7 *conseillers*, 1 *secrétaire & 1 avocat-fiscal.*

CHAMBRE DES COMPTES. *Messieurs*

Le baron de Liliencrants, *secrétaire d'état, président.*
De Lagerstrole, *vice-président.*
2 *commissaires d'état & 1 secrétaire.*

COLLEGE ROYAL DES MINES. *Messieurs*

Le comte de Bielke, *président.*
De Rudbeck, *vice-président.*
7 *conseillers*, 4 *assesseurs*, 1 *secrétaire & 1 avocat-fiscal.*

COLLEGE ROYAL DE COMMERCE. *Messieurs*

Le baron de Celsing, *président.*
De Silverschoeld, *vice-président.*
8 *conseillers*, 8 *assesseurs*, 2 *secrétaires & 1 avocat fiscal.*

SUEDE.

CHAMBRE ROYALE DE RÉVISION. *Messieurs*

Le comte de Düben, *président.*
D brenhoff, *vice président.*
6 *conseillers,* 5 *assesseurs,* 2 *secrétaires &* 1 *avocat-fiscal.*

GOUVERNEURS DES PLACES DU ROYAUME
Messieurs

Stockholm.	Le B. Charles de Sparre, sénateur, gouv. g.
Upsal . . . . ?
Stockholm.	Le comte de Gyllenborg.
Château royal de Drottingholm.	De Munck.
Skaraborg.	Le baron de Silfverhielm.
Abo.	Le baron d'Armfelt.
Cronsberg.	De Hederstierna.
Joënkoeping.	Le baron de Hamilton.
Westmaland.	De Carlskoen.
Kymenegord.	De Riddercreutz.
Savolax.	De Wright, *vice-gouverneur.*
Ostrogothie.	. . . .
Sudermanie.	Le baron d'Oernskoeld.
Château royal de Gripsholm.	Le baron de Cederstroem.
Nyland Tavastehus.	De Bruce.
Elfsbourg.	De Toerne.
Calmar.	Le B. de Rappe.
	Le baron de Kaulbars, *vice-gouverneur.*
Kopparberg.	Le baron de Beckfriis.
Oerebro.	De Franc.
Carlstad.	Le baron d'Uggla, *vice gouverneur.*
Gesteborg.	Le comte de Cronstedt.
Wester Norrland.	Le baron de Bunge,
Wosterbottn.	De Stenhagen.
Wasa.	Le baron de Cederstroem.
Ulcoborg.	De Tandefelt.
Gottland.	Le baron de Segebaden.
Malmochus.	Le baron de Thott.
Christianstad.	Le baron de Sparre.
Blekingen.	Le baron de Koehler.
Halland.	Le baron de Wrangel.
Gothenbourg.	Le baron de Duriez.

SUEDE.

GRANDS OFFICIERS DE LA COURONNE.
Messieurs

Le comte de Gyllenstierna, *grand maréchal.*
Le baron Ridderstolpe, *grand-chambellan.*
Le baron d'Oxenstierna, *grand-veneur.*
Le comte de Leevenhaugit, *grand-écuyer.*

PREMIERS GENTILS-HOMMES DE LA CHAMBRE.
Messieurs

Le baron de Sparre.
Le comte de Posse.
Le baron de Taube.
Le comte d'Oxenstierna.

Le comte de Wachtmester.
Le comte de Stembock.
Le baron d'Armfelt.

ÉTAT MAJOR DES ARMÉES DE SUEDE.

FELD-MARÉCHAUX. *Messieurs*

Le comte de Hessenstein. | Le baron de Scheffer.

GÉNÉRAUX. *Messieurs*

Le comte de Stackelberg. | Le baron de Wrede.
Le comte de Horn. |

LIEUTENANS-GÉNÉRAUX. *Messieurs*

Le baron de Sprengtporten.
Le baron de Manteuffel.
Le baron de Blixen.
Le comte de Posse.
Le baron de Moerner.
Le comte de Sparre.
Le baron de Hierta.

Le comte de Mejerfelt.
Le baron de Siegroth.
Le baron d'Armefelt.
d'Arbin, *gén. quart.-maître.*
Wihklerfelt.
Le comte de Bohlen.

18 *généraux-majors*, 4 *capitaines-lieutenans* & 54 *colonels.*

MARINE DE SUEDE. Messieurs

Le duc de Sudermanie, *grand-amiral.*
Le comte de Heelstraend, *premier-amiral.*
Le comte de Wrangel, *amiral.*

Jegerfchoeld, *vice-amiral.*
De Terfmeden, *vice-amiral.*
De Lilienanker, *contre-amiral.*
Le baron de Stroemfelt, *contre-amiral.*
De Feiff, *contre-amiral.*
De Wagenfelt, *contre-amiral.*
9 *capitaines-commandans.*

ORDRES DE CHEVALERIE.

1334. DES CHÉRUBINS ET DES SÉRAPHINS.

DES SÉRAPHINS

Voyez la page 320 de l'édition de 1783.

LE ROI, *grand maître & souverain de cet ordre.*

COMMANDEURS. GRANDS CROIX. *Messieurs*

Le prince royal de Suede.
Le prince de Sudermanie.
Le prince d'Ostrogothie.
1748 Le comte de Hœpkin.
1752 Le roi de Prusse.
Le c. Ch.-Fr. Scheffer, chanc. de l'ordre en 1768.
1753 Ad.-Fréd. de Mecklenbourg Strelitz.

1755 Le c. de Hessenstein.
1763 L'impératrice de Russie.
Le comte de Hyarne.
1765 Le comte de Fersen.
1766 Le roi de Danemarck.
Le pr. Fréd.-Christ. de Solms-Wildenfels.
1769 Le comte de Hamilton.
Le comte de Strockenstrœm.

SUEDE

Messieurs

1760 Le baron Carpelan.
Le baron de Rudbeck.
1763 Le b. Otto Stakelberg.
1766 Le comte L. Hœrd.
1769 Le comte J. Snoilsky.
Le baron P. Scheffer.
Le baron de Ramsay.
1770 Le b. de Pfilanderskold.
Le baron Wrede.
1771 Le b. de Sprengtporten.
Le baron Ch. Funck.
1772 Le baron de Wrangel.

Le comte de Sparre.
1777 Soritsch.
1778 Le comte de Wrangel.
Le comte de Saltza.
1781 Le b. de Manteuffel.
1781 Le comte J. Sparre.
Le baron Ch. Hierta.
Le baron Stell. Mærner.
1782 Le baron Guill. Taube.
Le comte J.-Ant. Mejerfelt.
Le baron G.-A. Siegeroth.

COMMANDEURS. *Messieurs*

1772 Le b. J.-Ab. Hamilton.
Le baron de Blixen.
Le comte Fr.-Ch. Dohna.
Ch. Terfmeden.
Le comte de Lewenhaupt.
Alex.-M. de Struffenfelt.
1773 Le comte de Horn.
Le baron Ern. Silfverhielm.
Le comte Pontus de la Gardie.
1777 Le baron du Rietz.
1778 Le c. Mackenzie Cromertie.

Le baron J. Raijalin.
Le baron Fr. Armfelt.
Le baron de Platen.
Ch.-M. Aminoff.
1780 Le baron de Sinclair.
1781 Le comte de Bohlen.
Le comte Clas Ekeblad.
Le baron de Kaulbars.
1782 Le baron de Cederhielm.
Le comte de Horn.
Le baron de Cederstrœm.
Le b. Ch.-Ad. Wachtmeister.

SUEDE

1753. ORDRE DE L'ETOILE POLAIRE.

L'ÉTOILE POLAIRE.

Voyez la page 329 de l'édition de 1783.

COMMANDEURS. *Messieurs*

1765 Le baron C. Hermelin.
1766 Le c. J.-G. Liljenberg.
1769 Le b. C.-F. Adelcrantz.
1770 Le baron de Düben.
Le comte de Bunge.
Le baron de Rosir.
Math. Benzelstierna.
1771 Ch. Carlscheld.
Le comte Jac.-J. Gyllenborg.
Le baron Axel de Axelson.
Le comte C. W. de Düben.
Le baron P.-A. Ornskald.
Le comte N. P. Gyldenstolpe.
Le baron A. G. Lejenhufvud.
1773 Le b. Ch. J. Ridderstolpe.
Le b. Gust.-Ad. de Nolcken.
Le b. Chr. Manderstroem.

1774 Le comte Ulr.-Gust. de la Gardie.
1775 Le baron Gust. Celsing.
1776 Le comte de Zinzendorff.
1777 Benoît Sparre.
Le baron Fréd. de Nolcken.
Le comte Malte de Pulbus.
1778 Le baron Alv. Kurk.
Le comte de Piper.
Le baron de Liljencrantz.
1782 Le baron d'Oxenstierna.
Le comte d'Oxenstierna.
Le baron Hamilton.
Le baron de Ramel.
Le baron de Bunge.
Le comte de Loewenhielm.
Le baron Eric Runth.

GRANDS OFFICIERS DE L'ORDRE & RÉPUTÉS NOVICES. *Messieurs*

Le baron de Ridderstolpe, *trésorier.*
Ad.-Fréd. Munck, *maître des cérémonies.*
Le comte de Posse, *secrétaire.*

SUEDE.

1774. ORDRE DE WASA.

DE WASA.

Voyez la page 348 de l'édition de 1783.

COMMANDEURS GRANDS-CROIX. *Messieurs*

1772 Le baron de Ramel.
Le marq. de Mirabeau.
1778 Le baron de Duwall.
1782 Le baron d'Oxenstierna.

COMMANDEURS. *Messieurs*

1772 Jacq. de Utfall.
Le baron de Bennet.
Le baron de Cederhielm.
1773 Le comte de Spens.
Le comte de Hærd.
Ch. baron de Uefedom.
1776 Le baron de Alftroemer.
1782 Le comte de Bonde.

MINISTRES DE SUEDE

PRÈS LES COURS ÉTRANGERES. *Messieurs*

Berlin.   Le comte de Loevenhielm, *env. extraordin.*
        Ch. de Carisien, *comm. secrétaire.*
Constantinople.   Ger. J. de Heidenstam, *ministre.*
Copenhague.   Le baron de Sprengtporten, *env. extraord.*
        J. A. de Scheven, *comm. secrétaire.*
Dresde.   Ulric Celsing, *envoyé extraordinaire.*
        Le baron C. J. Oxenstierna, *comm. secrét.*

La Haye.	Le baron Schoultz d'Afcheraden, *env. extr.*
	Jean Noring, *comm. fecrétaire.*
Hambourg.	Ben. de Faxell, *miniftre accrédité.*
	Guill de Rofenheim, *fecrétaire commiff.*
Londres.	Le baron de Nolcken, *env. extraordinaire.*
	P. de Heidenftam, *comm. fecrétaire.*
Madrid.	Le baron d'Ehrenfward, *env. extraordin.*
	Fr. de Heland, *fecrétaire commiff.*
Paris.	Le baron Stael de Holftein, *env. extraordin.*
	D'Afp, *fecrétaire d'ambaffade.*
Pétersbourg.	Le baron de Nolcken, *env. extraordin.*
	Le baron Guft. d'Albedyhl, *comm. fecrét.*
Ratisbonne.	{ J. Aug. Greiffenheim, } *env. extraord.*
	{ Mag. Biornftierna, }
	Ch. N Duncan, *comm. fecrétaire.*
Vienne.	D'Engeftroem, *chargé d'affaires.*

UNIVERSITÉ D'UPSAL *Meffieurs*

1783 Le prince royal, *chancelier.*
1783 Le comte de Creutz, *vice-chancelier.*

ACADÉMIE ROYALE DES SCIENCES, A STOCKHOLM.

Meffieurs

1784 Lilljesvale, chancelier de juftice & chevalier de l'étoile polaire, *préfident.*
1784 Wilke, *fecrét. perpét. pour la correfp. étrangere.*
1784 Nicander, *fecrét. perpet. pour la correfp. interieure.*

---

999. POLOGNE. *Catholique.*

SOMMAIRE CHRONOLOGIQUE. Commencement de la royauté, 999 ou 1001, le royaume étant d'abord héréditaire & électif & fucceffif; reduction de la Ruffie noire fur divers princes particuliers & fur le grand duc de Lithuanie 1340; des duchés de Smolensko & de Kiov fur des princes Tartares ou Ruffes, 1403; & de la Pruffe, fur l'ordre Teutonique, 1454 & ans fuivans; traité avec les Ruffes fur le premier de ces duchés par lequel le roi de Pologne fe réferve le titre de grand duc de Ruffie, 1634; & ceffion des fecondes avec pareille confervation des titres honorifiques, 1682; jonction du grand duché de Lithuanie & de la Staroftie de la Mogitie, 1386; union des mêmes états à la couronne de Pologne, 1501; du duché de Mazovie 1526; de la Létonie ou Livonie méridionale & de la Courlande ou Livonie occidentale, 1561; & de la Poldachie, 1569; établissement de la nation dans le droit primitif d'élection de la couronne, Juillet 1572; Bref du pape qui octroie au roi de Pologne le titre de roi orthodoxe, 1658, ou 1659; demembrement de ce royaume, en faveur de la Russie, de la Prusse & de la maison d'autriche, 1773.

Autorité du roi. L'autorité de roi de Pologne, quoique circonscrite par les loix du royaume, est encore assez étendue. Voici en quoi elle consiste 1°. Ce prince a la nomination des ministres d'état, des sénateurs, des archevêques & évêques, des généraux & autres officiers de l'armée, & des officiers auliques, tant de la Pologne que du grand duché de Lithuanie. 2°. Il distribue à son gré les principaux bénéfices ecclésiastiques, les Staroflies & les autres biens royaux qui sont en grand nombre. 3°. Il est protecteur immédiat des grands villes, auxquelles il donne tels priviléges que bon lui semble, sauf pourtant les droits de la noblesse. 4°. Il a le droit de convoquer des assemblées du sénat & des dietes, autant qu'il le juge à propos. 5°. C'est à lui qu'il appartient de donner l'investiture aux vassaux de la couronne, de recevoir des ambassadeurs, de concert cependant avec les sénateurs nommés pour composer son conseil; mais il ne peut envoyer d'ambassadeurs, pour traiter de la paix, de la guerre & des alliances, que de concert avec la république. 6°. Il a le droit de créer des chevaliers de l'aigle blanc & de St. Stanislas, & d'instituer même de nouveaux ordres, selon son bon plaisir. 7°. Il peut créer des comtes, des barons, des marquis, & des gentils-hommes, pourvu qu'ils soient des étrangers, qui par là n'acquierent aucun droit de suffrage dans les assemblées de la république. 8°. Il n'a pas le pouvoir de faire la guerre, ou la paix, ni de conclure des alliances, sans le concours du sénat & de la noblesse. 9°. Il n'a pas le pouvoir de faire battre monnoie; mais lorsque la république en fait battre, elle doit être frappée à son coin. 10°. Il n'a pas le pouvoir de faire arrêter un noble, avant qu'il soit condamné juridiquement. 11°. Il n'a, ni le pouvoir d'instituer des loix nouvelles, ni d'en abroger d'anciennes, ni de créer des impôts, ni de lever des troupes, ni d'en réformer. Il faut le consentement de la république pour tout cela, ainsi que pour faire des nobles polonais, ou pour donner à des étrangers le droit d'indigénat. Telles sont, à peu près, l'étendue & les bornes du pouvoir du roi de Pologne. Il faut cependant observer que chaque élection amene quelque variation, par le changement que les électeurs trouvent à propos de faire aux *pacta conventa*, suivant les circonstances.

POLOGNE.

Revenus. Avant les troubles dont la Pologne vient d'être déchirée, les revenus publics montaient à 5,044,655 livres de France. Le roi tirait ses revenus des économies royales; & cet objet pouvait monter à deux millions de nos livres. Mais il parait que cet article n'est pas encore aujourd'hui bien determiné.

Forces. L'armée de la république devrait être de trente mille hommes; elle est aujourd'hui fort inferieure à ce nombre. La cavalerie, qui en forme les deux tiers, est composée de hussards, hommes cuirassés de pié en cap, armés de pistolets & de lances; de *puncernis*, qu'une culotte & un rezeau de fer couvrent jusques aux épaules, & qui sont armés de sabres & de mousquetons; d'*Heydonki*, parmi lesquels servent les étrangers, vêtus à la maniere du pays; c'est la cavalerie légere polonaise; elle a pour armes des fusils, des sabres, des fleches. Les Fantassins sont, pour la plupart, sans uniforme. L'armée de Pologne & celle de Lithuanie ont chacune leur général; la marque de leur dignité est une grande lance à fer pointue, ornée d'une grosse boule de quelque riche étoffe, avec un panache de rubans, qu'un cavalier porte devant eux. Ces lances s'abaissent devant celle du roi. Dans les cas extraordinaires, la diete ou le roi convoque la *Pospolite*. Cette armée, de plus de cent mille cavaliers, est formée par la noblesse, armée de Cuirasses, de Casques, de Brassards; couverte de peaux de leopards, de tigres ou de pantheres, elle offre l'aspect le plus imposant & le plus extraordinaire.

MONNOIES DE POLOGNE,

Comparées à celles de France.

Monn. de Pologne.	Monn. de France.		
	liv.	sols.	den.
Le ducat d'or.	12	12	0
L'écu.	5	5	
Le florin.	1		
Le timpf.		16	6
Le Schostack.		8	
Le Poltorack.		6	
Le Groscheus.			11

Le droit de Seigneuriage produit ici trois gros de Saxe par marc d'écus, les frais de la fabrication payés. Tout le bénéfice des monnoies appartient au roi. Celui que produisent les especes de cuivre, est le plus considérable. On l'évalue aux trois dixiemes de leur valeur numétaire.

Comme les monnoies étrangères, introduites en Pologne, y avaient été successivement portées dans la circulation, à des taux fort au dessus de celui qu'elles ont dans les pays où elles ont été frappées, la commission du trésor, par un decret du mois de Janvier 1784, en a fixé la valeur. Le souverain d'espagne a été reduit à 45 florins de Pologne; le Frederic-d'or, à 30 & le Souverain impérial à 51 florins 12 groschens.

MAISON ROYALE.

Stanislas-Auguste Poniatowski, roi de Pologne, grand-duc de Lithuanie, duc de Russie, de Masovie, de Samogitie, de Kiovie, de Volhynie, de Podolie, de Poldachie, de Livonie, de Smolensk, de Severie, de Czerniechow, né 17 Janvier 1732, élu 7 sept. 1764, couronné 25 Nov. suivant.

Frere. Casimir, prince Poniatowsky, né 15 Sept. 1721, marié en Janv. 1751, à

Apollonice, fille de Basile Ustrzyky, Castellan de Przemisl, née 17 Janv. 1736, *dont*

Neveu. Stanislas, né 23 Nov. 1754.

Niece. Constance, née 2 Mars 1759, mariée 4 Avril 1775, au comte Stanislas de Tyszkiewick.

Frere. Michel, prince Poniatowsky, né 12 Oct. 1736, évêque de Plozko en 1773, archev. de Gnesne en 1784.

Sœurs. Louise, née en 1728, mariée au C. Jean Zamoisky.

Isabelle, née en 1730, veuve 9 Oct. 1771, du comte Jean-Clément Branicky.

Belle-niece. Thérèse, comtesse de Kinsky, veuve du prince André, fils du prince Casimir; dont un prince & une princesse.

SENAT DE POLOGNE.

Le Senat de Pologne est distribué en quatre classes principales dont les droits sont parfaitement égaux. La premiere est composée des senateurs ecclésiastiques, c'est à dire, des archevêques de Gnesne & de Leopol, & de quatorze évêques. La seconde est formée par les palatins ou ceux qui en ont le rang; la troisieme par les ministres d'état; & la quatrieme par les Castellans. L'archevêque de Gnesne, en sa qualité de primat du Royaume, est le chef de cette illustre compagnie. Ce fut en 1417 que le Pape attacha à cette prélature la dignité primatiale; les prérogatives de primat sont immenses. Il est vicaire pendant les interrégnes. Légat né du St. Siège, il se vêtit de rouge comme les cardinaux, à l'exception du chapeau. Son maréchal doit toujours être tiré du corps des Castellans, & entre, le bâton élevé, dans la cour même du château royal. Il ne le baisse qu'à la porte de l'antichambre du Roi. Le primat ne rend visite qu'au nonce du Pape & refuse le pas aux cardinaux. L'évêque de Cujavie lui est substitué dans la part que les loix lui donnent au gouvernement du Royaume, & les exerce, toutes les fois que le siège de Gnesne vient à vaquer. Clement VIII. a permis aux sénateurs ecclésiastiques, par une Bulle de 1603, d'opiner à la guerre & de prononcer des arrêts de mort.

Les palatins sont les généraux nés des palatinats, comme leur nom de *Woiewoda* l'indique assez. Outre cette fonction, ils convoquent la Noblesse pour l'élection des officiers terrestres. Ils sont exclus par une loi fondamentale des charges de ministres d'état, qui donnent voix & séance au sénat.

Les castellans, dans les premiers tems de la monarchie, ont commandé dans les forteresses dispersées dans les provinces, & administré les biens qui en dépendaient ; mais leurs fonctions ont cessé depuis long-tems, & les titulaires n'ont conservé que leur rang avec le beau privilège d'avoir voix & suffrage au sénat.

Les grands-maréchaux occupent le premier rang parmi les ministres d'état. Ils sont chargés de la sûreté publique ; ils taxent les denrées & font les fonctions des grands-prévôts de l'hôtel. Leur jurisdiction suit la personne du Roi & s'étend à la distance de trois lieues de sa résidence. Quand le Sénat est assemblé, ils introduisent les ambassadeurs, appellent les voix des sénateurs, recueillent les suffrages, & imposent silence, lorsqu'il en est besoin.

Dans l'absence du grand-maréchal de service, le maréchal de la cour du même titre exerce de plein droit toutes ses fonctions ; à son défaut, le second grand-maréchal, & si tous les quatre manquent, les loix y appellent les grands-chanceliers.

Les grands-généraux sont les chefs suprêmes des troupes de la république. La dignité & la charge de grand général de la couronne a été conférée, pour la première fois à vie, à Jean Zamoyski en 1581. Les généraux de camp font en quelque sorte les lieutenans en chef des grands-généraux. L'établissement de cet Officier est du tems du règne du Roi Etienne Batory, où la république se vit forcée d'entretenir constamment un corps de troupes sur les frontieres, contre les Turcs & les Cosaques. Le commandement de ces camps d'observation fut confié à Stanislas Zolkiewski avec la qualité de général de camp, que ses successeurs ont conservée, quoique leurs fonctions primitives ayent cessé.

Les grands chanceliers de la couronne & de Lithuanie sont, en quelque maniere, les organes par lesquels le Roi fait connoître ses volontés. Ils les déclarent à la diète, dans le sénat, aux audiences des ambassadeurs &c. Ils reçoivent les mémoires présentés à S. M. expédient les chartres, les lettres-patentes &c. Ils sont les chefs des Jugements Assessoriaux du Roi; & gardes des Sceaux nés, ils ont l'inspection des archives & des greffes. Les vice-chanceliers sont les vicaires des grands chanceliers. Il est ordonné par les loix, que l'un des deux chanceliers de la couronne doit être tiré du clergé, & l'autre de la noblesse, & ce réglement est observé de maniere que le grand chancelier est alternativement homme d'église, ou d'épée. En Lithuanie les deux chanceliers sont toujours tirés du corps de la noblesse laïque.

Les grands trésoriers sont les surintendans des finances de la république & les gardes du trésor-royal. Ils sont présidents nés des commissions du Trésor.

I. Classe. PRELATS. Messieurs

1784 *Gnesne.* Le prince Michel Poniatowski, primat de Pologne & de Lithuanie.
1780 *Leopol.* Ferdinand Kicky.
1759 *Cracovie.* Le prince de Severien.
1777 *Cujavie.* Joseph Rybinsky.
1780 *Posnanie.* Antoine Okensky.
1762 Le prince Ignace Massalsky.
    Ces deux derniers ont altern. la préséance l'un sur l'autre.
1773 *Plocsko.* Le prince Michel Poniatowsky.
1775 Le prince de Sielun, évêque d'Uranople, *coadjuteur.*
1766 *Ermland.* Le prince Ignace Krasicki.
1770 *Luzk & Brzesie.* Felix Turski.
    Ces deux derniers ont altern. la préséance l'un sur l'autre.
1768 *Przemisl.* Jos. Kierski.
    Betaniski, chanc. de Boleslaw, *coadjuteur.*
1778 *Samogitie.* Etienne Gedroye.
1759 *Culm.* André Bayer.
1778 Le C. de Hohenzollern, évêque de Dibonia, *coadjuteur.*
1780 *Chelm.* Jean Aloïse Alexandrowicz.
1784 *Kiow.* Gasp. Cieciszowsky, évêque de Tebaste.
1759 *Kaminiec.* Adam Krasinski.

POLOGNE.
Messieurs

1775 Jean Dembowski, *coadjuteur.*
1781 *Liefland.* Joseph Kosakowski.
1763 *Smolensk.* Gabriel Wodzynski.
1775 Adam Naruszewciz, évêque d'Emaüs, *coadjuteur.*

II. Classe. PALATINS. Messieurs

Le prince Ant. Lubomirski, Castellan de *Cracovie.*
1780 *Cracovie.* Stanislas Dembinsky.
1760 *Posnanie* . . . .
  Ces deux derniers ont altern. la préséance l'un sur l'autre.
1767 *Wilda.* Le prince Ch. Radzivil.
1774 *Sendomir.* Math. Soltyk.
1775 *Vilna.* Le prince Mich. Radzivil.
1775 *Kalisch.* Le prince Aug. Sulkowsky.
1770 *Trozk.* Thadeus Oginsky.
1775 *Siradie.* Nic. Malachawski.
1778 *Trozkd.* And. Oginsky.
1775 *Lenciczk.* Simon Ozierzbicki.
17.. *Samogitie*. . . . .
1770 *Brzescie en Cujavie.* Louis Domski.
1771 *Kiow.* Le prince Stanislas Lubomirsky.
1764 *Innowroclavie.* . . . .
1731 *Russie.* Le prince Aug. Alex. Czartoriski.
1775 *Volhinie.* Le prince Jerôme Sanguszko.
1770 *Podolie.* Jean Zamoiski.
1776 *Smolensk.* Jos. Skumin Tyszkiewicz.
1779 *Lublin.* Le comte Ign. Twardowski.
1775 *Poloczk.* Joseph. Sosnowski.
1763 *Belz.* Ignace Cerner.
1773 *Novogorod.* Jos. Niesiolowski.
1779 *Plocsko.* Théod. Szydlowski.
1781 *Witepski.* Joseph Prozor.
1784 *Masovie.* Le comte Hyacinthe Malachouski.
1780 *Podlachie.* Le comte Joseph Ossolinski.
1774 *Rawa.* Basil Walicki.
1780 *Brzescie en Lithuanie.* Jean Xiberg.
1766 *Culm.* François Czapski.
1770 *Mscistau.* Joseph Hulsen.
1758 *Marienbourg.* Mich. Czapski.
1771 *Braclaw.* Mathias Lanckoronski.
1779 *Poméranie.* Felix Ant. Los.
1773 *Minski.* Le prince Joseph Radzivil.

POLOGNE

Messieurs

1780 *Lithuanie.* Gasp. Rogalinski.
1780 *Czernikovie.* François Leduchowski.
1775 *Gnesne.* Le prince Ant. Sulkowski.

III. *Classe.* MINISTRES D'ETAT. Messieurs

1783 Le comte Mniszek, *grand-maréchal de la couronne.*
1781 Jos. Ulad. Gurowski, *grand-maréchal de Lithuanie.*
1774 Le C. Fr. Xav. Branicki, *général de la couronne.*
1768 Le comte Mich. Oginski, *général de Lithuanie.*
1780 L'évêque Ant. Okenski, *grand chanc. de la couronne.*
1775 Le pr. Alex. Sapieha, *grand-chancelier de Lithuanie.*
1784 Le comte de Dziedulsyky, *chancelier de la couronne.*
1773 Joachim Litawor Ehreptowicz, *chancelier de Lithuanie*
1784 Le pr. Stanisl. Poniatowski, *grand-trésorier de la couronne*
1765 Michel Brzostowski, *grand-trésorier de Lithuanie.*
1775 Le comte Fr. Rzewusky, *maréchal de la couronne.*
1784 Le comte Potocki, *maréchal de Lithuanie.*
1774 Le C. Severin Rzewusky, *général de camp de la couronne*
1780 Le C. Louis Skumie Tiskiewitz, *gén. de camp de Lithuanie*
1763 Roch Kossowski, *trésorier de la couronne.*
1765 Ant. Tyzenhaus, *trésorier de Lithuanie.*

IV. *Classe.* CASTELLANS.

Cette derniere classe est composée de 87 membres.

ORDRES DE CHEVALERIE.
ORDRE DE L'AIGLE BLANC.

L'AIGLE BLANC

Nous ajouterons aux détails que nous avons donnés sur cet ordre dans l'édition de 1783, que la croix actuelle est pommetée d'or, à 8 pointes, émaillée de gueules, bordée d'argent, cantonnée de flammes d'or, chargée en cœur d'un aigle blanc tout uni, couronné, becqué & les pattes d'or. Cette croix est attachée à un large ruban bleu qui se porte en écharpe, de gauche à droite.

La broderie que l'on porte sur l'habit, est une étoile d'or à 8 pointes, chargée d'une croix pattée d'argent, bordée de paillettes de gueules & d'or, cantonnée de flammes d'argent; sur la croix, on lit en lettres d'or, *Pro fide, rege & lege*.

LE ROI, grand-maître.

250 chevaliers, dont le Roi de Prusse est le doyen.

POLOGNE.

1765 ORDRE DE ST. STANISLAS.

S. STANISLAS

L'Ordre de S. Stanislas a été institué, le 7 Mai 1765, par le Roi de Pologne actuel, à l'honneur de S. Stanislas, évêque & martyr, patron du royaume & du monarque ; la croix est pommetée d'or, à 8 pointes, émaillée de gueules, cantonnée de quatre aiglons, blancs, couronnés, becqués & pattés d'or ; au milieu de la croix est une plaque d'émail blanc, entourée d'une guirlande de laurier, sur laquelle est peint un évêque en habits pontificaux, entre deux S en or ; cette croix est attachée à un large ruban rouge, bordé de blanc, que l'on porte en écharpe, de gauche à droite. Les chevaliers de l'aigle blanc, qui le sont aussi de S. Stanislas, portent le ruban de celui-ci au col.

La broderie que l'on porte sur l'habit, est une étoile d'argent à 8 pointes, chargée d'un grand cercle d'or, qui renferme une plaque d'argent, bordée de verd. Cette bordure est enrichie de palmes d'or ; au milieu de la plaque d'argent, est le chiffre du Roi en grenat, entouré de ces mots en lettres d'or : *Præmiando excitat*.

LE ROI, *grand-maître*.

430 chevaliers.

MINISTRES RESIDENTS
Près les Cours étrangères. Messieurs

Berlin.	De Zablocki, *chargé d'affaires.*
Constantinople.	Le comte Dzieduſczych, *chargé d'affaires.*
Londres.	De Bukaty, *chargé d'affaires.*
Pétersbourg.	De Deboli, *ministre-résident.*
Rome.	Le marquis d'Antici, *ministre.*
Venise.	D'Allogio, *agent.*
Vienne.	Le chamb. de Corticelli, *ministre.*
	L'abbé de Pokubbiata, *chargé d'affaires.*
Dantzick.	Le comte d'Unruhe, *commissaire-général.*

996. HONGRIE, *Catholique.*

SOMMAIRE CHRONOLOGIQUE. Ancien royaume électif & succeſſif; union de ceux de Dalmatie, de Croatie & d'Eſclavonie, 1381; & de la principauté de Tranſylvanie, 1699; hérédité de la couronne de Hongrie, accordée aux mâles de la maiſon d'Autriche, tant de la branche d'Allemagne, que de celle d'Eſpagne avec réſerve de droit d'élection au défaut de mâles de part ou d'autres, Octobre 1687; acceptation de la pragmatique ſanction de l'Empereur Charles VI par les états de Hongrie & de Tranſylvanie, Juin 1722; bref du Pape qui renouvelle en faveur de l'Impératrice Reine, & de ſes ſucceſſeurs au royaume de Hongrie, une ancienne conceſſion du titre de Roi & Reine apoſtolique, Oct. 1758.

Constitution. Une diete du royaume tenue à Presbourg, en 1722, déclara la couronne héréditaire dans la maiſon d'Autriche, & elle peut être poſſedée par les femmes, à défaut d'héritiers mâles. C'eſt dans une diete générale, formée des ſeigneurs & des principaux membres de l'état, que le Roi eſt reconnu & qu'on le couronne; le nouveau Roi ſe rend à cheval dans l'égliſe cathédrale; là où le revêt des habits royaux de S. Etienne; ce prince ſe rend au pié de l'autel où les prélats du royaume ſont aſſemblés, & le primat lui met la couronne ſur la tête, le manteau royal ſur les épaules, & le ſabre à la main; le Roi le tire du fourreau, & ſe tournant vers le peuple, il trace en l'air trois croix, & va enſuite ſe placer ſur le trône, & de-là dans l'égliſe de la miſéricorde, où il jure de maintenir les droits & les privilèges du royaume ; il remonte à cheval, se rend sur une colline près du Danube, & frappe l'air avec le sabre de S. Etienne, tourné vers les quatre points cardinaux.

Les états du royaume sont distribués en quatre classes ; la premiere est composée des prélats, & présidée par l'archevêque de Gran, primat du royaume, premier secrétaire & chancelier, comte perpétuel de Gran. La seconde classe est composée des grands barons qui exercent les charges de la couronne ; le palatin du royaume y préside ; cet officier représente le Roi dans les affaires importantes, & reçoit trente mille florins par an ; les autres sont le juge de la cour royale, le ban de Croatie, Dalmatie & Esclavonie, le trésorier, le grand échanson, le grand maréchal, le grand écuyer, le grand chambellan, le grand huissier, ou premier capitaine des gardes, & le maréchal de la cour. Ces emplois ne sont pas héréditaires ; ils ne sont qu'honorables, & les appointements en sont fort modiques : les petits barons & les comtes font partie de cette seconde classe.

La troisième est formée par les nobles ou simples gentilshommes ; & la quatrième par les villes libres & royales, qui ne relèvent d'aucun comte, appartiennent au domaine royal, & ont pour chef un bourgmestre. Une partie de ces villes ressortissent au tribunal du trésorier de la couronne, & ne peuvent être jugées que par la jurisdiction où il préside ; l'autre partie est jugée par le Roi ou le lieutenant qu'il nomme pour juger en son nom ; quelques-unes sont distinguées par le nom de Minieres. Engagées autrefois à la maison d'Autriche, par les Rois de Hongrie, elles relèvent encore de l'Autriche. On distingue encore de petites villes libres, qui ont été engagées à la Pologne, & ne le sont plus ; des villes qui appartiennent aux heiduques & ont des privilèges particuliers ; des villes qui sont du département des mines & relèvent du fisc royal, & les villes maritimes ou bourg houzards, qui ressortissent au conseil de guerre.

Anecdote. La couronne de Hongrie & les autres ornements royaux ont été transportés à Vienne, au commencement de l'année 1784. Cette couronne, qui avait été envoyée en 1000, par le Pape Silvestre II à S. Etienne, Roi de Hongrie, avait été faite d'après celle des Empereurs Grecs ; elle est d'or massif, pesant 9 marcs & 3 onces, ornée de 53 saphirs, de 50 rubis, d'une grande émeraude & de 338 perles ; indépendamment de ces pierres, qui ne sont pas polies, on y voit les images des Apôtres & des Patriarches ; le Pape joignit à cette couronne une croix patriarchale d'argent, qui fut insérée ensuite aux armes de Hongrie; à la cérémonie du couronnement, l'évêque la porte devant le Roi; c'est de cette croix que vient le titre de Roi Apostolique, dont l'usage a été renouvellé sous le règne de l'Impératrice Reine Marie Thérèse; le sceptre & le globe du royaume sont d'or d'Arabie; le manteau de toile fine, est l'ouvrage de Gisele, épouse de S. Etienne, qui y broda en or l'image de J. C. crucifié, plusieurs autres images des patriarches & des Apôtres, & quantité d'inscriptions; le glaive est à deux tranchans & arrondi à la pointe.

MAISON ROYALE.

Joseph II, archiduc d'Autriche, Empereur des Romains, Roi de Hongrie. *Voyez l'article de l'empire*, page 181.

Palatin et Vice-Roi.

. . . .

Ban, ou Gouverneur de Croatie.

1783 Le comte d'Esterhazy de Galantha, chevalier de la toison d'or, grand-croix & chancelier de l'ordre de S. Etienne, chambellan & conseiller intime actuel.

GRANDS OFFICIERS DE LA COURONNE.
Messieurs

Grand sommelier. Le comte Saky de Keresztzeg.
Capitaine de la garde-noble Hongroise. Le comte Nic. d'Esterhazy de Galantha
Grand-maître. Le comte Fr. d'Esterhazy de Galantha.
Grand-écuyer. . . . .
Grand-chambellan. Le C. J. Nepom. Erdody de Monyorokerek.
Grand maître d'hôtel. Le comte Ant. Karoly de Nagy Karoly.
Grand-huissier. Le comte Léop. Palfy d'Erdod.
Grand échanson. Fr. Koller de Nagy Manya.

Gardiens de la Couronne du Royaume. *Messieurs*

Le C. Ant. Grazalkovics de Gyarak, chamb. & cons. int. actuel.
Le comte Jos. Keglevics de Buzin, comm. de l'ordre de S. Etienne & chambellan.

DICASTERES POLITIQUES.

Concilium regium locumtenentiale.

Le vice-roi, *président*.

COMMISSARIAT PROVINCIAL.

Le C. Franç. de Paule Balaſſa de Balaſſa Gyrmath, comm. de l'ordre de S. Etienne, chamb. & conſ. int. act. *directeur*.

CHAMBRE AULIQUE DES FINANCES.

Le comte de Niczky, comm. de l'ordre de S. Etienne, cham. & conſ. int. actuel, *tréſorier*.

INTENDANCE DES MINES DE LA BASSE HONGRIE.

Le comte Joſ. de Colloredo, *préſident*.

GOUVERNEMENT DE FIUME.

Joſ. Mailath de Szekhely, conſ. int. actuel, *gouverneur*.

DICASTERES DE JUSTICE.

TABLE DES SEPTEMVIRS.

. . . . *préſident*.

TABLE ROYALE.

Pierre de Vegh chev. de S. Etienne, & conſ. aul. *préſident*.

TABLE DES DISTRICTS.

Le comte Tolvai de Kopoſd, *préſident*, au-deçà du Danube.
And. Hogyeſzy, *préſident*, au delà du Danube.
Joſ. Kapy de Kapivara, *préſident en deçà du Tibiſc*.
Pongraz de Szent miklos & Ovar, *préſident au-delà du Tibiſc*.

TABLE BANNALE DE CROATIE.

Le comte d'Eſterhazy de Galantha, *préſident*.

TABLE JUDICIAIRE DE DALMAT. CROAT. ET ESCLAVONIE.

George Petkovich, conſeiller, *préſident*.

GOUVERNEMENT DE TRANSYLVANIE.

Le baron de Bruckenthal, comm. de l'ordre de S. Etienne, conseiller d'état int. act. gouv. & président du gouvernement.

GRANDS OFFICIERS DE LA PRINCIPAUTÉ. *Messieurs*

Trésorier royal. Le comte Tebeki de Szek, chambellan.
Grand commiss. prov. Le baron Wolfg. Banffi de Losonez, chamb.
Grand chanc. provinc. Le comte Wolffy-Kemony, chambellan.

TABLE ROYALE JUDICIAIRE.

Le comte Paul de Bethlem, chambellan, *président*.

CAUSES DU FISC.

Ant. Biró de Polyan, *directeur*.
Mich. Medve de Mezo-Madaras, *vice directeur*.

1061. BOHEME, *Catholique*.

SOMMAIRE CHRONOLOGIQUE. Ancien duché; commencement de la Royauté dans cet état, 1086; aggrégation ou college électorale de l'empire, 1108; attribution du premier rang entre les électeurs Laïcs, 10 Janvier 1355 selon notre maniere de compter, ou 1356 selon l'usage de Rome; hérédité de la couronne accordée à la maison d'Autriche, Octobre 1648; jonction & incorporation du duché de haute & basse Silésie, 1335 & 1355; & du Marquisat de Moravie, 1348 & 1421, mais avec états particuliers pour l'un & l'autre pays; acceptation de la pragmatique sanction par les états de Boheme, Septembre 1723, & par ceux de Moravie & de Silésie, années suivantes.

Productions. Le sol de la Boheme est fort elevé, des fleuves y naissent & vont arroser les contrées qui l'environnent, l'air y est sain & temperé, le terroir gras & fertile, en quelques endroits, un peu sablonneux; elle nourrit ses habitans, & transporte au dehors une quantité considérable de blé sarrasin, de millet, de legumes, de houblon & de divers autres fruits. Elle produit du safran & du gingembre, le calmus, espèce de roseau aromatique, des vins rouges recherchés Son bétail est beau; ses pâturages sont bons. Des chaines de montagnes l'environnent; de vastes forêts la traversent; la chasse y est abondante: on y trouve des martres, des blaireaux, des castors & des loutres. Les rivieres & les étangs y nourrissent diverses espèces de poissons. On y voit des sources d'eaux salées. Elle avait des salines qui n'existent plus ; & aujourd'hui elle achete le sel de ses voisins, elle a aussi des sources d'eau ameres. Il y en a sur les hauteurs de Sedlitz & de Seydschutz ; on connait le sel qu'on y trouve ; à Tœpitz & à Carsbad, sont des bains chauds ; à Kukusbrum, un bain froid salutaire ; à Egra, à Desny, des eaux aigres. Quelques rivieres charrient de l'or ; quelques mines en donnent encore. Les mines d'argent de Kuttenberg sont les plus abondantes ; les autres sont assez pauvres. La terre sigillée, le talc transparent, le charbon de terre s'y trouvent en plusieurs endroits ; à Chomutau, à Falkenau, on cuit l'alun ; on trouve encore dans ce dernier endroit du soufre & du vitriol ; à Krauppen, à Schlacken-wald, à Lauterbach, à Schœnfeld, sont de bonnes mines d'étain ; à Draikaken, une mine de cuivre ; ailleurs on voit des mines de plomb, de vif argent, de salpêtre. Les mines que possede la couronne ont produit, dans l'espace de neuf ans, une somme de huit à neuf millions. Le diamant, le rubis, la chrysolite, n'y sont pas durs, mais ils ont de l'éclat ; on y trouve encore l'emeraude, le grenat, le saphir, la topaze, l'amethyste, l'hyacinthe, le beril, l'escarboucle, le jaspe, la calcedoine, la carneole, la turquoise, & differentes espèces de marbre ; on pêche dans la Witava des perles d'un blanc argenté & d'un blanc de lait.

Legislation. L'empereur, voulant encourager la population de la province de Gallicie, qui n'est pas encore ce qu'elle pourra devenir, a publié l'ordonnance suivante, au mois de juillet 1784, 1°. Tout Sujet qui aura atteint l'âge de majorité, pourra se marier ; les Seigneurs fonciers s'abstiendront d'y mettre obstacle, & y donneront leur consentement aussitôt qu'il sera requis. 2°. Les Mineurs des deux sexes ne pourront se marier que du consentement de leurs parents ou tuteurs, & avant qu'ils n'aient, le garçon 19 ans, & la fille 15. 3°. La différence des religions tolérées dans l'Etat, ne sera jamais un obstacle au mariage ; les permissions ne seront point refusées, & tout Curé ou Pasteur qui refusera sur ce prétexte de donner la bénédiction nuptiale, sera puni. 4.° Les étrangers qui s'établiront dans le pays & qui voudront s'y marier, s'adresseront aux Juges de l'endroit, qui feront expédier gratuitement la permission nécessaire. 5°. Il est enjoint aux Maîtres des divers Corps de métiers, aux Manufacturiers de donner à travailler indistinctement aux Compagnons mariés & non mariés ; ils sont exhortés, s'ils le peuvent, à payer les premiers par journées ou par pièces. Les Compagnons non mariés qui refuseront de travailler avec ceux qui le sont, seront punis de prison. 6°. Dans le cas où ce seroient les Maîtres qui refuseroient

BOHEME.

d'employer des Compagnons mariés, les Juges de l'endroit permettront à ceux-ci d'exercer leurs métiers chez eux, & de travailler pour le public comme les Maîtres. 7°. Les Juges permettront aux Soldats nationaux & étrangers de se marier, si la femme prouve qu'elle peut gagner sa vie; elle sera aussi tenue de rester dans l'endroit de son domicile, & ne pourra prétendre aux avantages accordés aux femmes & enfans des Soldats, jusqu'à ce qu'elle passe à son tour au nombre des femmes mariées, fixé pour chaque compagnie.

MONNOIES DE BOHEME,

comparées à celles de France.

Monn. de Bohême.	Monn. de France.		
	liv.	sols.	den.
Le ducat de 240 creutzers.	10	12	0
La rixdale de 90 creutzers.	3	19	6
Le flor. de 60 creutz. de change.	2	13	0
Le creutzer.	0	0	$0\frac{2}{5}$

— On tient à Prague les écritures en rixdales, en florins, en creutzers.

On y change sur les places suivantes, & l'on donne, pour recevoir,

Sur Amsterd.	144 rixd. pl. ou m.	100 rixdales bc.
Augsbourg & Nurenberg.	100 flor. pl. ou m.	100 florins courans.
Breslau,	95 rixd. pl. ou m.	100 rixd. arg. cour. de Prusse.
Hambourg,	144 dito, pl. ou m.	100 rixd. bc.
Leipsick,	101 dito, pl. ou m.	100 rixd. en louis-d'or
Venise,	185 flor. pl. ou m.	100 ducats de bc.
Vienne,	100 flor. pl. ou m.	100 florins cour.

L'usance est de 14 jours après l'acceptation. L'usage accorde trois jours de grâce.

MAISON ROYALE,

JOSEPH II, archiduc d'Autriche, empereur des romains, roi de Bohême. *Voyez l'article de l'Empire, page* 181.

GRANDS OFFICIERS ÉLECTORAUX, HÉRÉDIT.
Messieurs

Les barons de Lippe, *grands-maréchaux.*
Les seigneurs de Wartenberg, *grands-échansons.*
Les seigneurs de Hasenbourg, *grand-maîtres d'hôtel.*
Les seigneurs de Sizymœi, *grands-chefs de cuisine.*

GOUVERNEMENT DE LA BOHEME.

Le comte Fr. Ant. de Nostitz & Rhineck, conf. int. act. chamb. comm. de l'ordre de S. Etienne, *président du gouvernement & grand-burggrave du royaume, à Prague.*
1784 Le comte Michel de Wallis, l. gén., *commandant-gén.*

TRIBUNAL DES APPELLATIONS.

Le comte Fr.-Xav. de Wieschnick, grand-croix de l'ordre de S. Etienne, chambellan & conf. int. actuel, *président.*

GRANDS OFFICIERS DE LA COURONNE. Messieurs

Prem. directeur des villes. Le C. Jos.-Guill. de Nostitz & Rhineck.
Grand-maréchal du royaume. Le comte Fr. Adam de Sternberg.
Grand-juge du royaume. Le comte Fr.-Jos. de Pachta.
Grand-juge de la cour féodale. Le comte Fr. de Walls.
Gr.-maît des mines & des monnoies. Le C. Ch. de Clary & Aldringen.
Grand greffier. J. Vincesl. Astfeld de Witdrezi.
Second directeur des villes. J. Marsel de Hennet.
Burggrave du cercle de Koniggraz. Neslinger de Schelchengraben.

GOUVERNEM. DE GALLICE ET DE LODOMERIE.

Le comte Louis de Cavriani, conf. int. act., *commissaire impérial & royal.*

GOUVERNEMENT DE LA MORAVIE ET DE LA SILÉSIE.

Le baron de Lohr, chev. de St. Etienne, cap. du pays, *président.*
Le comte Jos.-Ch. de Zierotin, conf.-int. act. chamb. *premier directeur des villes.*
Le C. de Mittrowsky, conf. int. act. chamb. *grand-juge du pays.*
1784 Le marq. de Botta d'Aderno, l. gén. *commandant-général.*

1701. PRUSSE, *Protestant.*

SOMMAIRE CHRONOLOGIQUE. Traité de partage de la Prusse entre la Pologne & l'ordre Teutonique, contenant division du pays en Prusse citérieure & Prusse ultérieure, & restitution de celle-ci à l'ordre, a charge de mouvance de la couronne de Pologne, 1467; guerre avec la Pologne pour refus d'hommage par Albert le Brandebourg grand-maitre de l'ordre, & introduction du Lutheranisme dans la Prusse, 1519; traité de cession pour lui & ses descendans à titre de duché séculier & héréditaire, sous même charge d'hommage à la couronne de Pologne, Nov. 1525; extension du droit d'hérédité à la branche électorale de Brandebourg, 1567, & premiere investiture en conformité pour descendans mâles, 1605; autre investiture avec extinction aux frères, 1611; dévolution de la succession, 8 Aout 1618; cession de la souveraineté à charge d'hommage en defaut de la ligne électorale, 10 Nov. 1656; diplôme de l'empereur Leopold contenant érection du duché en Royaume, 1700; & premier couronnement, 18 Janv. 1710; reconnaissance du droit de reversion à la couronne de Pologne nonobstant le titre de Roi, même an; reconnoissance solemnelle de ce titre par la France & par l'Espagne, & concession secrette du titre de Majesté, à Utrecht 12 Avril 1713.

Productions. Toute la Prusse, y compris les provinces de Pologne qui y ont été réunies, peut avoir 3358 lieues quarrées de surface, dont le royaume proprement dit forme 2014 vers l'orient & le midi; on trouve des chaines de monts separés par de vastes forêts, par des lacs d'eau douces, par des rivieres, qui de-là viennent arroser les plaines du nord & du couchant de ce pays: presque par-tout on y voit croître le froment, le seigle, l'orge, l'avoine, le blé noir, le millet, le lin, les pois, le chanvre, le houblon, le tabac; il est semé de prairies & de jardins; mais les arbres fruitiers y languissent, ou ne peuvent conduire leurs fruits à cette maturité qui le rend salutaire. On y recueille une sorte de manne, qui n'est que la semence d'une sorte de gramen. Les bêtes à cornes couvrent les prairies, de nombreux chevaux s'y nourrissent; le sanglier, le cerf, l'élan exercent encore le courage ou l'adresse des chasseurs qui ont détruit l'espece des buffles. Le gibier, le poisson y sont très-abondans; le miel y est fort commun. Malgré les vastes forêts qui ombragent encore le pays, le bois de chêne diminue; on y recherche la tourbe & la houille que l'on trouve en quelques endroits. C'est sur ses rivages que l'on découvre l'ambre jaune; ce bitume solide est transparent & inflammable; il se dissout dans l'esprit de vin, il est de couleur citrine, quelquefois blanche; ce dernier est le plus estimé, on le trouve en morceaux de différentes grosseurs, de diverses formes. La chimie, par les résultats qu'elle en tire, les feuilles, les minéraux, les insectes, les poissons, les grenouilles qu'il enveloppe souvent, semblent prouver qu'il est une substance végétale, & qu'il est d'abord liquide. On en trouve au sein de la terre; & c'est peut-être là qu'il se forme, & d'où la mer l'arrache dans les tempêtes. On en a découvert une mine en Saxe; le plus beau est celui de Prusse, sur-tout celui que la mer y jette; on en forme des bijoux; d'habiles artistes ont eu le secret de l'éclaircir, de le teindre, de l'amollir & de le pêtrir à leur gré; le Roi de Prusse en a un miroir ardent, large d'un pié & sans défaut. L'ambre est très-odorant, il en est d'élastique; on en tire un esprit acide. Celui que l'on recueille en Prusse, appartient au Roi, & lui rapporte, dit-on, annuellement 16000 écus d'empire; on ne trouve dans ce royaume d'autres mines que celles de fer; il ne produit ni vin, ni sel; la vistule, le prégel, la memel, la passarge, l'alle, l'arrosent. Des lacs, qui ont jusqu'à douze lieues de long, en varient les productions, & en rendent la perspective plus riante.

Commerce. Les papiers publics viennent de donner comme exact le tableau suivant des manufactures & du commerce de Berlin, en 1783.

1°. Manufactures de soieries; 53 métiers pour le velours; 1192 pour étoffes; 154 pour bas; 526 pour rubans; 391 pour misoietie. Total des métiers, 2316; ils occupent le même nombre d'ouvriers. La valeur de ces marchandises s'est montée à 1,749,596 dalers. On en a vendu dans le pays pour 1,245,688 dalers, & dans l'étranger, pour 487,408 dalers.

2°. Manufactures de laineries; 127 métiers pour draps; 53 pour flanelles, frises, bayettes; 1846 pour étoffes de laine; 355 pour demi-laine; 13 pour étamines; 160 pour bas, bonnets, gants; 7 pour rubans de laine. Total des métiers, 2566; ils occupent 3022 ouvriers. Valeur de ces marchandises, 1,782,404 dalers. Débit dans le pays, 1,193,980. Débit dans l'étranger, 509,404.

3°. Manufactures de toile; 78 métiers pour toile unie; 46 pour toile damassée; 114 pour toile de couleur, ou siamoise de fil. Total des métiers, 238, qui occupent autant d'ouvriers. Valeur

PRUSSE.

de ces marchandises, 122, 800 dalers. Débit dans le pays, 94, 700. Débit dans l'étranger, 28, 100.

4°. Manufactures de coton; 679 métiers pour indiennes; 263 pour draps de coton & mouchoirs; 55 pour mousselines; 25 pour velours sur coton; 4 pour futaines; 23 pour bas, bonnets & gants. Total des métiers, 1048; ils occupent le même nombre d'ouvriers. Valeur de ces marchandises, 595, 446 dalers. Débit dans le pays, 471, 287. Débit dans l'étranger, 124, 159.

5°. Manufactures de peaux & de cuirs; 145 ouvriers pour la tannerie; 93 pour la mégisserie. Total des ouvriers, 228. Valeur de ces marchandises, 242, 087 dalers. Débit dans le pays, 172, 876. Débit dans l'étranger, 69, 211.

6°. Diverses autres Manufactures; 202 fabricans de plumes & plumets; 46 de blanc d'Espagne, crayons, & de dragées à fusil; cinq de cordes pour clavecin; 16 ouvriers pour la préparation des baleines; 607 ouvriers qui travaillent en or & en argent; 9 de dentelles & de blondes; 72 fabricans de fil d'archal & de lames de métal battu; 32 de vernis; 8 de pipes à fumer; 50 de broderies en soie, &c.; 4 de savon; 600 de chapeaux de paille; 25 d'acier & de fer; 59 de tapisserie; 4 d'essence de vitriol; 9 pour le blanchissage de la cire; 689 ouvriers pour l'impression d'indiennes; 790 pour le raffinage du sucre; 22 fabricans de fil. Le total des ouvriers de ces diverses Manufactures, se monte à 3251. Valeur de ces marchandises, 1, 605, 893 dalers. Débit dans le pays, 1,110, 383. Débit dans l'étranger, 323, 530. Total des métiers, 6168. Total des ouvriers, 10, 113.

Total de la valeur des marchandises fabriquées, 6,098,226 dalers. Total du débit dans le pays, 4,388,584. Total du débit dans l'étranger, 1,541,812. Somme pour les matériaux tirés du pays, 1,470,806. Somme pour les matériaux tirés de l'étranger, 2, 127, 143.

Nota. Nous avons dit dans l'édition de 1784, qu'en Prusse, les époux qui se séparaient, étaient obligés de contracter de nouveaux liens, & que la loi ne leur permettait pas de demeurer dans le célibat. C'est une erreur que les journalistes de Berlin ont eu la bonté de nous faire appercevoir.

PRUSSE.

MONNOIES DE BERLIN,
comparées à celles de France.

Monn. de Berlin.	Monn. de France.		
	liv.	sols.	den.
Le Frédéric d'or.	19	4	0
Le louis d'or vieux de France.	19	0	0
La rixdale nouvelle à la croix.	4	17	6
Le florin de Brandebourg.	2	8	0
La rixdale ordinaire.	3	12	0
Le bon-gros.	0	3	0
La piece de 4 gros.	0	12	0
Le pfenin.	0	0	3
2 bons gros.	0	6	0
Dreier.	0	0	9
6 Pfenins.	0	1	6

On tient à Berlin les écritures en rixdales, bons-gros & pfenins.

On y change sur les places suivantes & l'on

donne		pour recevoir,
Sur Amsterdam.	1 liv. de banc.	44 sols bc. plus ou m.
Ou, ...	1 dito	46 dito cour. pl. ou m.
Breslau, Cleves. & Kœnigsberg.	1 dito.	1 liv. de bc. pl. ou m.
Dantzick.	1 dito.	135 gros polon. pl. ou m.
Francfort-sur-le Mein	1 dito.	110 Kreutzers pl. ou m. c.
Ou, ...	100 dito.	125 rixd. pl. ou m. en louis d'or.
Hambourg . .	1 dito.	43 schellings lubs bc. pl. ou m. ; ou 52 dito. cour. pl. ou m.
Leipsick	1 dito.	30 bons-gros, pl. ou m.
Londres	1 dito.	50 den. sterl. pl ou m.
Paris	1 dito.	98 sols t. pl. ou m.
Vienne	1 dito.	110 Kreutzers, pl. ou m.

La fermeture de la caisse d'escompte, du grand & du petit lombard, sont fixés annuellement à la fin du mois de Mai, & s'ouvrent le 14 Juin.

Les usances sont à Berlin de 15 jours après l'acceptation. Il y a trois jours de grâce : si le troisième jour tombe sur un dimanche, ou un autre jour de fête, il faut payer le jour auparavant, & s'il arrivait que tous les jours de grâce fussent des jours de fêtes, il faudrait se faire payer au jour de l'échéance, ou protester le même jour.

MAISON ROYALE.

FRÉDÉRIC II, né 24 Janvier 1712, électeur de Brandebourg & roi de Prusse, 31 Mai 1740, marié 12 Juin 1733, à

Reine. Elisabeth-Christine de Brunswick-Wolfembuttel, née 8 Novembre 1715.

Neveu. Frédéric-Guill. né 25 Septembre 1744, marié 12 Juillet 1765, à Elisabeth-Christ. de Brunswick-Wolfembuttel, remarié 15 Juillet 1769, à

Frédérique-Louise, princesse de Hesse-Darmstadt, née 16 Octobre 1751, dont

Arrieres-neveux. Fréd.-Guillaume, né 3 Août 1770.

Fréd.-Louis-Charles, né 5 Novembre 1773.

Fréd.-Hen.-Charles, né 30 Décembre 1781.

Fréd.-Guill.-Charles, né 3 Juillet 1783.

Arrieres-nieces. Fréd.-Louise, née 18 Novembre 1774.

Fréd.-Christiane, née 2 Mai 1780.

Arriere-niece du premier lit du prince Fréd.-Guill. Fréd.-Charlotte-Ulrique Catherine, née 7 Mai 1767.

Niece. Fréd.-Sophie, sœur du prince de Prusse, née 7 Août 1751. *Voyez Provinces-Unies.*

Freres. Fréd.-Hen. né 18 Janvier 1726, marié 15 Juin 1752, à Guillemine de Hesse-Cassel, née 23 Février 1726.

Aug.-Ferdinand, né 23 Mai 1730, marié 27 Sept. 1755, à Anne-Elis.-Louise de Brandebourg-Schwedt, née 22 Avril 1738, *dont*

Neveux. Frédéric-Christian, né 11 Novembre 1771.

Louis-Christian, né 18 Novembre 1772.

Frédéric-Guillaume, né 19 Septembre 1779.

Nieces. Fréd.-Elizabeth, née 1 Novembre 1761.

Fréd.-Louise-Dorothée-Philippine, née 24 Mai 1770.

Sœurs. Philippine-Charlotte. *Voyez* Brunswick-Wolfembuttel.

Louise-Ulrique. *Voyez* Suede.

Cousin. Henr.-Fréd. Margrave de Brandebourg-Schwedt, né 21 Août 1709, marié 13 Mars 1739, à Léopoldine-Marie d'Anhalt-Dessau, veuve 27 Janvier 1781, *dont*

Cousines. Fréd.-Charlotte-Léopoldine, abbesse d'Herforden, née 18 Août 1745.

L.-Henriette-Guill. née 14 Sept. 1750, *Voyez* Anhalt-Dessau.

Henriette Marie, née 2 Mars 1702, veuve 23 Nov. 1731, du prince Fréd.-Louis de Wurtemberg.

GRANDS OFFICIERS DE LA COURONNE.

Messieurs

Grand-chambellan, le comte Charles de Osten Sacken.
Grand-maréchal, le comte Gebhard Werner de Schulenbourg.
Grand maître de la garde-robe, le c. Jean Eustache de Goerz.
Grand écuyer, le comte Frédéric Albrecht de Schwerin.

PRINCIPAUX OFFICIERS DE L'ADMINISTRATION.

DIRECTION GÉNÉRAL DE FINANCES, DE LA GUERRE ET DES DOMAINES. Messieurs.

Joachim Christian de Blumenthal, conseiller d'état privé & de guerre, *vice-président du directoire*, & *chef des départements de Pomeranie & de la nouvelle Marche*.

Frédéric Guillaume, baron de Schulenbourg, conseiller privé d'état & de guerre, *vice-président du directoire*, & *chef des départements de Magdebourg, Cleves, Mark, Gerdern, Neufchâtel, Minden, Halberstadt, Mœurs, Ostfrise, Ravensberg, Stecklenbourg & lingen, de la succession d'Orange, des revenus du papier timbré & du dép. des forêts, & directeur de la banque & de la société de commerce maritime*.

Léopold Otton de Gaudi conseiller privé d'état & de guerre, *vice-président du directoire*, & *chef des départements de la Prusse orientale & occidentale, de la Lithuanie, & du trésor royal*.

Frédéric Antoine, baron de Heinitz, conseiller privé d'état & de guerre, *vice-président du directoire, chef du département des mines*.

J.-Ernest Dietrich de Werder, conseiller privé d'état & de guerre, chanoine du chapitre de Brandebourg, *vice-président du directoire, chef des départements de la marche électorale, des postes & des salines & président du college de santé*.

Louis Rudolphe de Schulenbourg, général-major d'infanterie, *chef au département de la guerre, directeur des magasins des poudres & salpêtres, des manufactures d'or & d'argent, & chef de la maison royale des invalides*.

HAUT TRIBUNAL DE JUSTICE. *Juſtitz miniſterium.*

Meſſieurs

Erneſt Friedemann de Munchauſen, conſeiller privé d'état & miniſtre de Juſtice, chanoine du chapitre de Magdebourg, & *directeur & préſident du haut tribunal.*

Jean Henri Caſimir de Carmer de Ruetzen, grand chancelier du royaume de Pruſſe, & de toutes les provinces royales, conſeiller privé d'état & miniſtre de juſtice, *commiſſaire du Roi en Poméranie.*

Charles Abraham baron de Zedlitz, conſeiller privé d'état, & miniſtre de juſtice, *chef du département des égliſes luthériennes, des écoles, & monaſteres de la communion catholique, préſident du conſiſtoire luthérien, chef du directoire des revenus des égliſes & des pauvres, curateur en chef des univerſités & de l'egliſe de la trinité, directeur de la bibliothéque du Roi, du cabinet des médailles, chef du tribunal de l'acciſe, & membre de l'académie royale des ſciences.*

Wolfgand Ferdinand, baron de Doernberg, conſeiller privé d'état, & miniſtre de juſtice, premier préſident du tribunal de la chambre, *chef du département des égliſes reformées, préſident du directoire des mêmes égliſes, du directoire & du conſiſtoire des égliſes françaiſes, directeur du mont de pieté, & chevalier de l'ordre de S. Jean.*

ADMINISTRATION GENERALE DE L'ACCISE. *Meſſieurs.*

Marc Antoine André de la Haye de Launay, conſeiller de finances, *adminiſtrateur général & préſident.*

Jacques Engelbrecht, conſeiller de finances, *régiſſeur du département de la Siléſie.*

Pierre Hainchelin, conſeiller de finances, *régiſſeur du département de la Pruſſe occidentale.*

Charles Louis Peters, conſeiller de finances, *régiſſeur du département de la marche électorale & de la nouvelle marche.*

Jean Baptiſte Roux, conſeiller de finances, *régiſſeur du département de Magdebourg, Halberſtadt, Cleves, Minden & Mœurs.*

Grodart, conſeiller de finances, *régiſſeur de la Pruſſe orientale, de la Poméranie & de la Lithuanie.*

CONSISTOIRE DES ÉGLISES.

Charles Abraham, baron de Zedlitz, chef.

DIRECTION DES PAUVRES.

Le baron de Zedlitz, *chef*.

ADMINISTRATION DE LA BANQUE. *Banco præsidium.*

Le baron de Schulenbourg, *administrateur général*.

ADMINISTRATION DES POSTES.

Erneſt Dietrich de Werder, conſeiller privé d'état & de guerre, *grand-maître général*.

ETAT MILITAIRE.

GOUVERNEMENT DE BERLIN.

Wich. Joach. Henri de Moellendorf, lieutenant général d'infanterie, *gouverneur*.

Henri Godefroi de Braunn, major général d'inf. *commandant*.

CORPS DES CADETS.

Charles Rudolphe de Moſch, major général, *chef*.

GARDES DU CORPS.

Frédéric Guillaume de Xollicoffer, *capitaine*.

RÉGIMENTS DES HOUSSARDS.

Joachin de Zieten, général de cavalerie, *chef*.

RÉGIMENTS D'INFANTERIE.

Le prince Frédéric de Brunſwick, lieut. gén. d'inf., *chef*.

Wich. Joach. Henri de Mœllendorf, lieut. général d'inf., *chef des régiments des fuſiliers*.

ARTILLERIE.

Georges Erneſt de Holtzendorf, major général, *chef & inſpecteur général*.

ÉTABLISSEMENTS RELATIFS A L'ÉDUCATION ET AUX SCIENCES.

ACADÉMIE ROYALE DES SCIENCES.

Le Roi, *protecteur*.

Sigismond, comte de Redern, *curateur*.

. . . . *curateur*.

PRUSSE.

Messieurs

Henri, Marggrave de Brandebourg-Scwedt.
Chrift.-Fréd.-Charles-Alex. marggrave de Brandebourg-Anfpach-Bayreuth.
Louis, prince de Brunfwick-Wolfembuttel.
L'impératrice de Ruffie.

1742 Ferdinand, prince de Brunfwick-Wolfembuttel.
1742 Joachim André, comte de Malzahn de Militfch.
1744 Frédéric Guillaume, prince de Pruffe.
1746 Le Roi de Suede.
1750 Louis landgrave de Heffe-Darmftadt.
1751 Charles Ferdinand, prince de Koffwaren-Loos.
1753 Frédéric Eügene, prince de Wurtemberg Stouttgart.
1757 Henri Joachin de Zieten, général de cavalerie.
1761 Bogiflas Frédéric de Tauentzien, gén. d'infanterie.
1761 Charles Guillaume comte de Finckenftein, min. du cab.
1762 Zacharie, comte de Czernicheff.
1763 Frédéric Augufte, prince de Brunfwick.
1764 Le Roi de Pologne.
1764 Charles Frédéric prince de Carolath-Beuthen.
1766 Le comte de Schmettau.
1766 Frédéric Chriftophe de Saldern, lieut.-général.
1767 Frédéric Guillaume, pr. de Hohenzollern-Hechingen.
1768 Le prince d'Orange, Stadhouder des Pays-Bas.
1768 Jean Frédéric de Stutterheim, lientenant-général.
1769 Léopold Frédéric François, prince d'Anhalt-Deffau.
1770 Scipion, baron de Lentulus, lieutenant-général.
Le prince Charles de Suede.
Le grand duc de Ruffie.
Gregoire prince d'Orlow.
Le comte Colonna.
Pierre comte de Panin.
Le prince de Wurtemberg-Oels.
1771 Frédéric Adolphe, prince de Suede.
1772 Le prince Frédéric Guillaume de Pruffe.
Victor Frédéric, comte de Solms.
Le landgrave régnant de Heffe-Caffel.
1773 Charles Chriftophe de Bülow, lieut.-gén. de cavalerie.
Jean Georges Henri, comte de Werthern.
Le prince Frédéric Chriftian Henri de Pruffe.
1779 Chriftophe Henri, comte de Reichenback.
1786 Le prince Grégoire Potemkin.
Le prince Romanzow Sadunoiskoi.

PRUSSE.
Messieurs

1777 Charles de Osten, comte de Sacken.
    Le prince Louis de Wurtemberg.
    Le prince de Cobourg.
    De Kleist, lieutenant-général.
1778 Wich. Joach. Henri de Mœllendorf, lieut.-gén. d'inf.
1779 Alex. Pawlowitsch, grand duc de Russie.
1780 Charles Georges Lebrecht, prince d'Anhalt-Cœthen.
1782 Dœring Guillaume de Krockow, lieut.-gén. d'inf.
    Michel Constantin de Zaremba, lieut. gén. d'infanterie.
    Christophe Auguste de Lengefeld, lieut. gén. d'infant.

ORDRE DU MERITE.

LE ROI, *grand-maître.*

Environ soixante douze officiers décorés de cet ordre, à raison des services qu'ils ont rendu à l'état, & sept gouverneurs & commandans de villes.

MINISTRES RESIDENTS.
PRES LES COURS ÉTRANGERES. *Messieurs*

Amsterdam.   Philippe Antoine Erberfeld, *résident.*
              Chomel, *conseiller de commerce & consul.*

PRUSSE.
Messieurs

Cologne.	Théodore de Emminghauff, *consul.*
Copenhague.	Le comte de Rhode, *env. extraordinaire.*
Constantinople.	Dietz, *chargé d'affaires.*
Dantzick.	Linsdenowsky, *résident.*
Dordrecht.	Wilmssen, *agent.*
Dresde.	D'Avensleben, *env. extraordinaire.*
Francfort & Manheim.	De Hochstedter, *ministre.*
Cercle de Franconie & de Souabe.	Le baron de Pfeil, *ministre.*
Gênes.	Dumoulin, *chargé d'affaires & consul.*
La Haye.	Le baron de Schulenbourg, *env. extraord.*
Hambourg & cercle de la basse Saxe.	Pierre Græwe, *agent.*
Lisbonne.	Louis Clement Braamcamp, *résident.*
Londres.	Le comte de Lusi, *env. extraordinaire.*
Madrid.	. . . . *env. extraordin.*
Mulhausen.	Latterodt, *résident.*
Naples.	Motta, *consul.*
Paris.	Le baron de Goltz, *envoyé extraord.*
Pétersbourg.	Le comte de Goertz, *min. plénipotentiaire.*
Ratisbonne.	De Schwartzenau, *ministre plénipot.*
Rome.	L'abbé Ciofani, *agent.*
Rotterdam.	Henri Steurs, *agent.*
Stockholm.	Le baron de Keller, *env. extraordinaire.*
Stouttgard.	Madeweis, *ministre résident.*
Turin.	De Chambrier, *envoyé extraordinaire.*
Varsovie.	Buchholtz, *résident.*
Venise.	Le comte de Catanea *chargé d'affaires.*
Vienne.	Le baron de Riedesel, *envoyé extraordin.*
	Jacobi, *conseiller de légation, résident.*
Elsingor.	Hellemann Van Eykellenbourg, *cons. de comm. & consul.*

ARTICLE II.

TABLEAU DES PRINCIPALES PRINCIPAUTÉS DE L'EUROPE.

ARCHIDUCHÉ D'AUTRICHE, cathol.

SOMMAIRE CHRONOLOGIQUE. Premiers domaines de la maison, les comtés de Hapsbourg & de Kybourg, avec quelques autres terres dans le canton de Berne en Suisse ; jonction du duché d'Autriche, 1282 ; de ceux de Styrie, Carinthie & Carniole, ensemble du comté de Gloritz, de la Marche d'Esclavonie, & de la seigneurie de Portenau, 1331, 1333 & 1335 ; du comté de Tyrol, 1363 : du landgraviat de Souabe, 1386 ; de celui d'Alsace, 1439 ; des duchés de Lothier, Brabant, Luxembourg, Limbourg & Gueldres, ensemble des comtés de Flandres, Artois, Bourgogne, Hainault, Namur, Hollande, Zélande, Frise, & Zutphen, du marquisat d'Anvers ou du S.' Empire, & des seigneuries de Malines & Salins, 1477 ; des comtés d'Over-Issel & de Groninge & de la seigneurie d'Utrecht, 1527 ; des duchés de Milan & comté de Pavie, 1549 ; & du duché de Mantoue, 1708 ; spoliation des comtés de Hapsbourg & de Kybourg, par les cantons Helvétiques, 1415 ; érection du duché d'Autriche en archiduché, 1477 ; & expectative du duché de Wirtemberg, 1510 & 1534 ; édit perpétuel ou pragmatique sanction qui établit indivisiblement tous les domaines de la maison en faveur de l'ainée des archiduchesses à défaut d'archiducs, & de l'ainé de leurs descendans mâles ou femelles à l'infini, 19 Avril 1713 ; acceptation de cet édit par les états des pays d'Allemagne, 1722 & 1723 ; cession du comté de Pavie au Roi de Sardaigne, 13 Oct. 1735 & 18 Nov. 1738 ; expectative des duchés de Parme & de Guastalle, 30 Avril & 18 octobre 1748.

MONNOIES DE VIENNE,
comparées à celles de France.

Mon. de Vienne.	Mon. de France.		
	liv.	sols.	den.
Le ducat d'or.	10	13	4
Rixdaler d'argent.	5	6	8

268   ARCHIDUCHÉ D'AUTRICHE:

	liv.	sols.	den.
Rixdaler d'empire.	4	0	0
Rixdaler courante.	4	0	0
Thaler.	5	6	8
Florin.	2	13	4
Gros d'Empire.	0	2	8
Creutzer.	0	0	$10\frac{2}{3}$
Pfenning.	0	0	$2\frac{2}{3}$
L'écu de change d'Empire.	5	6	8
22 creutzers & 2 Pfennings.	1	0	0

On tient à Vienne, les écritures en florins, creutzers & pfennings, & en rixdalers, creutzers & pfennings.

La proportion entre l'or & l'argent y est comme 1 à $14\frac{3}{10}$.

Les monnoies étrangeres qui roulent dans le pays, ont cours suivant les ordonnances qui en fixent la valeur. Toutes les monnoies, qu'on nomme en Allemagne *scheidemuntz*, sont défendues dans les états d'Autriche.

On y change sur les places suivantes, & l'on

donne,		pour recevoir,
Sur Amsterd.	140 rixd. pl. ou m.	100 rixd. bc. 4 sem de dat.
Augsbourg & Nuremberg,	100 flor. pl. ou m.	100 flor. cour. à usance.
Bolzane,....	100 dito, pl ou m.	100 flor. mon. long. en foir.
Ou,.....	97 dito, pl. ou m.	100 flor val. de foir. ou mon.
Breslau,....	97 rixd. pl. ou m.	100 rixd. à usance.
Francfort,...	100 dito, pl. ou m.	100 rixd. conv. cour. à us. & en foire.
Gratz & Lintz,	100 flor. pl. ou m.	100 flor. cour. en foire.
Hambourg,..	140 rixd. pl. ou m.	100 rixd. bc. à 4 sem. de dat.
Leipsick & Naumberg,	100 dito, pl. ou pl.	100 rixd. cour. ou en louis-d'or aux foires.
Livourne,...	1 florin.	64 sols mon. bonne p. ou m.
Londres,....	$1\frac{3}{4}$ dit. pl. ou m.	1 livre sterling.
Milan,....	1 dito.	70 sols cour. plus ou m.
Prague,....	100 dito, pl. ou m.	100 florins cour. à usance.
Venise,.....	124 rixd. pl. ou m.	100 ducats bc.
Ou,......	96 flor. pl. ou m.	500 liv. mon. piccola.

L'usance est de 14 jours après l'acceptation; une double usance est de 28 jours; une usance & demie de 21 jours; une demi-usance de 7 jours après l'acceptation.

ARCHIDUCHÉ D'AUTRICHE.

Il y a trois jours de grâce, le dimanche & les jours de fêtes y compris ; au troisieme jour, il faut que le payement ou le protêt se fasse ; s'il arrive que le troisieme jour tombe un dimanche ou un jour de fête, on renvoie le payement au premier jour ouvrier suivant.

Les lettres-de-change à certains jours préfix & à vue, doivent être payées dans l'espace de 24 heures, ou il faut les faire protester.

MAISON ARCHIDUCALE.

Joseph II, empereur des romains, archiduc d'Autriche. *Voyez l'article de l'Empire.*

GRANDS OFFICIERS DE LA MAISON IMPÉRIALE.

Premier Grand-Maître.

Le prince de Starhemberg, chevalier de la toison d'or, grand-croix de l'ordre de S. Étienne, consf. int. act. min. d'état pour les affaires étrangeres.

Charges dépendantes de ce département.

Le prince de Clary & d'Aldringen, *grand-veneur.*
Le comte de Schallenberg, chamb. act. *Obrid Stabelmeister.*
Le C. Franç. de Dietrichtein, chamb. *directeur de la vaisselle.*
Le comte Jos. de Stockhammer, *échanson.*
. . . . *écuyer tranchant.*
Le comte Ant. de Colloredo ; *cap. de la garde-noble des archers.*
Le C. Jos. de Khevenhuller Metch, *capitaine-lieutenant.*
Le comte Nic. Esterhazy de Galantha, *capitaine de la garde-noble Hongraise.*
Le baron de Spleny, *capitaine-lieutenant.*
Le pr. Adam de Czatorisky, *cap. de la garde-noble Gallicienne.*
. . . . *capitaine des gardes-du-corps à pied.*
Le baron Sylvere d'Elvenich, *capitaine-lieutenant.*

Grand-Chambellan.

Le compt. Franç. d'Ursin & Rosemberg, chev. de la toison d'or.

Grand-Maréchal.

Le comte Eug. Wrbna Frendenthal, consf. int. actuel.
Le comte Fr.-Ant. de Lamberg-Orteneg, consf. int. act. *vice-maréchal.*

ARCHIDUCHÉ D'AUTRICHE.

GRAND-ÉCUYER.

Le C. J.-Ch. de Dietrichstein, chev. de le toison d'or, conf. int. act.

COLLEGES D'ADMINISTRATION.

Tribunal des appellat. pour tous les pays de l'Autriche infer.

Le comte Vincesl. de Sinzendorff, chev. de la toison d'or, conf. int. actuel & chambellan, *président.*

Le comte de Ugarte, ci-devant conf. au gouver. de Lemberg, *vice-président.*

CHAMBRE AULIQUE DES COMPTES & CONTRÔLE GÉNÉRAL.

Le comte Ch. Sinzendorff & Pottendorff, comm. de l'ordre teuton. conf. int. act. & chamb. *président.*

DÉPARTEMENT DES MINES.

. . . . *président.*

CHANCELLERIE *royale & aulique de Bohême & d'Autriche, combinée avec la chambre aulique & la députation ministérielle de la banque.*

Le comte Leop. de Kollwrath, grand-croix de l'ordre de St. Etienne, conf. int. act. *président.*

Le comte Jean de Chotek, chamb. & conf. aul. act. *chancelier.*

Le baron Tobie Phl. de Geblet, chevalier de l'ordre de S. Etienne, *vice chancelier.*

CHANCELLERIE *int. de cour & d'état des Pays-bas & d'Italie.*

Le prince Vincesl. Ant. de Kaunitz, C. de Rittberg, chev. de la toison d'or, grand croix de l'ordre de S. Etienne, conf. intime actuel, *grand chancelier de cour & d'état.*

Le comte Jean-Phil. de Cobenzl, baron de Proseck, chamb. conf. int. act. conf. d'état d'épée aux Pays-bas, *vice-chancelier.*

CHANCEL. AULIQUE DE HONGRIE ET DE TRANSILVANIE.

Le comte Fr. d'Esterhazy de Galantha, chevalier de la toison d'or, grand-croix & chanc. de l'ordre de S. Etienne, chamb. & conf. int. act. *chancelier.*

Le C. Charles Palfy, chev. de la toison d'or, chambellan & conf. int. act. *premier-vice-chancelier.*

Le C. George Banffi de Losontz, chamb. *sec. vice-chancelier.*

Archiduché d'Autriche.

Chancellerie Impériale Aulique Intime.

Le prince Rodolphe de Colloredo, chevalier de la toison d'or, grand-croix de l'ordre de S. Etienne, conf. int. act. d'état & de conférence.

Fr.-George de Leykam, chev. de l'ordre de S. Etienne, conf. aul. act. & référendaire intime de l'empire.

Le baron Ch. de la Sollaye à Wartenberg, conf. aul. act. & référendaire intime de l'empire.

CONSEILS DE L'EMPEREUR.

Conférence intime d'état.

Ministres de Conférence. *Messieurs*

Le prince Rodolphe de Colloredo.
Le prince de Kaunitz, comte de Rittberg.
Le prince George-Adam de Stahremberg.
Le comte Franç.-Maurice de Lascy, chev. de la toison d'or, grand-croix de l'ordre militaire de Marie-Thérèse, conf. int. act. général-feld-maréchal, & colonel d'un régim. d'infanterie.

Conseil d'État.

Ce conseil, qui se tient en présence de l'empereur, a pour objet les affaires intérieures.

Ministres d'État *Messieurs*

Le prince de Kaunitz, comte de Rittberg.
Le C. Charles Fréd. de Hatzfeld-Gleichen, chevalier de la toison d'or, grand-croix de l'ordre de St. Etienne, conf. int. actuel ministre d'état, dirigeant les affaires intérieures.
Le baron de Reischach, conf. int. act. & ministre d'état.

Conseiller d'État.

Le baron Ch.-Ant. de Martini, chev. de l'ordre de S. Etienne.

Conseil Aulique de Guerre.

André, comte de Hadick & du S. Empire, grand-croix de l'ordre militaire de Marie-Thérèse, comte suprême du comitat de Bacz en Hongrie, conf. int. act. gén. feld-maréchal, & colonel d'un régiment de Hussards, *président*.

ARCHIDUCHÉ D'AUTRICHE.

DÉPARTEMENT *de la Justice d'état de la basse Autriche.*

Le comte Joseph d'Herbestein, conf. int. act. chamb. & président de la banco-députation de justice, *juge suprême.*

BANCO-DÉPUTATION DE JUSTICE.

Le comte Joseph d'Herbestein, *président.*

MARÉCHAL DES ÉTATS DE LA BASSE AUTRICHE.

Le comte Jean-Ant. de Pergen, grand-croix de l'ordre de S. Étienne, chamb. conf. int. act. ministre d'état dans les affaires intérieures, & président de la régence de la basse Autriche.

ORDRES DE CHEVALERIE,
établis dans les domaines de l'empereur.

1429. ORDRE DE LA TOISON D'OR.

TOISON D'OR.

Voyez sur la naissance & la constitution de cet ordre, l'édition de 1783, page 324.

L'EMPEREUR, *chef & souverain.*

CHEVALIERS. *Messieurs*

1739 Le duc Ch.-Eug. de Wurtemberg-Strouttgard.
Le prince Joseph Frédéric de Saxe-Hilburghausen.
1744

ARCHIDUCHÉ D'AUTRICHE.

Messieurs

1744 Le prince Rodolphe de Colloredo.
1749 Le prince Ch.-Max. Philippe de Dietrichstein.
      Le prince Vinceslas Antoine de Kaunitz.
1753 Le duc de Modène.
1755 Le grand duc de Toscane.
1758 Le maréchal comte de Lascy.
1759 Le prince Georges de Starhemberg.
1763 L'archiduc Ferdinand.
      Livio, prince Odescalchi.
      François Philippe de Sternberg.
      Fr. des Ursins, comte de Rosenberg.
1764 Le comte François d'Esterhazy.
      Le comte Charles Frédéric de Hartzfeld.
1765 Le prince Nicolas d'Esterhazy.
      Le comte Camille de Colloredo.
      Le comte François Norbert de Trautmansdorf.
1767 Le comte Charles de Dietrichstein.
      Le prince Charles Egon de Fürstenberg.
1768 Le prince héréditaire de Toscane.
1770 Le comte Florimond de Mercy-Argenteau.
1771 L'archiduc Ferdinand, grand-prince de Toscane.
      Le prince Ulric de Kinsky.
      Le prince Charles de Liechtenstein.
      Le prince Charles de Ligne.
      Le prince Gundacre de Colloredo.
      Le comte Ern. de Kaunitz-Rittberg.
      Le comte Léop. Krakousky de Kollowrath.
1775 Le prince Barth. de Corsini.
      Le prince Charles de la Tour & Taxis.
1778 L'électeur palatin.
1781 Le Landgrave Charles Emm. de Hesse-Rheinfels.
      Le prince Joseph Jean de Schwarzenberg.
      Le duc Louis d'Aremberg.
      Le comte Venceslas de Sinzendorf.
      Le comte de Urbna Freudenthall.
      Le comte Charles de Palfy a Frded.
      Le comte François Antoine de Khevenhüller-Metsch.
      Le comte Antoine Goth. de Schafgotsch.
      Le comte Ant. de la Tour & Valsassina.
      Le prince Charles d'Albani.
      Le prince François Joseph de Gavre.
      Le comte Jean François de Hardegg Glatz.

274 ARCHIDUCHÉ D'AUTRICHE.

Messieurs

Le vicomte François de Patin, *trésorier de l'ordre*.
Domin. de Deldono, *roi-d'armes*.
.......................*secrétaire*.

1757. TRES ILLUSTRE ORDRE DE LA CROIX-ÉTOILÉE.

La grande-duchesse de Toscane, *grand'maîtresse*.

ASSISTANTE.

Madame la comtesse Marie Elisabeth, douairiere d'Uhlefeld, née princesse de Lobkowitz.
Mad. La comtesse douairiere de Saurau, née comtesse de Breuner, *dame de conseil*.
M. Joseph Frech, noble d'Ehrimfeld, chevalier du S. Empire, *secrétaire de l'ordre*.

1757. ORDRE DE MARIE-THÉRÈSE.

MARIE THERESE

L'EMPEREUR, *grand-maître.*

GRAND-CROIX. *Messieurs*

1757 Le comte de Haddick, feld-maréchal.
1759 Le baron de Laudon, feld-maréchal.
1759 Le comte de Lascy, feld-maréchal.
1765 Le grand-duc de Toscane, feld-maréchal.

COMMANDEURS. *Messieurs*

1765 Le prince Nicolas d'Esterhazy, feld-maréchal.
Le prince de Kinsky, feld-maréchal.
Le baron Siskowitz, G. d'a.
Le baron de Rougeroy, feld-maréchal, L.
Le comte de Pellegrini, G. d'a.
1778 Le comte d'Alton, feld-maréchal, L.
Le comte de Wurmser, feld-maréchal L.
Le baron de Terczy, général major.

92 *chevaliers.*

Le prince de Kaunitz-Rittberg, *chancelier.*
Le baron de Collenbach, *trésorier.*
M. de Spielmann, *greffier.*
M. Antoine de Hayd, *chancelliste.*

ORDRE DE SAINT ETIENNE.

L'Empereur, grand-maître.

GRAND-CROIX. Messieurs

L'archiduc Ferdinand.
Le prince Albert de Saxe-Teschen.
Le duc de Modène.
Le prince Rodolphe de Colloredo.
Le prince Vinc.-Antoine de Kaunitz-Rittberg.
Le prince George de Starhemberg.
Le C. François d'Esterhazy de Galantha, chancelier.
Le comte Ch.-Fréd. de Hartzfeld-Gleichen.
L'archevêque de Malines.
Le comte Jean de Choteck.
Le comte H. Gaetan de Blumegen.
Le prince J. Vincestas de Paar.
Le cardinal archevêque de Vienne.
L'archevêque de Gran, primat de Hongrie.
Le comte Ch.-Aug. de Sailern.
Le prince L. de Hesse-Darmstadt.
Le comte George Fekete de Galantha.
Le comte Jean Antoine de Pergen.
Le comte Siegmund Rudolphe de Goes.
Le prince Sigism. de Khevenhuller-Metsch.

Archiduché d'Autriche.

Messieurs

Le comte Léop. de Kollowrath-Krakowsky.
Le comte Fr.-Xav. de Wieschnick.
Le comte Ch. de Kollenberg.
L'archevêque de Prague.
L'archevêque de Léopol.
Le comte Henri d'Auersperg.
Le cardinal de Herzan, min. de l'emp. à Rome.
Le comte François George de Metternich.
Le comte Jean Nepom. de Erdody.
Henti XI prince de Reuss.
Le baron de Reischach, ministre d'état.
Le comte Philippe de Cobenzl, vice chancel. d'état.
Le C. Ant. de Nostitz, grand burggrave de Bohême.
Jacques de Durazzo, ci-dev. amb. à Venise.
Le comte Jos. de Kaunitz Rittberg, amb. en Espagne.
Le comte Louis de Cobenzl, min. de l'emp. à Petersb.

COMMANDEURS. *Messieurs*

Le comte François Ferdinand de Schrattenbach.
Le comte Aloise Podstaczky-Lichtenstein.
Le comte François Xav. de Koller.
Le baron Fred. Charles de Grosschalg.
Le comte J. Csaky de Keresztszegh.
Le baron Egidius Valentin de Borie.
Le baron Joseph de Cazier.
Le comte Jean Godefroi de Heister.
Le comte Ad.-François de Hartig.
Le comte Antoine Esterhazy de Galantha.
Le comte Jos. Keglewics de Buzin, *secrét. de l'ordre*.
Le comte G. Csaky de Keresztszegh.
Le baron Godefroi de Switten.
Le comte Joseph de Khevenhüller-Metsch.
Le baron Ch. Reviczky de Revisnye.
Le baron Samuel de Bruckental.
Le baron François de Thugut.
Le baron Joseph de Bartenstein.
Le comte François Balassa de Balassa-Gyarmath.
Le comte Paul de Festerich de Tolna.
L'évêque de Wesbrim.
Le baron Laurent de Ortzy.
Le comte Christophe de Risky.

ARCHIDUCHÉ D'AUTRICHE.

Messieurs

Le baron François Georges de Leykam.
Le baron François Charles de Kreſſel.
Le baron Jean Frédéric de Loehr.
Le baron Tobie Philippe de Gebler.
Le comte George Banfi.
Le Baron Wolfgang de Banfi.
Le comte Teleky.
François de Raduany.
Henri de Krumpipea.
55 *chevaliers.*

TABLEAU DES GÉNÉRAUX ET COLONELS

revêtus des croix à penſions, fondées, en 1750, par feue l'impératrice Eliſabeth-Chriſtine, augmentées par feue l'impératrice Marie-Thérèſe en 1771.

Messieurs

Le C. de Petazzi, gén. feld X.	Le C. de Waldſtein, gén. de B.
Le B. de Brinken, feld-m. lieut.	Le B Vogelſang, gén. de B.
Le B. Val. Prowna, gén. lieut.	De Tſchamer, gén. de B.
De Gaſtheim, gén. de B.	Le comte de Gourcy, colonel.
Le chev. d'Argout, gén. de B.	De Calveria, colonel.
Le C. de Artems, gén. de Bat.	De Clement, colonel.
Le B. de Hager, gén. de B.	Le comte de Sauran, colonel.
Le B. de Bulow, gén. de B.	De Sturm, colonel.

PAYS-BAS AUTRICHIENS, *Catholiques.*

S**OMMAIRE CHRONOLOGIQUE.** Ceſſion des duchés de Lothier, de Brabant, de Limbourg, de Luxembourg, & de partie de celui de Gueldres, enſemble du marquiſat d'Anvers, du comté de Namur avec partie de ceux de Flandres, de Hainault, de Tournay & du Tournéſis, & de là ſeigneurie de Malines faite à l'empereur Charles VI, 6 Mars 1714; & premiere inſtitution d'un gouvern. & capit. gén. pour ce prince, 1716; acceptation de la pragmatique ſanction par les états de ces pays, 15 mai 1725.

MONNOIES DE PAYS-BAS,
comparées à celles de France.

La maniere de dresser les comptes aux Pays-Bas, est en florins courans de Brabant, patarts & deniers; on n'y parle jamais de spenins; douze deniers font un patard, & 20 patards font un florin courant de Brabant.

49 Florins courans de Brabant, font juste 90 liv. de France.

Liste des Monnoies effectives de Bruxelles.
ESPECES D'OR.

Monn. de Brabant.	liv.	sols	den.	Monn. de France. liv.	sols	d.
Le souverain.	17	17	0	32	15	8.
Le demi-souverain.	8	18	6	16	7	10.

ESPECES D'ARGENT.

	liv.	sols	den.	liv.	sols	d.
Le Ducaton.	3	11	2	6	10	8.
Demi-ducaton.	1	15	7	3	5	4.
La couronne.	3	3	0	5	15	8.
Demi-couronne.	1	11	6	2	17	10.
Pièce de 9 s. moins 1 liard.	0	8	9	0	16	1.
Escalin.	0	7	0	0	12	10.
Pièce de cinq patards.	0	5	0	0	9	2.
Pièce de dix liards.	0	2	6	0	4	7.

ESPECES DE CUIVRE.

	liv.	sols	den.
Pièce de 2 liards.	0	0	6 d.
Liard.	0	0	3

Le florin, le patard, la livre de gros & toutes les monnoies de change sont monnoies imaginaires, & qui n'existent que dans les comptes.

Le louis d'or de 24 liv. de France, vaut 13 florins 1 sol 4 deniers, argent courant de Brabant.

Un édit de l'empereur, du 23 Août 1784, en donnant cours dans le Pays-Bas, aux ducats de Kremnitz, aux ducats Impériaux, & aux écus, tant Impériaux que Kremnitz, a statué ainsi sur leur valeur: article I. Les ducats de Kremnitz, au titre de vingt-trois karats neuf grains & du poids de deux esterlins neuf as, dont l'empreinte se trouve ci-après, auront cours dans nos provinces Belgiques sur le pied de six florins un sol, argent courant de Brabant, & les doubles sur le pied de douze florins deux sols.

II. Les ducats dits Impériaux à notre coin, au titre de vingt-trois karats huit grains du poids de deux esterlins neuf as, selon l'empreinte ci-après, auront cours sur le pied de six florins six deniers argent courant de Brabant, & les doubles sur le pied de douze florins un sol.

III. Les écus, tant Impériaux à notre coin, que ceux au coin de Kremnitz au titre de dix deniers, dont les empreintes sont également désignées ci-dessous, auront cours sur le pied de deux florins, dix sept sols, trois deniers, argent courant de Brabant.

IV. D'après ce qui est déjà statué par le 24me article de l'édit du 19 Septembre 1749 rélativement aux espèces d'or ayant cours en ce pays, personne ne pourra donner ou recevoir en payement les simples ou doubles ducats ci-dessus mentionnés, sans les avoir préalablement pésés.

V. Conformément au 22me article du même édit, les simples ducats, tant Impériaux que de Kremnitz, ne pourront avoir qu'un seul as de faiblage, & il devra être payé deux sols trois deniers, argent courant pour chaque as manquant au-dessus de cet as, jusques à cinq as inclusivement; déclarant bil'on & non récevables tous ceux qui se trouveront affaiblis au delà de six as, y compris le premier.

VI. Selon le prescrit du 23me article du même édit, les doubles ducats, tant Impériaux que de Kremnitz, pourront comme les autres espèces d'or, ayant cours en ce pays, avoir deux as de faiblage, & il devra être payé aussi deux sols & trois deniers pour chaque as manquant au dessus de deux as jusques à quatre inclusivement; déclarant également billon & non récevables ceux de ces doubles ducats qui se trouveront affaiblis au delà de six as en ce compris les deux premiers.

VII. Les mêmes espèces auront cours dans la Province de Luxembourg sur le pied suivant en argent cours de Luxembourg, savoir:

Les ducats de Kremnitz pour six florins, treize sols, quatre deniers & demi.

Les doubles ducats Kremnitz pour treize florins, six sols, neuf deniers.

Les ducats Impériaux à notre coin pour six florins, douze sols, neuf deniers.

Les doubles ducats au même coin, pour treize florins, cinq sols, six deniers.

Le écus, tant Impériaux que de Kremnitz, pour trois florins, trois sols, un denier & demi.

PAYS-BAS AUTRICHIENS.

Et quant au faiblage qui se trouverait sur le poids des Ducats, on se réglera dans Luxembourg selon le prescrit de l'Ordonnance du 11 Mars 1775 émanée sur le cours des monnoies dans cette Province.

On y change sur les places suivantes, & l'on

donne,		pour recevoir,
Sur Amsterd.	103 l. de gs. pl. ou m.	100 liv. de gros bc.
Ou, ...	103 flor. pl. ou m.	100 florins cour.
Cologne, ...	100 rixd. A de C.	136 rixd. especes.
Espagne, ...	98 d. de gs. p. ou m.	1 ducat de 375 mar. de plat. à usance.
Francfort-sur-le-Mein, . .	100 rixd. A de C.	130 rixd. conv. cour. pl. ou moins à us.
France, ...	54 d. de gs. A de C. plus ou moins.	1 écu de 60 sols t. à 2 usances & à vue.
Hambourg, ...	35 s. A de C. p. ou m.	1 daler de 2 marcs bc. à vue & us.
Lille, ...	100 liv. de gs.	172 liv. de gs. pl. ou m.
Lisbonne, ...	48 d. de gros A de C, plus ou m.	1 creusade de 400 rées à usance.
Londres, ...	36 escal. de gs. A de C. plus ou m.	1 l. st. à vue & à us.
Milan, ...	1 flor. A de C.	56 s. c. pl. ou m. à us.
Nuremberg, ...	100 rixd. A de C.	117 rixd. cour pl. ou m. à vue.
Rotterdam, ...	100 flor. A de C.	102 flot. cour. pl. ou m. à vue.
Venise, ...	92 den. de gs. A de C. plus ou m.	1 ducat de bc.
Vienne, ...	102 rixd. A de C. pl. ou moins.	100 rixdal. espec. ou 133¼ rixd. cour.

Les usances sont à Anvers les mêmes qu'à Amsterdam. Il y a 6 jours de grâce, le dimanche & les jours de fêtes y compris. Faute de payement, on fait protester le sixieme jour. Il faut payer les lettres de change à vue dans les 24 heures.

MAISON DU SOUVERAIN.

JOSEPH II, archiduc d'Autriche, empereur des romains, souverain des Pays-bas Autrichiens. *Voyez l'article de l'Empire.*

GOUVERNEMENT.

Lieutenans-gouverneurs Capitaines-généraux.

Marie-Christine, princesse royale de Hongrie & de Bohême, archiduchesse d'Autriche, duchesse de Bourgogne, de Lorraine, de Saxe-Teschen, de Brabant, de Styrie, de Carinthie, de Carniole, de Luxembourg, de Wirtemberg, de la haute & basse Silésie, & princesse de Souabe; marquise du S. Empire, de Burgaw, de Moravie, de la haute & basse Lusace, & comtesse d'Habsbourg, de Flandre, de Tirol, de Gorice, &c.

Et Albert, prince royal de Pologne & de Lithuanie, duc de Saxe, de Juliers, de Cleves, de Berg, d'Angrie, de Westphalie & de Teschen; Landgrave de Thuringe, Marggrave de Misnie & de la haute & basse Lusace; prince & comte de Henneberg, comte de la Marck, de Ravensberg, de Barby & de Hanau, seigneur de Ravenstein, grand-croix de l'ordre royal de S. Etienne, feld-maréchal des armées de l'empereur & de celles du S. Empire romain, colonel propriétaire d'un régiment de carabiniers, &c.

Ministre plénipotentiaire de l'Empereur.

M. le comte de Belgiojoso, conseiller intime actuel, & propriétaire d'un régiment d'infanterie.

Grands Officiers de la cour de Bruxelles. *Messieurs*

Le prince Henri Othon d'Ongnies de Grimberghe, conseiller d'état intime actuel, général-major, grand-veneur de la province & du duché de Brabant, *grand-écuyer, faisant les fonctions de grand-maître*

Le prince Fr.-Jos. Rase de Gavre, chevalier de l'ordre de la toison d'or, conseiller d'état intime actuel, général major, gouv. capitaine-général, souverain bailli & administr. général des ville & province de Namur, *grand-maréchal, faisant les fonctions de grand-chambellan.*

Le comte de Sart, chambellan de l'empereur, grand-bailli du Wallon-Brabant, *grand-maître des cuisines.*

Tribunal Aulique.

Le prince Fr.-Jos. Rase de Gavre, *président.*

1725. CONSEIL D'ÉTAT AUX PAYS-BAS.

Ce conseil a été rétabli par ordonn. de l'empereur Charles VI. du 19 Septembre 1725. Le ministre plénipotentiaire de l'empereur & le commandant-général des armées, y assistent chaque fois que les circonstances l'exigent.

CONSEILLERS D'ÉTAT D'ÉPÉE. *Messieurs*

Le cardinal Migazzi, prince de l'Empire.
Le cardinal Franckenberg, archevêque de Malines.
. . . . , comme président du conseil privé.
Le prince d'Ongnies de Grimberghe.
Le comte de Woestenraedt.
Le baron de Gottignies.
Le comte Ph. de Cobenzl.
Le marquis du Chastelet.

CONSEILLERS D'ÉTAT DE ROBE. *Messieurs*

Le baron de Cazier, trésorier-général.
Le comte de Nobili.
De Wawrans, président de la chambre des comptes.
L'abbé de S. Pierre-les-Gand.
Walkiers de Tronchiennes, grand bailli de Ruremonde.
Le baron de Charvet de Vaudrecourt.
De Crumpipen, chancelier de Brabant.
De Müllendorf, président de la chambre des comptes.
De Witt, conseiller au conseil des finances.
De Fierlant, président du grand conseil de Malines.
De Staffart, président du conseil de Namur.
De Gerden, président du conseil de Luxembourg.
De Kulberg, conseiller au conseil privé.
Le comte Phil. de Neny, président du conseil de Tournay.
De Crumpipen, secrétaire de la guerre.
Diericx, président du conseil de Flandre.

Ces deux ordres de conseillers sont revêtus du titre de conseillers d'état intimes actuels.

GOUVERNEURS ET COMMANDANS DES PROVINCES ET VILLES. Messieurs

BRABANT.

Bruxelles. Le comte d'Argenteau, *gouverneur.*
Fort de Monterey. De Los Rios, *commandant.*
Anvers & Forts. Langlois, *gouverneur.*
Fort S. Philippe. D'Argenteau, *major.*
Fort Auſtréel. Maréchal, *lieutenant.*
Fort de la Perle. Troyano, *capitaine.*
Fort de la tête de Flandre. De Jean, *commandant.*
Lierre. De Walter, *major-commandant.*
Amiral de la riviere d'Anvers. Le baron de Proli.

FLANDRE.

Oudenarde.   Le chevalier de Thoricourt.
Bruges..................................
Courtray.................................
Damme.   Deſſulmouſtier, *major.*
Gand.   Le baron le Fevre, *commandant.*
Nieuport.   Le baron de Meyſchner d'Alkoven, *gouverneur.*
Oſtende.   Le comte de Rindſmaul, *commandant.*
Dermonde.   Le comte de Ferraris, *gouverneur.*

HAINAULT.

Le duc d'Aremberg, *grand-bailli du pays & comté du Hainaut.*
Mons. Le prince de Ligne, *gouverneur.*
S. Guiſlain. Le major d'Haulleville, *commandant.*

NAMUR.

Le prince de Gavre, *général-major, gouverneur, capit. gén, & ſouverain bailli de la province.*
Charleroi. Le comte de Bournonville, *gouverneur.*

LUXEMBOURG.

M. de Vogelſancg, *lieutenant-général, commandant.*

LIMBOURG.

Le comte de Voeſtenraedt, *faiſant les fonctions de gouvern. de la province, pour le politique & le civil.*
    M. Bouvier, *capitaine.*

PAYS-BAS AUTRICHIENS.

GUELDRE.

Ruremonde. M. Miraumont de Tribolet, *commandant.*

MALINES.

M. de Nevarro, *gouverneur.*

ARCHEVEQUE ET EVEQUES DES PAYS-BAS.

Malines. Le cardinal de Franckenberg & de Schellendorff, *primat des Pays-Bas.*
Anvers. De Nelis.
Gand. Ferd.-Marie, prince de Lobkowitz.
Bruges. Felix-Guill.-Antoine Brenast.
Ipres. ....
Ruremonde. Philippe-Dam. marquis de Hoensbroeck.

SUFFRAGANS DE L'ARCHEVÊCHÉ DE CAMBRAY.

Tournay. Guill. Florentin, prince de Salm-Salm.
Namur. Alb.-Louis, comte de Lichtervelde.

LOMBARDIE AUTRICH. *Catholique.*

Voyez dans l'édition de 1784, page 258, l'étendue, les forces & la constitution de cette Province.

MAISON DU SOUVERAIN.

JOSEPH II, archiduc d'Autriche, empereur des romains, souverain de la Lombardie Autrichienne & du duché de Mantoue. *Voyez l'article de l'Empire.*

GOUVERNEMENT GÉNÉRAL.

Ferdinand, archiduc d'Autriche, prince royal de Hongrie & de Bohême, *lieutenant-gouverneur & capitaine-général de la Lombardie Autrichienne & du duché de Mantoue.*

Ministre plénipotentiaire auprès du Gouvernement.

Le comte de Wilzeck, chambellan & conseiller d'état intime, ministre plénip. impér. en Italie.

Secrétaire d'Etat.

M. Nicolas Pecci, chevalier de l'ordre de St. Étienne de Toscane, conseiller d'état intime.

Consulteur du Gouvernement.

D. Paolo Rydo de la Sylva, *conseiller int. act. d'état.*

Sénat.

Le marquis Corrado de Olivera, conseiller d'état int. *président.*

Principaux Officiers de l'administration. Messieurs

Intendant gén. des finances, D. Etienne de Lottingher.
Intend. de Milan & du duché, D. Jacques Trecchi.
Econome général, D. Michel Daverio.
Trésorier général, D. Joseph Molo.
Commiss. gén. des guerres, le marquis Litta, grand-d'Espagne.
Grand-maître des postes, le comte de Wilzeck.
Insp. gén. des chasses, D. Joseph Borri.

Conseil suprême de Justice du duché de Mantoue.

Le baron de Watters, conseiller d'état intime, *président.*

Chambre des domaines & finances du duché de Mantoue.

. . . . , *président.*
M. Joannon de St. Laurent, *vice-président.*

Archevêque de Milan.

1783 Philippe Visconti, ci-devant prévôt de la cathédrale.

Voyez les noms des autres officiers des états héréditaires, article *Autriche.*

TOSCANE, *Catholique.*

S<small>OMMAIRE CHRONOLOGIQUE</small>. Commencement du duché de Florence, par concession impériale, 1531; bulle du Pape portant concession du titre de grand duc de Toscane, 27 Août 1570; pareil diplôme de l'empereur, à charge de tenir le grand duché en fief de l'empire, 1575; investiture éventuelle accordée à l'infant fils de la reine d'Espagne, héritière présomptive des possesseurs, 9 Décembre 1723 ; cession du droit de succession pour remploi des duchés de Lorraine & de bar, 3 Octobre 1735, 11 Avril & 28 Août 1736 ; & dévolution de la propriété par extinction de la ligne masculine des possesseurs, 19 Juillet 1737.

MONNOIES DE FLORENCE,
Comparées à celles de France.

Monn. de Florence.	Argent du pays.			Monn. de France.		
	liv.	sols	den.	liv.	sols	den.
Le Rouspone.	40	0	0	33	14	1
Le sequin d'or.	13	6	8	11	4	$7\frac{7}{23}$
L'écu d'or.	0	0	0	6	0	0
Le ducat.	0	0	0	5	16	$10\frac{10}{23}$
La piastre.	0	0	0	4	16	0
La livre.	0	0	0	0	16	$8\frac{8}{23}$
Le sol.	0	0	0	0	0	$10\frac{6}{23}$

En Toscane, une livre de douze onces d'or fin monnoié, a cours pour 1297 livres 15 sols 6 den. il y en entre douze onces d'or fin, valant 1288 livres ; ainsi, le seigneuriage sur les espèces d'or, est de 9 liv. 15 sols 6 den. ; ce qui revient à un peu plus des trois quarts par cent. Le seigneuriage sur les espèces d'argent est de 1 liv. 12 sols. 4 den. sur un marc, dont la valeur intrinsèque est de 80 liv. 13 sols 4 den. ; ce qui revient à 2 pour cent.

MAISON DU SOUVERAIN.

Léopold, archiduc d'Autriche, né 5 Mai 1747, grand-duc de Toscane, 23 Août 1764, marié 16 Fév. de la même année, à
 Grande-duchesse. Marie-Louise, inf. d'Espagne, née 24 Novembre 1745.
 Fils. Franç-Jos., prince héréditaire, né 12 Fév. 1768.
Joseph-Ferdinand, né 6 Mai 1769.
Charles, né 5 Septembre 1771.
Alexandre-Léopold, né 14 Août 1772.
Joseph-Antoine-J.-Bapt., né 9 Mars 1776.
Antoine, né 12 Août 1779.
Jean-Baptiste, né 20 Janvier 1782.

Regnier-Joseph-Jean-Michel Franç. né 29 Septembre 1783.
Filles. Marie-Thérèse, née 14 Janvier 1767.
Marie-Anne, née 21 Avril 1770.
Marie-Clémentine-Josephe-Jeanne, née 24 Avril 1777.
Marie-Amélie, née 15 Octobre 1780.

GRAND-MAITRE DE LA MAISON DU GRAND-DUC.

M. le comte de Thurn.

PARME ET PLAISANCE, *Catholiques.*

SOMMAIRE CHRONOLOGIQUE. Commencement des duchés de Parme & de Plaisance, par aliénation du domaine Apostolique, 1545 ; investiture éventuelle accordée par l'empereur, aux enfans de la reine d'Espagne au défaut de la ligne masculine des possesseurs, 9 Décembre 1723 ; ouverture de la succession, 20 Janvier 1731 ; & prise de possession, Août suivant ; cession au feu empereur Charles VI, 3 Octobre 1735, & 18 Novembre 1738. Restitution des mêmes duchés & concession de Guastalla pour établissement en Italie, avec restriction à la ligne masculine & légitime, & clause de reversion de Parme & de Guastalla, à l'Impératrice, & de Plaisance au Roi de Sardaigne, en cas de mort sans enfans mâles ou de vocation à la couronne des deux Siciles ou à celle d'Espagne, 30 Avril, & 18 Octobre 1748.

MAISON DUCALE.

Ferdinand, inf. d'Espagne, né 20 Janv. 1751, duc de Parme, de Plaisance & de Guastalla, 18 Juillet 1765, marié 27 Juin 1769, à

Princesse. Marie-Amélie-Jeanne-Antoinette de Lorraine, archiduchesse d'Autriche, née 26 Février 1746.

Fils. Louis, prince de Parme, né 5 Juillet 1773.
Phil.-M.-L.-Ant.-Jos.-Fr.-Jean-B.-V.-Th. Dam.-Amb., né 22 Mars 1783.

Filles. Carol.-M.-Thérèse, née 22 Nov. 1770.
Marie-Ant.-Jos.-An.-L.-V.-Marg.-Cath. née 28 Nov. 1774.
Ch.-M.-Ferd.-Th.-An.-Jos.-J.-L.-V.-Rof., née 1 Sept. 1777.

OFFICIERS

PARME ET PLAISANCE.

OFFICIERS DU PRINCE. Messieurs

Le marquis de Manara, *ministre.*
Le chevalier Martelli, *trésorier de la caisse civile, à Plaisance.*

MINISTRE RÉSIDENT
Près la Cour de France.

M. le comte d'Argental.

MODENE. *Catholique.*

Sommaire Chronologique. Commencement des duchés de Modène & de Reggio, avec celui de Ferrare, par concession en partie de l'empereur, & en partie du pape, 1452 & ans suivans; extinction de la ligne des premiers ducs, & reversion du duché de Ferrare au domaine apostolique, 27 Octobre 1597; nouvelle investiture impériale des duchés de Modene & de Reggio, même mois; concession & première investiture du duché de la Mirandole, 12 Mars 1711.

MAISON DUCALE.

Hercule Renaud d'Est, né 22 Nov. 1727, duc de Modène, 23 Fév. 1780, marié 29 Sept. 1741, à
Princesse. Marie-Th. Cibo, duch. de Massa, née 29 Juin 1725.
Fille. M. Béat. née 7 Avril 1750, mariée à Ferd. archiduc d'Autriche 19 Oct. 1771. (*Voyez Milanès.*)
Sœurs. Mathilde d'Est, née 7 Fév. 1729.
Fortunée Marie, née 24 Nov. 1731, mariée à L.-Fr.-Jos. de Bourbon prince de Conti, 27 Fév. 1759.

MINISTRES RÉSIDENTS.
Près les Cours étrangeres. Messieurs

Madrid. De Mortier, *secrétaire de légation.*
Turin. Le chevalier Torry, *ministre.*

COMTAT D'AVIGNON.

Messieurs

Vienne. { Le marquis de Frosini, *envoyé extraordinaire.*
{ Jean Baphains, *chargé d'affaires.*
Trieste.   Jean Rozetti de Scander, *chargé d'affaires.*

COMTAT D'AVIGNON, Catholique.

Voyez dans l'édition de 1784, page 268, le tableau des révolutions de cet état.

MINISTRES DU PAPE A AVIGNON. Messieurs

Vice-légat. Le Prélat Filomatino.
Auditeur-général. L'abbé Lanzoni.
Fiscal procureur & avocat-général. Passeri.
Dataire. L'abbé Giorgi.

TRIBUNAL DE CARPENTRAS. Messieurs

Recteur. Le comte de Zolio.
Président. De Pélissier.

ARCHEVÊCHÉS ET ÊVECHÉS

du ressort de la légation d'Avignon, où l'on peut envoyer pour les bénéfices, même le siège vacant.

Avignon.	Orange.	Fréjus.	Grasse.
Carpentras.	St.-Paul 3 chat.	Gap.	Glandeve.
Cavaillon.	Toulon.	Sisteron.	Senez.
Vaison.	Aix.	Embrun.	Vence.
Arles.	Apt.	Digne.	Lyon, *à parte*
Marseille.	Riez.	Nice.	*delphinatus.*

PRINCIPAUTÉ DE MONACO, cathol.

Sommaire chronologique. Premiere possession de la seigneurie de Monaco, selon les Historiens, par la maison de Grimaldi, 920 : invasion de cette place par la République de Gênes, & sur celle ci par le Comte de Provence, 1150 ou 1160. Restitution à la République par Raimond Bérenger, Comte de Provence, 6 Août 1174. Investiture donnée en conformité par l'Empereur Henri VI, 2 Juillet 1191. Nouvelle invasion sur la République par Charles II, roi de Sicile, comte d'Anjou & de Provence.... Restitution par le même Prince, 11 Juin 1300. Rétablissement de la maison de Grimaldi, 24 Déc. 1317. Traité par lequel Louis XIII, prenant en sa protection Honoré Grimaldi, prince de Monaco, s'engage à entretenir garnison française dans la place de Monaco, dont les princes & ses héritiers successeurs seront Gouverneurs pour le Roi, s'oblige à les maintenir en leur liberté & souveraineté de Monaco, Menton & Roquebrune ; &, pour indemnité des biens que le prince perdait à Naples & dans le duché de Milan, en abandonnant l'alliance de l'Espagne, lui promet même somme de rente annuelle en fonds de terres féodales sises en France, & érigée partie en Duché-Pairie, partie en Marquisat & Comté, à Péronne 14 Septembre 1641. Lettres-Patentes pour l'enregist. de ce Traité, 11 Janv. 1643, enregist. au Parlement, 6 Fév. & en la Chambre des Comptes de Paris, 27 Mars suivant.

MAISON DU SOUVERAIN.

Honoré III, prince de Monaco, né 10 Sept. 1720, devenu prince de Monaco, par success. matern. 29. Déc. 1731, marié à Gênes par proc. 15 Juin 1757, & à Monaco, 5 Juil. suiv. à

Princesse. Marie-Cath. de Brignolé, fille de Jos.-M. noble Génois, marquis de Brignolé, née................

Fils. Hon.-An.-Maurice, duc de Valentinois, prince hérédit. de Monaco, né 17 Mai 1758, duc & pair de France sur la démission du prince son pere, marié 16 Juillet 1777, à

Louise-Félicité-Victoire d'Aumont, fille du duc d'Aumont, & de Louise-Anne de Durfort-Duras, duch. de Mazarin, née...*dont*

Petit-fils. Honoré de Grimaldi de Monaco, né en 1778.

Fils. Joseph Grimaldi de Monaco, appellé le *prince Joseph*, né en 1763, marié en 1782, à

.... de Choiseul, fille du maréchal de Choiseul-Stainville, née................

GOUVERNEUR GÉNÉRAL DE LA PRINCIPAUTÉ.

M. le Chevalier de Grimaldi.
M. d'Adhemar, *en survivance*.

PRINCIPAUTÉ DE BOUILLON, *Catholique*.
Voyez sur cette Principauté, l'édition de 1784, page 272.

MAISON DU SOUVERAIN.

GODEFROI-Charles Henri de la Tour-d'Auvergne, duc souverain de Bouillon, prince d'Empire, duc d'Albret & de Château-Thierry, pair de France, comte d'Auvergne, d'Evreux, du bas Armagnac, baron de la Tour en Auvergne, Oliergnes & Montgicon, né 26 Janv. 1728, maréch. des camps & armées de France, 10 Mai 1748, grand-chambellan de la même couronne en 1771, marié 28 Décembre 1743, à

Princesse. Louise-Henriette-Gabrielle de Lorraine, née 30 Octobre 1718, sœur du feu prince de Marsan.

Fils. Jacques-Léopold-Charles-Godefroi, prince de Bouillon, colonel d'un régiment de son nom, né 15 Janvier 1746, marié 17 Juillet 1766, à

Marie-Hedwige Eléonore de Hesse-Rhinfels-Rothembourg, fille du Landgrave Constantin & de Marie-Sophie, comtesse de Stahrenberg, née 15 Juin 1747.

BRANCHE DU COMTE DE LA TOUR D'AUVERGNE.

NICOLAS-François-Julie, comte de la Tour-d'Auvergne & d'Apchier, marquis de la Margeride, comte de Montzuc, seigneur de Veymars, Créqui, Sains, Fressin, Vambrecourt, &c. né 10 Août 1710, admis dans l'ordre de Malte, sans autre preuve que sa filiation, par délibération du chapitre du 6 Mars 1756, nommé duc par brevet du roi de France du mois de Juillet 1772, lieut.-gén. du duché d'Anjou & pays Saumurois, 17 Fév. 1778, lieutenant-général des armées de France, 1 Mars 1780, marié 23 Nov. 1769, à

Elizabeth-Louise-Adélaïde de Scepeaux de Beaupreau, née en 1741, *dont*

Fils. N. de la Tour-d'Auvergne, né 20 Novembre 1770, duc par brevet du roi de France, 1 Août 1772.

Françoise-Honorine-Adélaïde, née 14 Avril 1776.

GOUVERNEUR DE BOUILLON.

M. Prince-Louis de Saint-Germain.

OFFICIERS DU SOUVERAIN. *Messieurs*

Goblet, *sur-intendant-général des maisons & finances.*
Escallard de la Bellangerie, *trésorier-général.*
Doudeau des Avosnes. } *Agents.*
Le Bas............ }

COUR SOUVERAINE DE BOUILLON. *Messieurs*

Dorival, *président.*
Linotre, *procureur-général.*

CONSEIL SOUVERAIN DU PRINCE. *Messieurs*

Marchand, *doyen.*	Pauly.
Gerbier de la Massilaye.	Duvert d'Emalleville.
Ferey.	Despaulx.
Boucher d'Argis.	Chabrit.
Target.	Lorin, *greffier.*

Ce conseil fixé à Paris auprès du prince, connaît de l'admission des requêtes en révision & cassation d'arrêts de la cour souveraine de Bouillon. Si les requêtes sont admises, le conseil procede aux révisions & cassations.

DUCHÉ DE COURLANDE, *Luther.*

SOMMAIRE CHRONOLOGIQUE. Cession de la Courlande & Sémigalle faite par le roi de Pologne à Gothar Ketler, grand-maître de l'ordre Teutonique en Livonie, sous le titre de duchés pour hoirs & descendans mâles, & à la charge de reversion à la couronne de Pologne, à défaut de ligne masculine, 4 Mai 1737. Rescrit du roi de Pologne, portant établissement d'une régence au nom de la République, 1741. Nouvelle investiture, 8 Janvier 1759.

MAISON DU SOUVERAIN.

PIERRE, duc de Courlande & de Sémipale, né 15 Fév. 1724, marié en troisiemes nôces, 6 Novembre 1779, à
Princesse, Anne-Charl. Dorothée, comtesse de Meden, née 3 Fév. 1761.
Filles Catherine-Fréd. Guill.-Bénigne, née 9 Fév. 1781.
Marie-Louise-Pauline, née 19 Fév. 1782.
Frere. Charles, né 11 Octob. 1728, marié 18 Fév. 1778, à Apollonie, princesse Poninska, *dont*
Neveux. Bénigne, né 30 Février 1778.
Gustave, né 29 Janvier 1780.
Pierre-Alexis, né 21 Février 1781.
Niece. Apollonie, née 16 Juillet 1782.
Sœur. Hedwige-Elizabeth, née 4 Juillet 1727, mariée 25 Nov. 1759, à Alexandre Ivanowitsch, baron de Tscherkasow.
Mere. Bénigne-God. de Treyden, née 15 Oct. 1703, veuve 28 Déc. 1772, d'Ernest Jean, duc de Courlande.

MARECHAL DE LA COUR.

Le Baron de Klopman.

ARTICLE III.
TABLEAU DES RÉPUBLIQUES DE L'EUROPE.

452. VENISE, *Catholique.*

SOMMAIRE CHRONOLOGIQUE. Etablissement de la République & de la dignité de Doge, 709 ; décret qui attribue l'élection du doge à un conseil composé de toute espece de citoyens, 1172 ; & autre qui réserve l'entrée du conseil à un nombre de familles nobles, 1289 : états de la République en Italie, le duché de Venise, Trevine & la Marche Trevisane, Padoue & le Padouan, Vicenze & le Vicentin, Vérone & le Véronais, Bergame & le Bergamasque, Crême & son district, Bresse & le Bressan, la Polésine de Rovigo, le duché de Frioul & l'Istrie ; & hors de l'Italie, partie de la Dalmatie & de l'Albanie, avec les îles de Corfou, Zante, Céphalonie & Cerigo.

Voyez dans l'Edition de 1784, *page* 275, *la constitution de cette République.*

MONNOIES DE VENISE,
comparées à celles de France.

Monn. de Venise.	Monn. de France.		
	liv.	fols.	den.
Le sequin	11	14	8
Le ducat d'or.	8	0	0
Le ducat d'argent.	3	5	4
L'écu de la croix.	6	12	$3\frac{1}{5}$
La justine.	5	17	4
La liarazza.	0	16	0
La lirette.	0	11	$8\frac{4}{5}$
La piece de 15 sols.	0	8	0
La piece de 10 sols.	0	5	4
Le trairo.	0	2	8
Le sol.	0	0	$6\frac{2}{3}$
Le bezzo.	0	0	$3\frac{1}{3}$
Le ducat.	3	6	$1\frac{1}{2}$
La livre.	0	10	8
37 sols ½ de Venise font.	1	0	0

La lisbon. ni le louis d'or neuf de Fr. n'y sont reçus qu'au poids. La proportion entre l'or & l'arg. est à Venise comme 1 à 14 $\frac{7}{102}$. On tient à Venise les écritures en ducats, que l'on somme par 20 sols & par 12 deniers, 5 ducats de banque équivallent à 6 ducats courans.

Venise change sur les places suivantes, &

Donne,		Pour recevoir
Sur Amsterd.	1 duc. de bc.	90 den. de gs. bc. pl. ou m. à us. de deux mois de date.
Ancône,..	100 dito.	93 écus mon. pl. ou m. à us. de 10 jours de vue.
Anvers,..	1 dito.	92 den. de gs. A de C pl. ou m. à us. de 2 mois de dat.
Augsbourg,.	100 dito.	96 rixd. giron. pl. ou m. à us. de 14 jours de vue.
Bizenzone ou Novi,..	181 d. pl. ou m.	100 écus de marc en foire.
Bolzane,..	135 sol. de bc. pl. ou m.	1 écu de change en foire.

VENISE.

	donne,	pour recevoir,
Florence,...	100 duc. de bc.	79 écus d'or à uf. de 15 jours de vue.
Francfort,.	100 dito.	193 flor. com. pl. ou moins.
Gênes,....	96 fols de bc. pl. ou m.	1 écu de change de 4 liv. de bc. ou 4 ⅖ liv. h. de bc. à uf. de 15 jours de vue.
Hambourg,.	1 ducat de bc.	88 den. de gs. bc. pl. ou m. à uf. de deux mois de date.
Leipfick,..	100 dito.	126 rixd. cour. ou en louis d'or. pl. ou m. en foire.
Livourne,.	100 dito.	102 piaftres de 8 rixd. pl. ou m. à uf. de 15 jours de vue.
Londres,..	1 dito de bc.	51 den. fterl. pl. ou m. à uf. de 3 mois de date.
Lyon 2....	60 d. pl. ou m.	100 éc. de 60 f. t. aux payem.
Milan,...	160 fols de bc. pl. ou m.	1 écu imper. de 117 fols à uf. de 20 jours de date.
Naples, Bari & Lecce,..	100 duc. de bc.	117 ducats de 10 carlins pl. ou m. à uf. de 15 jours de vue.
Nuremberg & Vienne,..	100 duc. de bc.	193 flor. cour. pl. ou m. à uf. de 15 jours de vue.
Rome,...	100 dito.	61 écus d'eftamp. pl ou m. à uf. de 10 jours de vue.

    Les ufances des lettres-de-change d'Angleterre font de trois mois de date; d'Amfterdam, d'Anvers, de Hambourg, d'Efpagne & de Portugal, de deux mois de date; de celles de Bergame, de Milan, de Mantoue & de Modène, de 10 jours de date; de celles d'Ausbourg, de Francfort, de Gênes, de Naples, de Bari, de Lecce, de St. Gall, de Nuremberg, de Vienne & Bolzane, de 15 jours de l'acceptation; de celles d'Ancône & de Rome, de 10 jours de l'acceptation; de celles de Bologne, de Ferrare, de Lucques, de Florence, de Livourne, de 15 jours de l'acceptation.

    Il y a fix jours de grace accordés; on n'y comprend pas les dimanches & les jours de fêtes, ni les jours des fermetures de la banque; faute de payement on ne protefte que le fixieme jour.

    Les lettres qui font échues pendant la fermeture de la banque, ne font proteftées que le fixieme jour après l'ouverture; exceptezen celles qui ont déjà joui de deux à trois jours de grace avant la fermeture de la banque; celles-ci n'ont alors à jouir que de ce qui manque encore aux six jours : faute de payement, on les fait protester le jour de l'échéance.

Les protêts se font à Venise par les fanti, ou commis du collége de commerce ; ils notent toutes les lettres qu'ils ont protestées dans un livre que chaque négociant & chaque banquier peuvent examiner quand il leur plait.

Les lettres-de-change payables en banque, ne s'acceptent pas ; il suffit qu'elles soient au nom du porteur ou présentant. Si une lettre payable en banque est endossée, on est obligé d'envoyer une procuration à celui en faveur duquel on l'a endossée : sans cela, il ne peut en recevoir le payement.

Les lettres-de-change payables en courant, peuvent être endossées, & faute d'acceptation, on les proteste aussi bien que faute de payement.

On a attaché à la banque une caisse par laquelle on fait payer, en argent comptant, tous ceux qui désirent de recevoir leurs fonds de cette maniere. On s'est apperçu que cette liberté a augmenté beaucoup le fonds & le crédit de la banque.

La banque se ferme quatre fois par an : la premiere fermeture se fait le samedi avant le dimanche des rameaux, & elle s'ouvre le lundi après les fêtes de pâques. La seconde fermeture se fait le 23 Juin, & s'ouvre le deuxieme lundi du mois de Juillet. La troisieme se fait le 23 Septembre, & elle s'ouvre le deuxieme lundi du mois d'Octobre. La quatrieme se fait le 23 Décembre ; elle s'ouvre le second lundi du mois de Janvier : chacune de ces fermetures est de 15 jours. Elle se ferme quelquefois 8 à 10 jours extraordinairement, dans le carnaval & en quelques fêtes ordonnées.

DOGE.

Paul Renier, né 21 Décembre 1710, élu doge 14 Janvier 1779.

CHANCELLERIE DUCALE.

1772 Jean Jérôme Zuccato, *grand chancelier.*

PRINCIPAUX OFFICIERS DE LA FLOTTE. *Messieurs*

Provéditeur gen. de la mer.	1781 Alvise Foscari.
Prov. gen. en Dalmatie & Albanie.	1779 François Falier.
Provéditeur de la flotte.	1781 André Renier.
Capitaine du golfe.	1781 Jean-Baptiste Contarini.
Gouverneur des galeres.	1781 Lio Bembo.

MINISTRES RESIDENTS

PRES LES COURS ÉTRANGERES. Messieurs

Rome.	Antonio Memo, *ambaffadeur.*
	Trevifan, *fecrétaire d'ambaffade.*
Vienne.	.... *ambaffadeur.*
	Verdi, *fecrétaire d'ambaffade.*
France.	Le Chevalier Delphino, *ambaffadeur*
	Caffina, *fecrétaire d'ambaffade.*
La Haye.	De Torniello, *envoyé extraordinaire.*
La Porte.	Jerôme Juliani, *bayle.*
	Giacomazzi, *fecrétaire d'ambaffade.*
Londres.	Torniello, *miniftre réfident.*
Naples.	Alberti, *miniftre réfident.*
	Jacob Buonvicini, *conful.*
Milan.	Sodérini, *miniftre réfident.*
Madrid.	Le chevalier Capello, *ambaffadeur.*
	Agazzi, *fecrétaire d'ambaffade.*
Turin.	Le noble Fontana, *réfident.*
Gênes.	Cajetan Gervafoni, *Conful.*
Marfeille.	Barthelemi Cornet, *Conful.*
Maroc.	Jean Chiappe, *Conful.*

1528. GENES, Catholique.

Voyez dans l'édition de 1784, page 282, l'étendue, la population, les forces & la conftitution de cette république.

MONNOIES DE GENES,

Comparées à celles de France.

Monnoies de Gênes.   *Monnoies de France.*

ESPECES D'OR.

	liv.	fols.	den.
La Lisbonnine & ⅕	40	12	9
La même tolérée.	40	6	5
La fimple de jufte poids,	30	8	0
dite tolérée.	30	1	7¼

GÊNES. 299

	liv.	so's	den.
La pistole de Gênes & d'Espagne.	18	17	$7\frac{3}{5}$
Le sequin de Venise.	11	0	$9\frac{2}{5}$
Le sequin de Gênes & de Florence.	10	16	0
Celui de Rome.	10	10	$4\frac{4}{5}$

ESPECES D'ARGENT.

	liv.	so's	den.
L'écu de juste poids,	7	12	0
dit leger.	7	4	0
Piastre d'Espagne.	5	4	0
Ecu de saint Jean-Baptiste.	4	0	0
Mandonine double,	1	12	0
dite simple.	0	16	0
Géorgino de Gênes.	1	0	$9\frac{3}{5}$
La livre hors banco.	0	16	0
Le sol *id.*	0	0	$9\frac{3}{5}$
La parpayole.	0	1	$7\frac{1}{5}$
La dotte génoise.	0	0	$6\frac{2}{5}$

MONNOIES DE CHANGE.

	liv.	so's	den.
Ecu de marc d'or.	8	12	0
Croisat.	7	0	$2\frac{2}{5}$
Piastre.	4	12	0
Ecu d'argent.	3	13	$7\frac{1}{5}$
Livre de banque.	0	18	$4\frac{3}{11}$
sol banco.	0	0	$10\frac{3}{10}$

Ces especes sont comptées, ou valeur *di permesso*, ou valeur hors de banque. La valeur de permission vaut 15 pour cent de plus que la valeur hors de banque. La république garde le secret sur les especes qu'elle fait fabriquer. C'est pour cela qu'on sait seulement qu'elle perçoit un droit de seigneuriage, sans en connaître le juste produit.

Gênes change sur les places suivantes, &

Donne,	*Pour recevoir,*
Sur Amsterd. 1 piast. de 5 liv. 15 s. h. de bc.	86 den. de gros bc. pl. ou m. à us. de 2 mois de date.
Ausbourg & Vienne.. } 65 s. h. de bc. plus ou moins.	1 flor. cour. à 15 j. de vue.
Cadix & Madrid,.... } 1 écu d'or di permesso.	600 maravédis pl. ou m. à us. de 60 & 90 jours de date.

GENES.

Donne,		Pour recevoir,
Lisbonne,	1 piaft. de 115 f. h. de bc.	740 rées. à uf. de 3 m. de date.
Livourne,	116 h. de bc.	1 piaftre de 8 rixd. à uf. de 8 jours de vue.
Londres,	1 piaft. de 115 f. h. de bc.	49 den. fterl. pl. ou m. à uf. de 3 mois de date.
France,	1 dito.	95 f. t pl. ou m. aux payem. & à uf. de 30 & 60 jours de date.
Meſſine & Palerme,	1 écu d'or de permiſſion.	42 carlins pl. ou m. à quelq. jours de vue & à uf.
Milan,	1 écu de ch. de 4 liv. 12 f. h. de bc.	100 f. cour. pl. ou m. à 8 jours de vue.
Naples,	104 ſols h. de bc. plus ou m.	1 ducabo del regno à uf.
Novi,	100 écus d'or.	101 écus d'or de marc. pl. ou m. aux foires.
Rome,	128 ſols h. de bc. plus ou m.	1 éc. romain de 10 jules à uf.
Venife,	1 éc. de ch. de 4 l. 12 f. h. de bc.	96 ſols de bc. pl. ou m. à 15 jours de vue.

Les uſances des lettres-de-change d'Amſterdam & d'Eſpagne, ſont de deux mois ; de Portugal & de Londres, de 3 mois de date ; de Veniſe & de Rome, de 15 jours ; de Livourne & de Milan, de 8 jours ; & de Naples, de 22 jours de vue.

Il y a 30 jours de grace, ſuivant les ordonnances de change après le jour de l'échéance ; mais le porteur eſt en droit de faire proteſter le premier jour d'après ; les négocians ne font proteſter pour défaut de payement, que dans la ſemaine qui ſuit celle de l'échéance, & avant le départ du courrier de l'endroit d'où la lettre eſt venue.

DOGE.

Jean-Baptiſte Ayroli, élu doge en 1783, couronné le 22 Névembre ſuivant.

MINISTRES DE GENES,
Près les Cours Étrangeres. *Messieurs*

Madrid.	Felix Pallaviccino, *envoyé extraordinaire.*
	D Pedro Pablo Calesia, *ministre.*
Paris.	Le marquis Spinola, *ministre plénipotentiaire.*
Vienne.	Paul-Augustin Allegretti, *chargé d'aff. par int.*
Petersbourg.	Etienne Rivanola, *ministre plénipotentiaire.*
Turin.	Laurent Caroggio, *ministre ordinaire.*
Rome.	L'abbé Serafino Figari, *agent.*

1430. LUCQUES, *Catholique.*

Voyez dans l'édition de 1784. page 290, l'étendue, les productions, la population, la constitution, & les forces de cette république.

MINISTRES DE LA RÉPUBLIQUE,
Près les Cours Étrangeres. *Messieurs*

Florence.	Le marquis de Santini, *env. extraordinaire.*
Rome.	L'abbé Paoli, *chargé d'affaires.*
Vienne.	Le marquis de Sbarra *env. extraordinaire.*

RAGUSE, *Catholique.*

Voyez dans l'édition de 1784. page 271, l'étendue, la constitution & les forces de cette république.

MINISTRES DE LA RÉPUBLIQUE,
Près les Cours Étrangeres. *Messieurs*

Vienne.	L'abbé, comte d'Ayala, *chargé d'affaires.*
Naples.	Le baron de Zamagno, *ministre.*
Rome.	Steg, *agent.*

589. SAINT-MARIN, *catholique*.

Voyez dans l'édition de 1784, page 292, l'étendue, la population, les productions, la constitution & les forces de cette république.

1530. ORDRE DE MALTE, *catholique*.

GRAND-MAITRE.

Jean-Emmanuel de Rohan, né 19 Avril 1725, élu 12 Novembre 1775.

DIGNITÉS DES TROIS LANGUES, PROVENCE, AUVERGNE ET FRANCE.

DIGNITÉS ET COMMANDERIES DE LA VENERABLE LANGUE DE PROVENCE.

Nota. Le T. designe le prieuré de Toulouse, & le S. G., le prieuré de S. Gilles.

Dignités. Messieurs

1783 *Grand commandeur*, le bailli de l'Estang-parage.
1773 *Grand prieur de Toulouse*, le bailli de Leaumont.

ORDRE DE MALTE.

Messieurs

1783 *Grand prieur de S. Gilles*, le bailli de Gallean-gadaigne.
1784 *Bailli de Manosque*, le bailli de Cabre.

Commanderies Magistrales. Messieurs

1768 *Pezenas.* S. G. le bailli de Rohan.
1784 *Puissoubran*, T. de Ransijeat.

Commanderies affectées aux chevaliers de justice. Messieurs

1780 *Aix*, S. G. de Villefranche.
1771 *Argentins*, T. le bailli de Leaumont.
1784 *Arcins*, T. le bailli des Pennes.
1780 *Astros*, le bailli de Belmont.
1781 *Argeance*, S. G. de Catelan.
1780 *Avignon*, S. G. M. des Pennes G. P.
1778 *Barbantane*, S. G. le bailli de Belmont, G M.
1771 *Beziers*, S. G. de Sade.
1778 *Le Bastic*, S. G. de Jarente.
1776 *Beaulieu*, S. G. d'Argens.
1771 *Bordeaux*, T. le bailli de la Tour G. M.
1779 *Borderes*, T. le bailli de la Brillane G. M.
1778 *Boudrac*, T. de Blacas.
1784 *Le Bourgaud*, T. le bailli de Revel.
1781 *Caignac*, T. de la Batie.
1781 *Canebieres*, S. G. le bailli de Gaillard.
1759 *La Capelle*, S. G. le bailli de la Brillane, G. M.
1780 *Capette*, S. G. d'Albert.
1771 *Castel jaloux*, T. le bailli de Leaumont.
1768 *La Cavaliere*, T. de Montazet, G.M.
1780 *Cavales*, S. G M. de Sartous.
1784 *Caubins & Morlàs*, T. le Blanc.
1768 *Comps*, S. G. de Piolenc, *gr. p.*
1768 *Convertoirade*, S. G. le bailli de Mirabeau.
1768 *Condat*, T. le bailli de Belmont, G. M.
1771 *Cours*, T. le bailli de Leaumont.
1770 *Douzens*, S. G. le bailli de Mirabeau.
1774 *Durbans*, S. G. de Seyve.
1762 *Espalions*, S. G. de Lordat, G. M.
1781 *La Savillane*, S. G. de Foresta.
1783 *Gap*, S. G. de Rosaus.
1779 *Gap Francès*, S. G. de Chabrillan.
1776 *Garidech*, T. de Lopis.
1781 *Goulfech*, T. de Montgey.

Messieurs

1783 *Grezans*, S. G. d'Olivaris.
1784 *Hompes*, S. G. de Chateauneuf.
1784 *Jales*, S. G. le bailli de Suffren S. Tropez, G. M.
1773 *Larmond*, T. le bailli de Leaumont.
1783 *Lugan*, S. G. Despinouse.
1775 *Marseille*, S. G. le bailli de Resseguier.
1776 *Millaud*, S. G. de Preville.
1784 *Montsaunez*, T. le bailli de la Brillane, G. M.
1757 *Montfrin*, S. G. de Piolenc, G. P.
1778 *Montpelier*, S. G. le bailli de Charmail, G. M.
1784 *Nice*, S. G. de Tressemanes Brunet.
1784 *Palliers*, S. G. de Polastron.
1779 *Plaignez*, de Catelan.
1771 *Peyruis*, voyez *Beziers*.
1784 *Plan de la Peyre*, S. G. de Tressemanes.
1744 *Poët la Val*, S. G. de Gaillard, G. P.
1781 *Pont charamet*, T. le bailli de Carros.
1779 *Puymoisson*, S. G. le bailli de Valence.
1775 *Raissac*, S. G. d'Olomieu.
1776 *Renneville*, T. le bailli de Gallean Gadaigne.
1781 *Rome Porto Carrero*, de Glandeves.
1784 *Saint Blaise des Monts*, S. G. de Beaucouse.
1771 *Saint Christol*, S. G. de Suffren, G. M.
1768 *Saint Eulalie*, S. G. le bailli de Mirabeau, G. M.
1780 *Saint Félix*, S. G. le bailli de Cabre.
1784 *Sainte Luce*, S. G. le bailli de l'Estang-parade.
1781 *Sainte Marguerite*, S. G. de la Garde.
1775 *Saliers*, S. G. le bailli des Pennes, G. M.
1783 *La Selve*, S. G. d'Isnard.
1776 *Le Temple d'Agen*, T. de Polastron, G. P.
1773 *Trinquetaille*, S. G. de Porcelet.
1781 *La Tronquille*, S. G. de Vintimille.
1779 *Vahours*, S. G. le bailli d'Eaulx.
1774 *Valence*, S. G. le bailli de Gaillard, G. P.
1773 *Verlaguet*, T. le bailli de Leaumont.
1778 *la Vernede*, S. G. de Montauroux.
1768 *Vialard*, S. G. le bailli de Mirabeau.
1756 *La Villedieu*, T. le bailli de Valence, G. M.

Commanderie de Juspatronat.

1781 *Torenc la Gaude*, S. G. M. d'Eaulx, l'ainé.

ORDRE DE MALTE.

Commanderies affectées aux conventuels & servans d'armes.
Messieurs

1768 *Castelnau*, le chevalier de caux.
1781 *Cable & Capoulet*, Brugieres.
1783 *Gouts* .... en litige.
1783 *Joucas*, S. G. Sandilleau.
1767 *Narbonne*, S. G. Blain.
1767 *Roquebrune*, T Giraudene.
1781 *Valdrome*, S G. Raybaud.
1779 *Bayonne*, T. M. Rayberty.
1765 *Espinas*, S. G. Sigaud Brest.

DIGNITÉS & COMMANDERIES DE LA VÉNÉRABLE LANGUE D'AUVERGNE.

Dignités. Messieurs

1783 *Grand prieur*, le bailli de Laubepin.
1767 *Bailli de Lyon*, le bailli de Margou.
1784 *Maréchal*, le bailli de l'Etrange.

Commanderie Magistrale.

1772 *Salins*, M. d'Hannonville.

Commanderies affectées aux chevaliers de justice. Messieurs

1784 *Bellecombe*, de la Renaudie.
1777 *Blaudaix*, de Fricon, G M.
1776 *Carlat*, de Menon de Ville, G. P.
1783 *Celle*, le bailli de l'Etrange.
1783 *Chamberaud*, de Saint Jullien.
17.. *Chambery* ....
1772 *Charrieres*, de Marcellange, G. M.
1784 *Chazelles*, le bailli de Besse.
1764 *Compezieres*, de Villefranche, G. P.
1777 *Courteserre*, de Seycelles.
1781 *Dole*, le bailli de Savary Lancosme.
1783 *Feniers*, de Ransijeat.
1771 *La Racherie*, de la Roche-Aymon.
1777 *La Vaufranche*, de Menon de Ville.
1784 *Laumusse*, Duzech.
1781 *Les Beugnets*, de Petremans de Vallay.
1778 *Les Bordes*, du Saillant.
1784 *Les Echelles*, de Laqueville.
1774 *Les Feuillets*, le bailli de Loras.

Messieurs

1771 *L'Heureuil*, de Chalus.
1780 *Limoges*, de Virieu-Beauvoir.
1762 *Lormeteaux*, le bailli de Lancosme.
1784 *Macon*, de Fricon.
1780 *Maisonisse*, de Montaignac G. P.
1783 *Masdieu*, de Rigaud Sarazin.
1783 *Marche-Mayet*, de Bosredon.
1777 *Montbrison*, de Loras, G. M.
1760 *Montchamp*, le bailli de Margou.
1783 *Montferrand*, de Ferre, G. M.
1780 *Morterolle*, de Vauchier du Dechaux.
1775 *Oloix*, le bailli de Besse, G. M.
1783 *Poliac*, de Gain-Linars.
1783 *Saint-Georges*, Dussel Châteauvett.
1780 *Saint-Paul*, le bailli de l'Aubespin.
1781 *Sainte Anne*, de Dolomieux.
1777 *Sales & Monseugny*, le bailli de la Vilatti, G. M.
1779 *Tortebesse*, du Peyroux.
1753 *Ville-Dieu*, le bailli de la Vilatte, G. M.
1783 *Villefranche*, de Monspey de Valliere.

Commanderies affectées aux conventuels & servans d'armes.

Messieurs

1780 *Arbois*, Jean Baptiste Josset.
1762 *Chanonat*, Bourn.
1763 *Sarges & Viviers*, Dauphin.
1776 *La Croix au Baux*, du Bouchet.
1767 *La Tourette*, Ragon.
1775 *Lieu-Dieu*, Dufour.
1758 *Pontvieux*, Dou.
1778 *Puy de Noix*, Claude Josset.
1770 *S. Romain en Galles*, Guerrier.
1780 *Temple-d'Ayen*, Royer.
1780 *Ville-Jesus*, Charles Josset.

DIGNITÉS ET COMMANDERIES DE LA VENERABLE LANGUE DE FRANCE. Messieurs

1776 *Grand prieur de France*, le duc d'Angoulême.
1782 *Grand hospitalier*, le bailli de Fontenoy.
1770 *Grand prieur d'Aquitaine*, le bailli d'Hennin.
1774 *Grand prieur de Champagne*, le bailli de Marbeuf.

ORDRE DE MALTE.

Messieurs

1778 *Bailli de la Morée*, le bailli d'Alsace.
1782 *Grand trésorier*, le bailli de Champignelles.

COMMANDEURS DU PRIEURÉ DE FRANCE.

Commanderies Magistrales. Messieurs

1781 *Pieton*, le bailli de Breteuil.
1781 *Valenciennes*, le bailli Gabriel de Freslon.

Commanderies affectées aux chevaliers de justice.

1769 *Abbeville*, d'Alsace.
1777 *Auxerre*, de Mallard.
1776 *Beauvais en Gâtinois*, d'Hautefeuille.
1778 *Boncour*, le bailli de Culant, G. M.
1779 *Boux & Merlan*, de Marcarini.
1783 *La Braque*, de Rassent.
1767 *Castres*, le bailli de Rohan.
1783 *Chantraine*, de Montiers.
1784 *Chaumet*, de Lombellon.
1783 *Coulomiers*, de Geraldin.
1779 *Coulours*, de Savaillan.
1783 *La Croix en Brie*, de Saint-Simon.
1784 *Estrepigny*, le bailli de la Tour, G. P.
1784 *Sieffes*, de Vion.
1778 *Fontaine sous Montdidier*, le bailli Desnos.
1774 *Haute-Avrsne*, de la rue.
1778 *Ivry le Temple*, du Tillet, G. M.
1776 *Lagny le Sec*, le baron de Barres, G. M.
1752 *Laon & Castillon*, le bailli d'Hennin, G. M.
1784 *Louvier & Vaumion*, le bailli de Champignelles.
1784 *Loison*, de Milano.
1773 *Maupas & Soissons*, de Theville.
1778 *Moily & Magny*, de Nieuport.
1778 *Oisemont*, le bailli d'Havrincourt.
1784 *Orleans*, de Montcanisy.
1778 *S. Etienne de Renneville*, de Mesgriny.
1784 *Saint Mauris*, du Roux de Varenne.
1783 *Sainte Vaubourg*, de Villebertin.
1781 *Sommereux*, le bailli de Rohan, G. M.
1784 *Sours & Arville*, de Baromenil.
1763 *Slype*, du Four.
1774 *Tirlemont*, de Boniface du Réel.

ORDRE DE MALTE.

Messieurs

1767 *Troye*, le bailli de Breteuil, G. M.
1774 *Vaillampont*, le bailli de Breteuil.
1774 *Villedieu en Drugesin*, de Vauquelin.
1779 *Villedieu la Montagne*, De Calonne.
1774 *Villedieu le Bailleul*, de Boniface.
1757 *Villers au Liege*, le bailli de Breteuil, G. M.

Commanderies affectées aux conventuels & servans d'armes.
Messieurs

1781 *Baugis*, Crepel.
1781 *Bertheville le Rabel*, Goffroy.
1782 *Bourgoult*, Mangot.
1781 *Chevru*, Boscheron.
1773 *Estampes*, Godheu.
1768 *La ferté Gaucher*, Esmangart.
1768 *Laigneville*, Anfrye.
1782 *Reims*, Huet.
1779 *Saussois & Biche*, Desmarais.
1785 *Valcanville*, Savray.

COMMANDERIES DU PRIEURÉ D'AQUITAINE.

Commanderie Magistrale.

1776 *La Rochelle*, le bailli de Tigné.

Commanderies affectées aux chevaliers de justice. Messieurs.

1782 *Amboise*, de Thernay.
.... *Ansigny*..................
1782 *Artheims*, de Saint Pois.
1755 *Balan*, le bailli de Chantilly.
1782 *Blisson*, de Saint Sulpice.
1768 *Bourgneuf*, de Meaussé.
1764 *Loudrie*, de Brilhac.
1781 *La Feuillée*, le bailli Alexandre de Freslon, G. M.
.... *Les Epeaux*, ...
1763 *Frettay*, de Saint Sulpice.
1775 *Guelan*, le bailli de Tudert.
1779 *La guerche*, du Chesne.
1766 *L'Hopital d'Angers*, de Concise.
1776 *L'Isle Bouchara*, de Meaussé, G. M.
1775 *La Lande Verché*, le bailli de Tigné.
1760 *Loudun*, de Saint Simon, G. M.

ORDRE DE MALTE.

Messieurs

1766 *Mauleon*, le bailli de Calan.
1781 *Nantes*, de Liniers.
1751 *Ozon & Prailles*, de Beauveau.
1774 *La Roche-Villedieu*, de Cornulier, G. M.
1755 *Saint Remy*, de Savaillan, G. M.
1755 *Le Temple d'Angers*, de Maillé.
1776 *Theval*, de la Laurencie.
1779 *Villegast*, de Soulanges.

Commanderie de juspatronat, de la maison de Menou Bouslay.

1780 *Verneuil*, M. le marquis de Verneuil.

Commanderies affectées aux conventuels & servans d'armes.

Messieurs

1753 *Carentoir*, Claude le Normant.
1758 *Féolette*, de la Griolaye.
1777 *Fossés Châlons*, Louis Joseph Frin.
1753 *Launay*, Jacques René Louis Frin.
1758 *Quitay*, Alexandre le Normand.

COMMANDERIES DU PRIEURÉ DE CHAMPAGNE.

Commanderie Magistrale.

1775 *Metz*, de Rosieres.

Commanderies affectées aux chevaliers de justice. *Messieurs*

1778 *Arbigny*, de Villecomte, G. M.
1754 *Beaune*, le bailli de Tudert.
1776 *Bellecroix*, Charles de Clugny.
1776 *Beauchemin*, le bailli de Marbeuf.
1783 *Bonnevaux*, de Pimodan.
1759 *Châlons sur Saône*, de Montperoux.
1756 *Marbotte*, le bailli de lantage.
1768 *Nancy*, le bailli des Barres, G. M.
1769 *La Neuville au Temple*, D. Dampierre, G. M.
1776 *Ponthaubert*, le bailli de Salles.
1753 *Robecourt*, le bailli d'Hennin.
1778 *La Romagne*, de Gaucourt, G. M.
1783 *Ruetz*, de Fontenoy.
1776 *Thors & Gobelin*, de l'Amirault, G. M.
1783 *Valeure*, Charles François de Clugny.
1778 *Vircourt*, de la Madelaine.
1776 *Xugny*, le bailli de Fontenoy.

V 3

310   ORDRE DE MALTE.

Commanderies affectées aux conventuels & servans d'armes.
Messieurs

1783 *Breaux*, Jornot.
1783 *Dijon*, le chevalier de Damas.
1785 *Ennouvéaux*, Champion.
1779 *Gelaucourt*, Grech.
1777 *Saint-Amand*, Beuvrand.
1779 *Saint-Marc*, Friu.

MINISTRES DE L'ORDRE RÉSIDENTS,
Pres les Cours étrangeres. Messieurs

Rome.	Le bailli de Guiran de la Brianne, *amb. extr.*
Paris.	Le bailli de Breteuil, *ambassadeur extraordinaire.*
Madrid.	Le bailli de Souza Portugal, *amb. extraordinaire.*
Vienne.	Le bailli de Colloredo, *ministre plénipot.*
Bohême.	Le chevalier Maja, *administrateur de l'ordre.*
Naples.	. . . .
Lisbonne.	Le commandeur de Guedes, *ministre de l'ordre.*
Turin.	Le bailli de Loras, *envoyé extraordinaire.*
Varsovie.	Le commandeur Sulkowsky, *chargé d'affaires.*
Florence.	Le commandeur Delcy, *chargé d'affaires.*
Bruxelles.	Le commandeur de Nieuport, *chargé d'affaires.*

1308. RÉPUBLIQUES DES SUISSES,
Catholiques ou Protestantes.

Voyez dans l'édition de 1784, page 296, l'étendue, la population, la religion, les forces & la constitution des provinces, qui composent le corps helvétique.

MONNOIES DE BASLE ET DE BERNE,
comparées à celles de France.

	Monn. de Basle.			Monn. de France.		
	liv.	sols	den.	liv.	sols	den.
La rixdale.	3	15	0	3	12	0
L'écu de change.	3	0	0	5	0	0
Le gros écu de Fr. neuf.	0	0	0	6	0	0

RÉPUBLIQUES DES SUISSES.

	liv.	sols	den.	liv.	sols.	den.
La livre.	0	20	0	2	0	0
Le sol.	0	0	12	0	1	8
Le florin de	0	0	60 creutzers.	2	9	0
Le creutzer.	0	0	5 fenins.	0	0	$10\frac{9}{10}$
Louis d'or v. de France.	11	13	0	19	8	8
Pistole d'Espagne.	11	13	0	19	8	8
Le ducat.	6	9	6	10	15	10
Goulde d'Empire.	1	11	$0\frac{1}{5}$	2	12	11
La goulde de	0	0	60 creutzers.	2	9	0
Le fenin.	0	0	0	0	0	$2\frac{4}{50}$
22 creutzers.	0	0	0	0	1	1

La valeur de ces especes, est en especes ou en courant. C'est dans la premiere que l'on paye les lettres-de-change. Elle a 9 pour cent de plus de valeur que le courant.

On tient à Basle les écritures en livres, sols & deniers, & en rixdales, florins, creutzers & fenins. Quelquefois les banquiers & les gros négocians tiennent leurs écritures en livres, sols & deniers de France, & payent en cette monnoie.

OFFICIERS PRÉPOSÉS A L'ADMINISTRATION,

de chaque canton du louable corps Helvétique.

I. ZURICH. *Bourg-mestres.* Messieurs

14 Mai 1778, Jean-Henri Ofell, né en 1715.
20 Novembre 1780, Jean-Henri Ott, né en 1719.

II. BERNE. *Advoyers.* Messieurs

18 Mars 1759, Albert-Fréd. comte d'Erlach, né en 1697.
14 Février 1771, Frédéric de Sinner, né en 1713.

III. LUCERNE. *Advoyers.* Messieurs

27 Décembre 1772, Wal. Louis-Léonce Am-Rhyn, né en 1714.
Mars 1782, Jos.-Ign.-Fr.-Xav. Pfyffer de Heidegg, né en 17..

VI. URI. *Land-Ammann.*

1782 M. Jos.-Ant. Schmid de Bellikon, né en 17...

V. SCHWITZ. *Land-Ammann.*

1783 M. J.-Jos.-Vict.-Laurent Hedlinger, né...

VI. UNDERWALD. *Land-Ammann.*

1783 M. Joseph-Ignace Stockmann, né ....

VII. ZUG. *Land-Ammann.*

1783 M. Jean Jacq. Andermatt de Baar, né ....

VIII. GLARIS *Land-Ammann.*

1781 M. Jean-Henri de Tschoudi, né ....

IX. BASLE. *Bourg-Mestre.*

1777 M. Daniel Mitz, né en 1724.

X. FRIBOURG. *Advoyers.* Messieurs

Décembre 1751, Marin-Ignace Gady, né ....
———— 1770, François Romain Werro, né ....

XI. SOLEURE. *Advoyers.* Messieurs

1773 Jean-Charles-Etienne G'ourz, né en 1731.
1778 Louis-Jos.-Benoît Ours Tougginer, né en 1726.

XII. SCHAFFOUSE. *Bourg-mestres.* Messieurs

1763 Anselme-François de Meyenbourg, né en 1713.
1768 David Meyer, né en 1714.

XIII. APPENZEL. *Land-Ammann.* Messieurs

1782 Jean-Baptiste Ruesch, né en 17....
1780 Jean-Conrad Fassler, né en ....

ETAT MAJ. DES TROUPES SUISSES EMPLOYÉES AU SERVICE DES PUISSANCES ETRANGERES.

LIEUTENANS-GÉNÉRAUX, *au service de France.* Messieurs

1768 le comte d'Afry, *de Fribourg.*
1759 de Castella, *de Fribourg.*
1759 de Beausobre, *de Morsée, canton de Berne.*
1762 le baron de Besenwald, *de Soleurre.*
1767 de Pestalozzi, *du pays des Grisons.*
1768 de Pfyffer de Wyher, *de Lucerne.*
1768 de Zurlauben, *de Zug.*

21 Maréchaux de camp, 19 Brigadiers & 40 autres Officiers, Colonels, Capitaines-colonels, Lieutenans-colonels, &c. à la tête de 12 régimens composés de troupes Suisses. Il y a de plus en France, un chevalier des ordres du Roi, trois Grand-Croix & trois Commandeurs de l'ordre de S. Louis ; deux Grand-

Croix, & trois Commandeurs du mérite militaire, originaires de la Suisse.

Au service d'Espagne.

1770 M. de Dunant, lieutenant-gen. *du territoire de S. Gal.*

12 Officiers, Colonels, Lieutenans-Colonels & Majors à la tête de trois régiments Suisses.

Au service de Sardaigne. *Messieurs*

1774 de Schinder, *de Glaris*, } lieutenans-gén.
1774 de Tscharner, *de Berne*, }

2 Maréchaux de camp, 4 Brigadiers, & 15 autres Officiers, Colonels, Lieutenans-Colonels & Majors, à la tête de trois régiments Suisses.

Capitaines des gardes Suisses du Pape. *Messieurs*

à Rome, de Pfyffer de Altishofen, colonel, *de Lucerne.*
à Bologne, le Comte de Crivelli, *d'Uri.*
à Ferrare, de Brandeberg, *de Zug.*
à Ravenne, de Arnold, *d'Uri.*
à Pesaro, de Pfyffer de Altishofen, *de Lucerne.*

Au service des deux Siciles.

M. le Baron de Tchoudi *de Glaris*, maréchal de camp.

6 Brigadiers & 13 autres Officiers, Colonels & Majors à la tête de quatre régiments composés de troupes Suisses.

Lieutenans-Généraux, *au service de Hollande. Messieurs*

1772 de Ascher, *de Zuric.*
1772 de Bouquet, *de Herisan.*
1779 Sandoz, *de Neufchâtel.*
1779 de Chambrier, *de Neufchâtel.*

11 Généraux-Majors, & 36 autres Officiers, Colonels, Commandans, Colonels & Majors, à la tête de six régiments composés de troupes Suisses.

ALLIÉS DES SUISSES.

Voyez dans les éditions de 1783 & 1784, l'étendue des pays qu'occupent les alliés des Suisses, leurs priviléges & les conditions de leur association au Corps Helvétique.

ALLIÉS DES SUISSES.

I. ABBAYE DE SAINT GAL.

Bede Angheru de Hagyenwl, né 17 Décembre 1725, religieux profès 20 Mai 1744, prêtre en 1749, élu prince abbé 12 Mars 1767, & a prêté serment entre les mains de l'empereur, comme prince de l'Empire, le 19 Décembre de la même année.

II. VILLE DE SAINT-GAL.

Bourg-mestres. Messieurs

1753 Julien-Jérôme Xollickofer, né....
1754 Daniel Hogger, né 1706.
1760 Jean-Joach. Steinmann, né....

III. MULHAUSEN.

Bourg-mestres. Messieurs

1778 Jean-Henri Dollfuss, né en 1731.
1780 Jean-Michel Sporlein, né en 1713.
1781 Jean Dollfuss, né......

IV. BIENNE.

Maire & Bourg-mestres. Messieurs

1772 Alexandre Wildermeth, né en 1715, *maire.*
1772 David Walker, né en 1727, *bourg-mestre.*

Voyez plus bas le nom du prince-évêque de Bâle.

DÉPUTÉS DES TROIS LIGUES.

HAUTE LIGUE GRISE. Messieurs

Léonard de Marchion, *landrichter.*
Louis Adelbert de la Tour, *président.*

LIGNE CADDÉE.

M. Jean-Baptiste Tscharnet, *président.*

LIGNE DES DIX JURIDICTIONS.

M. Léonard Jannett, *président.*

II. VALLAIS.

1780 M. Maurice-Antoine Weginer de Brig, *capit.-gén.*

III. PRINCE-ÉVÊQUE DE SION.

François-Melchior-Joseph Zen-Ruffinen, né 7 Janvier 1729 élu prince de Sion, comte & préfet du Vallais, 18 Sept. 1780
M. Weginer, *bailli.*
M. Jacob de Preur, *capitaine-général.*

ALLIÉS DES SUISSES. 315
IV. GENEVE.

Jacques Buffe,
Fréder.-Guill. Bonnet.
Louis le Fort.

Léonard Fatio.
Jacq. de Chapeaurouge, *lieutenant*.

V. PRINCIPAUTÉ DE NEUFCHASTEL.

Frédéric II, roi de Prusse, *souverain de Neufchâtel*.
1779 M. Godefroi-Louis de Beville, *gouverneur*.

PRINCE EVEQUE DE BASLE.

Joseph Sigismond, baron de Roggenbach, né le . . . .
élu le 22 Novembre 1782, consacré 14 Septembre 1783.
M. Gobel, évêque de Lydda, *suffrag. & vic.-gén.*

GRANDS OFFICIERS HÉRÉDITAIRES. *Messieurs*

D'Eptirger, *maréchal*.
De Berenfelds, *échanson*.
De Reichenstein, } *chamb.*
Rink de Baldenstein,

Truchess,
De Schœnau, } *chamb.*
De Rotberg, *maître-d'hôtel*.

1579. PROVINCES-UNIES, *rél. réf.*
MONNOIES DE HOLLANDE,
comparées à celles de France.

Argent d'Hollande.   Argent de France.

Monnoies d'or.

		pennings	liv.	sols	den.
Ryder.	14	0	9	28	16	0
½ Ryder.	7	0	0	14	8	0
Double ducat.	10	10	0	21	12	0
Ducat.	5	5	0	10	16	0

Monnoies d'argent.

Ducaton.	3	3	0	6	9	8
½ Ducaton.	1	11	8	3	4	10
Driegulde.	3	0	0	6	3	6
Daelder.	1	10	0	3	1	9¼
Riksdaelder.	2	10	0	5	2	0
½ Riksdaelder.	1	5	0	2	11	5
Agt-en-twinsig.	1	8	0	2	17	7
Gulde, ou florin.	1	0	0	2	1	10

½ Gulde.	0	10	0	1	0	7
Escalin.	0	6	0	0	12	4
Dubbelstuyver.	0	2	0	0	4	1
Stuyver.	0	1	0		2	½

Monnoies de cuivre.

pennings

Duyt.	0	0	2
½ Duyt.	0	0	1

On tient les comptes en florins, fols & penins. Le florin vaut 20 fols; le fol a 16 penins. Ce florin fe partage encore d'une autre maniere, en 40 gros ou deniers de gros.

35 florins font 72 livres de France

Le rixdaler a 2 ½ flor. 8 ⅓ escalins, 50 fols, 100 deniers de gs. 800 penins.

1 florin d'or eft 28 fols, 468 penins.

La livre de gros, qui eft imaginaire, a 6 florins, 20 escal. 120 fols, 240 deniers de gs. ou 1920 penins hollandais.

La valeur de ces efpeces fe compte en banque & en courant. La valeur de banque a cinq pour cent plus ou moins de valeur qu'en courant.

La banque reçoit les efpeces d'argent qui ont le poids, favoir

Le ducaton a 60 fols, valeur de banque.

La piece de 3 florins a 57 fols.

Le rixdaler a 48

Le florin a 19

Les efpeces d'or que la banque reçoit, doivent avoir le poids fuivant.

	marc.	once.	engel.
1000 ducats neufs de Hollande.	14	1	11 ½
1000 louis d'or vieux de France.	27	1	15
1000 louis d'or neufs au foleil.	33	1	0
1000 piftoles d'Efpagne.	27	4	5
1000 crufades à 4800 rées.	44	0	0

Le prix du marc d'or eft fixé dans les hôtels des monnoies de la république à 355 florins banco; avec 5 p. c. d'agio, pour argent courant. Celui du marc d'argent fin, à 25 flor. 2 fols, argent courant. Ces prix varient journellement de quelque chofe dans les affaires de commerce.

En Hollande, la proportion légale entre l'or & l'argent, eft comme 1 à 14 $\frac{4}{100}$, ou 1 à 14 $\frac{1}{7}$, à peu-près.

PROVINCES-UNIES.

Amsterdam change sur les places suivances, &

donne,		pour recevoir,
Sur { Anvers, Bruxelles & Gand. }	97 liv. de gros, ou florin en bc.	100 liv. de gros, ou flor. arg. de ch. pl. ou m. à vue & à uf.
Ou......	100 l. de gs. ou fl.	103 liv. de gs. ou flor.
Breslau......	43 s. bc. p. ou m.	1 liv. de bc. de Prusse, à 6 semaines de date.
Cologne,....	100 rixd. cour.	146 rixd. cour. pl. ou m. à 15 jours de vue.
Dantzic,..	1 l. de gros bc.	320 gros polonais pl. ou m. à 40 & 70 jours de date.
Espagne,..	91 d. de gros bc.	1 duc. de 375 mar. vieille monnoie à uf. de 2 mois de date.
Francfort sur le Mein, .	100 rid. cour.	133 rix. cov. cour. aux foir. & à uf. de 14 j. de vue.
France,...	53 d. de gs. bc. plus ou m.	1 écu de 60 s. tourn. à 1, 2 & 3 uf.
Genève,...	90 dit. pl. ou m.	1 écu de 3 l. cour. à uf. de 2 mois de date.
Gênes,....	58 dit. pl. ou m.	1 piaf. de 115 s. h. de bc.
Hambourg,	33 s. bc. p. ou m.	1 daler de 32 s. lubs. bc. à uf. de 1, 2 & 3 mois.
Kœnigsberg,	1 liv. de gros.	310 gros de Prusse, pl. ou m. à 41 jours.
Leipsick & Naumbourg,	37 s. c. pl. ou m.	1 rixdale de 24 bgr. aux foires.
Lisbonne,..	. 45 den de gs. bc. plus ou m.	1 creusade de 400 rées. à 2 mois de date.
Livourne	86 den. de gs. bc. plus ou m.	1 piaf. de 8 réaux de 6 l. mon. longue à uf. de 2 mois de date.
Londres,..	35 esc. 2 drs. de gs. bc. plus ou moins.	1 liv. sterl. à 1 & 2 uf. & à vue.
Venise,..	90 den. de gs. bc. plus ou moins.	1 ducat de bc. à uf. de 2 mois de date.
Vienne,..	36 sols bc. plus ou moins.	1 rixd. par caisse à 6 semaines de date.
Zélande,..	Avec gain de	1 ¼ pour cent. pl. ou m.

Il y a six fermetures de la banque par an, 2 grandes & 4 petites. La premiere des grandes fermetures se fait le second & le troisieme samedi après le nouvel an, & s'ouvre le second vendredi après le samedi auquel elle a été fermée; ainsi elle demeure fermée pendant 13 jours. La seconde grande fermeture se fait le second & troisieme samedi dans le courant du mois de Juillet, & dure, comme la premiere, 13 jours. Les 4 petites fermetures sont de 4 à 6 jours; à pâques, à la pentecôte, à la foire, le 24 Septembre & a noël. Pendant ce tems, on ne peut disposer d'aucune façon de ses effets; le porteur ou teneur des lettres-de-change dont l'échéance tombe pendant les fermetures, n'en souffre aucun préjudice, & faute de payement, le protêt se fait ordinairement le troisieme jour après l'ouverture.

Les usances sont, à Amsterdam, des lettres-de-change d'Allemagne & de la Suisse, à 15 jours de vue; de Dantzick & de Koenisberg, de 40 à 70 jours de date; de Riga, de 36 à 65 jours de date; de France, de Londres, & de Geneve, à un mois de date; de Venise, d'Italie, d'Espagne & de Portugal, à 2 mois de date.

Il y a six jours de grace pour les lettres en courant, le dimanche & les fêtes compris. Lorsque le dernier jour de grace rencontre une fête, il faut que le payement ou le protêt se fasse le vendredi, si le jour de l'échéance tombe sur le samedi ou le dimanche.

Quant aux lettres-de-change payables en banque, on ne fait ordinairement aucun usage des jours de grace; on les écrit, le jour de leur échéance, ou tout au plus, un jour après. Faute de payement, le protêt se fait le 2 ou 3e. jour, au plus tard.

MAISON DU STADHOUDER.

Guillaume V, prince d'Orange & de Nassau Dietz, né 8 Mars 1748, maréchal héréditaire de la Hollande, Stadhouder, gouverneur, capitaine général & amiral héréditaire des Provinces-unies, capitaine général & amiral héréditaire de l'union, 22 Octobre 1751, chevalier des ordres de la jarretiere & de l'aigle noir; marié 4 Oct. 1767, à

Frédérique-Sophie Guillemine de Prusse, née 7 Août 1751.
Fils. Guillaume Frédéric, né 24 Août 1751.
Guillaume-George Frédéric, né 15 Février 1774.
Fille. Frédérique-Louise-Guillemine, née 28 Novembre 1770.
Sœur. Caroline, née 28 Février 1743.

ASSEMBLÉES DES ETATS GÉNÉRAUX.

Cette diete, dans laquelle réside la souveraineté des états, est composée des députés des provinces. Ceux-ci sont distribués en deux classes. Les uns sont ordinaires & ont voix délibérative ; les autres qui n'y sont appellés que pour des affaires extraordinaires, se tiennent debout, & n'y ont que le droit de représentation.

Cette province donne alternativement un président à cette assemblée, & ce président change toutes les semaines. La premiere semaine appartient à la Gueldre, la seconde à la Hollande, la troisieme à la Zélande, la quatrieme à Utrecht : la cinquieme à la Frise, la sixieme à Overissel, & la septieme à Groningue.

OFFICIERS PERMANENTS. *Messieurs*

1772 P. Van Bleyswick, *pension. de Holl. & de la Frise occid. garde perpet. du sceau de Hollande.*
1744 Henri Fagel, *greffier.*
1773 G.-Ch. Dierskens, *commissaire.*
1773 G. Quarles, *a ent.*

CONSEIL D'ÉTAT.

Le prince Stadhouder & douze députés des provinces composent ce conseil. Chacun de ces douze députés remplit alternativement les fonctions de président.

OFFICIERS PERMANENTS *Messieurs*

1769 Le baron de Wavern, *cons. & trésorier général.*
1779 Le baron de S. Jean Ten-Heen, *receveur-général.*
1769 Le baron de temple, *secrétaire.*

COUR DU STADHOUDER-HÉRÉDITAIRE.

COMMISSION ÉTABLIE POUR LA DIRECT. DE LA COUR. *Messieurs*

Le baron Voigt d'Elspe. | De Heekeren de Khel.
De Marsay S. George. | De Heiden de Reinestein.

GRANDS OFFICIERS DE LA COUR. *Messieurs*

Le baron de Voigt d'Elspe, *grand maître de la cour.*
Le comte de Marsay S. George, *maréchal de la cour.*
Le baron de Heekeren de Khel, *grand-écuyer.*
Le baron de Rengers, *premier chambellan.*

PROVINCES-UNIES.

ADJUDANS GÉNÉRAUX. *Messieurs*

Le baron de Thuyl, lieutenant-général.
2e. classe. { Le baron d'Aulbonne, général-major.
{ Le baron de Dopff, général-major.
{ Le baron de Stocken, général-major.
3e. classe. { Le baron de Boerzelaer, colonel.
{ Le baron de Wilcke, général-major.
{ Le comte de Golowkin, colonel.
{ Le baron de Rheede, colonel.

Le comte de Byland, colonel...... }
Le baron Van-Der-Borch, colonel.. } *surnuméraires.*
G. Bentink, colonel............ }

Adjudans généraux de la Marine. Messieurs

De Kinsbergen, contre-amiral.
Le baron de Kinkel, capitaine. } *seconde classe.*
Le capitaine, comte de Byland. }
Van de Graaff, ingen. *garde des plans & archives milit.*

CONSEIL DES DOMAINES.

M. le baron hynden de hemmen, *président.*

TRESORERIE.

M. de Reggersman, *consl. & trésl. gén.*

SECRETAIRERIE ET CABINET.

M. le baron de Larrey, consl. privé. *secrétaire & maître des reg,*

DÉPARTEMENT *des états du prince en Allemagne.* Messieurs

Le baron de Larrey, conseiller privé.
De Passavant-Passenbourg, consl. pr de la régence & secret privé,
Chelius, secrétaire de la régence & du departement.

ETAT-MAJOR DES ARMÉES DES ETATS GEN. MM.

Le prince Stadhouder, *capitaine-général.*
1771 Le baron Van Der Duyn, gouverneur de Breda, *général de la cavalerie.*

LIEUTENANS-GENERAUX DE CAVALERIE. *Messieurs.*

14 Mars 1766. Le comte de Rechteren.
               De Famars.
22 Août 1771. Le comte de Hompesch.
               J. Falaiseau, comm. de Steenbergen.
22 Août 1772. Linden de Ressen.
               Tuyl de Serookerken, pr. adjud. gen. de S A. S.
                                                           Van-

PROVINCES-UNIES.

Messieurs

Van-Der Duffen.
Le baron de Rengers.
Staveniffe Pous, comm. de Philippine.
Le pr. Fréd. de Heffe-Caffel, comm. de Grave.

15 Mars 1774. Le pr. G. de Heffe-Philipfthal, c. de Saas de Gand.

7 généraux majors.

GENERAUX D'INFANTERIE. *Messieurs*

16 Fév. 1760.	Le prince régnant de Naffau-Weilbourg.
18 Déc. 1771.	Le baron Lewe d'Awart, gouv. de l'Eclufe.
22 Juin 1766.	Le comte d'Epvie.
2 Nov. 1748.	Le prince de Holftein-Gottorp.
1 Sept. 1751.	Le Margrave régnant de Bade.
14 Mars 1766.	Le baron de Randwyk.
	Onderwater.
	Le Prince régnant de Naffau-Uffingen.
	Le Prince G. L. de Bade, gouv. d'Arnhem.
1 Juin 1770.	Le baron de Raeders, comm. de Doesbourg.
14 Août 1772.	Efcher.
	Bouquet, quartier-maître de l'infanterie.
	Le prince d'Anhalt Schaumbourg.
	Le vicomte de Kirchberg.
	Le prince régnant de Waldeck.
	Schimmeelpennink Van-Der-Oye.
	Le baron de Hardenbroek, gouv. de Bergop.
	Le baron de Sommerlatte, c. de Groningue.
	Le comte de Leiningen.
	C.-F. Sandoz.
	De Chambrier.
	Le marquis de Bellegarde.
15 Avril 1775.	Le Prince F.-A. de Naffau-Uffingen.

57 généraux majors.

DIRECTEUR GENERAL DU CORPS DES INGENIEURS.

M. Dumoulin, général major.

CHEF DE L'ARTILLERIE.

M. J.-F. Martfeld, *général major.*

TABLEAU DES GOUVERNEURS ET COMMANDANS DES VILLES ET FORTS. *Messieurs*

GENERALITÉ.

Maestrich.   Le prince de Nassau-Weilbourg, *gouvern.*
           Le comte de Welderen, *commandant.*

Bois le-Duc.   . . . ., *gouverneur.*
           Douglas, *commandant.*

Fort Isabelle.   . . . ., *gouverneur.*
           Weyl, *colonel, commandant.*

Fort Crévecœur.   . . . ., *gouver.*
           R. Douglas, *commandant.*

Breda.   Le baron Van Der Duyn, *gouvern.*
           Le comte de Byland, *major-command.*

Berg-Op-Zoom.   Le baron de Hardenbroek, lieutenant-général, *gouverneur.*
           Le baron de Nyvenheim, *major-comm.*

Sudhaven-fort.   Le baron de Hardenbroek, lieut.-général, *gouverneur.*
           Van Houten, sous-lieutenant, *major.*

Fort Mourmont.   Le baron de Hardenbroek, lieutenant-général, *gouverneur.*
           Stokkelmans capit.-lieutenant, *major.*

Fort Pinsen.   Le baron de Hardenbroek, lieutenant-général, *gouverneur.*
           Giese, lieutenant, *major.*

Fort-Rovere.   Le baron de Hardenbroek, lieutenant-général, *gouverneur.*
           Crause de Fiens, lieuten.-col *command.*

L'Écluse.   Le général Lewe, *gouverneur.*
           Van Suchtelen, *général major.*

Fort Ysendik.   Le général Lewe, *gouverneur.*
           Matthey, colonel, *commandant.*

Juffrouw-Schans.   Le général Lewe, *gouverneur.*
           Matthey, colonel, *commandant.*

Fort Philippe.   Le général Lewe, *gouverneur.*
           Stavenisse Pous, lieut.-gén. *commandant.*

Coeverden.   De Jenssen, général-major, *gouverneur.*
           De Nostitz, général-major, *commandant.*

Ommer-Schans.   Prins, *major & commiss. du magasin.*

Fort Bourtange.   Van Der Borch, colonel, *commandant.*

Bellingwolder f.   Schmid, lieut.-colonel, *commandant.*

PROVINCES-UNIES.

Messieurs

Nouveau Fort.	De Petit, colonel, *commandant.*
WILLEMSTAD.	Le baron de Stocken, gén.-major, *gouv.*
	Perron, colonel-major, *commandant.*
Le Clundert.	Le baron de Stocken, *gouverneur.*
	De Bock, capitaine, *grand major.*
GRAVE.	Le prince de Hesse-Cassel, lieuten.-gén. *gouverneur.*
	De Bons, colonel, *major-commandant.*
VENLO.	Le comte de Rechteren, lieutenant-général, *commandant.*
	De Wenghuisen, général-major, *major-commandant.*
Fort S.-Michel.	Pallardy, général-major, *commandant.*
	De Gerstein, Lieutenant-colonel, *major.*
SAS DE GAND.	Le landgrave de Hesse-Philipsthal, *comm.*
	Spengler, général-major, *major-comm.*
F. S.-Antoine.	Le prince de Hesse-Philipsthal, *command.*
	Le Fevre de Montigny, capit.-ingénieur, *major commandant.*
HULST.	Le baron de Dopff, gén.maj. *commandant.*
	De Logau, colonel, *grand major.*
F. de Moerschams.	Le baron de Dorpff, *commandant*
	Van Aelst, capitaine, *major, ainsi que de la ligne.*
STENBERGUE.	Falaiseau, lieutenant-général, *command.*
	D'Eversdyk, capitaine, *général-major.*
Fort Henry.	Falaiseau, *commandant.*
	D'Eversdyk, *major & commiss. du magasin.*
LILLO.	Bedaulx, général-major, *commandant.*
	De Schweinitz, lieutenant-colonel, *général-major.*
Fort Liefkenshoek.	Bedaulx, *commandant.*
	Van Baers, capitaine, *major.*
F. Kruys-Schans.	Bedaulx, *commandant.*
	Rebenscheidt, capitaine, *major.*
F. Fréd.-Henri.	Bedaulx, *commandant.*
	Ruyl, lieutenant, *major & commiss. du magasin.*
AXEL.	D'Ewigh, major, *commandant.*
	Turcq, capitaine, *général-major.*

PROVINCES-UNIES.
SEPT PROVINCES.

PROVINCE DE GUELDRE. *Messieurs*

NYMEGUE.	Van Der Hoop, général-major, *command.*
ARNHEIM.	Le prince de Bade, lieutenant-général, *gouverneur.*
	De Quadt, colonel, *grand major.*
F. Geldersoort.	. . . .
ZUTPEN.	Le baron de Heeckeren, général-major, *commandant.*
	Le baron Schimmelpenning van Der Oyen, colonel, *grand major.*
THIEL.	Zehender, capitaine, *major.*
BOMMEL.	. . . .
DOESBOURG.	Le baron de Raders, lieut.-gén. *comm.*
	Slicher, colonel, *grand-major.*
BREVOORT.	Westenberg, capitaine, *grand-major.*
Fort S. André.	Van de Graaff, gén.-major, *command.*
	Bols, lieut.-colonel, *grand-major.*

PROVINCE DE HOLLANDE. *Messieurs*

DORDRECHT.	Belaars de Blokland, *commiss. du magasin de la génér.*
DELFT.	Van Der Goes, *comm. du mag de la génér.*
	Paravicini de Capelli *insp. des mag. de Holl.*
	J. Mooser, lieut., *comm. des mag. de Holl.*
LA HAYE.	De Campo, colonel, *major.*
	Paravicini de Capelli, major, *inspecteur, de la fonderie de l'état.*
	J. Maritz, *fondeur d'artillerie de l'état.*
HEUSDEN.	Le baron de Kretschmar, gén. maj. *gouv.*
	C. Rappard, lieut. col. *grand major.*
Worcum.	Le baron de Kretschmar, *gouverneur.*
Fort Hemert.	Le baron de Kretschmar, *gouverneur.*
	Nolet, capitaine, *major.*
Nieuwersluis.	Wolbrink, *major.*
F Wierikke.	Regis, *major & commis.*
Hinderdam.	Kuners, *major & commis.*
GESTRUIDENBERG.	Grenier, général-major, *commandant.*
	J. F. du Buy, lieut. col. *grand-major.*
NAARDEN.	Gheel de Spanbrock, *commandant.*
	Thierens, *major.*
F. d'Huittermeer.	Schouten, colonel, *major-commandant.*

PROVINCES-UNIES.

Messieurs

Loevestein.	De Pabst, colonel, *commandant.*
Gorcum.	Van Der Pyl & Van Hogenhuyzen, *majors.*
La Brille.	Rulach, lieutenant, *major.*
Schoonhove.	Schweitzer, capitaine, *major.*
Nieuwpoort.	....
Oudewater.	Imbyze de Batenburg, lieut. *major.*
Woerden.	De Wellepit, *major & commis.*
Hellevoetsluys.	Riefkohl, capitaine, *major.*

PROVINCE DE ZÉLANDE. *Messieurs*

Ulissingue.	De Jacobi, colonel, *commandant.*
Ramele.	De Jacobi, *commandant.*
	De Plaan, sous-lieutenant, *major.*
Ter Veere.	Cau & Jager, *majors.*
Tholn.	Engert, capitaine, *grand-major.*

PROVINCE D'UTRECHT.

Utrecht.	M. de Berchyck, lieut. col. *grand-major.*

PROVINCE DE FRISE. *Messieurs*

Leuwarde.	........., *maj.-comm. & maj. de la province.*
Harlingen.	Le baron de Geusau, *major-commandant.*

PROVINCE D'OVERISSEL. *Messieurs.*

Campen.	Eckhout, major, *grand-major.*
Deventer.	Le B. d'Aerssen-Baviere de Voshol, *maj. comm.*
Zwol.	De Cocq de Nerynen, capit. *grand-major.*
Hasselt.	De Meyers, lieut. colonel, *major.*

PROVINCE DE GRONINGUE. *Messieurs.*

Groningue.	De Sommerlatte, *comm. des troup. & de la prov.*
	De Humbracht, lieut. col. *gr. major de la prov.*
Delfzyl.	Bennema, lieut. col. *comm. & grand-major.*

MARINE.

Le prince Stadhouder-héréditaire, *amiral-général.*

COLLEGE DE L'AMIRAUTÉ DE LA MEUSE. *Messieurs*

............, *lieutenant-amiral.*
1773 Van Der Gon, } *vice-amiraux.*
1781 Pichot, ... }
1779 Van Haaften, *contre-amiral.*

PROVINCES-UNIES.

Messieurs

1782 Bisdom, ...⎫
     Van Hoey, ... ⎭ *contre-amiraux.*

26 *Capitaines.*

COLLEGE DE L'AMIRAUTÉ D'AMSTERDAM. *Messieurs*

1773 J. Hœuft, *lieutenant-amiral.*
1779 Reynst, ... ⎫
1781 Le comte de Byland, ⎬ *vice-amiraux.*
     Zoutman, ... ⎭
1779 Dabenis, ... ⎫
     Binkes, ... ⎪
1781 Rietvelt, ... ⎬
     Dedel, ... ⎬ *contre-amiraux.*
     Van Braam, ... ⎪
     De Kinsbergen, ... ⎭

46 *Capitaines.*

COLLEGE DE L'AMIRAUTÉ DE ZELANDE. *Messieurs*

1782 Corneille Vis, *vice-amiral.*
1780 Kruynen, *contre amiral.*
8 *Capitaines.*

COLLEGE DE L'AMIRAUTÉ DE WEST FRISE. *Messieurs*

1782 G. J. Vos, *contre-amiral.*
12 *Capitaines.*

COLLEGE DE L'AMIRAUTÉ DE FRISE.

CAPITAINES. *Messieurs*

1764	Van Der Beets,		De Bouricius,
1767	Van Idsinga.	1779	De With,
1773	Le comte de Rechteren,	1781	De Kinsbergen.
1777	De Rook,		

MINISTRES DES ÉTATS-GÉNÉRAUX,
PRÈS LES COURS ÉTRANGERES. *Messieurs*

Vienne.   Le C. de Wassenaer-Twickel, *env. extr. & min plén.*
           Van Der Hem, *secrétaire de légat.*
Berlin.   Le B. de Reede, *env. extr. & ministre plénipot.*
           Le capitaine Bonhomme, *secrétaire de légat.*

PROVINCES-UNIES.

Messieurs

Cercles du haut & bas Rhin.	............, env. extraord.
	Le lieut. Lucius, chargé d'aff.
Cercle de b. Saxe & Hambourg.	Le baron d'Hogguer, ministre.
Diete de Ratisbonne.	Gallieres, ministre.
	Schmidtman, secrét. de légat.
Cologne & C. de Westphalie.	De Lansbergen, ministre plénip.
	Skene, secrétaire de légation.
Dantzick.	J. Ross, commissaire.
Russie.	Le baron de Wassenaer de Starrenburg, amb. extr. & ministre plénipotentiaire.
	Le capitaine Eyland, secrétaire de légation.
	De Swart, résident.
	De Hoogwerf, secrétaire.
Stockholm.	Le baron Van Der Borch, env. extraordinaire.
	Le capit. Ponickau, secrét. de légation.
Copenhague.	Le comte de Rechteren, env. extraordinaire.
	Le capit. Roust, secrétaire de légation.
Londres.	Le baron de Lynden, env. extraordinaire.
Bruxelles.	Le baron de Hop, min. plénipotentiaire.
	Le lieut. col. Ernst, secrétaire de légation.
France.	L'Estevenon de Berkenrode, ambassadeur.
	De Brantzen, ministre plénipotentiaire.
	Le cap. Sittig, secrét. de M. de Berkenrode.
	M. Tinne, secrét. de M. de Brantzen.
Espagne,	Le C. de Rechteren, env. ext. & min. plénip.
	Aubert, secrét. de légation.
Portugal.	Le baron de Hogguer, ministre.
Constantinople.	Le baron de Dedem de Peckendam, ambassad.
	Kroll, secrétaire de légation.
Liege.	Van der Hoop, ministre.
Etats-unis de l'Amér.	Van Berkel, env. extraord. & min. plen.
	Duker, secrétaire de légation.

DIRECTEUR de la correspondance, solliciteur & agent des ministres à la Haye.

M. P. F. Tinne.

VILLES ANSÉATIQUES.

Voyez dans l'édition de 1784, page 326, la description de ces républiques, leur population, & la valeur de leurs monnoies.

DÉPUTÉS DES VILLES ANSÉATIQUES,

Près les Cours étrangeres. Messieurs

Anvers.	..... concierge de la maison nationale.
Hanovre.	Jean-Charles Alberti, *agent de Brême.*
Londres.	Paul Amsinck, *ag. & intend du Steelyard.*
Paris.	D'Hugier, *dép. en 1753 à la cour de France, par la républ. de Hambourg, & admis avec l'agrément du feu roi dans le sénat de cette ville.*
Diete de Ratisbonne	J.-Christ.-Théod. Geimener, *ag. de Brême.*
Madrid.	J.-François Van-Der-Lépé.
La Haye.	Charles-Guillaume Martens.
Copenhague.	Henti-Charles Meinig, *agent de Brême.*
Vienne.	André Merck, *agent de Brême.*
Malaga.	Henri Meyer, *consul.*
Bergue.	Christophe-Joachin Mohr, *concierge.*
Cadix.	François Rieke, *consul.*
Lisbonne.	Jean-Xav. Stoqueler, *consul.*
Berlin.	{ Jacques Never, *agent de Brême.* { Le conseiller Wever, *agent de Lubeck.*
Weezlar.	{ Henri-Jacq. de Zurierlein, *agent de Brême.* { J.-Jacq Vickh, *proc. de la chamb. imp. agent de Lubeck.*
Bordeaux.	Jean-Phil. Weltner, *chargé d'affaires pour Lubeck.*
Stockholm.	Guill. Secle, *agent de Lubeck.*

ARTICLE V.
ELECTEURS D'ALLEMAGNE.

1208. MAYENCE, *catholique.*

MAISON ELECTORALE.

Fréd.-Ch.-Jos. baron d'Erthal, né 3 Janvier 1719, élu 18 Juillet 1774, prince-évêque de Worms, 26 du même mois, chanoine capitul. du chap. de Bamberg.

MAYENCE.

Freres. Le chevalier Loth.-F.-M. d'Erthal, né 22 Nov. 1721, conseiller d'état intime & grand-maître de la cour de Mayence.

F.-L.-Ph.-Eh.-A. d'Erthal, prince-évêque de Wurtzbourg. *Voyez Bamberg.*

GRANDS OFFICIERS HEREDIT. DE LA COUR. MM.

Les Landgraves de Hesse, *grands-maréchaux.*
Les comtes de Heisenstein, *maréchaux héréditaires.*
Les comtes de Veldenz, *grands-maîtres d'hôtel.*
Les seigneurs Greiffenclau de Vollrath, *maîtres-d'hôtel héred.*
Les comtes de Schœnborn, *grands-échansons.*
Les comtes de Cronberg, *échansons héréditaires.*
Les comtes de Stolberg, *grands-chambellans.*
Les c. de Metternich in Winnenberg & Beilestein, *chamb. hér.*

MINISTRES ET CONSEILLERS D'ETAT. Messieurs

God.-Aug.-Max. de Strans, *conseiller d'état intime.*
Phil.-Charles de Déel, *conseiller d'état intime.*
Val. de Heimes, *conseiller d'etat intime, réfer. des affaires ecclésiastiques, & co-adjuteur de Worms.*
Le baron de Franckenstein, *président du conseil d'état.*
Le baron de Ritter, *procureur-général.*
Le baron Loth. Fr.-Mich de Erthal, *président du conseil sup.*
Le baron de Bibra, *président du conseil de révision.*
Le baron de Dientheim, *président de la chambre des finances.*
Le baron de Dalberg, *gouverneur d'Erford.*
Le comte d'Elz, *vice-président du conseil d'Erihsfeld.*
Le comte de Gimnisch, *commandant d'Erihsfeld.*

MINISTRES DE L'ÉLECTEUR,
PRES LES COURS ÉTRANGERES. Messieurs

Cercle du haut Rhin.	Le baron de Bensel, *envoyé extr.*
Vienne.	De Birkenstock, *agent.*
Rome.	J.-B. Fagna, *ministre & agent.*
Ratisbonne.	Fr.-G. de Hauser, *envoyé.*
Cercle du bas Rhin.	Phil.-Etienne Seiz, *secrétaire de légat.*

1208. TREVES, catholique.

ÉLECTEUR.

CLÉMENT Venceslas, prince royal de Pologne & de Saxe, né le 28 Sept. 1739, élu le 19 Fév. 1769, évêque d'Augsbourg la même année & coadjuteur d'Elwangen en 1770.

Ce prince a pour suffragans, Metz, Toul, Verdun, Nancy, & S. Diez.

SUFFRAGANS RESIDENTS A TREVES. Messieur

Jean de Hontheim, *évêque de Miriophie.*
Jean-Marie d'Herbain, *évêque d'Ascalon.*

GRAND CHAPITRE DE TREVES
Messieurs

Philippe-François Vilderic Népomucéne, comte de Valderdorf, Molsberg & Isenbourg, *grand-prévôt.*
Anselme François-Théodore-Jean Népomucéne, baron de Kerpen, *grand-doyen.*
Jean-Hugo-Ferdinand, baron de Boos, de Valdeck & de Monfort, *chorévêque.*
Christian-François, baron de Hacke, *chorévêque.*
Christophe-Adolphe-Charles, comte d'Ingelheim, *chorévêque.*
Charles Vilheim Joseph, marquis & comte de Hoënsbroech, *chorévêque.*
Charles-Gaspard Golfried, baron de Beissel, de Gymnich & Schmiedheim.
Jean-Antoine-Casimir-Charles, comte de Stadion & Th.
Damien-Frédéric, comte de La Leyen & haut Gérolseck.
Alexandre-Herrmann-Joseph, baron de Merode & Hofalise.
François Ervein, comte de La Leyen & haut Gérolseck.
François-Philippe, comte de Walderdorff, Molsberg & Isenbourg.
Frédéric-François, baron de Harfu, Dreyborn.
François-Christophe-Charles-Philippe Hugo de Frankenstein.

TRÊVES.

Joseph-Adolphe Adelfons, marquis & comte de Hoensbroech.
Philippe-François-Hyacinthe, baron de Kesselstadt.

GRANDS-OFFICIERS ÉLECTORAUX, HÉRÉDIT.
Messieurs

Le comte d'Eltz, *grand maréchal.*
Le comte de Kesselstadt, *grand-trésorier.*
Le comte de la Leyen, *archi-sénéchal.*
Le baron de Schmidbourg, *grand-échanson.*
Le comte de Breidlach de Burresheim, *grand-chambellan.*

CONFERENCE INTIME DE L'ÉTAT.

Son altesse sérénissime électorale en propre personne.

MINISTRE D'ÉTAT ET DES CONFÉRENCES.

M. Ferdinand, baron de Duminique, conseiller intime de S. M. I. & grand écuyer.

RÉFÉRENDAIRES INTIMES D'ETAT. *Messieurs*

François-Joseph Mahler, *conseiller & référendaire intime, & secrétaire de conférences & du cabinet.*
Beck, *conseiller & référendaire intime ecclésiastique.*
Hugel, *conseiller aulique & de la régence, référendaire intime & secrétaire des conférences & du cabinet.*

CHANCELLERIE ET ENREGISTREMENTS. *Messieurs.*

Pierre-Dominique Haack, *conseiller intime, chancelier, prévôt des fiefs, directeur des révisions & des conseils de guerre.*
Henri de Houtheim, *greffier.*

MINISTRES DE L'ÉLECTEUR,
PRES LES COURS ÉTRANGERES. Messieurs

Rome.	François Fargna, *ministre & agent.*	
	Jean François Rochetani, *expéditionnaire.*	
Vienne.	Christian Vilhelm, baron de Clerf, *cons. & agent.*	
	Charles de Birckenstorck, *cons. & agent.*	

TRÊVES.
Messieurs.

Paris. Alexis de Crolbois, écuyer, conseiller intime de S. A. S. électorale, & du prince régnant de Nassau-Saarbruck, chevalier de l'ordre noble de S. Hubert, de Bar, *agent chargé d'affaires.*

Dresde. Kajetan, comte de Zawoysky, cons. int. de S. A. S. El. de Trèves, col. d'un régim. d'Inf. de la couronne de Pologne, chevalier du grand ordre du lion du Palatinat, *ministre plénipotentiaire.*

Cologne. Jean-Baptiste Guaila, *conseiller & agent plénip.*

Francfort. François, baron de Kerpen, camérier électoral, bailli de Corhem Nelmen, en Daun., & condirecteur de la noblesse de Daun, *env. du cercle électoral.*

Jean-Nicolas Fleck, *secrétaire de légation.*

Philippe-Charles Schamans de Livonegg., cons. de l'électeur & envoyé au cercle du haut Rhin pour le prince évêque de Prum.

Francfort. Pierre-Antoine Brentano, *conseiller & résident de l'électeur de Trèves.*

1208. COLOGNE, catholique.

ÉLECTEUR.

Maximilien, archiduc d'Autriche, grand-maître de l'ordre teutonique, né 8 Déc. 1756, coadjuteur de Cologne 7 Août 1780, & de Munster 16 du même mois, devenu titulaire de ces deux prélatures par la mort de Maximilien Frédéric, comte de Konigsegg-Rothenfels, arrivée le ... 1784 intronisé à Cologne 12 Octobre suivant.

GRANDS-OFFICIERS HÉRÉDIT. DE LA COUR. MM.

Le prince d'Aremberg, *grand échanson.*
Le comte de Manderscheid, *grand maître d'hôtel.*
Le C. de Salm Reiferscheid in Blankenhaym, *grand écuyer.*
Le chevalier de Frenzraitzen, *grand chambellan.*

MINISTRES DE L'ÉLECTEUR. *Messieurs*

Le baron de Gymnich, *premier ministre.*

COLOGNE. 333

Messieurs

Le baron de Fortsmeister, chev. de l'ordre teutonique, *conseiller d'état & de conférences.*
Le comte de Belderbuch, *président de la régence.*
Le comte de Metternich, *président de la chambre des finances.*
Le comte de Salm, *grand-maître de la cour.*
Le baron de Lombeck, *grand chambellan.*

BOURG-MESTRES REGENTS DE COLOGNE. *Messieurs*

Strattohl. | Korich.

BOHEME.

Voyez cet Electorat à l'article des Royaumes.

PALATINAT.

MAISON ÉLECTORALE.

CHARLES-Théodore, né 10 Déc. 1724, marié 17 Janv. 1742, à *Electrice.* Marie Elizabeth-Auguste, sa cousine germaine, fille du comte Palat. Jos.-Ch. de Sulzbach, née 17 Janv. 1721. *Cousines & belles-sœurs.* Marie-Anne, née 21 Juin 1722. Françoise, née 15 Juin 1724. *Voyez Deux-Ponts.*

GRANDS-OFFICIERS ÉLECTORAUX. *Messieurs*

Grand-maréchal   Le comte de Rheinstein & Tattenbach.
Grands-écuyers.   { Le baron de Vieregg.
                 { Le comte de Daun.
Grand-veneur du Pal.   Le baron de Haacke.
Grand-ven. de Baviere.   Le baron de Waldkirch.
Grand-m. des forêts.   Le baron de Buchwiz.

GRANDS-OFFICIERS, HÉRÉDIT. DE LA COUR. *Messieurs*

Les Rhringraves, *maréchaux.*
Les gentils-hommes de Hirschorn, *écuyers tranchans.*
Les comtes d'Erbach, *échansons.*

MINISTRES DE L'ELECTEUR. *Messieurs.*

Le comte de Seinsheim.
Le comte de Kœnigsfeld.
Le baron d'Oberndorf.
Le baron de Vieregg.

Le baron de Hompesch.
Le baron de Kreittmayer, *chancelier intime.*

CONSEILLERS D'ÉTAT INTIMES ACTUELS. *Messieurs*

Le baron de Castell.
Jean-George de Stengel.
Jean-Gasp. de Cunzmann.

Fréd. de Hertling.
Etienne de Stengel, *secrétaire du cabinet.*

CHANCELLERIE PRIVÉE ÉLECTORALE.

M. Jean-George de Stengel, *directeur.*

MEMBRES DU BUREAU DE LA GUERRE. *Messieurs*

1771 Le comte de Latosée, *directeur.*
1771 Le baron Wadensparnn.
1773 Le baron de Weichs.
1783 Le comte Ferdinand de Minuci.
Ch.-Phil. Heussler, *directeur de la chancellerie.*

MEMBRES DU CONSEIL DE GUERRE. *Messieurs*

1756 Joseph Bernardi.
1761 Joseph Wreden.
1777 Denis ô Brien.
1780 Guillaume Caspers.
1782 Jean Nepomucène de Gundelfingen.

CHAMBRE PALATINE DES FINANCES. *Messieurs*

Le baron de Perglas, *président.*
De Dahlberg, *vice-président.*

CHAMBRE D'ADMINISTRATION DE BAVIERE. *Messieurs*

Le baron de Dalberg.
Le comte Topor Morawizky, *président.*
1783 Le comte Maxim. de Seinsheim, *vice-président.*
De Petenkofer, *vice chancelier.*

CHAMBRE DE RÉVISION DE BAVIERE.

Le comte de Lodron, *directeur.*

COUR DE JUSTICE DE BAVIERE. *Messieurs*

Le comte de Tœrring, *président.*
Le comte de Preysing, *vice-président.*

PALATINAT.

Messieurs

Le baron de Pauli, *chancelier*.
De Vachiery, *vice-directeur*.

CHAMBRE DES FINANCES DE BAVIERE. *Messieurs*

................*président*.
1766 Joseph de Planckh, *directeur*.

CHAMBRE D'ADMINISTRATION DU PALATINAT. *Messieurs*

1765 Le baron de Venningen, *président*.
1776 Le baron de Dalvigk, *vice-président*.
1779 Le baron de Fick, *vice-chancelier*.

CONSEIL D'ADMINISTRATION DES DUCHÉS DE BERGUES ET JULIERS.

M. le comte de Nesselrode, *chancelier*.
M. le comte de Beveren, *maréchal*.

MARQUISAT DE BERG-OP-ZOOM.

M. le baron Charles Théodore de Vieregg, *comm. général*.

ÉTAT MAJOR DES ARMÉES.

Messieurs

................*feld-maréchal*.
Le baron de Hohenhausen, *grand maître d'artillerie*.
Le comte de Pappenheim, } *généraux de cavalerie*.
Le comte de Larosée,

LIEUTENANS-GÉNÉRAUX. *Messieurs*.

Le baron de Belderbusch.
Le comte de Campana.
Le comte de Daun.
Le baron de Hegnenberg.
Le prince Fr.-G. d'Isembourg.
Le chevalier de Keralio.
Le comte de Lerchenfeld.
Le pr. Charles de Leiningen.
Le pr. Ch. de Loewenstein.
Le pr. Jos. de Loewenstein.

Le comte de Minuci.
Le baron Van Der Osten.
Joseph de Peglioni.
Le comte de Salern.
Le comte de Taufkirch.
Le comte de Toerring.
Le comte Von Der Wahl.
Guill. comte Palatin.
Le baron de Winkelhausen.
Le prince de Xweybrucken.

31 *généraux-majors & deux adjudans*.

ORDRES DE CHEVALERIE.
1444. ORDRE DE SAINT HUBERT.

Voyez l'édition de 1783 page 327.

L'ÉLECTEUR, grand-maître.

CHEVALIERS-PRINCES. Messieurs

1733 Le prince Charles Frédéric, Marggrave de Bade.
1733 Le prince Charles Augustin, Marggrave de Bade.
1739 Le prince Charles Stanislas Radzivil.
1741 Le prince Ern.-Ferd.-Ch. de Saxe-Hilburghausen.
1747 Le prince Maxim.-Dionis.-Koributh de Woroniecky.
1747 Le pr. Ch. II. Palatin du Rhin, duc regn. de Deux-Ponts.
1749 Le prince Demetr. Jablonowsky.
1749 Le prince Martin de Lubomirsky.
1749 Le prince Janus de Dubno.
1749 Le prince Adalbert Déod. de Radzivil.
1752 Le prince Ch.-Th. de Loewenstein-Wertheim.
1752 Le prince Louis de Salm-Salm.
1752 Le prince Aug. de Schwarzbourg-Sondershausen.
1752 Le prince souverain de Bouillon.
1752 Le prince Stanislas de Radzivil.
1757 Le prince Alexandre Sulkowsky.
1757 Le prince Antoine de Jablonowsky.

1760

PALATINAT.
Messieurs

1760 Le prince Ch.-L. comte Palatin du Rhin.
1760 Le prince Louis de Nassau-Saarbruck.
1760 Le prince Stanislas de Jablonowsky.
1760 Le prince Jerôme Vincent de Radzivil.
1760 Le prince Emmanuel Landgrave de Hesse.
1760 Le prince François de Sulkowsky.
1763 Le prince Maxim.-Jos. comte Palatin du Rhin.
1763 Le prince Jean-Adolphe de Nassau-Saarbruck & Ussingen.
1763 Le prince Mich. de Radzivil.
1765 Le prince Fréd.-L.-Guill.-Christ. Landgrave de Hesse.
1765 Le prince Frédéric de Waldeck.
1765 Le prince Ch.-Alb. de Hohenlohe-Waldenbourg.
1765 Le prince Chr.-Aug. de Waldeck.
1765 Le prince Michel de la Tour-&-Taxis.
1768 Le prince Guill. comte Palatin du Rhin.
1768 Le prince Louis Landgrave de Hesse.
1768 Le prince Fréd.-Charles de Schwarzbourg-Sondershausen.
1768 Le prince Jérôme de Dubno.
1768 Le prince Domit. de Radzivil.
1768 Le prince Fréd.-Ch. de Schwarzbourg.
1768 Le prince Joseph de Sapieha.
1768 Le prince Ign. Thad. Wbroniecky.
1773 Le prince Frédéric Landgrave de Hesse.
1773 Le prince Frédéric Ernest d'Isenbourg.
1773 Le prince Louis de Waldeck.
1773 Le prince Alexandre de Sapieha.
1773 Le prince Ch.-Jos. de Lubomirsky.
1773 Le prince Fréd. de Salm-Kyrbourg.
1773 Le prince Philip. Hertulani, marquis de Blumberg.
1773 Le prince Domitien de Radzivil.
1773 Le prince Franç. de Sapieha.
1776 Le prince Gaut.-Alb. de Schwarzbourg-Sondershausen.
1776 Le prince Ch.-Guill.-Eug. Margrave de Bade.
1776 Le prince Ch.-Louis de Holstein-Beck.
1776 Le prince Math. de Radzivil.
1776 Le prince Michel de Lubomirsky.
1776 Le prince Charles de Salm-Salm.
1776 Le prince Philippe de Chimay.
1778 Le prince Christ.-L. Landgrave de Hesse.
1778 Le prince Aug.-Mar. Raym. d'Aremberg, d'Arschott & de Croy.
1780 Le prince Ch.-Fréd.-Guill. de Leinengen-Hardenbourg.

PALATINAT.

Messieurs

1782 Le prince Constantin de Loewenstein-Wertheim.
1782 Le prince de Menchicoff.
1782 Le prince Ch.-Théod. de Hesse-Rheinfels.
1782 Le prince Ch.-Guill.-Georges Landgrave de Hesse.
1782 Le prince Constantin de Salm-Salm.
1782 Le Prince Maurice de Salm-Kyrbourg.
1782 Le prince Antoine de Radzivil.
1782 Le prince Ernest de Hesse-Rheinfels.
1782 Le prince Ant.-Moyses de Hohenzollern.
1782 Le prince Em.-Charles de Leiningen-Hardenbourg.

CHEVALIERS, COMTES OU BARONS. *Messieurs*

1782 Le baron de Vierregg, *grand-commandeur*.
1737 Le comte Ch.-Ant. de Sickingen.
1757 Le baron Pierre-Emman. de Ezidhwikz.
1757 Le baron Jos.-Ch. de Sickingen.
1757 Le comte Charles de Hartzfeld.
1760 Le comte Franç. de Nesselrode.
1773 Le comte Fréd. Ferdin. de Pappenheim.
1778 Le comte Jos.-Franç.-Marie de Seinsheim.
1778 Le baron Fr.-Charles de Hompesch.
1782 Le comte Christ.-Jean-Aug. de Koenigsfeld.
1782 Le comte Jos.-Ferdin. de Rheinstein & Tattenbach.
1782 Le comte Sigismond de Haimhausen.

OFFICIERS DE L'ORDRE. *Messieurs*

Don Nicolas Spirlet, abbé de saint-Hubert des Ardennes, *grand-aumônier*.
Philippe de Hertling, *maître des cérémonies*.
Jean-Georges de Stengel, *vice-chancelier*.
Joseph Fontanesi, *secrétaire*.
Nicolas Hazaad, *trésorier*.
Guillaume Rogister, *hérault*.
Louis Weissenburger, *maître de la garde-robe*.

PALATINAT
1768 ORDRE DU LION

La plaque que portent les Chevaliers de cet Ordre, est une croix d'argent à 8 pointes, couronnée de flammes d'argent, chargée en cœur du chiffre de l'Electeur, en lettres d'or C. T. surmontée de la couronne électorale. Sur les quatre branches de la croix, on lit en lettres d'or : INSTITUTOR.

L'ÉLECTEUR, grand-maître.

35 chevaliers & les Officiers ordinaires.

ORDRE DE SAINTE-ÉLISABETH

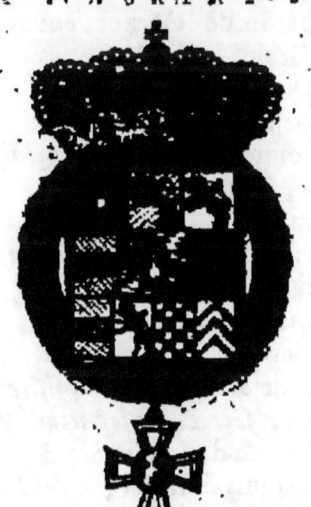

Ste ELIZABETH

Cet Ordre a été établi pour les Dames seulement

PALATINAT.

L'Électrice, *grande-maîtresse.*

28 *Princesses-chevalieres,* & *les Officiers ordinaires.*

Voyez plus bas, article *de Deux Ponts*, l'Ordre de Saint Michel, qui appartient aussi à cette maison.

MINISTRES DE L'ÉLECTEUR,
Pres les Cours Étrangeres. *Messieurs*

Amsterdam.	Vatebender, *agent.*
Augsbourg.	Ezermack, *agent.*
Bayreuth.	Schmid, *chargé d'affaires.*
Berlin.	De Posch, *résident.*
Bonn.	De Grein, *ministre accrédité.*
Bruxelles.	Le baron de Vieregg, *ministre.*
	Charlier, *agent.*
Cleves,	Hasenbach, *résident.*
Colmar.	Bailand, *agent.*
Dresde.	Le comte de Scahall, *min. plénipotentiaire.*
Francfort.	de Gunther, *ministre.*
	Schloesser, *secrétaire de légation.*
	De Schmidt, *résident.*
	Luther.... ⎫
	Mannskopft. ⎬ *agents.*
	Rebel..... ⎭
La Haye.	Le baron de Cornet, *envoyé extraordinaire.*
Cologne.	De Grein, *ministre.*
	De Duresback, *résident.*
Lyon.	Petrozini, *agent.*
Londres.	Le comte de Haslang, *ministre plénipot.*
Lorette.	Cleri, *consul.*
Zurich.	Le baron de Hubens, *agent.*
Madrid.	L'abbé Bremond, *chargé d'affaires.*
Mayence.	Glockle, *agent.*
Memmingen.	Wechsler, *agent.*
Naples.	Le marquis de Curtis, *ministre.*
Paris.	Le C. de Sickingen, *ministre plénipotentiaire.*
	David, *sécret. de légation & agent.*
Ratisbonne.	Le Comte de Lerchenfeld, *ambassadeur.*
Rome.	Le marquis d'Antici, *ministre plénipotentiaire.*
	Cantoni, *agent.*

PALATINAT.

Messieurs

Strasbourg. Trombert., *agent.*
Tréves. Eichhorn, *agent.*
Venise. Cornet, *agent.*
Ulm. Etzling, *agent.*
Wezlar. Brand, *agent.*
Vienne. Le Baron de Hallberg, *ministre plénipotentiaire.*

1208. SAXE, *Luthérien.*

MAISON ELECTORALE.

FRÉDÉRIC-Auguste, né 23 Décembre 1750, électeur de Saxe 17 Décembre 1763, marié 17 Janvier 1769, à

Electrice. Marie Amélie, princesse de Deux-Ponts, née 10 Mai 1752.

Fille. Marie-Auguste, née 21 Juin 1782.

Freres. Antoine, né 27 Décembre 1755, marié 24 Octobre 1781, à Marie-Charlote-Antoinette de Savoie, morte en 1783.

Maximilien, né 13 Avril 1759.

Marie-Amélie, née 26 Septembre 1757. Voyez *Deux Ponts.*

Marie-Anne, née 27 Février 1761.

Oncles. François-Xavier, né 25 Août 1730.

Charles-Christian-Joseph, né 3 Juillet 1733.

Albert-Casimir, né 11 Juillet 1738.

Clément-Venceslas, né 28 Septembre 1739, Voyez *Tréves.*

Tantes. Marie-Anne, née 29 Août 1728.

Marie-Elisabeth, née 9 Février 1736.

Marie-Cunegonde, Abbesse d'Essen, née 10 Novembre 1740.

GRANDS OFFICIERS HÉRÉDIT. DE LA COUR. *Messieurs*

Le comte de Pappenheim, *Vicaire.*
Le comte de Loser, *grand-maréchal.*
Le comte de Werthern, *huissier.*

Grands Officiers, Messieurs.

Grand maréchal. Melchior-Henri de Breitenbauch.
Grand chambellan. Le comte Camille Marcolini.
Grand écuyer. Henri-God. comte de Lindenau.

SAXE.

CONSEILS D'ETAT.

CONSEIL DU CABINET INTIME.

Ministres du Cabinet. Messieurs

Jean-Georges Frédéric, Comte d'Enfiedel.
Le baron Léopold-Nicolas d'Ende.
Le baron Joseph de Forell.
Charles-Auguste de Gersdorf.
Henri-Godefroi de Stutterheim.
Le comte Jean-Adolphe de Loss.
Fréd.-Joachim de Krifft de Crifftenstein, *conseiller & ass. intime.*

Départements de Messieurs les Ministres du cabinet. Messieurs

Le comte Jean-Adolphe de Loss, secrétaire d'état, *les affaires intérieures.*
Le comte Auguste de Gersdorf, secrétaire d'état, *les affaires militaires.*
Henri-Godefroi de Stutterheim, secrétaire d'état, *les affaires étrangeres.*

MINISTRES DE CONFERENCES. Messieurs

Frédéric-Louis Wurmb.
Phil.-Charles de Wessenberg.
André, comte de Riaucour.
Le baron de Goutschmid.
Le comte de Schoenberg.
Le comte Charles de Einsiedel.
Otto Ferdinand de Loeben.

CONSEIL INTIME.

CONSEILLERS ORDINAIRES. Messieurs

Frédéric-Louis Wurmb.
Le baron de Goutschmid.
Le comte de Schoenberg.
Le comte Charles de Einsiedel.
Otto Ferdinand de Loeben.

ÉTAT MAJOR DES ARMÉES.

Général feld-maréchal................

GÉNÉRAUX. Messieurs.

Henri-Christ. comte de Baudissin, gouvern. de Dresde, *infanterie.*
Jean-Adolphe, prince de Saxe-Gotha, *infanterie.*
Le comte Auguste de Gersdorf, secrét. d'état, *infanterie.*
Frédéric-Christ. comte de Solms, *infanterie.*

SAXE.

LIEUTENANS-GENERAUX. *Messieurs*

Jean-Frédéric, comte de Eckstaedt, gouverneur de Leipsik, *cav.*
Charles-Ad. comte de Bruhl, chef des Carabiniers, *cavalerie.*
Charles-Joseph, comte de Maiainville, *infanterie titul.*
Volpert Christ. Riedesel, baron de Eisenbach, *infanterie.*
Gustave-Adolphe de Benigsen, *inspecteur général de l'infanterie.*
Louis-Ernest de Benckendorf, *inspect. de la cavalerie.*
Aug. Remeccius-Charles, comte de Callenberg, *cavalerie.*
Ernest-Frédéric de Carlsbourg, *infanterie.*
Christophe-Frédéric de Flemming, *infanterie.*
Adam Butch. Christ. de Schiebell, commandant la compagnie noble des Cadets, *cavalerie.*
Henri-Godefroi de Stutterheim, secrét. d'état, *cavalerie.*
Jean-Gustave, baron de Sacken, commandant des chevau-légers, *cavalerie.*

AUTRES OFFICIERS MILITAIRES. *Messieurs*

Insp. gen. de la cavalerie.	I. Ernest de Beckendorf, lieut. g.
Insp. gén. de l'infanterie.	Gust.-Ad. de Bennigsen, lieut. gen.
Gouverneur de Dresde.	Le c. de Baudissin, gén. d'infant.
Chef des Gardes-du-Corps.	. . . .
Commandant des Gardes.	Le comte de Bellegarde.
Capit. des Gardes des Cadets.	Ad. B. Christ. de Schiebell, l.-gén.
Chef du corps des Ingénieurs.	Ch.-Aug. de Gersdorff, sec. d'état.

MINISTRES RESIDENTS.
PRÈS LES COURS ÉTRANGERES. *Messieurs*

Dannemarck.	Le c. de Goer, env. extraordinaire. chamb.
	J. Fred. Meibitz, *secret. de légation.*
France.	Le baron de Schoenfeld, *minist. plénipotent.*
	Jean-Baptiste Riviere, *cons. de légation.*
Angleterre.	Le comte de Bruhl, *env. ext. cons. int. act.*
	J. Aug. de Ernest, *secret. de légation.*
Hambourg.	. . . .
Hollande.	Martens, conseiller de légat, *chargé d'affair.*
Palatinat.	Le comte de Riaucour, *envoyé extraord.*
	Antoine Schubaver, *secret. de légation.*
La Porte.	Le baron Habsch de Grosstal, *chargé d'aff.*
Pologne.	d'Essen, *résident.*
	J.-Jacob Patz, *secrétaire.*

Berlin

SAXE.

Messieurs

Berlin.	{ Le c. de Zinzendorff & Pottendorf, *env. extr.* Thomas Ernest Koetteritz, *secret. de légation.*
Ratisbonne.	{ Le baron de Hohental, *env. extr. conf. int.* Ch.-Godef Mirus & Nic.-Aug. Hertig, *sec. de légation.*
Vienne.	{ Clementz, *min. résident.* J Reinhold, *secr. taire de légation.* Christian Mathesius, *chancelliste.*
Petersbourg.	{ Le baron de Sacken, *min. plénipotentiaire.* Charles-Christ.-Fréd. de Forber, *sec. de légat.*
Turin.	Halle, *chargé d'affaires.*
Suede.	{ Le comte Bose, *env. extraord.* Guillaume-Auguste de Just, *sec. de légation.*
Madrid.	{ Le comte de Geisdorff, *ministre plénipotent.* Balcke, *secrétaire de légation.*
Tréves.	Le comte de Riocour, *envoyé extraordin.*

1208. **BRANDEBOURG**, *réformé.*

MAISON ÉLECTORALE.

FRIDERIC II, né 24 Janv. 1712. *Voyez Prusse*, page 259.

GRANDS OFFICIERS HEREDIT. DE LA COUR. *Messieurs*

Les comtes & seigneurs de Schwerin, *grands-chambellans.*
Les libres barons Gans de Putlitz, *grands-maréchaux.*
Les barons de Hoverbeck, *grands-écuyers tranchans.*
Les barons de Schulenbourg, *grands-maîtres de cuisine.*
Les seigneurs de Grœben, *grands veneurs.*
Les seigneurs de Kacké, *grands-échansons.*

Voyez, pour les autres officiers, l'article *Prusse*, page 160.

1692. HANOVRE, luthérien.

MAISON ÉLECTORALE.

Georges-Guillaume III, électeur de Hanovre, de la maison de Brunswick-Lunebourg, né 4 Juin 1738, Roi de la Grande-Bretagne. Voyez *Angleterre*.

GRANDS OFFICIERS ÉLECTORAUX. Messieurs

H.-J. de Lichtenstein, *grand-maréchal*.
J.-Fr. Ferd. de Loy, *grand-chambellan*.
Louis Fr. de Mahrenholz, *grand-connétable*.
G.-Aug. de Wangenheim, *grand maître de la maison électorale*.
G.-Aug. de Steinberg, *grand-échanson*.
Fréd.-Aug. Von Dem Bussche, *vice-connétable*.
Burch. Ant.-Fréd. de Oldershausen, *grand-veneur*.

MINISTRES DE HANOVRE.

PRÈS LES COURS ÉTRANGERES. *Messieurs*

Francfort. De Hugo, *résident*.
La Haye. De Butemeister, *ministre plénipotentiaire*.
Ratisbonne. Le baron de Beulwitz, *ministre plénipotentiaire*.
De Reck, *secrétaire de légation*.
Stoutgard. De Mosheim, *conf. de légation*.
Vienne. Le baron de Walmoden, *envoyé extraordinaire*.
De Mühl, *conf. de légation*.
G.-Fréd. la Grange, *chanc. de légation*.

ARTICLE VI.

TABLEAU DES PRINCIPAUX MEMBRES DU CORPS GERMANIQUE.

ARCHEVÊQUES ET ÉVÊQUES.

Voyez dans l'édition de 1784, page 357 & suivantes, l'étendue de ces prélatures, & les différents privilèges dont jouissent leurs titulaires.

Il ne faut pas perdre de vue qu'on les place ici par ordre alphabétique, sans aucun égard pour leur rang.

ÉVÊCHÉ D'AUGSBOURG, *catholique.*

Clément-Vinceslas, prince de Saxe, électeur de Trèves, prince-évêque. *Voyez* Trèves.

ÉVÊCHÉ DE BAMBERG, *catholique.*

François-L.-Ph.-Ant. baron de Erthal, frere de l'électeur de Mayence, né 15 sept. 1730, élu évêque de Wurzbourg, 18 mars 1779, de Bamberg, 12 avril de la même année, & sacré 19 sept. suivant.

ÉVÊCHÉ DE BASLE, *catholique.*

Voyez le No. VI des Alliés des Suisses.

ÉVÊCHÉ DE BRIXEN, *catholique.*

Joseph-Phil. comte de Spaur, né 23 sept. 1718, élu prince-évêque de Seckau 18 déc. 1763, prince-évêque de Brixen 26 mai 1779, investi à Vienne 22 octobre 1781.

ÉVÊCHÉ DE COIRE, *catholique.*

François-Denis, baron de Buchenstein, né 15 janv. 1716, élu évêque 18 avril 1777, sacré 14 sept. même année.

ÉVÊCHÉ DE CONSTANCE, *catholique.*

Maximilien-Christ. de Rodt, né 10 déc. 1717, élu prince-évêque 14 décem. 1775, sacré 11 août 1776, & investi à Vienne 10 mars 1777.

ÉVÊCHÉ D'EICHSTAEDT, *catholique.*

Jean-Ant. Ernest, baron de Zehmen, né 27 nov. 1715, élu 31 mars 1781, & sacré 25 nov. de la même année.

ÉVÊCHÉ DE FREYSENGEN, *catholique.*

Louis-Jos. baron de Welden, né 11 mai 1727, élu 3 janvier 1769, & investi 11 juillet 1770.

ÉVÊCHÉ DE FULDE, *catholique.*

Henri, baron de Bibra, né 22 août 1711, élu 22 octobre 1759, & investi à Vienne 15 décembre 1764.

ÉVÊCHÉ D'HILDESHEIM, *catholique.*

Frédéric Guill. baron de Westphalen & de Furstemberg, né 5 avril 1727, élu 7 février 1763, sacré 13 octobre de la même année, investi à Vienne 1 avril 1767, & nommé coadjuteur de Paderborn 2 mars 1773.

LIÉGE, *catholique.*

César-Constantin-François, comte de Hoensbroech-d'Oost, prince du S. Empire Romain, duc de Bouillon, né . . . . . élu 21 juillet 1784, installé 17 août suivant.

ÉTATS DU PAYS DE LIÉGE ET DU COMTÉ DE LOOZ.

Les états de Liége comprennent l'état primaire que forme le très-illustre chapitre de la cathédrale dont on a donné le tableau l'année derniere, l'ordre de la noblesse & le tiers-état.

CHEF DE L'ÉTAT NOBLE.

M. le comte de Geloës, baron d'Oost, seigneur d'Eysden & Fouron le-comte, lieutenant des fiefs, général-major & capitaine des gardes de S. A. son conseiller privé, Stadhalder de la noble cour de Curenge, haut officier de la ville de Hassert, commissaire-déciseur de Maestricht, & ancien bourguemestre.

CHEFS DE L'ÉTAT-TIERS. *Messieurs*

Le baron de Craïllet & d'Oupeye, seigneur de Vivegnis &

Petits-Aaz, bourguemestre-régent pour la troisieme fois, grand & général bailli de la très-illustre cathédrale.

D'Othée de Limon, chevalier, conseiller-aulique actuel de Trèves, président en son conseil de revision, bailli, souverain officier d'Ewans & Loncin, conseiller de l'électeur Palatin, greffier des seigneurs les vingt-deux du pays de Liége & comté de Looz, bourguemestre-régent.

MINISTRES DE LIÉGE,

PRÈS LES COURS ÉTRANGERES, Messieurs

Paris. . . . . ministre.
Diete de Ratisbonne. Charles-Louis Magis, ministre.
La Haye. Magis, ministre.

ÉVÊCHÉ DE LUBECK, protestant.

François-Auguste, duc de Slefwick-Holstein, né 20 septembre 1711, élu coadjuteur 13 août 1743, évêque 15 décembre 1750, investi 22 mars 1777.

Pierre-Frédéric-Louis, prince de Holstein-Gottorp, *coadjuteur.* Voyez *Holstein-Gottorp-Oldenbourg.*

ÉVÊCHÉ DE MUNSTER, catholique.

Maximilien, archiduc d'Autriche, né 8 décembre 1756, élu coadjuteur 16 août 1781, prince-évêque en 1784.

ÉVÊCHÉ D'OSNABRUCK, catholique & protestant.

Frédéric de Brunswick-Lunebourg, prince d'Angleterre, fils de Georges III, Roi de la Grande-Bretagne, né 16 août 1763, élu 27 février 1764, *de la religion protestante.*

ÉVÊCHÉ DE PADERBORN, catholique.

Frédéric-Guillaume, baron de Westphalen, Prince - évêque d'Hildesheim, né 5 avril 1727, élu prince-évêque en 1783.

ÉVÊCHÉ DE PASSAW, catholique.

Joseph - François d'Auersperg, né 31 janvier 1734, élu prince-évêque de Passaw, le 19 mai 1783.

ÉVÊCHÉ DE RATISBONNE, *catholique.*

Antoine-Ignace-Joseph, comte de Fugger, né 3 novembre 1711, reçu prince-prévôt d'Elwangen 29 mars 1756, élu prince évêque de Ratisbonne, 18 janvier 1769, sacré 16 septembre de la même année, & investi à Vienne 6 avril 1770.

ARCHEVÊCHÉ DE SALTZBOURG, *catholique.*

Jérôme, comte de Colloredo, né 31 mai 1732, élu chanoine de Saltzbourg, de Passaw & d'Olmuz, 10 octobre 1747, élu prince évêque de Guick, 14 avril 1762, archevêque de Saltzbourg 14 mars 1772, & investi de cette prélature 14 mars 1775.

ÉVÊCHÉ DE SPIRE, *catholique.*

August.-Ph.-Ch. comte de Limbourg, né 16 mars 1721, élu 29 mai 1770, sacré 16 septembre suivant, & investi 22 février 1771.

ÉVÊCHÉ DE STRASBOURG, *catholique.*

Louis-René-Edouard de Rohan-Guémené, né 25 septembre 1734, coadjuteur de Strasbourg 22 novembre 1759, évêque de Canople 24 mars 1760, sacré 18 mai de la même année, grand-aumônier de France 1 novembre 1777, cardinal-prêtre 1 juin 1778, évêque de Strasbourg 11 mars 1779, & investi à Vienne 16 novembre de la même année.

M. Toussain Duvernin, évêque d'Arath, *suffragant.*

Voyez le chapitre de cette église, parmi les chapitres nobles de France, pag. 26 de la seconde partie.

ÉVÊCHÉ DE TRENTE, *catholique.*

Pierre Vigile, comte de Thun & de Hohenstein, né 13 décembre 1724, élu 29 mai 1776.

ÉVÊCHÉ DE VORMS, *catholique.*

Frédéric-Ch.-Jos. Baron de Erthal, électeur de Mayence, né 3 janvier 1719, élu évêque 27 juillet 1774, & installé 26 mai 1776. (*Voyez* Mayence).

ÉVÊCHÉ DE WURZBOURG, *catholique.*

François-L.-Ch.-Ph.-baron de Erthal, né 15 septembre 1730. (*Voyez* Banberg).

MAISON DES PRINCIPAUX PRINCES, COMTES ET BARONS D'ALLEMAGNE.

Voyez dans l'édition de 1784, pag. 370-413, l'étendue des possessions de tous ces princes, leurs productions, leurs revenus, leur population, &c.

Nous les plaçons ici par ordre alphabétique, sans aucun égard pour leur rang.

PRINCIPAUTÉ D'ANHALT.

I. ANHALT-DESSAU, *religion réformée.*

Prince. Léopold-Frédéric-François, né 10 Août 1740, marié 25 Juillet 1767, à

Princesse. Louise Henriette Wilhelmine, fille du prince Henri de Prusse, née 24 Septembre 1750.

Fils. Frédéric, prince héréditaire, né 27 Décembre 1769.

Freres. Jean-George, né 28 Janvier 1748.

Albert, né 22 Avril 1750, marié 25 Octobre 1774, à Henriette-Caroline Louise, comtesse de la Lippe-Weissenfeld.

Sœurs. Henriette-Catherine-Agnès, née 5 Juin 1744, mariée 28 Octobre 1779, au baron de Loen.

Tante. Henriette-Amélie, née 7 Décembre 1720, Coadjutrice d'Herforden, 11 Novembre 1779.

II. ANHALT-BERNBOURG, *religion réformée.*

Prince Frederic-Albert, né 15 Août 1735, veuf 2 Mars 1769, de Louise-Albertine, princesse de Holstein-Plœn.

Fils. Alexis Frédéric Christian, né 12 Juin 1767.

Fille. Paul.-Christ. Wilhelmine, née 23 Février 1769.

Sœur du premier lit. Sophie-Louise, née 29 Juin 1732, mariée 20 Mai 1753, au C. de Solms-Bareuth.

Sœurs du second lit. Fréd.-Aug.-Sophie, née 28 Août 1744. Voyez *Anhalt-Zerbst.*

Christ.-Elisab.-Albertine, née 14 Novembre 1746. Voyez *Schwarzbourg-Sondershausen.*

Fille du prince Lebrecht de Hoym & de Bernardine-Jacobé Wilhelmine-de Wrede.

Soph.-Christ.-Ant. Ebheralde Wilhelmine, née 6 Février 1709. Voyez *Schwarzbourg-Sondershausen.*

III. ANHALT-BERNBOURG-SCHAUMBOURG, *protestant*.

Prince. Charles-Louis, né 16 Mai 1723, marié 16 Décembre 1765, à
Princesse. Amélie-Eléonore, princ. de Solms, née 22 Novembre 1734.
Fils. Vict.-Ch.-Fréd. prince héréd. né 2 Novembre 1767.
Guillaume-Louis, né 19 Avril 1771.
Belle-sœur. Marie-Josephe, c. de Haslingen, née 13 Septembre 1740, veuve 22 avril 1784, du princ. Franç. Adolphe, dont
Neveu. Frédéric-François-Joseph, né 1 Mars 1769.
Niece. Vict.-Amél.-Ernestine, née 11 Février 1772.
Freres de pere. Fréd. L.-Adolp. né 29 Novembre 1741.
Victor-Amédée, né 21 Mai 1744, marié 21 Avril 1778, à
Mad. Sophie, princesse de Solms-Braunsfels, née 14 Janvier 1742.

IV. ANHALT COETHEN, *protestant*.

Prince. Charles-George Lebrecht, né 15 Août 1730, marié 26 Juillet 1763, à
Princesse. Louise-Charlotte-Frédérique princ. de Holstein-Glucksbourg, née 5 Mars 1749.
Fils. Aug.-Christ-Fréd. né 18 Novembre 1769.
Charles-Guillaume, né 5 Janvier 1771.
Louis, né 25 Septembre 1778.
Freres. Frédéric-Erdmann, né 26 Octobre 1731, veuf 3 Février 1784, de Louise Ferdinande, comtesse de Stolberg-Wernigerode, dont
Neveux. Emanuel Ernest. Erdmann, né 9 Janvier 1768.
Frédéric-Ferdinand, né 25 Juin 1769.
Henri, né 30 Juillet 1778.
Christiane-Frédérique, née 15 Novembre 1780.
Louis, né 16 Juillet 1783.
Niéce. Anne-Emilie, née 20 Mai 1770.
Sœurs. Christine-Anne-Agnès, née 5 Décembre 1726, veuve 24 Octobre 1778, du c. Henri-Ernest de Stolberg-Wernigerode.
Jeanne-Wilhel. née 4 Novembre 1728, mariée 17 Décembre 1749, au prince Jean-Ch.-Frédéric de Carolath-Schoenaich.

V. ANHALT-ZERBST, *protestant & confess. d'Ausbourg*.

Prince. Frédéric-Auguste, né 8 Août 1734, marié en secondes noces 27 Mai 1762, à

DU CORPS GERMANIQUE. 353

Princeſſe. Fréd.-Aug.-Sophie, princ. d'Anhalt-Bernbourg, née 28 Août 1744.
Sœur. Catherine II, voyez *Ruſſie.*

AREMBERG, *catholique.*

Prince. Louis Engelbert, né 3 Août 1750, marié 19 Janvier 1773, à
Princeſſe. Louiſe-Pauline, fille de Louis-Léon, duc de Brancas, & comte de Lauragais, née 24 Octobre 1758.
Fille. Pauline-Charlotte-Iris, née 2 Septembre 1774.
Frere. Auguſte-Marie-Raymond, comte de la Marc, né 30 Août 1753, marié 23 Nov. 1774, à
Marie-Françoiſe-Urſule, marquiſe de Cernay, *dont*
Neveu. Erneſt Engelbert, né 25 Mai 1777.
Frere. Louis-Marie, né 20 Février 1757.
Sœurs. Marie-Françoiſe-Léop.-Caroline, née 13 Juillet 1751, mariée 30 Août 1781, au c. Joſ.-Nicolas de Vindiſchgræz.
Marie-Flore, née 25 Juin 1752, mariée 18 Avril 1771, à Gillaume, duc d'Urſel.
Mar.-Louiſe-Fr. née 29 Janvier 1764. Voyez *Stahremberg.*
Mere. Louiſe-Marg. comteſſe de la Marc, née 10 Juillet 1730, veuve du duc Charles, 17 Août 1778.
Tantes. Marie-Vict. née 26 Oct. 1714. Voyez *Bade-Bade.*
Marie-Adélaïde, née 30 Septembre 1719.

AUERSPERG, *catholique.*

Prince. Charles-Joſeph-Antoine, né 17 Février 1720, marié 26 Mai 1744, à
Princeſſe. Marie-Joſ.-Roſ. princeſſe de Trautſon, née 26 Août 1724.
Fils. Guillaume, né 9 Août 1749, marié en Février 1776 à Léop.-Fr. c. de Waldſtein, née 8 Août 1761, *dont*
Petites-filles. Marie-Joſ. née 15 Janvier 1777.
Henriette-Anne, née 26 Juin 1778.
Sophie-Regine, née 7 Septembre 1780.
Fils. Charles, né 21 Oct. 1750, marié 2 Oct. 1776, à Marie Joſephe, princeſſe de Lobkowitz, née 8 Août 1756.
Vincent, né 31 Août 1763.
Filles. Marie-Françoiſe, née 30 Juillet 1745, veuve de François comte de Daun, 17 avril 1771.
Pauline, née 11 Déc. 1752, mariée 8 Juin 1775, au comte Charles-Antoine de Salm-Reifferſcheid.
Chriſtine, née 18 Fév. 1754, mariée 12 Fév. 1776 à Joſeph comte de Seilern.

Aloyse, née 20 Nov. 1762.

Frere. Jean-Adam, né 27 Août 1721.

Freres du second lit. Jos.-Fr.-Antoine. *Voyez* Passaw.

Fr. de Paul, né 5 Sept. 1741, marié 10 Août 1776, à Vincentia Anne de Rechnach, née 9 Août 1750.

Jean-Baptiste, né 28 Fév. 1745.

Aloys, né 20 Mars 1747.

Fr.-Xavier, né 19 Janv. 1749, marié 25 Juin 1778, à Marie Ernestine, pr. de Schwarzenberg, née 18 Oct. 1752.

Sœurs du second lit. Thérèse, née 22 Mars 1735, mariée 25 Avril 1758 au comte Jean-Joseph de Kinsky.

Marie-Antoinette, née 30 Sept. 1739, mariée 12 Janv. 1755 au comte Gundacre Thomas de Wurmbrand.

Marie-Anne, née 26 Avril 1743, mariée 23 Nov. 1760, au comte Joseph Venceslas de Wourben.

MARQUISAT DE BADE.

I. BADE-BADE, *catholique.*

Douairiere. Marie-Vict. pr. d'Aremberg, née 26 Oct. 1714, veuve du margrave Auguste George, 21 Oct. 1771.

Fille. Elizab.-Auguste Fr. Eléon. née 16 Mars 1726.

II. BADE-DOURLACH, *religion évangélique.*

Margrave. Charles-Fréd. né 22 Nov. 1728, veuf 8 Avril 1783, de Carol.-Louise, princesse de Hesse d'Armstadt.

Fils. Ch.-Louis, né 14 Fév. 1755, marié 15 Juillet 1774, à Amélie-Fred. P. de Hesse-Darmstadt, née 20 Juin 1754: *dont*

Petit-fils. Charles Frédéric, né 13 Septembre 1784.

Petites-filles. { Cath.-Amél. Christine, Fréd. Wilh. Caroline, } nées 13 Juillet 1776.

Louise-Marie-Augustine, née 24 Janv. 1779.

Frédérique-Dorothée Wilhelmine, née 12 Mars 1781.

Fils. Frédéric, né 29 Août 1756.

Louis-Guillaume-Auguste, né 9 Fév. 1763.

Frere. Guillaume-Louis, né 14 Janv. 1732.

Oncles à la mode de Bretagne. Charles-Augustin-Jean Reinhard, né 14 Novembre 1712.

Christophe, né 5 Juin 1717.

BARBIAN ET BELGIOJOSO, *catholique.*

Prince. Alberic XII, né 20 Oct. 1725, veuf 3 Mai 1777, d'Anne-Richarde, princesse d'Est.

Fils. Alberic Renauld-Herc.-Ch. marq. d'Est, né 1 Mai 1760.

L.-Fr. Alberic Ant. C. de Lugo, né 18 Janv. 1767.
Herc.-Ch.-Philib. C. de Corigiola, né 24 Mai 1771.
Filles. Barbe-Mar.-Ign.-Thérèse, née 10 Fév. 1759, mariée 8 Janvier 1775, au marquis Litta de Gambalo.
Frere. Louis-Charles-Marie, comte de Belgiojoso, commandeur de Malte, min. plénip. de l'emp. à Bruxelles, né 2 Janvier 1728.

BRANDEBOURG-ANSPACH ET BAYREUTH, *luthérien.*

Margrave. Alexandre, né 24 Février 1736, marié 22 Novembre 1754, à
Princesse. Frédérique Caroline, princesse de Saxe-Cobourg-Saalfeld, née 24 Juin 1735.
Douairiere. Joséphine-Caroline, princesse de Brunswick-Wolfenbuttel, née 8 Octobre 1737, veuve 20 Janvier 1769, du margrave Frédéric-Christian.

MINISTRES DU MARGRAVE,

PRÈS LES COURS ÉTRANGÈRES, *Messieurs*

Berlin.	Borchwardt, *résident.*
Cologne.	Le baron de Wentz Zum Labnsteim, *rési.*
C. de Franconie.	De Knebel, *min. plénipotentiaire.*
	Greinier, *secrétaire de légation.*
Francfort sur le Mein.	Heberlen, *résident.*
La Haye.	Boisset, *chargé d'affaires près les états généraux.*
	Sonntag, *chargé d'affaires près le Stadhouder.*
Maheim.	Beké, *résident.*
Ratisbonne.	Salzmann, *min. plénipotentiaire.*
	Schell, *conseiller de légation.*
Vienne.	De la Lith, *cons. privé de légation.*
	Isenflam, *cons. privé de légation.*

BRUNSWICK-LUNEBOURG. *Voyez Angleterre.*

BRUNSWICK WOLFENBUTTEL, *luthérien.*

Duc. Charles-Guillaume Ferdinand, né 9 Oct. 1735, marié 16 Janvier 1764, à
Duchesse. Auguste, sœur du roi d'Angle. née 11 Août 1737.
Fils. Ch.-George-Aug. pr. Hered., né 8 Fév. 1766.

George-Guill. Christian, né 27 Juin 1769.
Auguste, né 18 Août 1770.
Frédéric-Guillaume, né 9 Octobre 1771.
Filles. Augustine-Caroline Frédérique-Louise, née 3 Déc. 1764. V. *Wurtemberg-Stoutgard.*
Car.-Amélie Elisabeth, née 17 Mai 1768.
Freres. Fréd. Auguste, né 29 Oct. 1740, marié 6 Septem. 1768, à
Fréd.-Soph.-Ch.-Aug. P. de Wurtemberg-Oels, née 1 Août 1751.
Maximilien-Jules-Leopold, né 10 Octobre 1752.
Sœurs Soph.-Car. Marie, née 8 Octobre 1737. V. *Brandebourg-Bayreuth.*
Anne-Amélie, née 24 Octobre 1739. V. *Saxe-Weimar.*
Eliz.-Christ Ulrique, née 8 Nov. 1746.
Auguste Dorothée, née 2 Octobre 1749.
Mere. Philip.-Charlotte. princ. de Prusse, née le 13 Mars 1719.

Enfans du duc Ant. Ulric & de la princesse Anne de Mecklenbourg Schwerin, oncle & tante du prince.

Pierre, né 31 Mars 1745.
Alexis, né 9 Mars 1746.
Catherine, née 26 Juillet 1741.
Oncles. Louis Ernest, né 25 Sept. 1718.
Ferdinand, né 12 Janvier 1721.
Tantes. Elizab.-Christine, née 8 Nov. 1715. V. *Prusse.*
Sophie-Antoinette, née 23 Janvier 1724. V. *Saxe-Cobourg-Sualfeld.*
Julienne Marie, née le 4 Sept. 1729. V. *Danemarck.*
Grand-oncle. Frédéric-Charles-Ferdinand, né 5 Avril 1729, marié 29 Octobre 1782, à
Anne-Caroline, princesse de Nassau-Saarbruck, veuve de Fréd.-Aug.-Guill. dernier duc de Holstein-Glucksbourg, née 31 Décembre 1751.

CHIMAY, *catholique.*

Prince. Philippe.-Gab.-Maurice de Hennin-Liétard, née 22 Septembre 1736, marié 29 Septembre 1762, à
Princesse. Laure, fille du duc de Fitzjames, née 7 Décembre 1744.
Freres. Ch.-Jos.-Alex., prince de Hennin, né 17 Juin 1744, marié en 1766, à
Etiennette, fille du marquis de Montconseil.

Sœurs. Marie-Anne-Gabrielle, née 29 Mars 1728, veuve en 1784, du marquis de Caraman.

Gabrielle-Charlotte-Françoise, née le 20 Juin 1729.

Louise-Françoise, née le 20 Mars 1738, mariée 15 Février 1756, à Jacques François vicomte de Camois.

CLARY, *catholique.*

Prince. François Wenceslas, né 8 Mars 1706, marié 14 Février 1747, à

Princesse. Marie-Josephe, princesse de Hohenzollern-Hechingen, née 20 Janvier 1728.

Fils. Jean-Népomucène, comte, né 17 Décembre 1753, marié 31 Janvier 1775, a

Marie-Christine-Léopoldine, princesse de Ligne, née 27 Mai 1757, *dont*

Petits fils. Charles, né 12 Décembre 1777.

François Maurice, né 21 Septembre 1782.

Filles. Marie-Sidoine, née 10 Novembre 1748, mariée 17 Mai 1772, à Jean Rudolphe, comte de Chotek, né 17 Mai 1749.

Marie-Christine, née 19 Janvier 1755, mariée 27 Avril 1772, à Jean-Phil. comte de Hoyos, né 6 Septembre 1747.

Marie-Thérèse, née 30 Juillet 1756.

COLLOREDO, *catholique.*

Prince. Rudolphe, né 6 Juillet 1706, marié 14 Juillet 1727, à

Princesse. Marie-Gabrielle, fille du comte de Stahremberg, née   Novembre 1707.

Fils. Gundacre, comte, né 28 Mai 1731, marié 6 Janvier 1771, à

Marie-Isabelle, c. de Mansfeld, née 29 Août 1750, *dont*

Petits fils. Rodolphe-Joseph, né 16 Avril 1772.

Jérôme, né 30 Mars 1775.

Ferdinand, né 30 Juillet 1777.

Petites-filles. { Marie-Gabrielle, Marie-Henriette, } nées 3 Sept. 1773.

Fils. Jérôme, né 31 Mai 1732. V. *Saltzbourg.*

Joseph-Marie, né 11 Septembre 1735.

Venceslas, né 15 Octobre 1738.

Filles. Mar.-Gabrielle, née 23 Juin 1741, mariée 27 Janv. 1762, à Jean comte Palfy d'Erdoedi.

Marie-Thérèse, née 18 Juillet 1744, mariée 16 juin 1776, au comte Eug. Erwin de Schœnborn.

Marie-Françoise, née 2 Avril 1746, mariée 27 Nov. 1765, à Etienne Olivier, comte de Waillis.

Caroline, née 14 Février 1752, mariée le 18 mai 1772, au comte Ferdinand de Trautmannsdorf.

DIETRICHSTEIN, catholique.

Prince. Jean.-Bap.-Ch. né 27 Juin 1728, marié 30 Janvier 1764, à

Princesse. Marie.-Christ.-Jos. comtesse de Thun & Teschen, née 25 Avril 1738.

Fils. François-Joseph, né 28 Avril 1767, marié 7 Juillet 1783, à

Marie-Thérèse, comtesse de Zinzindorf, née. . . .

Jean-Baptiste-Charles, né 31 Mars 1772.

Maurice-Jean-Charles, né 19 Février 1775.

Joseph, né 7 Février 1780.

Fille. Marie-Thérèse, née 11 Août 1768.

Freres. François de Paul-Charles, né 13 Décembre 1738, marié 25 Avril 1770, à

Charlotte, baronne de Reischach, née 8 Octobre 1740, *dont*

Neveu. Franç.-Xav. Joseph, né 9 Juillet 1774.

Niece. Marie-Thérèse-Josephe, née 24 Juillet 1771.

Sœur. Marie-Josephe, née 2 Novembre 1736, veuve 23 mars 1783, du comte Ernest de Harrach.

ESTERHASI DE GALANTHA, catholique.

Prince. Nicolas, né 18 Déc. 1714, marié 4 Mars 1737, à

Princesse. Marie-Elisabeth, comtesse de Weissenwols, née 11 Mars 1718.

Fils. Paul-Ant., né 11 Avril 1738, veuf 1 Mai 1782, de Marie-Thérèse, comtesse d'Erdœdi, *dont*

Petits-fils. Nicolas, né 12 Décembre 1765, marié 15 Septembre 1783, à

Marie-Jos. Ernueaegilde, princesse de Liechtenstein, née 13 Avril 1768.

Antoine, né 3 Juillet 1767.

Léopold, né 15 Novembre 1776.

Petite-fille. Marie-Thérèse, née 7 Février 1764.

Fils. Nicolas, né 10 Août 1741, marié 3 Août 1777, à Anne-Françoise, comtesse de Weissenwolf, née en 1747.

Fille. Marie-Anne, née 3 Fév. 1739, mariée 11 Mai 1758, à Antoine, comte de Crassalcowich.

FURSTENBERG-MOSKIRCH, *catholique.*

Douairiere. Mar.-Gab.-Félicité, fille du duc Léopold de Holstein-Wiesenbourg, née 21 Octobre 1716, veuve 7 Sept. 1744, du prince Charles Frédéric.

II. FURSTENBERG-STULINGEN, *catholique.*

Prince. Joseph, né 9 Janvier 1758, marié 15 Janvier 1778, à
Princesse. Marie-Antoinette, princesse de Hohenzollern-Hechingen, née 10 Novembre 1760.
Frere. Charles Joachim, né 31 Mars 1771.
Sœur. Josephine Marie Benoîte, née 14 Novembre 1756.
Mere. Marie-Josephe, fille de Jos. Guill. comte de Truchses-Trauchbourg, née 30 Mars 1731, veuve 2 Juin 1783, du prince Joseph Venceslas.
Oncle. Charles-Egon, né 7 Mai 1729, marié 25 Juin 1753, à Marie Jos. comtesse de Sternberg, née 25 Juin 1735, *dont*
Cousins. Philip.-Mar.-Joseph, né 21 Octobre 1755, marié 10 Février 1779, à sa niece Josephine-Marie-Benoîte. *Voyez ci-dessus.*
Charles-Joseph Aloys, né 26 Juin 1760.
Douairiere du prince Joseph Guillaume. Marie-Anne, comtesse de Wahl, née 22 Septembre 1736, veuve 29 Avril 1762.
Cousine. Josephe, fille de Maximilien-Joseph, comte de Fugger-Zinneberg, née 21 Mai 1719, veuve 10 Novembre 1759, du Landgrave Louis-Auguste Egon, *dont*
Cousins. Joachim Egon, Landgrave, né 22 Décembre 1749, marié 18 Août 1772, à
Sophie Thér. d'Oetingen-Wallerstein, née 9 Déc. 1751, *dont*
Fréd.-Charl.-Jean-Nep. Egon, né 26 Janvier 1774.
Philip.-Charles, né 13 Mars 1775.
Caroline-Sophie, née 24 Août 1777.
Marie-Eléonore-Sophie, née 7 Février 1779.
Marie-Thérese, née 3 Novembre 1781.
Cousins. Joseph-Frédéric, Landgrave, fils du feu Landgrave, Louis-Auguste, né 24 Avril 1751, veuf 10 juin 1783, de Josephe-Thecle, fille du comte Schallenberg, *dont*
Joseph-Frédéric-François, né 4 Septembre 1777.

HESSE-CASSEL, *protestant.*

Landgrave. Frédéric II, né 14 Août 1720, marié en secondes noces 10 Janvier 1773, à
Princesse. Philippine-Aug.-Amélie, princesse de Brandebourg-Schwedt, née 10 Octobre 1745.

Fils. Du premier lit, avec la fille de Georges II, roi d'Angleterre, Guillaume, prince héréditaire, né 3 Juin 1743, marié 1 Septembre 1764, à

Wilhelmine-Caroline, princesse de Danemarck, née 10 Juillet 1747, *dont*

Petit-fils. Guillaume, né 28 Juillet 1777.

Petites-filles. Marie-Frédérique, née 14 Septembre 1768.
Caroline-Amélie, née 11 Juillet 1771.

Fils. Charles, né 19 Décembre 1744, marié 30 Août 1766, à
Louise, princesse de Danemarck, née 30 Janvier 1750, *dont*
Petits-fils. Frédéric, né 24 Mai 1771.
Chrétien, né 14 Août 1776.
Petites-filles. Marie-Sophie-Frédérique, née 28 Oct. 1767.
Julienne-Louise-Amélie, née 19 Janvier 1773.

Fils. Frédéric, né 11 Septembre 1747.

Filles du prince Maximilien, oncle du Landgrave.

Cousines. Ulrique-Fréd. Willelmine, née 31 Octobre 1722. Voyez *Holstein-Gottorp-Oldenbourg.*
Wilhelmine, née 23 Fév. 1726. Voyez *Prusse.*

MINISTRES DU LANDGRAVE,

PRÈS LES COURS ÉTRANGÈRES, *Messieurs*

Francfort. Schmidt de Rossan, *envoyé.*
Gênes. Caffarena, *envoyé.*
La Haye. Heenemann, *agent.*
Nuremberg. De Wildungen, *envoyé.*
Paris. Le baron de Boden, *ministre Plénipotentiaire.*
Ratisbonne. Le baron de Wulkeniz, *ministre plénipoten.*
Rome. De Reiffenstein, *chargé d'affaires.*
Wetzlar. De Hoffmann, *agent.*

II. HESSE-PHILIPPSTHAL, *protestant.*

Guillaume, *Landgrave,* né 29 Août 1726, marié 26 Juin 1755, à

Princesse. Ulrique-Eléonore, fille de son oncle, le prince Guillaume, née le 27 Avril 1732.

Fils. Charles, né 6 Novembre 1757.
Frédéric, né 4 Septembre 1764.
Louis, né 8 Octobre 1766.
Ernest-Constantin, né 8 Août 1771.

Fille.

DU CORPS GERMANIQUE. 361

Fille. Julienne-Wilhelmine-Louise, née 8 Juin 1761, mariée 10 Oct. 1780, au comte Philip. Ernest de Schaumbourg-Lippe.

Sœur. Charlotte-Amélie, née 10 Août 1730. Voyez Saxe-Meiningen.

Enfans de Guillaume, oncle du Landgrave, & de Charlotte Wilhelmine, princesse d'Anhalt-Bernbourg-Huym.

Cousin. Adolphe, prince de Barchfeld, né 29 Juin 1743, marié 18 Octobre 1781, à

Wilhelmine Louise-Christine, princesse de Saxe Meiningen, née 6 Août 1752, dont

Charles-Auguste, né 27 Juin 1784.

Cousines. Cath.-Fréd.-Charlotte, née 26 Av. 1725, mar. 18 Juin 1765, au comte Albert-Aug. d'Isenbourg-Wæchtersbach.

Jannette Charlotte, née 22 Janvier 1730.

Antoinette-Caroline, née 18 Janvier 1731.

Ulrique-Eléonore, née 27 Avril 1732. Voyez *ci-dessus.*

Anne-Fréd. Wilhelmine, née 14 Décembre 1735, veuve 2 mai 1782, du comte Louis-Henri-Adolphe de la Lippe Dermold.

Dorothée-Marie, née 30 Décembre 1738, mariée 6 Juillet 1764, à Jean-Ch.-L. comte de Lœwenstein-Virnebourg.

Douairiere. Sophie-Henr. comtesse de Grumpach, née 14 Mai 1740, veuve 15 Novembre 1777, du prince Frédéric.

III. HESSE-RHEINFELS-ROTHENBOURG, *catholique.*

Landgrave. Charles-Emmanuel, né 5 Juin 1746, marié le 1 Septembre 1771, à

Princesse. Marie Léopoldine-Adelgonde, princesse de Liechtenstein, née 30 Janv. 1754.

Fils. Victor-Amédée, né 2 Septembre 1779.

Freres. Charles-Constantin, né 10 Janvier 1752.

Ernest, né 28 Septembre 1758.

Sœurs. Clémentine-Fr.-Ernestine, née 5 Juin 1747.

Marie Hedwige Eléo.-Christine, née 26 Juin 1748, mariée 17 Juillet 1766, à Jacques-Léopold, pr. héréd. de Bouillon.

Marie-Antoinette-Frédérique-Josephe, née 31 Mars 1753.

Wilhelmine, née 16 Février 1755.

Filles du prince Joseph, oncle du Landgrave, & de Cristine, princesse de Salm.

Cousines. Anne-Marie-Vict.-Christine, née 25 Février 1728, mariée 11 Décembre 1745, au prince de Rohan-Soubise.

Marie-Louise-Eléonore, née 18 Avril 1729. V. Salm-Salm.

VI. HESSE-DARMSTADT, *protestant.*

Landgrave. Louis IX, né 15 Décembre 1719, veuf d'Henriette-Caroline, fille du prince Palatin Christian III de deux Ponts, 30 Mars 1774.

Fils. Louis, prince héréditaire, né 14 Juin 1753, marié 19 Février 1777, à

Princesse. Louise-Caroline-Henriette de Hesse-Darmstadt, sa cousine, née 15 Février 1761, *dont*

Petits-fils. Louis, né 26 Décembre 1777.

Louis-Geor.-Ch.-Fréd. Ernest, né 31 Août 1780.

Petite-fille. Louise-Caroline-Eléonore-Dorothée Amélie, née 16 Janvier 1779.

Fils. Frédéric-Louis, né 10 Juin 1759.

Chrétien-Louis, né 25 Novembre 1763.

Filles. Caroline, née 2 Mars 1746. V. *Hesse-Hombourg.*

Frédérique Louise, née 16 Octobre 1751. V. *Prusse.*

Amelie-Frédérique, née 20 Juin 1754. V. *Bade-Dourlach.*

Louise, née 30 Janv. 1757. V. *Saxe-Weimar & Eisenach.*

Belle-sœur. Marie-Louise-Albert, comtesse de Leiningen-Heydesheim, née 16 Mars 1729, veuve 21 juin 1782, du prince George-Guillaume, *dont*

Neveux. Louis-Georges-Charles, né 27 Mars 1749.

Georges-Charles, né 14 Juin 1754.

Charles-Guillaume-Georges, né 16 Mai 1757.

Fréd.-Georges-Auguste, né 21 Juillet 1759.

Nieces. Charl.-Wihel.-Christ.-Louise, née 5 Novembre 1755, mariée 28 Septembre 1784, au prince Charles de Mecklembourg-Strelitz.

Louise-Carol.-Henriette, née 15 Février 1761, mariée 19 Février 1777, à son cousin le prince héréditaire.

Marie-Wihelmine-Auguste, née 14 Avril 1765.

MINISTRES DU LANDGRAVE,

PRÈS LES COURS ÉTRANGÈRES. *Messieurs*

Francfort. De Barckhaus-Wiesenhüten, *envoyé.*
Purgold, *chargé d'affaires.*
La Haye. De Treuer, *résident.*
Paris. De Pachelbel, *chargé d'affaires.*
Ratisbonne. Le baron de Gemmingen, *min. plénipotentiaire.*
Bauriedel, *secrétaire de légation.*

DU CORPS GERMANIQUE. 363

Messieurs

Wetzlar.   Sippmann, *agent.*
Vienne.   De Jan, *résident.*
           De Hafner, *agent.*

V. HESSE-HOMBOURG, *protestant.*

Landgrave. Frédéric-Louis-Guill.-Chrift. né 30 Janvier 1748, marié 27 Septembre 1768, à
Princesse. Caroline, fille de Louis Landgrave de Hesse-Darmstadt, née 2 Mars 1746.
Fils. Fréd.-Louis, prince héréditaire, né 30 Juillet 1769.
Louis-Guillaume, né 20 Août 1770.
Philippe-Auguste-Frédéric, né 11 Mars 1779.
Gustave-Adolphe-Frédéric, né 17 Février 1781.
Ferdinand-Henri-Frédéric, né 26 Avril 1783.
Filles. Caroline-Louise, née 20 Août 1771.
Louise-Ulrique, née 26 Octobre 1772.
Christiane Amélie, née 29 Juin 1774.
Auguste-Frédérique, née 28 Novembre 1776.
Mere. Ulrique-Louise, princesse de Solms Braunfels, née 30 Avril 1731, douairiere du Landgrave Fréd.-Charles, 7 Février 1751.
Tante. Ulrique-Sophie, née 31 Mai 1726.

HOHENLOHE.
Ligne de Neuenstein.

I. HOHENLOHE-OERINGEN, *protestant.*

Prince. Louis-Frédéric-Charles, né 23 Mai 1723, marié 28 Janvier 1749, à
Princesse. Sophie-Amélie-Caroline, princesse de Saxe-Hildbourghausen, née 21 Juillet 1732.
Sœurs. Charlotte-Louise-Frédérique, née 10 Juillet 1713.
Wilhelmine-Eléonore, née 20 Février 1717. Voyez *Hoenlohe-Ingelfingen.*

II. HOHENLOHE-LANGENBOURG, *catholique.*

Prince. Chrift. Albert, né 27 Mars 1726, marié 13 Mai 1761, à
Princesse. Caroline, princesse de Stollberg-Gedern, née 27 Juin 1732.
Fils. Charles-Louis, né 10 Septembre 1762.

Gustave-Adolphe, né 9 Octobre 1764.
Christian-Auguste, né 15 Mars 1766.
Filles. Louise-Eléonore, née 11 Août 1763.
Auguste-Caroline, née 15 Novembre 1769.
Freres. Guillaume-F... -Gustave, né 21 mai 1736.
Frédéric-Auguste, com..., né 11 Janvier 1740.
Frédéric-Ernest, né 16 Mai 1750, marié 7 Février 1773, à
Magdeleine-Adrienne, fille du baron Onnon Zwier de Haren, née 23 Avril 1746, *dont*
Neveux. Louis-Chrétien-Auguste, né 23 Janvier 1774.
Charles-Gust.-Guillaume, né 29 Août 1777.
Charles-Philippe-Ernest, né 21 Septembre 1781.
Nieces. Augustine-Eléon.-Caroline, née 30 Mars 1775.
Philippine-Henriette, née 30 Mai 1779.
Sœur. Eléonore-Julienne, née 22 Juillet 1734. Voyez plus bas *Hohenlohe-Ingelfingen.*

III. HOHENLOHE-INGELFINGEN.

Prince. Henri-Auguste, né 11 Juillet 1715, marié 26 Septembre 1743, à
Princesse. Wilhelmine-Eléonore, princesse de Hohelohe-Oeiingen, née 20 Février 1717.
Fils. Frédéric-Louis, né 31 Janvier 1746, marié 8 avril 1782, à
Amélie-Louise-Marie-Anne, comtesse de Hoym, née 6 Octobre 1763.
Frédéric-Charles-Guillaume, né 16 Février 1752.
Georges-Frédéric-Henri, né 10 Novembre 1757.
Fille. Sophie-Christiane-Louise, née 10 Octobre 1762.
Cousine. Eléonore-Julienne, princesse de Hohenlohe-Langenbourg, née 22 Juillet 1734, veuve du prince Albrecht-Wolfgang, 22 Avril 1773, *dont*
Cousines. Eléonore-Albertine-Sophie, née 27 Novemb. 1767.
Marie Cath.-Wilhel. Christiane, née 4 Juin 1771.
Douairiere du Prince Auguste-Guillaume. Josine-Elisab. comtesse de Rechteren, née 23 Fév. 1738, veuve 15 Fév. 1769.

IV. HOHENLOHE-KIRCHBERG.

Prince. Christian-Frédéric-Charles, né 19 Octobre 1729, marié 1º. à L.-Ch. pr. de Hohenlohe-Langenbourg; 2º. 9 Septembre 1778, à
Princesse. Philippine-Sophie-Ernestine, fille de Guillaume-Maurice, comte d'Isenbourg, née 1 Novembre 1744.
Fils du second lit. Joseph, né 22 Juillet 1783.

Filles du premier lit. Carol.-Henriette, née 11 Juin 1761, mar. 10 Juin 1779, à Henri XLII, comte de Reuss Schleitz.
Charlotte-Amélie-Frédérique, née 30 Juillet 1777.
Filles du second lit. Wilhelmine-Sophie-Frédérique-Ferdinande, née 7 Novembre 1780.
Auguste Eléonore, née 25 Mai 1782.
Freres. Fred.-Guill., né 3 Déc. 1732, marié 5 Mai 1772, à
Fréd.-Marie-Jeanne, fille de Henri XI, prince régnant de Reuss-Graitz, née 9 Juillet 1748.
Frédér. Eberhard, né 21 Oct. 1737, marié 10 Avril 1778, à
Albertine-Renée, comtesse de Castel-Remlingen, née 2 Juillet 1735.
Fréd.-Charl.-Louis, né 19 Nov. 1751, marié 14 Août 1778, à
Frédérique-Charlotte-Wilhelmine, fille du comte de Lœwenstein-Wertheim, née 17 Mars 1757, dont
Neveux. Charl.-Fréd.-L.-Henri, né 2 Novembre 1780.
Frédéric-Charles-Louis, né 17 octobre 1782.
Sœur. Christine-Sophie-Frédérique, née 1 Avril 1731.

Ligne de Waldenbourg.

V. HOHENLOHE-BARTENSTEIN, *catholique.*

Prince. Louis-Charles-Philippe-Léopold, né 15 Novembre 1731, marié 6 Mai 1757, à
Princesse. Joséphine-Frédérique Polyxene, fille du feu comte de Limbourg-Styrum, née 28 Octobre 1733.
Fils. Louis-Aloys-Joachim, prince héréd. né 18 Août 1765.
Ch. Jos.-Ernest-Justin, né 12 Decembre 1767.
Filles. Sophie-Caroline-Josephe, née 12 Décembre 1758.
Marie-Anne-Elizabeth, née 20 Mars 1760, mariée en Août 1784, au comte d'Orçay, premier maréchal des logis de Monsieur, frere du roi de France.
Marie-Léopoldine-Henriette, née 15 Juillet 1761. *Voyez* Lœwenstein-Wertheim.
Joséphine-Elis.-Euph.-Rosine, né 11 Mars 1763.
Françoise Louise-Henriette, née 6 Décembre 1770.
Freres. Clément-Armand-François-Léop., né 31 Déc. 1732.
Joseph-Christ.-Fr.-Charles-Ignace, né 6 Novembre 1740.
Christian-Ernest.-Fr.-Xav. né 11 Décembre 1741.

VI. HOHENLOHE-SCHILLINGFURST, *catholique.*

Prince. Charles-Albert, né 22 Septembre 1719, marié 1°. à

366 PRINCIPAUX MEMBRES

Sophie Wilhelmine, princesse de Lœwenstein Wertheim ; 2°. 29 Octobre 1771, à

Princesse. Marie-Josephe, princesse de Salm, née 26 Décembre 1736.

Fils du premier lit. Charles-Albert-Chrétien, prince héréditaire, né 21 Février 1742, veuf 8 Juin 1765, de Léopoldine-Caroline, princesse de Lœwenstein-Wertheim.

Charles-Philippe-François, né 17 Octobre 1743.

François-Charles-Joseph, né 27 Novembre 1745.

Fille du premier lit. Marie-Anne-Thérèse, née 23 Fév. 1741.

HOHENZOLLERN-HECHINGEN, *catholique.*

Prince. Joseph-Guillaume-Eugène-François, né 12 Novembre 1717, marié en secondes noces, 7 Janvier 1751, à

Princesse. Marie-Thérèse, fille de François-Ernest, comte de Truchsess-Zeyl, née 26 Janvier 1732.

Fille. Marie-Antoinette-Anne-Eléonore, née 10 Novembre 1760, V. *Furstenberg-Stulingen.*

Freres. Frédéric-Antoine, comte, né en 1726.

Meinrad, comte, né en 1730.

Jean-Charles, comte, né 25 Juillet 1732.

Sœurs. Marie-Anne, née 7 Août 1721.

Marie-Josephine, née 20 Janvier 1728, mariée 14 Février 1747, à François Wenzel, prince de Clary.

Marie Sidoine, née 24 Février 1729, mariée 14 Avril 1749, à François Ulric, prince de Kinsky.

Cousine. Marie-Philip. comtesse de Hœnsbroech, née 8 Mai 1729, veuve 14 Mars 1765, du comte François Xavier, dont

Cousin. Hermand-Fréd. Otton, comte, né 30 Juillet 1751, marié 1°. à Louise-Julie Constance, comt. de Merode-Westerloo ; 2°. à Maxim.-Albertine, princesse de Gavre ; 3°. à Marie-Ant.-Mon., fille de Fr. Ernest, comte de Truchsess-Zeyl-Wurzach, & veuve de Jos.-Ant. comte d'Œttingen-Baldein, née 6 Juin 1753.

Du premier lit est issue

Cousine. Louise-Julie Constance, née 11 Novembre 1774.

Du second lit est issu

Cousin. Frédéric Hermann, né 22 Juillet 1776.

Du troisième lit est issue

Marie-Antoinette Philip.-Josephe, née 8 Février 1781.

Cousin. François-Xavier, comte, frere du comte Hermann, né 21 Mai 1757.

Cousine. Félicité-Thérèse, sœur du comte Hermann, née 18 Décembre 1763.

II. HOHENZOLLERN-SIGMARINGEN, *catholique*.

Prince. Charles-Frédéric, né 9 Janvier 1724, marié 24 Février 1749, à

Princesse. Jeanne-Josephe-Sophie, comtesse de Hohenzollern-Berg, née 14 Avril 1727.

Fils. Antoine-Aloys-Meinrad-François, prince Héréditaire, né 20 Juin 1762, marié 13 Août 1782, à

Améline-Zéphyrine, sœur du prince de Salm-Kyrbourg, née 6 Mars 1760.

Filles. Jean-Fr.-Fid.-Ant., née 3 Mai 1765. V. *Salm-Kirbourg*.

Marie-Crescence-Anne-Jeanne-Fr. née 24 Juillet 1766.

Sœurs. Marie-Jeanne, née 13 Décembre 1726.

Oncle. François-Guill.-Nic. né 28 Février 1707, veuf 24 Mars 1739, de la comtesse de Truchsess-Zeyl, dont

Cousines. Jeanne-Josephe-Sophie, né 14 Avril 1727. V. ci-dessus.

Marie-Thérèse-Henriette, née 6 Mars 1730.

Tante. Marie-Anne, née 30 Septembre 1704.

I. HOLSTEIN-SONDERBOURG.

Branche d'Augustinbourg, luther.

Duc. Frédéric-Christian, né 6 Avril 1721, veuf 12 Octobre 1770, de la fille du dernier duc de Holstein-Plœn.

Fils. Frédéric-Christian, né 18 Septembre 1765.

Frédéric-Charles-Emile, né 8 Mars 1767.

Christian-Auguste, né 9 Juillet 1768.

Fille. Louise-Christine-Caroline, né 17 Février 1764.

Frere. Emile-Auguste, né 3 Août 1722.

Sœurs. Christiane-Ulrique, née 15 mars 1727.

Sophie-Madeleine-Marie, née 23 Mai 1731.

Charlotte-Amélie, née 14 Janvier 1736.

Branche de Beck, luther.

Duc. Frédéric-Charles-Louis, né 30 Août 1757, marié 9 Mars 1780, à

Duchesse. Frédérique-Amélie, fille de Léopold, comte de Schlieben, née 28 Février 1757.

Fille. Elisabeth-Frédérique-Sophie-Amélie, née 13 Décembre 1780.

Mere. Fréd.-Ch.-Ant. Amélie, comtesse de Dohna-Leistenau, née 3 Juillet 1738, veuve 12 Septembre 1759, de Ch.-Ant.-Auguste.

Tante. Catherine, née 23 Fév. 1750, mariée 8 Janvier 1767, au prince Jwan de Boriatinski.

Grande-tante. Charlotte, née 15 mars 1700.

Cousine. Marie-Anne-Léopoldine, née 2 Août 1717, veuve en Janvier 1759, de don Emanuel de Souza Y Calliaris.

Branche de Wiesenbourg.

Marie-Gabriel-Félicité, fille de Léopold, dernier duc, née 21 Octobre 1716, veuve 7 Septembre 1744, du prince de Furstenberg-Mœskirch.

II. HOLSTEIN-GLUKSBOURG, *luthérien.*

Sophie-Magdeleine, sœur du dernier duc, née 22 mars 1746.

Sœurs. Louise-Charlotte-Frédérique, née 5 Mars 1749. V. *Anhalt-Cœthen.*

Julienne-Wilhelmine, née 30 Avril 1754, mariée 17 Juillet 1776, au comte de Bentheim-Steintfurt.

Tante. Anne-Charlotte, comtesse de la Lippe-Detmold, née 7 Avril 1724, veuve 12 Septembre 1761, du prince Charles Ernest, oncle du dernier duc.

III. HOLSTEIN-PLON, *luthérien.*

Charlotte-Amélie, née 1 Mars 1709, fille du dernier duc.

IV. HOLSTEIN-GOTTORP-OLDENBOURG, *luthér.*

Branche aînée.

Voyez Russie, page 197.

Branche cadette.

Duc. Frédéric-Auguste, né 20 Septembre 1711, marié 21 Novembre 1752, à

Duchesse. Ulrique-Frédérique-Guillelmine, princesse de Hesse-Cassel, née 31 Octobre 1722.

Fils. Pierre-Frédéric-Guillaume, né 3 Janvier 1754.

Fille. Hedwige-Elizab.-Ch., née 22 Mars 1759. V. *Suede.*

Cousins. Pierre-Frédéric-Louis, né 17 Janvier 1755, marié 26 Juin 1781, à

Frédérique-Elizabeth-Amélie, princesse de Wurtemberg-Stoutgart, née 27 Juillet 1765, *dont*

N. N. né 13 Juillet 1783.

Pierre-Frédéric-Georges, né 9 Mai 1784.

ISENBOURG-BIRSTEIN, *religion réformée.*

Prince. Wolfgand Ernest II, né 17 Novembre 1735, veuf 5 Octobre 1781, de la princesse d'Anhalt-Schaumbourg, marié en secondes noces, 20 Août 1782, à

Princesse. Ernestine-Espérance-Victoire, princesse de Reuss-Graitz, née 20 Janvier 1756.

Fils du premier lit. Charles-Frédéric-Louis-Maurice, prince héréditaire, né 20 Juin 1766.

Wolfgand Ernest, né 7 Octobre 1774.

Victor, né 10 Septembre 1776.

Frere. Christian-Maurice, né 16 Juillet 1739.

Mere. Amélie-Belgique, comtesse d'Isenbourg-Marienborn, née 29 Février 1716, veuve 21 Janvier 1741, du prince Guillaume-Enric-Christophe.

KAUNITZ-RITTBERG, *catholique.*

Prince. Wenceslas-Antoine, grand chancelier de Cour & d'État de l'Empereur, né 2 Février 1711, veuf 6 Septembre 1749, de Marie-Ernestine, comtesse de Stahremberg.

Fils. Ernest-Christophe, né 6 Juin 1737, marié 12 Janvier 1761, à

Marie-Léopoldine, princesse d'Oettingen-Spielberg, née 28 Novembre 1741, *dont*

Petite-fille. Marie-Éléonore, née 1 Octobre 1775.

Fils. Dominique-André, né 2 Juin 1739, veuf 22 Décembre 1779, de Bernardine, comtesse de Plettenberg-Witten, *dont*

Petit-fils. Aloys, né 19 Juin 1774.

Petites-filles. Marie-Thérèse, née 3 Février 1763.

Marie-Antoinette, née 6 Août 1765.

Freres. François-Venceslas, né 2 Juillet 1742.

Joseph-Clément, né 22 Novembre 1743.

KHEVENHULLER, *catholique.*

Prince. Sigismond-Frédéric, né 2 Février 1732, marié 25 Février 1754, à

Princesse. Marie-Amélie, princesse de Liechtenstein, née 11 Août 1737.

Fils. Jean-Joseph, né 17 Juin 1755.

Charles-Joseph-Jean-Baptiste-Clément, né 26 Nov. 1756.

François-Joseph, né 7 Avril 1762.

Filles. Marie-Antoinette, née 10 Avril 1759, mariée en Janvier 1776, au comte Charles de Zichy.

Marie-Christine-Victoire, née 23 Décembre 1760.

Marie-Caroline-Ferdinande, née 23 Septembre 1763.

Marie-Léopoldine, née 22 Août 1767.

Frere. Jean-Joseph, *comte*, né 30 Mars 1733, marié 25 Avril 1774, à

Marie-Josephe, comtesse de Schrattenbach, née 10 Juin 1750, *dont*

Neveux. François-Joseph, né 19 Novembre 1776.

Vincent, né 13 Juillet 1780.

Frere, François-Antoine, *comte*, né 3 Juillet 1737, veuf 9 Août 1777, de la comtesse de Rothal, *dont*

Neveu. Jean-Joseph, né 9 Avril 1765.

Nieces. Marie-Caroline, née 14 Mai 1767.

Marie-Anne-Josephe, née 19 Novembre 1770.

Marie-Françoise, née 4 Octobre 1771.

Marie-Elizabeth, née 17 Octobre 1776.

Frere. Jean-Emmanuel, né 23 Avril 1751, marié en 1774, à Marie-Josephe, comtesse de Mezzabarba, née en 1757.

Sœur. Marie-Thérese, née 4 Janvier 1741, mariée 13 Septembre 1769 à Léopold, Comte de Kolowrat Krakowsky.

KINSKI, *catholique.*

Prince. François Ulric, né 23 Juillet 1726, marié 14 Avril 1749, à

Princesse. Marie-Sidoine, comtesse de Hohenzollern-Hechingen, née 24 Février 1729.

Fils. Joseph, *comte*, né 12 Janvier 1751, marié 23 Avril 1777, à

Marie-Rose, comtesse de Harrach, née 25 Nov. 1758, *dont*

Petites-filles. Marie-Anne Sidoine, née 11 Février 1779.

Marie-Anne, née 23 Mai 1780.

Fille. Marie-Anne, née 26 Novembre 1754, mariée 27 Avril 1778, au comte Rudolphe Ferdinand de Salabourg.

Mere. Marie-Charlotte, comt. de Martiniz, née 26 Décembre 1700, veuve 12 Janvier 1749, du comte Philippe-Joseph.

Frere. Jean-Joseph, né 1 Mai 1734, marié 25 Avril 1758, à Thérèse, princesse d'Auersperg, née 22 Mars 1735, *dont*

Niece. Marie-Françoise, née 15 Avril 1760, mariée 18 Avril 1781, au comte Octavien de Zinzendorf.

DU CORPS GERMANIQUE. 371

Sœurs. Marie-Thérèse, née 14 Avril 1730, mariée 15 Avril 1765, au comte Otton Philippe de Hohenfeld.

Marie-Antoinette, née 2 Février 1732, veuve en 1777, du comte Christophe d'Erdoedy.

LAMBERG.

Prince. Jean-Frédéric-Joseph, né 24 Février 1737, marié 5 Janvier 1761 à

Princesse. Marie-Anne, prin. de Trautson, née 6 Janv. 1743.

Fils. Joseph-Henri-François Adam, né 25 Sept. 1782.

Sœurs. Rose, née en 1728, veuve 16 Août 1758, du baron Joseph-Marie de Neuhaus.

Elizabeth, née en 1734.

Sœur du premier lit. Aloyse, née 13 Juin 1718, veuve 20 Avril 1779, du comte Franç.-Jos. de Plettenberg-Wittem.

LIECHTENSTEIN, *catholique.*

Prince. Aloys-Joseph, né 14 Mai 1759, marié 17 Nov. 1783, à

Princesse. Christine-Joséphine, comtesse de Manderscheid-Blankenheim, née 31 Juin 1767.

Mere. Marie-Léopoldine, fille du comte de Sternberg, née 11 Décemb. 1733, veuve 18 Août 1781, du pr. Fr.-Joseph.

Freres. Jean-Joseph, né 26 Juin 1760.

Philippe-Joseph, né 2 Juillet 1762.

Sœurs. Marie-Léopoldine-Aldegonde, née 30 Janv. 1754. V. *Hesse-Reinfels.*

Marie-Antoinette, née 14 Mars 1756.

Marie-Joséphine Herménegilde, née 13 Avril 1768.

Mere. Marie-Leopoldine, fille du Comte de Sternberg, née 11 Décembre 1733, veuve 18 Août 1781 du prince Franç-Joseph.

Oncles. Charles-Borromée-Joseph, né 29 Septembre 1730, marié 30 Mars 1761, à

Marie-Eléonore, princesse d'Oettingen-Spielberg, née 7 Juillet 1745 : *dont*

Cousins. Charles-Borromée-Jean-Népom., né 1 Mars 1765.

Joseph-Venceslas, né 21 Août 1767.

Maurice-Joseph, né 11 Juillet 1575.

François-Aloys-Crispin, né 25 Octobre 1776.

Aloys-Gonzague-Joseph, né 1 Avril 1780.

Cousine. Marie-Josephe, née 6 Décembre 1763, mariée 29 Janvier 1782, au comte de Harrach.

Tantes. Marie-Amélie, née 11 Août 1737, mariée 25 Février 1754, au prince de Khevenhuller-Metsch.

Marie-Anne, née 15 Octobre 1738, veuve 22 Mai 1775, du comte de Waldstein-Dux.

Marie-Françoise-Xaviere, née 27 Novembre 1739, mariée 6 Août 1755, au prince de Ligne.

Marie-Christine, née 1 Septembre 1741, mariée 18 Mai 1761, au comte de Kinsky.

Fille du prince Jean-Charles & de Marie-Josephine, comtesse de Harrach.

Marie-Antoinette, née 13 Juin 1749. *Voyez* Paar.

LIGNE, *catholique.*

Prince. Charles-Joseph, né 23 Mai 1735, marié 6 Août 1755, à

Princesse. Marie-Françoise-Xaviere, princesse de Lichtenstein, née 27 Novembre 1739.

Fils. Charles-Jos.-Emman. né 25 Sept. 1759, marié 29 Fév. 1779, à Hélene-Apollonie, princesse Massalska, née 9 Février 1763.

Louis Lamoral, né 7 Mai 1766.

Filles. Marie-Christine-Claudine, née 27 Mai 1757, mariée 31 Janvier 1775, au comte Jean-Népom. de Clary.

Euphémie Chr… Philippine-Thérèse, née 18 Juillet 1773.

Flore, née 18 Novembre 1775.

Sœurs. Louise-Marie-Christine, née 17 Février 1728.

LIMBOURG-STYRUM, *catholique.*

Prince. Philippe Ferdinand, Prince de Holstein-Limbourg, comte régnant de Styrum, Bronckorst, Oberstein, & Gehmen, né en 1734, grand-maître souverain de l'ordre de l'ancienne noblesse, & de celui de S. Philippe. *Voyez l'édition de 1784, pag. 170.*

Frere. Ernest, appellé *Comte Ernest*, né… ci-dev. chan. de Cologne, & actuellement colonel au service de Prusse.

Oncle paternel à la mode de Bretagne. Augustin-Philippe-Charles, prince-évêque de Spire. Voyez *Spire*.

Cousin. N. comte de Styrum, brigadier des armées de France, né…..

LOBKOWITZ, *catholique.*

Prince. François-Joseph-Maximilien, né 7 Déc. 1772.

Mere. Gabrielle-Marie, Princesse de Carignan, né 17 Mars

1748, veuve 11 Janvier 1784 du pr. Ferdinand-Philip.-Joseph.

Tante. Marie-Elizabeth, née 23 Nov. 1726, douairiere du comte Antoine d'Uhlefeld, 3 Décembre 1769.

Enfans du feu prince George Christian.

Joseph-Marie, né 8 Janvier 1725, marié 28 Nov. 1752, à Marie-Josephe, comtesse de Harrach, née 20 Nov. 1727, *dont Filles.* Marie Eléonore, née 16 Septembre 1753.

Marie-Josephine, née 8 Août 1756, mariée 2 Octobre 1776, au comte Charles d'Auersperg.

Freres. Ferdinand-Marie, né 8 Décembre 1726.

Auguste-Antoine-Joseph, né 21 Septembre 1729, marié 16 Septembre 1753, à Marie Ludomille, comtesse de Tschernin, née 21 Avril 1738, *dont*

Neveu. Antoine Isidore, né 16 Décembre 1773.

Nieces. Marie-Thérèse, née 13 Septembre 1767.

Marie-Eléonore, née 22 Mars 1771.

LOEWENSTEIN-WERTHEIM, *catholique.*

Prince. Charles-Thomas, né 7 Mars 1714, veuf de la fille du duc Léop. de Holstein-Wusenbourg, 6 Juin 1765.

Frere, Joseph-Jean-Wenceslas, né 25 Juillet 1720, marié 29 Mars 1750, à

Dorothée-Thérèse, baronne de Haussen & Gleichendorf.

Douairiere du prince Théodore-Alexandre. Catherine-Eléonore, fille de Charles-Louis comte de Leiningen-Dachsbourg-Bockenheim, née 1 Février 1735, veuve 27 Février 1780, *dont*

Neveu. Dominique Constantin, né 10 Mai 1762, marié 9 Mai 1780, à Léopoldine princesse de Hohenlohe-Waldenbourg-Bartenstein, née 15 Juillet 1761 : *dont*

Arriere neveu. Guillaume-Ernest-Louis-Charles, né 27 Avril 1783.

Arriere-niece. Louise, née 23 Février 1781.

Niece. Victoire-Félicité, née 2 Janvier 1769. V. *Salm-Salm.*

MANSFELD, *catholique.*

Elizabeth, comtesse de Régal, née 21 Février 1742, veuve du prince Joseph-Wenceslas.

Sœur du prince Joseph. Marie-Isabelle-Anne Ludomille, née 29 Août 1750, mariée 6 Janvier 1771, à François Gundacre, comte de Colloredo.

Marie-Henriette, née 30 Octobre 1754, mariée 8 Janvier 1778, à Jean-Antoine, comte de Leslie.

Marie-Eléon. née 23 Septembre 1757, mariée 21 Novembre 1775, à Adolphe, comte de Kaunitz.

MECKLENBOURG-SCHWERIN, *religion évangélique.*

Duc. Frédéric, né 9 Nov. 1717, marié 2 Mars 1746, à

Princesse. Louise-Frédérique, fille de Frédéric-Louis, prince héréditaire de Wurtemberg-Stoutgard, née 3 Février 1722.

Sœur. Ulrique-Sophie, née 4 Juillet 1723.

Douairiere du prince Louis. Charlotte-Sophie, fille du duc François-Josse de Saxe-Cobourg-Saalfeld, née 24 Septembre 1731, *dont*

Neveu. Frédéric-François, né le 10 Décembre 1756, marié 1 Juin 1775, à Louise, fille du feu prince Jean-Auguste de Saxe-Gotha, née le 9 Mars 1756, *dont*

Arriere-neveux. Frédéric-Louis, né 13 Juin 1778.

Gustave-Guillaume, né 31 Janvier 1781.

Charles-Auguste-Christian, né 2 Juillet 1782.

Arriere-niece. Louise-Charlotte, née 19 Novemb. 1779.

Niece. Sophie-Frédérique, née 24 Août 1758. V. *Danemarck.*

MECKLENBOURG-STRELITZ, *religion évangélique.*

Duc. Adolphe-Frédéric IV, né 5 Mai 1738.

Frere. Charles-Louis-Frédéric, né 10 Octob. 1741, marié 1°. à Frédérique-Caroline-Louise de Hesse d'Armstadt ; 2°. 28 Septembre 1784, à Caroline-Guillelmine de Hesse d'Armstadt, née 5 Novembre 1755. *Du premier lit sont issus :*

Neveu. Georges-Charles-Fréd.-Joseph, né 12 août 1779.

Nieces. Charlotte-Georgine-Louise-Frédérique, née 17 Novembre 1769.

Thérèse Mathilde-Amélie, née 5 Avril 1773.

Louise-Augustine-Guill.-Amélie, née 10 Mars 1776.

Frédérique-Caroline-Sophie, née 2 Mars 1778.

Freres. Ernest-Godefroi-Albert, né 27 Août 1742.

Georges-Auguste, né 16 Août 1748.

Sœurs. Christine-Sophie-Albertine, née 6 Décembre 1735.

Sophie-Charlotte, née 19 Mai 1744. V. *Angleterre.*

I. **NASSAU-USINGEN**, *luther.*

Prince. Charles-Guillaume, né 9 Novembre 1735, marié 16 Avril 1760, à

Princesse. Caroline-Félicité, comtesse de Leiningen Heidesheim, née 22 Mai 1734.

Filles. Caroline-Polixene, née 4 Avril 1762.

Louise-Henriette-Caroline, née 14 Juin 1763.

Frere. Frédéric-Auguste, né 23 Avril 1738, marié 23 Février 1775, à

Louise, princesse de Waldeck, née 29 Janvier 1750, *dont*

Nieces. Christiane-Louise, née 16 Août 1776.

Caroline-Frédérique, née 30 Août 1777.

Auguste-Amélie, née 30 Décembre 1778.

Louise-Marie, née 18 Juin 1782.

Frere. Jean-Adolphe, né 19 Juillet 1740.

II. NASSAU-SAARBRUCK, *luther.*

Prince. Louis, né 3 Janvier 1745, veuf de Wilhelmine-Sophie-Eléonore, princesse de Schwartzbourg-Roudolstadt, le 17 Juillet 1780.

Fils. Henri-Louis-Charles Albert, prince héréditaire, né 9 Mars 1768, marié 6 Octobre 1779, à

Marie-Françoise-Maximiliene S. Maurice, princesse de Montbarrey, née 2 novembre 1761.

Sœurs. Anne-Caroline, née 31 décembre 1751. *Voyez* Brunswick-Wolfenbuttel-Bevern.

Guillelmine-Henriette, née 27 octobre 1752, mariée 9 juillet 1783 au marq. de Soyeco.

Mere. Sophie-Christine-Charl. comtesse d'Erbach, née 12 juillet 1725, veuve 14 juillet 1768 du prince Guillaume-Henri.

III. NASSAU-WEILBOURG, *luther.*

Prince. Charles, né 16 janv. 1735, marié 5 mars 1760 à

Princesse. Caroline, princesse d'Orange, née 28 fév. 1743.

Fils. Frédéric-Guillaume, prince héréditaire, né 25 octobre 1768, marié . . . . 1784, à Isabelle de Vierchberg, comtesse de Sayn-Hachenbourg, née . . . . .

Charles-Guillaume-Frédéric, né 1 mai 1775.

Filles. Augustine-Marie-Caroline, née 6 février 1764.

Guillelmine-Louise, née 28 septembre 1765.

Caroline-Louise-Frédérique, née 14 février 1770.

Amélie-Charlotte-Guillemine-Louise, née 6 août 1776.

Henriette, née 22 avril 1780.

IV. Nassau-Siegen.

Sœurs du dernier prince. Charlotte-Frédérique-Amélie, née 30 novembre 1702, veuve 24 septembre 1748 du comte Albert de la Lippe-Buckbourg.

Elisabeth Hedwige, née 19 avril 1719, veuve 9 juin 1756 du comte Frédric de Witgenstein.

V. Nassau-Orange. Voyez *Hollande*.

Oettingen-Spielberg, *catholique*.

Prince. Jean-Aloys, né 16 avril 1758, veuf 18 avril 1784 de Henriette-Dorothée de la Tour-Taxis.

Fils. Charles Anselme, prince héréditaire, né 10 avril 1784.

Frere. Frédéric Antoine, né 6 mars 1759.

Sœurs. Jeanne-Josephe, née 27 février 1756.

Marie-Thérèse, née 17 novembre 1763.

Marie-Crescence-Josephe, née 30 janvier 1765.

Marie-Walpurge-Josephe, née 19 août 1766.

Mere. Marie-Thérèse, comtesse de Truchses-Trauchbourg, née 17 mai 1735, veuve 23 juin 1768 du prince Antoine Ernest.

Cousines-germaines. Marie-Léop.-Elis.-Th. née 28 nov. 1741. *Voyez* Kaunitz-Rittberg.

Marie-El.-Gabrielle, née 7 juillet 1745. *V.* Liechtenstein.

Oettingen-Wallerstein, *catholique*.

Prince. Kraft Ernest, né 3 août 1748, veuf 10 mars 1776 de Marie-Thérèse, princesse de la Tour & Taxis.

Fille. Frédérique-Sophie-Antoinette, née 3 mars 1776.

Freres. François-Louis-Charles, né 16 septembre 1749.

Frédéric-Charles-Alexandre, né 10 février 1756.

Philippe-Joseph Notger, né 8 février 1759.

Sœurs. Marie-Eléonore, née 21 mai 1747.

Sophie-Thérèse, née 9 déc. 1751. *Voyez* Furstenberg.

Mere. Caroline-Julienne, comtesse d'Oettingen-Baldern, née 25 octobre 1730, veuve 14 avril 1766.

Paar, *catholique*.

Prince. Jean-Vincelas, né 7 août 1719, veuf 12 mars 1771, d'Antoinette, comtesse d'Esterhazy.

Fils.

Fils. Vinceslas, né 27 janvier 1744, marié 17 janv. 1768 à Marie-Antoinette, pr. de Liechtenstein, née 13 juin 1749, dont

Petit-fils. Vinceslas, né 18 janvier 1770.
Charles, né 15 juin 1773.
Joseph-Jean Népomucene, né 13 avril 1780.
N. N. né 3 septembre 1783.
Petites-filles. Marie-Antoinette, née 5 décembre 1768.
Léopoldine-Josephe, née 27 février 1777.
Marie-Éléonore, née 28 octobre 1781.
Fille. Marie-Thérèse, née 3 mai 1746, mariée 9 mai 1765 au comte Jean-Joseph de Buquoy.

PALATINAT. Voyez *Baviere.*

BRANCHE DE DEUX-PONTS-BIRKENFELD, *catholique.*

Prince. Charles II, né 29 octobre 1746, marié 12 février 1774 à
Princesse. Marie-Amélie de Saxe, née 26 septembre 1757.
Fille. N. née 5 mai 1784.
Frere. Maximilien-Joseph, né 27 mai 1756.
Sœurs. Marie-Amélie-Auguste, née 10 mai 1752. *Voyez* Saxe.
Marie-Anne, née 18 juillet 1753, mariée 30 janvier 1780 au prince Guillaume de Deux-Ponts Birkenfeld.
Mere. Marie-Françoise, fille du comte Palatin Joseph-Charles de Sulzbach, née 15 juin 1724, veuve 15 août 1767 du prince Frédéric.
Tante. Christianne, née 16 nov. 1725. *Voyez* Waldeck.
Arrieres-petits-cousins. J.-Ch.-Louis, né 18 septemb. 1745.
Guillaume, né 18 nov. 1752, marié 30 janvier 1780 à la princesse Marie-Anne des Deux-Ponts, *voyez* plus haut.
Arriere-petite cousine. Louise-Christine, née 17 août 1748, mariée 28 octobre 1773, à Henri XXX, comte de Reuss.

ORDRE DE S. MICHEL.

L'ordre de S. Michel appartient au Palatinat. Lorsque l'Electeur Théodore, actuellement régnant, parvint aux duchés de Baviere, il fit son neveu le duc regnant de Deux-Ponts, grand-maitre de cet ordre. C'est S. A. S. qui nomme les chevaliers

Christian-Charles Reinhard de Leiningen-Heydesheim, née 25 novembre 1732.

Fils du premier lit. Henri XIII, né 16 fév. 1747.
Henri XIV, né 16 novembre 1749.
Henri XV, né 22 février 1751.
Henri XVI, né 25 mai 1761.

Filles du premier lit. Fréd.-Marie-Jeanne, née 9 juillet 1748.

Isabelle-Augustine, née 7 août 1752, veuve 7 fév. 1777 du burggrave Guillaume-George de Kirchberg.

Ernestine-Espérance-Victoire, née 10 janvier 1756, mariée 10 août 1783 au prince d'Isenbourg-Birstein.

I. Salm-Salm, *catholique.*

Prince. Constantin-Alexandre, né 22 nov. 1762, marié 31 décembre 1782 à

Princesse. Victoire-Félicité, princesse de Lœwenstein-Werthein, née 2 janvier 1769.

Freres. Georges-Adam-François, né 28 septembre 1767.
Louis Otton-Oswald, né 12 juillet 1772.

Mere. Marie-Louise-Eléonore de Hesse-Rhinfels-Rothenbourg, née 18 avril 1729, veuve 15 septembre 1773 du prince Maxim. Fréd.

Oncle. Charles-Alexandre, né 15 octobre 1735, marié 14 mai 1766, à

Marie-Cath.-Charl.-Sophie, bar. de Leers, née 10 avril 1753, dont

François-Louis, né 1 août 1773.

Oncle. Emmanuel-Henri-Nicolas-Léopold, né 22 mai 1742.
François-Joseph-Jean-André, né 30 novembre 1743.
Guillaume-Florentin-Joseph, né 10 mai 1744.

Tantes. Gabrielle-Marie-Christine-Louise, née 8 janv. 1720.
Marie-Françoise-Joséphine, née 28 octobre 1731, mariée 1 juin 1761, au prince George de Stahremberg.

Marie Joséphe, née 26 décembre 1736, mariée 29 octob. 1771 à Ch.-Alb. prince de Hohenloe-Waldenbourg-Schillingsfurst.

Marie-Anne, née 17 février 1740, mariée 30 déc. 1758, à D. Pedre de Alcantara, duc d'Infantado & de Lerme.

II. Salm-Kyrbourg, *catholique.*

Prince. Frédéric-Jean-Otton, né 13 mai 1745, marié 28 novembre 1781, à

Princesse. Jeanne-Françoise-Fidelle-Ant. princesse de Hohenzollern-Sigmaringen, née 3 mai 1765.

Frere. Maurice-Guftave-Adolphe, né 27 feptembre 1761, marié 1 avril 1782, à

Chriftiane-Marie-Louife, comteffe de Wettenberg, née 5 août 1758.

Sœurs. Marie-Maximilienne-Louife. V. *la Tremoille*, p.
Augufte-Frédérique-Guillelmine. V. *Croy-Solre*, pag.
Amélie-Zéphyrine, née 6 mars 1760.

SAXE. Voyez l'article des *Electorats.*

Branche Erneftine.

I. SAXE-WEIMAR ET EISENACH, *luther.*

Duc. Charles-Augufte, né 3 feptembre 1757, marié 3 octobre 1775, à

Princeffe. Louife de Heffe-Darmftadt, née 30 janv. 1757.
Fils. Charles-Frédéric, prince héréditaire, né 2 fév. 1783.
Frere. Frédéric-Ferdinand-Conftantin, né 8 feptemb. 1758.
Mere. Anne-Amélie, fille de Charles, duc de Brunfwick-Wolfenbuttel, née 24 octobre 1739, veuve du duc Erneft-Augufte-Conftantin, 28 mai 1758.

Tante. Erneftine-Auguft. Sophie. Voyez. *Saxe-Hilburg-haufen.*

II. SAXE-GOTHA, *luthérien.*

Duc. Erneft, né 30 janvier 1745, marié 21 mars 1769, à
Princeffe. Marie-Charlotte-Amélie-Erneftine, fille d'Antoine Uhic, duc de Saxe Meinungen, née 11 feptembre 1751.
Fils. Emile-Léopold-Augufte, né 23 novembre 1772.
Frédéric, né 28 novembre 1774.
Frere. Augufte, né 14 août 1747.
Oncle. Jean-Adolphe, né 18 mai 1721.
Coufines. Auguft.-Louife-Fréd. Voy. *Schwarzbourg-Rudolftadt.*
Louife. Voyez *Mecklenbourg-Schwerin.*

MINISTRES DE SAXE-GOTHA,

PRÈS LES COURS ÉTRANGERES, *Meffieurs*

Augsbourg.   Gullmann, *réfident.*
Coblentz.   Elz, *agent.*

Messieurs

Francfort-sur-le-Mein.	De Rich, *conseiller de légation.*
La Haye.	Héenemann, *chargé d'affaires.*
Lyon.	Perrin, *agent.*
Milan.	Bianchi, *agent.*
Nuremberg.	Lenz, *conseiller de légation.*
Paris.	Le b. de Grimm, *conf. priv. min. plén.*
Ratisbonne.	Le b. de Gemmingen, *conf. priv. min.*
	Ernesti, *secrétaire de légation.*
Vienne.	De la Lith, *conf. priv. & de légation.*
	Hafner, *agent au conseil aulique.*
Wetzlar.	De Zwieilen, *procureur.*

III. SAXE-MEININGEN, *luther.*

Duc. George-Frédéric-Charles, né 4 février 1761, marié, 27 novembre 1782, à

Princesse. Louise-Chonor, fille du prince de Hokenlohe-Layenbourg, née 11 août 1763.

Sœurs. Marie-Charl.-Amélie-Ernestine, née 11 septembre 1751. Voyez *Saxe-Gotha.*

Guillelmine-Louise-Christiane. Voyez *Hesse-Philippsthal.*

Amélie-August.-Caroline-Louise, née 4 mars 1762, mariée 10 février 1783 au prince Henri Erdmann Charles de Karolatts-Beuthen.

Mere. Charlotte-Amélie, fille du Landgrave de Hesse-Philippsthal, née 10 août 1730, veuve du duc Antoine-Ulric, 27 janvier 1763.

Douairiere du duc Auguste-Frédéric-Charles-Guillaume.

Louise, princesse de Stollberg-Gedern, née 13 octobre 1764.

IV. SAXE-HIRLBOURGAUSEN, *luther.*

Duc. Frédéric, né 29 avril 1763.

Sœur. Christiane-Sophie-Caroline, *qui suit.*

Oncle. Frédéric-Guillaume-Eugene, né 8 octobre 1730, marié 13 mars 1778 à

Christiane-Sophie-Car. de Saxe-Hilburghausen, née 4 décembre 1761.

Tante. Sophie-Amélie-Caroline, née 21 juillet 1732. Voy. *Hohenlohe Neuenstein-Oeringen.*

Grand-oncle. Jos.-Fréd.-Guill. Hollandinus, né 5 octobre

1702, veuf 10 octobre 1763, d'Anne-Victoire, princesse de Soissons.

Mere. Ernestine-Augustine-Sophie de Saxe-Weimar, née 5 janvier 1740, veuve 23 sept. 1780 du duc Ernest-Frédéric-Charles.

V. SAXE-SAALFELD-COBOURG, *luther.*

Duc. Ernest-Fréd. né 8 mars 1724, marié 23 avril 1749 à

Princesse. Sophie-Antoinette, fille de Ferdinand Albert, duc de Brunswick-Lunebourg, née 23 janvier 1724.

Fils. François-Frédéric-Antoine, né 15 juillet 1750, marié en secondes noces, 13 juin 1777, à

Auguste-Caroline-Sophie, fille de Henri XIV, comte Reuss de Bersdorff, née 29 janvier 1757, *dont*

Petit-fils. Ernest-Antoine-Charles-Louis, né 2 janv. 1784.

Petites-filles. Sophie-Frédérique-Carol.-Louise, née 19 août 1778.

Antoinette-Ernestine-Amélie, née 28 août 1779.

Julienne-Henriette-Ulrique, née 23 septembre 1781.

Fils. Louis-Charles-Frédéric, né 2 janvier 1755.

Fille. Caroline-Ulrique-Amélie, née 19 octobre 1753.

Freres. Christian-François, né 25 janvier 1730.

Frédéric-Josie, né 26 décembre 1737.

Sœurs. Charlotte-Sophie. Voyez *Mecklenbourg-Schwerin.*

Fréd.-Carol. Voyez *Brandebourg-Anspach-Bayreuth.*

SCHWARZBOURG-SONDERSHAUSEN.

Prince. Christian-Gauthier, né 24 juin 1736, veuf 26 avril 1777 de Charlotte-Guillemine d'Anhalt-Bernbourg.

Fils. Gauthier-Frédéric-Charles, né 5 décembre 1763.

Gauthier-Albert-Auguste, né 6 septembre 1767.

Jean-Charles-Gauthier, né 24 juin 1772.

Sœurs. Catherine-Fréd.-Charl.-Albert. née 2 août 1762.

Caroline-Augustine-Albertine, née 19 février 1769, mariée 12 septembre 1784 au prince George de Waldeck.

Albertine-Guillelmine-Amélie, née 5 avril 1771.

Frere. Auguste, né 8 déc. 1738, marié 27 avril 1762 à

Christine-Élisabeth-Albertine, princesse d'Anhalt-Bernbourg, née 14 Mai 1746, *dont*

Neveux. Frédéric-Christian-Albert, né 14 Mai 1763.

Guillaume-Louis-Gauthier, né 16 Juillet 1770.

Nièce. Albertine-Charlotte-Augustine, née 1 Février 1768.

Frédérique-Albertine-Jeanne-Élisabeth, née 4 Octobre 1774.

Tante. Sophie-Christine, fille du feu prince d'Anhalt-Bernbourg, née 7 Février 1709, veuve 28 Septembre 1749, du prince Christian, *dont*

Cousine. Gauthiere-Albertine, née 10 Décembre 1729.

Joséphine-Eberhardine, née 12 Février 1737, veuve 2 Mai 1778 du comte George-Albert d'Erbach-Furstenau.

SCHWARZBOURG-ROUDOLSTADT, *catholique.*

Prince. Louis-Gauthier, né 22 Oct. 1708, veuf 20 Janv. 1771, de Sophie-Henriette, comtesse Reuss d'Untergreitz.

Fils. Frédéric-Charles, prince héréditaire, né 7 Juin 1736, marié 1°. à Frédéric-Sophie-Auguste, princ. de Schwarzbourg-Rudelstadt ; 2°. 28 Novembre 1780, à

Auguste-Louise-Frédérique, fille de feu Jean-Auguste, prince de Saxe-Gotha, née 30 Novembre 1752.

Du premier lit sont issus.

Petits-fils. Louis Frédéric, né 9 août 1767.
Charles-Gauthier, né 23 Août 1771.
Petites-filles. Guillelmine-Frédérique-Caroline, née 21 Janvier 1774.
Christianne-Louise, née 2 Novembre 1775.
Sœurs. Louise-Frédérique, née 28 Janvier 1706.
Madeleine-Sybille, née 5 Mai 1707.
Fille du prince Frédéric-Antoine. Sophie-Albertine, née 30 Juillet 1724.

SWARZENBERG, *catholique.*

Prince. Jean-Néopomucene-Procope-Antoine, né 4 Juillet 1742, marié 14 Juillet 1768, à

Princesse. Marie-Eléonore, comtesse d'Oettingen-Vallerstein, née 21 Mai 1747.

Fils. Joseph-Jean-Népomucène, né 23 Juin 1769.
Charles-Phil-Jean-Népom.-Joseph, né 15 Avril 1771.
Ern. Jos.-Jean-Népom.
Franç.-de-Paul-Joseph, } nés 29 & 30 Mai 1773.
Fréd.-Jean-Népom.-Jos.-Augustin, né 28 Août 1774.
Jean-Nepomucene-Jos.-Timothée-Bern., né 23 Janv. 1782.
Filles. Marie-Caroline-Thérèse-Régine, née 7 Sept. 1775.
Marie-Elisabeth-Caroline-Thérèse, née 11 Septemb. 1778.
Marie-Thérèse-Eléonore, née 14 Octobre.
Eléonore-Sophie-Thér.-Walpurge, née 11 Juillet 1783.
Sœurs. Marie-Anne-Josephe, née 6 Janv. 1744, veuve

4 Octobre 1780, du comte Louis-Frédéric de Zinzendorf.

Marie-Thérèfe-Cath.-Walp., née 30 Avril 1747, mariée 11 Mai 1772, au comte Sigifmond Rudolphe de Goes.

Marie-Eléon.-Jof.-Ludomille-Fr., née 13 Mai 1748.

Marie-Ernestine, née 14 Octobre 1752, mariée 25 Juin 1778, à François-Xavier, comte d'Auerfperg.

SOLMS.

Prince. Guillaume-Christ.-Charles, né 9 Janv. 1759.
Freres. Guill.-Henri Cafimir, né 30 Avril 1765.
Ch.-Aug-Guill.-Frédéric, né 9 Octobre 1768.
Frédéric-Guillaume, né 12 Octobre 1770.
Louis-Guillaume-Christian, né 26 Octobre 1771.
Sœurs. Augustine-Louise, née 15 Janvier 1764.
Louife-Caroline-Sophie, née 7 Juillet 1766.
Oncles. Charles-Louis-Guillaume, né 14 Juin 1727.
Guillaume-Christophe, né 20 Juin 1732.
Louis-Rodolphe-Guillaume, né 25 Août 1733.
Antoine-Ernest-Guillaume-Frédéric, né 3 Septembre 1739.
Tantes. Charl.-Henriette-Magdeleine, née 6 Août 1725.
Elizabeth-Marie-Benigne, née 2 Août 1728.
Ulrique Louife, née 30 Avril 1731. *V.* Heffe-Hombourg.
Amélie-Eléonore, née 22 Nov. 1734. *V.* Anhalt-Bernbourg-Schaumbourg.
Madeleine-Sophie, née 4 Janv. 1742. *V.* Anhalt-Bernbourg-Schaumbourg.
Christine-Charl-Fréd. née 31 Août 1744, veuve 1 Mai 1782, du comte Simon-Adolphe de la Lippe-Dermold.

STAHREMBERG, *catholique.*

Prince. Georges-Adam, né 10 Août 1724, marié 1 Juin 1762 à
Princeffe. Marie-Françoife, pr. de Salm-Salm, née 21 Octobre 1731.
Fils. Louis-Joseph Marie, né 12 Mars 1762, marié 24 Septembre 1781, à
Marie-Louife-Fr. fille du D. d'Aremberg, née 29 Janv. 1764.

STOLLBERG-GEDERN, *catholique.*

Prince. Charles-Henri, né 24 Octobre 1761.
Sœur. Louife, née 13 Oct. 1764. *Voyez* Saxe-Meinungen.
Tantes. Caroline, née 27 Juin 1732. *Voyez* Hohenlohe-Lagenbourg.

Elizab.-Philip-Claud. , fille du prince Max.-Em. de Hornes , née 10 Mai 1733, veuve 5 Décembre 1757, du prince Gustave-Adolphe , *dont*

Cousines. Louise-Max.-Car.-Em. , née 20 Septemb. 1752, mariée 17 Avril 1772 , au prince Stuart, fils du Prétendant.

Caroline-Auguste, née 10 Février 1755, mariée en 1771, au duc de Berwick.

Françoise-Claudine, née 27 Juin 1756, mariée 6 Novemb. 1774, au comte d'Arberg & Valengin.

Thérèse-Gustavine, née 27 Août 1757.

LA TOUR-ET-TAXIS.

Prince. Charles-Anselme, né 2 Juin 1733, marié 3 Sept. 1753, à

Princesse. Augustine-Elizabeth, fille du D. Ch.-Alex. de Wurtemberg-Stutgard, née 30 Octobre 1734.

Fils. Charles-Alexandre, né 22 Février 1770.

Frédéric-J.-Nép.-Jér.-Antoine, né 11 Avril 1772.

Filles. Sophie-Frédérique-Dorothée-Henriette, née 20 Juill. 1758. *Voyez* Radzivil.

Frere. Maximilien-Joseph, né 29 Mai 1769.

Sœurs. Marie Thérèse, née 28 Fév. 1755, mariée 10 Août 1780, au comte Ferd.-Ant.-Christian d'Ahlefeld.

Marie-Anne-Joséphine , née 28 Septembre 1766.

Elizabeth, née 30 Novembre 1767.

Branche Italienne.

Prince. Michel, marié en 3ᵉ. noces 4 Mars 1766, à

Princesse. Jeanne, comtesse de Lodron, née 16 Février 1735.

Filles du premier lit. N. N. née en 1745.

N. N. née en Juillet 1746.

WALDECK, *protestant.*

Prince. Frédéric, né 25 Octobre 1743.

Freres. Christian-Auguste, né 6 Décembre 1744.

Georges, né 6 Mai 1747, marié, 12 Septembre 1784, à Caroline-Augustine-Albertine, princesse de Schwarzbourg-Sondershausen, née 19 Février 1769.

Louis, né 16 Décembre 1752.

Sœur. Louise, née 29 Janvier 1750. *Voyez* Nassau-Ussingen.

Mere. Christine, fille de Christian III, prince Palatin de

Deux-Ponts, née 16 Novembre 1725, veuve 29 Août 1763, du prince Ch.-Aug.-Fréd.

Tantes. Marie-Guillaume-Henriette, née 17 Oct. 1703.

Sophie-Guillelmine-Elisabeth-Dorothée, née 4 Janvier 1711, mariée à M. de Vogelfang.

Louise-Albertine-Frédérique, née 12 Juin 1714.

↑. WURTEMBERG-STOUTGARD, *pays luthérien.*

Duc. Charles-Eugène, né 11 Fév. 1728, veuf 7 Avril 1780, d'Elif.-Fréd.-Sophie, fille du margrave Fréd. de Brandebourg-Bayreuth.

Frere. Louis-Eug.-Jean, né 6 Janvier 1731, marié 10 Août 1762 à

Sophie-Albertine, comtesse de Beichlingen, né 13 Décembre 1728, dont

Nieces. Guillelmine-Frédérique, née 3 Juillet 1764.
Henriette-Charlotte-Frédérique, née 11 Mars 1767.

Frere. Frédéric-Eugène, né 21 Janvier 1732, marié 29 Nov. 1753, à

Fréd.-Soph.-Dorot. fille de Fréd.-Guill. marg. de Brandebourg-Schwedt, née 18 Déc. 1736, *dont*

Neveu. Frédéric-Guillaume-Charles, né 7 Nov. 1754, marié 11 Octobre 1780, à

Auguste-Caroline, fille du duc Ch.-Guill.-Ferd. de Brunfwick-Wolfenbuttel, née le 3 Déc. 1764, *dont*

Arriere petit-neveu. Fréd. Guillaume-Charles, né 2 Octobre 1781.

Arrieres petites-nieces. N. N. née 20 Février 1783.
N. née 25 Décembre 1783.

Neveux, Fils du prince Fréd.-Eugène. Frédéric-Louis-Alexandre, né le 30 Août 1756.

Frédéric-Eugène-Henri, né 21 Nov. 1758.
Frédéric-Guillaume-Philippe, né 27 Décembre 1761.
Frédéric-Auguste-Ferdinand, né 21 Octobre 1763.
Charles-Frédéric-Henri, né le 3 Mai 1770.
Charles-Alexandre-Frédéric, né 24 Avril 1771.
Charles-Henri-Frédéric, né 3 Juillet 1772.

Nieces. Sophie-Dorothée-Auguste-Louise, née 25 Oct. 1759.
Frédérique-Elisabeth-Amélie-Auguste, née le 27 Juill. 1765.
Elizabeth-Wilhelmine-Louise, née 21 Avril 1767. *Voyez* Holstein-Oldenbourg.

Sœur. Auguste-Elisabeth-Marie, née le 30 Octobre 1734. *Voyez* Tour-&-Taxis.

Fille de Frédéric-Louis, *prince héréd. fils du duc Eberhard-Louis.*

Louise-Frédérique, née le 3 Février 1722. *V*. Mecklenbourg-Schwerin.

II. WURTEMBERG-OELS, en Silésie, *luther.*

Duc. Charles-Christian Erdmann, né le 25 Octobre 1716, marié le 28 Avril 1741, à

Princesse. Marie-Sophie-Wilhelmine, comtesse de Solms-Laubach, née le 3 Avril 1721.

Fille. Frédérique-Sophie-Charlotte-Auguste, princesse héréd. née le 1 Août 1731. *Voyez* Brunswick-Wolfenbuttel.

Fin de la premiere Partie.

SECONDE PARTIE.

ÉTAT
ECCLÉSIASTIQUE, MILITAIRE, LITTÉRAIRE, MUNICIPAL
DES PROVINCES DE FRANCE.

ÉTAT ECCLÉSIASTIQUE.

ARCHEVÊQUES ET EVÊQUES DE FRANCE.

Nota. Vingt-quatre de ces Prélats, y compris les cinq de l'Isle de Corse, ne sont pas réputés appartenir au Clergé de France, & font, chacun séparément, ou conjointement avec les Etats de leur Province, leur don gratuit. On les désigne ici par une *.

Intronis.	Sieges.	Titulaires.	Naiss.	Reven. l.
1781	PARIS.	Le Clerc de Juigné.	1728	400000
1780	Chartres.	De Lubersac.	1740	25000
1779	Meaux.	De Polignac.	1745	25000
1758	Orléans.	De Jarente de la Bruyere.	1706	50000
1780		De Jarente, *Coadjuteur.*		
1776	Blois.	De Lauzieres-Themines.	1742	24000
1758	LYON.	De Malvin de Montazet.	1712	50000
1767	Autun.	De Marbeuf.	1734	22000

A

Archevêques et Evêques

Intronis.	Sieges.	Titulaires.	Naiss.	Reven.
1770	Langres.	De la Luzerne.	1738	52000
1764	Mâcon.	Moreau.	1721	24000
1781	Châlons-sur-S.	Du Chillau,	1735	40000
1741	* S. Claude.	De Mellet de Fargues.	1708	36000
1766	* Sarept.	De Vienne.	1732	
1759	ROUEN.	Le Card. de la Rochefoucaud.	1713	120000
1766	Bayeux.	De Cheylus.	1719	100000
1774	Avranches.	Godard de Belbeuf.	1730	30000
1773	Evreux.	De Narbonne Lara.	1720	40000
1775	Séez.	Duplessis d'Argentré.	1720	40000
1783	Lisieux.	Ferron de la Ferronnaye.	1717	60000
1764	Coutances.	De Talaru de Chalmazel.	1725	50000
1755	SENS.	Le Card. de Luynes.	1703	80000
1761	Troies.	De Barral.	1716	24000
1783	Nevers.	De Seguiran.	1739	24000
1761	Auxerre.	Champion de Cicé.	1725	70000
1777	Bethléem.	De Duranti de Lironcourt.	1733	1000
1777	REIMS.	De Taleyrand-Perigord.	1736	80000
1764	Soissons.	De Bourdeilles.	1720	36000
1781	Châlons-sur-M.	De Clermont-Tonnerre.	1749	30000
1777	Laon.	De Sabran.	1739	36000
1775	* Les Termopyles.	De Contrisson.		
1754	Senlis.	De Roquelaure.	1720	24000
1772	Beauvais.	De la Rochefoucaud.	1735	100000
1774	Amiens.	De Machault.	1737	36000
1737	Noyon.	De Grimaldi.	1736	40000
1743	Boulogne.	De Partz de Pressy.	1712	30000
1775	TOURS.	De Gonzié.	1736	70000
1777	Le Mans.	Jouffroy de Gonssans.	1723	35000
1782	Angers.	Couet du Vivier de Lorry.	1728	45000
1769	Rennes.	Bareau de Girac.	1732	40000
1783	Nantes.	De la Laurencie.	1740	50000
1773	Quimper-Corent.	Conen de Saint Luc.	1724	20000
1774	Vannes.	Amelot.	1741	45000
1772	S. Pol de Léon.	De la Marche	1722	30000
1780	Tréguier.	Le Mintier.	1729	24000
1774	S. Brieuc.	De Bellescise.	1732	24000
1767	S. Malo.	De Laurentz.	1718	40000
1767	Dol.	De Hercé.	1729	24000
1767	BOURGES.	Phelypeaux.	1719	55000

DE FRANCE.

Intrônis.	Sieges.	Titulaires.	Naiss.	Reven. l.
1776	Clermont.	De Bonal.	1734	20000
1758	Limoges.	Duplessis d'Argentré.	1713	25000
1774	Le Puy en Velay.	De Gallar de Terraube.	1736	40000
1764	Tulles.	De Rafelis de S. Sauveur.	1715	40000
1780	S. Flour.	Ruffo des C. de Laric.	1746	24000
1764	ALBY.	Le Card. de Bernis.	1715	130000
1784		De Bernis, Ev. de Damas, *Coadjuteur*.		
1781	Rhodez.	De Colbert.	1736	55000
1773	Castres.	De Royere.	1727	78000
1776	Cahors.	De Nicolai.	1729	70000
1764	Vabres.	De la Croix de Castries.	1730	25000
1761	Mende.	De Castellane.	1733	66000
1781	BORDEAUX.	De Cicé.	1735	66000
1761	Agen.	Dusson de Bonnac.	1734	66000
1784	Angoulême.	De Castelnau d'Albignac.		30000
1781	Saintes.	De la Rochefoucaud.	1744	25000
1759	Poitiers.	De Beaupoil de S. Aulaire.	1720	40000
1773	Périgueux.	De Grossoles de Flamarens.	1735	40000
1763	Condom.	D'Anteroche.	1721	80000
1777	Sarlat.	De Ponte d'Albaret.	1736	70000
1768	La Rochelle.	De Crussol d'Usez.	1735	70000
1775	Luçon.	De Mercy.	1736	40000
1780	AUCH.	De la Tour d'Auvergne-Montauban.	1744	140000
1771	Acqs.	Le Quien de la Neuville.	1728	40000
1772	Lectour.	De Cugnac.	1729	70000
1763	Comminges.	D'Osmond de Medavy.	1723	70000
1780	Couserans.	De Lastic.	1742	36000
1780	Aire.	De Caux.	1745	30000
1746	Bazas.	De Grégoire de Saint-Sauveur.	1709	20000
1782	Tarbes.	De Gain de Montagnac.	1744	36000
1783	Oleron.	De Villeloutreix de Faye.	1739	18000
1763	Lescars.	De Noé.	1724	30000
1783	Bayonne.	De Villevieille.	1739	40000
1762	NARBONNE.	De Dillon.	1721	180000
1771	Beziers.	De Nicolay.	1738	60000
1759	Agde.	De S. Simon de Sandricourt.	1723	80000

A ij

ARCHEVÊQUES ET EVÊQUES

Intronis.	Sieges.	Titulaires.	Naiss.	Reven. L
1778	Carcassonne.	De Chastenet de Puy-ségur.	1740	40000
1784	Nismes.	Cortois de Balore.	1736	30000
1774	Montpellier.	De Malide.	1730	50000
1750	Lodeve.	De Fumel.	1717	30000
1780	Usez.	De Béthisy.	1744	30000
1769	S. Pons de Tomiers.	De Bruyere de Chalabre.	1731	50000
1763	Aleth.	De la Cropte de Chanterat.	723	35000
1784	Alais.	De Beausset.		20000
1745	*Perpignan.	De Cardevac de Gouy d'Avincourt.	1698	24000
1779		Dagay, Ev. de Canope, Coadjut.		
1764	TOULOUSE.	De Loménie de Brienne.	1727	120000
1762	Mautauban.	Le Tonnelier de Breteuil.	1726	40000
1768	Mirepoix.	Tristan de Cambon.	1716	40000
1771	Lavaur.	De Castellane.	1732	70000
1711	*Rieux.	De Lastic.	1726	50000
1771	Lombez.	De Salignac de la Motte Fénélon.	1734	60000
1784	S. Papoul.	Maillé de la Tour-Landry.	1743	50000
1741	Pamiers.	De Levis-Leran.	1713	30000
1775	ARLES.	Dulau.	1738	50000
1755	Marseille.	De Belloy.	1708	35000
1743	S. Paul 3 Chât.	De Reboul de Lambert.	1704	12000
1743	Toulon.	De Vintimille.	1721	20000
1770	Aix.	Raymond de Boisgelin.	1732	40000
1778	Apt.	Eon de Cely.	1735	12000
1772	Riez.	De Clugny.	1728	14000
1766	Fréjus.	De Bausset de Roquefort.	1731	30000
1784	Gap.	De Vareilles.		40000
1764	Sisteron.	De Suffren de S. Tropez.	1722	20000
1774	*Orange.	Du Tillet.	1730	22000
1774	VIENNE.	Le Franc de Pompignan.	1715	40000
1764	*Geneve.	Biord.	1709	
1781	*S. Jean de Maurienne (Savoie).	Compans de Brichanteaux		
1779	GRENOBLE.	Hay de Bonteville.	1741	40000
1778	Viviers.	De la Font-de-Savines.	1742	40000

DE FRANCE.

Intronif.	Sieges.	Titulaires.	Naiff.	Reven. l.
1771	Valence.	De Grave.	1724	20000
1741	Dic.	De Plan des Augiers.	1709	20000
1767	EMBRUN.	De Leyffin.	1724	36000
1784	Digne.	De Mouchet de Ville-dieu.		15000
1752	Graffe.	De S. Jean de Prunieres.	1718	20000
1783	Vence.	De la Gaude.		13000
1771	Glandeves.	Hachette des Portes.	1712	12000
1781	Senez.	De Castellane		12000
1781	* Nice (Savoie.)	Valperga.	1728	18000
1774	* BESANÇON.	De Durfort.	1725	60000
1756	* Rhofy en Syrie.	De Franchet de Ran.	1722	
1751	* Belley.	Cortois de Quincey.	1714	12000

Befançon a deux autres Suffragans, Bafle & Laufanne, hors du Royaume.

1781	CAMBRAI.	De Rohan Guéméné.	1738.	25000
1760	* Amycles.	D'Aigneville de Millon-court, Suffragant de Cambrai.		
1769	* Arras.	De Conzié.	1732	70000
1774	* S. Omer.	Bruyere de Chalabre.	1734	60000
1775	* AVIGNON.	Grovio.	1729	56000
1776	* Carpentras.	De Reni.	1729	42000
1761	* Cavaillon.	Crispin des Achards de la Baume.	1721	15000
1758	* Vaifon.	De Péliffier de S. Fériol.	1709	15000

Evêchés suffragans de Trèves.

1760	* Metz.	De Montmorency Laval.	1724	120000
1773	* Toul.	Des Michels de Cham-porcin.	1721	37000
1770	* Verdun.	Defnos.	1716	74500
1777	* S. Diez.	De Chaumont de la Ga-laifiere.	1737	30000
1783	* Nancy.	De Fontanges.	1744	50000

Evêché suffragant de Mayence.

1779	* STRASBOURG.	Le Cardinal de Rohan-Guéméné.	1734	500000
1760	* Arath, Evêché in partibus.	Duvernin.	1713	

A iij

ARCHEVÊQUES ET EVÊQUES

Evêchés de l'isle de Corse, suffragans de Pise.

Intronis.	Sieges.	Titulaires.	Naiss.	Revenu.
1759	*Ajaccio.	Doria.	1722	12000
1772	*Sagone.	Guasco.	1720	10000
1770	*Aleria.	De Guernes.	1725	18000

Suffragans de Gênes.

1775	*Mariana.	Du Verdier.	1721	15000
1775	*Nebbio.	De Santini.	1727	4000

AGENTS GÉNÉRAUX DU CLERGÉ.

Les Agents généraux du Clergé ont succédé aux Syndics généraux établis en 1564, & supprimés en 1579, par l'Assemblée de Melun. Ils ont le titre de Conseillers d'Etat, avec le droit de porter la parole au Conseil, dans les affaires qui intéressent le Clergé. Ils ont encore, en cette qualité, entrée au Bureau des Affaires Ecclésiastiques. Les seize Provinces Ecclésiastiques, qui forment le Clergé de France, les nomment tour-à-tour, de cinq en cinq ans.

Messieurs

1785 L'Abbé de Barras.
1785 L'Abbé de Montesquiou.

Prélat chargé de la Feuille des Bénéfices, à nomination royale.

1777 M. de Marbeuf, Evêque d'Autun.
M. l'Abbé de Verdollin, *Secrétaire.*

ÉCONOMATS.

Les Economats sont des Bureaux établis pour la régie des biens appartenans à des Bénéfices à nomination royale, dont le Roi, en vertu du Droit de Régale, a l'usufruit, pendant leur vacance. Ils sont aussi chargés de l'administration des biens des Religionnaires fugitifs.

M. Feydeau de Marville, Doyen du Conseil, *Directeur.*

DE FRANCE.

M. Marchal de Sainsey, *Econome général.*
M. Marchal de Sainsey, *pére, en survivance.*

RECEVEUR GÉNÉRAL DU CLERGÉ.

1779 M. Boullioud de Saint-Julien.

ÉVÊQUES DU SÉMINAIRE DES MISSIONS ÉTRANGÈRES, *répandus en Asie*, Messieurs

1756	*Tabraca.*	Brigot, *Vicaire Apostolique de Siam.*
1764	*Gabale.*	Reydellet, *Vicaire Apostolique du Tonquin.*
1769	*Agathopolis.*	Pottier, *Vicaire Apostolique à la Chine.*
17	*Callinique.*	Lapinte de Livry.
1771	*Céram.*	Davoust, *Coadjuteur du Tonquin.*
1773	*Adran.*	Pignaux, *Vicaire Apostolique à la Cochinchine.*

ÉVÊQUES *in partibus infidelium.* Messieurs

1775	*Tricomie.*	Perrau.
1775	*Eumene en Phrygie.*	De la Roque.
1776	*Egée.*	De Laulanhier.
1778	*Cidon.*	Taboureau.
1779	*Pergame.*	Gréen de S. Marsault.
1785	*Apollonie.*	. . . .
1785	*Termopyles.*	

CHAPITRES NOBLES
DE FRANCE.

CHAPITRES D'HOMMES.

Sécul. en 1685. AINAI, *Diocèse de Lyon.*

Ainai fut célebre, sous l'Empire d'Auguste, par le Temple que soixante nations des Gaules y éleverent à cet Empereur. Caligula y établit des combats d'éloquence grecque & latine; & le Fondateur ordonna que tout Poete ou Orateur qui se montrerait sur la scene, & qui serait vaincu, donnerait une récompense au vainqueur & en ferait l'éloge; que ceux qui auraient l'imprudence d'y présenter de mauvais ouvrages, seraient obligés de les effacer avec une éponge ou avec la langue, & qu'en cas de refus, ils seraient battus de verges ou précipités dans le Rhône. Ce fut là que les quarante-huit premiers Martyrs de Lyon perdirent la vie, au deuxieme siecle; d'où ils furent nommés *Martyrs d'Ainai*. On y bâtit alors, à Sainte Blandine, du nombre de ces Martyrs, une Chapelle souterraine, sur laquelle s'éleverent une Eglise & un Monastere, dont S. Badulphe fut premier Abbé. La Reine Brunehaut fit à cette Abbaye des biens si considérables, qu'elle en fut considérée comme la Fondatrice. Les Sarasins la ruinerent dans le VIIIe siecle. Amblard, Archevêque de Lyon, la rétablit dans le Xe. Depuis cette époque, elle fut très-florissante par le nombre, l'origine & la régularité de ses Religieux, soumis à la règle de S. Benoît; mais les Calvinistes l'ayant ruinée en 1562, on ne put la relever qu'en la sécularisant en 1685. L'Eglise devint Paroissiale en 1690, par la translation qui s'y fit de l'Office paroissial de S. Michel près l'Arsenal. Le Chapitre est composé de l'Abbé, du Prévôt, Curé de la Paroisse, & de dix-huit Chanoines, astreints à des preuves de noblesse.

DIGNITAIRES, CHANOINES ET CHAPITRE, *Messieurs*

1758	De Jarente, *Abbé.*	1765	Maindestre de la Luyere.
1749	Chanier de la Roche, Prévôt Curé. 1717.	1766	Ferrari de Romans.
		1774	Brossier de la Roulliere.
1741	De Rochefort de S. Didier.	1777	De Fiscat.
1746	De Savaron.	1778	De Regnauld de la Richardie, jeune.
1749	De Rostaing.		
1755	Yon de Jouage.	1778	De la Mouchonniere.
1758	De Riverie de S. Jean, *Syndic & Receveur.*	1781	Morel de Voleine.
		1781	Berardier de Grezieu.
1758	De Noyel.	1781	Cardon de Sandrans.
1763	De Maubec.	1781	De Brosse de la Barge.
1764	De Regnauld de la Richardie, aîné.	1774	Deissat Duprat, *Honoraire.*

Fondé en 1010. AMBOISE, *Dioc. de Tours.*

Une bulle de Clément XIV, en date du 6 des nones de Mai 1770, a décoré ce Chapitre du titre d'*insigne Eglise*. Il a été érigé en Chapitre noble par lettres patentes homologuées au Parlement le 22 Mai 1776. Aujourd'hui, pour y entrer, il faut faire preuve d'ancienne noblesse.

DIGNITAIRES, CHANOINES ET CHAPITRE, *Messieurs*

1732	L'Homme de la l'Insonniere, *Doyen.*	1769	De Montfrebeuf.
		1775	Quirit de Coulaines.
1730	Langlois, *Sous-Doyen.*	1777	Le Pellerin de Gauville, *Sous-Diacre.*
1743	Royer.		
1763	Desmée, *Chantre & Syndic.*	1780	Le Royer de la Sauvagere, *Secrétaire.*
1765	Gaudin, *Diacre.*	1776	Langlois de la Bagourne, *Clerc.*
1769	Du Mont.		

957. Ste. CHAPELLE DE BAR, *Diocèse de Toul.*

Cette Eglise a été érigée en 1698, par Léopold, Duc de Lorraine & de Bar.

Un brevet du 27 Novembre 1779, permet aux Doyen & Chanoines de porter une croix pectorale d'or émaillée, à huit pointes, avec quatre fleurs de lys dans les angles, & un médaillon au milieu, représentant d'un côté l'Assomption de la Vierge, avec cette légende : *Nobilis Ecclesiæ Barrensis decus* : & de l'autre, S. Maxe, avec la légende : *A Rege Ludovico XVI & Mariâ Antoniâ concessum*. Ils la portent suspendue à un ruban bleu, liseré de jaune.

DIGNITAIRES, CHANOINES ET CHAPITRE, *Messieurs*

L'*Evêque de Toul*, *Chanoine d'honneur*.

De Maillet, Prés. né des Etats de la province, *Doyen*.
De Vendieres, *Coadjuteur & Grand Chantre*.
De Vendieres.
De Poirson, *Syndic*.
De Vassimon, *Prieur d'Estivarel*.
D'Hausen.
De Perret, Vic. Gén. de Châlons.
De Vyart.
De Cheppe, *Promoteur*.
De la Morte, *Princ. de Coll.*
Varin.
André, *Vice-Promoteur*.
De Vassimon, *Trésorier*.
Guerin de la Marche.
Mellet de Rejaumont, *Curé*.
De Marne.
Bertrand, *Official*.
De Vassimon de Besaumon.

Sécul. en 1759. **BAUME-LES-MESSIEURS**, *Dioc. de Bes.*

Ce Chapitre, ancien Monastere de l'Ordre de S. Benoît, était une Abbaye riche, qui, dans le dénombrement fait à Aix-la-Chapelle, en 817, eut rang parmi celles du premier ordre qui devaient à l'Etat le service Militaire & des subsides. On attribue communément à S. Lauthein la fondation de cette Abbaye dans le cours du ve siecle. Beaume est la mere de l'ordre de Cluny, dont le Chef-lieu actuel, érigé en 910, fut donné au Comte Bernon, alors Abbé de Baume. Des Religieux de Gigny & de Baume, conduits à Cluny par l'Abbé Bernon, établirent, pour le spirituel, cette Abbaye célebre, qui est devenue depuis le Chef d'Ordre de tant de Monasteres. Baume a été sécularisée par Bulles du 26 Avril 1759, & changé en un Chapitre séculier, composé d'un Doyen & de neuf autres Chanoines. Des Lettres-Patentes du 8 Mai 1771, ont confirmé l'usage où était cette Compagnie de faire preuve de noblesse de 16 quartiers, 8 paternels & 8 maternels.

Un brevet du 13 Février 1773, a permis aux Dignitaires & aux Chanoines de porter une croix d'or émaillée à huit pointes, représentant, d'un côté, le chef de S. Pierre, Patron de l'Eglise, avec cette légende : *Nobilis Ecclesiæ Balmensis decus* ; de l'autre, les Clefs de S. Pierre en sautoir ; & autour finit la légende en ces termes : *A Rege Ludovico XV, Rege dilectissimo concessum.* Ils la portent à un ruban noir, moiré, liseré d'or.

DIGNITAIRES, CHANOINES ET CHAPITRE, *Messieurs*

1766 De la Fare, *Abbé Comm.*
De Montrichard Fronte-nay, *Doyen.*
Du Pasquier-Lavillette.
De Falletans.
Du Pasquier Viremont.
Buson de Champdivers.

De Montrichard.
De Jacquot d'Andelard.
De Clermont - Mont - Saint-Jean.
De Bancenel.
De S. Maurice-Grivel.

CATHÉDRALE DE BESANÇON.

Le Chapitre Métropolitain de S. Jean l'Evangéliste de Besançon, n'a fait, depuis 1253, qu'un seul corps avec celui de S. Etienne, dont l'Eglise & les Maisons furent démolies après la conquête de la Franche-Comté. Cette Compagnie élisait autrefois ses Archevêques, comme c'était l'usage de la plupart des autres Chapitres de France, avant le Concordat : mais elle céda ce beau privilege à Louis XIV le 29 Juin 1698. Elle nomme encore aux dignités de Haut-Doyen, de Grand-Archidiacre, de Grand-Chantre & de Grand-Trésorier ; aux Archidiaconés de Salins, de Faverney, de Gray & de Luxeul, & à la Souchantrerie. Les Canonicats vacans par mort dans les mois de Janvier, Mars, Mai, Juillet, Septembre & Novembre, sont conférés par le Pape ; & ceux qui vaquent dans les autres mois, sont conférés par le Chapitre.

La dignité de Haut-Doyen emportait autrefois l'exercice de la Jurisdiction spirituelle de l'Archevêché, le Siege vacant ; & c'était au nom de ce Dignitaire que l'on rendait la Justice dans les terres du Chapitre, avant qu'elles fussent partagées. Aujourd'hui cette Compagnie commet à l'exercice de la Jurisdiction spirituelle, ainsi qu'à l'administration du temporel de l'Archevêché ; & chacun des Chanoines fait exercer la Justice en son nom dans la Seigneurie de sa Prébende.

On ne peut entrer dans ce Chapitre que par la noblesse ou par les grades. Ceux qui s'y présentent comme nobles, doivent faire preuve de seize quartiers de noblesse, dont huit paternels & huit maternels. Les gradués doivent être issus d'un pere noble ou gradué, & Docteurs en théologie ou en droit canon.

CHAPITRES NOBLES

Un brevet du 2 Mars 1779, a permis aux Chanoines de porter une croix d'or émaillée, à huit pointes, terminées par un bouton, ayant une fleur de lys dans chacun de ses angles, avec un médaillon au milieu, représentant, d'un côté, S. Jean l'Evangéliste, avec cette légende : *Insigne illustris Ecclesiæ Metropolitanæ Vesontinæ* ; &, de l'autre côté, S. Louis, avec cette légende : *A Rege Ludovico XVI concessum*. Cette croix est suspendue à un ruban violet, moiré & liseré d'or.

Les Membres de ce Chapitre portent l'habit violet, comme les Evêques ; & au chœur, le rochet épiscopal, avec la chappe violette, fourrée d'hermine en hiver, & doublée de taffetas cramoisi en été. Aux messes canoniales, le Célébrant porte la dalmatique sous la chasuble, &, dans certaines fêtes, il porte la mitre, les gants & les brodequins.

Dignitaires, Chanoines et Chapitre, *Messieurs*

1745 De Franchet de Rans, Ev. de Rhosy, *H. Doyen.*
1729 Mairot de Mutigney, *Grand Archidiacre.*
1737 Boutechoux de Chavannes, *Grand-Chantre.*
1740 Marin, *Gr-Trésorier.*
1745 De Rambey, *Arch. de Salins.*
1783 Boudret, *Archid. de Faverney.*
1747 De Chamigny, *Arch. de Gray.*
1748 De Camus, *Arch. de Luxeul.*
1752 Talbert.
1754 Baulard d'Angirey.
1757 Matherot de Desnes.
1757 De Belet de Rosot.
1757 De Vauconcourt.
1759 De Chaffoy.
1759 Frere de Villefrancon.
1761 Dagay.
1763 Clerc.
1763 Varin.
1764 Pusel de Boursieres.
1766 Hugon.
1768 Atthalin.
1768 De Pillot de Chenecey.
1769 Galois.
1772 Bailly.
1774 D'Hurecourt.
1774 Grosjean, *Théologal.*
1774 Desbiez.
1775 Buretel de Chassey.
1775 Huot de Charmoille.
1775 De Petitbenoit.
1775 Durand.
1776 Seguin.
1776 Tinseau de Gennes.
1776 Dorival.
1777 De Pillot de Chenecey, *Honoraire.*
1777 Camusat, *Honoraire.*
1777 Despotots, *Honoraire.*
1778 Daudé de Monteil.
1781 De Villefrancon.
1781 De Verchamps.
Broquard de Lavernay.
1783 D'Audeux.
1783 De Mongenet.
1783 Talbert de Nancray.
1783 Caboud.

V. siecle. BRIOUDE, *Diocese de S. Flour.*

Les membres de ce Chapitre, Comtes de Brioude, doivent faire preuve de seize quartiers de noblesse, huit paternels & huit maternels.

Leur marque distinctive est une croix d'or à huit pointes, émaillée, surmontée d'une couronne de Comte, à deux faces, dont l'une représente S. Julien, Patron de l'Eglise, avec cette légende : *Ecclesia Comitum Brivatensium* ; & l'autre, Louis XV, avec la légende : *Ludovicus decimus quintus instituit.* Cette croix est suspendue à un ruban bleu, liseré de couleur de feu.

Le Roi, *premier Chanoine.*

CHANOINES, COMTES ET CHAPITRE. *Messieurs*

17	De Montal de Coteuge, *Prévôt.* 1779.	1769	De Fenelon.
17	De Bourdeilles, *Doyen.* 1778.	1771	De Chavanat de Montgour.
		1771	De Chavanat.
17	De Combres.	1773	De Mallian, *Théol.*
17	De Montal de Nozieres.	1773	De Vaulx.
17	De la Rochette.	1774	D'Entil de Ligonnés.
17	De la Rochette Duvernet.	1776	Dupont de Ligonnés.
17	De Pesteils la Chapelle.	1776	De Beaufranchet.
1765	D'Anteroches.	1778	Dupeyroux.
1767	De Mostuejols, *Syndic.*	1779	De Dienne.
1768	Mas de Massils, *Vic.-gén. de S. Flour, Synd.*	1779	De Sainte-Hermine.
		1783	De Chavanat.

CHANOINES, COMTES HONORAIRES, CI-DEVANT MEMBRES DU CHAPITRE. *Messieurs*

Le Cardinal de Bernis.   L'Abbé Pesteils de la Majo.ie.
L'Evêque de Condom.

CHANOINES, COMTES HONORAIRES, PAR LEUR PLACE, *Mess.*

L'Evêque du Puy.   L'Abbé de Pebrac.
L'Evêque de Mende.

CHAN. COMTES HON. PAR LETTRES DU CHAPITRE, *Messieurs*

L'Evêque d'Orléans.
L'Evêque de Lodeve.
L'Evêque de Clermont.

L'Evêque de S. Flour.
L'Abbé de Moſtuejols, *Aumônier de* MADAME.

Sécul. en 1742. CATHÉDRALE DE S. CLAUDE.

L'Abbaye de Condat, appelée enſuite S. Oyan ou Eugende, & enfin S. Claude, du nom de l'un de ſes plus célébres Abbés, dut ſon établiſſement à S. Romain, qui, vers l'an 430, en fut le premier Abbé. Ce monaſtere, l'un des plus fameux des Gaules par ſes écoles & par ſes priviléges, fut compris, au commencement du IXe ſiecle, dans le dénombrement des Abbayes qui devaient à l'Etat des ſubſides & des ſoldats. La puiſſance des Abbés augmenta par les aſſociations qu'ils firent, dans les XI, XII, XIII & XIVe ſiecles, avec les Maiſons de Châlons, de Gex & de Thoire-Villars. Ils ſe rendirent même independans & ſouverains dans les terres de leur Abbaye. Philippe le Bon, Duc de Bourgogne, affaiblit beaucoup les droits régaliens dont jouiſſaient les Abbés de S. Claude ; cependant il leur laiſſa la faculté de légitimer, d'ennoblir & d'accorder grace aux criminels. Ils ont toujours joui de ces droits, comme de celui d'accorder permiſſion de poſſéder en fief, même depuis la réunion de la Bourgogne à la France ; & ce n'eſt qu'en 1773 qu'un arrêt du Parlement a déclaré par proviſion, que l'exercice de ſi beaux droits demeurerait ſurſis juſqu'à ce que l'Evêque de S. Claude eût obtenu des lettres patentes confirmatives de ſes priviléges.

Le Cardinal de Vendôme, Légat *à latere* en France du Pape Clément IX, accorda aux Religieux de S. Claude le droit de porter une croix d'or, attachée au col avec un ruban noir, ſur laquelle était gravée l'image de S. Claude. Aujourd'hui les Dignitaires & les Chanoines ont une croix d'or, à branches égales, ornée d'une fleur de lys à chaque angle, & d'un leger cordon qui l'entoure. Cette croix eſt ſuſpendue à un ruban moiré, de couleur noire. Dans ſes lettres patentes de 1668, qui aſſuraient encore aux Abbés le droit & la poſſeſſion d'ennoblir leurs vaſſaux, Louis XIV qualifie le Chapitre de S. Claude d'une des plus illuſtres compagnies de l'Europe, & reconnaît que l'uſage des preuves y eſt d'un tems immémorial.

Les Chanoines, qui ont ſuccédé aux Bénédictins, continuent

d'exiger des preuves de seize quartiers de noblesse, huit paternels & huit maternels ; &, dans ces derniers, la noblesse des trisaïeux doit leur être personnelle, c'est-à-dire, venir de leurs peres & non de leurs maris. Cet usage est confirmé par les arrêts du Conseil & lettres patentes du 23 Octob. 1750.

L'Abbaye de S. Claude, sécularisée en 1742, par Benoît XIV, fut, à la même époque, érigée en Evêché sous la Métropole de Lyon.

DIGNITAIRES, CHANOINES ET CHAPITRE, *Messieurs*

1765	De Carbonnieres, *gr.-Doyen*.	1774	De Ros.
1781	De Vassal. *gr. Archid.*	1775	De Balathier de Lantage.
1765	D'Escairac, *sec. Arch.*	1778	Morel d'Hauterive.
1743	De Moria de Maillac, *Grand-Chantre*.	1778	De la Sudric.
1733	De Jouffroy d'Abbans.	1778	De Reinach de Grandvelle.
1749	De Moiria-Maillac-St.-Martin.	1779	Fred. d'Hauterive.
1762	De Carbonnieres S. Brice.	1780	De Morel Cerveta.
1770	De Reinach, Comte de Granvelle & de Fouchemagne.	1781	Le Roi d'Allarde.
		1782	De Coustains du Manasdau.

CHANOINES HONORAIRES, *Messieurs*

L'Evêque du Mans.	De Gains.
De Laubespin.	De Cordon.

Fondé en 1660. CATHÉDRALE DE S. DIEZ.

Pour être admis dans ce Chapitre, il faut faire preuve de trois degrés de noblesse, du côté paternel, ou être Docteur en Théologie.

En 1765, le Roi Stanislas décora les Membres de cette Compagnie d'une croix pectorale d'or, émaillée à huit pointes égales, portant sur l'une des faces l'effigie de S. Diez, avec cette inscription sur l'exergue : *Childericus II fundavit, anno 660* ; & sur le revers, l'image de S. Stanislas, avec cette autre inscription : *Stanislaus, rex munificus, ornavit, anno 1765*. Cette croix est suspendue à un ruban violet, moiré.

CHAPITRES NOBLES

DIGNITAIRES, CHANOINES ET CHAPITRES, Messieurs

De Tonnois, *Grand-Doyen.*	Du Hout.
Abram, *Grand-Chantre.*	D'Huart.
De Seychamps, *Ecolâtre.*	Pierre-Jos. Gandin.
. . . . *Archid. de S. Diez.*	Rouot.
. . . . *Achid. d'Epinal.*	Allearme de Bouges.
De Seraucourt.	De la Chambre.
De Montauban.	De Thumery.
Abram.	De S. Privé.
De Thionville d'Etize.	Gandin de la Crose.
De Ramberville.	De Huvé.
Heré	Abram de Zinzourt.
De Mitry.	Raulin, *honoraire.*
De Friant.	De Marcol, *honoraire.*
Antoine-Fr. Raulin.	De la Vergne de Tressan, *hon.*
Journu du Moncey.	

Sécul. en 1760. **GIGNY**, *Diocèse de S. Claude.*

Gigny, d'abord Abbaye, fondée par S. Bernon, Abbé de Baume, ensuite Prieuré conventuel de l'Ordre de Cluny depuis 1077, a été sécularisé en 1760. Ce Chapitre est composé d'un Doyen & de treize Chanoines, tous à la nomination du Roi. Pour y être admis, il faut prouver huit quartiers de noblesse, du côté paternel, sans alliances ; & du côté maternel, quatre quartiers seulement, avec les alliances, à moins qu'on ne soit gradué.

Ses membres portent une espece de croix de S. Louis, ornée de fleurs de lis, & surmontée d'une couronne de Comte. Le médaillon qui est au milieu de la croix porte, d'un côté, l'image de S. Pierre, patron de l'Eglise ; le revers représente S. Louis, avec cette légende : *Religio nobilitatis decus Ludovici XV munus.* Cette croix est suspendue à un ruban bleu, liseré de rouge.

Les habitans & le territoire de Grayes & de Charnay ont reçu de la bienfaisance de cette Compagnie respectable leur affranchissement de la main morte, moyennant un leger supplément de cens. Les lettres patentes, du 16 Janvier 1783, ont été homologuées au Parlement de Besançon le 24 Mai suivant, & déposées ensuite au Greffe du Bailliage d'Orgelet.

DIGNITAIRES,

DIGNITAIRES, CHANOINES ET CHAPITRE, *Messieurs*

1725 De Belot-Monbozon, Doyen.	1774 Melch. de Montfaucon.
1731 De Gouffroy Gonssans.	1780 Henri de Montfaucon.
1733 De Moyria.	1781 De Foudras.
1761 De Lascases.	1782 De Molans.
1766 D'Esternoz.	De Montpezat, Comte de Lyon, *hon.*
1773 De Menthon-de-Rosy.	

Sécul. en 1764. CHAPITRES ÉQUESTRAUX ET UNIS DE LURE ET MOURBACK.

L'Abbaye de Lure en Franche-Comté, diocèse de Besançon, doit son origine à S. Desle, qui la fonda en 610, & en fut le premier Abbé. Les Religieux, pour y avoir place, étaient obligés de faire preuve de leur noblesse de noms & d'armes de seize quartiers, tant paternels que maternels. L'Abbaye fut perpétuellement unie à celle de Mourback, transférée à Guebwillers en Haute-Alsace, diocèse de Basle, par décret du Cardinal Mozon, Légat à latere en Allemagne, en 1555, confirmé par bulle de Pie IV en 1560 & par arrêt du Conseil de 1749. Cette Abbaye avait été fondée, en 727, par Eberhard, Comte d'Alsace. Les anciens Abbés ont possédé l'Abbaye de Lure avec toutes les terres qui en dépendent en souveraineté, sous la protection immédiate de l'Empire, jusqu'en 1679, qu'elle fut réunie au Domaine de la Franche-Comté par le Marquis de Montauban, au nom de Louis XIV. Cependant ce n'est qu'en 1749 que Lure a été déclaré de la mouvance du Comté de Bourgogne, par arrêt du Conseil. La seigneurie de Lure formait un état gouverné par ses propres loix; & l'Abbé, Prince du Saint-Empire, y exerçait, sans réserve, les droits de grande & moyenne régale, tels que faire battre monnoie, d'imposer aides & subsides, de montre d'armes, de commandements & défenses, de sauf-conduit, de grace & pardon, légitimation de bâtards, trésors, mines & perrieres. En un mot, il jouissait dans la plus grande étendue de tous les attributs de souveraineté, autorité & prééminence sur tous les hommes & sujets de la seigneurie de Lure.

Enfin l'Abbé, Prince de Mourback & de Lure, avait deux places aux diettes de l'Empire. La réunion de Lure à la Franche-Comté n'a fait perdre à ses Abbés que la souveraineté, & le surplus des droits de l'Abbaye sont restés dans leur entier. Sous cet aspect seulement, ses prérogatives sont encore assez belles. La supériorité immense, & tout ce qui distingue les grands fiefs se trouvent encore rassemblés dans la seigneurie de Lure.

Les deux Abbayes, l'Abbé Prince régulier & les Religieux qui suivaient la regle de S. Benoît, ont été sécularisés par le Pape Clément XIII, par bulles apostoliques du 3 des Ides d'Août 1764, par lesquelles il a érigé les deux églises en églises séculieres, insignes, collégiales & équestrales. Le service divin & la Noblesse l'exigeaient également.

Le Roi, par son brevet du 18 Juillet 1759, la bulle même de sécularisation & les lettres patentes du mois d'Avril 1765, regiftrées au Parlement de Besançon & au Conseil supérieur d'Alsace, ont conservé à l'Abbé Prince séculier, premiere dignité des deux Chapitres unis, le droit de se qualifier Prince du Saint-Empire, de porter la croix pectorale & le violet comme les Evêques : cette dignité est élective en tous tems par les deux Chapitres assemblés : les autres dignités, qui sont celles de Grand-Doyen & de Chantre à Mourback, & de Grand-Prévôt & de Trésorier à Lure, ainsi que les places de Chanoines, sont de la nomination alternative du Roi & du Chapitre ; mais les dignités doivent être données à des Chanoines.

Pour être admis à posséder des dignités & canonicats dans ces deux Chapitres, les prétendans doivent, selon la bulle de sécularisation, le brevet & les lettres patentes dont on a parlé, faire preuve de leur noblesse de noms & d'armes de seize quartiers tant paternels que maternels, & les faire jurer dans les deux Chapitres. Celui de Mourback est composé de trois Dignitaires & neuf Chanoines. Celui de Lure aussi de trois dignités & de six Chanoines.

Il faut observer que, dans les preuves, l'indication des alliances n'est point nécessaire, & que l'on ne peut dispenser d'aucun degré.

La marque diffinitive pour les deux Chapitres, est une croix d'or émaillée à huit pointes, avec quatre fleurs de lys entre les pointes, représentant d'un côté S. Desle & S. Louis, avec cette inscription autour : *S. Lud. patr. Murb. & Ludr.* ; & de l'autre, S. Leger & S. Louis, avec cette inscription : *Sti. Leod. & Deicolæ unio Sanctorum.*

1756 M. Caſ. Fred. Baron de Rathsamhausen, *Coadjuteur en 1737, Abbé-Prince des Abbayes seculieres équestrales & unies de Mourback & de Lure, Prince du Saint-Empire.*

CAAPITRE DE LURE. *Messieurs*	CHAP. DE MOURBACK, *Messieurs*
1778 De Reinach, *Grand-Prévôt*, 1782.	Fr. Otton, B. de Berolingend, G. Doyen.
1750 De Girardi, *Trésorier*, 1771.	Le C. de Bouzies de Rouvroy, G. Chant.
1768 Ch. H. Nic. de Thurn.	Le Baron Louis de Rathsamhausen.
1770 De l'Aubespin.	
1782 D'Andlau d'Hombourg.	Ign. B. du Beroldingen.
1782 D'Andlau de Wittenheim.	Le Baron de Reutner de Weyll.
1782 De Truchsess.	Le B. de Reichenstein.
1783 J. B. Fr. Fid. de Thurn.	Le B. de Schoenau.
	Le B. de Gohr.

CATHÉDRALE DE LESCAR.

Pour pouvoir prétendre aux canonicats de ce Chapitre, il faut être noble ou gradué.

DIGNITAIRES, CHANOINES ET CHAPITRE, *Messieurs*

L'Evêque de l'Escar.
Damou.
De la Motte.
De Hitton.
De Grave.
La Come, *Théologal*.
De Jasse.
De Charrite.

De Salha.
D'Esquille.
D'Arblade.
De Viella.
De Tarride.
De Serres.
De Balette.
De Luppé.

ÉGLISE MÉTROPOLITAINE DE LYON.

Les Chanoines de ce Chapitre, l'un des plus illustres & des plus anciens du Royaume, portent le titre de Comtes de Lyon. Ils sont obligés de faire preuve de seize quartiers de noblesse, dont huit du côté paternel, & huit du côté maternel.

Leur marque distinctive est une croix d'or émaillée, à huit pointes, terminées par quatre couronnes de Comtes, avec quatre fleurs de lis dans les angles, & un médaillon au milieu, représentant d'un côté S. Jean-Baptiste, patron de l'Eglise, avec cette devise au tour : *Prima Sedes Galliarum* ; & de l'autre, S. Etienne, avec une seconde devise, *Ecclesia Comitum Lugduni*, suspendue par un ruban rouge, liseré de bleu.

LE ROI, *premier Chanoine*.

CHANOINES COMTES, *Messieurs*

1753 De Castellas, Vic. Gén. de Comminges, *Doyen*.
1765 De Poix de Marecreux, Vic. Gén. de Lyon, *Archid*.
1763 De Castellas de Nussargues, Vicaire Gén. de Vienne, *Précenteur*.
1770 De Cordon, Abbé de Fontmorigny, Vic. Gén. d'Embrun, *Chantre*.
1742 De Pingon, Grand-Prêtre, 1er Aumônier du Roi de Sardaigne, Abbé de S. Sauveur de Blaye, Prieur de S. Jean de Bar en Forez, Vic. Gén. de Vienne, *Chamarier*.
1733 De S. Aubin de Saligny, *G. Sacristin*.
1761 De Clugny de Thenissey, Vicaire Gén. de Vienne, *G. Custode*.
1758 Dupac de Bellegarde, Abbé de Montolieu, Vic. Gén. de Carcassone, *Prévôt de Fouvieres*.
1774 César de Clugny, Vicaire Gén. de Metz, *Maître du Chœur*.
1718 Defay de Maubourg, Abbé de Beaulieu.
1730 De Gruel du Villard.
1752 De Poitiers de Chabans, Vic. Gén. d'Autun.
1750 Le Cardinal de Bernis, Arch. d'Alby, Ambassadeur de France à Rome.
1753 De Gain de Linars, Abbé de Sandras.
1757 Barbier de Lescoët, Abbé d'Ardorel, & Vic. Gén. de S. Pol de Leon.
1760 De Lezay de Marnezia, Abbé d'Acey, Vic. Gén. de Lyon.
1761 De Chabannes, Abbé de la Creste & de Benevent, Vic. Gén. de Clermont.
1761 De Baumont de S. Quentin, Prieur de Bort.
1767 De Bernard de Rully, Vic. Gén. de Châlons-sur-Saône.
1773 De Gain, Abbé de N. D. du Palais, Vic. Gén. de Riez.
1771 De Bertrand de Poligny, Vic. Gén. de Bourges.
1772 De la Madelaine de Ragny.
1776 De Sartiges, Vic. Gén. de Lyon.
1777 De Gouroy.

Messieurs

1773 De Cordon, Vic. Gén. de Châlons.
1778 De Sartiges, Vic. Gén. de Clermont, *Syndic.*
1779 De Gourcy de Mainville, Vic. Gén. de Comminges.
1779 De Montpezat, Vic. Gén. de Lyon.
1779 De Bois Boiffel, Vic. Gén. de Lyon.
1780 De S. George, Abbé de Souillac, Vicaire Gén. de Périgueux.
1783 De Turpin, Vic. Gén. de Beauvais.

CHANOINES COMTES D'HONNEUR, *Messieurs*

1728 L'Evêque de S. Claude, en 1781.
1728 L'ancien Evêque d'Evreux, en 1759.
1743 L'Evêque de Comminges, en 1764.
1752 L'Evêque d'Autun, en 1767.
1751 L'Evêque de Riez, en 1772.
1761 Dupac de Bellegarde.
1760 Simon de Montmorillon.
1771 Barbier do Kerno, *Chevalier de S. Louis.*

Sécul. en 1557. S. PIERRE DE MACON, *même Diocèse.*

Pour être admis dans cette Compagnie, il faut faire preuve de quatre degrés de noblesse, tant paternels que maternels, sans y comprendre le présenté.

En 1773, ce Chapitre érigé en Comté, fut décoré d'une croix émaillée, à huit pointes, avec quatre fleurs de lis. D'un côté est représenté S. Pierre, patron de l'Eglise, avec cette légende : *Comitum sancti Petri Matisconensis.* Sur le revers est l'image de S. Louis, avec la légende : *Ludovicus XV instituit.* Cette croix est surmontée d'une couronne de Comte, & attachée à un ruban bleu céleste, liseré de blanc, que les Chanoines portent au col.

DIGNITAIRES, CHANOINES ET CHAPITRE, *Messieurs*

De la Tour du Pin de Gouvernet, *Prévôt.*
De Raincourt, *Trésorier.*
Do Valetine.
D'Abzac de Mayac.
De Glanne.
De Montz.
D'Amandre.
De S. Quintin de Beaufort.
D'Amele.
De Villiers-la-Faye.
Dugon.
De Clermont-Tonnerre.
De Sorans de Rosiere.

CHAPITRES NOBLES

CHANOINES COMTES HONORAIRES, *Messieurs*

L'Evêque de Mâcon.   De Scey-Monbeliard.

Sécul. en 1751. S. VICTOR DE MARSEILLE, *même Dioc.*

Un Arrêt du Conseil, du premier Décembre 1774, porte : « Que ceux qui auront été pourvus de dignités ou de canonicats de l'Eglise noble de S. Victor de Marseille, seront tenus de prouver qu'ils sont nés de légitime mariage, issus de familles nobles, & originaires de Provence & terres adjacentes, & établis & domiciliés audit pays ; à l'effet de quoi, ils seront tenus de faire preuve de leur noblesse paternelle seulement, continuée jusqu'à eux, sans interruption ni dérogeance, pendant le tems de 150 ans au moins, & de six degrés, & même du septieme, non pour le faire entrer dans la preuve, mais seulement pour la qualification de celui qui sera au sixieme degré ; & en cas que les six degrés ne remplissent pas les 150 années, les pourvus seront tenus de fournir les preuves d'autant de degrés qu'il sera nécessaire pour remplir ledit tems, sans que lesdits pourvus puissent se dispenser de prouver les six degrés ci-dessus ordonnés, quand même les cinq par eux prouvés excéderaient ledit tems de 150 années ; & pareillement sans qu'à l'occasion desdites preuves, il puisse être accordé aucunes dispenses de degrés ni du tems, pour quelque prétexte que ce soit ».

Les Membres de ce Chapitre, qui, par lettres patentes du mois de Mars 1774, ont le droit de porter le titre de Comtes, sont décorés d'une croix d'or émaillée, à huit pointes, terminée par un bouton, ayant une fleur de lis dans chacun des quatre angles, avec un médaillon au milieu, représentant, d'un côté, S. Victor, patron de l'Eglise, à cheval, armé de toutes pieces, & perçant de sa lance un dragon renversé, avec cette devise : *Divi Victoris Massiliensis* ; & de l'autre l'Eglise de S. Victor, avec une pareille devise, contenant ces mots : *Monumentis & nobilitate insignis.* Cette croix est suspendue à un ruban, couleur de feu, moiré, sans liseré ni bande.

DIGNITAIRES, CHANOINES ET CHAPITRE, *Messieurs*

Louis Camille, P. de Lorraine, *Abbé.*

De Sade, Vic. Gén. de Marseille, *Prévôt.*

DE FRANCE.

Messieurs

De Villeneuve Bargemont, *Ch.*
De Jarente la Bruyere, Abbé d'Ainay, *honor.*
D'Arbaud de Chateauvieux, *Tr.*
De Laugier de Beaucouse.
De Sabran.
De Blacas d'Aups.
De Thomassin de Peynier.
De Damian, *Prévôt de Pignan.*
De Glandevés.
D'Hostager, Licentié de Sorbonne.
De Villeneuve-Tourette.
De Pontevés, Aumônier de Madame Adelaïde.
Alph. Const. de Pontevés.
De Villeneuve S. Auban.
De Fabre de Mazan.
De Barras de Vallecriche.
De Forbin la Barben.
De Raousset-Seillon.

Chanoines, Comtes honoraires, *Messieurs*

L'Evêque d'Orléans.
L'Evêque de Sisteron.
L'Evêque de Fréjus.
L'Evêque de Marseille.

CATHÉDRALE DE METZ.

Vingt-huit Membres de ce Chapitre, ennobli par lettres patentes du mois de Mai 1777, sont obligés de faire preuve de trois degrés de noblesse, du côté paternel seulement. Les dix autres doivent être gradués, au moins Bacheliers en Théologie.

La marque distinctive des uns & des autres consiste dans une croix d'or émaillée, à huit pointes égales, ornée de quatre fleurs de lis, une dans chaque angle, avec un médaillon au milieu, représentant d'un côté S. Etienne, patron de la ville, avec cette légende : *Religionis decus & virtutis præmium;* & sur le revers, le chiffre du Roi, avec cette légende : *Ex munificentiâ Regis, anno 1777.* Cette croix est suspendue, soit en collier, soit à la boutonnière, avec un ruban moiré, de couleur noire, liseré de feu.

Dignitaires, Chanoines et Chapitre, *Messieurs*

1749 Le Begue de Majainville, *Princier*, 1749.
1766 De Motholon, *Grand Doyen*, 1767.
1743 De la Richardie de Besse, *Chantre.* 1747.
1745 De Saintignon, *Chancelier*, 1755.
1764 De Chambre, *Trésorier.* 1784.
1780 De Chambre d'Urgons, *Grand-Archid.* 1784.

CHAPITRES NOBLES

Messieurs

1770	De l'Aubruſſel, *Archid. de Marſal*, 1760.	1757	De Durand du Pujet, Nancy.
17..	Fromentin, *Archidiacre de Vic.*	1762	
		1767	Boulanger.
		1767	Bertin.
1762	De la Roche, *Archid. de Sarrebourg*, 1768.	1768	Jobal.
		1770	De Marien de Fremary.
1743	Dulau Candale, *Ecolât.* 1779.	1771	D'Amelin de Beaurepaire.
1782	Fumée, *Grand-Aumônier*, 1782.	1775	De Sinety.
		1775	Vernier.
1734	Moreau de Verone.	1778	Ravaut.
1737	De Clinchant d'Aubigny.	1779	De Themines de Lauzieres.
1741	Protais du Perier.		
1743	De la Croix.	1779	De Cuny.
1744	De Meyros de la Roquette.	1781	Bertrand.
		1782	De l'Aſteyrie du Saillant.
1745	Jobal de Pagny.	1783	De Ferrier.
1754	Nioche.	1784	De Vareilles.
1756	Lalliat.		*Deux places vacantes.*

HONORAIRES, *Messieurs*

L'Ev. de Châlons-ſur-Saône.	Durand, *ancien Vic. Gén. de Soiſſons.*
Tanneguy du Châtel, *Chanc. hon.*	

1003. **NOTRE-DAME DE MONTREUIL-BELLAY**,
Dioceſe de Poitiers.

Ce Chapitre n'eſt pas d'inſtitution noble ; mais les priviléges importans dont il jouit, l'uſage où il fut long-tems de n'avoir que des nobles parmi ſes Chanoines, & ſur-tout l'honneur qu'a l'Auteur de cet Ouvrage, d'appartenir à cette Compagnie, nous excuſeront envers le Public de cette infraction à la loi que nous nous ſommes impoſée, de ne placer dans cet article que des Chapitres nobles.

DIGNITAIRES, CHANOINES ET CHAPITRE, *Messieurs*

Seſtier de Champdeliveau, *Doyen, & réuniſſant à ſa dignité les fonctions de Curé.*	Calou, *Chantre.*
	Gourion, *Hebdomadier.*
	De Montgodin.
	Jacquet.

DE FRANCE. 25

Messieurs

Moreau, *Hebdomadier.*
Olivier, *Hebdomadier.*
Poncelin de la Roche-Tilhac, *Conseiller à la Table de marbre, & Député du Chapitre à Paris.*
Guin, *Mineur.*
Fresneau, *Diacre d'off.*
Thouret.
De Voudelle, *Hebdomadier.*
. . . . . , *Diacre d'office.*

1602. CATHÉDRALE DE NANCY.

Celui qui se présente pour être Chanoine dans ce Chapitre, doit être le quatrieme noble de sa race, du côté paternel. Quatre d'entre les Membres de cette Compagnie peuvent cependant être reçus sans preuves, pourvu qu'ils soient Docteurs en Théologie ou en Droit Canon.

Tous ont le droit de porter l'habit violet & le camail par-dessus leur rocher. En 1757, ils ont été décorés d'une croix d'or émaillée, au milieu de laquelle est un médaillon, bleu d'un côté, représentant l'Annonciation de la Vierge, Patrone de l'Eglise; verd de l'autre, représentant S. Sigisbert, Roi d'Austrasie. Cette croix est attachée à un ruban noir moiré.

LE ROI, *premier Chanoine.*

L'Evêque de Laon, *anc. Primat, Chanoine d'honneur.*
L'Archevêque d'Auch, *anc. Primat, Chanoine d'honneur.*

DIGNITAIRES, CHANOINES ET CHAPITRE, *Messieurs*

Du Lupcourt, *gr. Doyen.*
De Vintimille-Lascaris, *G. Ch.*
De Bressey, *Ecol.*
. . . . . *Arch. de Nancy.*
. . . . . *Arch. de Luneville.*
De Ligniville.
De Gourcy.
Anthoine.
Sallet.
De Malvoisin.
Du Houx de Dombasle.
De Noyers de Brechainville.
De Marcol.
De Lort de S. Victor.
De Turique.
De Vulmont.
Barail.
De Moy, *Curé de S. Laurent de Paris.*
D'Arret.
Thouvenel.
De Grandchamp.
De Gelnoncourt.
De Gastel.
De Chaumont de la Galaisiere, *anc. Doyen, Honoraire.*
Terré du Petit-Val, *Hon.*
De Cueillet, *Honoraire.*

CATHÉDRALE DE STRASBOURG.

L'Eglise Cathédrale de Strasbourg a été commencée, dit-on, par Clovis, en 510, sur le lieu même où était le temple de Scrutzmann, divinité des Gaulois. Le chœur fut bâti par Pepin & par son fils Charlemagne. Cette Eglise fut consumée en 1007, par le feu du ciel, qui n'épargna que le chœur. L'Evêque Werinhaire, premier fondateur du château de Strasbourg, jetta, en 1015, les fondements de l'édifice que l'on voit aujourd'hui. Il ne fut achevé qu'en 1275. Deux ans après, on commença à élever la tour, dont le premier Architecte fut Erwin de Steinbach ; elle ne fut élevée qu'en 1439. Sa construction, quoique gothique, est admirée de tous les connaisseurs : sa hauteur, depuis le rez-de-chaussée jusqu'au sommet, est de 439 pieds de roi.

Les deux tiers des prébendes de cet illustre Chapitre sont affectés à des Ecclésiastiques Allemands, & l'autre tiers à des Français. Pour y être admis, il faut faire preuve de seize quartiers de haute noblesse, tant du côté paternel que du côté maternel. Un statut de l'an 1687, veut que les Chanoines Français soient issus de pere, aïeul, bisaïeul & trisaïeul décorés du titre de Princes, ou Ducs & Pairs. Quant aux Chanoines Allemands, ils doivent être sortis de Princes ou de Comtes de l'Empire, ayant voix aux dietes générales.

Vingt-quatre Chanoines-Prélats forment le grand Chapitre · douze sont capitulaires, & douze domicellaires. Les Chanoines capitulaires ont seuls entrée & voix au Chapitre. Ce sont eux qui élisent l'Evêque, & ils doivent être dans les ordres sacrés : ils ne sont astreints qu'à une résidence de trois mois dans la ville ou dans le diocèse. Les Domicellaires succedent aux places vacantes des Capitulaires, suivant leur rang d'ancienneté ; & ils jouissent, en attendant, du quart du revenu de la prébende. Tous les canonicats sont nommés par le Chapitre. Parmi les Capitulaires sont cinq Dignitaires : le Grand-Prévôt, nommé par le Pape ; le Grand-Doyen, élu par le Chapitre ; le Grand-Custos & le Grand-Ecolâtre, nommés par l'Evêque, & le Grand-Camerier, choisi par le Chapitre. Tous les Membres de cette Compagnie, soit capitulaires, soit domicellaires, portent sur la poitrine, en vertu d'un brevet du 18 Février 1775, une croix émaillée, à huit pointes, ornée de quatre fleurs de lis, représentant d'un côté la Religion sous une figure allégorique, & de l'autre, l'Assomption de la Vierge, patrone de la Cathédrale. Cette croix est suspendue à un large ruban bleu, moitié & liseré de jaune. Les Capitulaires ont de plus une plaque en broderie d'or & d'argent, de même forme que la croix, appliquée sur l'habit & sur le manteau.

Tous portent pour habit de chœur, sous un surplis à la Romaine, à très-haute dentelle, une longue simarre de velours rouge, à manches pendantes & queue traînante, doublée d'un taffetas de même couleur, avec des brandebourgs tressés d'or & de soie. Une aumusse d'hermine, entremêlée de petit-gris, & doublée en rouge, leur couvre les épaules, en forme de camail.

Chanoines-Prélats Capitulaires, *Messieurs*

1748 Ferd. Max. Meriad. Prince de Rohan Guemené, Archev. de Cambrai, *Grand-Prévôt en* 1762.

1748 Fr. Cam. Prince de Lorraine, Abbé de S. Victor de Marseille, *gr. Doyen en* 1757.

1722 Jos. Ch. Mar. Wunib, Comte de Truchsess-Zeyl-Wurzach, Chan. & gr. Prév. de Cologne, *gr. Custos & Senior.*

1747 Chr. Fr. Fidele Comte de Kœnigseck-Rotenfels, Chan. de Cologne, *gr. Camérier.*

1751 Jos. Chr. Fr. Ch. Ign. Prince de Hohenlohe-Waldenbourg-Bartenstein, Chan. de Cologne, *grand Ecolât.*

1754 Meinr. Ch. Ant. Aug. Comte de Kœnigseck-Aulendorf, Chan. de Cologne.

1751 Chret. Ern. Fr. Xav. Prince de Hohenlohe-Waldenbourg-Bartenstein, Chan. de Cologne & d'Ausbourg.

1756 Fr. Ch. Jos. Prince de Hohenlohe-Waldembourg-Schillingsfurt, Chan. de Cologne & d'Elwangen.

1764 Guill. Flor. Fel. J. Prince de Salm-Salm, Ev. de Tournay, Chan. de Cologne, d'Augsbourg & de Liège.

1764 Joseph-François-Antoine Comte de Truchsess-Zeyl-Wurzach, Chan. de Cologne.

11 & 12e *places françaises vacantes.*

Chanoines-Prélats Domicellaires, *Messieurs*

1765 Ernest-Adrien-Jules Comte de Kœnigseck Rotenfels, Chanoine de Cologne.

1766 Max. Jos. Jul. Mar. Comte de Kœnigseck-Rotenfels, Chanoine de Cologne.

1768 L. Gonz. Fr. Xav. Comte de Kœnigseck-Aulendorf, Chan. de Cologne.

28 CHAPITRES NOBLES

1770 François-Xavier Comte de Salm-Reifferscheidt-Bedbur, Chanoine de Cologne, de Saltzbourg & d'Olmutz, & Auditeur de Rote.
1774 Charles-Joseph-Ernest-Justin Prince de Hohenlohe-Waldenbourg-Bartenstein, Chanoine de Cologne.
1774 Jules-Louis-Camille Prince de Rohan-Rochefort.
1774 Ch. God. Aug. Prince de la Tremoille, Comte de Laval.
1774 Ant. Euf. Comte de Kœnigseck-Aulendorf, Chan. de Cologne.
1775 L. Vict. Meriad. Prince de Rohan-Guemené.
1775 François-Guillaume Comte de Salm-Reifferscheidt-Bedbur.
1783 Guill. Flor. Fred. Marie-Jean Nepomuc. Prince de Salm-Salm.

24ᵉ *place française vacante.*

CATHÉDRALE DE TOUL.

Pour entrer dans ce Chapitre, dont l'illustration est très-ancienne, il faut prouver trois degrés de noblesse du côté paternel; & cette preuve est de rigueur, suivant un arrêt du 30 Août 1777. Autrefois il exerçait le droit de souveraineté dans toute l'étendue de ses Prévôtés. Il y juge encore ses sujets en premiere instance; il appose les scellés dans les maisons des Chanoines, & il fait l'inventaire.

Les Membres de cette Compagnie ont droit de porter une croix pectorale d'or, émaillée, à huit pointes égales, portant sur l'une des faces l'image de S. Etienne, Patron de l'Eglise, & sur le revers, le portrait de la Cathédrale de Toul, avec cette légende: *Ex munificentiâ Regis.* 1776. Cette croix est suspendue à un ruban rouge, liseré de violet clair.

DIGNITAIRES, CHANOINES ET CHAPITRE, *Messieurs*

1770 Pagel de Ventoux, *gr. Doyen.*
1730 Dehuz, *gr. Archid.*
1734 Tardif, *Arch. de Port.*
1742 Jagel, l'aîné, *Arch. de Vitel.*
1766 De Treveneuck, *Arch. de Rinel.*
1759 Rollin, *Arch. de Vosge.*
1757 Cuisin de Montal, *Arch. de Cigny.*
1767 Pelet de Bonneville, *gr. Chantre.*
1760 Ducrot, *Trésorier.*
1746 Pallas, *Ecolâtre.*
1737 De Roche.
1748 Du Betex.
1759 Du Poirier.

Messieurs

1752	Montignot.	1776	Thierry de S. Beauffont.
1752	Taton.	1777	Deſſoffy de S. Czernet.
1751	De la Cour.	1778	De Cholet.
1761	De la Roche Céſar.	1778	De Fontaine de Jumilhac.
1761	Thiebaut.		
1767	Pallas, le jeune, *Préſid. du Chapitre*.	1780	De Maneſſy.
		1780	De Lombillon d'Abancourt, *Théologal*.
1767	Hebert.		
1761	Louis.	1775	De Caffarelli du Falga.
1761	Beurard.	1782	De Mauvoiſin.
1767	Tardif d'Hamonville.	1782	De Valory.
1770	Sirejean.	1782	Barthélemy.
1773	Sublet d'Heudicourt.	1770	Deſſoffy de Poſega.
1775	Le Comte.		

CHANOINES HONORAIRES, *Meſſieurs*

D'Andelot, *anc. Doyen.*
De Luker.
D'Ampus.

S. PIERRE DE VIENNE, *même Diocéſe*.

Les Membres de ce Chapitre, auquel on a réuni, par Bulle de Pie VI, de l'an 1777, ſuivie de lettres patentes de Louis XVI en 1781, homologuées en Parlement la même année, ceux de Saint-Chef & S. André le-bas de Vienne, avec l'Abbaye de S. Pierre & tous les bénéfices qui en dépendaient, doivent faire preuve de neuf générations de nobleſſe d'extraction de pere & de mere.

Leurs marques diſtinctives conſiſtent en des parements, boutons, bas & doublure de couleur violette, avec une croix d'or émaillée de blanc, à huit pointes égales, les flammes en or, ornées d'une fleur de lis dans chacun des quatre angles. Cette croix, ſurmontée d'une couronne de Comte, offre dans ſon centre une médaille portant, d'un côté, cette légende : *Eccleſia SS. Petri & Theuderii Viennæ* ; & de l'autre, *Bonis atque honoribus auxit Lud. XVI.* Cette croix eſt ſuſpendue à un ruban bleu, liſeré de violet.

Chapitres Nobles

Dignitaires, Chanoines et Chapitre, *Messieurs*

De Rachais, *Doyen.*
De Blacon, *Coadjuteur.*
De Cordon, *Sous-Doyen.*
De Chatelard.
De Vallier.
De Césarges de Meffrey.
De Peloux.
De Cesarges.
De Neyrieu.
D'Arces, *Vic. gén. de Vienne.*
De Michalon, *Vic. G. d'Embrun.*
De Moyria.
De Cesarges, *Vic. Génér. de Toul.*
De Chivalet de la Garde.
De l'Isle de Boulieux.
De Saint Ours.
De Bovet.
De Virieu, *Vic. gén. de Bordeaux.*
De Rigaud de Serezin, *Vic. gén. d'Auch.*
De Chamboran.

De Charcone, *Vicaire-Gén. d'Auch.*
De Vavre de Bonce.
De Dolomieux, *V. G. de Vienne.*
De Rachais.
De la Porte, *V. G. de Grenoble.*
De Rocheblave, Cons. Clerc, *Vic. gén. de Lisieux.*
Du Peloux, *Vic. gén. de Vienne.*
De Maréchal.
Du Peloux de la Terrasse, *Vic. gén. de Mende.*
De Marechal.
De Vernoux.
De Morard.
De la Meyrie.
De Bouillé.
De Buffevant.
De Bellescise.
Motte, *Théologal.*

Chanoines Honoraires, *ci-devant Titulaires*, *Messieurs*

L'Archevêque de Vienne.
L'Evêque de S. Brieuc.
L'Archevêque d'Embrun.
L'Archevêque d'Auch.

L'Evêque de Luçon.
De Leyssen, Vic. gén. d'Embrun.
De Chamboran Oncle.

Habitués, *Messieurs*

De Chabons, *Chan. de Die.*
D'Hauterive, *Chanoine de St.-Claude.*
De Montfaucon, *Vic. gén. d'Alais.*
De Badonnanche, *Chanoine de Grenoble.*

De la Condamine.
De Buffevant.
De Baussel, *Vic. gén. de Fréjus.*
De Laurencin.
De l'Arthaudiere.
De Sinard.
De Corbeau.

CHAPITRES DE DAMES.

XIIe siecle. A L I X, *Diocèse de Lyon.*

Les preuves consistent en cinq quartiers de noblesse, du côté du pere, & la mere Demoiselle.

Des Lettres-Patentes de 1755, permettent aux Chanoinesses de ce Chapitre, de porter une Croix d'or émaillée, à huit pointes, surmontée d'une couronne de Comte. Au milieu est un médaillon, représentant, d'un côté la Vierge, avec cette légende : *Votis nobilis insignia* ; & au revers est l'Image de S. Denis, avec cette autre légende : *Auspice Galliarum Patrono.* Cette Croix est suspendue à un ruban ponceau, passé en écharpe.

DIGNITAIRES, DAMES ET CHAPITRE, *Mesdames*

De Cressia, *Abbesse.*
De Naturel de Valetine, *Sacrif.*
De Cressia de la Tour.
De Chaponay.
De Beurville.
De Vincent Panette de Villeneuve.
De Roziere d'Envezin.
Bouhélier d'Audelange.
Bouhélier.
De Bar.
De la Porte, *Secret. du Chap.*
De la Porte de Châteauvieux.
De la Porte d'Eudoche.
De la Porte de Marlieux.
De la Porte.
De Chaponay de Beaulieu.
De Bocsozel.
Bouhélier de l'Annoncourt.
De Greische.
De Cohorn.
De Cohorn de la Palun.
De Bocsozel de Montgontier.
De Neufchaise.
De l'Escalopier.
De Panette.
De Panette de Chantain.
De Panette de la Breille.
De Compasseur de Courtivron.
De Rozieres de Rechicour.
De Vincent de Mauléon.
De Ravel.
De Rivette.
De Roquigny.
De Gaulmyn.
De Savelly.
De Romanet.
De Romanet de S. André.
De Vanel de Lisleroy.
De Sainte-Colombe.
Le Boulanger.
De Gratet de Dolomieu.
De Mouchet, Abbesse de Grisenon, *Honoraire.*

880. ABBAYE PRINCIERE D'ANDLAU, *Dioc. de Strasb.*

L'Abbaye d'Andlau fut fondée vers l'an 880, par l'Impératrice Sainte Richarde, épouse de Charles-le-Gros. Elle est soumise immediatement au S. Siege. Les Dames de ce Chapitre, dont l'Abbesse prend le titre de Princesse de l'Empire, ne font aucuns vœux. Elles peuvent se marier quand elles le jugent à propos. Les preuves de noblesse sont les mêmes que celles qu'exigent les hauts Chapitres d'Allemagne ; c'est-à-dire, seize quartiers sans mésalliance, tous d'une noblesse chevalereuse & chapitrable.

Les Dames portent le titre de Baronnes, & n'ont aucune marque de distinction.

DIGNITAIRES, DAMES ET CHAPITRE, *Mesdames*

Mar. Joph. Truchsess de Rheinfelden, *Abbesse Princesse*.	De Reutner de Weil.
	De Reich de Reichenstein.
De Schoenau-Oeschgen.	De Rathsamhausen.
De Schoenau Saseinheim.	De Landenberg.
De Ferrette de Florimont.	De Hornstein.
De Reinach-Steinbrunn.	De Truchsess de Rheinfelden.
De Mullenheim.	De Schoenau-Hagenbach.

CHANOINESSES DOMICELLAIRES, *Mesdames*

De Reich de Reinchenstein Inzlingue.
De Reinach-Heltweiller.
M. le B. de Landenberg de Soulzmatt, *Grand-Maître de l'Abbaie*.

AVESNE, *Diocèse d'Arras*.

Les preuves sont de huit quartiers, dont quatre du côté paternel, & quatre du côté maternel, non compris la présentée.

DIGNITAIRE, DAMES ET CHAPITRE, *Mesdames*

1783 De Villers-Autertre, *Abbesse*.

Le nom des autres Dames ne nous a pas été fourni.

IV siecle.

IVe siecle. BAUME LES DAMES, *Dioc. de Besançon.*

La Légende de S. Ermenfroi, qui fut écrite vers l'an 700, parle de cette Abbaye comme d'un établissement déjà ancien. Quelques-uns croient qu'elle a été fondée par S. Germain, Evêque de Besançon, vers la fin du IVe siecle ; d'autres lui assignent pour fondateur Garnier, Maire du Palais de Bourgogne, qui mourut en 599, & dont on voit encore le tombeau à Baume. Douze Prébendées, sans comprendre les Professes non Prébendées & les Novices forment cette Abbaye. Les preuves qu'on y exige, sont de huit quartiers paternels, & de huit maternels. Les Chanoinesses de Baume sont associées, depuis long-temps, à celles de Remiremont. Les deux Chapitres ont eu quelquefois la même Dame pour Abbesse ; & il n'a pas été rare de voir la même Chanoinesse jouir d'une prébende dans chacune des deux Eglises. L'Abbesse de Baume a cinq grands Officiers Gentilshommes ; un Grand-Prévôt, un Grand-Maire, un Grand-Gruyer, un Grand-Ecuyer & un Crossier.

DIGNITAIRES, DAMES ET CHAPITRE, *Mesdames*

De Mouchet de Laubespin, *Abbesse.*
De Maillac, *Doyenne.*
De Mauvilly.
De Battefort.
De Jouffroy.
De Raincourt.
De Crescy.

ASPIRANTES, *Mesdemoiselles*

De Laubespin.
De Sainte-Colombe.
De Grammont, } *Sœurs.*
De Grammont,

1100. BOURBOURG, *Diocèse de S. Omer.*

Les preuves sont de quatre quartiers.
Les Chanoinesses de ce Chapitre portent un cordon de couleur jaune, liseré de noir, auquel est attaché une Croix émaillée, portant l'Image de la Vierge, & sur le revers, le portrait de la Reine de France.
L'historien des Ordres monastiques rapporte un usage singulier, observé dans cette Communauté, lorsqu'il s'agit de recevoir une Novice. La veille de sa prise d'Habit, la postulante est

présentée à l'Abbesse & à la Communauté par le Gouverneur de la ville. On lui donne du pain & du vin dans l'Eglise, dont elle goûte; ensuite elle se retire. Le lendemain, habillée magnifiquement, elle est conduite dans une salle préparée, où on lui donne une espece de Bal, en présence de l'Abbesse & des Chanoinesses. Elle est ensuite conduite à l'Eglise au son des violons & des fanfares, par le Gouverneur. Deux petites filles la précédent; l'une porte un cierge & l'autre une corbeille de fleurs; une troisieme lui porte la queue. C'est ainsi qu'on la remet entre les mains de l'Abbesse & de la Communauté à laquelle elle va être aggrégée.

LA REINE, *premiere Chanoinesse.*

DIGNITAIRE ET COMTESSES CHANOINESSES, *Mesdames*

La Comtesse de Coupigny, *Abbesse.*	De Coupigny de Beaumets.
	De Dion.
La Comtesse de Rasselers, *Pr.*	De Contes.
De Drack de la Coorenhuyse.	Patras de Compagnouil.
Henisdal de Fumal.	De Bernes de Longvilliers.
De Saint-Mart.	De Bernes.
D'Hericourt.	De Torcy.
D'Assignies.	Dotty.

Sécul. au XIe siecle. BOUXIERES, *Dioc. de Nancy.*

Les Dames de cette Eglise, qui portent le titre d'insigne Eglise Collégiale & séculiere de Bouxieres, font preuve de noblesse d'ancienne Chevalerie. Les trois Aumôniers Curés qu'elles se nomment elles-mêmes, ont le titre de Chanoines.

DIGNITAIRES ET DAMES CAPITULANTES, *Mesdames*

La Comt. de Messey, *Abbesse.*	De Moy de Sons.
La B. Mohr de Betzdorf, *Doy.*	La Comtesse de Ligniville.
La Comtesse de Gleresse.	La Comtesse de Boisgelin de Kerdu.
La Comt. de Lort de Montesquiou.	

DAMES NIECES, *Mesdames*

La Baronne de Landenberg.	La Comtesse de S. Belin.
La B. M. Anne de Bolscheweill.	La Bar. Eliz. de Bolscheweill.

1013. **SAINTE PERRINE DE CHAILLOT**, *Diocèse de Paris.*

Cette Abbaye n'est pas d'institution noble ; mais les privileges éclatans qu'elle a reçus de nos Rois depuis sept à huit cens ans, la qualité de Chanoinesses que portent les Religieuses qui la composent, & l'usage où elle fut long-tems de ne recevoir que des personnes nobles, ne nous permettent pas de la passer ici sous silence. Les profusions déplacées des précédentes Abbesses ont dérangé considérablement les finances de cette Maison ; mais l'ordre & l'économie du chef respectable qui la gouverne, les bontés de M. l'Archevêque de Paris, & sur tout l'intention où est le ministere de conserver une Abbaye aussi importante, ne nous permettent pas de douter que, sous peu de temps, ses affaires ne soient entierement rétablies. Cette Abbaye jouit du droit de *committimus* au grand Sceau.

DIGNITAIRES, CHANOINESSES ET CHAPITRE, *Mesdames*

1767 Angél. Mar. Baudon, *Abbesse.*
Ann.-Ren. Fr. Gauthier, *Prieure.*
. . . *Sous-Prieure.*
Mar.-Franç. Dubois de Sainte-Victoire, *Dépositaire.*
Medalon de Sainte-Constance.
Chevet de Sainte Marie.
Mariol de Sainte-Monique.
Frison de S. Paul.
Mongeaux de S. Pierre.
Jacquesson de Sainte-Anne.
Morel de S. Augustin.
Desoubleaux de S. Germain.
Durand de S. André.
Goujet de Saint-Mathurin.
Du Cayer de S. Joseph.
Rainteau de S. Martin.

CHATEAU-CHALON, *Diocés. de Besançon.*

Ce Chapitre, soumis à la règle de S. Benoît, fut fondé peu après le milieu du VII siecle, par le Patrice Norbert. On y exige de la part des Demoiselles qui s'y présentent seize quartiers de Noblesse. La Compagnie est composée de quinze Dames Prébendées, sans compter l'Abbesse, & les Novices : l'Abbesse nomme à toutes les places & à toutes les Dignités, ainsi qu'à plusieurs Bénéfices tant Cures que Chapelles.

Quatre Prêtres, appellés Quart-Fiefs, du nombre desquels est le Curé de Château-Châlon, desservent l'Eglise Abbatiale & celle de S. Pierre. C'est dans celle-ci que l'on célebre les Offices Parochiaux. Il y a aussi une Familiarité dans cette Eglise, & les Quart-Fiefs sont Familiers-nés.

DIGNITAIRES, CHANOINESSES ET CHAPITRE, *Mesdames*

De Watteville, *Abbesse.*
De Stain, *Coadjutrice.*
De Scey, *Prieure.*
De Falletans, *Doy. & Port.*
De Froissard, *Chant. & Proc.*
De Chargere.
De la Poype de Serriere, *Chap.*
Du Pasquier de la Villette.

De Froissard de Charmoncel.
D'Arembeig.
De Moyria.
De Mouchet de Laubespin.
De Belot d'Ollans.
De Stain.
De la Balme.
De Moyria de Montange, *Sacr.*

NOVICES, *Mesdemoiselles*

De Broissia.
Adel. Jos. Prosp. d'Esternoz.
Marie Charlotte d'Esternoz.
Louis.-Alex.-Theod. de Grammont.

Amel.-Mar.-Theod. de Grammont.
De Rose.

1273. COIZE EN L'ARGENTIERE, *Dioc. de Lyon.*

Les preuves de ce Chapitre sont de huit degrés de noblesse, du côté paternel, & de trois degrés du côté maternel.

Les personnes qui le composent, ont le titre de Comtesses. Elles portent, en forme de baudrier, un ruban verd, moiré, fixé sur l'épaule par des ganses à gland, & auquel est attachée une Croix d'or émaillée, portant d'un côté cette inscription : *Notre-Dame de Coyze, fondée en 1273* ; & de l'autre, les mots : *Comtesses de l'Argentiere.* La croix est surmontée d'une couronne de Comte.

DIGNITAIRES ET CHANOINESSES-COMTESSES, *Mesdames*

De Gayardon de Fenoyl, *Prieu.*
De Roche-Monteix, *Sous-Pr.*
De Coignet des Gouttes.

De Charbonnel de Pelousac.
Desmars de Bretteville.
De Thy.

De Moreton-Chabrillan.
De Chevigné.
De Chevigné de Sicaudai.
Gab. de Marnays.
Mad. de Moreton-Chabrillan.
De Mauconvenant de Sainte-Suzanne.
De Vesc.
De Vesc de Béconne.
Mar. Joph. de Leusse.
De Mesnard.
De Bosredon.
De Beaumont.
G. Gos. M. L. de Beaumont.
De Malet de la Jorie.
De Guibert.
De Guibert de la Rostide.
Fr. Ant. de Voisins d'Alzan.
De Voisins d'Alzan.
De Lestouf de Pradines.
M. A. J. de Marcel de Poët.
De Marcel de Poët.
Du Ligondès.
De Castellas.
De Busseul.
Henr. Thérèse des Montiers-Mérinville.
Paul-Fr.-Marie des Montiers-Mérinville.
De Lostanges.
De Mont-d'Or.
De Laurencin.
Mar. Ad. de Leusse.
Julie-Thér. de Nieul de Perry.
Ann. Honor. de Nieul de Perry.
De Leusse.
De Marcel de Poët.
Ad. J. du Lau.
Adel.-Anne du Lau.
Marie de Nossay.
Aimée - Marie - Amable de Nossay.
De Malivert.
Aim. Gab. de Bosredon.
De Bausset de Roquefort.
De Boisberanger de la Salle.
De Poix de Marecreux.
De Rossignac.
Ag. Emilie du Lau.
De Belzunce.
D Rodorel de Conduché.
D'Arlais de Montamy.
De Bonfontan d'Andorfielle.
De la Rodde de S. Haon.
De Gouyon des Briands.
De Rechignevoisin de Guron.
De Mun de Sarlabous.
Du Dresnay.
Adel. Marie de Caumont.
De Chateaubriand.
Joseph-Julie de Jers.
Madeleine de Jers.
De Maumont du Chacart.
De Montaulin.
Cather. de Soussineau de Fayac.
Barbe de Soussineau de Fayac.

CHANOINESSES D'HONNEUR, Mesdames

De Malvin de Montazet.
D'Abzac de la Douze.
De Valory de Lecé.
De Cambis.

---

774. CHAPITRE DE DENAIN, *Dioc. d'Arras.*

Les Membres de ce Chapitre séculier, fondé sous l'invocation de S. Remfroy, ne font aucun vœu. Les preuves sont de seize quartiers de noblesse ancienne & Militaire.

1783 Madame de Jaucourt, *Abbesse.*

Chanoinesses Ainées, Mesdames

Du Chastel de Vanderbuch. | D'Ailly de Werquignœul.
D'Assignies. |

Demoiselles Chanoinesses, Mesdames

De Beaufort. | Dubois d'Escordal.
De Pont de Rennepont. | De Beaufort de Mondicourt.
De Cassigna. | De Ghistelles.
De Croix. | De Lannoy, l'aînée.
De Croix de Bucquoy. | De Lannoy, jeune.
Dubois. |

---

970. EPINAL, *Dioc. de S. Diez.*

Ce Chapitre a été fondé, en 970, par Thierry, premier Evêque de Metz. Les preuves qu'on y exige, sont, conformément à la déclaration du mois de Janvier 1761, de huit générations de pere, & de huit générations de mere, de noblesse d'épée : mais, pour être assuré que le septième aieul est noble d'extraction, & non par lettres, on exige encore deux degrés au-dessus ; ce qui fait réellement dix générations de chaque côté à prouver.

Les Membres qui composent cette compagnie, portent un grand cordon bleu, auquel est attaché une croix d'or, à huit pointes, représentant la Vierge, d'un côté, & S. Goëri de l'autre.

Dignitaires, Chanoinesses et Chapitre, Mesdames

La Marq. de Spada, *Abbesse.* | La Comtesse Duhan.
La Com. de Bascle d'Argenteuil, *Doyenne.* | La Comtesse de Brunier.
 | Ann. Ch. Marquise de Flavigny.
La Comtesse de Montmorillon de Lucenies, *Secrét.* | La Baronne de Bœcklin.
 | La Baronne d'Herlesheim.
La Comtesse de Bascle de Moulins. | La Comtesse de Pons.
 | La Comtesse de Mitry.
La Comtesse de Gourcy. | La Comtesse de Gourcy de Savigny.
La Baronne de Dobbelstein. |
La Baronne de Ferrette. | La Comtesse de Dampierre.
La Comtesse de Ficquelmont. | La Baronne de Bœcklin de Morsbourg.
La Comtesse de Schauvenbourg. |

Mesdames

La Comtesse Aldeg. de Fla-vigny. | La Comtesse Bern. J. de Fla-vigny.

XIIe *siecle.* ESTRUN, *Dioc. d'Arras.*

Les preuves sont de huit quartiers, dont quatre du côté paternel, & quatre du côté maternel, sans y comprendre la présentée. Les Membres de cette Compagnie font des vœux dans l'Ordre de S. Benoît, excepté celui de clôture qu'elles ne font pas. On y chante l'Office canonial, comme dans les autres Chapitres. L'Abbesse & la Prieure ont le titre de *Madame*, & les Chanoinesses celui de *Mademoiselle*. L'Abbesse seule nomme à toutes les places vacantes.

DIGNITAIRES, CHANOINESSES ET CHAPITRE, *Mesdames*

De Geneviere de Samette, *Abbesse.*

Le nom des autres ne nous a pas été fourni.

.... LAVEINE, *Diocèse de Clermont.*

Le Chapitre royal & séculier de Laveine, érigé depuis deux ans en Compagnie noble, reçut, le 7 Septembre 1784, sa décoration des mains de l'Evêque de Clermont, représentant le Cardinal de la Rochefoucaud, Supérieur du Chapitre, comme Abbé de Clugny. En érigeant cette Compagnie en faveur de la noblesse, le Roi a voulu que les Demoiselles qui se présenteroient pour y être admises, fissent, du côté paternel, les preuves de leur noblesse de race & d'extraction, avant l'an 1400, & que, du côté maternel, la Récipiendaire fût noble.

La décoration consiste en une Croix d'or émaillée, sur laquelle est en face le portrait de la Reine en miniature, & de l'autre côté, le chiffre du Cardinal de la Rochefoucaud, avec cette légende : *Pietate & nobilitate 1782.*

Les noms des Membres de ce Chapitre ne nous sont pas parvenus.

IXe fiecle. **LEIGNEUX**, *Diocèse de Lyon.*

Les preuves sont de cinq quartiers de noblesse, du côté du pere, la mere Demoiselle.

Les Membres du Chapitre portent, en écharpe, de droit à gauche, un cordon blanc, liseré de bleu, auquel est attachée une croix émaillée, en forme de médaille. Sur le médaillon est représentée, d'un côté, la Sainte Vierge, sous le vocable duquel est l'Eglise de Leigneux, de l'autre S. Benoît, leur Patron.

DIGNITAIRES, CHANOINESSES ET CHAPITRE, *Mesdames*

1783 De Gayardon de Titanges, *Prieure.*
De Chauffecourte, *Sous-Prieure.*
De Montjouvent, *Sacristine.*
De Luzy-Couzan.
Le Brun de Champignolle.
Desjours.
Desjours de Montarmin.
Desjours de Mazile.
D'Anstrude de Tourpes.
D'Anstrude de Tournelles.
De Moreton.
De Moreton Chabrillan.
Claire-Etienn. d'Anstrude.
De Prevost.
De Moreton du Main.
Dubourg S. Polgues.
De Luzi-Couzan.
De Gayardon de Gresolles.
Dubuisson de Douson.
De Gayardon d'Aix.
De Thy.
D'Agoult.
D'Agoult de Beauplan.
Zoé de Damas.
De Damas du Rousset.
D'Anstrude de Chassenay.
De Fortelu.
Marie-Hel. Eléon. d'Anstrude.
Marie-Benoit. Jos. de Prevost.
De Prevost de Germancy.
De Prevost de la Croix.
Charl. Elizab. de Prevost.
De Gayardon de Fénoyl.
Jean. Fr. de Certaines de Villemolin.
Mar. Gabr. de Certaines de Villemolin.
De Certaines de Chassagne.
De Ganay.
De Ganay de Luzygny.
J. Luce de Ganay.
M. Th. de Ganay.
Rose de Ganay.
Diane-Marie-Eléon. de Ste. Colombe.
De Laubepin.
Henr. Mar. Marg. Joa-

Mesdames

chine de Ste. Colombe de Laubepin.
De Coucy.
De Rocquefeuille.
Dagoult de Vorrep.

De Gayardon de Fénoyl, *Prieure du Chapitre noble de Notre-Dame de Coyze en l'Argentiere*, Hon.

XIIIe siecle. LONS-LE-SAUNIER, *Diocése de Besançon.*

L'Abbaye noble des Dames Urbanistes de Lons-le-Saulnier, fut établie dans le XIIIe siecle; & peu après la mort de Sainte-Claire, par un Seigneur de la Maison de Vienne. Les preuves sont de seize quartiers de noblesse, dont huit paternels, & huit maternels.

Les Chanoinesses sont toutes habillées de soie, & portent une croix d'or pendante sur la poitrine, avec un large ruban noir. Celle de l'Abbesse ressemble à celle des Evêques ; & celles des Dames sont plus petites. Chaque Membre du Chapitre a son ménage particulier. Cette Compagnie a été sous la Jurisdiction immédiate du Provincial des Cordeliers Conventuels, jusqu'à ce qu'elle ait reconnu celle du Diocésain, sous l'Episcopat du feu Cardinal de Choiseul.

DIGNITAIRES, CHANOINESSES ET CHAPITRE, *Mesdames*

de Bouttechoux, *Abbesse.*
de Perrigny, *Doyenne.*
de Vers de Vaudrey.
de Vers de la Chatelaine.
de Balay.
de Balay de la Boissiere.
de Champagne.
de Champagne d'Igny.
de Malivert.
de Germigney.
de Belot de Larians.
de Bouttechoux des Arsures.

de Vers de Vaudrey.
de Berreur de Bresilley.
de Poligny.
de Bloise.
de Bloise d'Hanomville.
du Roux de Langesse.
de Belot.
Moreau de Bernay.
de Mignot de Russy.
de Mignot de Châtelard.
de Nompere de Champagny.

NOVICES, *Mesdemoiselles*

de Bassennet, aînée.
de Bassennet, cadette.

de Bouttechoux-Montigny.
de Poligny d'Evans.

CHAPITRES NOBLES

Mesdemoiselles

de Poligny d'Eaugeat.	de Poligny.
de Champagny de Nompere.	de Grivel, aînée.
de Champagny.	de Grivel, cadette.
de Pillot, aînée.	de Rans, aînée.
de Pillot, cadette.	de Rans, puînée.
de Maupeou, aînée.	de Rans, cadette.
de Maupeou, puînée.	de Germigney, aînée.
de Maupeou, cadette.	de Germigney, cadette.
de Lanternat.	

MASEVAUX ou MASWAU, *Diocèse de Bâle.*

Ce Chapitre de Chanoinesses nobles, a été fondé par Mason, fils d'Adelbert, Duc d'Alsace, sous le regne de Thierry IV, Roi d'Austrasie.

Madame la Baronne de Ferrette, *Abbesse.*

Le nom des autres Dames ne nous a pas été fourni.

---

618. MAUBEUGE, *Diocèse de Cambrai.*

Pour entrer dans ce Chapitre, il faut, comme à Denain, appartenir à une noblesse militaire & chevaleureuse, dont l'origine se perd, sans interruption de service, dans l'antiquité la plus reculée. La Récipiendaire doit de plus prouver sur chacun des sept autres quartiers paternels & maternels, huit générations ascendantes, toutes de noblesse militaire & sur titres originaux.

Ces Chanoinesses sont décorées d'un cordon bleu, attaché sur un glan d'or ; au bas du cordon est suspendue une médaille d'or & d'émail, représentant Sainte Aldegonde, Fondatrice du Chapitre.

Madame la Comtesse de Lannoy, *Abbesse.*

CHANOINESSES AÎNÉES, *Mesdames*

de Wignacourt de Flettres.	d'Yves.
de Bergues Saint-Winock.	de Ghistelles.

CHANOINESSES, *Mesdames*

de Merode de Deyns.
de Ghistelles de S. Floris.
d'Horion de Ghoor.
de Haultepenne.
d'Outtremont.
du Roux de Varennes.
d'Andelot.
du Roux.
de Rodoan.
de Rodoan de la Marche.
de Couci.
de Couci de Berci.
d'Hamal.

d'Hamal de Focau.
Wanderstraten.
Wanderstraten de Vaillet.
de Béthune.
de Lasterie.
de Lasterie du Saillant.
de Berlo de Brus.
de Béthune de S. Venant.
Schonowe d'Arschot.
de Nedonchelle.
de Berlo.
de Nedonchelle de Bouvignies.

620. CHAP. ROYAL DE S. LOUIS DE METZ, *même Dioc.*

Ce Chapitre est formé des deux Abbayes de Chanoinesses de S. Pierre & de Ste. Marie, qui existaient séparément à Metz, & qui furent réunies au mois de Janvier 1762.

Le premier de ces trois Chapitres doit son établissement à la générosité du Duc Eleuthere, qui le fonda vers l'an 620, en faveur de Waldrade, sa parente, qui avoit embrassé le parti du Cloître. Le monastere qu'il fit construire à cette occasion, & dont Waldrade fut la premiere Abbesse, était très-considérable, & ne devait pas contenir moins de 500 Religieuses. Il avait été bâti sur le terrein occupé actuellement en partie par l'arsenal de la citadelle, où l'on voit encore les restes de l'église. Le Fondateur le dota de tous ses biens; &, de son côté, Waldrade lui fit présent d'une riche succession qui lui était échue.

Lorsqu'en 1561 on commença à bâtir la citadelle, on transféra la résidence des Dames à la maladrerie de S. Antoine de Pont-à-Mousson, où elle a subsisté jusqu'à la réunion de cette maison à celle de Sainte Marie. L'établissement de ce dernier Chapitre remonte vers l'an 995. Adalberon II, 48ᵉ Evêque de Metz, en fut le Fondateur. Il fut aussi déplacé à l'occasion des travaux occasionnés par la citadelle, & reporté à l'Hôpital du Petit-Saint-Jean, lieu qu'il occupe encore aujourd'hui.

L'article III des lettres patentes, données en faveur de ces deux Chapitres, réunis au mois de Mars 1779, porte: « Aucune aspirante ne pourra être admise comme Coadjutrice

» dans le Chapitre de S. Louis de Metz, qu'elle n'ait fait
» preuve de nobleſſe d'extraction, & d'une filiation non inter-
» rompue, du côté paternel, juſqu'à l'année 1400, pour toutes
» celles qui ſe préſenteront avant l'an 1800, & en remontant
» juſqu'à 400 ans, pour toutes celles qui ſe préſenteront après
» ladite année 1800. Il ſera de plus fait preuve par chaque
» Coadjutrice, de la nobleſſe du ſang de la mere. Nous com-
» mettons par ces préſentes, le Généalogiſte de nos Ordres,
» à l'effet d'examiner, vérifier & certifier les ſuſdites preuves
» de nobleſſe, & voulons que chaque degré de nobleſſe ſoit
» prouvé au moins par deux actes de famille, tels que le con-
» trat de mariage, partage de ſucceſſion, & autres actes pro-
» duits en forme probante ».

L'article IV ajoute : « Aucune Coadjutrice ne ſera reçue,
» qu'elle ne ſoit née dans nos états, & de pere & de mere,
» nos ſujets ».

La marque diſtinctive des Dames de ce Chapitre, conſiſte dans une croix d'or, à huit pointes, émaillée de blanc, ſurmontée d'une couronne royale ; au milieu de la croix eſt un petit médaillon bleu, chargé du chiffre de S. Louis ; & au revers : *Ludovici decimi quinti munificentiâ* ; le ruban eſt blanc, liſeré de bleu.

DIGNITAIRES, CHANOINESSES ET CHAPITRE, *Meſdames*

1760 La Comt. de Choiſeul, *Abbeſſe*.
La Baronne Mothe de Waldt, *Doyen*.
du Hautoy.
de Laubeſpin.
de Levis.
de Bearn.

d'Ars.
de Beaujeu.
de la Porte.
de Chauvigny.
de Choiſeul-Meuſe.
de Cheriſey.
de Raigecourt.

COADJUTRICES, *Meſdames*

du Saillant.
de Chaſtenay.
de l'Aſterie du Saillant.
Félic. de Choiſeul.
de Beaumont.

d'Andlaw.
de Bremont.
de Roncherolles.
Carol. de Raigecourt.

1200. MIGETTE, *Dioceſe de Beſançon*.

Les preuves de ce Chapitre, fondée par Marguerite, fille

de Hugues IV, Duc de Bourgogne, épouse de Jean Comte de Châlons, sont de seize quartiers, constatés par des titres originaux. Cette Maison, dévastée plusieurs fois par la guerre, la peste & les incendies, n'est pas fort riche. On fait ici les trois vœux de religion ; & l'on dit le Bréviaire Romain, mêlé de Franciscain.

La marque de distinction des Dames Chanoinesses consiste en une croix d'or émaillée, à huit pointes, représentant, d'un côté, Sainte Claire, & de l'autre Sainte Isabelle, sœur de S. Louis. Cette croix est attachée à un cordon bleu, liséré de blanc, que l'on porte en écharpe. A l'Eglise elles portent un manteau de chœur garni d'hermine. Chaque Dame a sa maison, & peut se choisir une niece.

Dans les premieres années du XIIe siecle, il y avoit à Migette un monastere d'hommes, qui eut beaucoup de part aux libéralités de la Maison de Scey.

DIGNITAIRES, CHANOINESSES ET CHAPITRE, *Mesdames*

1751 de Franchet de Rans, *Ab.*	1770 de Mascrany de Chateauchinon.
1710 de l'Allemand de Vaytte, *Doyenne.*	1770 de Mascrany de Chateauchinon.
1723 de S. Mauris-Sceaux.	1770 Duc.
1725 de Pillot-Chênecey.	1771 de Magenisse.
1735 d'Hennezel de Beaujeu.	1771 Lavergne de Tressan.
1737 de Jouffroy.	1771 Charaudon de S. Maure.
1740 de Franchet de Rans.	1773 de Goebriant.
1740 de Franchet de Rans.	1773 de Goebriant Cerdolas.
1745 de Germigney, *Secrétaire du Chapitre.*	1773 de Goebriant de Malange.
1755 de Montrichard.	1773 de Chafoy.
1756 de Montrichard S. Martin.	1773 de Chafoy de Munan.
1768 d'Andelard.	1773 de Comarbre.
1768 de Rozè d'Andelard.	1773 de Fayette de Comarbre.
1770 Montessus de Rully.	1775 de Crecy.
1770 Montessus de Batard.	

1343. MONTFLEURY, *Diocèse de Grenoble.*

Les preuves de noblesse sont ici de quatre générations, du côté paternel. La Prieure est élue, tous les trois ans, par la Communauté.

CHAPITRES NOBLES

Dignitaires, Chanoinesses et Chapitre, *Mesdames*

de Baudine de Charconne, *Pr.*	de Corbeau.
de Boffin d'Argendon, *Sous-Pr.*	de Guignard de Jons.
Baron Celi de Javon.	de Bone.
de Maubourg.	de Ponnat.
de Meffray.	de Roux de Bonniot.
de Boffin de Pufignieu.	de Malivert.
de Lemps de la Touviere.	d'Helys.
de Beauregard de la Roche.	de Buffevent.
de Vellein de Ville.	de Mercy.
de Tarnezieux d'Artas.	de l'Eftrange.
de Vellein de S. Romain.	d'Antours.
de Morand.	

1282. MONTIGNY, *Diocèse de Besançon*.

L'Abbaye noble de l'Ordre S. François, établie en 1282, à Montigny, doit sa fondation à Elvis de Joinville, épouse de Jean premier du nom, fils de Faucogney, & fille de Simon de Joinville & de Béatrix de Bourgogne, Dame de Marnay. Ce Chapitre exige les mêmes preuves que l'Ordre de Malte; c'est-à-dire, huit quartiers de noblesse, dont quatre paternels, & quatre maternels; de maniere que chacune des générations ait au moins cent ans d'antiquité.

Les Dames portent une croix d'or suspendue à un ruban noir. La croix de l'Abbesse, semblable à celle des Evêques, est attachée à un ruban violet.

Dignitaires, Chanoinesses et Chapitre, *Mesdames*

de Tricornot du Tremblois, *Abbesse.*	de Rolle.
	de Klinglin d'Achstatte.
de Tricornot, *Doyenne.*	de Klinglin de Bilsheim.
de Balet du Vernois.	de Breure.
de la Tour.	Guyot de Mancenans.
de Foissy.	Tricornot de la Motte.
Montjustin d'Autrey.	de Chaillot.
le Brun de Bligny.	de Montjustin.
Montjustin de Velotte.	de Brunet.
de Chaumercenne.	de Mongenet.
le Brun d'Inteville.	Petremand de Valay.

Mesdames

Chaillot de Dampierre.
de Sonnenberg.
Montgenet de Montaigut.
Bioquard de Lavernay.

du Peiroux.
du Vivier.
de Macheco, *Honoraire.*

NOVICES, *Mesdames*

de Chifflet.
de Bouziés.
de Riquet de Caraman.

du Vivier Solignac.
de Chappuis de Fleury.
de Chappuis Rozieres.

Sécul. en 1755. NEUVILLE EN BRESSE. *Dioc. de Lyon.*

On ne sait pas précisément le temps de la translation à Neuville, des monasteres que S. Romain fonda vers l'an 430. On présume que ce fut au moment où les Barbares, sortis du Nord, vinrent ravager les Gaules, sous le nom de Goths, Vandales, Wisigoths, &c. On sait seulement qu'il y avait à Neuville un prieuré d'hommes dépendant de S. Claude, qui se réunit au Chef d'Ordre, pour céder sa place aux Religieuses de S. Romain. Celles-ci continuerent d'être soumises à la regle du monastere de S. Claude, qui en conserva la supériorité jusqu'à sa sécularisation, prononcée en 1742. Les Religieuses ont toujours été sans clôture; chacune d'elle a sa maison particuliere. En 1705, le Prieuré fut réuni au Chapitre des Dames Comtesses, & par-là les Chanoinesses devinrent Dames de Neuville, avec haute, moyenne & basse justice.

A la sécularisation du monastere de S. Claude, ces Dames se mirent sous la protection de l'Archevêque de Lyon, par délibération capitulaire du 28 Juillet 1742. Ce Prélat fut mis dès-lors en possession de donner les brevets de Chanoinesses, comme les donnaient les Abbés de S. Claude. En 1750, les Prieurés de Bly, à Lyon, & de la Bruyere en Dombes, furent réunis à cette Compagnie.

Par la Bulle de sécularisation du Chapitre de S. Claude, Benoît XIV leur donna des statuts conformes à leur nouvel état de Chanoinesses; & ces statuts, agréés par le Chapitre de S. Claude, furent autorisés par lettres patentes du 4 Novembre 1755.

Les preuves, pour être reçue dans ce Chapitre, sont de neuf générations, du côté paternel. La mere doit être Demoiselle, & pour cela on exige au moins trois générations. On exige des titres originaux & des titres honorifiques jusqu'au septieme ayeul; & s'il ne s'en trouvait pas, à cette époque, la preuve doit remonter jusqu'à ce qu'il s'en trouve.

Les Membres de ce Chapitre ont le titre de Comtesses. Elles portent, pour marque distinctive, une croix attachée à un ruban bleu liseré de rouge, mis en écharpe, représentant, d'un côté, Sainte Catherine, avec cette légende : *Genus, decus & virtus* ; & de l'autre, la Vierge Marie.

Mad. Mar. Gab. de Beaurepaire, *Doyenne.*
Mad. M. Gab. de Charbonnier Crangeac, *Chantre.*
Mad. M. L. Ch. de Chasteney Lanty, *Secrétaire.*

CHANOINESSES COMTESSES PRÉBENDÉES, *Mesdames*

Despiard d'Auxange.
de la Rodde de S. Romain.
de Vallin.
de Vallin Coppier.
de la Rodde.
de Charbonnier.
de Ternier Maillé.
M. L. G. du Breul des Crûes.
M. Cl. Jos. du Breul des Crûes.
Ann. L. de Menthon de Rosy.
de Riccé.
de Bataille.
Cl. Bern. de Menthon de Rosy.
L. Phil. du Breul des Crûes.
An. Mar. du Breul des Crûes.
de la Rodde du Chastel.
du Dressier.
de Buffevent.
du Dressier de Montenoz, *Secrétaire du Chapitre.*
de Damas Cormaillon.
Le Gout de S. Seyne.
Marie de Varennes.
Anne-Bapt. de Varennes.
Marie de Varennes.
de Durfort Leobard.
Madel. Fr. Dupac de Bellegarde.
Madel Marie Franç. Dupac de Bellegarde.
Claire Dupac de Bellegarde.
de Berbis Longecourt.
de Charpin Foucherolles.
M. An. de Noblet de la Claite.
L. Fr. Cl. de Noblet de la Claite.
J. Thér. de Malarmay de Roussillon.
de Durfort.
de la Mire de Mauri.
L. Cam. de Noblet de la Claite.
P. Fr. L. de Malarmay de Roussillon.
M. J. Cél. de Charbonnier de Crangeac.
M. Ces. Aug. de Brachet.
Catherine-Franc. de Brachet.
M. Chr. Fred. de Brachet.
M. Gab. de Monestay.
Le Prudhomme de Fontenoy.
L. Jul. de Noblet de la Claite.
de la Riviere.
Magd. de Monestay.
de David de Beauregard.
de Levis Mirepoix.
Elis. Urs. An. Cord. Xav. de Saxe.
Beat. Mar. Fr. Brig. de Saxe.
Cuneg. A. Hel. M. J. de Saxe.
Christ. Sabine de Saxe.

DE FRANCE.

CHANOINESSES HONORAIRES, *Mesdames*

Anne-Angélique de Foudras.
de Beaurepaire.
de Damas.
de la Rodde Charnay.
de la Rodde Bellefond.
Le Bascle d'Argenteuil.

CHANOINESSES D'HONNEUR, *Mesdames*

Bernard de Montessus.
Laurencin de Beaufort.
de Lecut de Rerel.
de Malvin de Montazet.
d'Hautefort
de Fontanges.

SURNUMÉRAIRES A LA PLACE DE CHANOINESSES D'HONNEUR, *Mesdames*

de Sommery.
de Chevigné.
1763 la Comtesse de Toustain Richebourg, *admise Chanoinesse.*

XIe. *Siècle.* **OTHMARSHEIM,** *diocèse de Bâle.*

Ce Chapitre de Chanoinesses nobles a été fondé, au XIe siècle, par le Comte Rodolphe.

Madame de Flachslanden, *Abbesse.*

Le nom des autres Dames ne nous a pas été fourni.

POULANGY, *Diocèse de Langres.*

Même preuve dans cette Abbaye royale, que dans l'Ordre de Malte.

La marque de distinction des Chanoinesses, consiste dans une croix émaillée, à huit pointes, suspendue à un cordon bleu, liseré de noir, & qu'elles portent en écharpe de gauche à droite.

DIGNITAIRES, CHANOINESSES ET CHAPITRE, *Mesdames*

d'Anstrude, *Abbesse.*
de Croisier, *Prieure.*
de Rennepont.
de Prudhomme de Fontenoy.
de Macheco de Prémaux.
de Beuville.
de Macheco de Villy.
du Hautoy.

D

Mesdames

d'Aros.	de Roſtaing Vanchette.
de Gourcy.	de Roſtaing Craintilleux.
de Chaſtenay.	de Crecy.
de Villers la Faye.	de S. Belin.
de Mauciet.	de Gondrecourt d'Autigny.
des Forges de Rauliere.	de Sagey.
de Meſley.	de Savary de Beves, *Chanoin.*
de Goſtaing.	*d'Honneur.*

X^e ſiecle. POUSSEY, *Diocéſe de Toul.*

Une déclaration du mois de Janvier 1761, a fixé les preuves de ce Chapitre à huit quartiers paternels, & à huit maternels. Il eſt immédiatement ſoumis au S. Siége, & jouit du droit de *committimus* aux Requêtes du Palais.

Les Dames qui le compoſent, tantes ou nieces, ſont décorées d'une croix d'or émaillée, à huit pointes, ſurmontée d'une couronne royale. Cette croix repréſente d'un côté Ste. Menne, Patrone de l'Abbaye, & S. Léon IX, qu'elle conſidere comme ſes Fondateurs. Le cordon eſt bleu, & liſeré de couleur d'or.

L'élection de l'Abbeſſe ſe fait par ſcrutin, & eſt confirmée par Bulle. Il en eſt ainſi de la Coadjutrice, qu'elle a le droit de ſe choiſir, dans la compagnie, de l'agrément du Chapitre. Aucune de ces Dames ne fait de vœux. Toutes peuvent ſe marier.

DIGNITAIRES, CHANOINESSES ET CHAPITRE, *Meſdames*

la Comteſſe de Baſſompierre, *Abbeſſe.*	de Lavaulx de Sommerecourt.
	de Mitry de Francquemont.
de Fuſſey, *Doyenne.*	de Ligniville.
de Walch, *Secréte.*	de Sommyevre.
de Fuſſey de Mellay.	de Baſſompierre.
de Choiſeul.	de Pouilly.
de Ficquelmont.	de Lur Saluces.
de Lavaulx.	Anne-Fel. Pierr. de Lur.
de Mitry.	de Ficquelmont de Parroye.

620. REMIREMONT, *Diocéſe de S. Diez.*

Les preuves de ce Chapitre, l'un des plus illuſtres & des plus diſtingués du Royaume, ſont de huit quartiers. Celui du pere doit remonter à 1400. Celui de la mere doit prouver huit générations, non compris la préfentée. Les fix autres quartiers ne doivent prouver chacun que 200 ans d'ancienneté. Par un accord fait entre le Chapitre de Remiremont & celui des Chanoines Comtes de Lyon, les preuves reçues dans l'un des deux font admifes dans l'autre, fans que les familles foient obligées de les recommencer. Cette Compagnie jouit de plufieurs priviléges très-importans, & fpécialement de ceux de délivrer à certains jours les prifonniers détenus dans la Conciergerie, & de fe cotifer lui-même dans toutes les impofitions publiques. On n'y fait pas vœu de célibat. Toutes les Dames qui compofent ce Chapitre, peuvent fe marier quand elles le jugent à propos. Elles portent le titre de Comteffes.

Une circonftance qui mérite d'être remarquée dans la conftitution de cette Compagnie, c'eft que le Chapitre, comme Seigneur de Remiremont, a fon tribunal, des fentences duquel on appelle à celui de Madame la Doyenne. De-là les affaires vont à la jurifdiction de Madame l'Abbeffe, & les appels des fentences qui s'y rendent, font relevés directement au Parlement de Nancy.

Montagne affure avoir appris à Plombieres, que quelques villages voifins de Remiremont devoient à l'Abbaye deux baffins de neige de rente, payables au jour de la Pentecôte.

DIGNITAIRES, CHANOINESSES ET CHAPITRE, *Mefdames*

1782 Anne-Charlotte, Princeffe de Lorraine, Apprébendée 6 Décemb. 1775, Coadjut. 7 du même mois, Abbeffe 19 Novembre 1782.
1731 de Landres de Briey, *D.* 1759.
1751 de Ferrette, *Secrete.* 1781.
1720 de Clofen, *Sonriere.* 1759.
1721 de Monjoye.
1723 de Lenoncourt.
1734 de Muggenthal, *Dame du Deus.*
1735 de Vangen. *grande Aum.*
1737 de Lentilhac de Gimel, *gr. Aum. & Chantre.*
1738 de Lentilhaz, *Aumôniere.*
1740 Berg - Hohenzolem, *Bourfiere d'argent.*
1745 de Zurheim, *Bourfiere de grains.*
1747 de Vochlin.
1748 de Ligne.
1752 Duc de Jadoc.
1742 de Raigecourt.
1758 de Meffey de Bielle.
1759 de Meffey de Vingle.
1759 de Schauvenbourg.
1760 de la Tour, *Cenfiere.*
1760 de la Tour de Jandelis, *Dame de la Fabrique.*
1762 de Raigecourt de Failly.
1762 de Raigecourt de Gournay.

1765 de Monspey.
1766 de Monspey de Vury.
1766 de Monspey d'Arma.
1767 de la Rue.
1768 de Rainach.
1769 de Schoenau.
1772 de Montjoye d'Hirsingue.
1774 de Raigecourt de Birzer-
berg.
1775 de Stadion.
1775 de Monspey de Vallieres.
1777 d'Albert.
1778 de Rinck.
1778 de Vangenbourg.

1779 de Mostuejols.
1779 de Rainach de Stainbron.
1780 de Montjoye d'Emeri-
court.
1780 de Boisgelin de Coet-
gelin.
1781 de Rozieres de Soran.
1782 de Shoenau de Saazen.
1781 de Vangen de Viver-
cheim.
1781 de Beaufremont.
1781 de Messey de Sandre-
court.
1781 d'Andlau.

Sécul. 1779. S. MARTIN DE SALLES, *Diocèse de Lyon.*

Les preuves de noblesse ont été fixées, par les statuts du Chapitre de 1779, à huit générations du côté paternel, non compris la présentée, & la mere Demoiselle. Ces statuts ont été confirmés par des lettres patentes du mois de Mars 1782.

Les Chanoinesses portent le titre de Comtesses. Leur marque de distinction est une croix émaillée, à huit pointes, surmontée d'une couronne comtale, avec quatre fleurs de lis dans les angles, & un médaillon au milieu, représentant la Vierge, avec une devise autour. *Virtutis nobilitatisque decus ;* & sur le revers, S. Martin, patron de l'Eglise, avec l'inscription de *Comtesse de Salles.* Cette croix est suspendue à un ruban violet, moiré, liséré d'or, porté en écharpe, & soutenu sur l'épaule par une tresse à glands d'or.

DIGNITAIRES, CHANOINESSES ET CHAPITRE, *Mesdames*

de Richard de Ruffey, *Prieure.*
de la Salles, *Sous-Prieure.*
de Naturel de Valetine, *Maît. d'instit.*
de Garnier des Garets, *Sacrist.*
de Naturel, *Tréforiere.*
de la Souche.
de Guillermain, *Tréforiere.*
de Pons de Praslin.
de Pons.

de Veyle.
de Veny d'Arbouze.
Durand Dauxy.
Marguerite de Pestalozzi.
Charlotte de Pestalozzi.
de Balathier de Lantage, *Chant.*
Jeanne de Balathier de Lantage.
de Montepin.
de la Martine du Villard.

de Joblot, *Chantre*.
de S. Belin de Malin.
de le Viste de Montbrionet.
de Mignot de la Martiziere.
de Branges de Bourcia.
des Roys.
de Siffredy.
de Siffredy de Mornas.
de Foudras.
Jeanne-Théodule de Guillermain.
Mar.-Alexandr. de Guillermain.
de Veny d'Arbouze.
Mignot de Biffort.
Franç. Alix des Roys.
Mar. Ren. Dan. de Sirvinge.
Bruno-Aimée de Sirvinge.
Pauline de Sirvinge.
Henriette de Sirvinge.
Mar. Ch. Frere de la Falconniere.
Jeanne-Franç. Frere de la Falconniere.
d'Astorg.
Françoise de Murat.
de Tudert.
de la Fitte de Pelleport.
Elisabeth de Murat.
de Nocy.

CHANOINESSES D'HONNEUR, *Mesdames*

de Malvin de Montazet.
du Pont de Compiegne.
Charl. Gab. Thér. Dupont.
Amelot.
Marie-Charlotte de Malvoisin.
Cather. Thérese de Malvoisin.
de Nogaret de Calvisson.
de Bizemont.
de Rosset de Letourville de Machault.

COURS SOUVERAINES DE FRANCE.

1497. GRAND CONSEIL, *fixé à Paris.*

Voyez sur l'établ. de cette Cour, l'Edit de 1783, pag. 416.

1768 M. le Chancelier.   1774 M. le Garde des Sceaux.

PRÉSIDENTS, *Messieurs*

1776 Nicolaï, Chevalier, *Premier.*	1774 de la Briffe.
1774 Baffet de la Marelle.	1779 Duval de Montmillan.
1574 Langelé.	1780 Vernier.

Semestre d'Octobre ---- Mars.

CONSEILLERS, *Messieurs*

1739 Frecot de Lanty.	Honoré.
1740 Doé de Combault.	Pourteiron, *clerc.*
1750 Mignot.	Collier de la Marliere.
1774 Goudin	de Fay, *clerc.*
Blandin de Chalain.	Desplaffes, *clerc.*
de Menardeau du Perray.	de Sachy de Belliveux.
Descostes de la Calprenede.	Ulguet de Saint-Ouen.
Tiffot de Meronna.	Vaquier.
Muyart de Vouglans.	le Roi de Barincourt.
Buynand.	Compagnon de Tains.
Billeheu de la Breteche.	de Bertrand, *clerc.*
	1781 Thomas de la Barberie, *grand Rapporteur.*

Semestre d'Avril ---- Septembre.

CONSEILLERS, *Messieurs*

1737 Duport, *Doyen.*   1750 Mignot, *clerc.*

GRAND-CONSEIL.

Messieurs

1774 Desalles, *clerc.*
    de Chazal.
    Corps.
    Mayou d'Aunoy.
    Reymond.
    Gin.
    Desirat.
    Dupré, *clerc.*
    Mary, *clerc.*
    Le Roy de Lysa.
    Urguet de Valleroy.
    Perinet d'Orval.
    Beuvain de Montillet.
1777 de Salles de Goaillard.
    Poirier de Beauvais.
1778 Dupucé de la Motte.
1779 Martin de Mentque.
1780 Vernier d'Andrecy.
    Gin Dossery.
1781 Miomandre de Saint-Pardoux.
1783 Michault de Monzaigle.
    Parchot de Villemouze.
    Nayne.
1784 Pourteyron de la Gilardie.
    Domingon.

CONSEILLERS HONORAIRES, *Messieurs*

1719 Longuet de Vernouillet.
1735 Ladvocat de Sauveterre.
1736 Merault de Villeron.
1739 de la Michodière.
1740 Poulletier de la Salle.
1741 Bertin.
    Dedelay de la Garde.
1745 Huë de Miromesnil, *Garde des Sceaux de France.*
1747 Perfin de Cypierre, *Int. d'Orléans.*
1752 Dupleix de Bacquencourt.
1754 Sallier, *Présid. en la Cour des Aydes.*
1755 Fargés.
1757 d'Aine, *Intendant de Tours.*
    Brochet de Verigny, *Maître des Requ.*
1758 Esmangart, *Intend. de Flandres.*
1759 Auget de Monthion.

GENS DU ROI, *Messieurs*

1775 de Vaucresson, *av. gén.*
1775 Debonnaire, *proc. gén.*
1783 Maire du Poset, *avocat général.*

SUBSTITUTS DE M. LE PROCUREUR GÉNÉRAL, *Messieurs*

1774 Martin de Bussy, *Doyen.*
    Bacon.
    Raux.
    Vaquier.
1776 de la Boureys.
1780 Marchant.
1783 Barsekrecht de Pouteil.
    Lemaire, *honoraire.*
    Henry, *honoraire.*

1776 le Maistre de Saint Peravy, *greffier en chef.*
1743 Vandive, *greffier de l'Audience.*
1768 Souchu de Rennefort, *Greffier de la Chambre.*
1780 Bailleux, *greff. des présent. & affirm.*

PARLEMENTS DU ROYAUME.

I. PARLEMENT DE PARIS.

(Voyez l'établissement & les privileges de cette Cour, dans l'Édition de 1783, pag. 418.)

Prend ses vacances, le 7 Septembre & rentre le 12 Novembre.

GRAND'-CHAMBRE.

PRÉSIDENTS, *Messieurs*

1768 d'Aligre, chevalier, com. des ordres, *Premier.*	1765 le Pelletier de Rosambo.
1755 Lefebvre d'Ormesson de Noyseau.	1768 Joly de Fleury.
	1774 Gilbert de Voisins.
Bochart de Saron.	1782 Pinon.
1758 de Lamoignon.	1758 Pinon, pere, *en surviv.*
1763 de Gourgue.	1757 Molé, chevalier, ci-dev. premier présid., *honor.*

CONSEILLERS D'HONNEUR NÉS, *Messieurs*

1759 le cardinal de la Rochefoucaud, archevêque de Rouen, *abbé de Clugny.*	1781 le Clerc de Juigné de Neuchelles, *archevêq. de Paris.*

CONSEILLERS D'HONNEUR, *Messieurs*

1765 de Laverdy, minist. d'état.	1782 de Berulle, pr. présid. au parl. de Grenoble.
1778 de la Michodiere, cons. d'état, anc. prévôt des marchands.	1784 le Pileur de Brevanes, présid. de la chamb. des comp. de Paris.
1780 Barillon de Morangis.	

CONSEILLERS, *Messieurs*

1737 de Chavannes, *doyen.*	1739 Sauveur, *clerc.*
1738 le Noir, *clerc.*	1740 Lefebvre d'Ammecourt.
Farjonel d'Hauterive.	1741 Berthelot de Saint-Alban.
1739 Boula de Montgodefroy.	1743 Bory, *clerc.*
Roland de Challerange.	1744 Titon.
Duport.	1745 de Glatigny.

PARLEMENT DE PARIS. 57

Messieurs

1747 Fredy.
Choart.
Dubois de Courval.
1748 Robert de S. Vincent.
Dupuis de Marcé.
Nouet.
1750 de Lattaignant, *clerc.*
1758 Pasquier de Coulans.
Dionis du Sejour.
de la Guillaumie.
1759 Marquette de Mareuil.
Bourgongne, *clerc.*
1760 Amelot.
1763 Bruant des Carrieres.

1763 Richard de Neufy.
Lambert Deschamps de Morel.
Bourgevin de Vialart, *cl.*
1763 Lescalopier.
De Ricouart d'Herouville.
1765 Serre de Saint-Roman.
1765 Phelippes, *clerc.*
1766 Tondeau de Maisac, *cler.*
1767 de Fourmestreaux de Briffeville, *clerc.*
1768 Barbier d'Ingreville, *cl.*
1776 Sabatier de Cabre, *clerc.*

Présidens Honoraires des Enquêtes et Requêtes ayant séance a la Grand'-Chambre. *Messieurs*

1728 Poncet de la Riviere, *ci-dev. présid. de la 5e des Enquêtes.*
1731 Durey de Meinieres, *ci-dev. présid. de la 2e des Requêtes.*
1738 De Fremont de Mazy, *ci-dev. président de la 2e des Enquêtes.*
1739 Gaultier de Besigny, *ci-dev. présid. de la 2e des Requêtes.*
1740 Maynon, *ci-dev. présid. de la 4e des Enquêtes.*
1745 de Cotte, *ci-dev. présid. de la 2e des Requêtes.*
1746 Bernard de Boulainvilliers, *ci-devant présid. de la 2e des Enquêtes, prévôt de Paris.*
1748 Thiroux d'Arconville, *ci-dev. présid. de la 1re des Enquêtes.*
1749 Hariague de Guibeville, *ci-devant présid. de la 1re des Requêtes.*

Conseillers Honoraires ayant séance en la Grand'-Chambre, *Messieurs*

1725 de Godeheu.
1726 Feydeau de Marville.
1727 de la Live.
1728 le comte des Graviers.
Amyot.
1730 de Selle.
1731 Doublet de Bandeville.
1732 Jacquier de Vieufmaisons.
1733 Delpech de Montreau.

PARLEMENT DE PARIS.

Messieurs

- 1735 Robert de Monneville.
- Angran, lieuten. civil.
- 1736 Douet de Vichy.
- Amelot, maît. des requêtes, *honoraire.*
- 1738 d'Orceau de Fontette.
- 1739 Roussel de la Tour.
- 1740 de Verduc de Soify.
- Heron.
- Mallet de Trumilly.
- 1742 Fraguier.
- Dumetz de Ronay.
- 1743 Laurés du Meux.
- 1744 Bitaut de Vaillé.
- de Lamoignon de Malesherbes.
- 1746 Drouin de Vaudeuil.
- 1747 Chavaudon de Sainte-Maure.
- Le Baron de Tubeuf.
- le Mercier de la Riviere.
- 1748 Depont.
- 1748 Doublet de Persan.
- Lambert.
- 1750 Cochin.
- 1751 Bertin.
- L'Abbé Terré de Barnay.
- Chabénat de la Malmaison.
- 1752 de Flesselles, minist. d'état.
- Jullien, Int. d'Alençon.
- 1752 Chaillon de Jonville.
- 1753 Lambert de Saint-Omer.
- 1754 le Boulanger.
- Trinquant.
- 1755 Ferrand.
- 1758 de Paris la Brosse.
- le Pileur de Brevannes.
- Abbadie.
- 1759 Gaultier de Chailly.
- 1760 de la Guillaumie, le jeune.
- 1761 Dupré de Saint-Maur.

Conseillers Honoraires ayant séance aux Enquêtes et Requêtes, *Messieurs*

- 1764 Albert.
- 1765 Blondel.
- de Flandres de Brunville, Proc. du Roi au Châtelet.
- 1767 Boula de Nanteuil.

Gens du Roi, *Messieurs*

- 1755 Seguier, *avocat général.*
- 1740 Joly de Fleury, *procureur général.*
- 1778 Joly de Fleury, *avoc. gén. procur. gén. en survivance.*
- 1775 Joly de Fleury, *avocat général.*
- 1784 Le Pelletier de Saint Fargeau, *avocat général.*

Substituts de M. le Procureur Général, *Messieurs*

- 1733 de Mauperché, *doyen.*
- 1749 de Laurencel.
- 1751 Sainfray.
- 1762 Richard de Valaubrun.

PARLEMENT DE PARIS.

Messieurs

1766 de Langlard.
1767 Peronneau.
     Robineau d'Ennemont.
1775 Carnot.
     Dizié, *subst. au gr. conf. en 1764*.

1775 Piette.
1777 Vaste.
1779 le Roi du Natois.
1781 Miller.
1782 Noel Dupeyrat.
     Marchand d'Epinay.

SUBSTITUTS HONORAIRES, *Messieurs*

1751 Gaultier de Chailly, *conseiller au parlement*.
1759 Brion, *anc. conseiller à la cour des Aides*.

GREFFIERS EN CHEF, *Messieurs*

1774 le Bret, *conf. du Roi, son protonot. greffier en chef civil*.
1748 Coupry Dupré, *des présentations*.
1775 le Couturier de Gensy, *pour le criminel*.
1758 Potet, *pour les affirmations*.
1782 Gilbert, *des présentations au criminel*.

PREMIERE CHAMBRE DES ENQUÊTES.

PRÉSIDENTS, *Messieurs*

1751 Bourrée de Corberon. | 1780 de Dompierre d'Hornoy.

CONSEILLERS, *Messieurs*

1767 Camus de la Guibourgere, *doyen*.
1769 Bourgevin de Saint-Moris.
1770 Noblet.
     Brochant d'Anthilly.
     Duval d'Epremesnil.
     Perreney de Grosbois.
1776 Gregoire de Rumare.
1777 de Perthuis de Laillevault.
1778 Gallet de Pluvault de Mondragon.
     Robert de Lierville.
     Bourée de Campdeville.
     Brisson.

1778 de la Bletonniere d'Ygé.
1779 de Rubat.
1780 le Noir de Vilmilan.
1781 Malartic de Fondat.
     Perrotin de Barmont.
1782 Lambert.
1783 Roger de Gouzangré.
     Sahuguet d'Espagnac.
     Paris de Trefond.
1784 Perré de la Villestreux.
     Demée de Chavigny.
     Couturier de Fournoue, *clerc*.
     Belin, *greffier*.
     De la Marre, *rec. des épic*.

PARLEMENT DE PARIS.
DEUXIEME CHAMBRE DES ENQUÊTES.

PRÉSIDENTS, Messieurs

1766 Chabenat de Bonneuil.   1768 Anjorrant.

CONSEILLERS, Messieurs

1766 Clément d'Etoges, *doy.*
      d'Outremont.
1767 Chuppin.
      Clement de Blavette.
      de Mauperché.
1768 Despontyde Saint-Avoye.
1769 Ferrand.
1777 le Coigneux de Belabre, *clerc.*
      Huguet de Semonville.
1778 de Constance, *clerc.*
      Anjorrant.
      Drouin de Vaudeuil.
1779 Gigault de Crisenoy.
      le Clerc de Lesseville.

1780 Boula d'Orville.
      de Cotte.
1781 Guillemin de Courchamp.
      Talon.
1782 Duchesne.
1783 Titon.
1784 Le Chanteur.
      de Tourolle.
      Maigon.
      Choppin d'Arnouville.
1760 Delaune, *Greffier.*
      Pincemaille, *recev. des épices.*

TROISIEME CHAMBRE DES ENQUÊTES.

PRÉSIDENTS, Messieurs

1758 Angran.   1757 le Rebours de S. Mard.

CONSEILLERS, Messieurs

      de Bretigneres, *doyen.*
1766 Langlois de Pommeuse.
      Masson de Vernou.
1768 Dudoyer de Vauventrier.
      Clément de Givry.
1669 le baron d'Hanmer de Claibroke.
1775 de Favieres.
      Charpentier de Boisgibault.
1776 Boula de Coulombier.
1777 Guerrier de Romagnat.

1777 Roger de Berville.
1778 Duport de Prélaville.
      Robert de S. Vincent.
      Boula de Savigny.
      Morel.
      Devins.
1781 Louis, *clerc.*
1783 de Barberé.
1784 Goislard de Montsabert.
1757 Jauvin, *greffier.*
      Ancest, *receveur des épices.*

PARLEMENT DE PARIS.

CHAMBRE DES REQUÊTES.

PRÉSIDENTS, *Messieurs*

1760 Rolland.
1778 Dutrousset d'Hericourt.

CONSEILLERS, *Messieurs*

1770 de Villiers de la Berge, *doyen*.
Oursin de Bures.
Lefevre d'Ormesson de Noiseau.
1779 Gigault de Roselle.
1780 Foulon, *clerc*.
Tabari.
1781 d'Orceau de Fontette.
Chaſſaing.
1782 Fay de Sathonnay.
1783 Chartier de Couſſay.
Geoffroi d'Aſſy.
1783 Dupont.
Geoffroi de Charnois.
de Fourmeſtreaux de Fonteny, *clerc*.
1784 de Villiers de la Berge.
Chambert, *clerc*.
1758 Ferry, *greffier en chef*.
1770 Naudin, *contrôleur des droits du Roi*.
1779 Fournel, *garde ſcel, greffier des préſentations*.

PRÉSIDIAUX DU RESSORT.

Les Sieges Préſidiaux ont été créés par Edit de Janvier 1551. Par cet Edit, Henri II ordonna qu'en chacun des principaux Bailliages & Sénéchauſſées du Royaume, il y aurait un Préſidial, compoſé de neuf Conſeillers Magiſtrats, pour le moins, y compris les Lieutenans Généraux & Particuliers civils & criminels. Par un autre Edit du mois de Mars ſuivant, ce Prince fixa les Sieges dans leſquels les Préſidiaux devaient être établis. Il en créa trente-deux pour le Parlement de Paris. Il y eut en même-tems divers autres Edits pour les Parlements de Normandie, de Bretagne, de Languedoc & de Guienne ; ce qui formait un total de ſoixante Préſidiaux. Depuis cette époque, le nombre en a encore été augmenté. En 1685, au mois de Février, on en créa pour la Lorraine : un Edit de Janvier 1696 en établit un certain nombre pour la Bourgogne ; &, par un autre Edit du mois de Septembre de la même année, il y en eut auſſi de créés pour la Franche-Comté. Il en a été auſſi établi pluſieurs en ce ſiecle, par Louis XV.

Les Edits de Janvier & de Mars 1551, bornerent la Jurisdiction des Présidiaux à juger en dernier ressort jusqu'à la somme de 250 livres; &, par provision jusqu'à celle de 500 livres, tant en principal que dépens. Par un Edit du mois de Juin 1557, ce pouvoir fut augmenté, & les Présidiaux purent juger en dernier ressort jusqu'à mille livres de principal, & cinquante livres de rente, &, par provision, jusqu'à douze cens livres de fonds, & soixante livres de rente; mais l'article XV de l'Ordonnance de Moulins les réduisit à leur ancien pouvoir; un Edit de Juillet 1580 leur permit de juger sans appel jusqu'à 500 livres de fonds & 20 livres de rente, &, par provision, jusqu'à mille livres de fonds & quarante livres de rente. Mais cet Edit est demeuré sans exécution. Enfin, les Edits de 1774 & de 1777, qui ont fixé définitivement la compétence des Présidiaux, leur ont accordé la connaissance, en dernier ressort, de toutes les contestations dont l'objet n'excéderait pas la somme de 200 livres, tant en principal qu'en intérêts ou arrérages.

1. PRÉSIDIAL D'ABBEVILLE. 1551. *Messieurs*

. . . . *sénéchal.*
1731 Gaillard de Boencourt. *premier Président.*
1772 Clemenceau de la Gaultray, *Prés. Lieut. gén.*
1780 de Queux de Beauval, *Lieutenant particul.*
Les charges de Lieutenant-Criminel & Assesseur, vacantes.
1728 Fuzelier, *clerc, doyen.*
1742 le Febvre du Grosfier.
1744 L'Evêque de Flixicourt.
1757 Blondin de Brutelette.

12 charges de Conseillers vacantes.
1750 Bouteiller, *av. du Roi.*
1783 de Roussen d'Avrancourt, *proc. du Roi.*
. . . . *Avoc. du Roi.*
Hubert, *Substitut.*
Lavernier, *Greff. civil.*
Vallois, *comm. Greff. crim. & Archiviste du Présid.*
Demachy, *Commiss. aux Saisies réelles, & Recev. des Consign.*

2. PRÉSIDIAL D'AMIENS. 1551. *Messieurs*

Les Charges de premier & second Présidents sont vacantes.

Dufresne de Martel-le-Cave, *Cons. d'Etat, Lieutenant-gén. civil.*
de Rivery, *Lieut. part.*

. . . . *Lieutenant crimin.*
de l'Hommel du Ploui, *Lieut. part. Assesseur criminel.*
Le Blanc dès Meillards, *doyen.*

Messieurs

du Castel de Bavelincourt.
Aubry, *clerc.*
Morel d'Hétival.
Poujol.
Fontaine.
Du Fresne de Beaucourt.
Brunel d'Horna.
 Six charges de Consf. vac.
de Ribeaucourt, *honoraire.*
Brunel, *avocat du Roi.*
. . . . *avocat du Roi.*

Fontaine, *procureur du Roi.*
Baillet, *substitut.*
Roger, *Greffier civil.*
Couture, *Greffier Crim.*
le Lieut. gén. Buttel & Asselin, *Commiss. Enquêteurs & Examinateurs.*
Lebrun, *Comm. à l'exercice de Comm. aux Saisies réel.*
de Caen, *Receveur des Consign.*

---

3. PRÉSIDIAL D'ANGERS. 1551.

Le Présidial de la ville d'Angers, capitale de la province d'Anjou & de l'appanage de Monsieur, fut créé lors de l'établissement des Présidiaux par le Roi Henri II en 1551.

Ce Présidial a fourni plusieurs Jurisconsultes célèbres, qui ont enrichi la patrie de leurs ouvrages : entr'autres MM. Dupineau, Pocquet de Livonniere, conseillers, & Grimaudet, avocat du Roi.

Cette Compagnie s'est toujours distinguée par sa fidélité, & son attachement inviolable à ses Souverains.

Louis XIV témoigna aux Députés de cette Compagnie, qui lui furent envoyés dans la ville de Saumur, en 1652, sa satisfaction de la conduite qu'elle avait tenue à l'occasion des troubles dont la ville d'Angers fut alors agitée ; en conséquence ce Monarque accorda à ses Officiers la permission de se décorer de la robe rouge, privilége dans lequel il les confirma par ses lettres patentes du mois de Mai 1683, qui accordent ce droit aux Présidens, Lieutenans, Conseillers, Avocats & Procureurs du Roi.

Le ressort de la Sénéchaussée d'Angers s'étend sur 300 paroisses, outre les dix-sept qui composent les ville & fauxbourgs.

On compte, dans l'étendue de cette Sénéchaussée, environ 100 justices seigneuriales : les trois quarts & demi de la ville se trouvent compris dans l'étendue de ces justices, qui presque toutes appartiennent à gens de main morte.

Le Présidial d'Angers, auquel est uni le titre de Juge conservateur des priviléges de l'Université de la même ville, a dans son ressort les Sénéchaussées royales de Saumur, de Baugé, de Beaufort, & la duché-pairie de Richelieu, qui y

PARLEMENT DE PARIS.

ressortissent dans les cas présidiaux, & pour les autres cas au Parlement de Paris.

Il était autrefois composé, non compris le Sénéchal de la province, de 40 Officiers, y compris le parquet des Gens du Roi, savoir :

Deux Présidens, deux Lieutenans-Généraux, deux Lieutenans particuliers, vingt-huit Conseillers, un Lieutenant-Général d'épée, créé par édit d'Octobre 1703; un Chevalier d'honneur, créé par édit de Mars 1691; deux Avocats, & un Procureur du Roi & de son Substitut.

Il y avait en outre dans la ville une Prévôté royale, composée de treize Officiers. Les appellations des sentences émanées de ce tribunal étaient portées à la sénéchaussée & siége présidial.

Cette juridiction, qui comprenait les ville & fauxbourgs, & quarante-deux paroisses dans son territoire, a été supprimée par édit d'Avril 1749, & réunie au présidial, dont les Officiers ont été tenus de rembourser le montant du prix des offices supprimés.

Par édit de 1771, le nombre des Officiers du présidial a été réduit à celui de dix-huit ; savoir :

Un Lieutenant Général, un Lieutenant Criminel, deux Lieutenans particuliers, douze Conseillers, un Avocat & un Procureur du Roi.

OFFICIERS, *Messieurs*

.... *Lieut. gén. Civ.*
Allard, *Lieut. gén. de Police.*
1774 Huvelin du Vivier, *Lieutenant génér. Crimin.*
1783 Ollivier de Préneuf, *Lieutenant particul.*
Gourrenu de l'Epinay, *honoraire.*
.... *lieut. part. assess. civ.*
1737 Ayrault, *doyen.*
1739 Gandon de Louvriniere.
1752 Berthelot de la Durandiere.
1766 Margariteau.
1771 Desmazieres.
1771 Aubin de Nerbonne.
1776 Beguyer de Chamboureau.
1777 Boileau de Chandoiseau.
1783 de la Reveliere.
Brouard des Aulnais, *honoraire.*
1732 Benoist, *av. du Roi.*
17.. Prévôt, *honoraire.*
1781 Bodard, *proc. du Roi.*
1782 Viger des Hubinieres, *substit. des gens du Roi.*
17.. Baret, *greff. de la sénec. & du présid.*
Garanger, *greff. au crimin.*
Tetard,

PARLEMENT DE PARIS.

Messieurs

Tetard, *greff. au préfid.*
Jouanne, *receveur des confign.*

Caillot de Grandmaifon, *Comm. aux Saifies réelles.*

4. PRÉSIDIAL D'ANGOULÊME. 1551. MM.

Meunier de Lartige, *lieut. gén.*
Lambert, *lieutenant particul.*
Conftantin de Villars, *lieut. gén. de police.*
Dumas, *doyen.*
le Vachier de Roiffac.
Fouchet.
Dutillet.
de la Grefille.

Chauffe de Luneffe.
Tremeau.
Fazeyerat.
Thevet.
Frugier.
Maulde de Loifellerie.
Pineau, *avoc. du Roi.*
Armand, *proc. du Roi.*

5. PRÉSIDIAL D'AURILLAC. 1551.

Le Préfidial d'Aurillac comprend les Bailliages de S. Flour, de Vic en Cauladès & d'Aurillac. Celui-ci eft le plus étendu des trois. L'Abbé Comte d'Aurillac n'a plus la juftice ; il l'a cédée au Roi, qui la fait exercer par fes Officiers. Par édit du mois d'août 1783, enregiftré au Parlement, toutes les Chambres affemblées, le 9 Janvier 1784, l'office de Lieutenant-Général de Police de la ville d'Aurillac a été réuni à celui de Lieutenant général du Bailliage & fiége préfidial de la même ville. Les provifions de Lieutenant général, feul Commiffaire enquêteur & examinateur en ce fiége, en date du 13 Septembre 1780, font ainfi conçues : « Salut. Sur les témoignages avanta-
» geux qui nous ont été rendus de la probité de notre cher &
» bien-aimé Guillaume la Carriere de la Tour, avocat au
» Parlement, & notre Confeiller aux bailliage & fiége préfidial
» d'Aurillac, dont il nous a donné des preuves, depuis le 19
» Novembre 1777, qu'il a été pourvu dudit office : voulant
» d'ailleurs reconnaître les fervices diftingués qui ont été rendus
» aux Rois nos prédéceffeurs, à nous & au Public dans ledit
» Préfidial d'Aurillac, par fes ancêtres, lefquels y ont poffédé
» fucceffivement, depuis le 2 Janvier 1578 jufqu'au 26 Août
» 1736, le même office de Confeiller que la branche aînée de

« la famille a conservé & exercé depuis cette époque, aussi
» sans interruption. Pour ces causes & autres, lui avons donné
» & octroyé l'office de notre Conseiller Lieutenant-général, &c.

OFFICIERS, *Messieurs*

.... *grand bailli.*
1781 la Carriere de la Tour, *lieut. gén. civ. commiss. enquêteur examin.*
1780 Delzort de la Barthe, *lieut. gén. crim.*
1781 Collinet de Niossel, *vét.*
1772 Pagès de Vixouses, *lieut. part.*
1777 Laribe, *lieuten. partic. assess. crim.*
1774 de Leigonie de Rangouse Comte de la Bastide, *chev. d'honneur.*
1748 Esquirou de Parieu, *doyen.*
1764 Delolm de la Laubie, *conseiller d'hon.*

1758 Capelle de Clavieres.
1777 Bastide de Mercadiel, *vétéran.*
1762 la Carriere de la Tour.
1766 Carriere.
1777 Cabrespine.
1779 Laval.
1781 de Leigonie du Breuil.
1782 Nouveau.
1783 d'Audé.
Guitard, *avoc. du Roi.*
1779 de Veze, *procureur du Roi.*
1781 Malroux Desauriers, *av. du Roi.*
Brunon, *greff. en chef, engagiste.*

6. PRÉSIDIAL D'AUXERRE. 1551.

L'établissement du Bailliage d'Auxerre remonte au quatorzieme siècle : voici ce qui occasionna sa naissance. Charles V venait d'acquérir le Comté d'Auxerre de Jean de Châlons, moyennant une somme tres-considérable. Les Auxerrois, informés de cette acquisition, & sentant combien il leur importait de donner à leur nouveau maître un témoignage éclatant de leur joie, accordèrent à Charles, pour trois ans, la dîme de tous les grains & vins de leur territoire, afin d'indemniser le Prince du prix de son acquisition. Ce procédé généreux donnait sans doute aux Auxerrois des droits très-particuliers sur les bontés du Monarque ; aussi obtinrent-ils de lui l'établissement d'un Bailliage royal, comprenant dans son ressort toutes les terres situées entre les trois rivieres de Loire, Yonne & Cure. Dans la charte qui fut donnée à ce sujet en 1371, Charles parle des habitans d'Auxerre dans les termes les plus distingués, & ne rougit pas de leur témoigner publiquement sa reconnoissance.

PARLEMENT DE PARIS.

Les Officiers de ce siége, institués par des motifs aussi honorables, témoignèrent toujours un attachement inviolable aux intérêts de la Couronne. Au moment de la ligue, c'est-à-dire, dans ce temps de délire, où la France aveuglée semblait craindre le règne d'un bon Roi, les Magistrats d'Auxerre reconnurent les premiers le droit d'Henri IV. Non-seulement ils se soumirent à ce Prince persécuté par le fanatisme, ils employèrent encore toute leur autorité pour le faire reconnaître par tous les ordres des citoyens. Ils firent lacérer au palais la liste des Ligueurs, & ils portèrent le zele jusqu'à se transporter chez les citoyens suspects, pour exiger d'eux le serment de fidélité.

Officiers, Messieurs

1783 d'Avigneau, chev. cap. au rég. de Conti, dragons, *grand bailli d'épée.*

1777 d'Avigneau, *lieut. gén. civ. enq. & examin.*

1745 Lemuet de Belombre, *lieut. gén. d'épée.*

1765 Lemuet de Belombre, fils, cap. au corps royal d'artill. ✠ *lieut. gén. d'épée en survivance.*

1780 Martineau des Chesnez, *lieutenant criminel.*

1768 Housset de Champton, *lieut. part. civ.*

1755 Thierriat de la Maisonblanche, *lieut. part.*

1768 Rondé, anc. capit. au Corps royal d'Artill. ✠ *chevalier d'hon.*

1736 Coullault de Perry de Nette, *doyen.*

1737 Rilletout.

1742 Raffin, l'aîné.

1747 Robinet de la Coudre, *hon.*

1750 Marie.

1752 Villetard de Prunieres, *honor. en titre.*

1754 Raffin de Charmoi.

1760 Housset.

1761 Hay, *honor. en titre.*

1766 Robinet de Pontagny, fils.

1777 Marie de la Forge.
     Seurrat.

1779 Soufflot de Merrey.

1780 Chopin de Meré.

1743 Robinet de Pontagny, pere, *vétéran.*

1755 Baudesson, *vétéran.*
     Marie, *avocat du Roi.*

1779 Remond, *proc. du Roi.*

1780 Desparis de Courteille, *avocat du Roi.*

1758 Grasset, *pr. du Roi, vét.*
     Pasqueau de Champfort. } *greff.*
     Rigoley.

Indépendamment de ces Officiers actuellement en place, il y a quatre charges vacantes, deux de Conseiller-Rapporteur, une de Conseiller honoraire en titre, & une de Conseiller honoraire ayant un rang déterminé, & dont le Titulaire a le droit de porter la robe ou l'épée.

7. PRÉSIDIAL DE BEAUVAIS. 1581. *Messieurs*

1741 Borel, conseiller d'Etat & en la Chambre des comptes de Paris, présid. lieut. gén. civ. & crim. commis. enq. & examin.
1779 le Caron de Troussure, lieut. part.
1729 de Malinguehen de Douy.
1747 Fombert.
1755 Bucquet, *proc. du Roi* hon.
1763 Walon.
1765 Lescuyer.
1765 de Malinguehen, fils.
1766 de Catheu.
1778 Simon.
1777 le Grand, *avoc du Roi.*
1773 le Doux de Beaumenil, *procureur du Roi.*
Pigory, *greff. en chef.*
Germont, *receveur des émolum. du Sceau.*
Rousseauville, *recev. des consign.*
de Bussy, *com. à l'exerc. de commiss. aux saisies réelles.*

8. PRÉSIDIAL DE BLOIS. 1551. *Messieurs*

. . . . . . *grand bailli.*
Louet, *président.*
Drouillon, *lieuten. génér.*
Turpin, *lieuten. criminel.*
Gueret de Seur, *lieut. partic.*
de l'Ecluse de l'Arche, *lieuten. part. assess. civ. & crim.*
Bachot Delebat, *doyen.*
Fleury.
le Blanc, *lieut. de la maréch.*
Mahy du Breuil.
Girault.
Fourret, *avocat du Roi.*
Duchesne, *procur. du Roi.*
. . . . . . *avocat du Roi.*

9. PRÉSIDIAL DE BOURGES. 1551. *Messieurs*

Le Prince de Conti, *gr. bailli.*
Bengy, *lieut. gén. civ. crim. & conservateur.*
Gauthier, *lieut. gén. de police.*
Bernot de Charant, *lieut. part.*
Vermeil, *avocat du Roi.*
Sonnard de Villeneuve, *proc. du Roi.*
Sallé de Choux, *avoc. du Roi.*

10. PRÉSIDIAL DE CHALONS-SUR-MARNE.
1551. *Messieurs*

1744 de Renneville, *gr. bailli.*
1755 Bremont, *lieuten. gén.*
1750 Clozier, *lieut. gén. d'ép.*
1782 Richard, *lieut. crimin.*
1752 de la Fourniere, *lieuten. particul.*
17.. de l'Estrée, *lieut. part. assess. civ. & crim.*
1743 Chaulaire, *proc. du Roi hon.* 1779.
1751 Jourdain.
1767 de la Court, *clerc.*
1783 Burnet, *av. du Roi.*
1778 Martin, *proc. du Roi.*
1771 Oudotte, *greff. en chef.*

11. PRÉSIDIAL DE CHARTRES. 1551. *Messieurs*

Le Vicomte de la Rochefoucauld, *grand bailli.*
Sochon du Brosseron, *prés. vét.*
Asselin, *l. g. & prés. à la pol. gen.*
Nicole, *lieut. gén. vét.*
Dattin, *lieut. crim.*
l'Ecureau, *lieut. crim. vét.*
Parent, *lieut. part.*
Bouvart, fils, *lieut. part. assess. crim.*
Bouvart, pere, *l. part. assess. crim. vét.*
de Paris, *chev. d'hon.*
Rouchard, *doyen.*
Boileau.
de Boissimene, *cons. d'hon. & d'épée.*
du Temple de Rougemont.
Vallet, *l'aîné.*
Jolly des Hayes.
Coubré.
Vallet, *le jeune.*
Vallet de Lubriat.
Dumoutier de Dond.
Foreau.
3 charges vacantes.
du Temple, *avocat du Roi.*
Drapier, *avocat du Roi.*
. . . . . *avoc. du Roi.*
Clavier, *greffier en chef.*

12. PRÉSIDIAL DE CHATEAU-GONTHIER.
1551. *Messieurs*

. . . . . *sénéchal d'épée.*
1769 Guitau, *lieut. g. civil.*
1779 la Croix, *l. de police.*
1742 Boucault, *secr. du Roi, lieut. de police hon.*
1758 Trochon de Villeprouvé, *lieut. crim.*
1781 le Motheux de Chitray, *lieut. part.*
1742 Perriere de Letancher, *do.*

E iij

Messieurs

1745 Dublineau.	1772 Cadok Duplessis.
1761 Maumousleau de Chan-grenu.	1745 Dublineau, *avoc. du Roi.*
1764 Buhigne de Grandval.	1770 Foussier, *proc. du Roi.*
1772 Deridon.	Martin, *greff. en chef.*

13. PRÉSID. DE CHATEAU-THIERRY. 1551.

Messieurs

1770 Pinterel Louverny, *lieut. gén. civ.*	1782 Barbereux de Chevreux.
1777 Coupery de la Motte, *lieut. gén. crim.*	1781 Vol de Conautray, *avoc. du Roi.*
1762 Masson, *lieut. particul.*	Sutil, *avoc. du Roi.*
1781 Despoltz, *consf. d'hon.*	1771 Sutil, le jeune, *proc. du Roi.*
1767 Caternault de Castelnault.	1779 Caulay, *greff. en chef.*
1772 Fontaine.	

14. PRÉSID. DE CHATILLON-SUR-INDRE. 1639.

On ne nous a pas fourni le nom des Membres de cette Compagnie.

15. PRÉSID. DE CHAUMONT-EN-BASSIGNY. 1551.

Le Comté de Chaumont fut autrefois l'un des pricipaux domaines des Comtes de Champagne. Dix-huit cents fiefs en relèvent. La Coutume de ce pays est l'une des quatre plus anciennes de Champagne. Elle fut rédigée en 1494 & en 1509. Il y a à la suite du Présidial un Juge de point d'honneur, un bureau des consignations, une maîtrise des eaux & forêts dont le ressort est très-étendu, une élection, un grenier à sel, une jurisdiction de la marque des fers, un bureau des traites foraines & une subdélégation.

PARLEMENT DE PARIS.

Officiers, *Messieurs*

1770 le Baron de Creuilly ✠, *grand baili.*
1772 Vorfe de Reuilly, *l. gén.*
1764 Durville de Verenne, *lieut. gen. d'épée.*
1758 de Rambecourt, *lieuten. gén. de police.*
. . . . *lieut. crim.*
1769 du Tillois, *lieut. part.*
1779 Guillaume, *affeff. crim.*
1765 Dureville, *chev. d'hon.*
1774 Guenard de l'Ifle, *doyen.*
Fremyot de la Roche.

1775 Gaidor.
1778 le Texier, *conf. d'épée.*
1780 Percheron de Chaimont, *confeiller d'épée.*
1774 Babonot, *av. du Roi.*
1779 Nongeotte \ ignes, *procureur du Roi.*
Gombert, *av. du Roi.*
1760 de Goudevourt, *préfid. honor*
1781 Dufour, *lieut. crim. hon.*
1772 le Vaffeur, *gref. en chef.*

---

16. PR. DE CLERMONT EN AUVERGNE. 1582.

On ne nous a pas fourni le nom des Membres de cette Compagnie.

---

17. PRÉSIDIAL DE CRÉPY EN VALOIS. 1551.

On ne nous a pas fourni le nom des Membres de cette Compagnie.

---

18. PRÉSIDIAL DE LA FLECHE. 1551. MM.

Buffon, *lieutenant-général.*
Brillarts de Baucé, *l. g. de pol.*
le Goux de Vaux, *l. gén. crim.*
Meflin, *lieutenant part.*
Sireuil, *doyen.*
Auvé d'Aubigny.

Chaubry, *avoc. du Roi.*
Davy des Piltieres, *av. du Roi.*
Galloys, *avocat du Roi hon.*
Maréchal de Lucé, *pr. du Roi.*
Guchery, *greffier.*

---

19. PRÉSIDIAL DE GUERET. 1635. *Messieurs*

Coudert de Sardant, *lieut. gén.*
Chazal de la Villetelle, *lieut. gén. de police.*
Guillon de la Villatebillon, *lieut. crimin.*

Baret de Beauvais, *lieutenant particulier.*
Rochon des Vallette, *affeffeur.*
Midre de S. Sulpice.
Chorlon des Rioux, *honoraire.*

Parlement de Paris.

Messieurs

Drouilletes des Cherduprat.
Geny de Montenon, *conseiller d'honneur.*
De la Fond, *honoraire.*
Rougied de Beaumont, *doyen.*
Gentil Duvernet.
Diffaudet de Bogenot.
Peironneau de la Rue.
Meunier de Laubard.
Baret Deschaises.

Pichon Ducloup, *honoraire.*
Pichon des Clatre
Tourniol du Rateau, *av. du Roi.*
Couturier de Cournou, *proc. du Roi.*
Grelet de Beauregard, *avocat du Roi.*
Rocque, *greffier civil.*
Darreau, *greffier criminel.*

20. PRÉSIDIAL DE LANGRES. 1640. *Messieurs*

1758 Barrois de Germaine, *prés.*
1756 Philpin de Piepape, *lieut. gén.*
1752 Lallemand de Pradines, *lieut. crim.*
1783 Guyardin de Choilley, *lieut. part. civ.*
1780 Pechin de Latour, *lieut. assess. crim.*
1751 Jourdeul de Martigny, *syn.*
1756 de la Pieste.

1768 Petitjean de Lancourt.
     Biffot.
     Fourrel de Fretis.
1774 Viney.
1775 Barillot, *conf. d'épée.*
1773 Cournault.
1781 Humblot d'Hauteville.
1782 Mammes Pahin.
1783 Genuil.
1775 Hutinet, *av. du Roi.*
1779 de Foulons, *av. du Roi.*
1781 Marque de Lanti, *proc.*
     Josse, *greffier en chef.*

21. PRESIDIAL DE LAON. 1551. *Messieurs*

1767 Lespagnols de Bezane, *bailli de Vermandois.*
. . . . *l. gén. d'épée.*
1781 Caignard de Rozoy, *l. g.*
1769 Dogny, *l. gén. d'épée.*
1782 Pelée de Treville, *lieut. gén. crim.*
1764 Deleu, *lieut. part.*
1782 François, *l. part. assess. crim.*
. . . . *chev. d'hon.*
1760 l'Eleu, *doyen.*
1738 de Béthune, *honoraire.*

1751 l'Eleu de Servenay, *hon.*
1768 de Martigny, *hon.*
1770 Pigneau, *honoraire.*
1765 Laurent.
1769 de la Campagne.
1776 Dagueau.
     Neuf charges de Conf. vac.
1767 Dumage, *avoc. du Roi.*
1776 le Caflier, *secr. du Roi, proc. du Roi.*
1782 de Lattre de la Motte, *avocat du Roi.*
1774 Felleux, *greff. en chef.*

22. PRÉSIDIAL DE LYON. 1551.

Cette Sénéchaussée & le Présidial avaient été réunis par Edit d'Avril 1705, à une Cour Souveraine des Monnoies, créée à Lyon par Edit de Juin 1704. Cette Cour des Monnoies ayant été supprimée par Edit du mois d'Août 1771, Louis XV diminua le nombre des Officiers qui composaient le Tribunal; &, par Edit de Septembre 1771, ce Prince ordonna que le Tribunal de la Sénéchaussée & Siege Présidial de Lyon serait à l'avenir composé d'un Lieutenant Général Civil, d'un Lieutenant Général Criminel, d'un Lieutenant Particulier Civil, d'un Lieutenant Particulier Assesseur Criminel, de quinze Conseillers, de deux Avocats, d'un Procureur du Roi, & d'un Substitut.

Officiers, Messieurs

de Masso de la Ferriere ✠, *sén. de Lyon & du Lyonnois.*
1783 Catalan, *l. g. civ.*
Faure de Montaland, *l. gén. crim.*
1772 Rambaud de la Vernouse, *lieut. part. civ.*
1778 de Leullion de Torigny, *lieut. part. ass. crim.*
1759 Charrier de la Roche, *lieut. part. civ. hon.*
1769 Perret, *doyen.*
1772 { Ponthus, Girié, } *syndics.*
Rougnard.
Camyer.
Varenard.
Jacob.
Claviere.

1772 Bergre.
1776 Micollier.
1777 Orset de la Tour.
1779 Rey.
1781 Lucy.
1782 Chirat.
1783 Ballet.
1753 Colabead de Julienas *honoraire.*
Bona de Perez, *honor.*
de Mayol, *conf. d'hon.*
1772 Millanois, *av. du Roi.*
1770 Barou du Soleil, *pr. du Roi.*
1783 Rambaud, *avoc. du Roi.*
1754 de Quinson, *pr. du Roi, hon.*
1766 Tolozan, *m. des requêt. av. du Roi, hon.*
1773 Montellier, *substitut.*

23. PRÉSIDIAL DE MACON. 1639.

Après la réunion du Mâconnais à la Couronne, par S. Louis en 1248, ce Roi créa quatre Bailliages, Vermandois, Sens, Mâcon, & Saint-Pierre-le-Moutier.

Le Mâconnais ayant été ensuite cédé au Duc de Bourgogne, le Bailliage royal fut établi à Saint-Gengoux, dit le Royal, ce qui cessa d'avoir lieu, lorsque Louis XI eut réuni à la Couronne le Comté du Mâconnais, ainsi que le surplus du Duché de Bourgogne.

Le Bailliage de Mâcon est régi par le Droit écrit, & il est dans le ressort du Parlement de Paris. Son étendue de l'orient à l'occident est d'environ seize lieues, & du nord au midi d'environ douze lieues, ayant dans son ressort sept villes, Mâcon, Tournus, Saint Gengoux le Royal, Marcigny-sur-Loire, le Bois Sainte-Marie, Cluny & Romenay, plusieurs bourgs considérables, & environ deux cent soixante paroisses très-peuplées.

Le Présidial de Mâcon a été créé en 1639. Ceux des Officiers de ce Siége qui ne sont pas nobles, jouissent de l'exemption de la Taille personnelle.

Lors de la révolution de 1771, & de l'établissement du Conseil Supérieur à Lyon, les Officiers du Bailliage & Siége Présidial de Mâcon donnèrent leur démission ; &, par Edit du mois de Juin de la même année, leurs Offices furent supprimés, à l'exception de celui du Procureur du Roi, & ils furent remplacés par la plûpart des Officiers de l'Election, qui fut réunie à ce Bailliage : le Présidial fut supprimé & rétabli cinq mois après sur les représentations de MM. des Etats particuliers du Mâconnais.

Par Edit de 1776, les anciens Officiers du Bailliage & Siége Présidial ont été rappellés à leurs fonctions, & les Officiers de l'Election rétablis dans leur Jurisdiction. Ce n'est qu'à cette époque que le Présidial de Mâcon a jugé en dernier ressort jusqu'à deux mille livres, en exécution de l'Edit d'ampliation du mois de Novembre 1774.

OFFICIERS, *Messieurs*

1764 Debois, *gr. bailli d'épée.*	1760 Barjaud, *doyen.*
.... *lieuten. génér.*	1764 Blondeau de Certine.
1778 Rozier de la Cardonniere, *lieutenant criminel.*	1766 Bodin.
	1767 Berruyer.
1764 Denamps, *lieut. partic.* acquereur de l'office de lieut. gén.	1769 de Laye.
	1779 de Lorgeat.
	1782 Aubel de la Genete.
1781 Lagrange, *assesseur criminel.*	1783 Pommier.
	1784 Viard.
1742 de la Vernette, *cheval. d'hon.*	1766 Bourdon, *avoc. du Roi.*
	1772 Siraudin, *proc. du Roi.*

PARLEMENT DE PARIS.   75

Messieurs

1778 Cellard de Chasselas, av. du roi.
1759 Moreau, *assess. crim. hon.*
1724 Laborier, *av. du roi hon.*
1745 Laborier, fils, *avoc. du roi honor.*

1749 Demoirod, *conf. honor.*
1741 L'huilier, *conf. honor.*
1756 Barjot, *conseil. honor.*
1758 Chandon, *avoc. du roi honoraire.*

24. PRÉSIDIAL DU MANS. 1551. *Messieurs*

1780 le Vahier de Vendœuvre, *gr. sénéch. du Maine.*
. . . . . *lieut. gén.*
1781 Jouye Desroches, *lieut. gén. de police.*
1767 Rottier de Belin, *lieut. crim.*
1745 Thebaudin de la Rozelle, *lieutenant part. civ.*
1767 de la Porte de la Housaye, *lieut. part. ass. crim.*
1747 Maulny, *doyen.*
1751 de Foisy, *sous-doyen.*
1763 Chesneau.
1768 Menard de la Groye.
Herisson de Villiers.

1768 Poisson du Breil.
1774 Belin Desroches.
1775 Negrier de la Crochardiere.
1777 Duchemin de Boisjousse.
1782 Negrier de Ferriere.
1767 de Lestang, *av. du Roi.*
1775 Belin de Beru, *proc. du Roi.*
1742 le Clerc, *proc. du Roi, honoraire.*
1768 Leon, *avoc. du Roi.*
Gourdin, *greff. de pol.*
Lemote, *greffier crim.*
Brouard de la Roche, *g. civil, commiss.*

25. PRÉSIDIAL DE MANTES. 1551.

On ne nous a pas fourni les noms des Membres qui composent cette Compagnie.

26. PRÉSIDIAL DE MEAUX. 1551. *Messieurs*

Pidoux de Montanglaut, *bailli.*
Colinet de Rougebourse, *prem. lieut. gén.*

Marquelet de la Noue, *conf. d'état, honoraire.*
Decan, *lieut. gén. de police.*

PARLEMENT DE PARIS.

Messieurs

Houdet, *lieut. gén. crim.*
Bernier, *lieut. gén. crim. hon.*
Saget de Boulancourt, *lieut. part. assess.*
Saget, pere, *honoraire.*
. . . . *lieut. p. ass. crim.*
. . . . *chevalier d'honneur.*
Canelle, *conseil. hon. au rang du jour de sa réception.*
Burel.
Bullot.

Antheaume.
de la Granche.
Volé, *avocat du Roi.*
Hattingais, *procureur du Roi.*
Devernon, *avocat du Roi.*
de la Barre, *commis greffier.*
Lucy, *commiss. aux saisies-réelles, & recev. des consign.*
Javarry, *commis à l'exerc. de conserv. des hypoth.*

---

27. CHATELET DE MELUN. 1551. *Messieurs*

1763 de Montullé, *grand-bailli d'épée.*
1783 le Duc, *présid. lieut. gén. civ. & de pol.*
1781 Guerin de Sercilly, *lieut. crim.*
1747 Moreau de Maisonrouge, *lieut. part. civil.*
1755 Maria, *doyen.*

1764 Guibert.
1765 Venard.
1774 Berthier Desperreux.
1779 Dubois, *avocat du Roi.*
1750 Guerin, *proc. du Roi.*
. . . . *avoc. du Roi.*
1774 Jarry, *greffier en chef & proc. du Roi de la Ville.*

---

28. PRÉSIDIAL DE MONTARGIS. 1638. MM.

. . . . *bailli.*
Chartoyer, *prem. présid.*
Aulmont, *lieut. gén. civ. crim. & de pol.*
. . . . *lieut. part. ass. crim.*
Payneau, *doyen.*
Ozon, *honor.*
Souchet, *avoc. du Roi, hon.*
Mesange.

Cœur, fils.
Chesnoy.
Cœur, *honor.*
Brucy.
Roulx Duchesnoy, *av. du Roi.*
Aubepin, *proc. du Roi.*
. . . . *avocat du Roi.*
Billault, *greffier en chef.*

---

29. PRÉSIDIAL DE MOULINS. 1551. MM.

17   le comte de Peyre, *gr. sénéch. du Bourbonnais.*
1782 Grimauld, *lieut. génér.*

1780 Grimault, pere, *hon.*
1774 Desbouis de Salbruns, *lieut. part.*

PARLEMENT DE PARIS. 77

Messieurs

1780 Vernin, *lieut. part. crim. & assess. civil.*
1748 Préveraud de Ractiere, *doyen.*
1750 Baruel, pere, *hon.*
1752 Imbert de Balorre.
1653 Bardonnet de Gondailly.
1767 Heulhard de Certilly.
   Chabot.
1768 Ripoud de la Salle.
1774 Dominique de la Gauguiere.
1777 Perrotin de Chevagne.
   Berger de Ressye, *clerc.*
   Barruel, fils.
   Heuilhard Fabrice.
1772 Buteau Dupoux, *avocat du roi.*
1778 Conny de la Faye, *proc. du roi.*
1784 Barbara, *avoc. du roi.*
1733 Faulconier, *honoraire.*
M. Vernin, pere, *lieuten. gén. de police.*

---

30. CHATELET D'ORLÉANS. 1551. *Messieurs*

   Le marquis d'Avaray, *grand bailli.*
1777 Curault, *lieut. gén.*
   Miron, *l. gén. de police.*
1778 Patas de Mestiers, *l. crim.*
. . . *lieut. part. assef. crim.*
1751 Deloynes d'Autroche, *chevalier d'honneur.*
1753 Turtin, *doyen.*
1745 de la Fond-de-Luz, *vét.*
1748 Paris de Brouville, *vét.*
   l'Huillier des Bordes, *conf. d'hon. & d'épée.*
1750 Chevalier, *conf. d'hon. & d'épée.*
1757 Scurrat de la Boullaye.
1758 de la Gueulle de Coinces.
1763 Leclerc de Douy.
   Crignon de Bonvalet.
1773 de Lange.
1775 Petau.
1778 Capitan.
   l'Huillier des Bordes, fils.
   Loiré.
1780 de Malleveaud de Puyrencault.
1773 Roger, *avocat du Roi.*
1763 Tassin de Villepion, *pr. du Roi.*
1774 Henry, *avocat du Roi.*
   Rozier, *greffier en chef.*

---

31. CHATELET DE PARIS. 1551. *Messieurs*

La Jurisdiction du Châtelet de Paris comprend la ville, la Vicomté & la Prévôté de Paris. Le Prévôt en est le chef. Cet Officier, dit le grand coutumier, y représente le Roi en ce qui concerne la Justice; & c'est pour cela que le Siege est surmonté d'un dais, distinction unique & aussi ancienne que sa charge. Il est chef de la Noblesse, & la commande à l'arriere-ban, sans être soumis aux Gouverneurs, comme le sont ordinairement les Baillis & les Sénéchaux. Dès la plus haute antiquité, il a eu douze Gardes, qui, selon un arrêt de 1566, doivent avoir hoquetons & hallebardes, en le suivant a l'Audience & dans la ville. Ces Gardes sont Huissiers exploitans dans tout le Royaume. Avant la création des Huissiers Audienciers, ils en remplissaient les fonctions.

Aux lits de Justice, le Prévôt de Paris a sa place désignée au-dessous du Grand-Chambellan. Il a la garde du Parquet & le droit d'assister aux Etats Généraux, comme premier Juge ordinaire de la Capitale du Royaume. Son habillement est semblable à celui des Ducs & Pairs; & il porte un bâton de commandement, couvert d'une toile d'argent, ou de velours blanc. C'est à lui seul qu'il appartient de connaître du privilége des Bourgeois de Paris, pour arrêter leurs débiteurs forains. Ce privilége lui fut accordé par Louis le Gros, en 1134. Le Prévôt de Paris est le Conservateur des priviléges de l'Université, & c'est pour cela que Philippe Auguste ordonna, par ses lettres de l'an 1200, que cet Officier prêterait serment entre les mains du Recteur de l'Université *. Sa charge est d'ailleurs toujours remplie. Dès qu'elle vaque, par sa mort ou par sa démission, elle passe entre les mains du Procureur-Général du Parlement, Garde-né de la Prévôté.

Henri II., par Edit de Mars de l'an 1551, établit un Présidial au Châtelet, composé de 24 Conseillers, & trois mille livres tournois de gages. En 1674, Louis XIV ayant supprimé toutes les Justices particulieres possédées par divers Seigneurs, dans la ville, fauxbourgs & banlieue de Paris, ce Prince créa un nouveau Présidial au Châtelet, avec les mêmes pouvoirs & le même nombre d'Officiers qu'avait l'ancien. Mais bientôt un Edit de 1684 supprima le nouveau Châtelet, & le réunit à l'ancien. Ce fut en 1667, que la charge de Lieutenant Général de Police fut créée.

L'habit de cérémonie des Lieutenans, Civil, de Police, Criminel & Particulier, & celui des Gens du Roi, est la robe d'écarlate. Les Conseillers portent la robe noire & la cimarre.

Le Parlement va tenir séance au Châtelet, le Mardi de la Semaine-Sainte, le Vendredi avant la Pentecôte, la veille de S. Simon & S. Jude, & l'avant veille de Noel.

---

* Voyez l'Histoire des débats occasionnés par ce Privilége, dans notre second volume de l'Histoire de Paris.

PARLEMENT DE PARIS.

OFFICIERS, Messieurs.

1766 Bernard, marq. de Boulainvilliers, *prévôt.*
1774 Angran d'Alleray, *lieut. civil.*
1776 Lenoir, *lieut. gén. de police.*
1774 Bachois de Villefort, *lieut. crimin.*
du Pont, *lieut. part.*
1768 Petit de la Honville, *lieut. part.*
1760 Chardon, *lie. part. hon.*
1737 Foſſoyeux, *doyen.*
1766 Bouron des Clayes.
1768 Chupin.
1769 le Moine.
1771 Marion.
Michaux.
1772 Boucher d'Argis.
Judde de Neuville.
le Gras de S. Germain.
de Gouve de Vitry.
1775 Lempereur.
Dupuy.
Combault de Canthere.
Dubois.
1777 Deſtouches.
Abraham de la Carriere.
Lalourcé.
1778 Garnier.
Mutel.
1779 Vanin.
Silveſtre.
Pelart.
1780 Baron.
Baron Desfontaines.
Nau.
Nau de Champlouis.
Moreau de la Vigerie.

1738 Davenne de la Fontaine.
1740 Avril.
1743 Du'reſnay.
de Villiers de la Noue.
1744 Pelletier.
1753 Reville de la Salle.
du Val.
1755 Phelippes de la Marniere.
1762 le Roi d'Herval.
1763 Olivier.
Rouſſelot.
1764 Boucher.
Olive de la Gaſtine.
Bioche.
Vanin de Courville.
1781 Prevoſt de Fenouillet.
Martin de S. Martin, *cl.*
Quarremere.
Silveſtre de Chanteloup.
1782 Chapelain de Broſſeron.
1783 Sallier.
1784 Vieillot.
Solle.
Trochereau.
Mauſſion.
Duval.
Goupy.
Geoffroy.
de la Garde du Mareſt.
Neuf conseillers honoraires.
1777 Herault, *avocat du roi.*
1780 de Flandre de Brunville, *procureur du roi.*
1781 Trudaine, *avoc. du roi.*
1783 Pelletier Desforts, *avoc. du roi.*
Trudaine de la Sabliere, *avocat du roi.*

32. PRÉSIDIAL DE POITIERS. 1551.

Ce Présidial est le seul qui soit dans la province ; il renferme dans son ressort les sénéchaussées de Fontenay-le-Comte, Niort, Civray, Saint-Maixent & de Châtellerault, avec les siéges royaux de Lusignan & de la Chateigneraie ; ce qui fait une étendue très-considérable. Long-tems avant 1551, époque de la création du présidial, il existait un Grand-Sénéchal & cinq autres Officiers auxquels on en ajouta de nouveaux pour former un présidial. Ce siége tient ses séances dans le vaste & ancien palais des Comtes du Poitou, dont il remplace le tribunal qui était souverain.

OFFICIERS, *Messieurs*

1762 Le Marquis des Paligny, *gr. sén. du Poitou.*
1771 Island de Bazôges, *lieut. général.*
1780 Tranchand, *lieut. gén. criminel.*
1770 Vincent, *lieut. partic. assess. civil.*
1774 Baguenard, *lieut. part. assess. criminel.*
1764 Gaborit de la Brosse, *doyen.*
De Veillechèze de la Mardière.
1767 De Lanot.
1772 De la Marque.
1773 Du Tillet.
1776 Rampillon.
1779 Robert.
1780 Babinet fils.
Coutineau.
1781 Dansays.
1782 Mallet de Fois.
Nicolas.

1782 De Cressac.
Faulcon.
1733 Dutiers, *honoraire.*
1751 Dansay de la Villate, *honoraire.*
Babinet, *hon.*
Nicolas, *hon.*
1755 Venault, *hon.*
1758 Mallet de Fois, *hon.*
1768 Montois, *hon.*
1770 Dupuy, *avocat du Roi.*
Filleau des Groges, *procureur du Roi.*
Rogues de Chabannes, *avocat du Roi.*
Charbonel du Toral, *greffier civil.*
Gautier, *greff. crim.*

La déclaration du 3 septembre 1734 a réuni la charge de lieutenant général de police au présidial, & les officiers du siége l'exercent alternativement par trimestre.

33. PRÉSIDIAL DE PROVINS. 1551. *Messieurs*

1734 Ithier de la Cloche, *prés.*
1761 Colin des Murs, *l. g. civ.*
1781 Allou, *lieut. crim.*
1766 Goury, *lieut. part. civ.*

PARLEMENT DE PARIS.

Messieurs

1744 Retel du Grandhôtel, lieut. part. ass. crim.
1781 Chaillot, conseiller.
Rivot l'aîné, cons.
1773 Roussele, av. du Roi.
1762 Chaillot de Samondé, pr. du Roi.
1778 Privé, greffier en chef.

34. PRÉSIDIAL DE REIMS. 1551. *Messieurs*

L'Epagnol de Bezannés, grand bailli de Vermandois.
Levesque de Pouilly, prés. lieut. général.
Cauvin, lieut. gén. crim.
Jouvant, lieut. part.
Gaultier, lieut. part. ass. civ. & crim.
L'Epagnol de Vilette, ch. d'hon.
Le Tellier, doyen.
Polonceau, clerc.
Malfilâtre.
Clicquot, conf. hon. d'épée.
Marlot, proc. du Roi.
. . . . avocat du Roi.
Feval, greffier en chef.

35. PRÉSIDIAL DE RIOM. 1551.

Les noms des Membres de cette Compagnie ne nous ont pas été fournis.

36. PRÉS. DE LA ROCHELLE. 1551. *Messieurs*

Griffon, maît. des comptes, lieut. gén.
Grisset de Passy, lieut. crimin.
Cassou, lieut. crim. hon.
Carré de Candé, lieut. partic.
Seignette, assesseur criminel.
Viette de la Rivagerie, doyen.
Rougier, proc. du Roi, hon
Laboucherie de Varaise, clerc.
Gilbert, honoraire.
Moine du Vivier.
Boutet.
Mascaud Dudoret, av. du Roi.
Regnaud, procureur du Roi.
Alquier, avocat du Roi.
Regnault, greffier en chef.

MM. les Officiers du Présidial ont réuni à leur corps la charge de lieutenant général de Police qu'ils exercent successivement.

37. PRÉSIDIAL DE SAINT-PIERRE-LE-MOUSTIER. 1551. *Messieurs*

1779 Sallonyer d'Aurilly, gr. bailli d'épée.
1753 Vyau de Baudreville, pr. lieut. gén.
1755 Blanzat Delvange, 2e. pr.
1774 Meurs, lieut. part.
1780 Don de Lespinasse, prieur des Bénéd. conf. né; ce

82   PARLEMENT DE PARIS.
Messieurs

fut par édit de mars | 1767 Dollet de Chaffenete, *doy.*
1632, enreg. le 16 | 1769 Dubled Duboulois.
juillet 1660, que cet | 1774 Moquot Dagnon.
office fut attaché à | 1775 Marye.
la place de prieur de | 1768 Rouffet, *av. du Roi.*
cette maifon. | 1773 Jourdier, *pr. du Roi.*

38. PRÉSIDIAL DE SENLIS. 1551. *Messieurs*

. . . *gr. bailli.* | Foullon de Chevrieres.
Deflandes, *préf. lieut. gén. civ.* | L'Abbé Lenoir, *conf. d'hon.*
   & crim. | Bofquillon, *honoraire.*
Roze, *lieutenant part.* | Gayant, *conf. d'état, avocat*
Boulon de Boileau, *doyen.* | *du Roi.*
Breteuil. | Seguin, *proc. du Roi.*
De la Foffe, *clerc.* | . . . . . *avocat du Roi.*
Le Blanc. | Le Febure.
Bruflé de Prefle, *syndic.* |

39. PRÉSIDIAL DE SENS. 1551. *Messieurs*

1780 De Thienne de Razay ✠, | 1766 Billebault.
  gr. bailli d'épée, & | 1767 Garfement des Fontaines.
  châtelain de la groffe | Baudry fils.
  tour de Sens. | 1768 Gaulthier de Vaurobert.
1763 Jodrillat, *préf. l. gén.* | 1769 Debonnaire de Rofoy,
1777 Jailliant, *lieut. crim.* | Des Maifons.
1770 Sallot de Varennes, *lieut.* | 1771 Pelée des Tanneries.
  part. civ. & crim. | 1781 Rouffelot.
  Baudry, ancien prévôt, | 1783 Moreau de Vormes, *cl.*
  conf. hon. | 1766 Larchet, *av. du Roi.*
1730 Debonnaire, *honoraire.* | 1767 Sandrier, *proc. du Roi.*
1732 Pelée de Chenouteau, | 1769 Refpingés Duponty, *av.*
  doyen. | *du Roi.*
1756 Martineau, *hon.* | 1781 Robillard, *greff. en chef.*
1766 Gillet. |

40. PRÉSIDIAL DE SOISSONS. 1595. *Messieurs*

1754 Peffroy, bar. de la Greve, | 1762 Charpentier, *lieut. gen.*
  gr. bailli du Soiffon- | 1782 Mabille, *lieut. part. civ.*
  nais. | 1751 Calais, *l. par. aff. crim.*
1756 Labouret, *préfident.* | Cabaret, *conf. clerc.*

PARLEMENT DE PARIS. 83
Messieurs

1751 Quinquet, *conf. clerc.*	1768 Vernier, *pr. du Roi.*
Petit.	1780 Bocquet de Liancourt, *avocat du Roi.*
1752 Morel.	
1763 Brayer.	Woubert, *greff. en chef.*
1765 Brulé.	1783 Brayer, *lieut. de police.*
1774 Guillot, *avoc. du Roi.*	

---

41. PRÉSIDIAL DE TOURS. 1551. *Messieurs*

Le marq. de Paulmy d'Argenson, *gr. bailli de Touraine.*
. . . . *préf. & lieut. gén.*
Preuilly du Colombier, *préf. honoraire.*
Loiseau, *l. gén. de police.*
Reverdy, *lieut. gén. criminel.*
Paras, *lieut. particulier.*
Legras, *chev. d'honneur.*
L'abbé Jahan, *doyen.*
Godin la Hulliere.
Gaullier pere, *honoraire.*
Robin.
De la Grandiere.
Billault-Ducouteau.
Thenon.
De S. Martin, *avoc. du Roi.*
Gaullier fils, *proc. du Roi.*
Gauthier, *avocat du Roi.*
Dubois, *greffier en chef, civil & des appeaux.*
Mercier, *greffier en chef de police.*
Guesdier, *recev. des confign.*

---

42. PRÉSIDIAL DE TROYES. 1551. *Messieurs*

Le C. de Mesgriny de Villebertin, *vicomte & gr. bailli.*
Labrun, *président.*
Paillot de Fraslines, *lieut. gén. enq. com. examinateur.*
Sourdat, *l. gén. de police.*
Deteins, *lieut. criminel.*
Huez de Vermoise, *l. partic. assess. civil & criminel.*
Huez, *doyen & garde-scel.*
Garnier de Montreuil.
Coquart.
Babeau.
Gauthier.
Bonnemain.
Truelle de Chambouzon.
Comparot de Longsols.
Camusat Descarrets.
Noché.
Heroult de la Clôture, *hon.*
Mahon Descourbons, *hon.*
Corrard, *avocat du Roi.*
Parant, *avocat du Roi.*
Jaillant Deschenets, *pr. du Roi.*
Adine, *greffier civil & crim. par commission.*
Carteron, *greff. des infin. & scelleur des sentences.*
Daudier, *commiss. aux saisies-réelles.*
Sangis, *recev. des confign.*

F ij

43. PRÉSIDIAL DE VITRY-LE-FRANÇAIS.
1551. *Messieurs*

1751 Groſtête, *lieut. gén.*	1768 Jacobé, *syndic.*
1759 De Braux, *l. gén. de pol.*	1773 Le Blanc.
1752 Becquey, *lieut. crim.*	1755 Collet, *conf. d'hon.*
1781 De Saintgenis, *l. part.*	1779 Bechefer, *conf. d'hon.*
1727 Niel, *l. part. hon.* 1781.	1777 Reynaudot.
. . . . . *l. part. aſſ. crim.*	1782 Barbier.
1754 De Saintgenis, ancien prévôt, *honoraire.*	. . . .
	1765 De Salligny, *av. du Roi.*
1761 Thevenin, *conf. clerc.*	1769 David de Balledan, *proc.*
1741 Pothier, *hon.* 1776.	*du Roi.*
1765 Grimon.	1768 Felix, *greffier en chef.*

CONSERVATION DES PRIVILEGES ROYAUX DES FOIRES DE LYON.

Cette Juriſdiction, établie à Lyon, pour prononcer ſur les conteſtations qui naiſſent entre les Négocians & les Marchands, & pour la Conſervation des Priviléges des Foires de Lyon, était autrefois exercée par un Juge appellé Juge-Conſervateur, un Lieutenant, un Procureur du Roi, &c. ; mais en 1655 elle fut réunie au Corps Conſulaire, pour être exercée par le Corps des Marchands & les quatre Echevins, avec ſix autres Juges Bourgeois ou Marchands, parmi leſquels il y a toujours un ancien Echevin qui eſt Avocat, un Avocat & Procureur du Roi, un Greffier en chef, &c. les charges d'Avocat & Procureur Général de la Ville & Communauté à Lyon ont été réunies à celle de Procureur du Roi dans la Juriſdiction de la Conſervation ; c'eſt en cette qualité qu'il juge gratuitement & en dernier reſſort les cauſes qui lui ſont renvoyées par le Tribunal juſqu'à la ſomme de 100 liv. de principal, avec les dépens & les frais indéfiniment. Ses Sentences ſont auſſi exécutoires par corps.

 M. Fay, Chevalier, Seigneur Baron de Sathonnay, Albonne, &c. Commandant dans la ville de Lyon, en l'abſence du Duc de Villeroy, *Prévôt des Marchands.*

 M. Proſt, Chevalier, Avocat & Procureur Général de la Ville & Communauté, *Avocat & Procureur du Roi en la Conſervation.*

 M. Valous, Chevalier, Avocat au Parlement, Secrétaire de la Ville, en cette qualité, *Greffier en chef de la Conſervation.*

II. PARLEMENT DE TOULOUSE.
1302.

(Voyez sur l'origine & les révolutions de ce Parlement, l'édition de 1783, pag. 421.)

Cette Cour vaque, depuis le 14 Septembre jusqu'au lendemain de la Saint-Martin.

Présidents de la Grand'-Chambre. *Messieurs*

1770 De Niquet, chev. *prem.*
1759 De Senaux.
     Boyer de Sauveterre.
1769 De Sapte du Puget.
1755 de Mengaud, baron de la Haye.
1738 le baron d'Orbessan, *hon.*
1753 le marq. de Pegueiroles, *honor.*
1739 de Comere, *ch. d'hon.*
1743 de Marmiesse, *chevalier d'honneur.*
1764 l'Archevêque de Toulouse, *conseiller-né.*
1733 de Cambon, évêque de Mirepoix, *chevalier d'honneur.*
1758 Le Franc de Pompignan, *chevalier d'hon.*

Présidents de la Tournelle. *Messieurs*

1775 Desinnocends de Maurens.
     de Campistron, marq. de Maniban.
1776 de Daspe, baron de Fourcés.
1779 de Cambon de la Bastide.

Présidents de la 1ere des Enquêtes. *Messieurs*

1760 D'aiguesvives.
1759 de Belloc de Lassarade.

Présidents de la IIe des Enquêtes. *Messieurs*

1756 Daguin.
1766 de Marguier de Fajac.

Conseillers Clercs de la Grand'-Chambre. *Messieurs*

1750 de Barrés, *grand-arch. de Beziers.*
1752 de Carrere, *grand arch. d'Agde.*

Conseillers Laïcs des quatre Chambres. Messieurs

1718 de Boyer Drudas, *doyen.*
1732 de Cadougnan, *sous-doyen.*
1736 De Miramont.
1738 de Bardy.
1739 de Montgazin.
1743 de Gilede-Preffac.
de Blanc.
de la Motte.
1745 de Reynal.
1747 de Duregne.
1748 de Cucfac.
de Delherne.
de Novital.
de Rafin.
de Perès.
1749 de Rey.
le marq. de Lefpinaffe.
1750 Lenorment d'Ayffene.
1751 Dalbis de Belbeze.
de Montegut.
1753 de Ginefter.
Caffand de Glatens.
baron de Monbel.
1755 le marq. de Portes.
de Caffagneau de Saint-Félix.
1757 Donaud de Mezerville.
1758 de Carbon.
de Balza de Firmy.
de Lafont-Rouis.
de Guillermin.
1759 de Segla.
Durec de Maurous, baron d'Orguel.
de David.
1760 de Mourlens.
d'Efcalonne.
d'Auffague l de Lasbordes.
1761 de Miegeville.
de Poulhariés, baron de Saboulies.
1762 de Vailhaufi.
1763 de Balza de Firmy, *clerc.*
de Lalo.
de Reverfac de Celés de Marfac.
1764 de Rey, *clerc.*
de Gaillard.
de Laffus de Meftier.
1766 de Reymond de Mauriac.
Dubourg de Rochemontés.
de Paraza.
de Reymond de Mauriac.
1767 de Bonhomme-Dupin.
Daignan.
de Larroquan.
de Rabaudy.
de Carriere-Daufrery, *cl.*
1768 Daffezat.
de Capella.
de Cambon, *clerc.*
de Rigaud.
Belmont de Malcor.
de Caumon.
1769 de Molineri, baron de Murols.
1770 de Rochefort.
de Poucharramet.
1771 Palhaffe de Salgues, *cl.*
de Baftard de Lafite.
de Juin de Siran.
1775 de Labroue.
1782 de Laréole.
Blanquet de Rouville.
1783 Dumas de S. Germier.
Delong.
1784 de Savy Gardeil.
de Combettes de la Bourelie.

PARLEMENT DE TOULOUSE. 87

Conseillers honoraires, *Messieurs*

1727 Dalbis.
1730 de Mauran.
1731 de Papus.
1733 de Laſſalle.
1740 de Vayſſe.
1743 du Boiſſet.
  de Prats.
1745 de Trenqualaye.

1746 d'Heliot.
1750 de Catellan de Caumont.
1747 de Bernard de S. Jean.
1751 de Vic.
  de Boutaric-Lafont-Vedely.
1752 de Barbara de Boiſſeſon.
1760 de Fajole.

CHAMBRE DES REQUÊTES.

Présidents. *Messieurs*

1775 de Cerat.

Conseillers, *Messieurs*

1756 de Rudelle d'Alzon.
1764 de Rolland.
1769 de Ribonnet.
1771 de Lacaze, baron de Villiers.
1776 de Cazes.
1777 Labrouſſe de Veyrazet.

1781 de Trenqualye de Magnau.
1782 Delhiot.
  de Leſpinaſſe.
  de Buiſſon d'Auſſonne.
1738 de Nicolas, *hon.*
1760 de Villefranche, *hon.*

Gens du Roi. *Messieurs*

1779 de Reſſeguier, marq. de Miremont, *av. gén.*
1743 Lecomte, marq. de Noe, *proc. général.*

1782 de Catellan-Caumon, *av. général.*
  Lecomte, marq. de Latreſne, *avoc. gén.*

Gens du Roi aux Requêtes. *Messieurs*

Chambal, *avoc. du roi.*
de Lautar, *proc. du roi.*

Gens du Roi aux Requêtes pour le département des Eaux et Forêts. *Messieurs*

1777 de Baron, *av. du roi.*
1777 de Guiringaud, *pr. du roi.*

Parlement de Toulouse.

Substituts de M. le Procureur Général. *Messieurs*

Salasc.
Manent.
Fronton.

Perrey.
1783 Bonnefont, chan. de l'E-
glise de Tarbe.

Greffiers en Chef. *Messieurs*

. . . . *le civil.*
1768 Bourdés, *le criminel.*

1765 Doat, *les affirmations.*
17 . . Valescure, *au souver.*

CHANCELLERIE.

M. Ducasse, *garde des sceaux.*

Secrétaires du Roi de l'ancien College. *Messieurs*

Lacarriere de Labro.
de Vinas.
de Borel.
Brechel de Vedelines.
Tieux de Lasserre.
de Sacaze.

de Vignes.
Jacques de Gounon.
de Lacombe.
de Gounon, *honor.*
de Rastais, *honor.*

Secrétaires du second College. *Messieurs*

de Jussi.
de Mery.
de Proudeau.
le Duc.
Laborde.
de Morille.

Guilhaume Agasse.
Lacoste, *avocat.*
Blanchart de Sept Fontaines.
M. Barada, *Scelleur & Recev.
des émol. du sceau.*

Conseillers du Roi Rapporteurs Référendaires. *Mess.*

Mascart.
Poirson.
Fornier.
Laporte.
Bonnet.

Da..
Lespinasse.
Ricard.
Batic.
Dabatia.

PRÉSIDIAUX DU RESSORT.

I. PRÉSIDIAL D'AUCH. 1639.

Les Officiers des anciens Comtes d'Armagnac rendaient la justice, en pareage avec les Archevêques ; mais tous les domaines de ces Souverains ayant été réunis à la couronne, Louis XI, par lettres patentes du 17 Décembre 1473, enregistrées au Parlement de Toulouse le 3 Février suivant, établit un *Sénéchal* avec un certain nombre d'Officiers dans la ville d'Auch. Quelque temps après, la peste ayant ravagé cette ville, les Officiers, qui formaient ce tribunal, se retirèrent dans la ville de Lectoure, qui était alors de leur ressort. Ils y tinrent leurs séances jusques vers l'an 1527, que, sur la réclamation de la Noblesse & des Communautés d'Armagnac, Louis XIII, par son édit de Janvier 1635, rétablit le Sénéchal dans la ville d'Auch, & y ajouta un présidial, avec un nombre déterminé d'Officiers. Les choses restèrent en cet état jusqu'au mois de Décembre 1772, que Louis XV réduisit à treize le nombre des Officiers. Mais Louis XVI, par son édit du mois d'Août 1776, enregistré au Parlement de Toulouse, le 10 Septembre suivant, rétablit le nombre des Officiers à vingt-trois Titulaires.

Le Présidial d'Auch juge en dernier ressort, soit avec le Prévôt, soit sans cet Officier, les criminels de sa compétence. Les Lieutenans généraux, civil & criminel, portent la robe rouge dans les cérémonies publiques ; & cette Compagnie a le pas sur toutes les autres, même sur le Bureau des finances.

En cas d'absence du Juge-Mage, ou Lieutenant général civil, c'est aux autres Lieutenans qu'il appartient de présider, selon leur ordre ; ensuite aux Conseillers ; mais jamais le Lieutenant général criminel, ou son assesseur, ne peut prétendre à ce droit. Il en est ainsi dans les affaires criminelles. Dans l'absence du Lieutenant général criminel & de l'Assesseur criminel, la présidence appartient au doyen des Conseillers, ou à celui qui le représente. Ainsi, quoique le Lieutenant général criminel & son Assesseur aient le droit d'assister aux audiences & aux procès par écrit, ils ne peuvent jamais prétendre présider les Conseillers dans les affaires civiles.

La Sénéchaussée d'Auch est resserrée au levant par celle de Toulouse, au couchant par celle de Condom, & au nord par celle de Lectour. Elle est très-étendue au midi, & comprend une grande partie des Pyrénées jusques aux confins du royaume. Cet espace contient plusieurs villes & environ 600 communautés. Là sont différens Juges royaux, qui sont obligés de subir l'examen, prêter serment, & se faire recevoir en la Sénéchaussée d'Auch.

Officiers. *Messieurs*

1763	le Baron d'Angosse, *brig. des armées, sénéch. & gouvern.*	1768	Doat, *conseiller d'hon.*
		1782	Paris, *consr. d'honneur.*
		1767	Lacroix.
1768	de Marignan de Seissan, *juge-mage, lieut. gén.*		Brie de Perpieux.
		1769	Soliraine.
1760	Descoubès de Montlaur, *lieut. gén. crimin.*	1778	Durgeuil.
		1777	Bairis.
1780	Duffaut, *lieut. princip.*	1782	Barie.
1747	Carrere, *prem. lieuten. particul.*		Tappie, *cos. de Pavie, honoraire.*
1783	Soliraine, *second lieut. partic.*		Ferragut, *honoraire.*
		1776	Pagne, *proc. du Roi.*
1768	Beguier, *lieuten. assess. crimin.*	1781	Sentets, *avoc. du Roi.*
		1783	Lechac, *avoc. du Roi.*
1741	Bouton, *doyen & garde des sceaux.*	1753	Roubée, *greff. en chef civ. & crimin.*
1744	Castera.	17..	Bajon, *prem. commis civ.*
1757	Boubée Gramont.		
1760	Courtade.	17..	Jamaleus, *com. crim.*

Nota. MM. les Conseillers d'honneur, qui ont voix & séance par-tout, ne peuvent assister qu'en habit noir, manteau court, en rabat, une plume blanche au chapeau & l'épée au côté.

2. PRÉSIDIAL DE BÉZIERS. 1551.

Les noms des Membres de cette Compagnie ne nous ont pas été fournis.

3. PRÉSIDIAL DE CAHORS. 1551. *Messieurs*

1748	Peyre, *prés. anc. juge-mage, lieut. gén. civ.*	1749	de Boisson, *prés. présidial.*

PARLEMENT DE TOULOUSE. 91

Messieurs

1779 Laulanié, *lieuten. gén. crimin.*
.... *lieut. princ.*
1748 Baudus, *lieut. part.*
Teyssendiere, *doyen.*
.... *cons. clerc.*
1763 Vauque Bellecourt. Duc.

1774 Lapeyriere.
1775 Calmel.
Savary.
1781 Sers.
1752 Regourd de Vaxis, *proc. du Roi.*
1782 Baudus, *avoc. du Roi.*

4. PRÉSIDIAL DE CARCASSONNE. 1551.

Long-temps Carcassonne fut le siége de ses Comtes. S. Louis y confirma la Sénéchaussée que Simon, comte de Montfort, y avait établie en 1209. Ce siege, avec le Présidial qui y avait été joint, dès la première création de ces tribunaux, fut transféré, en 1633, dans la ville basse de Carcassonne. Cette Sénéchaussée est la seconde des trois premières du Languedoc. Elle se trouvait même, dès son origine, la plus considérable de la province, puisqu'elle étendait sa jurisdiction sur treize diocèses; mais elle est réduite à un très-petit ressort, depuis qu'on l'a démembrée, pour composer celles de Montpellier, Beziers, Pamiers, Castelnaudary, Limoux & Castres.

OFFICIERS. *Messieurs*

1784 le Duc de Fleury, *sénéc.*
de Rolland, *juge mage, lieut. gén.*
Alboize du Pujol, *lieut. gén. crim.*
Roque de Salvaza, *lieutenant principal.*
David de la Fajole, *lieut. part.*

Pont de Roujeat, *doyen.*
de Vallete.
de Lamarque, *honoraire.*
de Benaset, *avoc. du Roi.*
de Donnadieu, *proc. du Roi.*
de Meric de Rieux, *gr. en chef.*

5. PRÉSIDIAL DE CASTELNAUDARY. 1551.

Ce siége ne fut d'abord qu'une simple *jugerie*, qui fut érigée en Sénéchaussée à l'époque de l'érection du Lauragais en comté, par Louis XI en 1477. Cette érection fut faite en faveur de Bertrand de la Tour, à qui ce Prince donna ce pays en échange du comté de Boulogne. Les différends survenus sur cet échange suspendirent l'exercice de la jurisdiction de la Sénéchaussée de Lauragais, jusqu'à ce que Catherine de Médicis, héritière de la Maison de la Tour, en obtint le rétablissement en 1551.

OFFICIERS, *Messieurs*

Le Comte de Paulo, *sénéch. & gouvern.*
de Gauzy, *juge-mage, l. gén.*
Mas, *juge criminel.*
Solier, *lieuten. principal.*
Loubat-Desplats, *l. princ. hon.*
Borrel-Vivier, *lieut. part.*
d'Estadieu, *doyen.*
Taurines.

Dat.
Guillermy.
Loudes, *honoraire.*
de Ménard, *avocat du Roi.*
Capella, *fils, proc. du Roi.*
Capella, *pere, proc. du Roi, honoraire.*
Marquier, *greffier en chef.*

---

6. PRÉSIDIAL DE LEICTOUR. 1621.

Les noms des Membres de cette Compagnie ne nous ont pas été fournis.

---

7. PRÉSIDIAL DE LIMOUX. 1642.

La Sénéchaussée & le Présidial de Limoux furent établis le 2 Mars 1642, sous le regne de Louis XIII. Leur ressort comprend 400 villes ou communautés, dont seize ont entrée aux Etats de la province.

OFFICIERS. *Messieurs*

17.. Le Duc de Fleury, *sén.*
Benoit, *juge-mage, prés. présid.*
Saurine, *lieut. criminel.*
Albarel, *lieut. princ.*

Vasserot, *conseiller.*
Bonpieire, *proc. du Roi.*
de Feste, *avoc. du Roi.*
Ricutort, *greffier.*

---

8. PRÉSIDIAL DE MONTAUBAN. 1630.

La Sénéchaussée de Montauban est un démembrement de ancienne Sénéchaussée de Quercy. La date de son établissement est inconnue, & paraît fort ancienne. Le Présidial a été créé par édit de 1630. On compte dans l'étendue de la Sénéchaussée une population de cent mille ames. Elle a dans son ressort 144 paroisses, 18 justices royales, & 67 seigneuriales. Les principales justices royales sont Caussades, Molieres, Cailus, la Française, Réalville, Septfons, Mirabel, Montfermier, Beauregard, Jaserac, Lavaurete, l'Espinas, Cairac, Lesparre, Montalzat, S. Vincent, Moissac en contestation avec Lauzerte, &c.

OFFICIERS. *Messieurs*

1782	le marquis de Lostanges, col. de dragons, *sén*	1767	Fournes.
1780	Majorel, *juge-mage, l. génér.*	1782	Boussac.
		1742	Dordé, *honoraire.*
		1777	Seguy, *avoc. du Roi.*
1784	Chevrel, *juge criminel.*	1782	Acher Duvernés, *proc. du Roi.*
1776	Silven, *lieut. principal.*		
1757	Caminel, *l. part. assess. criminel.*	1758	Garrigues, *proc. du Roi, honoraire.*
1765	Darassus, *doyen.*	1776	Viguié, *greff. en chef.*

9. PRÉSIDIAL DE MONTPELLIER. 1552.

Il n'y avait anciennement dans le Languedoc que trois sénéchaussées, Beaucaire, Carcassonne & Toulouse. La justice était administrée dans les autres villes par des Juges connus sous différentes dénominations. On croit, avant de parler de ceux de Montpellier, devoir donner une légère idée de cette ville.

Elle appartenait, dans les tems dont on ne saurait marquer l'origine, aux comtes de Substantion. Deux filles uniques, descendantes de cette maison, en firent donation à Ricuin, évêque de Maguelone. Celui-ci en garda une partie, & donna l'autre en fief à Guy ou Guillaume. Ses descendans en jouirent jusqu'à la fin du douzieme siecle, qu'il ne resta de cette maison qu'une fille unique nommée Marie. Elle fut mariée à Pierre II, Roi d'Arragon & de Majorque, auquel elle porta en dot la ville & seigneurie de Montpellier.

Pierre V, leur arriere-petit-fils, la vendit au Roi de France.

Philippe-le-Bel voulant y réunir celle dont jouissaient les évêques de Maguelone, leur donna en échange la comté de Melguel ou de Mauguia; ils en jouissent encore; au moyen de quoi cette ville fut en entier sous la domination des Rois de France.

Il y avait de tous les tems à Montpellier deux jurisdictions, l'une supérieure & composée de plusieurs officiers, appellée la Cour du palais ou du gouverneur; l'autre subalterne, appellée la Cour du baillif. La première avait dans son arrondissement nombre de juges inférieurs.

Il fut ensuite, en 1335, donné à la cour du palais la forme & l'état de sénéchal, & au baillif la dénomination de Viguier, juge royal ordinaire.

Avant ce tems, il avait été établi par Saint-Louis une jurisdiction importante & très-étendue, dont le siége principal avait été fixé à Montpellier. C'était celle du petit scel, l'un des trois sceaux du royaume attributif de jurisdiction. Ce juge avait des lieutenans dans tout le royaume qui lui ressortissaient, & il était enjoint à tous les notaires sans exception d'interpeller les parties de déclarer si elles voulaient ou non se soumettre à cette jurisdiction, & d'en faire mention dans les actes; le sénéchal était le supérieur immédiat de ce juge, & par-là il connaissait par appel de toutes les causes qui venaient à lui de tous les états de la domination de nos Rois.

Le Roi Henri II créa en 1552 un siege présidial pour Montpellier; il l'unit au sénéchal.

Louis XIV y réunit par édit de juillet 1680 la place de Viguier, juge ordinaire.

Louis XV son successeur en fit de même pour la jurisdiction du petit scel; & depuis ces tems il n'y a à Montpellier de juge royal ordinaire que le sénéchal & présidial.

Les priviléges & la compétence de ce tribunal sont à peu-près les mêmes que ceux des autres tribunaux de cette espèce; on se contentera de parler de quelques-uns qui sont particuliers à la ville. Ses habitans vivaient sous leurs anciennes loix; elles n'étaient pas bien fixes, ce qui les engagea à les rédiger en forme de statuts; ils y comprirent ce qui regardait le gouvernement, les droits du seigneur, leurs priviléges, l'ordre judiciaire & le bien public de la ville.

Ils se présentèrent à Pierre II, Roi d'Arragon & de Mayorque. Ce prince les munit de son grand sceau, & il en jura l'observation le 15 août 1204 dans l'église de Notre-Dame des Tables. La Reine Marie sa femme, qui lui avait porté en dot la ville & la seigneurie de Montpellier, en fit de même le 28 septembre suivant.

Le tems, qui altère tout, en afföiblit insensiblement l'observation; le droit Romain, en usage dans le Languedoc, devint peu à peu le droit de la ville, la plûpart des articles de ces statuts tombèrent en désuétude ; on se contentera d'en rapporter quatre, parce qu'ils ont trait à l'ordre public, ils sont exactement observés.

Montpellier est ville d'arrêt.... il n'est besoin que de trois témoins dans la confection des testamens.... Une femme qui n'a point d'enfans ne peut instituer son mari son héritier universel, ou toute autre personne par lui interposée, sans l'avis de ses parens, ou les avoir fait sommer par acte d'y être présens ; & en leur absence, sans y être autorisée par un magistrat..... Le mari qui survit à sa femme conserve l'usufruit des biens immeubles qu'elle s'est constituée, à moins qu'il n'y eût une convention expresse du contraire.

Officiers. Messieurs

17.. Le maré. de Castries, sén.	1773 Farjon.
1778 Batthez, juge-mage, lieut. gén. né.	1774 Rolland, seigneur de Mayes.
1751 Seurat, juge criminel.	Castan.
1772 Farjon, lieut. principal.	1777 Galyé, sgr. de Puech-Chevalier.
1775 Martel, lieut. partic.	
1757 Astruc de Vissec, doyen.	Coulomb.
Bardy, sous-doyen.	1779 Lemoinier.
1756 Magnol, clerc honor.	1780 De Monclar de Caumel.
1762 Carquet, honoraire.	1759 Campan, av. du Roi.
1759 De Grasset.	1751 Nadal, proc. du Roi.
1770 Benezech, co-seigneur de Mirevaux.	Vidal, greffier en chef.

10. PRÉSIDIAL DE NISMES. 1551.

Ce tribunal est l'une des trois sénéchaussées de la province à laquelle a été réunie la célèbre jurisdiction des conventions royaux de Nîmes ; elle a essuyé en différens tems, même de nos jours, des démembremens considérables.

Officiers. Messieurs

De Monteynard, marquis de Montfrin, sénéchal.	Ricard, lieut. principal.
	De Gabriac, lieut. part.
Augier, juge-mage, l. gén.	..... lieut. du sén. d'épée.
Fajon, lieut. criminel.	Magne, doyen.

Messieurs

De Chalbos de Cubieres, *baron de Teirargues.*
Fornier de Meyrar.
Palisse de Caissargues.
Pintard.
Michel.
Roustan.
De Monteils.
Delom.
Mazauric.
De Verot.
Mazel, *avocat du Roi.*
Brunel de la Bruyere, *proc. du Roi.*
Soubeiran, *avocat du Roi.*
Gaujoux, *greffier en chef.*

---

11. PRÉSIDIAL DE PAMIERS. 1646. *Messieurs*

Le maréchal de Segur, *sénéc.*
De Marquié-Cussol, *j. m. lieut. gén. civ.*
. . . . . *lieut. gén. crimin.*
De Palmade-Fraxines, *lieut. part. civil.*
De Bardon, *l. part. ass. crim.*
Gaillard, *doyen.*
Darmaing.
Vadié.
Grave.
Dessort.
Vignes.
Darmaing, *avocat du Roi.*
Charly, *proc. du Roi.*
. . . . . *avocat du Roi.*
Castel, *greffier en chef.*

---

12. PRÉSIDIAL DU PUY EN VELAY. 1549.

Les noms des Membres de cette Compagnie ne nous ont pas été fournis.

---

13. PRÉSIDIAL DE RHODEZ. 1635.

L'origine de cette sénéchaussée remonte au neuvième siècle. Le présidial y fut établi par édit de juillet 1635, sous le regne de Louis XIII, & confirmé par divers édits postérieurs, rendus en 1650, 1657, 1659 & 1664, sous le regne de Louis XIV.

OFFICIERS. *Messieurs*

Le Prince de S. Mauris, *sénéchal.*
1759 de Seguret, *prés. juge-m. lieut. gén.*

PARLEMENT DE TOULOUSE.

Messieurs

1783 Enjalran, *lieut. crim.*	1782 Jauffion, *honoraire.*
1740 Jouery, *lieut. crim. vét.*	1759 Gaffuel.
1780 de Cuffac, *lieut. princ.*	1760 Vaiffe.
1733 Delauro pere, *l. pr. vét.*	1766 de Villaret.
1759 Delauro fils, *l. pr. vét.*	1768 Maimac.
1753 de Cabrieres, *l. part.*	1781 Dijols.
1764 Baldit, *aff. civ. & crim.*	*Deux charges de conf. vac.*
1760 Delon, *l. de robe-courte.*	1752 Boiffe, *proc. du Roi.*
1767 de Laval, *chev. d'honn.*	1757 Davernhe, *av. du Roi.*
1732 Bancarel, *doyen.*	1755 Beffiere, *av. du Roi.*
1755 Azemar.	. . . . . . *greffier en chef.*
1756 Planard.	17.. Monteil, *com. aux faif.*
1759 Julien.	*réelles.*

14. PRÉSIDIAL DE TOULOUSE. 1551.

Dès l'an 1210, les comtes de Toulouse avaient un principal officier de leur justice dans l'étendue de leur comté, connu sous le nom de Sénéchal. Après la réunion de ce comté à la couronne, arrivée en 1271, le gouvernement s'empreffa d'établir un fénéchal dans cette ville, pour y rendre la justice. Le plus ancien qui nous foit connu, depuis la réunion, eft Pierre de Voifins, qui l'était en 1275. On voit par-là que la jurifdiction du fénéchal eft très-ancienne.

Le foin d'adminiftrer la juftice n'appartient plus aux fénéchaux; ce font leurs officiers qui la rendent en leur nom. Ils connaiffent des appellations des juges royaux & bannerets, & des caufes des nobles en première inftance.

Depuis la fuppreffion de la viguerie, faite en 1745, les habitans de cette ville, ceux du gardiage & de la viguerie plaident en première inftance à la fénéchauffée ou au préfidial, fans être obligés de prendre des lettres de la chancellerie pour cette dernière jurifdiction.

Ce fut en 1551 qu'Henri II établit un préfidial dans la fénéchauffée de Toulouse. Les officiers, qui font les mêmes que ceux de la fénéchauffée, jugent en dernier reffort, foit par appel, foit en première inftance, toutes les caufes qui n'excèdent pas deux mille livres; & en matière criminelle, ils connaiffent, en dernier reffort, des cas prévôtaux, & les

PARLEMENT DE TOULOUSE.

jugent conjointement avec le prévôt, même par préférence à lui, s'ils ont décrété avant lui, ou dans les 24 heures.

Les officiers de cette jurisdiction sont distribués en trois chambres; deux civiles & une criminelle. Le département s'en fait tous les six mois.

Officiers, Messieurs

De Chalvet-Rochemonteix, *sén. de Toulouse & pays Albigeois.*	1764 de Compayré.
	1766 de Palis.
	d'Esparceil.
1769 de Laitigue, *juge-mayeur, lieut. gén.*	1769 Ruotte, *ass. du prévôt.*
	1771 de Moysset.
1769 de Sabalos, *juge crim.*	1776 de Baric.
1766 Demont, *lieut. part.*	Derrey de Belbeze.
1774 de Montané de Laroque, *lieut. part.*	1780 de Carratié.
	1763 de Loubeau, *av. du Roi.*
1765 Berrié, *lieut. princip.*	1750 de Lagane, *proc. du Roi.*
1743 d'Espigat, *doyen.*	1765 de la Porte-Marignac, *avocat du Roi.*
1746 de Bernardou de Salmanac.	Lefevre, *greff. en chef, civ. crim. affirm. & présent.*
1764 de Bellegarde.	
de Rimailho de Lassa'e.	
1764 Carles de Lancelot.	

III. PARLEMENT DE GRENOBLE.
1337.

(*Voyez l'établissement de cette Cour, dans l'Edition de 1783, pag. 424.*)

Elle vaque depuis le 7 Septembre jusqu'à la S. Martin.

PRÉSIDENTS, Messieurs

1760 de Berulle, chevalier *premier*.	de Barral de Montferrat.
1779 de Berulle, fils, en *surv.*	de la Coste de Bouqueron.
17. de la Croix-de-Sayve d'Ornacieux.	de la Croix-de-Sayve d'Ornacieux, fils.
de Barral.	de Bressac.
de Vaulx.	. . . .

CHEVALIERS D'HONNEUR, Messieurs

de Vachon.	Deagent de Morges.

CONSEILLERS, Messieurs

de Barral, *doyen*.	de Perouse du Vivier.
de Berger de Moydieu.	de Chaleon de Chambrier.
Dupuy de S. Vincent.	de Longpra, *syndic*.
de Barin, pere.	de Blosset.
de Guignard de S. Priest, intendant de Languedoc, *honoraire*.	d'Yze.
	de Chatelard de Garcin.
	de Loulle.
de Revol.	Dupuy de S. Vincent.
de Malivert de Pomiers.	de Ravel de Montmiral.
de Gallien de Chabons.	de Jacquemet de S. Georges.
Corbet de Meyrieu, *syndic*.	de Meffrey de Cézarge.
de Barral, év. de Troyes, *hon.*	Aymon de Franquieres.
de Sausin.	de Vidaud d'Anthon.
Copin de Miribel, *hon.*	de Barin, fils.
de Garnier.	de Trivio.
D'Agoult.	de Chevalier Distias de Sinard.

G ij

Parlement de Grenoble.

Messieurs

de Baronat.
de Berulle, fils.
Leclet.
de Bourcet.
de Vignon de Saille.
Anglés.
de Raftel de Rocheblave, *clerc*.
de Vaulx.
de la Salcette.
de Vaulserre des Adrets.
de Gassendi de Tartonac, *clerc*.
de Chaleon de l'Albenc.
de Besso.
d'Artous.
Duboys.
d'Aglancier de S. Germain.
1784 de Barral.
Neuf charges vacantes.

Gens du Roi. *Messieurs*

1754 Colaud de la Salcette, conf. d'état, *avocat général*.
1771 de Berger de Moydieu, fils, *procureur général*.
de Reynault, *proc. gén. en furviv. avec exercice*.
1781 Savoye de Rollin, *avocat général*.
de la Boissiere, *avocat général*.

Substituts de M. le Procureur général. *Messieurs*

Veyret.
Chancl.
Bonnet Dumolard.
Joly.
Courriere.
Gruau.
Imbaud.
. . . .

Secrétaires. *Messieurs*

Drier de Laforte.
Chaumat.
Boisset.
de Chavane.
Basset.
Boudet.
Morand.
Merle.

CHANCELLERIE.

M. de la Mare, *garde des sceaux*.

SECRÉTAIRES DU ROI.

Secrétaires-Audienciers. *Messieurs*

Letourneau, *syndic, à Grenoble*.
Barruel, *à Villeuve de Berg*.
Gubian, *à Lyon*.
Chaubry, *à la Fleche*.

PARLEMENT DE GRENOBLE.

SECRÉTAIRES-CONTRÔLEURS. *Messieurs*

Robin de Villebuxiere, *à Château-Roux.*
Tournachon, *à Paris.*
Bethenod, *à S. Chamond.*
Garnau, *à Paris.*

SECRÉTAIRES ANCIENS. *Messieurs*

Circaud, *à Villefranche.* Mégard, *à Gex.*

SECRÉTAIRES PAR COMMISSION. *Messieurs*

Letourneau, *à Grenoble.*
Froment, *à Grenoble.*
Pinchinat, *à Orléans.*
Bouchard, *à Paris.*
de May, *à Bordeaux.*
Haunaire, *à Dijon.*
Guillet, *à Limoges.*
Rempenoulx de Vigneau, *à Limoges.*

SECRÉTAIRES CRÉÉS EN 1715. *Messieurs*

Cureau de Ronce, *au Mans.*
Maudre, *à Rouanne.*
Perrin de Noally.
Reynier de Bruyeres, *à Paris.*
Pihery de l'Horme, *à la Fleche.*
Rouflet, *à Lyon.*
le Pailleur de l'Angle, *à Paris.*
Dequizable de la Côte, *à Perigueux.*
1784 Satis de la Garenne, *à Paris.*

CONSEILLERS DU ROI RÉFÉRENDAIRES. *Messieurs*

Durand.
Balmet.
Pascal.
Tesseire.

CONSEILLERS DU ROI GREFFIERS GARDES-MINUTES. *Messe.*

Tournier.
Chabert.
Allemand Dulauron.
Nugue.

CONSEILLERS DU ROI TRÉSOR. RECEV. DU SCEAU. *Messieurs*

Robert.
Milliet.
Bouth.

PRÉSIDIAL DE VALENCE. 1636.

La sénéchaussée de Valence fut établie dès 1450. Quand

Louis XI, encore Dauphin, fit rentrer les terres des évêques de Valence & Die en son obéissance, elle reçut alors les appels des juges de ces deux villes & d'environ deux cents paroisses dont ce pays est composé, & en jugea les causes ordinaires en paréage, outre les cas royaux & la police.

Il y a été depuis établi un présidial en 1636, qui comprend les appels en matières édictales des quatre bailliages de Saint-Marcelin, Crest, Moullimard & le Buit, autrement appellé Bailliage des Montagnes.

En exécution, de différents réglemens intervenus sur procès depuis la création du présidial, ce siége ne connait plus dans l'étendue de son territoire en sénéchaussée que des appels en police indéfiniment, & aux chefs de l'édit de toutes matières qui ne l'excèdent point ; à l'égard des justices des évêchés de Valence & Die, & en première instance au civil & criminel il connait de tous droits & lettres-royaux, exécution d'arrêts, mandemens & commission du Roi, de toutes matières bénéficiales, des causes & priviléges des docteurs, régents, écoliers & supôts de l'université de Valence dont il est conservateur, comme des priviléges de la ville ou officiers municipaux & conseil commun ; il a de plus la connaissance par attribution des causes des gouverneurs, officiers, soldats, capitaines des portes & quartiers de la ville & de la citadelle ; & par réunion de siéges, des causes & procès de ses officiers, avec les appellations des juges royaux des villes de Chabeuil & d'Etoile, deux terres du domaine.

Au moment de l'établissement de l'académie Française, Baltazar Baro, l'un de ses membres, était procureur du Roi en ce siége.

Officiers, Messieurs

1763	de Gaillard, *lieut. gén.*	1771	de Roucet.
1770	Dauphin, *lieut. civil.*		Realier.
1782	Denerre, *lieut. princip.*	1754	Bergeron, *proc. du roi.*
1774	de Plovier, *lieut. part.*	1753	Teissonnier, *avoc. du roi.*
1777	Duplan, *assess. civil & crim.*	1774	Deijaque, *avoc. du roi.*
			Debeaux, *gref. civil & crimin.*
1728	Cartier, *doyen.*		
1729	de la Lombardiere.		Cotte, *gref. d'appeaux.*
1758	Baude.		

IV. PARLEMENT DE BORDEAUX.
1451.

Voyez sur l'établissement & le ressort de cette Cour, l'Edit. de 1783, pag. 425.

La clôture de ce Parlement se fait le 7 Septembre, & il rentre le 12 Novembre.

PRÉSIDENTS DE LA GRAND'-CHAMBRE.
Messieurs

1766 Leberthon, chev. *prem.* | 1769 Daugeard de Virazel.
1760 de Pichard. | 1770 de Verthamon.
1768 de Lavie. | 1777 Leberthon.

CHEVALIERS D'HONNEUR. *Messieurs*

1748 de Gombault de Rasac. | 1768 de Brach de Montussan.

PRÉSIDENTS DE LA TOURNELLE.
Messieurs

1768 Daugeard. | 1780 Mercier Dupaty.
1779 de Spens. | . . . .

PRÉSIDENTS DE LA Ire DES ENQUÊTES.
Messieurs

1728 de Loret. | 1738 de Gourgue.

PRÉSIDENTS DE LA IIe DES ENQUÊTES.
Messieurs

1740 de Verthamon d'Ambloy. | 1771 Lynch.

CONSEILLERS DES QUATRE CHAMBRES. *Messieurs*

1733 de Lacolonie, *doyen.*
1737 de Salegourde.
1738 de Fauquier.
1740 Pelet.
1743 Pelet d'Anglade.
1744 d'Arche de la Salle.
     Geneste de Malromé.
1746 de Lamontaigne.
1749 de Marbotin.
     de Pic de Blais.
1751 Darche.
1752 de Navarre.
1755 de Brivazac.
     de Feger, *clerc.*
     Duluc.
1756 de Laroze.
     Dusault.
1757 Paty du Rayet.
     Delpy de la Roche.
     de Loyac.
1759 de Chaperon de Terrefort.
     de Barbeguier, *clerc.*
     de la Molere.
1760 de Jaucen de Poissac.
1762 de Geres de Loupes.
     Dubarry.
     Basquiat Mugriet.
1763 de Ruat de Buch.
     de Castelnau.
     de Prune du Vivier.
     de Rolland.
     de Lalyman.
1764 de Garat.
     Perés d'Artassan.
1765 de Fonbrauge.
     de Boucaud.
     de Minville.
1766 de la Roque.
1767 de Baritault de Soulignac.
     Barret.
1768 Duval.

1768 de Gobineau.
     de Montalier de Grissac.
     de Messon.
     de Marbotin de Conteneuil.
     de Biré.
     de Lassale.
1769 de Conilh.
     Bouquier.
     de Filhot.
1770 de Raigniac.
     de Montcheuil.
1771 Basterot.
1776 Monsec de Raigniac.
     de la Porte.
     de Messon, *clerc.*
     Martiens de Lagubat.
     Reculés de Poulouzat, *cl.*
     de Labat.
     de Lamouroux de Parempuyre.
     de Laboissiere, *clerc.*
1777 Leblanc de Mauvesin.
     de Laboyrie.
1779 Filhot de Marans.
     de Mothes.
     Chauvet.
1780 de Branc.
     de Pic de Blais.
     de Castelneau Dauros.
     de Bergeron.
1781 la Sagerdie de Saint-Germain.
1782 la Jaunye.
     Peyronnet.
1783 de Chalup.
     de Chimbaud.
     de Masperier.
     de Mauvesin.
1784 de Casaux.
     Dubergier de Favars.

PARLEMENT DE BORDEAUX.

CONSEILLERS HONORAIRES, Messieurs

1728 Leydet,
de Listerie.
1733 Pati de Bellegarde.
de Carriere.
1736 Duval.
1737 de Guyonnet.
de Labat de Moncleyron.
1738 Chatard.
1743 de Fieux.
Prune Duvivier.

1746 de Conseil.
Duroy.
1747 de Lalande.
1748 du Rauzan.
1749 de Fonteneil.
1754 Dumas.
de Richon.
1755 Thilorier.
1764 Maignol.

CHAMBRE DES REQUÊTES.

PRÉSIDENTS, Messieurs

1759 de Sentout.   1766 de Bienassis.

CONSEILLERS, Messieurs

1764 Leydet.
1766 Cajus.
1767 de Fonroze.
1768 Roche de la Mothe.

1777 de la Touche-Gauthier.
de Lominie.
1778 de Carriere.
1783 de Lorman.

GENS DU ROI, Messieurs

1779 Dufaure de la Jarte, av.
gén. au civil.
1764 Dudon, proc. gén.

1780 de Lalande, av. gén. à
la Tournelle.
1760 Saige, honoraire.

SUBSTITUTS DE M. LE PROCUREUR GÉNÉRAL, Messieurs

Lalouble.
Riviere.

Montaubricq.

GREFFIERS EN CHEF, Messieurs

1783 Delpech.
. . . .
Razac, aux requêtes.

Dumoulin, les affirm.
Comar, les présenta-
tions.

CHANCELLERIE.

M. Cassieux, garde des sceaux.

Secrétaires du Roi Audienciers. Messieurs

Tennet.
Dufour.
Cazenave de la Caussade.
Menoire.

Secrétaires du Roi Contrôleurs. Messieurs

Leblanc-Nogués.
Seguineau.
Fonfrede.
Aquart.

Conseillers Référendaires. Messieurs

1764 Dussault.
1765 Monnerie de Jullian.
1771 Dumas Saint-George.
1771 Mortier.
1773 Bonnin de Liniere.
1775 Duval.
1778 Masson.
1780 Bechade.
1781 Souillagon Dubruet.
1782 Guilhem.
Dubois.

GRANDS SÉNÉCHAUX DU RESSORT.

Messieurs

Duché de Guienne. Duperier de Larsan.
Bazadois. de Piis.
Périgord. le comte de Verteillac.
Quercy. le marquis de S. Alver.
Rouergue. le marquis de Dampare.
Nebouzan. le Comte d'Irle.
Bigorre. le Duc de Gontaut.
Armagnac. le Baron d'Angosse.
Albret. le marquis de Pons.
Marsan, Tursan & Gabardan. le chevalier de Mesmes.
Agenois & Condomois. le marquis de Castelmoron.
Les Landes. le vicomte de Juliar.
Pays de Labour. d'Urtubie.

PRÉSIDIAUX DU RESSORT.

1. PRÉSIDIAL D'ACQS. 1551.

On ne nous a pas fourni le nom des Membres de cette Compagnie.

2. PRÉSIDIAL D'AGEN. 1551. *Messieurs*

1779	de Belbunce, *gr. sénéch.*	1750	Daubas.
1733	de Jacobet, *président.*		de Costas.
1779	de Lafitte, *lieuten. gén.*		de Vigné.
1761	de S. Phelip, *lieut. gén. crim.*	1763	de Beaubens.
1748	Bosc, *lieutenant princ.*	1767	Vacqué de Falagret.
1772	Uchard, *lieut. partic*		Barret de Roux.
1775	de Lacuée, *assess. civ. & criminel.*	1768	Daunac, *clerc.*
1740	de Groussou, *doyen.*	1774	de Lerou.
1734	de Laurens, *hon.* 1768.	1766	de Martinel, *avocat du Roi.*
1744	Chabriete de Fousaude.	1774	de Boudru, *procureur du Roi.*

1776 M. de la Boissiere, *avocat du Roi*, reçu lieutenant part. le 14 Octob. 1756.

3. PRÉSIDIAL DE BAZAS. 1551.

On ne nous a pas fourni le nom des Membres de cette Compagnie.

4. PRÉSIDIAL DE BORDEAUX. 1551.

La Sénéchaussée de Guienne est divisée en deux siéges principaux, Bordeaux & Libourne. Le Sénéchal de Guienne a le droit d'assembler la Noblesse & de la commander, lorsqu'il en reçoit l'ordre de la Cour. Il confirme les Maires, qui, tous les deux ans, sont nommés dans les villes de Libourne, Blaye, Bourg & S. Emilion. Les jugements & les sentences qui se rendent dans ces deux siéges sont prononcés & s'expédient en son nom.

Les Officiers du Présidial de Bordeaux jugent, avec le Prévôt des Maréchaux de France, les cas prévôtaux, dans la chambre du conseil de leur siège.

OFFICIERS, *Messieurs*

de la Rose, *conf. d'état & au parlem. présid. lieut. gén. & conservateur des privileges royaux.*

de Maleret, *lieuten. criminel.*	Rambault.
Dumas, *lieutenant particul.*	Arnaud.
la Fourcade, *asseseur.*	Copmartin, *avocat du Roi.*
Verdery, *doyen.*	Couleau, *procureur du Roi.*
Buisson.	Ladoire, *avocat du Roi.*
Landrau.	la Maigniere, *greffier en chef.*

---

5. PRÉSIDIAL DE BRIVES. 1551. *Messieurs*

1781 de Maleden, *l. gén. civ. & de police.*	1762 Loubrias de la Chapelle.
	1765 Maillard de Belleson.
1766 Cerou de Jayle, *lieut. gén. criminel.*	1770 Maigne de Sarrozar.
	1773 Saluiac de Ziaieres.
1782 de Vielbans, *lieut. princ. part. civ. & ass. crim.*	1779 Touzy.
	1748 Maillard, *honoraire.*
1750 la Treilhe de Lavarde, *doyen.*	1761 Algay de Villeneuve, *av. du Roi honoraire.*
1749 de la Bachelerie, *conf. d'honneur.*	1765 Serre, *avocat du Roi.*
	1778 de Virlhac, *proc. du Roi.*
1761 Pascher. Juge de la Ferriere.	1776 la Roche, *greff. en chef.*

---

6. PRÉSIDIAL DE CONDOM. 1551. *Messieurs*

1775 de la Tornerie, *l. g. civ.*	1769 de Pouteils de Chastillon-de-Rosed.
1771 Coudié, *lieut. gén. crim.*	
1762 Bezian Moussaron, *lieut. part. civ.*	1770 Gaichied.
	1777 Duffan, *avoc. du Roi.*
1766 Cailhoud, *assef. crimin.*	de la Chapelle, *proc. du Roi.*
1767 Bezian, *doyen.*	
1768 Bordet. Champetre.	1734 la Capere, *proc. du Roi réuni.*

7. PRÉSIDIAL DE LIBOURNE. 1639. *Messieurs*

• • • • • • *président.*
Le Moine Jeanty, *lieut. gén.*
Berthomieu, *lieut. crim.*
de Cazes, *lieut. part.*
Limousin, *assesseur.*
Lardiere, *doyen.*

Fontemoing.
Fourcaud, *avocat du Roi.*
Durand, *procureur du Roi.*
Piffon, *avocat du Roi.*
Favereau, *avocat du Roi hon.*
Durand, *greffier en chef.*

8. PRÉSIDIAL DE LIMOGES. 1551.

Le Grand-Sénéchal du Limousin comprend toute la province divisée en haute & basse, & régie par le Droit écrit. Il a plusieurs siéges, qui relevent du Parlement de Bordeaux, savoir : Limoges, Tulle, Brive, Userche & Saint-Yriex-la-Perche. Les trois premiers, qui sont les plus considérables, ont chacun un Présidial, d'où relevent les deux autres pour les causes qui peuvent être jugées présidialement & en dernier ressort, sauf cependant Saint-Yriex, qui dépend en partie du Présidial de Périgueux. Limoges, qui est la capitale de toute la province, où résident le premier Evêque, l'Intendant, le Bureau des Finances, &c. tient le premier rang entre ces siéges ; c'est pourquoi, après que le Grand-Sénéchal est reçu au Parlement, il commence par se faire installer en la Sénéchaussée de Limoges ; aussi celle-ci se qualifie t-elle du titre de Sénéchaussée de Limousin, tandis que les autres ne sont désignées que par les noms des villes où elles sont établies. Celle de Limoges est fort ancienne ; car il existe dans plusieurs archives de cette ville & des environs, des jugements rendus à Limoges par le Grand-Sénéchal au commencement du troisieme siècle. Suivant l'Auteur des Annales de cette province, données au Public sur la fin du siècle dernier, il y avait en Limousin des Sénéchaux long-tems auparavant. La charge de Grand-Sénéchal n'est point occupée depuis nombre d'années : elle appartient à M. le Marquis de Lasterie du Saillant, qui réside dans le Bas-Limousin, & plus ordinairement à Paris.

La Sénéchaussée de Limoges est très-étendue : on prétend qu'elle comprend presque la moitié de la province ; malgré cela elle ne contient guère que le tiers de ses habitans, parce que le pays sur lequel elle porte, n'est ni le meilleur, ni le plus peuplé. La ville de Limoges devient de plus en plus considérable, soit par rapport à son commerce, qui est peut-être un des mieux étendus du Royaume, malgré que sa rivière ne soit pas navigable, soit à cause de l'urbanité de ses habitans, qui tâchent d'imiter ceux des plus grandes villes du royaume. Elle contient de vingt-cinq à trente mille ames, & n'est point désagréable pour une capitale de petite province: ses environs, qui sont fort bien cultivés, présentent un grand nombre de jolies maisons de campagne.

La compétence du Présidial & Sénéchal de Limoges est la même que celle des autres du royaume, & telle qu'elle a été réglée en dernier lieu pour tous les Présidiaux, par les édit & déclaration du Roi des mois d'Août 1777 & Septembre 1780. Les Présidiaux de Limoges & de Brive sont de la première création, c'est-à-dire, de 1551, & celui de Tulle, de 1635.

Les priviléges des Officiers des Présidiaux & Sénéchaux sont très-bornés : ils ne consistent, à Limoges, qu'en l'exécution de la taille personnelle, du logement des gens de guerre, des tutelles & curatelles ; mais leurs domestiques sont sujets au tirage de la milice : leur capitation est fort considérable ; elle est de 180 liv. pour les chefs & Procureur du Roi, & de 144 liv. pour les Conseillers & Avocats du Roi ; de plus, ils payent une autre imposition, connue sous les noms d'*abonnement & enfans-exposés*, qui quelquefois surpasse la capitation, indépendamment du centieme denier de leurs charges. Le Présidial de Limoges a le pas sur les autres corps & jurisdictions de la ville, tels que le Bureau des Finances, la Maison de ville, l'Election, la Monnoie, &c. Il est le seul de la province qui porte la robe rouge dans les cérémonies publiques, où il est précédé par la premiere Compagnie du Guet : il prononce ses jugements par la cour présidiale ou cour sénéchale; & cet usage est attesté par M. Jousse dans son *Traité des Présidiaux*. Le Lieutenant-Général & le Procureur du Roi ont désuni de leurs charges la police, qu'ils viennent de vendre, de l'agrément du Roi, aux Officiers Municipaux ; c'est pourquoi on ne parle pas de cette jurisdiction, qui ne concernera plus le Sénéchal.

OFFICIERS, *Messieurs*

1781 Roulhac, *lieutenant général*.

1779 Gallicher-de-Vaugoulours, *l. gén. d'épée*.

1768 Raby de Syriez, *lieuten. criminel*.

1769 Ruben de l'Ombre, *lieus. particul*.

PARLEMENT DE BORDEAUX. 111

Messieurs

1777 Debeaune, *assess. civil & criminel.*	1780 le Noir de la Vergne.
1737 Roulhac de Rouveix, *doyen.*	1784 Pelonet, fils.
1751 Devoyon de la Planche.	1775 Juge de Laborie, *avocat du Roi.*
1758 Bounin de Fraissaix.	Lamy de la Chapelle. *pr. du Roi.*
1767 Verdilhac du Loubier.	Muret de Paignac, *avoc. du Roi.*
1768 Peconet du Châtelet.	
1770 Navierds de Brégefort.	1762 Boisse de la Maison-rouge. *greffier en chef.*
1774 Juge de S. Martin.	

9. PRÉSIDIAL DE NÉRAC. 1629. *Messieurs*

1747 Duroi de Lalanne, *prés.*	1737 de Monier, *av. du Roi.*
1751 de Maselieres, *lieut. gén. civ.*	1753 Ferret, *greffier en chef.*
1767 Barlouch de Taillac, *l. gén. criminel.*	*Une charge de Lieutenant particulier Assess. civ. & crim. une de Procureur du Roi, une d'Avocat du Roi, & 14 de Conseillers vacantes.*
1777 Sansac de Jeansomon, *l. partic.*	
1748 Dupuy, *cons. garde-scel.*	

10. PRÉSIDIAL DE PÉRIGUEUX. 1551.

On ne nous a pas fourni le nom des Membres de cette Compagnie.

11. PRÉSIDIAL DE SAINTES. 1551. *Messieurs,*

Le Berton, *présid. lieut. gén. civ. & de police.*	Dangibaud du Pouyaud.
le Mercier, *présid. lieut. crim.*	Landreau.
Fonremis, *lieutenant partic.*	Limal, *avocat du Roi.*
Fourchaud, *assesseur.*	Beaune, *procureur du Roi.*
Berry, *doyen.*	. . . . *avocat du Roi.*
Vieuille.	Brejon de la Martiniere, *avoc. du Roi, honoraire.*
Fonremis.	
Bourdeille.	Brunet, *greffier en chef.*

12. PRÉSIDIAL DE SARLAT. 1641. *Messieurs*

1780 de Grezis, *lieuten. gén. civ.*
Lavech des Fauries, *l. gén. crim.*
1768 Delage, *lieuten. part.*
1780 de Lacipiere, *lieut. part. assesseur.*
1757 de Selves, *doyen.*
1759 Bardou.

1769 Meyrignac de Boyl. de Lachambaudie.
1781 Gisson de la Foussade, *l. gén. civ. hon.*
1746 Loudieu de Lacalprade, *avocat du Roi.*
1779 de Vergnol, *pr. du Roi.*
de Vergnol, *av. du Roi.*

13. PRÉSIDIAL DE TULLES. 1635. *Messieurs*

1732 Darluc de la Praderie, *présid. lieut. gén.*
1753 de S. Priech de S. Mur, *lieut. gén. de police.*
1754 Audubert du Teil, *lieut. crim.*
1766 Meynard de la Faurie, *l. part. assesseur crim.*
1754 Dumyrat, *clerc.*
1759 Dufraysse Devianes, *doy.*
1768 du Bourguet.
1769 Ducloux.
Loyac de la Sudrie.

1771 Serre de Bozaugoure.
de Braconac de l'Espes.
1779 Lachaud de la Noille.
1733 Brival, *avocat & proc. du Roi honoraire.*
1758 Moutèt de Lavergne, *conseiller honoraire.*
1777 Melon de Pradou, *avoc. du Roi.*
1776 Brival, *procur. du Roi.*
1783 Vialle, *avoc. du Roi.*
1766 Chivac, *greffier en chef.*

V.

V. PARLEMENT DE BOURGOGNE.
1476.

(*Voyez, sur l'origine de cette Cour, l'éd. de 1783, p. 427.*)

Cette Cour prend ses vacations la veille de l'Assomption, & ne rentre que le lendemain de la S. Martin.

GRAND'-CHAMBRE.

Présidents, *Messieurs*

1777 Legouz de S. Seine, chev. *Premier.*	Verchere d'Arcelot.
Joly de Bevy.	Perard.
	. . . .

Conseillers d'honneur, *Messieurs*

L'évêq. de Dijon, *cons. d'ho. né.*	l'évêque de Belley.
L'arch. d'Auch, *anc. évêque de Dijon.*	l'évêque d'Autun.
L'arch. de Lyon, *anc. évêque d'Autun.*	L'abbé de Cîteaux, *prem. conf. né.*

Chevaliers d'honneur, *Messieurs.*

De Sennevoy.	1 Fontette de Sommery.

Conseillers, *Messieurs*

Fleutelot de Beneuvre, *doyen.*	Mairetet de Malmont.
Villedieu de Torcy.	Quaré de Monay.
Gaultier.	Brulard de Gastellier.
Guenichot de Nogent.	Guyard de Balon.
Lorenchet.	Bouthier de Rochefort, *garde des sceaux.*
Cochet du Magny.	
De la Loge.	Bastard.
De Lagoutte.	1783 Vouty de la Tour.
Verchere d'Arceau.	

H

PARLEMENT DE BOURGOGNE.

CONSEILLERS HONORAIRES, Messieurs

Perennay de Grosbois, p. prés. au parlem. de Besançon.
Darlay.
Varenne de Lanvoy.
De la Loge.
Le Mullier de Bressey.

TOURNELLE.

PRÉSIDENTS, Messieurs

Danthès de Longepierre.
Richard de Ruffey.
Mayneaud, mineur.
1783 Micault de Courbeton.

CONSEILLERS, Messieurs

Fleutelot de Marlien.
Verchere.
Mairetet de Thorey.
De Macheco de Premeaux.
Girau de Vesvres.
Champion de Nansouthil.
Cottin de Joncy.
Baillyat de Bioindon.
Quirot de Poligny.
Carrelet de Loisy.
Bizouard de Montille.
Mercier de Mercey.
de la Grange d'Æstivaux.
Godeau d'Entraignes.
Carrelet de Loisy.
1783 Bellet de Travenost de S. Tivier.
1784 le Belin.
de Bruere de Rochepise.

CONSEILLERS HONORAIRES, Messieurs

Suremain de Flamerans.
Gravier de Vergennes, maître des requêtes.

CHAMBRE DES ENQUÊTES.

PRÉSIDENTS, Messieurs

Jannon.
. . . .

CONSEILLERS, Messieurs

Maleteste de Villey.
Butard des Montots.
Barbuot de Palaiseau.
De Beuverand.
Dévoyo.
Genreau.
Raviot.
Boussard de la Chapelle.
Charpy du Jugny.
Mayneaud.

PARLEMENT DE BOURGOGNE.

Messieurs

de Montherot de Belignenx.
Deforest.
Constantin de Surjoux.
Juillet de S. Pierre, j.

1783 Vincent de Montarcher.
Fyot de Mimeure.
. . . .
. . . .

CONSEILLERS HONORAIRES, *Messieurs*

Maublanc de Martenet.
Jehannin de Chamblanc.

Perard, *procureur-général*.

REQUÊTES DU PALAIS.

M. Fardel de Daix, *président*.

CONSEILLERS, *Messieurs*

Barbuot.
Jules de S. Pierre, l'aîné.
Chiquet de Champrenard.
Nadault.

Joleau de S. Maurice.
Balard de la Chapelle.
Venot.
André de Champcour.

GENS DU ROI, *Messieurs*

1761 Colas, *avocat-général*.
1765 Perard, *proc. général*.
1783 Poissonnier de Pruslay, *avocat-général*.

1783 Loppin de Gemeaux, *av. gén. hon.*
Guyton de Morveau, *av. gén. hon.*

SUBSTITUTS DE M. LE PROCUREUR-GÉNÉRAL, *Messieurs*

Voisin.
Driot.
Oudot.
Gouget-Delandre.
Rameau.
Dechaux.
1783 Gerardot.
Lesage.
Liebault, *honoraire*.
Malechard, *honoraire*.
Foineron, *greff. en chef des requêtes*.

Duclos, *sollic. gén. des aff. du Roi.*
Frochot, *rec. des épices.*
Humbert, *greff. des prés.*
Boiteux, *greffier des affirm.*
Sergent, *commiss. aux saisies-réelles.*
Menu, *rec. des consign.*
Millot, *comm. aux saisies réelles des requêtes.*

PARLEMENT DE BOURGOGNE.
CHANCELLERIE.

M. Bouthier de Rochefort, conf. au parl. *garde des fceaux.*

SECRÉTAIRES DU ROI PRÈS LA COUR. *Messieurs*

1766 Boyard de Forterre, audiencier à *Auxerre.*
1770 Moussiere, contrôleur, à *Chagny.*
1773 Bizoton de S. Martin, à *Liancourt.*
1774 Languet de Sivry, à *Arnay-le-Duc.*
1777 Joly de S. François, à *Dijon.*
1778 Mollerat, cont. à *Nuits.*
1782 Milereau, audiencier, à *Vauban.*
Ligeret de Beauvais, audiencier, à *Dijon.*
Cousin, contrôleur, à *Dijon.*
Plaife, à *Caftel-Jaloux.*
1783 Belot, audiencier, à *Dijon.*

CRÉATION DE 1715. *Messieurs*

1764 Hauvel, à *Lizieux.*
1766 Nicole, à *Chartres.*
1770 Bernigault, à *Charolles.*
Callart d'Azu, à *Mont-Saint-Vincent.*
1783 Tixier, à *Clermont-Ferrand.*
1775 Tiget de Roussigny, à *Pa.*
1775 Dumas, à *Beaujeu.*
1776 Bourgeois, à *Beaune.*
1777 Leschenault, à *Châlons-fur-Saône.*
1779 Lequefne, à *Paris.*
1780 Megret de Meticourt, à *S. Quentin.*
Hebert, à *Dijon.*

PAYEURS DES GAGES, COMMUÉS EN SECRÉTAIRES DU ROI. *Messieurs*

1768 Bichain de Montigny, à *Mayenne.*
1783 Fournier Deservant, à *Paris.*

PRÉSIDIAUX DU RESSORT.

1. PRÉSIDIAL D'AUTUN. 1696. *Messieurs*

Le comte de Grammont, *gr. bailli d'épée.*
Roux, *premier président.*
Quarré Dupleffis, *l. gén. & préf.*
De Fontenay de Sommanti, *l. gén. hon.*

Messieurs

Serpillon, *lieut. gén. crim.*	*Cinq charges vacantes.*
Billardet, *lieut. part.*	Godillot, *avocat. du Roi.*
Pigenat, *lieut. part. ass. crim.*	Levitte de Rigny, *pr. du Roi.*
Raffatin, *doyen.*	Fragniere, *greffier en chef.*
Abord.	Abord, *recev. des consign.*
Baudrillon.	Aragnier, *comm. aux saisies-réelles.*
Clergier, *clerc.*	

2. PRÉSIDIAL DE BOURG-EN-BRESSE. 1601.

Henri IV. ayant échangé, par le traité de Lyon, du 17 janvier 1601, avec Charles Emmanuel, duc de Savoye, le marquisat de Saluces pour les pays de Bresse, Bugey, Valromey & Gex, ce prince établit dans la ville de Bourg, capitale de la Bresse, par édit du mois de juillet 1601, un présidial qu'il composa d'un président, & lieutenant général civil & criminel, de huit conseillers, l'un clerc & les autres laïcs, d'un avocat & d'un procureur du Roi, & de deux greffiers, l'un civil & l'autre criminel.

Il fut créé par la suite différents autres offices dans ce siège; mais un édit du mois de juillet 1761, en créant trois nouveaux offices de conseillers en ce tribunal, porte (*article 8*) qu'il ne sera composé à l'avenir que d'un lieutenant-général civil, d'un lieutenant-général criminel, d'un lieutenant particulier civil, d'un lieutenant particulier assesseur criminel, de douze conseillers, d'un avocat & d'un procureur du Roi, d'un greffier, d'un receveur des consignations, d'un receveur des émoluments du sceau, d'huissiers, de sergents, &c.

Ce tribunal, ainsi composé actuellement, juge à la charge de l'appel au parlement de Dijon, dans le ressort duquel il se trouve, depuis l'échange de 1601, toutes les causes ordinaires qui sont portées pardevant lui, tant en première instance que par appel des justices des seigneurs, ainsi que les causes consulaires dont la connaissance lui est attribuée par les lettres-patentes du 9 juin 1764.

Il juge présidialement & en dernier ressort, conformément à l'édit du mois d'août 1777 concernant les présidiaux, tant en première instance que par appel des justices des seigneurs, des bailliages du Bugey & pays de Gex & de la sénéchaussée de Dombes, toutes les causes spécifiées dans cet édit, dont la valeur ou l'objet n'excede pas la somme de 2000 livres.

Il y a une déclaration du Roi du 29 août 1778, concernant les préfidiaux, interprétative de l'édit du mois d'août 1777; mais elle n'est pas exécutée en Bresse, parce que le parlement de Dijon ne l'a pas enregistrée.

Un arrêt du conseil d'état du Roi, du 23 mai 1626, attribue encore au préfidial de Bourg la connoissance de toutes les difficultés qui s'élevent concernant les impositions qui se font sur le clergé de son ressort conformément à cet arrêt. Il est le seul préfidial du royaume qui connaisse des impositions qui se font sur les ecclésiastiques. Les contestations y sont jugées en dernier ressort, & lorsqu'il juge dans ces matieres, il se sert de ces termes : *Nous jugeant en dernier ressort suivant le pouvoir à nous attribué par S. M. & arrêt de son conseil du 23 mai 1626.*

Le préfidial de Bourg a dans son ressort le bailliage du Bugey & celui du pays de Gex depuis 1601; mais il n'a la sénéchaussée de Dombes que depuis un édit du mois de juillet 1775; ensorte que l'étendue de ce tribunal est d'environ 20 lieues, en tirant une ligne droite depuis les portes de Lyon à celles de Geneve, & aussi d'environ 20 lieues en tirant une autre ligne droite depuis la partie du Rhône qui est au sud-est de Belley, jusqu'à la partie de la Saône qui est à quatre lieues au-dessus de Mâcon.

Il est borné au nord par la Franche-Comté & la Bresse Châlonnaise, faisant partie du duché de Bourgogne, au midi par le Dauphiné, à l'orient par la Savoye, la république de Geneve & une partie du canton de Berne, & à l'occident par le Lyonnais, le Beaujolais & le Mâconnais.

Les officiers de ce tribunal jouissent de l'exemption de la taille personnelle, en vertu de la déclaration du Roi du 13 juillet 1764, & de l'exemption du logement de gens de guerre, de guet, garde & corvées.

Officiers, *Messieurs*

. . . . . *grand bailli.*	1780 Brangier.
1773 Paradis de Raymondis, *lieut. gén. civ.*	Galliard.
1766 Perier, *l. gén. crim.*	1781 Bizet, *clerc.*
1761 Chesne, *l. part. civ.*	1784 Frilet.
1783 Chaland, *l. p. aff. crim.*	Gonet.
1766 Guillod fils, *doyen.*	Revoux.
Cabucher.	1739 Guillod pere, *honor.*
1776 Picquet, *syndic.*	1749 Bernard, *honor.*
Bourdin.	1763 Gauthier, *honor.*
1779 Perrot.	1776 Picquet, *av. du Roi.*
	1755 Riboud, *pr. du Roi.*

PARLEMENT DE BOURGOGNE.

Propriétaires du Greffe. *Messieurs*

De Gagnières, comte de Souvigny, seigneur de Saint-Laurent & autres places, demeurant à Lyon, *propriétaire des* $\frac{11}{54}$.

Les administrateurs de l'Hôtel-Dieu de la ville de Bourg, *propriétaires des* $\frac{15}{54}$.

Mademoiselle Bizet, bourgeoise à Vienne en Dauphiné, *propriétaire des* $\frac{7}{54}$.

1779 Chicod, *greffier commis.*

Receveur des Consignations.

Cet office a été uni au conseil du tiers-état de la province de Bresse, par arrêt du conseil d'état du Roi, du 25 novembre 1766, revêtu de lettres patentes du 10 décembre suivant, enregistrées au parlement de Dijon le 20 janvier 1767, en exécution desquelles MM. les syndics généraux de la province de Bresse sont tenus de préposer un commis à la recette des consignations, lequel prête serment à l'hôtel du lieutenant-général du bailliage.

M. Bergier, commis, en exercice depuis le 27 septembre 1774.

Receveur des Émolumens du Sceau.

M^e. Falconnet commis, le 2 décembre 1779, par M. Bruley, trésorier-receveur de la chancellerie près le parlement de Dijon, au nom de MM. les audienciers, contrôleurs & secrétaires du Roi, composant l'ancien collège de cette chancellerie.

Greffier Conservateur des Minutes et Expéditionnaire des Lettres et Actes de la Chancellerie de ce Présidial.

Le sieur Charles pourvu le 31 décembre 1775, & reçu le 11 janvier, 1776 à l'hôtel de M. le doyen des conseillers, faisant les fonctions du sceau, depuis l'édit du mois de décembre 1727.

3. PRÉSIDIAL DE CHALONS-SUR-SAONE.
1696. *Messieurs*

Le marquis de Monteynard, *grand bailli.*
Bernigaud de Granges, *l. gén. premier président.*
Dupré de Boullan, *lieut. gén. crim. & second président.*
Magnien, *lieut. part. civil.*
Chofflet, *l. part. aff. crim.*

Denisot.
Petit.
Berthaut.
Golyon.
Batteau.
Chapuis, *avocat du Roi.*
Petitot, *proc. du Roi.*
Terne, *greffier en chef.*

4. PRÉSIDIAL DE CHATILLON-SUR-SEINE.
1695.

Le bailliage de la Montagne était au nombre des siéges principaux de la province avant la réunion du duché de Bourgogne à la couronne; malgré les révolutions qu'il a éprouvées depuis, il ne laisse néanmoins pas que d'être assez étendu; il renferme dans son ressort 110 paroisses, un comté, trois baronnies, trois marquisats, quatre abbaies, & plusieurs commanderies dépendantes de l'ordre de Malte.

Indépendamment du bailliage, ce siége a un présidial établi par édit du mois de janvier 1695, c'est-à-dire, lors de la création des cinq présidiaux pour la Bourgogne; il y avait aussi une chancellerie aux contrats, dont l'établissement remontait à 1696, & qui par l'édit de 1765 a été incorporée au bailliage ordinaire.

Les officiers de cette jurisdiction jouissent de tous les honneurs, droits, priviléges & exemptions attachées aux gens de guerre, conformément à l'édit de juillet 1702, & autres édits & déclarations antérieurs. Ils connaissent de l'exécution des contrats passés sous le sceel royal de la chancellerie, ils sont autorisés à faire chez les nobles les appositions des scellés, les inventaires, & connaissent de toutes les matières contentieuses concernant les bénéfices consistoriaux, privativement à tous autres juges, à l'exception de ceux de la province, & en vertu d'un arrêt de réglement rendu au parlement de Dijon le 10 juillet 1725.

PARLEMENT DE BOURGOGNE.

Quelque peu nombreux que soit ce siége, il n'en est pas moins respectable par le mérite & la naissance de ses membres; la plupart d'entr'eux appartiennent à des familles de robe, très-anciennes. M. Marlot a été Maire de Dijon, & M. Dumont l'est actuellement de Châtillon.

OFFICIERS, *Messieurs*

Fevret de Pontette, *gr. bailli.*	Marlot.
De Bruere, *lieut. gén. prés.*	Joly des Paces.
Garnier, *honoraire.*	Joly des Paces, *av. du Roi.*
Chamon, *lieut. criminel.*	Durentiere, *proc. du Roi.*
Dumont, *l. part. civil.*	*Trois charges de cons. vac.*
Mariotte, *lieut. ass. crim.*	Thaureau, *greffier en chef.*

---

5. PRÉSIDIAL DE DIJON. 1696.

Les bailliages de Bourgogne tirent leur origine des baillis des ducs qui rendaient la justice en leur nom & sous leur autorité dans l'étendue de ce duché. C'est au bailliage de Dijon que ressortissent la vicomté & la mairie de Dijon, la mairie de Talant, les châtellenies royales de Rouvre, Saulx-le-Duc, les terres & justices seigneuriales & les justices des chapitres & des monastères. La chancellerie, jurisdiction qui connaît de l'exécution des contrats passés sous le scel royal, a été réunie aux bailliages qui, en cette qualité, ont inspection sur les notaires royaux de leur ressort.

OFFICIERS, *Messieurs*

1783 de la Mare d'Aluze ✠, *gr. bailli.*	Rathelot.
Moussier, *lieut. gén.*	Cointot.
Bergier, *l. gén. crim.*	Dromard.
Gylot, *l. part. ass. civ. & crim.*	Villars.
	Girardot, *avocat du Roi.*
	Popelard, *proc. du Roi.*
Louet, *assesseur crim.*	Riambourg, *greffier en chef.*
Narjollet, *doyen.*	Bonnait, *recev. des amendes.*
Petitot.	Sergent, *comm. aux saiſ. réel.*
Guyot.	

6. PRÉSIDIAL DE SEMUR-EN-AUXOIS. 1696.

Ce bailliage se nomme *le bailliage d'Auxois*. Il est fort ancien, & la suite de ses baillis connus remonte à la fin du treizieme siécle : c'est le quatrieme bailliage principal, ressortissant au parlement de Dijon : son étenlue est de dix lieues du nord au sud, & de neuf lieues de l'est à l'ouest.

La chancellerie aux contrats, jurisdiction particuliére à la Bourgogne, est unie au bailliage.

Avant 1696, il n'y avait aucun siége présidial en la Bourgogne : ce fut en cette année que le siége présidial fut établi à Semur, & uni au bailliage.

Quatre siéges particuliers ressortissent à ce présidial : ce sont les bailliages royaux d'Avalon, Arnay-le-Duc & Fautien, & le bailliage ducal de Noyers.

Officiers; Messieurs

17... le marq. du Châtelet, *gr. bailli.*	1765 Creusot, *lieut. part.*
1751 de la Rochette, *présid.*	1775 Parigot.
1724 Lemulier de Beauvais, *pr. honor.*	Bruzard des Ormes.
	1776 Petit, *pr. du Roi.*
1769 Lemulier, *lieut. gén.*	1769 Reuillon, *av. du Roi.*
	1759 Maillard, *greff. en chef.*

SÉNÉCHAUSSÉE ET CHAMBRE DU DOMAINE DE DOMBES.

Louis XV. ayant supprimé, au mois d'octobre 1771, le parlement de Dombes & la chambre des requêtes du palais, ce prince, par édit du mois de janvier 1772, créa en la ville de Trevoux une sénéchaussée réunie au siége de l'élection, pour tenir ses séances dans le palais qu'avait occupé le parlement. Ce tribunal comprend dans son ressort toute la ptincipauté de Dombes. L'édit de juillet 1775, qui réunit la principauté de Dombes au ressort du parlement de Bourgogne, attribua à la sénéchaussée de Trevoux toutes les affaires domi- niales de la principauté; & les appels des jugements & des ordonnances de ce tribunal sont portés, soit au parlement de Bourgogne, soit au conseil du Roi, selon les divers réglements

Parlement de Bourgogne.

portés à ce sujet. Par l'article 2 de l'édit de sa création, la sénéchauffée de Dombes a le pouvoir de juger sommairement en dernier ressort, au nombre de trois juges au moins, toutes les causes purement personnelles, qui n'excédent pas la somme de 40 liv.

L'édit de réunion de la principauté de Dombes au parlement de Bourgogne veut que les habitans de cette province continuent à être jugés suivant leurs usages, & que la principauté ne soit pas assujettie aux ordonnances, déclarations, lettres-patentes, édits communs au reste du royaume & au ressort du parlement, & de la cour des Aides de Dijon. Ainsi la sénéchauffée juge toujours suivant le droit Romain, droit commun de la principauté. Elle observe aussi, pour l'instruction de la procédure, l'ordonnance de Louis de Bourbon, duc de Montpensier, du mois de juin 1581, & les arrêts de réglement émanés de l'ancien parlement. Les ordonnances de 1667 & 1670 n'y sont observées que dans les cas qui n'ont pas été prévus par l'ordonnance de Dombes.

L'élection, qui avait été unie à la sénéchauffée par l'édit de janvier 1772, a été supprimée par édit du mois de septembre 1781, & réunie à l'élection de Bourg-en-Bresse.

Officiers, *Messieurs*

Leviste, comte de Montbrian, *gr. sénéchal d'épée.*
Gemeau, *l. g. civ. & crim. & de police.*
Farbot, *doyen.*
Billioud.
Noel.
Robin.
Gabet de Beausejour, *avocat du Roi.*
Dulac de la Pierre, *pr. du Roi.*
Chuinague, *greff. en chef.*

VI. PARLEMENT DE NORMANDIE.

1515.

Rentre le 15 Novembre.

GRAND'CHAMBRE.

PRÉSIDENTS, Messieurs

1782 de Pontcarré de Viarmes, chev. *premier.*	1751 Bigot.
1731 De la Londe, *honor.*	1784 Le Cordier de Bigars de Heuzée.
1741 d'Acquigny, *honor.*	

CONSEILLERS D'HONNEUR NÉS, Messieurs

Le duc de Harcourt, *gouvern.*	l'abbé de S. Ouen.
l'archevêque de Rouen.	le marq. de Pont S. Pierre.

CONSEILLERS, Messieurs

1729 de Bournainville, *doyen.*	1748 de Combon.
1732 de Bellegarde.	1749 le Boullenger.
1733 d'Hatanville, *honor.*	de Dampierre.
du Villers.	1751 le Danoys des Essarts.
1734 de Doublemont.	Mouchard.
1737 du Fossé.	1755 Bonnel.
1739 le Couteulx, *honoraire.*	de Beaumets.
1741 de Reuville, *honor.*	1756 d'Oissel, *honoraire.*
Pigou, *honor.*	1757 de S. Germain.
1742 Desmarestz, *hon.*	de Barbier, *clerc.*
Guyot, *honor.*	de Betteville.
de Ranville.	1758 de Bonissent.
1744 de Sainte-Honorine, *honoraire.*	de Coltot.
	Douessey.
Duhoulley, *honoraire.*	de Berteugles.
1745 Guenet de Saint Just, *honoraire.*	1760 de Guichainville.
	de Thibouville.
1746 de Neuvillette, *hon.*	1764 de la Cauviniere, *clerc.*
1747 Depommare de Gouy.	1766 de Ruallem, *clerc.*

PARLEMENT DE NORMANDIE.

Messieurs

1767 Dasnieres, *clerc.*
Aleaume, *clerc.*
de S. Victor, *honoraire.*
1763 de Blosseville.
1765 Douesy.
1767 de la Cour, *clerc.*
1769 de la Croix, *clerc.*
M. Breant, fils, *greffier.*

M. Canivet, *greffier des dépôts civils de la gr. chamb. & des enquêt.*
M. Belliard, *receveur du greffe du parlement.*
M. Cordier, *recev. des amendes.*

TOURNELLE.

PRÉSIDENTS, *Messieurs.*

1770 Desneval. | 1777 de Folleville.

. . . .

Six conseillers de la Grand'-Chambre, six de la premiere des Enquêtes, & six de la deuxieme.

M. Pontus, *greffier.*
M. Boby, *greffier garde-scel.*

PREMIERE DES ENQUÊTES.

PRÉSIDENTS, *Messieurs*

1776 de Bailleul. | . . . .

CONSEILLERS, *Messieurs*

1767 de Beaunay, *doyen.*
Menard.
du Boctheroulde.
Danneville.
Pavyot.
du Fayel.
1769 de Fresquene.
de Létanville.
1775 de Grisy.
de Vatimesnil.
de Moy.
de Breteuil.
d'Arautot.
de Caison, *clerc.*

1776 de Laubriere.
1777 de Bouville.
1778 d'Aubermesnil.
de Fumechon.
1779 Troterel.
Couvert de Coulons.
1780 de Villequiers.
de Coquercaumont.
de Vaudetard.
1781 des Essarts, *clerc.*
de Courteille.
1782 Piperey de Marolle.
1783 de Bonneval.
le Vavasseur du Mont.

PARLEMENT DE NORMANDIE.

DEUXIEME CHAMBRE DES ENQUÊTES.

Présidents, Messieurs

1775 M. de Sommesnil. | 1777 de Fiondeville.

Conseillers, Messieurs

1765 Duval de Brunville, *doy.*
    de Triquerville.
1766 Hays de la Motte.
    de S. Quentin.
1768 Herambourg.
    de Prémagny.
    Dyel de Limpiville.
    de Chailloué.
1768 Marescot, *honoraire.*
1770 d'Hugleville.
1771 Dauvers.
1775 de Beaumont.
    d'Epreville.
    de Fontaines.
1777 Hottot.
    des Roys.

1778 de Combon.
    de Masseron.
1780 Cromot de Fougy.
    de Crevecœur.
    de Melmont.
    de Bosmelet.
    de Corneille.
1761 de Boisville.
1782 de Benouville.
1783 Bezuel.
    d'Ignanville.
1784 Hallé d'Amfreville, *cl.*
    le Tellier de Vaubadon.
    Punctis de Cindrieux, *cl.*
M. Gofestre, *Greffier.*

REQUÊTES.

Présidents, Messieurs

1781 de Bourville. | 1781 de la Granderie.

Conseillers, Messieurs

1741 de Beuville, *doyen.*
1758 Alexandre.
1769 de Logerot.
    de Gressent.
    de Captot.
1779 de la Cauviniere.
1782 Groult Dumestillon.

1783 le Coq de Beuville.
M. Pontus, *greffier en chef.*
M. Chapelle, l'aîné, *gref. plumitif des présentations.*

Gens du Roi, Messieurs

1763 Grente de Grecourt, *avocat général.*
1765 de Belbeuf, *procur. gén.*

1775 de Belbeuf, fils, *av. gén. & proc. gén. en surv.*
Breant, *greff. en chef.*

PARLEMENT DE NORMANDIE. 127

SUBSTITUTS ET AVOCATS DU ROI AUX REQUÊTES. *Messieurs*

1731 Foucher, *doyen*.
1750 Simon.
1751 le Couteulx, *honor*.
1757 Charles.
1775 des Soreaux.
1766 de la Brouaise.
1782 Gressent.

SECRÉTAIRES DU PARQUET. *Messieurs*

Vitecoq.
Cabissol, avoc. au parlem. 1er secrét. de M. le proc. gén.
Huart, IIe secrét. de M. le proc. général.
Dumonte, aussi secrétaire.

NOTAIRES SECRÉTAIRES DU ROI, *Messieurs*

1767 Fremin de Lessart, *doy*.
1775 Vitrel.
1777 Roussel.
1778 Mustel.

Recev. des Consignations, & Commiss. aux saisies réelles.
M. Allard.

Recev. des charges sur les amendes & contr. des greffes.
M. Tourolle.

CHANCELLERIE. *Messieurs*

1780 Dalet de Roncherolle, garde des sceaux.
de Sainte Honorine, honoraire.

SECRÉTAIRES DU ROI AUDIENCIERS. *Messieurs*

1767 Flavigny, *doyen*.
1771 Midy.
1773 Lezurier.
1776 Coignard de S. Etienne.

SECRÉTAIRES DU ROI CONTRÔLEURS. *Messieurs*

1768 Duframboisier, *doyen*.
de Grandmaison.
1775 de Montlambert.
1776 Durand.

SECRÉTAIRES DU ROI, MAISON, COURONNE DE FRANCE. *Messieurs*

1764 Foache.
1765 Danse de Beauquénoy.
1766 Gosset.
1769 Hazon.

PARLEMENT DE NORMANDIE.

Messieurs

  Doré de Bariville.
  Malenguehen de Douy.
  Ponteau de Brive.
1771 de la Vigne.
  Thibault.
1772 Germain de Monnien.
  Sivard de Beaulieu.
  Mauduit.
1777 Segogre.
  le Cousturier.
1778 Detriché.
  Robillard.
1779 Coquard.

1779 Duhamel.
1781 Moras.
1782 Cartrier.
  Huillard.
  Quesnel.
1783 Montault.
  Fillemin.
  Bechel.
  Cretté.
  Boisselot.
  Guillard.
1762 le Cointe, *scelleur héréditaire*.

CONSEILLERS DU ROI RÉFÉRENDAIRES. *Messieurs*

1751 de Louvoy, *doyen*.
1767 Vallée de Prémare.
  de Berniere.
1776 Lestorey.
  Bourdon.

1777 Larcher.
1778 Bordecote.
1783 Blin.
  Huard.

CONSEILLERS DU ROI GARDES-MINUTES. *Messieurs*

1774 Pere, *doyen*.
1758 le Prêtre, *honoraire*.
1775 Ollivier.
1776 Rabasse.
1777 Soyer.

1078 Rabois.
  Faucon.
1780 Poullet.
1782 Morin.

PRÉSIDIAUX DU RESSORT.

1. PRÉSIDIAL D'ALENÇON. 1551. *Messieurs*

de Courtilloles, *lieut. g. civil*
 & de police.
du Mellanger, *lieuten. crimin.*
de Mées, *lieut. part. civ. &*
 criminel.

de Lescalle, *avocat du Roi*.
Poisson de Condreuille, *proc.*
 du Roi.
Bremontier, *greffier commis*.

2. PRÉSIDIAL DE CAEN. 1551. *Messieurs*

de Lisle du Perré, *lieut. génér.*
de Than, *lieut. génér. d'épée.*
le Harivel de Gouneville, *l. génér. de police.*
Barbey de Longbois, *lieut. g. criminel.*
Daigremont, *lieut. part. civ. criminel & de police.*
. . . . . . *chev. d'honneur.*
Andrey des Pommerais, *doyen.*
du Douet, *honoraire.*
Laisné, *honoraire.*
de la Berardiere, *honoraire.*
Belliard de Marcy.
Dubuisson.
le Portier.
Bacon de S. Manvieu.
Pyron.
Housset.
Gosset de la Housserie.
le Tellier de Vauville.
Quinette.
Segouin de la Riviere.
Rogier de la Chouquais.
du Douet Descours, *avocat du Roi.*
Revel, *procureur du Roi.*

3. PRÉSIDIAL DE CAUDEBEC. 1551.

Ce tribunal est le grand Bailliage de Caux, dont on a démembré ceux de Montivilliers, du Havre de Grace, de Cani, d'Arques & de Neufchâtel. Le Présidial est l'un des plus considérables du royaume. Il comprend dans son ressort neuf villes, cinquante bourgs, & plus de neuf cents paroisses. Sa création remonte à l'édit des Présidiaux, publié en 1551. Les cinq bailliages dont on vient de parler, & les hautes justices qui y sont enclavées, y ressortissent. La vicomté fut réunie au bailliage en 1749, de manière qu'aujourd'hui les juges du bailliage connaissent de toutes les affaires qui concernent la vicomté.

OFFICIERS. *Messieurs*

17 .. de Beauné, *grand bailli d'épée.*
1771 Ponche, *prés. l. g. civil crim. & de pol.*
1740 le Marchand, *doyen.*
1766 Fenestre de Hôtot, *prés. à l'élection de Caudebec.*
1775 Tessier de la Roche, *anc.*
    cap. au régiment de Montrevel.
1775 Paris, *anc. lieut. gén au bailliage de Cani*
1776 Delié.
1757 Joret, *avocat du Roi.*
1763 le Marchand, *procur. du Roi.*
17 .. Julien, *greffier en chef*

I

4. PRÉSIDIAL DE COUTANCES. 1552.
Messieurs

- Le marquis de Blangy, *grand bailli.*
- 1776 Desmarets, *lieut. gén. civil.*
- 1772 de Haynault, *l. gén. de police.*
- . . . . *l. gén. crim.*
- 1766 Duprey, *lieut. part. civ.*
- 1780 le Danois, *lieut. part. assesseur criminel.*
- 1738 Tanquerey de la Montbriere, *doyen.*
- 1771 Hue de Maufras, *chev. d'honneur.*
- 1752 Morel de Grimonville.
- 1758 l'Hermite.
- 1761 Gondouin, *clerc.*
- 1762 le Couvey de l'Epinerie.
- Demary de Ste Marie.
- Bonté Martiniere.
- 1769 Blouet Durauville.
- 1770 le Tousey.
- 1772 la Couture.
- 1775 Closet.
- 1780 le Chapon.
- *Trois charges vacantes.*
- 1751 Cotelle Dutressoule, *av. du Roi.*
- 1772 de la Mare de Ciux, *av. du Roi.*
- 1773 Lebrun, *proc. du Roi.*
- 1775 Louvel, *gref. du préfid.*
- 1779 Blondel, *gref. du baill.*

5. PRÉSIDIAL D'EVREUX. 1551. Messieurs

- Goeslin, *lieut. gén. civ. & de pol. président.*
- Regnauld, *lieut. gén. crim.*
- Rngren, *lieut. part. civil.*
- de Courcy, *lieut. part. assess. criminel.*
- Ruault de Beaulieu.
- Cazan.
- le Doulx de la Musse, *avoc. du Roi.*
- Cazan, *procureur du Roi.*
- Deshayes, *greffier en chef.*

6. PRÉSIDIAL DE ROUEN. 1551. Messieurs

- . . . . *l. gén. civil.*
- 1757 Haillet de Couronne, *pr. présid. l. gén. crimin.*
- 1761 Trugard de Maromme, *lieut. gén. de pol.*
- 1748 Borel, *lieut. part. civ.*
- 1747 Alexandre, *l. part. crim.*
- 1741 de Gaugy, *chev. d'hon.*
- 1759 Corbin, *doyen & garde des sceaux.*
- 1761 Tricotté.
- 1768 de Sacquepée.
- 1770 de Turgis.
- 1775 de Turgis de Breval.
- 1776 de Viderel.
- 1779 d'Anglesqueville.
- 1781 Corbin, *fils.*
- 1780 le Blanc de l'Epinay.
- 1777 de Sacquepée, *avoc. du Roi.*
- 1776 Vasse, *procur. du Roi.*
- Quillebeuf, *greff. crim.*
- Ferey, *greffier civil.*
- le Bidois, *greffier civil.*
- Mathez, *greff. de pol.*

VII. PARLEMENT DE PROVENCE.
1502.

Cette cour, établie à Aix par Louis XII. en 1502, est composée d'une grand'chambre, d'une tournelle, d'une chambre des enquêtes & eaux & forêts & d'une chambre des requêtes. La grand'chambre est composée de cinq présidents, dix-sept conseillers & des honoraires ; la Tournelle de trois présidents, dix-huit conseillers ; la chambre des enquêtes & eaux & forêts réunies, de deux présidents, dix-neuf conseillers ; & la chambre des requêtes d'un des présidents, & de huit des conseillers de la chambre des enquêtes. Toutes les chambres sont présidées par des présidents à Mortier.

PRÉSIDENTS. Messieurs

1748 De Clené de la Tour, ch. premier & intendant.
1746 de Fauris de S. Vincens.
1748 de Thomassin de Peyrices.
1756 de Bruny d'Entrecasteaux.
1767 d'Albert S. Hypolite.
1768 d'Arbaud de Jouques.
1776 d'Arlatan de Lauris.
     de Cabre.
1777 de Bruny de la Tour-Daigues.
1782 d'Albert S. Hypolyte.

Reçu en survivance.

1782 M. de Fauris de Noyers S. Vincens.

HONORAIRES, Messieurs

1724 de Grimaldy-Regusse.
1733 de Bruny d'Entrecasteaux.
1742 de Thomassin-Peyniet.

CONSEILLERS D'HONNEUR. Messieurs

L'Archevêque d'Aix, premier conseiller né.
Les évêques de la province ont rang de conseiller d'honneur.

CONSEILLERS. Messieurs

1729 De Barrigue de Montvallon, doyen.
1727 d'Arnaud de Nibles, honoraire.
1731 de Gautier du Poët, hon.
1734 de Gallifet, honor.
1735 de Ballon.
     Dupuis Lamoute, hon.

Messieurs

1737 de Meyronnet S. Marc.	1765 de Bouchet de Faucon.
1740 de Trimond, *hon.*	de Raousset de Seillons.
1743 de Pazery de Thorame.	de Nicolay.
de Villeneuve-Mons.	de Meyronnet S. Marc.
1746 Degras.	Leblanc de Castillon fils.
Defranc.	de Perier.
de Pinet-Guelton.	1767 de Martiny S. Jean.
de Benault de Lubieres.	de Bonnet de la Beaume.
Disoart de Chenerilles.	de Fabry Borrilly.
d'Alpheran de Bussan, *honoraire*.	de Boyer Fons-Colombe.
	de Ramatuelle.
1748 de Cymon de Beauval.	1770 d'Esmivy Moissac.
1749 de Fortis, *honor.*	1775 de Gauthier du Poët.
1752 de Martiny de S. Jean, *honoraire*.	de Pazery Thorame.
	d'Allard de Neoulles.
de Souchon d'Espreaux.	1776 d'Alpheran de Bussan.
Dorsin Miraval, *hon.*	d'Espagnet.
1746 de Ravel Descrottes.	de Lisle-Grandville.
Detienne, *honoraire*.	1778 Defranc.
Deidier de Mirabeau, *honoraire*.	d'Etienne de S. Esteve.
	de Garidel.
de Meyronnet Châteauneuf, *hon.*	de Barrigue Fontanieu.
	de Bonnet la Beaume, *clerc*.
1758 de Villeneuve d'Ansouis, *honoraire*.	de Lyon S. Ferréol.
de Mery la Canorgue.	1779 d'André.
de Payan de S Martin.	de Boisson Lasalle.
1759 d'Arnaud de Vitrolles.	1781 de l'Ordonné.
d'Etienne du Bourguet.	d'Hermitte Maillanne.
de Camelin, *hon.*	1783 de Fortis.
de Lisle, *hon.*	1782 de Colla Pradine.
de la Boulie.	d'Arquier.
de Cadenet de Charleval.	Bernardy de Valernes.
de Robineau de Beaulieu.	1784 de Dons de Pierrefeu.
1760 du Queilar.	

GENS DU ROI. *Messieurs*

1775 de Maurel de Callissane, *avocat-général.*
1776 Le Blanc de Castillon, *procureur général.*
1775 d'Eymar de Montmeyan, *avocat-général.*
1776 Magalon de Valdardenne, *av. général.*
15.... de Regina, *greffier en chef.*

PARLEMENT DE PROVENCE. 133
CHANCELLERIE. *Messieurs*

Pin.
Servan.
Simeon.

Berage.
Baldy.

PRÉSIDIAL DE MARSEILLE. *Messieurs*

. . . *grand sénéchal d'épée.*
de Demende, *lieut. gén. civil.*
de Paul, *lieut. gén. civ. honor.*
de Chomel, *lieut. gén. crim.*
Bertet, *lieut. gén. civil, assess. aux submissions.*
Durouie, *lieut. part. assess. crim. & prem. cons.*

Taurel, *doyen.*
Gervais.
Correard, *avocat du roi.*
Devilliers de S. Savournin, *procureur du roi.*
Grosson, *avoc. du roi.*
Daumas, *gref. en chef civil & criminel.*

VIII. PARLEMENT DE BRETAGNE.
1553.

Cette cour vaque depuis le 24 août jusqu'au lendemain de la Saint-martin. La chambre des vacations ouvre le 26 août & dure jusqu'au 17 octobre, & est composée de huit présidents à Mortier, de huit conseillers de grand'chambre, & de quatre conseillers de chaque chambre des enquêtes.

La grand'chambre est composée de six présidents à Mortier, y compris M. le premier président, & de trente-quatre conseillers.

La Tournelle est composée de quatre présidents à Mortier, les derniers reçus; de dix conseillers de grand'chambre, & de cinq de chaque chambre des enquêtes; ils changent à la Saint-Martin & à Pâques.

Il y a deux chambres des enquêtes composées de quatre présidents & de conseillers.

Les requêtes sont composées d'un président & de six conseillers.

PRÉSIDENTS. *Messieurs*

1757 du Merdy de Catuelan, *chevalier premier.*
1756 de Farcy de Cuillé.

1775 { le Vicomte de la Houssaye.
de Marniere de Guer.

PARLEMENT DE BRETAGNE

Messieurs

1776 de Talhouet de Boisorhan.
1779 du Merdy de Catuelan fils.
1784 de Guery fils.
Hue de Montaigu.

CONSEILLERS D'HONNEUR, *Messieurs*

L'évêque de Rennes.
L'évêque de Nantes.

CONSEILLERS HONORAIRES. *Messieurs*

Boux de S. Marc.
de Brignac.
de Severac.
Angier de Loheac.
Charpentier de Lenvos.

La Mothe d'Aubigné.
Ferron du Quingo.
Le Loup de la Biliais.
Ferron du Chesne.

CONSEILLERS DE GRAND'CHAMBRE. *Messieurs*

1735 le Gall de Menvray, doyen.
1737 Charette de la Gascherie.
1738 Grimaudet de la Marche.
Picquet de Montreuil.
Malo de Guerry.
1739 de Talhouet de Bonnamour.
Euzenou de Kersalaun.
1746 du Fresne de Virel.
1748 du Bois-Baudry.
1750 de Farcy de Muée.
de Lantivy de Rest.
Jouneaux du Breilhoussoux.
1752 de l'Esproniere de Vritz.
1755 de Moelien.
1756 de Kergariou.

de la Bourdonnaye de Claye.
1759 Dupont.
1760 Menard de Toucheprais.
1763 Charette de la Coliniere.
Cornulier de Luciniere.
Bonin de la Villebouquai.
1764 Morel de la Mothe.
1770 Devay de la Fleuriais.
Jacquelot de Boisrouvray.
1775 Euzenou de Kersalaun fils.
Farcy de Pont-Farcy.
Martin du Boistaillé.
Rousseau des Fontenelles.
de Farcy de S. Laurens.
le Nepvou.

PRÉSIDENTS DES DEUX CHAMBRES DES ENQUÊTES. *Messieurs*

Charette de la Coliniere.
Cornullier de Luciniere.
Bonin de la Villebouquai.
Devay de la Fleuriais.

PARLEMENT DE BRETAGNE.

CONSEILLERS. *Messieurs*

- 1775 Fournier de Trelo.
- de Rosnyvinen.
- Hulin de la Fresnais.
- de Combles.
- 1776 de Caradeuc de la Chalotais.
- du Mats.
- des Ruais.
- 1777 du Verdier de Genouillac.
- de la Touche Limouziniere.
- de Talhouet de Brignac.
- de Ravenel de Boisteilleul.
- Le Conidec de Tressant.
- de Kergus de Trofagan.
- 1778 Ferron du Quingo.
- le Gouvello du Timat.
- du Boispeau.
- 1779 de Châteaubriant de Combourg.
- du Bouetiez.
- de la Bintinaye.
- du Couedic de Kgoulaher.
- de Lesguern de Kveatoux.
- 1780 de la Noue de Beaugar.
- Lirot de Montigné.
- 1781 Espivent.
- de Coatandon.
- Dubois de la Ferroniere.
- du Merdy de Catuelan, fils.
- 1782 Hingant de la Tiemblays.
- 1783 du Halgouet de Poulpiquet.
- Manchard de la Muce.
- 1784 Dupont fils.
- de la Forest d'Armaillé.
- de Malfilastre.
- Grignard de Chamsavoy.
- Saint-Pern de la Tour.
- de Goyon Thaumatz.

CHAMBRE DES REQUÊTES.

PRÉSIDENT.

M. Colin de la Biauchais.

CONSEILLERS. *Messieurs*

- 1741 de Ravenel de Boisteilleul.
- 1756 de Trouillet de la Bertiere.
- 1780 de Charboneau.
- 1733 de Saint-Meleuc.
- de Goyon du Tailli.

GENS DU ROI. *Messieurs*

- 1775 Du Bourblanc, *av. gén.*
- 1779 Loz de Beaucours, *av. général.*
- 1764 de Caradeuc, *proc. gén.*
- 1774 de Caradeuc de la Chalotais, *en concurrence & survivance.*
- 1770 N.... *Greffier en chef civil.*
- Souvel de la Maisonneuve, *greff. en chef criminel.*
- 1764 Vatar de la Mabilais, *greff. des enquêtes.*

Parlement de Bretagne.

Messieurs

    Sauveur, *greff. des enq.* | 1781 Dufresne de la Loirie,
1780 Hamart de la Chapelle, | *greff. garde-facs.*
    greff. des req.

Substituts. *Messieurs*

Brossays Duperray. | Lucas de Montrocher-au-Mont.

CHANCELLERIE.

Garde des Sceaux. *Messieurs*

Depuis la S. Martin jusqu'à Pâques.

1767 Patard de la Meliniere.

Depuis Pâques jusqu'à la S. Martin.

1781 Raguenel.

Audienciers. *Messieurs*

1774 Arnou. | 1783 Leroy.
1777 Cotteau. | 1784 Cottin.

Contrôleurs. *Messieurs*

1776 Gestin de Châteaufur. ✠ | 1779 Drillet.
    du Moulin. | 1780 Huguet.

Secrétaires. *Messieurs*

1764 Buret de Lépinay. | 1774 le Clerc de la Galoriere.
1766 Fouray de la Granderie. | 1775 Capelle.
    Hervé de la Bauche. | le Roux des Ridelieres.
1767 Chanchy. | 1777 Fortier.
1768 Richard. | 1781 Dubois du Haut Breil.
1771 Fortin. ✠ | 1782 Fleury.
1772 Thoinnet. | Lamy ✠

Officiers transferés. *Messieurs*

Guillou. | Jogues.
Reslou. |

Référendaires. *Messieurs*

1761 Piroys de Chamauny. | 1773 Olivier des Brulais.
1765 Loysel de la Quiniere. |

PARLEMENT DE BRETAGNE.

CHAUFFE-CIRE.

1754 Legault des Ourmeaux.

GREFFIER GARDE-NOTE.

1782 Reconseil.

Les Huissiers du Parlement servent à la Chancellerie.

PRÉSIDIAUX DU RESSORT.

1. PRÉSIDIAL DE NANTES. 1551.

Le siege présidial de Nantes a été créé par édit de Henri II en 1551. La sénéchaussée était composée d'un sénéchal, d'un alloué lieutenant-général, d'un lieutenant particulier, & d'un procureur du Roi. A ces officiers anciens le Roi joignit sept conseillers, un avocat du Roi, & un greffier d'appeaux pour en composer le nouveau siege.

Au mois de mars 1552 il fut créé un office de juge criminel en chaque présidial de Bretagne ; deux nouveaux offices de conseillers furent créés par édit du mois d'avril 1557.

Enfin au mois d'août 1573 il fut encore créé un office de conseiller-clerc dans chacun des présidiaux du royaume, ce qui portait à dix le nombre des conseillers au présidial de Nantes. On ignore le tems de la création du onzieme, à moins qu'il n'ait fait partie des créations faites pour tout le royaume, en août 1586 de quatre conseillers, en mai 1597 de deux, & en août 1626 de deux encore. Mais outre que ces trois derniers édits ne paraissent pas avoir été enregistrés au parlement de Bretagne, il est évident qu'ils n'y ont pas eu d'exécution, du moins en entier, puisque le nombre de conseillers du présidial de Nantes, comme des trois autres de la province, n'a jamais été au-delà de onze, qui avec le sénéchal, l'alloué & le lieutenant, forment le nombre de quatorze juges pour ce tribunal, & de quinze en y comprenant le juge criminel.

Une requête présentée au conseil en 1583 par les officiers du siege présidial de Nantes porte à croire que l'onzieme office de conseiller a été créé par édit de 1581, & qu'il ne fut admis, ainsi que le dixieme créé en 1573, qu'en vertu de trois lettres de jussion adressées au parlement de Bretagne.

L'édit d'avril 1557, qui avait créé les offices du huitieme

& du neuvieme conseiller, créa aussi un office de second avocat du Roi.

Dans la même année 1557 il fut créé un office de président-présidial, par édit du mois de juin; & par autre édit de février 1705, il en fut créé un second: au moyen de cette nouvelle création, celui qui possédait l'ancien office de président, était appelé *président premier*, pour le distinguer des chefs des compagnies souveraines.

En 1764, ces deux offices de présidents-présidiaux ont été supprimés, & réunis, l'un à l'office de sénéchal, & l'autre à celui de juge criminel.

Le greffier d'appeaux, créé dès l'origine du siége, fut supprimé en 1561, de sorte qu'un seul greffier exerce depuis, tant pour les causes ordinaires sujettes à l'appel, que pour les matières présidiales.

Charles IX établit en chaque présidial de Bretagne deux offices de commissaires-enquêteurs, & taxateurs des dépens, par lettres-patentes du 17 février 1568, rendues sur un édit de 1514. Mais ces charges furent ensuite supprimées & réunies au siége, dont on obligea les officiers de rembourser les titulaires en 1570 & 1575.

En 1689 on détacha du siége la taxe des dépens pour en former des offices sous le titre de procureurs-tiers-référendaires, qui furent acquis par la communauté des procureurs.

Il restait les fonctions d'enquêteurs, qui furent encore détachées par édit d'octobre 1693, & attribuées à quatre nouveaux offices. On obligea peu de tems après les officiers du présidial de les racheter une seconde fois. Par édit de mars 1692 il fut créé des offices de conseillers-rapporteurs & vérificateurs des défauts, qui furent supprimés en 1720.

Un édit de septembre 1696 ayant créé de nouveaux offices de conseillers-gardes sceel, on mit celui du présidial de Nantes au corps du siége, par une déclaration du 7 septembre 1697, avec faculté d'en jouir en commun, ou de le vendre. Mais par édit du mois de décembre 1727 il fut supprimé, & les fonctions en furent attribuées au doyen des conseillers; mais sans jouir des priviléges de noblesse que donnait l'office, suivant sa création.

L'office de grand bailli d'épée qui attribuait au titulaire le droit de faire intituler les sentences ordinaires en son nom, de marcher à la tête de la compagnie dans les processions, & commander la noblesse du comté Nantois lors de la convocation du ban & arrière-ban, fut créé par édit du mois de décembre 1695. Il a été supprimé dernièrement par édit de 177..

Il y avait aussi autrefois au présidial de Nantes deux charges de conseillers d'honneur créées en 1635 & 1690, avec voix délibérative, quoiqu'on n'exigeât point que les titulaires fussent gradués, & un office de chevalier d'honneur, créé au mois de mars 1695, aussi avec voix délibérative. Ces charges ne subsistent plus depuis 20 à 30 ans. Avant 1732, le juge criminel faisait les fonctions d'assesseur en la sénéchaussée, & le procureur du Roi du présidial celles du ministère public : mais depuis ce tems elles ont été attribuées, par des commissions particulières, à des personnes étrangères à la compagnie.

Le siége présidial de Nantes, ainsi que la sénéchaussée, qui ne fait qu'un avec lui, jugeait dans l'origine un grand nombre d'affaires qui en ont été détachées, pour les attribuer à des tribunaux de nouvelle création, tels que le consulat par édit d'avril 1564, la jurisdiction des traites par édit de 1691, l'amirauté par édit du mois de juin de la même année, le siége de police par édits d'octobre & novembre 1699, enfin la jurisdiction de la monnoie formée d'un général-provincial, de deux juges-gardes & procureur du Roi.

Mais, d'un autre côté, la jurisdiction immédiate du présidial a augmenté par la réunion de la prévôté, par édit d'avril 1749. Il faut pourtant observer que cette réunion a été très-dispendieuse au présidial, tandis que les désunions ci-dessus ont eu lieu sans indemnité, & que, suivant ce qui a été pratiqué pour la réunion de l'office de conseiller-garde-scel, dont on a parlé ci-dessus, les priviléges de la prévôté & conservation des priviléges de l'université n'ont point été communiqués aux officiers du présidial.

Au moyen des créations, suppressions & réunions dont on vient de parler, le siége présidial de Nantes est formé des offices qui suivent :

1°. Un office de sénéchal-juge-conservateur des priviléges de l'université de Nantes.

Il donne le droit de présider l'ordre du tiers-état aux assemblées des états de Bretagne, quand elles se tiennent dans l'étendue du comté Nantois, & même dans les villes du ressort des trois autres présidiaux de la province, lorsque l'office de sénéchal du ressort où les états sont assemblés est vacant par mort, absence ou autrement, & que le sénéchal de Nantes se trouve le plus ancien en reception des autres sénéchaux. C'est en vertu de ce droit que le sénéchal de Nantes a présidé le tiers-état à la derniere assemblée des états tenue à Rennes en 1781.

2°. Office d'alloué lieutenant-général civil ; le titulaire

peut, ainsi que le sénéchal, assister avec voix délibérative aux jugements des procès criminels, mais sans pouvoir y présider.

3°. Office de juge-lieutenant-général criminel ; le titulaire peut assister avec voix délibérative aux jugements des procès civils, mais sans pouvoir y présider.

4°. Office de lieutenant particulier, civil & criminel.

5°. Onze offices de conseillers - juges - magistrats civils criminels, dont le doyen exerce gratuitement & sans aucun privilége particulier l'office de conseiller-garde-scel, réuni au corps du siége.

6°. Deux offices d'avocats du Roi.

7°. Un office de procureur du Roi, auquel est réuni celui de procureur du Roi au siége de police, laquelle est exercée par les maire & échevins.

Quant aux greffiers civil & criminel, ils ne sont point en titre ; ils tiennent leur greffe en bail, qui leur est adjugé par les administrateurs du domaine, sauf l'agrément du siége où ils sont examinés, reçus & prêtent serment.

OFFICIERS. *Messieurs*

1762	Bellabre, *sénéchal.*		Mahot de l'Aubinière.
1774	Orry de Reveillon, *alloué, lieut. gén.*	1776	Dreux.
1778	de Bourgoing, *lieut. cr.*	1784	Pineau du Pavillon.
1777	de la Ville, *lieut. part. civ. crim.*	1768	Felloneau, *av. du Roi.*
		1781	Giraud du Plessis, *avoc. du Roi.*
1749	le Lasseur, *doyen.*		Baco de la Chapelle, *procur. du Roi.*
1757	Deguer.		
1758	Gallot de Liesseau.	1764	Richard, *l. part. hon.*
1764	le Lasseur de Ranzay.	1768	Monnier, *cons. hon.*
1767	Turquetil de la Pajottiere.	1746	Goullin de la Brosse, *av. du roi hon.*
1771	Marié.		

2. PRÉSIDIAL DE QUIMPER. 1551. *Messieurs*

de Kervelegan, *sénéchal.*	Reymond de Vars.
Guimart de Coatidreux, *alloué & lieutenant-général.*	de Lecluze de Longraye.
	Frollo de Keilivio, *honor.*
Thomas, *juge criminel.*	de Lecluze de Longraye, *hon.*
Bobet de Lanhuron, *l. civil & criminel.*	le Goazre de Kvelegant, *avoc. du roi.*
le Dall de Keon, *doyen.*	le Dall de Keon, fils, *vr. du roi.*
Audoin de Kiner.	
Yvonnet du Rhun.	

5. PRÉSIDIAL DE RENNES. 1551. *Messieurs*

1783 de Borie, *sénéchal.*
1780 de Monthierry, *alloué, lieut. général.*
1777 Mangourit, *juge crim.*
Varin de Beauval, *lieut. civ. & crimin.*
1752 Varin du Colombier, *lieut. hon.*
1743 le Marchand de l'Epinay, *doyen.*
1724 Nivet, *honoraire.*
1747 Duval, *honoraire.*
1758 Desrieux de la Villoubert.
1759 Harembert.
1769 Rubin de la Grimaudiere.
1770 Reflou du Guemen.
1771 Fablet de la Motte.

Bouvier des Touches.
1775 Fournel de la Manseliere.
1778 Denoual de la Houssaye.
1780 Buret.
1742 Bidard de la Noë, *avoc. du roi.*
. . . . *proc. du roi.*
1778 Phelippes de Tronjoly, *avocat du roi.*
1759 le Grand, *gref. en chef civil.*
1770 Chartier, *gref. en chef criminel.*
1773 Noüail, *gref. en chef de la Prévôté.*

4. PRÉSIDIAL DE VANNES. 1551. *Messieurs*

le Gros, *sénéchal.*
de Larmor, *alloué.*
du Ranquin, *alloué, honor.*
. . . *juge crim.*
Poussin, *lieutenant.*
de la Chasse, *doyen.*
du Febvrier.

Dusers.
du Liepvre.
le Menez de Kerdelleau, *avoc. du roi.*
Houet de Chenevert, *proc. du roi.*
Lorvol, *greff. en chef.*

IX. PARLEMENT DE NAVARRE.
1620.

Ce Parlement est distribué en quatre Chambres, appellés Grand'-Chambre, Second Bureau, Tournelle, & Finances & Comptes. *Il prend ses vacations, le 1 Septembre jusqu'au 1er Décembre.*

PRÉSIDENTS, Messieurs

1778 Gillet de Lacaze, cons. en 1760, en surviv. avec M. son pere en 1763, chev. *premier.*
1748 d'Esquille, cons. en 1739.
1751 de Duplâa, cons. en 1742.
de Mesplez, cons. en 1744.

1757 de Charitte, cons. en 1750.
1763 d'Abbadie, cons. hon. au parlem. de Paris.
1776 de Jasses.
1781 de la Fitole.

CONSEILLERS HONORAIRES, Messieurs

1763 De Noe, *évêq. de Lescar;*
de Villoutreix de Faye *évêq. d'Oleron.*

1782 de Gain de Montagnac, *évêq. de Tarbes.*

CHEVALIERS D'HONNEUR, Messieurs

1758 De Nays, marquis de Candau.
Le baron de Navailles Pœyferré.

CONSEILLERS, Messieurs

1733 de Dombidau, *doyen.*
1748 de Belloc, *sous-doyen.*
de Mosqueros.
de Perpigna.
1751 Fraïsche-Morlanne.
1752 de Courreges-Agnos.
de Sajus.
1753 de Cheraute.
de Fanget.
de Lassale.

1756 d'Artiguelouve.
1760 Casaucau Leduix.
1761 Dombidau-Croseilhes fils.
1762 de Nogués-Gerderest.
du Poey.
de la Fargue.
d'Arret.
1763 de Parage.
1764 d'Izès.
1764 de Livron Espalungue.

PARLEMENT DE NAVARRE.

Messieurs

1776 de Charitte, *clerc.*
    de Gairosse.
    de Salettes.
    de BoisJuzan.
    de Logras.
    d'Esquille fils.
    de Belloc fils.
    de Dupláa fils.
    d'Augerot.
    de Larrabere.
    de Hiton, *clerc.*
1778 de Peich.

1778 Darripe-Lanecaube.
1779 de Lescar.
    d'Estandau.
    de Lalanne.
    de Day-Garderes.
    de Bordenave-Abere.
1780 de Bedouch.
1782 de Lorman.
    de Parage fils.
1783 de Nays-Candau.
1784 Duhait Arbouet.
    Dabbadie de Narreux.

GENS DU ROI, *Messieurs*

1775 d'Elissade, *avocat général.*
1778 de Bordenave, cons. en 1760, *proc. général.*
1776 de Faget-Baure, *avocat-général.*

SUBSTITUTS DE M. LE PROCUREUR GÉNÉRAL. *Messieurs*

De Tresarriu.
De Menvielle.

De Casaubon.
De Mosqueros.

1763 d'Augerot-Sedze, *greffier en chef.*

CHANCELLERIE.

M. de Brun, *garde des sceaux.*

SECRÉTAIRES AUDIENCIERS, *Messieurs*

De Lancfranque de Lorman.
De Luzighan.

Gautier de Vinfrais.

SECRÉTAIRES-CONTRÔLEURS, *Messieurs*

De Nogué-Sevignacq.
D'Arripe-Casaux.

SECRÉTAIRES, *Messieurs*

De Laussat, *doyen.*
De Dujean de Joauche.
De Lassausse.
De Barthelin de Fromajeol.

De Moncla.
De Tourteau.
De Tetrasse.
De Tardive.

Parlement de Navarre.

Messieurs

De Michel.
Fleurian de Guillonville.
Carlet.
Dufaur de Lajarthe.

De Grenille.
Dabos, *greff. garde-min.*
Bontemps, *recev. comm. des émol. du sceau.*

SÉNÉCHAUSSÉES DU RESSORT.

On ignore l'origine du Sénéchal de Béarn : c'était autrefois un grand officier qui était obligé de se transporter dans les diverses parties du Béarn, pour y rendre la justice avec les jurats des lieux. Les sièges d'Orthez, d'Oleron, Morlàas & Sauveterre ont été établis successivement. Les deux derniers ne remontent pas à une époque fort reculée. Ces tribunaux connaissent, en première instance, des matières civiles de peu de conséquence. On n'est pas même tenu de passer par ce premier degré de jurisdiction, pour arriver au parlement. La justice s'y rend au nom du sénéchal d'épée.

SÉNÉCHAL D'ÉPÉE.

M. de la Rochefoucault.

SÉNÉCHAL DE PAU, *Messieurs*

De Vignalet, *lieut. général.*
De Dabos, *proc. du Roi.*

Pommiés, *greff. en chef.*
Lassandes, *prem. huissier.*

Cette Sénéchaussée a été établie par Gaston XI en 1464.

SÉNÉCHAL D'ORTHEZ, *Messieurs*

Dufourcq-Salinis, *lieut. gén.*
. . . . . *proc. du Roi.*

Bascouet, *greff. en chef.*
Pachoué, *huissier audiencier.*

SÉNÉCHAL D'OLÉRON, *Messieurs*

De Làa, *juge.*
De Casemajor, *substitut.*

Mouras, *greff. en chef.*
Langevin, *huissier audiencier.*

SÉNÉCHAL DE MORLAAS, *Messieurs*

De Caubios, *juge.*
Paul, *substitut.*

De Casenave, *proc. du Roi.*
Balade, *greff. en chef.*

SÉNÉCHAL DE SAUVETERRE, *Messieurs*

De Casemajor, *juge.*
De Lafont, *substitut.*

Casadavan, *greff. en chef.*
Heuga, *prem. huiss. audienc.*

X. PARLEMENT DE METZ. 1633,

Ce Parlement a été établi par édit de Louis XIII du mois de Janvier 1633, & divisé par semestres : les deux semestres ont été réunis par édit du mois de Janvier 1770 : il avait été compris dans les suppressions de 1771, & son ressort réuni à la Cour souveraine de Nancy : mais il a été rétabli par édit du mois de Septembre 1775. Cet édit en fixe la composition de la manière suivante ; un premier Président, sept Présidents à Mortier, sept Conseillers d'honneur nés, deux chevaliers d'honneur, quarante-cinq Conseillers, dont quatre clercs, deux Avocats généraux, un Procureur général & six Substituts. Le Roi accorde aussi des lettres de Conseiller d'honneur à ceux des Magistrats qu'il juge à propos de décorer de ce titre.

Ce Parlement est distribué en trois Chambres, une Grand-Chambre, une Chambre de Tournelle & Enquête, une Chambre des Requêtes du palais.

La Grand'-Chambre réunit les fonctions de Chambre des Comptes ; celle des Enquêtes, de Cour des Aides.

Les vacations commencent le 24 Août ; & la rentrée se fait le 12 Novembre.

Il y a une Chambre des Vacations, composée de deux Présidents & douze Conseillers, pris dans la Grand'Chambre & celle des Enquêtes, & qui sont nommés par une commission du grand sceau, enregistrée tous les ans avant les vacations.

PRÉSIDENTS, *Messieurs*

1783 Hocquart, cheval. *prem.*
1749 du Tertre.
1754 de Chazelles.
1755 Bongars.

1776 Hocart.
1780 Goussaud.
      la Salle.
. . . .

CONSEILLERS DE LA GRAND'-CHAMBRE. *Messieurs*

1727 de Saint-Blaise, *doyen.*
1733 de Blair,
      de Julvécourt.
1739 Ancillon de Cheuby.
      de Vaux.
1740 Ancillon de Jouy.

1745 Liabé.
1747 Royer.
1748 Faure de Fayole.
1749 Darancy.
1750 Cabouilly.
1752 Ganot.

PARLEMENT DE METZ

Messieurs

1753 de Cheppe.
1755 de Saintignon, *clerc.*
1756 Jobal de Pagny, *clerc.*
1758 de Laubruſſel.
1759 Gouſſaud de Montigny.
1760 Beauſire.
1762 Durand.
1761 Crévon de Méricourt, *clerc.*
1764 Poutet.
1765 Goullet.
1770 de Brazy.

CONSEILLERS DE LA CHAMBRE DES ENQUÊTES. *Messieurs*

1776 Palteau de Veymerange, *doyen.*
Ancillon d'Aven.
1777 le Sellier de Chezelles.
Blaiſe de Roſerieulles.
Jannot.
1779 George d'Alnoncourt de ville.
Barbé de Marbois.
1780 George d'Alnoncourt.
1780 Hollande, de Colmy.
Rœderer.
Lanty.
1781 Guerrier.
Geoffroy.
Jacobé de Frémont.
1783 Jobal, *clerc.*
1781 Martin de Julvecourt.
Moutier.

CONSEILLERS D'HONNEUR NÉS, *Messieurs*

de Montmorency-Laval, *évéq. de Metz.*
Des-Michel de Champorcin, *évêque de Toul.*
Delnos, *évêque de Verdun.*
l'Abbé de Gorze.
l'Abbé de S. Arnould de Metz.
le Gouverneur de la province.
le Lieutenant de Roi de la province.

CONSEILLERS D'HONNEUR, *Messieurs*

de Montholon.
de Montholon.
Bertrand de Boucheporn.

CONSEILLERS CHEVALIERS D'HONNEUR.

M. du Paſquier de Fontenoy.

REQUÊTES DU PALAIS.

PRÉSIDENTS, *Messieurs*

1739 Devaux. 1765 Goullet.

Nota. Ces ceux Préſidents ſont pris, l'un à la Grand'-

PARLEMENT DE METZ.

Chambre, l'autre à celle des Enquêtes. Ils ne font pas moins le service à leur chambre.

CONSEILLERS, *Messieurs*

1783 de Chazelles, *doyen*.	1783 Lançon.
du Tertre de Tronville.	1784 de Feriet de Ceintrey.
d'Hausen de Weidesheim.	

GENS DU ROI, *Messieurs*

1780 Foissey, *avoc. général*.	1784 Depont, *avoc. général*.
1770 Lançon, *procur. gén*.	

GREFFIERS EN CHEF. *Messieurs*

1776 Collignon, *greff. en chef civil*.	1779 Guy d'Epenoux, *greffier en chef criminel*.

SUBSTITUTS DE M. LE PROCUREUR-GÉNÉRAL, *Messieurs*

Reigner.	Collin.
Marchal.	Lorette.
Bernard.	Pyrot.

CHAMBRE DES COMPTES.

CONSEILLERS CORRECTEURS, *Messieurs*

Menuisier.	De Lorme.

CONSEILLERS AUDITEURS, *Messieurs*

Dechambrun Daxloup.	Jeoffrenot de Montlebert.
Granjean.	Costé.

CHANCELLERIE.

GARDES DES SCEAUX, *Messieurs*

17.... Bouteiller de Château-fort.	1779 Jolly.

SECRÉTAIRES DU ROI, *Messieurs*

1765 Bosquet de Tichemont.	1766 Maucomble de Villette.
Portier d'Eunery.	1767 Quenel.

148 PARLEMENT DE METZ.

Messieurs

1767 Gardelle.	Augier du Rousseau.
1773 Catoire de Moulainville.	Chappé.
1775 Vigiers de Farges.	Sauret Descombets.
Pernot de Fontenelle.	1782 Querengal.
1776 Robin de la Cotardiere.	Destrems.
Compagnon.	de Guillon.
1777 Falvelly.	Hugaly.
Duvivier des Fontaines.	le Royes de la Motte.
1778 Lestre.	1783 Yvonnet.
Percheron de Mouchy.	de Guiraudet.
1781 Boucault de la Ragotiere.	Barcy.

SCELLEURS, *Messieurs*

1784 Fringan.   11782 de la Condamine.

PRÉSIDIAUX DU RESSORT.

1. PRÉSIDIAL DE METZ. 1685. *Messieurs*

. . . . *président.*	Bourgeois.
Raux de Tonne-les-Prez, *lieut. criminel.*	Olry.
	Collinet.
Georges, *lieutenant particul.*	Marchand.
Nicolas, *assess. civil & crim.*	Buch'oz, *honoraire.*
Michelet, *présid. honoraire.*	Maujean, *honoraire.*
. . . . *conseil. d'hon.*	Baltus, *honoraire.*
Dedon, *doyen.*	Plaisant, *avocat du Roi.*
Mengin.	Lajeunesse du Tailly, *proc. du Roi.*
Humbert.	
Pierre.	Charuel, *avocat du Roi.*
Hillaire.	Milet, *avocat du Roi, honor.*
Morgue.	Guerrier, *avoc. du Roi, hon.*
Sechehaye.	Marly, *greffier en chef.*
de Brye.	

2. PRÉSIDIAL DE SARLOUIS. 1685.

En 1685, le Roi établit à Sarrelouis un bailliage & siége

présidial, qui fut alors composé d'un Grand-Bailli, de deux Présidents, d'un Lieutenant-Général civil & criminel, de huit Conseillers, d'un avocat du Roi, d'un Procureur du Roi, d'un Substitut, d'un Greffier & de quatre Huissiers. Le ressort de ce bailliage était très-étendu, & il allait jusques aux portes de Mayence. Toutes les charges étaient remplies ; mais depuis la paix de Riswick, le ressort s'est trouvé si borné, que la plupart des Magistrats ont abandonné leurs offices. Le ressort de ce bailliage ne s'étend aujourd'hui que sur la banlieue de Sarrelouis, qui est formée par six villages : Beaumarais, Vaudrevange, les Picards, Loutre, Rhodom & Listrof. Les trois derniers sont jugés par des Juges de Seigneurs haut-justiciers, & ne viennent que par appel à Sarrelouis.

OFFICIERS, *Messieurs*

le marquis du Châtelet, *grand bailli*.
1784 de la Salle de Dilling, *lieut. gén. civ. crim. & de police*.
1781 Haan, *procureur du Roi*.
1768 Betramin, *greffier en chef*.

3. PRÉSIDIAL DE SÉDAN. 1661. *Messieurs*

d'Estagnol, *grand bailli*.
Pillar, *lieutenant gén. civ. & crim*.
Tabouillot, *lieutenant part*.

Pillar, *conseiller clerc*.
Dourthe, *procureur du Roi*.
Bailly, *greffier en chef*.

4. PRÉSIDIAL DE TOUL. 1685. *Messieurs*

. . . . . *grand bailli*.
Maillot, *lieutenant-général*.
Houillon, *lieut. gén. de pol*.
Olry, *l. gén. de police, hon*.
André, *lieutenant-criminel*.
Gouvion, *lieut. crim. honor*.
Louvrier, *lieutenant partic*.
Ricquelly, *lieut. part. hon*.
Pillement, *assess. civ. & crim*.
Antoine, *cons. chev. d'hon*.

Gregeois, *doyen*.
Louviot Lacroix.
Olry.
Nacquard.
Petitjean.
Pagel.
Louviot Lacroix, *av. du Roi*.
Desbroux, *procur. du Roi*.
Olry, *avocat du Roi*.
Chodrou, *greffier en chef*.

5. PRÉSIDIAL DE VERDUN. 1685. *Messieurs*

Daftier de Menneffargues, *bail.*
Georgia, *lieut. gén.*
Cazaude, *honoraire.*
Henry, *honoraire.*
Perrin, *lieut. de pol. honor.*
Rouyer du Cheranville, *lieut. gén. d'épée.*
. . . . *lieutenant crimin.*
Gabriel, *affeff. civil & crim.*
de Watronville de Pintheville, *conf. d'honneur.*

Samfon, *doyen.*
Roton.
Talbot.
Marchal.
Huit charges vacantes.
Tabouillot, *procur. du Roi.*
Gillet, *avocat du Roi.*
Collard, pere, *greffier en chef civil.*
Collard, fils, *gr. en chef crim.*

XI. PARLEMENT DE FRANCHE-COMTÉ. 1422.

PRÉSIDENTS, *Messieurs*

1761 Jean Cl. Nicolas Perreney de Grosbois, chevalier, conf. du roi en fes confeils, *prem.*
1779 Claude-Irenée-Marie-Nicolas Perreney de Grosbois, *en furvivance.*
✓ 1756 le Marquis de Camus.
1760 de Santans Terrier.

1762 le marquis de Chapuis de Roziere.
1764 Dolivet, baron de Choie.
1765 le marquis de Chaillot.
1771 le comte de Maréchal Vezet.
1777 de Boquet de Courbenrofe, chev. Baron de Courbenzon.
1782 Lebas, marq. de Boulans.

CHEVALIERS D'HONNEUR, *Messieurs*

1762 le comte Dudrezier.
1769 le Prince de Beauffremont.
de la Beaume, comte de Montrevel.

1779 de Froiffard de Poligny, marquis de Broiffia.
. . . .

Parlement de Franche-Comté.

Conseillers, Messieurs

1740 le marquis de Franchet, seigneur de Rans, *doy.*
1742 Alvizet.
Domet.
Boudret.
1743 Doyen de Laviron, seigneur de Creuillers.
Maire, seigneur de Bouligney.
1749 Broquard, seigneur de Bussiere & Alauernay.
1748 Courlet, seig. de Boulet.
1749 Bourgon, seig. d'Arcier.
Vieilleret, seigneur de Brotte.
1753 Coquelin, seig. de Morey.
1755 Oyselay de Legniat.
1756 Quegain de Voray.
1757 Riboux.
1761 Tharin.
1764 Damey de S. Bresson.
Morel, seig. de Thiercy.
Foillenot de Magny.
Frody, seigneur de Charchillac.
Balthazard Tinseau.
1765 Demod de Charnage, seigneur d'Uzel.
1766 Varin Dufresne.
Eugene Droz.
Roussel.
1768 Benoît de S. Vaudelain.
1769 de Masson de la Breteniere.
1775 Maire de Bouligney, seig. de Rainevel.
Remod Sanderet.
1776 Richard Dorival, seign. de Miserey.
Paget de Jevingey ✠.
1777 Seguin.
Paul Huot de Charmoille, prem. consf. *clerc.*
Jannot de Courchaton.
Benoît de Voisey.
1778 Talbert seign. de Nancray.
Arnould de Pereyle.
Calf de Noidans.
Joly de Mantoche.
Faivre du Bouvot, l.
1780 Domet de Verge.
de Camus.
de Mesmay, seigneur de Mesmay.
1781 Calf de Noroy, 2d consf. *clerc.*
de Charantenay.
1782 Broquart de Bussiere.
Hugon Devegicourt.
Faivre de Charme.
Marcier de Verchamp.
1783 Droz Dessernoises.
de Mongenet.
le Bas de Bouclans.
Amey.
Deux charges vacantes.

Gens du Roi, Messieurs

1758 Bergeret, *avocat génér.*
1760 Doroz, *procureur génér.*
1778 Bouhelier, *avocat gén.*
1781 marquis de Tallenay, *av. général.*
1777 Seguin, *greffier en chef.*

Substituts de M. le Procureur Général, Messieurs

1764 Marquet de Monmarlon.
Perroux.
1768 Humbert.
1778 Willequier.

PARLEMENT DE FRANCHE-COMTÉ.

CHANCELLERIE PRÈS LE PARLEMENT, CHAMBRE DES COMPTES ET COUR DES AIDES RÉUNIES.

Au Parlement.

1783 M. Nicod de Ronchaux, *garde des sceaux*.

Secrétaires, *Messieurs*

1771 Thiebaud.	1768 Teyras.
1767 Courty de Romange.	1769 Viney.
1773 Bavon.	1776 Fournier.
1781 Lardillon.	1773 Seguin.
1784 Antony.	1776 Renaud.
1765 Imbert.	1777 Coiftier.
Seguin.	1763 Gauthier.
1783 Terraffon.	1783 du Poirier.
1778 Betaud.	1784 Garlache Souyin de Traincourt.
1773 de Pelagey.	
1781 de la Borderie.	

A la Chambre des Comptes, *Messieurs*

1784 Pinet.	1773 Guerard Defpinaux.
1778 de Buffiere.	1782 Buguet de Bracheux.
1782 Baudot.	1774 Fouquier.
1779 Roche des Eaufes.	1775 Seichepine de Verfelay.
1783 Aubry.	1776 Machelard Dyniers.
1778 du Chailloux.	Régny.
1780 Pareaux de Curfon.	1778 Chevillon.
1781 Soufflois.	1768 Durand.
1770 Badoulier.	1781 Marchal.
Jaillet de Tizon.	1784 Bouchard.

PRÉSIDIAUX DU RESSORT.

1. PRÉSIDIAL DE BESANÇON. 1500.

Le Prince de S.-Mauris-Montbarey, meftre de camp de dragons, *grand-bailli*.

Arbilleur de Villars-S.-Georges, *lieutenant général*.

de Salle Bullabois de Villers-les-bois, *lieutenant criminel*.

Viennot de Baye, *honoraire*.

Outhier, *lieut. affeffeur crim.*

PARLEMENT DE FRANCHE-COMTÉ.

Messieurs

Guillemet, *doyen.*
Monniotte.
Besucher.
Louiset.
Artus.
Ramboz.
Faivre d'Esnans, *avocat du Roi.*
Faivre d'Arcier, *avoc. du Roi.*

Huguenet, *procureur du Roi.*
Durand, *greffier du présid.*
Pillon, *greffier civil.*
Goulia d *greffier criminel.*
Gille, *greff. des présent.*
Bergere, *rec. des ép. & ém.*
Briffaut, *contrôleur.*
Mesnage, *comm. receveur des consign.*

---

2. PRÉSIDIAL DE DOLE. 1771. *Messieurs*

Le comte de Scey-Montbeliard, lieut. gén. des armées, comm. de S. Louis, gouv. des îles & chât. d'If, Pommeque & Ratonneau, baron de Maillot, Buthier, &c. *bailli.*
Bergine, *lieutenant-général.*
Chavelet, *lieut. criminel,*
Vermot, *lieut. partic.*
Grison, *conseiller.*
Gadriot, *cons.*

Regnauld d'Epercy, *proc. du Roi.*
   Trois offices de conseil. & celui d'av. du Roi vac.
Cuynet, *substitut.*
Chappuis, *greff. civil.*
Badois, *greff. crimin.*
Roumette, *recev. des ép. & amend.*
Mattenet, *recev. des consign.*

---

3. PRÉSIDIAL DE GRAY. 1696. *Messieurs*

D'Esternoz, *grand bailli.*
Muguet, *lieut. gén. civil.*
Violet, *lieut. gén. criminel.*
Soulet, *lieut. part. civil.*
Gourdan, *lieut. assess. crim.*
Garnier, l'aîné, *doyen.*
Pautenet de Vereux, *honor.*
Cretin, *honoraire.*
Guichon.
Ponsard.
Garnier, *cadet.*
Regnauld, *cons. d'épée, hon.*
Denisot.

Billardet.
Dupoirier.
. . . . . *cons. d'épée.*
Jobard, *avoc. du Roi.*
Cretin, *proc. du Roi.*
Chaffignolle, *avoc. du Roi.*
Garnier, *substitut.*
Silvant, *greff. civil.*
l'Hullier, *greff. criminel.*
Sauvageot, *recev. des épices & amendes.*
Perignyot, *rec. des consign.*
Silvant, *cont. des épices.*

Nota. Les deux charges de Présidents de ce Présidial ont été réunies à celles de Lieuten.-Généraux civil & criminel.

4. PRÉSIDIAL DE LONS-LE-SAULNIER.
1696. *Messieurs*

Le Prince de Beauffremont, *grand bailli d'Avalon.*
1770 le Michaud d'Arçon, *l. gén.*
1758 Jobin, *lieuten. crimin.*
1772 Muyard, *lieut. part.*
1757 Petetin, *lieut. aff. crim.*
1745 Jacquemet de Pymont *proc. du Roi, honor.*
1761 Rouget, *avocat du Roi, honoraire.*

1761 Chevillard, *doyen, conf.*
1773 le Gros, *affeffeur.*
1774 Grandvaulx, *conf. aff.*
1775 Ouder, *conf. affeff.*
1776 Gacon, *conf. affeff.*
1779 le Courbe, *conf. affeff.*
Chaillon, *conf. d'hon.*
1783 Dunaud, *av. du Roi.*
1770 Coythier, *proc. du Roi.*
1776 Ardiet, *greff. en chef.*
Alardet, *rec. des config.*

5. PRÉSIDIAL DE SALINS. 1696. *Messieurs*

· · · · *prem. préfid. l. gén. civil.*
Martin, *lieut. gén. criminel.*
A cette charge eft réunie une autre de Préfident, fans cependant que le titulaire puiffe en prendre la qualité.
Girod, *lieut. partic.*
Girod, *honoraire.*
Furet, *lieut. aff. criminel.*
Furet, *l. aff. crim. honoraire.*
Bouffon, *doyen & garde-fcel.*
Cornier.

Cuseau.
Maffon, *conf. d'honneur.*
Robert, *conseiller.*
Raclet, *conf. d'honneur.*
Trois offices vacans.
Huguenet, *av. du Roi.*
Falon, *avocat du Roi.*
Bolard, *honoraire.*
Cordier de Champagnole, *pr. du Roi.*
Outhenin, *honoraire.*
Valette, *subftitut.*
Boffu, *greff. criminel.*
Marandet, *greff. civil.*

6. PRÉSIDIAL DE VEZOUL. 1696.

Le Bailliage de Vezoul eft le fiége principal du grand bailliage d'Amont. Ceux de Gray & de Baume en font partie. Jufqu'en 1578, il n'y avait qu'un Lieutenant-Général pour Vezoul, Baume & Gray; il réfidait à Vezoul, & allait tenir fes affifes à Gray & à Baume. On compte trente-quatre Lieu-

PARLEMENT DE FRANCHE-COMTÉ.

tenants-Généraux, depuis 1424. Trente étaient nés dans l'ordre de la noblesse ; quatre sont devenus premiers Présidents du Parlement, avant la vénalité des charges ; & quatre ont été Maîtres des Requêtes. Le Lieutenant-Général était Président né de la troisième Chambre des Etats de la province. Le Présidial, dont les offices de Président ont été supprimés, fut créé & réuni au Bailliage, par édit de 1696. Son ressort s'étend sur près de 600 villages.

OFFICIERS, Messieurs

le comte d'Esternoz, *gr. bailli.*	Galmiche.
Ebaudy de Rochetaillé, *l. gén.*	Guerin, *avocat du Roi.*
Fyard, *prés. prem. hon.*	Gueritot de la Pinodiere, *av. du Roi.*
de Montgenet, *l. gén. hon.*	
Bretet, *lieut. crim.*	Rainguel, *proc. du Roi.*
de Fleurey, *lieut. part.*	Fyard de Gevigney, *avoc. du Roi, honoraire.*
. . . . . *l. assess. crim.*	
Charle, *doyen.*	Papier, *pr. du Roi, honoraire.*
Munier.	Bailly, *greff. en chef.*
Noirot.	Grante, *cont. des épices.*
Daval.	Bailly, *recev. des épices.*
Garnier.	

XII. PARLEMENT DE FLANDRES.
1686.

(*Voyez, sur l'origine de ce parlement, l'édit de 1783, pag. 439.*).

Les grandes vacances de cette cour durent depuis le 15 août jusqu'au 3 novembre.

Nota. *Comme nous n'avons pu nous procurer la date de la reception de chacun de MM. les officiers qui composent cette cour, nous ne doutons pas que nous n'ayons souvent interverti l'ordre qui devrait subsister entr'eux.*

PRÉSIDENTS, Messieurs

1781 De Polinchove, *ch. prem.*	De Francqueville d'Inielle.
17.. Maleteau.	De Forest.
Dupont de Castille.	De Bussy.

PARLEMENT DE FLANDRES.

CHEVALIERS D'HONNEUR, Messieurs

17.... De Quellerie de Chanteraine.
Le marquis de Creny.
Le baron de la Grange.

CONSEILLERS, Messieurs

27.... Eloy, *doyen*.
Remy d'Elyin.
Wacrenier.
Le comte de la Viefville.
Van-Rode.
Le Boucq.
De Ranst, *clerc*.
Plaisant du Château.
Vandermesch.
De Warenghien de Flory.
De Ranst de Berchem.
Delevigne d'Ewaerders.

De Bergerand.
Maleteau de Guernes.
Merlin du Vivier.
De Wery.
Remi Desjardins.
De Francqueville de Bourlon.
Durand d'Elecourt.
Lengié.
Gillaboz.
De Francqueville.
1783 De Taffin.

GENS DU ROI, Messieurs

1780 Bruneau de Beaumetz, *avocat-général*.
1777 De Castulle, *proc. gén*.
17.. Le Fevre, *substitut*.
Lanquelein, *substitut*.
Leploge, *greff. en chef*.

GOUVERNANCE DE LILLE.

La gouvernance, souverain bailliage de Lille, est un tribunal établi par Philippe-le-Bel en 1314. On le nomme ainsi, à cause que le gouverneur en est le chef, & qu'il est le bailliage du souverain. Sa jurisdiction s'étend sur tous les villages de la châtellenie de Lille, & sur les cas royaux dans la ville. Les charges de ce tribunal ont été créées héréditaires par édit de l'an 1653.

OFFICIERS, Messieurs

Dufart, *lieut. gén civ. & crim*.
Lambelin de Beaulieu, *l. part*.
Duquesne, *doyen*.
Questroy.
Claeys.
De Savary.
Carpentier.
Danel.

De Savary du Gavre, *hon*.
Duretz, *honoraire*.
Demazur, *honoraire*.
Leclerq, *honoraire*.
Lebvre, *av. du Roi*.
Fremicourt, *proc. du Roi*.
Lemestre Duchastel, *greffier*.

XIII. PARLEMENT DE NANCY.
1775.

Cette cour vaque depuis le 25 août jusqu'au premier lundi ou jeudi d'après la S. Martin.

PRÉSIDENTS, *Messieurs*

1767	De Cœurderoy, chev. *pr.*	De Perrin.
	De Vigneron.	De Vigneron de Lozanne.
	Pierre de Sivry.	L'Abbé, comte du Rouvrois &
	Doré de Crepy.	de Couffey, 1 *pr. honor.*

CONSEILLERS PRÉLATS, *Messieurs*

de Fontanges, *évêque de Nancy.*
Desmichels de Champorcin, *évêque de Toul.*
de Chaumont de la Galaisiere, *évêque de S. Diez.*
de Mahuet de Lupcourt, *grand doyen de l'église primatiale.*
l'Archevêque d'Auch, anc. Primat, *honoraire.*

CONSEILLERS CHEVALIERS D'HONNEUR, *Messieurs*

Le Maréchal prince de Beauveau.

CONSEILLERS, *Messieurs*

Le Duchat d'Aubigny, *doyen.*	Colin de Benaville.
Sallet.	Protin de Vulmont.
Pagny.	Le Febvre.
De Millet de Chevers.	Renault d'Ubexi.
Le Goux de Neuvry.	De Pezclaire de Sauley.
Cachedenier de Vassimon.	De Bonneville, *clerc.*
De Maurice.	Pelet de Bonneville.
Rouot de Flin.	De Bouvier de Rouverois.
De Marcol de Manoncourt.	Bruuet de Cramilly.
Besser.	Regnault d'Irval.
Gerad d'Hannoncelles.	De Rogeville.
De Benamenil.	Roxard de la Salle.
Garaudé.	Peyerlé.

PARLEMENT DE NANCY.

Messieurs

De Fisson du Montet.
Anthoine, *clerc.*
De Marcol.
De Bouteiller.
Du Bois de Kiocour.

De Rodier.
De la Morte de Savonnieres, *honoraire.*
Michelet de Vatimont, *hon.*

GENS DU ROI. *Messieurs*

1757 De Marcol, cons. d'état, procureur-général.
1778 Collenel, *avocat-gén.*
1779 Charvet, *avoc. gén.*
1780 De Chaumont de la Milliere, *av. gén. hon.*

SUBSTITUTS DE M. LE PROCUREUR GÉNÉRAL. *Messieurs*

Mallarmé, *doyen.*
Pierre, *vétéran.*
Prugnon, *vétéran.*
Foller, *vétéran.*
Gaucher, *honoraire.*
Franchet-Villeneuve.
Guillaume.

Riston.
Marizien.
Prugnon.
De Vigneron, *surnuméraire.*
Fourier d'Hincourt, *surnum.*
Cachedenier de Vassimon, *surn.*
Pierre de Sivry, *surnum.*

GREFFIERS EN CHEF, CIVILS ET CRIMINELS, *Messieurs*

Brouet.
Beurard.

Beurard fils, *en survivance avec exercice.*

CHANCELLERIE.

M. Grangier, *garde des sceaux.*

AUDIENCIERS. *Messieurs*

Riston, *janvier.*
Terrasson, *avril.*
Constant, *juillet.*

Praire. } *octobre.*
Perrot. }

CONTRÔLEURS, *Messieurs*

De Chailly de Belle-Croix, *janvier.*
De Benevent, *avril.*

Neyron, *juillet.*
De Lisle, *octobre.*

SECRÉTAIRES DU ROI, *Messieurs*

Dureau, *doyen.*
Lasnier.
De Bellegarde.
Guerre de S. Odille.
Maynard.
} *janv.*

Rambaux.
Neyron.
Charost.
Wathier.
Archin.
} *avril.*

PARLEMENT DE NANCY.

Messieurs

Cornuaud.
Dupin.
Trumel. } *juillet.*
De Vernay.
Pauliot.

Greppo.
Jacond. } *octobre.*
Blondin.

CONSEILLERS RÉFÉRENDAIRES. *Messieurs*

Jacquemin.
Recouvreur.
Chevalier.

Cleret.
Rousseau, *trés. recev. des émolum. du sceau.*

PRÉSIDIAUX DU RESSORT.

1. PRÉSIDIAL DE DIEUZE. 1772.

Ce tribunal, établi sous Louis XIV, avec le titre de grand bailliage, fut supprimé en 1698, à la rentrée du duc de Lorraine dans ses états, & rétabli sous le Roi Stanislas en 1751. Les officiers qui le composent, qui sont en même tems juges domaniaux, ont la connaissance de toutes les affaires civiles & criminelles & des cas royaux, à la charge de l'appel au parlement; & pour celles du domaine, à la chambre des comptes. Ils jugent en dernier ressort, suivant l'édit de leur création, jusqu'à la somme de 1200 livres inclusivement, dans tout ce qui concerne les affaires civiles, à l'exception de ce qui touche les eaux & forêts & le domaine de la couronne. Ils jugent aussi en dernier ressort les cas prévôtaux.

La jurisdiction du bailliage comprend deux petites villes & soixante-neuf villages. La jurisdiction s'étend sur les bailliages de Sarguemines, Bitche, Lixim, Fénetrange & Château-Salins, qui y ressortissent pour tout ce qui n'excede pas 1200 livres. Le présidial n'a pas le second chef de l'édit, comme les autres présidiaux de France; il juge en dernier ressort tout ce qui est de sa compétence.

OFFICIERS. *Messieurs*

17.. Le Comte de Ha-la-Marche, *bailli.*
1763 Roger, *lieut. génér.*
1783 Petitbon, *lieut. parc.*

PARLEMENT DE NANCY.

Messieurs

1769 Prouvé, *assesseur.*
1754 Reetz, *doyen.*
1770 Bellecart.
Cunin.
1773 Aubertin.
Pariset.

1780 Boucard.
Chatillon, *avoc. du Roi.*
1773 Vaultrin, *procureur du Roi.*
1780 Mayt, *greff. en chef.*

2. PRÉSIDIAL DE MIRECOURT. 17... Messieurs

Le duc de Choiseul, *gr. bailli.*
. . . . . *lieuten. général.*
Grandjean, *lieut. particulier.*
Pommier, *assesseur.*
Merel, *doyen.*
Grosbert.
Mourot.
Chantaire.

Gaillard.
Ninot.
Delpierre, *avocat du Roi.*
Triquenay, *av. du Roi, hon.*
Rollin, *proc. du Roi.*
Dussart, *greff. en chef.*
Charpit Decourville, *conserv. des hypotheques.*

3. PRÉSIDIAL DE NANCY. 17.... Messieurs

Le duc de Fleury, *bailli.*
Mengin de la Neuveville, *lieut. gén. civ. & crim.*
Urion, *lieut. gén. de police.*
Mourot, *l. part. civ. & crim.*
Houard, *ass. civ. & crim.*
François, *doyen.*
Noël.

Luxer.
Plassiart.
Courtois.
Thiery.
Sinejean, *avoc. du Roi.*
Bertinet, *procureur du Roi.*
. . . . *greff. en chef.*
Beau, *greffier commis.*

4. PRÉSIDIAL DE SAINT-DIEZ. 17... Messieurs

Le chevalier de Franc, *bailli.*
De Bazelaire de Colroi, *l. g.*
Michelant, *lieut. particulier.*
De la Chambre, *assesseur.*

Haxo, *conseiller.*
Clement, *avocat du Roi.*
Petitmengin, *proc. du Roi.*
Simon, *greffier en chef.*

CONSEILS

CONSEILS SUPÉRIEURS.

I. CONSEIL D'ALSACE. 1657.

(*Voyez sur la naissance de cette Cour souveraine, l'Edit. de 1783, pag. 442.*)

Cette Cour vaque depuis le 29 Septembre jusqu'au Jeudi d'après la S. Martin.

PRÉSIDENTS, *Messieurs*

1776 le baron de Spon, chev. | 1768 de Salomon.
     Premier. | 1747 de Salomon, *honoraire.*

CONSEILLERS CHEVALIERS D'HONNEUR D'ÉGLISE, *Messieurs*

1759 Bourste, *abbé de Pairis.* | 1778 Dreux, *ab. de Neubourg.*

CONSEILLERS CHEVALIERS D'HONNEUR D'ÉPÉE, *Messieurs*

1765 le baron de Chauenbourg de Herlisheim.
     le baron de Reinach de Wert-Uttenheim.
1774 le baron de Landenberg de Wagenbourg.
1777 le baron de Reinach de Hirtzbach.
1757 le baron de Landenberg d'Illzach, *honoraire.*

CONSEILLERS DE LA PREMIERE CHAMBRE, *Messieurs*

1747 Holdt, *doyen.* | 1767 Poirot, l'aîné.
1750 Poujol. | 1769 Payen de Montmor.
1755 de Boisgautier. | 1771 Queffemme.
     Le baron de Münck. | 1774 Gerard, *clerc.*
1748 Bruges. | 1781 Horrer.
1761 de Salomon. | de Rocque.

SECONDE CHAMBRE, *Messieurs*

1755 Krauss. | 1772 Weinemmer.
1764 de Michelet. | Demougé.
1766 Français. | 1774 de Pong.
1768 Poirot, le jeune. | 1777 Atthalin.
1770 Golbery. | 1781 de Zaiguelius.

CONSEIL D'ALSACE.

Cons. Hon. ayant séance à la premiere Chambre, *Messieurs*

1723 Müller, 1752.	1732 de Zaiguelius, 1781.
de Regemorte, 1766.	

Tous les ans MM. les conseillers de cette Cour alternent. Ceux qui, pendant cette année 1785, forment la premiere chambre, passeront, à l'exception du doyen, à la seconde en 1786.

Gens du Roi, *Messieurs*

1759 Loyson, *avoc. général.*	1770 Müller, *avoc. général.*
1774 Herman, *proc. gén.*	1754 Neef, *proc. gén. honor.*

Substituts de M. le Procureur-Général, *Messieurs*

1765 Gochlin.	1766 Schoff.

Greffiers en Chef, *Messieurs*

1773 Hurt.	1750 Braquenot. } *rec. des ép.*
1780 Callot.	1758 Quettemme. } *am. & vac.*
1756 Fiess, *garde des archiv.*	1769 Chauffour. } *contrôl.*
1741 Dordet Neuville, *gr. des prés. & affirm.*	*des amend.*
	1778 Streicher, *rec. des consig.*

CHANCELLERIE.

1779 M. de Caussiny, *garde des sceaux.*

Cons. Secrétaires du Roi Audienc. et Contrôl. *Messieurs*

1737 Michel.	Duvernin.
1764 Chanorier.	1777 Petignan.
1774 Guyot de Champferrand.	Daugé de Bagneux.
1776 Pommeret Duchêne.	1780 Fabre des Belles.

Conseillers Secrétaires du Roi. *Messieurs*

1743 de Dovitz.	1774 Poignard de la Salinbere.
1763 Tholosan.	1775 le Clerc de la Galoriere.
1766 Recules du Basmarein.	Doé.
1767 Picart.	Pichart du Rivage.
1768 Huvelin.	1779 Lortié Petitfief.
1772 Mermier.	1781 Delzangles de Faussanges

HONORAIRES, *Messieurs*

- 1756 Fleury de Beauregard.
- 1764 Tisso..
- 1768 de Hauliac.
- 1774 Quelquejeu de Belletaille.
- 1776 Bardon.
- 1779 Michau de la Forêt.
- 1780 Marignier.

CONS. SECRÉTAIRES DU ROI PAR COMMISSION.

- 1774 Tissot.
- 1775 Albert.
- 1781 Vaillant.

TRÉSOR. RECEV. DES EMOLUMENTS DU SCEAU.

- 1763 M. Hurt.

GREFFIERS GARDES-MINUTES. *Messieurs*

- 1756 Gocklin.
- 1758 Richart.
- 1763 Mathieu, *chauffe-cire & porte coffre.*

JURISDICTIONS PRINCIPALES DU RESSORT DU CONSEIL SOUVERAIN.

I. DIRECTOIRE DE LA NOBLESSE D'ALSACE.

Le corps de la Noblesse immédiate de la basse Alsace a son tribunal particulier à Strasbourg. Ce tribunal, appelé *Directoire*, dont la constitution est conforme à celle des directoires de l'Empire, est composé de dix juges, tous membres de ce corps, dont sept directeurs, qui président à leur tour par semestre, de trois assesseurs & d'un syndic. Ils sont tous nommés & brévetés par le Roi, sur la présentation qui lui est faite par le Directoire, pour chaque place d'assesseur vacante, de trois sujets, & d'un seul pour celle de syndic ; le plus ancien des assesseurs passe de droit à la place de directeur vacante. Il y a encore huit adjoints, dont quatre catholiques, & quatre de la confession d'Augsbourg. Ceux-ci ne siégent pas ; on ne les convoque que lorsqu'il s'agit des affaires qui concernent les intérêts du corps en général. Le Directoire nomme ses autres officiers.

Ce tribunal connaît, tant au civil qu'au criminel, des affaires qui concernent les gentilshommes immatriculés, ainsi que des appels des sentences des baillis des terres de leur ressort. Ils jugent en dernier ressort jusqu'à la somme de 500 livres, & par provision, jusqu'à celle de 1000 livres. Le dernier ressort, en fait d'amendes, est fixé à 30 livres, & la provision à 100 livres.

DIRECTEURS, *Messieurs*

le baron de Wangen.
le baron de Reich de Platz.
le baron de Landsperg.
le b. de Landemberg d'Illzach.

le baron de Flachslanden.
le baron de Reinach.
le b. d'Andlau de Humbourg.

ASSESSEURS, *Messieurs*

le baron de Bodeck.
le baron de Boulach.

le baron de Rathsamhausen.

ADJOINTS, *Messieurs*

le baron d'Andlau.
le baron de Berckheim, *stett*.
le baron de Berstett.
le comm. bar. de Flachslanden.
le chev. baron de Landsperg.

le chev. baron de Schœnau.
le baron de Berchkeim de Schoppenwihr.
le baron Frédéric de Wurmser.

OFFICIERS DU TRIBUNAL, *Messieurs*

Schwendt, *syndic*.
Dreyer, *secrétaire*.
Kentzinger, *secrétaire*.

Auger, pere, *proc. fiscal*.
Kentzinger, *adjoint*.

II. SÉNAT DE STRASBOURG.

De temps immémorial, la jurisdiction civile & criminelle de Strasbourg a été administrée par un Sénat, composé de trente-un membres, dont un tiers est tiré de la noblesse du Directoire de la basse Alsace ; les deux autres le sont de la bourgeoisie. Ce Sénat est présidé par un Préteur ou *Stettmeistre*, & un Consul ou *Ammeistre*.

Les Stettmeistres, ainsi que les Ammeistres, sont au nombre de six, qui se relevent, les premiers alternativement de trois en trois mois, les autres chaque année. C'est au Stettmeistre régent qu'il appartient de recueillir les voix dans le Sénat ; c'est lui qui garde le grand sceau ; & l'on voit son nom à la tête de tous les actes qui émanent de l'autorité du Magistrat. L'Ammeistre régent convoque le Sénat, dont il a la direction, & il y ouvre le premier son avis. Les procès entre bourgeois sont portés à son tribunal; & il décide celles des contestations qui sont de peu d'importance, & renvoie aux départements respectifs les affaires sujettes à quelque discussion, à moins que les parties n'aient volontairement décliné sa jurisdiction.

Les Sénateurs sont élus par les Echevins des vingt tribus auxquelles toute la bourgeoisie est aggrégée. La moitié quitte ses fonctions d'une année à l'autre, & on leur en substitue autant de nouveaux; de manière que chaque Sénateur n'exerce sa charge que pendant deux ans.

Ce Sénat, appelé le *grand Sénat*, juge en dernier ressort au criminel; au civil, il juge sans appel jusqu'à la concurrence de mille livres, & par provision, jusqu'à deux mille liv., sur l'avis de l'un des avocats généraux, qui y siégent par quartiers.

Le petit Sénat, composé de l'Ammeistre qui sort de régence & qui y préside, de six Conseillers nobles & de seize de la bourgeoisie, juge les procès civils jusqu'à la concurrence de 1000 liv. sur l'avis & le rapport du référendaire.

La Régence perpétuelle ou ce qu'on appelle das Bestœndige Régiment, est représentée par les Chambres des XIII, XV & XXI, qu'on appelle aussi les Chambres secrettes.

La Chambre des XIII est composée aujourd'hui de quatre Stettmeistres, de six Ammeistres & de quatre XIII de la bourgeoisie, appelés Ledige XIII. Le Stettmeistre régent, lorsqu'il est de la Chambre des XV, préside aussi dans cette Chambre des XIII, ainsi que l'Ammeistre régent, quand même il ne serait que XXI. C'est la Chambre des XIII qui traite les affaires majeures, soit avec la Cour, soit avec les Commandans & Intendans, soit avec les Cours voisines. Elle connaît aussi des causes, qui y sont portées par appel du grand & du petit Sénat, & dans ce sens elle est appelée le Cammergericht. Elle juge alors, sans appel ultérieur, jusqu'à la concurrence de 1000 liv., & par provision, jusqu'à la concurrence de 2000 liv.

La Chambre des XV, composée de cinq Gentilshommes, dont deux sont Stettmeistres, & de dix de la bourgeoisie, est commise à l'effet de veiller à l'exécution & au maintien des statuts & réglements de la ville; elle a soin de différents objets de commerce & de finances, & la police des arts & métiers lui est confiée. Tous ses jugements sont en dernier ressort & sans appel.

Il n'y a pas, à proprement parler, de Chambre séparée de

XXI. Les Magiſtrats qui portent ce titre, ſont pour l'ordinaire de quatre ou cinq, qui paſſent par la ſuite dans les Chambres des XIII ou XV.

Lorſque le grand Sénat & les trois Chambres ſecretes ſont réunis, on appelle cette aſſemblée le Conſeil & XXI, ou *Rœth und XXI*. Le parquet eſt alors compoſé du plus ancien des Avocats généraux & du Secrétaire de la Chambre des XIII. Les autres Avocats généraux y ſont appelés dans les affaires importantes. C'eſt-là, où les ordonnances & les réglemens généraux reçoivent leur ſanction ; c'eſt à cette Chambre, à laquelle les traités ont conſervé ce qu'on appelle *jus circà ſacra* ſur les ſujets de la confeſſion d'Augſbourg, où les affaires eccléſiaſtiques &, par la voie des ſupplications, les affaires matrimoniales des Proteſtans ſont portées ; c'eſt-là où ſont portées les affaires gracieuſes ; c'eſt là où ſe font les élections de tous les Aſſeſſeurs des trois Chambres, ainſi que des principaux officiers & employés de la ville.

Quant à la religion, la loi de l'alternative, établie par le Roi, en 1685, entre la Religion Catholique Romaine & la religion Proteſtante de la confeſſion d'Augſbourg, s'obſerve tant dans le remplacement des membres du Magiſtrat, que dans celui des officiers employés, qui en dépendent.

Le Préteur royal, en vertu de l'édit de création de 1685, préſide à toutes les aſſemblées du Magiſtrat, & il eſt chargé de veiller tant aux intérêts de la couronne qu'à ceux de la ville & de l'univerſité proteſtante.

MAGISTRAT DE STRASBOURG.

M. de Gérard, conſeil. d'Etat, chev. de l'Ordre de Charles III, *préteur royal*.

MAGISTRATURE PERPÉTUELLE.

CHAMBRE DES XIII. *Meſſieurs*

le baron Joſ. And. de Gaill, *ſtettmeiſtre*.
le baron de Berckheim, *ſtettm*.
le baron de Neuenſtein, *ſtettm*.
le baron de Falckenhayn, *ſtettmeiſtre*.
le baron de Dietrich, *ſtettm. honoraire*.

Nicart, *ammeiſtre*.
Engelmann, *ammeiſtre*.
Poirot, *ammeiſtre*.
Lemp, *ammeiſtre*.
Hennenberg.
Geiger.
Streicher.
Brackenhoffer.

Conseil d'Alsace. 167

Avocats généraux, Messieurs

Mogg.
Hold.
Fischer.

Secrétaires. Messieurs

Matthieu.
Silberrard, *honoraire*.
Metzler, *adjoint*.

Chambre des XV. Messieurs

le bar. Haffner de Wasselnheim, *stettmeistre*.
le bar. Zorn de Boulach, *stett.*
le baron Wurmser de Vendenheim.
le baron Chr. Antoine Joseph d'Oberkerch.
le baron Charles Sig. d'Oberkerch.
Dorsner.
Guerin.
Gangolff.
Matthieu.
Barth.
Flach.
Weinemmer.
Kornmann.
Kien.
Mogg, fils.

Secrétaires, Messieurs

Widt.
Zœpffel.
Treitlinger, *adjoint*.

Chambre des XXI, Messieurs

de Türckheim, *amm. régent*.
Zæffel, *ammeistre*.
le baron d'Ichtratzheim.
Gœtz.
Wachter.

GRAND SÉNAT.

Stettmeistres Régents, Messieurs

le baron de Gail, XIII.
le baron de Berckheim, XIII.
le b. de Falkenhayn, XIII.
le b. Zorn de Boulach, XV.

Ammeistre Régent.

M. de Türckheim, XXI.

Sénateurs nobles, Messieurs

le b. Wurmser de Vendenheim, XV.
la bar. ch. Sigef. d'Oberkirch, XV.
le b. d'Ichtrazheim, XXI.
le b. Jos. And. de Weitersheim
le b. de Turckheim.
le b. Henri André de Gail.

L iv

CONSEIL D'ALSACE.

Messieurs

20 Sénateurs des tribus bour- | Fischer, *greffier criminel.*
geoises. | Hermann, *adjoint.*
Zæpffel, *greffier.* | Petzel, *honoraire.*
Ehrlen, *substitut.* | Riehl, *procureur fiscal.*

PETIT SÉNAT, *Messieurs*

Zæpffel, *amm. & XXI.* | le baron de Rathsamhausen.
le b. Fr. Ch. de Weiersheim. | 16 *Sénateurs des tribus.*
le bar. Sig. Fr. Aug. Zorn de | Frœreisen, *référendaire.*
Boulach. | Beguin, *greffier.*
le b. Fr. Fred. d'Oberkirch. | Spielmann, *substitut.*
le b. de Berstett. | Seiler, *comm. aux exécut. civ.*
le b. Denis Jos. André de Gail. |

II. CONSEIL SOUV. DU ROUSSILLON. 1660.

(*Voyez, sur l'origine & la compétence de cette Cour, l'édit. de 1783, p. 444.*)

Rentre le 12 Novembre.

PRÉSIDENTS, *Messieurs*

1774 de Malartic, comte de | 1758 d'Anglade de Rocabrune.
Montricoux, cheva- | Raymon de Copons
lier, *premier.* | dell Llor, *honoraire.*
1751 Cairol de Madaillan. |

CONSEILLERS D'HONNEUR, *Messieurs*

1780 l'évêque de Perpignan, *cons. d'honneur né.*
1779 de la Combe de Monteil, *grand archid. du Roussillon.*
1777 de Cappot.

CONSEILLERS CHEVALIERS D'HONNEUR, *Messieurs*

1777 de Pagès de Copons. | d'Ortoffa.

CONSEILLERS, *Messieurs*

1757 de Gispert, *doyen.* | 1777 Després.
1758 de Gazes. | 1781 Albert de Collaris.
1766 de Cappot. | Tardiu de Viladonnar.
1774 de Bornet de Salelles. | Pailhoux de Cascastel.
1776 de Balanda, *clerc.* | 1783 de Gaffard.

Conseil du Roussillon.

Conseil. titul. et surnum. *Messieurs*

1774 de Pons.   1782 de Vilar.

Conseillers honoraires, *Messieurs*

1777 Desprès.
1781 d'Esteve.
1782 Pailhoux de Cascastel.
1775 d'Avignan, visit. gen. des gabelles.

1778 Costa, présid. en la chambre du dom.
1779 Terrat Pellisser, conf. à la chambre du dom.
1773 de Gispert, conf. à la chambre du domaine.

Gens du Roi, *Messieurs*

1759 de Lucia, *avocat gén.*
1762 de Vilar, *proc. gén.*
1779 de Noguer d'Albert, *avocat général.*
1770 de Roumiguieres, *avoc. gén. hon.*

1773 de Blay Gispert, pᵒ du Roi en la chambre du dom. av. gén. hon.
1779 Jaume, *substitut.*
1730 Elay, *substitut.*

1750 de Roumiguieres, av. gén. hon. *greff. en chef.*
1778 Rouffat, *principal commis au greffe.*

Les noms des Membres de la Chancellerie ne nous ont pas été fournis.

III. CONSEIL PROVINCIAL D'ARTOIS. 1530.

(*Voyez sur l'origine de ce Conseil, l'Edit. de 1783, p. 445.*)

Les vacations de cette Cour sont depuis le 16 Août jusqu'au 2 Octobre.

Présidents, *Messieurs*

1754 Briois, chev. *premier.*   117. . de Madre.

Chevaliers d'Honneur, *Messieurs*

le Sergent d'Hendecourt.
Wattier d'Aubincheul.

Bataille, *honoraire.*

CONSEILLERS, Messieurs

Delassus, *doyen.*
Thiebault.
Rouvroy de Libessart.
Leroy d'Hurtebize.
Dourlens.
Hemart.
Vaillant, *garde des sceaux.*
Mauran: des Maretz.

Thellier.
Lemaire.
Au defroy.
Saladin de Terbecque.
Watelet de la Vinelle.
Le Febvre de trois Marquets.
Masse de la Frenoy.
Gosse de Louez.

CONSEILLERS HONORAIRES, Messieurs

Dambrines.
de Beugny de Bondus.
Wartel.

Stoupy.
Scotion.

GENS DU ROI, Messieurs

1761 Foacier de Ruzé, *avoc. général.*
1764 Enlart de Grandval, *proc. général.*

SUBSTITUTS DE M. LE PROCUREUR-GÉNÉRAL. Messieurs

de la Haye d'Hennin.
le Vasseur de la Thieuleye,
Priois, *surnuméraire.*

Brunel, *honoraire.*
Thiebault, *honoraire.*

M. Develle, *greffier en chef c vil & criminel.*

IV. CONSEIL SUPÉRIEUR DE CORSE. 1768.

PRÉSIDENTS, Messieurs

1783 Gautier, chev. *premier.* | Baude.

CONSEILLERS, Messieurs

Morelli, *doyen.*
Christofari.
Massesi.
Boccheciampe.
Belgodere.
Charlier.

de Liberderie.
de Roussel.
Patin de la Fizeliere.
Guyot.
Baudin, *honoraire.*

CONSEIL D'ARTOIS.

GENS DU ROI, Messieurs

1782 Coster, *proc. général.*
Baffier, *avocat général.*
Bellanger, *honoraire.*

Guyot, père, *honor.*
Douffet, *garde des sc.*
Fabrizj, *sec. interprete.*

CHAMBRES DES COMPTES.

(*Voyez, sur ces Cours, l'édition de 1783, p. 449.*)

I. CHAMBRE DES COMPTES DE PARIS.

Rentre le 10 Octobre.

PRÉSIDENTS, Messieurs

1768 Nicolaï, *chev. premier.*
1745 Florimond Fraguier.
1750 de Salaberry.
1761 de Paris la Broffe.
1766 Mallet de Trumilly.
1768 le Pileur de Brevannes.
     Maffon de Meflay.
1768 de Vin de Fontenay.
1770 le Boulanger.
1772 de Chavaudon de Sainte Maure.
1773 le Mairat.
1775 Perrot.
1782 Bertin.

PRÉSIDENTS HONORAIRES, Messieurs

1731 Nicolaï, *ch. pr. préf.* 1747 Dumetz de Rofnay.

CONSEILLERS MAÎTRES, Messieurs

1733 le Boulanger, *doyen.*
1737 Péan de Mofnac.
1738 Efprit.
1742 de Heman.
1743 Gohier de Neuville, *auditeur. 1735.*
1744 Hariague.
     le Normand de la Place.
1745 Clement de Boiffy.
1746 Remi, *audit.* 1742.
1747 de la Croix.
1749 Bizeau.
     Coufinet, *audit.* 1741.
1750 Blanchebarbe de Grandbourg.
1754 d'Alizé de Saint-Cyran.
1755 Legrand Devaux.
1758 Nigot de Saint-Sauveur.
1759 le Boullenger de Capelles.

Messieurs

1759	Moreau de Verneuil.		Brillon, *auditeur*, 1762.
	le Long.		Pieffort.
1761	Roger de Vadencourt, *correcteur*. 1757.	1775	de Hemant.
			Mariette, *correct*. 1751.
1763	Puy de Verine, *correcteur*. 1750.		Boucher.
			Desavenelles Grandmaison.
	Bauldry, *aud.* 1762.		
1764	de Joguet.		Henin.
1766	Lourdet, *aud.* 1757.		Bayard.
	le Long de Meray.	1776	Henin de Cherel.
	Lourdet de Santerre, *aud.* 1759.		Ladvocat.
			Hericard de Thury, *corr.* 1763.
1767	Huez de Pouilly.		
1768	Moron.		de Heman.
	de Robillard, *aud.* 1755.		Debonnaire de Gif.
1770	de la Salle.	1777	Perrotin de Barmond.
	la Porte.		Boucher.
	Griffon.	1779	Boyer, *auditeur*, 1773.
	Langlois, *audit.* 1746.		Daguin de Beauval.
	Guyhou de Montlevaux, *aud.* 1759.		Roger d'Arquinvilliers.
		1780	le Blanc de Chateauvillard du Breau.
1771	Valleteau de la Fosse, *aud.* 1767.	1781	Laporte, *audit.* 1771.
1772	Amyot, *aud.* 1768.		Valleteau de la Roque, *auditeur*, 1771.
	Le Normand de la Place.		
	Cavé d'Haudicourt, *aud.* 1766.	1782	Pinchinat.
			Perrotin de Barmond.
	Brion de Saint-Cyr, *aud.* 1764.		Guyhou de Montlevaux.
			Puy de Rony.
	le Blanc de Chateauvillard ✠.	1783	Prise de Chazelles.
			Boyer de Bois-de-champs.
1773	Daguin.		de Lestang.
	Clément de Ste. Pallaye.	1784	Jame de Givry, *correct*. en 1765.
	le Clerc.		
1774	Henin.		de la Haye de Cormenin.
	Batckhas, *correct*. 1763.		le Moyne.
	Monginot.		Bozonat.

Conseillers Maîtres Honoraires, Messieurs

1746	Defallier d'Argenville.	1753	Loisson de Guynaumont.
1747	Daguin de Launac.	1755	le Marié d'Aubigny, *a. g.*
1748	Daguin de Villette.	1761	Bertin de Saint-Martin.

CHAMBRE DES COMPTES DE PARIS. 173

CONSEILLERS CORRECTEURS, Messieurs

- 1727 Bruant des Carrieres.
- 1737 Ameline de Quincy.
- 1743 Coquebert de Montbret.
- 1744 Duchesne.
- 1745 Lardier.
- 1750 Cœuret d'Ozigny.
- 1756 Benoist Desmars.
- 1758 Desnotz de Rivecourt.
- Martin de Vauxmoret.
- 1760 Danré de Leury.
- 1763 Marchais de Migneaux.
- Eynaud.
- Regnault.
- Davene de Fontaine.
- 1766 Boullenois.
- Patu de Compiegne.
- 1767 Tournay.
- Huart Duparc.
- de Laillier d'Orbeville.
- 1768 Larsonnyer.
- 1769 Moreau Desclainvilliers ✠.
- 1770 Tournay du Moucel.
- 1772 Daudin.
- 1773 Brochant.
- 1774 Davy de Cucé.
- Bourjon.
- Barraud.
- 1775 Patu de Saint-Vincent.
- Carsilliers.
- 1776 Heriot de Vroil.
- 1777 Duchesne.
- le Couvreur de S. Pierre.
- 1780 de Fourment.
- Dougny.
- 1783 Martel.
- Bajot de Connantre.
- 1784 Parent.
- Bauné de Beaugrand.

CONSEILLER CORRECTEUR HONORAIRE.

- 1749 M. de Fautras, *président de la Cour des Aydes.*

CONSEILLERS AUDITEURS, Messieurs

- 1738 le Baillif.
- Isabeau de Breconvilliers.
- 1739 de Beausse.
- 1740 de Gars.
- 1743 Cappelet.
- Carpentier de la Fosse.
- du Tremblay de S. Yon.
- 1744 L'Escuyer.
- Jourdain.
- de Moncrif de la Noüe.
- 1745 Musnier Depleignes.
- 1747 Gamard.
- 1749 de la Mouche.
- Gallois.
- 1752 Legier de la Tour.
- Silvy.
- 1753 Peillot de la Garde.
- 1754 Dorat de Chameulles.
- 1755 Giraud de Gaillon.
- Daligé.
- 1756 Roussel.
- 1757 Tanvot de Brasles.
- Patu des Hauttechamps.
- 1759 Chassepot de Beaumont.
- Guyot.
- de Rotrou.
- le Roy de la Boissiere.
- 1760 Borel de Bretisel, *cons. d'état.*

Chambre des Comptes de Paris.

Messieurs

1761 Lambert.
le Chanteur.
Lambert de Morel.
1762 de Loynes.
1763 Besson.
1764 de Lattre d'Aubigny, *consf. d'état.*
Auvray.
Louvel de Valroger.
Herbault.
1765 du Tremblay de Rubelles.
1766 de Malezieu.
de Loynes de la Potiniere.
Froment de Champlagarde.
le Clerc de Lesseville.
1768 Fougeroux d'Angerville.
Cannet.
Martin des Fontaines.
Davy de Chavigné.
1769 Rahault.
Prisy de Chazelle.
de la Monnoie.
de Saint-Genis.
1771 de Moncrif.
1772 Colin de Cancey.
l'Hoste de Beaulieu.
Prevôt de Longperrier.

1774 Coquebert.
Vial de Machurin.
Magnyer de Gondreville.
1775 Guillier de Sonancey.
Laurens de Lorméon.
Cabeuil.
Rahault de Villers.
Roettiers de Montaleau.
1776 Boulliette.
1777 Cappelet.
Munier de l'Herable.
1778 Flamen d'Assigny.
le Couteux de Vertron.
1779 Daligé de Saint-Cyran.
Marchais.
1780 Martin de Vauxmoret.
Silvy.
1781 du Tremblay.
Bunot de Choisy.
Camusat du Saussay.
de Monthiers.
1782 Bellet.
Martin de Vraines.
Millet.
Moriceau.
1783 Cassau d'Aston.
Cousinet.
Chauchat.
De Latre d'Aubigny.

Conseillers Auditeurs honoraires, *Messieurs*

1735 Hélyot.
1736 Coquebert.
1750 Dudoyer, *consf. au parl.*
Brochant.
1754 Choart, *prés. à la cour des aides.*
1756 Dupré de Saint-Maur, *consf. au parlement.*
1759 Denis, *premier prèsid. du bureau des finances.*

CHAMBRE DES COMPTES DE BOURGOGNE. 175

GENS DU ROI, *Messieurs*

1775 le Marie d'Aubigny, avocat général. | 1769 de Montholon, *pr. gén.*
| 1766 de Courchant, *substitut.*

GREFFIERS EN CHEF, *Messieurs*

1764 Henry. | 1769 Marsolan.

II. CHAMB. DES COMPTES DE BOURGOGNE.

(*Voyez, sur la naissance de cette Cour, l'édit. de 1783, p.* 449.)

Les vacations de cette Cour sont semblables à celles du Parlement de Bourgogne.

PRÉSIDENTS, *Messieurs*

1771 de Pradier, marquis d'A-grain, chev. *premier.*
Brondeault.
Vaillant de Meixmoron.
d'Herisson.

Choux de Bussy.
Grossard de Virely.
Barbier de Reuille.
1784 Richard de Vesvrotte.
Richard de Ruffey, *hon.*

CHEVALIERS D'HONNEUR, *Messieurs*

Girard de Nontbellet.
le Febvre, vic. de la Maillardiere.

. . . .

CONSEILLERS MAÎTRES, *Messieurs*

Nicaise, *doyen.*
Papillon de Flavignerot.
Chifflot de S. Moré.
Surget, jeune.
Rousselot.
Jomard.
Gauthier.
Vergnette de la Motte.
Perret de Flavignerot.
Gallier.

Ranfer de Breteniere.
Ligier.
Laureau de Laveault.
Surget, l.
Cocquard.
Surget, *min.*
de la Ramisse.
Jordan.
Febvre.
le Seurre de Mussey.

CHAMBRE DES COMPTES DE BOURGOGNE.

Messieurs

Bona de Perrex.
de la Troche.
Michel.
Demanche.
Moreau.

Perroy de la Forestille.
1784 Petitot.
Quirot de Selongey, *hon.*
Bichot-Morel de Duesme, *hon.*

CONSEILLERS CORRECTEURS, *Messieurs*

Petitjean.
Paney.
Lardillon.
Lejeune.
Desaille.

Metrillot-Dufayol.
Gay de Chassenard.
Chervau.
Pergier.

CONSEILLERS AUDITEURS, *Messieurs*

Martin.
Anglart.
Gauthier.
Girault.
Godard.
Vaudremont.
Petitot.

Demermety.
Bourée.
Gelyot.
Hucherot.
1783 Mandonnet.
Joly, *honoraire.*
de Latroche, *honoraire.*

GENS DU ROI, *Messieurs*

1762 Baron, *avocat général.*
1782 Bouillet, baron d'Arlod, *procureur-général.*
1782 Boutillon de la Servette, *avocat-général.*
Morel, *av. gén. honoraire.*

SUBSTITUTS DE M. LE PROCUREUR GÉNÉRAL, *Messieurs*

Chauvot.
Deffinod.
Millot.

Ligeret de Bevis.
1784 Soucelyer.
Deffinod, *honoraire.*

M. Cinqfonds, *greffier en chef.*

III. CHAMB. DES COM. DE MONTPELLIER.

(Voyez sur l'origine & la compétence de cette Cour, l'édit. de 1783, page 451.)

Cette Cour ne vaque jamais.

PRÉSIDENTS, Messieurs

1772	Claris, chevalier, *prem.*	1770	Bonnier d'Alco.
1743	Tremolet.	1776	Mouton de la Clotte.
1755	Gros.	1777	Puissant.
	Layrolle.	1778	Aurés.
1774	Lirou.	1780	Serres.
	Monglas.	1783	Bernard de Boutonnet.
1765	Claris, *premier' président. surv. en* 1779.		

CONSEILLERS MAÎTRES, Messieurs

1723	Moustelon, *doyen.*	1758	Sicard.
1731	Guilleminet, *sous-doyen.*	1759	J. Sicard.
1732	Vassal.	1764	Boisserolles.
1737	Maury.		Leguepeys de Bousigues.
1739	Masclary.	1766	Boissier.
1743	Mouton.		Sauzet.
	Muret.	1767	J. Hostalier.
1745	Pas de Beaulieu.	1768	Causse.
1746	Adam de Monclar.		Plantade.
1748	Mengau.		Solas.
1749	Astruc.		Malafosse.
	Flaugergues.	1770	Embry.
1750	Perdrix.	1771	Ratte.
	Ugla.	1772	Chapel.
1753	Bosc.	1773	Marsollier.
1754	Gept.	1774	Chaunel.
	Hostalier de St. Jean.		Cambacerés.
	Chaselles.	1775	Rosset.
	Clausel.		Bardy.
1755	Amoureux.		Fesquet.
1756	Bosquat.		Coulomb.
	Bonnet.	1776	Bastier d'Arre.
1757	Galiere.	1778	Begon de Blandas.

178 CHAMBRE DES COMPTES DE MONTPELLIER.

Messieurs

1779	Trémouille.	Neyrac.
1780	Lamorier.	Lastours.
	Barthez.	Nogaret.
1781	Baron.	Villemejanne.
1782	Fabre.	Durand.
	Joubert.	Gaultier de Coutance.
1783	Hostalier de Servas.	1784 de Saint Jullien.
	Duvern.	

CONSEILLERS CORRECTEURS, *Messieurs*

1742	Valat.	1773	Granier.
1744	Boisserolle.	1775	Corbin.
1749	Duvern.	1777	Paihoux.
1752	Fournier.		Quinsart.
	Bellaud.	1779	Salvaire d'Aleyrac.
1755	Gineste.	1780	Fabri.
1765	Belpel.		Fourcheut.
1769	Maffre.	1782	Sori.
1772	Valedeau.	1783	Dufau.

CONSEILLERS-AUDITEURS, *Messieurs*

1741	Campan.	1775	Lemoine.
1743	Basset.	1778	Sambucy.
1748	Galliere.	1779	Riols.
1754	Lebrun.	1780	Jalabert.
1756	Bernard.	1781	Joanny.
1758	Banal.	1782	Poitevin.
	Richard.		Malroc.
1764	Solier.		Vaissiere.
	Astier.		Peyrot Restaura
1767	Pradel.	1783	Sapientis.
	Tarteron.	1784	Neyrac.
1768	Cassan.		Desiches.
1772	Rouquette.		Maubec.

GENS DU ROI. *Messieurs*

1766	Pirot Dulaunay, *av. gén.*	1769	Jouvome, *avoc. gén.*
1776	d'Aigrefeuille, *pr. gén.*	1751	Fabre, *greffier en chef.*

CHANCELLERIE.

M. . . . . . *garde des sceaux.*

SECRÉTAIRES DU ROI, *Messieurs*

Dulac.
Drivet de la Dernade.
Tempié,
Soefve.
Maupetit.
De la Palloueze.
Vaissiere de la Fage.
Digneron.
Bernard.
Chalon.
Michel.

Rodier de la Bruguiere.
Baron.
Petiniau.
Grailhe de Monteyma.
Champ.
De la Pierre de Favieras.
Mallebay.
Dorgouilhoux de Peyferie.
Aragon, *scelleur chauffe cire.*
Vezian, *receveur des émoluments du sceau.*

IV. CHAMBRE DES COMPTES ET COUR DES AIDES DE NORMANDIE, 1543.

(*Voyez sur cette Cour l'édition de 1783, pag. 453.*)

Rentre le 25 Septembre.

PRÉSIDENTS. *Messieurs*

1767 Le Couteulx, ch. *prem.*
1743 De S. Pierre, *honor.*
1750 De Coqueromont.
1751 D'Hozier.
1765 De S. Victor.

1766 D'Oissel.
1769 De Bermonville.
1771 De Boutemont.
1776 De Janville.
1783 Pavyot de S. Aubin.

CONSEILLERS-MAÎTRES, *Messieurs*

1730 Le Chevalier, *doyen.*
     De Reneville, *hon.*
1736 De Belisle, chanc. de M. le duc d'Orléans.
1737 Le Vavasseur.
1740 De Boscoursel, *hon.*
     De Guilly.
1743 De Fleurigny.

     Du Veneur.
1744 De Bosguerard.
1745 Le Mire de Benneray, *honoraire.*
1746 Rondeaux de Setry.
     De Cailletot, *honor.*
     De Paigne *honor.*
1747 De Brothonne, *hon.*

Chambre des Comptes de Normandie.

Messieurs

1750	Le Bas de Rouvray.	1767	De Belaunay.
1751	Miguot.		Durand.
1753	Ellye.	1768	D'Houdemare.
	Jourdain.		Huger.
1754	Harel.		Manneville.
	De Fennemare, *hon.*		De Semainville.
1755	Damayé.		D'Omonville.
	Le Vacher.		Le Noble du Gennetey.
	De Montenant.	1770	Selles de Boscherville.
1756	De la Marche.	1771	Le Maitre de Normanville.
	De la Marche, *conf. honoraire.*	1776	De Touraille, fils.
1757	Pommeraye.		De la Rocque.
	Jourdain du Verger.	1777	De Saint-Clair.
1758	Cheron d'Epreville.	1779	De Boisdavid.
	Ynor.		Pinchon.
1759	Rondel.	1780	Hamel.
	Le Pelletier.		Rondeaux de Montbray.
1762	Beauchef de Servigny.		De Grebauval.
1763	Masselin de Baudribosc.		De Colomby.
	Delaloude.	1781	Le Bourg des Alleurs.
1764	De Parfouru.		le Boisville.
1765	Prochant.		le Levreux.
	De Berengeville.	1783	Le Marchand.
1766	De Reutteville.		De S. Ouen.
	De Couvrigny.		Clouard de la Fauconnieres.
	De Bullé.	1784	De Carey d'Asnieres.
	Renard.		

Conseillers Correcteurs, *Messieurs*

1756	Plaimpel, *doyen.*	1766	De Limanville.
1736	De Romois, *honoraire.*	1768	Guesdon.
	Le Carpentier, *hon.*	1775	Guillier de Vallory.
1747	Alexandre, *honor.*	1776	De Boisneville.
1764	de S. Martindon.	1777	Roquelay.
1765	Le Carpentier jeune.	1781	De Tourailles, *pere.*

Conseillers Auditeurs, *Messieurs*

1757	Hellot, *doyen.*	1734	Midy de S. Saire, *hon.*
1721	De Villeneuve, *hon.*	1739	Le Pelletier, *honor.*
	Le Duc, *honor.*	1740	Bicherel, *honor.*

CHAMBRE DES COMPTES DE NORMANDIE.

Messieurs

1749	Auvray, *honor.*		Fourment de la Fresnaye.
1759	Le Febvre de S. Hilaire.		Le Mire.
1760	De Sainte-Marguerite.	1775	Pinceloup de la Moisseure, fils.
1761	Le Camus.		
	De Boucheville.	1776	Des Pentes.
1763	De Cremanville.		Patry des Hallais.
	Morin de la Harangere.	1777	De Vimont.
	Hamel.		De la Motte.
1764	De Corval.		Le Pailleur d'Ayville.
1766	De Vaugouins.	1779	De la Cour du Milleret.
1767	De la Londe de Medine.		Huvé de Garel.
	Le Cellier.	1783	Pinceloup de Morisseure, pere.
1769	Deschamps de Mery.		
	Vitecoq de Préaumont.		Bradechal.
	Lioult de la Baconniere.		Foreau de Trizay.
1770	Marie de la Quaize.		Colombel.

GENS DU ROI. Messieurs

1781 Chapais de Marivaux, *avoc. général.* 1782 Wer de la Brucholiere, *avocat général.*
1777 Marescot, *proc. gén.* 1768 Midy, *substitut.*

1762 Mannoury l'aîné, *greffier en chef des comptes.*
1763 Domney, *greffier en chef des aides.*
1777 Missent, *greffier en chef des présentations & affirmations.*

V. CHAMB. DES COMPTES DU DAUPHINÉ.

(*Voyez, sur l'origine de cette cour, l'édit. de 1783, p. 454.*)

PRÉSIDENTS. Messieurs

1758	De Bailly de Bourchenu, *chev. premier.*		Denis du Pré.
			De Moreau de Veronne.
	De la Roche de Chabrieres.		De Gauteron.
		1783	D'Hugues.

CHEVALIERS D'HONNEUR, Messieurs

De la Valette. De S. Julien de Salvaing.

182 CHAMBRE DES COMPTES DU DAUPHINÉ.

CONSEILLERS MAÎTRES, *Messieurs*

De Merindol, *doyen.*
Bouloud, *honoraire.*
Gely de Montclar, *honor.*
Arthaud, *honor.*
Brunet de Vence.
Jeune.
Beylié, *honoraire.*
De la Mot e de Charens, *synd.*
D'Arsac du Savel.
Dalliez.
Helie.

De Loulle, *clerc.*
D'Isoard, *syndic.*
Martin.
Duclot.
Chabert.
Chabert de Fondville.
Fauuet de Planta.
Duplessis.
De Montlovier.
Chorier.

CONSEILLERS CORRECTEURS, *Messieurs*

Chatal.
Pommier.

Boisvert.
Robin Duverney.

CONSEILLERS AUDITEURS, *Messieurs*

De la Motte.
De la Marliere, *honoraire.*
Bernou de S. Maurice.
Toscand d'Allemond.

Morand.
Berlioz.
. . . .
. . . .

GENS DU ROI, *Messieurs*

1784 Barge de Certeau. | 1774 De Lagrée, *proc. gén.*

VI. CHAMB. DES COMPTES DE BRETAGNE.

(*Voyez, sur l'origine de cette cour, l'édition de 1783, pag.* 455.)

Elle ne vaque jamais.

Sémestre de Mars.

PRÉSIDENTS, *Messieurs*

Becdelievre, marquis dudit lieu, seigneur de la Saillerais & autres lieux, chevalier, *premier.*
Chereil, seigneur de la Riviere.
Delavau, seigneur de la Vincendiere.
le Saulnier, seigneur de la Villehelio.

CHAMBRE DES COMPTES DE BRETAGNE.

Conseillers Maîtres, *Messieurs*

Chaillon de l'Etang, *doyen*.
Chalumeau.
Mauvillain de Beausoleil.
Legrand de Sainte-James
Vollaige de Vaugirault.
Perrée de la Villestreux.
Pays de Bouillé.
Jollivet de Treuscoat.
Thiercelin de la Planche-Mirault.
Daburon de Mantelon.
Fresneau de la Tremperie.
Poupard.
De la Roche de la Ribellerie.
Thomas de la Quinvrays.
Boutillier de la Cheze.
Maussion du Joncheray.
Rocquet de la Bruniere.

Conseillers Correcteurs, *Messieurs*

Falloux.
Luette de la Pilorgerie.
Gautreau du Fresne.
Forget.

Conseillers Secrétaires Auditeurs, *Messieurs*

Pascher du Preau.
Fremon de la Bourdonnaye.
Chevaye du Plessis.
Letourneulx de Beaumont.
Richard de Marigné.
Beritault de la Contrie.
Hardoui d'Argenté.
Falloux de Châteaufort.
Falloux.
Pays de Bouillé.
Pannetier de Baillé.
Verdier de la Miltiere, pere.
Verdier de la Miltiere, fils.
Beritault de la Bruere.
Delaunay.
Laboureau de la Garenne, pere.
Laboureau des Bretesches, fils.
Pichard.

Gens du Roi, *Messieurs*

Monnier, seigneur de la Riviere, *avocat gén.* à Richebourg.
De la Tullaye, marq. de Magnanne, seign. du Plessis-Tison.

Greffiers, *Messieurs*,

Pichard de la Blanchere.
Chaillou, *principal commis-greffier.*

Séance de Septembre.

Présidents, *Messieurs*

Becdelievre, marq. dudit lieu, chev. *premier*.
Burot, seigneur de Carcouet.
Puissant, seigneur de S. Servant.
Pascaud, seigneur des Marais.
Budan, seigneur de Beauvoir.

CHAMBRE DES COMPTES DE BRETAGNE.

Conseillers Maîtres, *Messieurs*

Delavau, *doyen*.
Lucas de la Championniere.
Merlaud de la Clartiere.
Berthelot de la Gletais.
Gady de Pradroy, pere.
François de la Gourtiere.
Robert de la Levraudiere.
Paffou de Faymoreau.

Delavau de la Rochegiffard.
Ledeift de Kivalant.
Baudry de la Bretinniere.
Cady de Pradroy, fils.
Foucque de Kfalio.
Bernard de la Peccaudiere, pere.
Bernard de la Peccaudiere, fils.
Forget.

Conseillers Correcteurs, *Messieurs*

Chauviere de la Pagerie.
Bougais de la Boiffiere.

De Guillermo.
Guillon.

Conseillers Secrétaires Auditeurs, *Messieurs*

Razeau de Beauvais.
Vollaige de Chavagne.
Guerry.
Blouin.
Marquis des Places.
Arnault de la Motte.
Toublanc de Belletouche.
Gaudin Dupleffis.

Réal des Perrieres.
Cardin des Nouhes.
Bouraffeau de la Renoliere.
Merlet du Paty.
Du Rocher du Rouvre.
Buhigné de Grandval.
Lelievre.

Gens du Roi, *Messieurs*

1784 Le Caffeur, *avocat général*.
de la Tullaye, marquis de Magnanne, feigneur du Pleffis-Tifon, *procureur-général*.

Greffiers, *Messieurs*

Cardin, *greffier en chef*.
Chaillou, *principal commis-greffier*.
Perier, *garde des livres & archives*.

Nota. Il n'y a pas de chancellerie attachée à cette cour.

VII. CHAMB. DES COMPTES DE LORRAINE.

(*Voy. fur l'or. & les priv. de cette cour, l'édit. de 1783, page 456*).

Cette cour rentre le 12 novembre.

Présidents, *Messieurs*

1756 Dubois de Riocourt, reçu avocat-général le 14 décembre 1750.

Chambre des Comptes de Lorraine.

Messieurs

1776 Lefebvre de Montjoye, reçu avocat-gén. le 8 juin 1756.
1778 Léopold-Charles Lefebvre, reçu conseiller en survivance le 10 avril 1725, conseiller titulaire le 29 décembre 1738.

Premier Président, *en survivance.*

1781 M. Dubois de Riocourt, conseiller au parlement de Nancy.

Conseillers, *Messieurs*

1753 de Roguier, *doyen.*	1772 Mathieu de Moulon.
1758 Drouot de S. Mard.	1773 Magny.
1761 Duparge, conseil. hon. reçu titulaire le 6 juil. 1761, & *honor.* le 12 décembre 1781.	Le Geay. Le Masson de Rancé. de Hurdt.
	1776 D'Hame.
1762 Leclerc de Vrainville.	Gaulthier.
1764 de Thomassin.	1779 Magny.
Thibault de Monbois.	1781 Duparge de Bettoncourt.
1769 François.	Mique d'Heillecourt.
1771 Duparge d'Ambacourt.	1784 de Bouvier de Langlay.

Gens du Roi, *Messieurs*

1774 Anthoine, reçu conseiller le 29 novembre 1754, & procureur-général en survivance le 16 novembre 1767, en exercice, juillet 1774.
1785 Anthoine, reçu *procureur-général en survivance.*

Les provisions ont été mises sur le bureau de la chambre, le soit-montré est accordé ; il sera procédé à la reception après la Saint-Martin 1785.

1776 de Maud'huy, *av. gén.*	de Metz, *substitut.*
1778 Chassel, *substitut.*	1780 Roziere, *substitut.*

Nota. Il y a deux substituts surnuméraires, du nombre desquels est M. Marc-Anthoine, procureur-général en survivance, qui n'ont pas encore présenté leurs provisions à la chambre.

GREFFE, *Messieurs*

1759 Bureau, *secrétaire.* | 1766 Bureau, *greffier.*

Nota. Il n'y a pas de chancellerie attachée à cette cour. On y connoît pas non plus cette distinction de maîtres, correcteurs & auditeurs qui se trouvent dans la plupart des autres chambres des comptes du royaume.

VIII. CHAMBRE DES COMPTES, AIDES ET FINANCES DE PROVENCE.

PRÉSIDENTS, *Messieurs*

1775 d'Albertas, chev. *prem.*
1741 de Mazenod, pere, *hon.*
1765 d'Albert.
1768 de Coriolis.

1771 de Mazenod, fils.
1781 de Duranti de la Calade.
de Boyer d'Eguilles.

CONSEILLERS, *Messieurs*

1730 de Bonaud de Gatus.
de S. Pons de la Galiniere, *doyen.*
de Meri de la Canorgue, *honoraire.*
1733 de Menc.
de Fulconis.
1736 de Mayol S. Simon.
1738 de Riants.
1755 de Callamand, *hon.*
de Martini.
de S. Jean de Bregançon.
1757 de Gaillard d'Agoult.
de Colla de Pradines.
1761 de S. Jacques, *hon.*
1764 de Pisany de la Gaude, évêque de Vence, *hon.*
de Moreau.
Gravier de Pontevès-de-Bauduen.
1771 de Fresse de Monval de Coriolis.

1766 de Pelissier de Chantereine.
de Portali de Martialis.
1767 de Viani.
1771 de Martelly de Chautard, *honoraire.*
de Julien, *hon.*
de Michel, *hon.*
de Miollis, *hon.*
1767 Surléon de Gautier.
1768 de Duranti, fils.
1770 Marius de Bec.
1771 de Segond de Sederon.
1772 de Bonaud de S. Pons de la Galiniere, fils.
1780 de Menc, fils.
de Mouriès.
de Bougerel de Fontienne.
de Callamand de Consonovès.
de Julien, fils.

Chambre des Comptes de Provence.

Messieurs

de Michel, fils.	d'Arnaud.
de Miollis, fils.	de Merendol.
de Bonnaud de S. Pons	de Jaubert de S. Pons.
de la Galiniere, petit-fils.	1782 de Solliers.
	de Calvy de Vignolès de S. André.
de Philip.	
de Pelissier de Roquefure.	1784 Tirse de Pochet.
	Desorgues.
Philippe de Peyras.	

Gens du Roi, *Messieurs*

1767 d'Autheman, *av. gén.* | 1782 de Remusat, *av. gén.*
1781 de Saquy de Sannes, *p. g.* |

Greffiers en Chef, *Messieurs*

1784 Fregier. | 1781 Ailhaud.
1762 Bœuf. |

Substituts, *Messieurs*

1753 Turrel. | 1772 Paquet.

Secrétaires du Roi en la Cour, *Messieurs*

Luce de Seillans. | 1 Ronbaud.

Secrétaires du Roi en la Chancellerie près la même Cour, *Messieurs*

Rouxeau de la Menardiere.	Rey.
Maille,	Biseul.
Girard.	Etienne.
Roucenot.	Desloges.
Court.	Rolland.
Guichard.	Bouyer.
Anselme.	Mauque.
Beaumont.	Dalmas.
Avale.	Crozet.
Tuyduval.	Le Cerf.
Chardon.	Martel.

I CHAMBRE DU CONS., COUR DES COMP. DES, DOMAINES ET FIN. DU DUCHÉ DE BAR.

Premier Président.

1775 M. Gabriel de la Morre, cheval., *prem. prés.* conseiller honoraire en la cour souveraine de Lorraine & Barrois.

1782 M. de la Morre d'Errouville, *en survivance.*

Conseillers Maîtres, *Messieurs*

1762 le vicomte le Bègue de Nousard, *doyen.*
1760 Varjeur.
1763 de Vassart de Andernay.
1767 de Longeau.
1768 de la Morre-Villanbois.
de Jobart de Guerpont.
1771 de Maillet de Villote.
1775 de Bar.
1778 de Vyart.
1782 de la Morre d'Errouville, *prem. prés. en surviv.*
1784 de Vendieres.

Conseillers honoraires, *Messieurs*

1729 de Maillet, *honoraire en* 1772.
de Jobart, maître des comptes le 29 décemb. 1727, consf. honoraire & en surviv. par lettres de provision enregistrées le 13 juillet 1768, en conséquence de la démission par lui faite en faveur de M. son fils.

1755 de Vendieres, maître des comptes, le 2 Juin 1755, consf. honoraire, le 2 avril 1784 : M. de Vendiere, son neveu, ayant été pourvu sur sa démission.

Gens du Roi, *Messieurs*

1770 Mousin, chevalier, baron de Romécourt, *pr. gé.*
1784 de Cheppe de Morville, avoc. gén. le 16 Mai 1784 ; *non encore en exercice, attendu sa minorité.*

1784 Boucher de Morlaincourt, *exerçant les fonctions d'avoc. général pour M. de Cheppe de Morville.*

SECRÉTAIRES GREFFIERS, *Messieurs*

1749 Collignon.   11789 Arnould.

Nota. Il n'y a qu'une sorte d'office à la Chambre des comptes de Bar ; toutes les fonctions y sont réunies sous le titre de maître.

Le parquet n'a pas de Substituts qui y soient attachés.

La Chambre des Comptes n'a pas de Chancellerie. Pour assigner pardevant elle, il faut présenter requête ou placet : elle juge d'abord, s'il y a lieu à l'assignation : souvent elle ne rend qu'une ordonnance de soit communiqué à ceux que le placet ou la requête intéresse ; c'est rentrer dans ses vues, qui ne tendent qu'à administrer une justice prompte, gratuite, & cependant éclairée.

Il n'y a point dans le duché de Bar de Trésoriers de France.

X. CHAMBRE DUCALE DE NEVERS. 1404.

PRÉSIDENTS, *Messieurs*

1763 Dubois, chev. *premier.* 1   Ruby.

MAÎTRES, *Messieurs*

Gueneau de Vauzelle.
Prisye.
Maradat.
1778 Parmentier, *avoc. proc. gén. & maît. des arch.*
Doloret, *inspecteur gén. du duché.*

Morin, *substitut de M. le procureur général.*
Simonin, *receveur gén. du duché.*
Callot, *commiss. gén. des saisies féodales.*

COURS DES AIDES DE FRANCE.

I. COUR DES AIDES DE PARIS. 1355.

(*Voyez sur l'or. & les priv. de cette Cour, l'édit. de 1783, page 260*).

Cette Cour vaque depuis le 7 Sept. jusqu'au 12 Décembre.

PREMIERE CHAMBRE.

PRÉSIDENTS, *Messieurs*

1775 Barentin, chev. *premier.*
1754 Charpentier de Boisgibault.
1759 Saillier.
1762 de Choart.

PRÉSIDENTS HONORAIRES, *Messieurs*

1749 de Lamoignon de Malesherbes, chev., ministre d'Etat, *ci-devant premier président.*
1743 Cordier de Montreuil.

CONSEILLERS D'HONNEUR, *Messieurs*

1776 Bellanger, conseiller d'état, *ancien avoc. général.*
1779 Boula de Mareuil, *ancien avocat-général.*

CONSEILLERS, *Messieurs*

1724 Dionis du Séjour, *doyen.*
1735 le Courtois.
1737 de Maneville.
1738 Mesnet.
1739 Leschassier de Méry.
1753 Sutaine.
1754 le Duc.
1757 Chrétien de Libus.
1758 Toupinard de Tilliere.
Lescot de Verville.
1761 de Maussion, anc. consf. au Grand-Conseil.
Chappe, anc. conseiller au Grand-Conseil.
1765 Pannetier.
1767 Benard.
1769 le Moine de la Clartiere.
Bouillard de Bertinval.
Velut de la Croniere de Popin.

COUR DES AIDES DE PARIS.

Messieurs

1784 Camusat de Thoeny.
Pavée de Vandœuvre.
Choart.
d'Hiere.

1770 Negre de Boisboutron, *honoraire.*
1783 Sallier de Chamont, *hon.*

DEUXIEME CHAMBRE.

PRÉSIDENTS, *Messieurs*

1775 Perrot.
1779 Petit de Leudeville.

CONSEILLERS, *Messieurs*

1770 Laideguive de Becheville, *doyen.*
Demahis.
1775 Fredi de Coubertin.
Midy.
1776 Masson de S. Amand.
1778 Camus du Martroy.
Mauge Dubois des Entes.
Rodier.

1779 Vialatte de Malachelles.
Camusat de Toeny.
1780 de la Borde.
1781 Tercier.
Boscheron des Portes.
Personne de la Chapelle.
George de Monteloux.
1783 Mariette.
d'Hiere.

CONSEILLERS HONORAIRES, *Messieurs*

1769 le Camus de Néville, intendant de Pau.
1777 Fumeron, maître des Requêtes.
1783 de Moissemy.

TROISIEME CHAMBRE.

PRÉSIDENTS, *Messieurs*

1767 de la Selle d'Echuilly.
1784 Roger de Villers.

1779 Pomponne Pinson de Menerville.

CONSEILLERS, *Messieurs*

1775 l'Héritier.
1776 Quesnay de S. Germain.
Regnier.
Husson.
Filz-Jan.
1777 de la Porte-Lalanne.
1779 le Marchant.

1780 le Roy de Camilly.
Mengin de Bionvalle.
Pavée de Vandœuvre.
Choart.
Rivault de Champfleury.
1781 Pastoret.
Pillet.

Cour des Aides de Paris.
Messieurs

    Hocquart de Tremilly. | 1770 Benetruy de Grandfon-
1784 Dupré de Bouilland. | taine, *honoraire.*
    Certain. |

Gens du Roi, *Messieurs*

1752 Clément de Barville, *avocat-général.*
1778 Hocquart, *procureur-général.*
1776 Dufaure de Rochefort, *avocat-général.*
1779 Dambray, *avocat-général.*

Substituts de M. le Proc. Général, *Messieurs.*

1733 de Vins. | 1777 de Corbie.
1758 Canet Duguay. | 1782 de Briere de Surgy.

Greffiers en chef, Secr. du Roi, *Messieurs*

1783 Baron Desbordes. | 1777 Marin, *pour les présen-*
1767 le Prince. | *tat. & les affirmat.*
1752 Besnier, *honoraire.* |

II. COUR DES AIDES DE BORDEAUX. 1629.

(*Voyez sur l'origine de cette Cour, l'édition de 1783, pag. 462.*)

Rentre le 13 Novembre.

Présidents, *Messieurs*

1778 Jean Duroy, chevalier, | 1779 Moreau de S. Martial.
    premier. | 1780 de Groc.
1739 Delmas de Bonrepos. | de la Roze.
1766 Duluc. | Paſcal, *prem. préſi. hon.*
1769 de Peaujan. | 1749 de Basterot, *honor.*
1775 Courtade de Salis. |

Chevaliers d'Honneur, *Messieurs*

1776 Leohnard Majancé de Ca- | 1784 Desmoulins de Leybar-
    miran. | dye.

Conseillers, *Messieurs*

1738 de Lajannye.   1742 Goyon de Verduzan.
                                                         Lafon

COUR DES AIDES DE BORDEAUX. 193.

Messieurs

1754 Lafon de Blaniac.	de Serezac.
1759 Montozon Duplantier.	1776 Andrault.
1764 Lafon.	1779 de Lartigue.
1766 de Barbe.	de Cauffe.
1767 Mandavy.	Ducourrech de Raguine.
1768 Colombet.	1780 B.illon.
Guillaume Penicaud.	Jean-B.-Nicol. Penicaud.
Babiard de Larroche.	Botet de Lacaze.
1769 Leydet.	Dohet de Boifron.
Barret de Rivezol.	Vincent.
1770 Faure.	1781 Drivet.
S. Martin.	1782 Grangier.
Vigneron.	1783 Berthoumieu de Meynot.
1774 Brethous.	1784 Olanyer.
de Ricaud.	*Deux charges vacantes.*
1775 Fortin.	

GENS DU ROI. *Messieurs*

1768 Caila, *avocat-général.*
1775 Margnol, *procureur-général.*
1768 Douat, *avocat-général.*

GREFFIERS, *Messieurs*

1779 Duplantier, *greff. en ch.*	1768 Jantard, *greff. commis pour les audiences & pour la chambre.*
1768 Dutoi de Pomarede, *gref. garde-sac.*	
1762 Morisson, *greff. des affirmations.*	1750 Decar, *greff. commis des affirmations.*
1766 Brun, *greffier des présentations.*	1753 Jouet, *greff. commis des présentations.*

NOTAIRES-SECRÉTAIRES, *Messieurs*

1768 Bacon du Gourdet.   1778 Jauber.

CHANCELLERIE.

1766 M. Groc, *garde des sceaux.*

SECRÉTAIRES DU ROI AUDIENCIERS, *Messieurs*

1769 Villate.	1783 Brethous.
1779 Lavau.	1784 Ducasse.

N

COUR DES AIDES DE BORDEAUX.

CONTRÔLEURS, *Messieurs*

1774 Dufaure de Lamothe.
1775 de Lamaletie.

Dedieu.
1777 Douat.

SECRÉTAIRES, TRÉSORIERS-RECEVEURS, *Messieurs*

1769 Furt, avocat.
1780 Joussens de Peychantier, *scelleur.*

SECRÉTAIRES DU ROI, NON SUJETS A L'ABONNEMENT, ET QUI ONT DES GAGES, *Messieurs*

1766 Gravelat de Monlebeau.
1769 Imbert de Balarre.
1777 Griffon d'Offoy.
1779 Roy de Clotte.
1781 Saffin.

Sazerad.
1783 Tessier de Bersiere.
Espessets.
Leon de S. Mesmin.

CONSEILLERS RÉFÉRENDAIRES. *Messieurs*

1780 Pecherie.
1784 Pasquet.

Duclos, *garde-minute.*

III. COUR DES AIDES DE CLERMONT-FERRAND. 1557.

Rentre le 12 Novembre.

PRÉSIDENTS, *Messieurs*

1783 Guerrier de Bezance, ch. *premier.*
17   de Clary.

Gaucherel.
Domat.
Verdier du Barrat.

CONSEILLERS, *Messieurs*

17 Teillard de Beauvezeix, d.
Chardon du Rauquet.
Bereau.
Vassadel de la Chaux.
Ternier de Cordon.
Rechignat de Marant.
Ribeyre.
Huguet.
Brun de Chards.
d'Aubiere.
Escot, pere.

Tissandier.
Savy.
Salvage de la Margé.
Escot, fils.
Reynaud.
Besseyre de Dyaune.
Bouraudon.
Foutghasse du Sradet.
Tournadre.
. . . .
Seveze, *honoraire.*

Gens du Roi, *Messieurs*

1780 de Champflour de Sofferand, *procureur-général*.
1779 Dijon, *avocat-général*.
1780 Caillot de Begon, *avocat-général*.

Substituts de M. le Procureur-Général, *Messieurs*

17 Batier.
1 Cifterne de Lorine.

Greffiers en Chef. *Messieurs*

17 Baron, *pour le civil*.
Lablanche de la Bro, *pour le criminel*.

IV. COUR DES AIDES DE MONTAUBAN.
1642.

La Cour des Aides de Montauban fut créée en 1642. Elle fut d'abord établie à Cahors ; de là, transférée à Montauban par édit d'Octobre 1661, & depuis elle y a toujours siégé. Durant les troubles de la minorité de Louis XV en Guienne, la Cour des Aides donna des preuves signalées de son attachement & de sa fidélité au service du Roi. M. d'Auffonne, alors premier Président, mérita, par ses services & son activité, des témoignages particuliers de la satisfaction de Sa Majesté, qui lui fit expédier une commission de Commandant à Cahors & dans le pays de Quercy, & qui lui accorda, 2 ans après, des lettres de Conseiller d'État ordinaire. M. Lefranc, alors second Président, mérita dans cette occasion la confiance du Gouverneur de la province. Son zèle pour le bien public & pour le service du Roi, héréditaire dans cette famille, a passé à ses descendans, qui l'ont fait éclater à la tête de cette Compagnie, d'où M. Jean-Jacques Lefranc, quatrième petit fils du précédent, s'est retiré premier Président en 1757. Il fut remplacé par M. Malartie, actuellement premier Président du Conseil souverain de Roussillon, & celui-ci par M. Pullignieu.

Présidents, *Messieurs*

1755 de Pullignieu, P. prem. | 1778 Leblanc de Verneuil.
1737 Duval de Varaire. | 1781 Turffan d'Espaignet.
1759 de Savignac.

Premier Président Honoraire.

1776 de Malartie, prem. préf. du Conseil souv. de Roussillon.

Cour des Aides de Montauban

Présidents honoraires, Messieurs

1780 de Lacombe. | 1781 d'Arparens.

Conseillers d'honneur, Messieurs

1768 Bernard Julien.
de Pradal, ancien procureur général.

Chevaliers d'honneur, Messieurs

1783 de Bastard. | 1738 de Larnagol.

Conseillers, Messieurs

1758 de France.	de Vialar.
1759 Debroca.	1776 de Rigal.
Delbreil.	1777 de Groussou.
1761 Duprat.	1779 de Granez.
1766 de Satur.	Dumirat.
de Montané.	1780 de Laffargue.
1767 de Timbal.	1781 de Parouty.
1770 de Constans.	1783 de Lasserre.
1774 Debroca, fils.	1784 de Thezan, fils.
de Ladeveze.	de Sadou.
1775 de Larrey.	de * * *

Honoraires, Messieurs

1759 Lonjon de la Prade.	1780 Dayral.
1775 Pons.	de Granez.
Delsude de Cassaigne.	1784 de Thezan.

Gens du Roi, Messieurs

1767 de Boisson, *avoc. gén.*   quiere, *avoc. gén.*
de Parouty, *proc. gén.*   1767 Lacoste de Beaufort, *av.*
1768 de Cazabonne de la Jon-   *gén. honoraire.*

Substituts, Messieurs

1782 Chateau. | 1784 Lapie.

Notaires et Secrétaires de la Cour, Messieurs

1765 Dupui de la Fauvetie. | 1779 Ayrolles.

Greffiers en chef, Messieurs

1775 Derour, *greff. en chef criminel.* | 1781 Delasserre, *greffier en chef civil.*

Cour des Aides de Montauban.

CHANCELLERIE ÉTABLIE PRÈS LA COUR DES AIDES DE MONTAUBAN.

Secrétaires du Roi, Messieurs

1775 Lacheze de Murel.	1784 de Cledat.
1771 Materre Dechauffour.	1779 Levacher de Perla.
1780 Lambert de Fontanille.	1768 de Seguret.
Antoine Michel.	1781 de Tanin.
1782 Gard de Cousserans.	Lavialle.
1762 Chancerel du Coudrai.	1770 Cacqué.
1781 Lemiere de Sussay.	

Garde des Sceaux.

1779 M. Viau de Thébaudiere.

Contrôleurs, Messieurs

1773 Carcenac de Bourray.   1784 Debut.

Référendaire.

1751 M. Merie Duclaux.

Receveur des Émoluments du Sceau.

1767 M. Longer.

Chauffe-Cire.

1783 M. Julia.

Garde-Minutes.

1773 M. Andral.

Audienciers, Messieurs

1770 Linarix de Bonnefont.   1781 Joly.

1551. COUR DES MONNOIES DE FRANCE.

(*Voyez sur la compétence de cette Cour, l'édition de 1783, page 465.*)

Ses vacations commencent le 8 Septembre, & finissent le 11 Novembre.

PRÉSIDENTS, *Messieurs*

1781 Thevenin de Tanlay, chev. *premier.*
1767 d'Albert.
1769 Gaillet de Bouffret.
1770 Blondin de Baizieux.
1781 de Tremouilles.
1782 Arnould de Viville.

PRÉSIDENTS HONORAIRES, *Messieurs*

1738 Sulpice.
1766 Droin de Saint-Leu.

CONSEILLERS D'HONNEUR, *Messieurs*

1771 Brochet de Saint-Prest, *maître des requêtes.*
Veron de Fortbonnais, *conf. hon. du parl. de Metz.*

CONSEILLERS, *Messieurs*

1748 Cavé d'Haudicourt, *doy.*
1754 Flayelle d'Elmotte.
1753 le Poivre de Villers aux Nœuds.
1760 d'Origny.
1762 d'Origny de la Neuville.
1763 Renaudiere.
1764 d'Origny de Beaugilet.
1765 Durel de Vidouville.
1767 Millin.
1768 de Sauville.
1769 le Caron de Beaumesnil.
1770 de la Chaître.
Rivault de Monceaux.
de Coufte de Villiers.
Thebaudin de Bordigné.
1774 Andrieu de Chetainville.
de Saulle de Sezanne.
1775 Simon.
1778 Marchant de Clairfontaine.
Girard.
Belin de Ballu.
1779 Deftriché de la Barre.
Lemoine.
Menyer de Vallancourt.
Delic.
1781 Jacquemet de Pymont.
Darene la Croze.
Sylveftre de Sacy.
1783 Maré d'Azincourt.

Conseillers honoraires, Messieurs

1720 Salart de Lormois.	1750 Courtois.
1735 Philippy de Bucelly.	Dumyrat de Boussac.
1739 Dauvergne de S. Quentin.	1751 Durand du Boucheron.
1740 Pascalis.	1755 Allou d'Hémécourt.
Petit.	1756 Langlois de Falaize.
Marrier de Vossery.	1763 Huez de Pouilly, *maître des requêtes.*
1741 Abot de Bazinghen.	
Hautecloque d'Abancourt.	1765 Andrieu.
	1766 Poitevin de Guny.
1746 d'Ezilles.	1770 Recoquillé de Bainville.
1749 Tyberge.	

Gens du Roi, Messieurs

1746 Herault, *avocat gén.*	1768 de Lignac, *avoc. gén.*
1784 de Bourdelois, *pr. gén.*	1748 Lefebvre, *av. gén. hon.*

Substituts de M. le Procureur-Général, Messieurs

1749 Cressait.	1766 de Goyenval.

Greffiers en chef, Messieurs

1781 Gueudré de Ferrieres.
1744 Gueudré de Ferrieres, *honoraire.*

HOTELS DES MONNOIES
DE FRANCE.

Il existait autrefois, dans le Royaume, trente Hôtels des Monnoies, où l'on fabriquait des espèces. L'Edit du mois de Juin 1738 ayant supprimé celle d'Angers, ce nombre se trouva réduit à vingt-neuf. Une nouvelle suppression de treize Monnoies, ordonnée par l'Edit de Février 1771, le réduisit à seize; mais la Monnoie de Toulouse ayant été depuis rétablie, par une Déclaration du 22 Septembre de la même année, les Hôtels des Monnoies qui subsistent aujourd'hui sont au nombre de dix-sept. On a cependant conservé la Jurisdiction des Monnoies supprimées, afin de maintenir, dans les Provinces, l'exécution des Ordonnances & des Réglements faits sur les Monnoies, & la police des Communautés qui fabriquent des ouvrages d'or & d'argent. Il y en a treize de cette espece dans le Royaume.

Les Officiers des Monnoies sont distribués en deux classes. L'une est composée des Officiers de la Jurisdiction ; dans l'autre sont compris tous ceux qui ont des fonctions relatives au travail de la direction. Les Officiers de la Jurisdiction sont le Général Provincial, les deux Juges Gardes, qui sont en même-tems Officiers de la Direction, le Contrôleur-contre-Garde, le Procureur du Roi, le Greffier & les Huissiers. Leur compétence s'étend sur tout ce qui peut avoir quelque rapport à la Monnoie, & à la vente ou l'emploi des matieres d'or & d'argent. Deux Arrêts de Réglement émanés de la Cour des Monnoies, des 23 Novembre 1754 & 17 Mars 1779, ont fixé leurs droits ; & une Déclaration du 25 Juillet 1783, a prescrit de quelle manière se ferait, à l'avenir, entre les Généraux-Provinciaux & les Juges-Gardes, le partage de ces droits, ainsi que des épices & des émoluments qui leur sont attribués.

Les Officiers de la Direction, sont le Directeur, les deux Juges-Gardes, le Contrôleur Contre-Garde, les Essayeurs & les Graveurs. Le Directeur est chargé des détails de la fabrication, de la recette des especes & des matieres que le public apporte au Change, & de leur conversion en especes. Il en rend compte au Trésorier général des Monnoies ; & cet Officier rend à la Chambre-des-Comptes, un compte général de la Régie de tous les Directeurs, pendant le cours de chaque année. A cette qualité les Directeurs des Monnoies réunissent celle de Trésoriers particuliers.

Les deux Juges Gardes & le Contrôleur contre-Garde, ont été établis pour veiller sur toutes les opérations relatives à la fabrication des Monnoies & à la comptabilité des Directeurs. Ils jouissent en conséquence d'un droit sur chaque marc de matieres converties en especes.

Les Essayeurs sont chargés de constater, par des essais, le titre des especes, les ouvrages & les matieres que l'on apporte au Change, & de vérifier si les matieres préparées par les Directeurs, pour être monnoyées, sont aux titres fixés par les Ordonnances & les Arrêts de réglements.

Les Graveurs gravent les carrés, les poinçons & les matrices que l'on emploie pour la marque des Monnoies & des Médailles. Les Edits de création de leurs Offices leur ont accordé, ainsi qu'aux Essayeurs, une rétribution déterminée sur chaque marc de matieres converties en especes, & c'est tout le salaire auquel ils puissent prétendre pour leur travail.

L'article XII de l'Edit de février 1772, veut que l'on ne puisse être pourvu d'aucun Office dans les Monnoies, sans en avoir obtenu l'agrément du Contrôleur Général des Finances.

DE FRANCE.

Nota. La lettre qui suit le nom de la ville où l'on bat Monnoie, désigne celle qui caractérise les espèces qu'on y frappe.

I. MONNOIE D'AIX. &.

Il paraît, par une Déclaration du 25 Juin 1542, portant rétablissement de cette Monnoie, qu'elle avait existé avant cette époque.

Officiers de la Jurisdiction, *Messieurs*

1769	Collet, *gén. provincial.*	17 Canole, *contr. contre-g.*
17	Vial, *juge garde.*	17 . . . . *proc. du roi.*
1782	Graffan, *juge-garde.*	17 . . . . *greffier.*

Officiers de la Direction, *Messieurs*

1782 Prou Gaillard, *direct. & tres. part.*
17 Vial, *juge-garde.*
1782 Graffan, *juge-garde.*
17 Canole, *contr. co.-gar.*
17 Cabassole, *essayeur.*
17 Graille, *graveur.*
17 N. Borelly, *doyen des monnoyeurs.*

II. MONNOIE DE BAYONNE. L.

Cette Monnoie a été établie par Charles VIII, en vertu de Lettres Patentes du mois de Septembre 1488. La Communauté des Orfévres de Bayonne paraît être la seule Jurande qui existe dans le ressort de la Jurisdiction de cette Monnoie.

Officiers de la Jurisdiction, *Messieurs*

17 Barrere cadet, *juge-garde.*
17 Poeydavant, *juge-garde.*
17 Saubaigné fils, *contr. contre-garde.*
17 David, *proc. du roi.*
1783 Caulongue, *greffier en titre.*
17 du Halde, *commis du greffe.*

Officiers de la Direction, *Messieurs*

17 Darripe fils, *direct. & tres. part.*
17 Barrere cadet, *juge-gar.*
17 Poeydavant, *juge-garde.*
17 Saubaigné fils, *contr. contre-garde.*
17 Ducamp, *essayeur.*
17 Rossy, *graveur.*
17 Monho, *prevôt des ajusteurs.*
17 Lissoude, *prévôt des monnoyeurs.*
17 Lartigue, *syndic des monn. & ajusteurs.*

III. MONNOIE DE BORDEAUX. K.

Quoiqu'il exiſte des eſpeces fabriquées à Bordeaux ſous le regne de Charlemagne, il paraît que le Capitulaire de Charles-le-Chauve, du mois de Juillet 864, eſt la véritable époque de l'établiſſement de cette Monnoie. Sa Juriſdiction s'étend, tant en Guyenne que dans l'Agenois & le Périgord.

Officiers de la Jurisdiction, *Meſſieurs*

17	Gainung Delalande, *gén. provincial.*	1778	Delhoſte, *contr. contre-garde.*
1748	Pelligneau, *prem. juge-garde.*	17	Herbert, *proc. du roi.*
1756	Princeteau, *ſec. juge-gar.*	1782	Rideau, *greffier en chef.*

Officiers de la Direction, *Meſſieurs*

1781	Dutemple, *direct. & treſ. particulier.*	1778	Delhoſte, *contr. contre-garde.*
1748	Pelligneau, *prem. juge-garde.*	17	Haubet, *eſſayeur.*
1759	Princeteau, *ſec. juge-gar.*	17	David, *graveur.*

IV. MONNOIE DE LA ROCHELLE. H.

Cette Monnoie a été établie ſous le regne du Roi Jean, en l'année 1360. Sa Juriſdiction s'étend ſur les Communautés d'Orfévres & les autres Juſticiables de la Cour des Monnoies, établis dans les villes de la Rochelle, Rochefort, Coignac, Daligre, ci-devant Marans, Saintes, Saint-Jean-d'Angely & Marennes.

Officiers de la Jurisdiction, *Meſſieurs*

1766	de la Villemarais, *prem. juge-garde.*	1782	Pichon, *proc. du roi.*
	des Borderies, *ſec. juge-garde.*	1752	Pichon, *proc. du roi hon.*
1769	Leconte, *contr. contre-garde.*	1781	Suidre, *greffier en titre.*
		1782	Daviaud, *greffier plumitif.*

Officiers de la Direction, *Meſſieurs*

1764	Beaupied de Clermont, *direct. & treſ. part.*	1766	de la Villemarais, *prem. juge-garde.*

DE FRANCE. 203

Messieurs

des Borderies, *sec. juge-garde.*
1769 Leconte, *contr. contregarde.*
1778 Bernard, *essayeur.*
1782 Nassivet, *graveur.*

1781 Bernon, *prévôt des ajusteurs.*
Liége, *lieut. de prévôt.*
Seignette, *syn. greff. des mon. & ajust.*

V. MONNOIE DE LILLE. W.

Cette Monnoie a été établie par Edit du mois de Septembre 1685. Les Justiciables de la Cour des Monnoies, établis dans la Flandre, le Hainaut, le Cambresis & l'Artois, sont soumis à sa Jurisdiction.

OFFICIERS DE LA JURISDICTION, *Messieurs*

1773 Brousse, *gen. provincial.*
1770 Cauvet, *juge-garde.*
1771 Delepierre de Ligny, *juge-garde.*

1777 Desfontaines, *contr. contre-garde.*
Vanderveken, *proc. du roi.*
1774 Liber, *Greffier.*

OFFICIERS DE LA DIRECTION, *Messieurs*

1755 Lepage, *direct. & tres-particulier.*
1752 Lepage, *direct. Adj.*
1770 Cauvet, *juge-garde.*
1771 Delepierre de Ligny, *juge-garde.*

1777 Desfontaines, *cont. contre-garde.*
Fourmantel, *essayeur.*
1775 Gamot, *graveur.*
1783 Reys, *prévôt des monno.*

VI. MONNOIE DE LIMOGES. I.

On fabriquait, dès le sixieme siecle, des Monnoies à Limoges, & on continua d'y en fabriquer sous la seconde & au commencement de la troisiéme race de nos Rois ; c'est en 1371 que la Monnoie qui subsiste aujourd'hui, y a été établie. Le haut & le bas Limosin, & l'Angoumois, sont du ressort de sa Jurisdiction.

OFFICIERS DE LA JURISDICTION, *Messieurs*

1765 Montégut du Hautpeyral, *premier juge-garde.*
1777 de Card, *sec. juge-garde.*

1775 Dupré de Poulenat, *pr. du roi.*
1749 Bouland, *greffier.*
Bouland, *com. greff.*

HÔTELS DES MONNOIES

OFFICIERS DE LA DIRECTION, *Messieurs*

1766 Naurissart de Forest, *direct. & trés. part.*
1765 Montegut du Hautpeyral, *premier juge-garde.*
1777 de Card, *sec. juge-garde.*
     Grellet, *contr. contre-garde.*
     la Gorce, *essayeur.*
1780 la Valleé, *graveur.*
1729 Nicolas, } *prevôts des*
1757 Ruaud, } *mon. & aj.*

VII. MONNOIE DE LYON. D.

Cette Jurisdiction, dont la création remonte à des tems peu éloignés de l'établissement des Hôtels des Monnoies, fut d'abord composée d'un Général Provincial, de deux Conseillers Juges-Gardes, d'un Procureur du Roi, d'un Substitut & d'un Greffier. Le Roi ayant créé une Cour des Monnoies pour la ville de Lyon, par Edit du mois d'Octobre 1705, supprima le Siége de la Monnoie, & recréa deux Offices de Juges-Gardes, sans attribution de Jurisdiction. Mais la Cour des Monnoies ayant été supprimée par Edit du mois d'Août 1771, le Siége de la Monnoie, par Edit de Février 1772, a été rétabli & composé des deux Conseillers Juges-Gardes créés par Edit de 1705, auxquels furent attribués les mêmes fonctions qu'aux Officiers de cette espece dans les autres Monnoies, d'un Procureur du Roi, d'un Greffier & d'un Huissier érigés en titre d'Office. Un nouvel Edit rendu au mois de Juillet 1779, a rétabli l'Office de Général Provincial Subsidiaire des Monnoies ; & au ressort attribué à cette Charge, par l'Edit de 1696, ont été réunies la ville de Trévoux, la province de Dombes & ses dépendances.

OFFICIERS DE LA JURISDICTION, *Messieurs*

1781 Prost de Royer, écuyer, anc. lieut. gen. de pol. & éch. de la ville de Lyon.
17 Hedelin, *premier juge-garde.*
1783 Allard, *sec. juge-garde.*
17 de Nervo, *contr. contre-garde.*
17 Gras, *proc. du roi.*
1781 Gilloud, *greffier.*

OFFICIERS DE LA DIRECTION, *Messieurs*

17 Millanois, *direct. & trés. part.*
17 Hedelin, *prem. juge-garde.*
1783 Allard, *second juge-garde.*
17 de Nervo, *contr. contre-garde.*
17 Dateste, *essayeur.*
17 Bernavon, *graveur.*
     Moulin, *prevôt des ajusteurs.*

VIII. MONNOIE DE METZ. AA.

La ville de Metz jouissait autrefois du privilége de faire battre Monnoie à ses coins & armes; mais en 1662 il lui fut ordonné de ne plus faire fabriquer à l'avenir des especes qu'au coin & titre de France.

L'établissement du Siége & des Officiers de la Monnoie de cette Ville est de l'année 1690; l'étendue de son ressort est à-peu-près la même que celle de la Généralité.

Officiers de la Jurisdiction, *Messieurs*

1760 Camus, *pr. juge-garde.*
1777 Leclerc, *sec. juge-garde.*
. . . . *contr. contre-garde.*
1750 Gossin, *pr. du roi en titre.*

1765 Chenu, *proc. du roi, commis par arrêt de la cour des monn.*
1783 d'Argent, *greffier.*

Officiers de la Direction, *Messieurs*

1783 Leclerc, *direct. & trés. particulier.*
1760 Camus, *premier juge-garde.*
1777 Leclerc, *sec. juge-gar.*

. . . . *contr. contre-garde.*
1771 Pantaleon, *essayeur.*
1749 Pantaleon, *graveur.*

IX. MONNOIE DE MONTPELLIER. N.

L'établissement de cette Monnoie est du quatorzieme siécle, sous le régne de Philippe-le-Bel; sa Jurisdiction s'étend principalement sur les Communautés d'Orfévres, établies, tant à Montpellier qu'à Lunel, Nismes, Beaucaire, au S. Esprit, à Uzès, Mende, Alais, au Vigan, à Pézenas & à Beziers.

Officiers de la Jurisdiction, *Messieurs*

1766 Faure, *gen. provincial.*
1771 Bedos, *juge-garde.*
1782 Rame, *juge-garde.*
1766 Granier, *contr. contre-garde.*

1778 Besaucelle, *proc. du roi, com. par arrêt de la cour des monn.*
1779 Bonfils, *greffier par commission.*

Officiers de la Direction, Messieurs

1766	Bernard, *direct. & trés. particulier.*	1777	Fortier, *essayeur.*
1771	Bedos, *juge-garde.*	1775	Bongues, *graveur.*
1782	Rame, *juge-garde.*		Boichon, *prévôt des monnoyeurs.*
1766	Granier, *contr. contre-garde.*		Vidal, *prévôt des ajus.*

X. MONNOIE DE NANTES. T.

Cette Monnoie paraît avoir été établie en vertu d'une Commission de Charles V, du 13 Septembre 1374, adressée à Martin de Foulques, Général-Maître des Monnoies, pour l'autoriser à ouvrir la Monnoie de Nantes & celle de Rennes.

Sa Jurisdiction s'étend sur tous les Orfévres & autres Justiciables de la Cour des Monnoies, établis, tant dans le Diocése de Nantes, que dans ceux de Vannes & de Quimper.

Officiers de la Jurisdiction, Messieurs

17	Meunier, *écuyer gén. provincial.*	1781	Vallot, *contr. contre-garde.*
17	Pichelin du Cleray, *juge-garde.*	17	Bisseul, *proc. du roi.*
17	Briard, *juge-garde.*	1783	Montreux, *greffier.*

Officiers de la Direction, Messieurs

1782	Thomas, *direct. & trés particulier.*	17	Poirier, *graveur.*
17	Pichelin du Cleray, *juge-garde.*	17	Couillaud du Breil, *prévôt des monnoyeurs.*
17	Briand, *juge-garde.*	17	Couillaud de la Rive, *lieutenant.*
1781	Vallot, *contr. contre-garde.*	17	Bridon, *prévôt des ajusteurs.*
1783	Lecour, *essayeur.*	17	Mocquard, *lieutenant.*

XI. MONNOIE D'ORLÉANS. R.

On a fabriqué des especes à Orléans dès le premier tems

de la Monarchie; on en trouve qui portent le nom de cette Ville, qui ont été frappées sous le règne des Rois de la première race; mais le premier titre qui constate l'établissement de cette Monnoie, est le Capitulaire de Charles-le-Chauve, connu sous le nom d'Edit de Pistes, donné au mois de Juillet 864; cependant elle avait cessé son travail depuis François I, jusqu'en 1716. A cette époque, elle fut rétablie, par Edit publié à Paris au mois d'Octobre.

Les Communautés d'Orfévres qui dépendent de la Jurisdiction de cette Monnoie, sont celles d'Orléans, de Blois, de Montargis & de Gien.

Officiers de la Jurisdiction, *Messieurs*

1748 Deloynes, *juge garde.*
1771 Gidoin, *juge-garde.*
1780 Jacquet, *contr. contre-garde.*

1775 Fougeu de Villarson, *proc. du roi.*
1770 Pompon, *greffier.*

Officiers de la Direction, *Messieurs*

1778 Dombret, *direct. & trés. particulier.*
1748 Deloynes, *juge garde.*
1771 Gidoin, *juge-garde.*
1780 Jacquet, *contr. contre-garde.*

1743 Jollivet, *essayeur.*
1783 Bonleu, *graveur.*
1757 Gagneur, *prévôt des monnoyeurs.*
le Breton, *doyen des ajusteurs.*

XII. MONNOIE DE PARIS. A.

Cette Monnoie a été établie par Charles-le-Chauve en 864.

Commissaires du Roi en l'Hôtel des Monnoies.

M. le premier président de la Cour des Monnoies.
M. le *proc. gén. de la Cour des Monnoies.*
  Gueudré de Ferrieres, *greff. ordin. de la Commission.*
  Antoine, *archit. du Roi, contrôl. des bâtimens.*

Officiers de la Monnoie, *Messieurs*

Cogniard, *juge-garde.*
Fabre, *juge-Garde.*
Dupeiron, *direct. & trés. particulier.*

Loire, *contr. au chan.*
Ratgras, *contr. contre-garde.*
Racle, *essayeur.*

Messieurs

Bernier, *graveur.*
Rambach, *inspect. du monnoyage.*

Figuieres, *affineur.*
Sauvegrain, *caissier des affinages.*

Prévôts et Lieutenans des Monnoyeurs et Ajusteurs,
Messieurs

Savart, *prévôt des monn.*
Lambert, *prévôt des aj.*
Bezard, *lieuten. des ajust.*

Faucheur, *lieut. des monnoyeurs.*
Bordier, *greffier.*
Bocquet, *Syndic-recev.*

Indépendamment de ces six Officiers, il y a vingt-six Monnoyeurs & vingt-sept Ajusteurs; le nombre n'en est pas fixé: nul ne peut être reçu, s'il n'est d'estoc & ligne. Les aînés sont Monnoyeurs, les cadets Ajusteurs. Leurs filles ont aussi le droit d'être reçues sous le nom de Tailleresses; elles transmettent à leurs enfans mâles le droit d'être reçus Monnoyeurs & Ajusteurs. Ces Tailleresses sont au nombre de vingt-deux.

Ces Officiers conservent cet état depuis plus de six cent ans dans leurs familles; ils jouissent en conséquence de plusieurs priviléges, qui ont été renouvellés & confirmés par des Lettres Patentes en forme d'Edit, données au mois d'Octobre 1782.

XIII. MONNOIE DE PAU. *Vache.*

Dans les tems les plus reculés du Gouvernement Béarnais, on battait Monnoie à Mornàas, alors capitale du Béarn. Quelques Historiens font remonter l'établissement de cette Monnoie jusques aux Romains. Quoiqu'il en soit, les especes qui en sortaient, étaient appellées *Moneta Furcensis*, Monnoie de la Fourguie, du nom des Palais des Princes au coin desquels elle se frappait. La livre Morlàas valait trois livres de France. Les amendes & les peines pécuniaires sont encore prononcées en Monnoie Morlàas, quoiqu'il n'existe plus d'Hôtel dans cette Ville; celui de Pau, beaucoup moins ancien, est le seul qu'on ait conservé. Sa Justice s'étend sur tous les Justiciables de la Cour des Monnoies, établis dans le Béarn & la basse Navarre. Pour peu qu'il soit favorisé par l'Administration, le voisinage de l'Espagne le rendra l'un des plus actifs du Royaume.

Officiers de la Jurisdiction, *Messieurs*

17	Picard, *général-provincial.*	17	Lamy, *contr. contre. garde.*
1781	Lacadé, *juge-garde.*	17	Dufaur, *proc. du roi.*
1782	Larrieu, *juge-garde.*	1779	Neron, *greffier.*

Officiers de la Direction, *Messieurs*

17	Foulon, *direct. & trés. part.*	1783	Bournos, *essayeur.*
1781	Lacadé, *juge-garde.*	1759	Duvivé, *graveur.*
1782	Larrieu, *juge-garde.*	1783	Loustau, *prév. des monn.*
17	Lami, *contr. contre-garde.*		Bazeilles, *lieutenant.*
			Lardoeyt, *prév. des aj.*
			Suzamicq, *lieutenant.*

XIV. MONNOIE DE PERPIGNAN. Q.

Cette monnoie a été créée sous le regne de Louis XIV, par édit du mois de Juin 1710. Sa jurisdiction s'étend sur les villes de Perpignan, Narbonne, Castres, Carcassonne & leurs dépendances.

Officiers de la Jurisdiction, *Messieurs*

1766	Cailhé, *juge-garde.*		*Cour des Monn.*
1776	Grenier, *juge-garde.*	1783	Esteve, *greffier, comm. par arrêt.*
1777	Malegue, *proc. du Roi, comm. par arrêt de la*		

Officiers de la Direction, *Messieurs*

1780	Ribes, *direct. & trés. par.*	1781	Lach, *graveur.*
1766	Cailhé, *juge-garde.*	1780	Cribaille, *prévôt des monnoyeurs.*
1776	Grenier, *juge-garde.*		
1783	Foureau de Monceaux, *contr. contre-garde.*	1773	Calt, *prévôt des ajusteurs.*
1766	Bachelard, *essayeur.*		

XV. MONNOIE DE ROUEN. B.

L'époque de la création de cette monnoie remonte à l'année 864, sous le regne de Charles le Chauve. Sa jurisdiction s'étend sur toutes les villes de la généralité de Rouen.

Officiers de la Jurisdiction, Messieurs

1771 Carrey, général provincial.
1756 Fremont, prem. juge-garde.
1762 Lesage, sec. juge-garde.
1783 de la Londe, contr. contre-garde.
1782 Aumont, procureur du Roi.
17.. N...., greffier alternatif.
1752 le Jardinier du Quesnot, greffier triennal.

Officiers de la Direction, Messieurs

1781 Filliatre, direct. & trés. partic.
1756 Fremont, prem. juge-garde.
1762 Lesage, sec. juge-garde.
1783 de la Londe, cont. contre-garde.
1772 le Cœur, essayeur.
1760 Belin, graveur.

Prévôts et Lieutenans des Monnoyeurs et Ajusteurs, Messieurs

17 .. de Lespine.
17 .. de Hauiot.
17 .. Turgis.
17 .. de Vitry d'Avancourt, proc. syndic.

XVI. MONNOIE DE STRASBOURG. BB.

Cette Monnoie a été établie par édit du mois de Juin 1696. Sa jurisdiction s'étend dans toute la province d'Alsace.

Officiers de la Jurisdiction, Messieurs

1... N... gén. provincial.
1758 Beguin, premier juge-garde.
1768 Claude, sec. juge-garde.
1757 Liechté, contr. contre-garde.
1753 Certain, proc. du Roi.
1775 Rivage, commis greffier.

Officiers de la Direction, Messieurs

17 Beyerlé, direct. & trés. partic.
1758 Beguin, premier juge-garde.
1768 Claude, second juge-garde.
1757 Liechté, contr. contre-garde.
17 N.... essayeur.
1761 Guerin, graveur.
1746 Guillet, doyen des monnoyeurs.

XVII. MONNOIE DE TOULOUSE. M.

Il paraît que cette Monnoie avait existé avant l'année 1520, époque où elle fut rétablie par une déclaration de François I, en date du premier Février. Sa jurisdiction s'étend principalement sur les communautés d'Orfèvres, établies tant à Toulouse que dans les villes de Montauban, Milan, Rodez & Cahors.

Officiers de la Jurisdiction, Messieurs

1782	de Verdun, *général provincial.*	1781	Moulas, *contr. contregarde.*
17	Favier, *juge garde.*	17	Lassus, *proc. du Roi.*
17	Sancené, *juge-garde.*	17	Catala, *greffier.*

Officiers de la Direction, Messieurs

17	Laburthe, *direct. & trés. partic.*	17	Fontas, *essayeur.*
17	Favier, *juge-garde.*	17	Ponzeaux, *graveur.*
17	Sancené, *juge-garde.*	17	Catala, pere, *prévôt des monnoyeurs.*
1781	Moulas, *contr. contregarde.*	17	Catala, fils, *prévôt des ajusteurs.*

JURISDICTIONS MONÉTAIRES

Des Villes où l'on ne bat pas Monnoie.

I. JURISDICTION D'AMIENS.

La Monnoie d'Amiens, créée en Octobre 1571, a été supprimée par édit de Février 1772. Sa jurisdiction s'étend sur toute la généralité d'Amiens, & sur la ville de Noyon, qui est de la généralité de Soissons.

Officiers, Messieurs

17	de Brye, *juge-garde.*	17	Maressal, *greffier.*
17	le Marchant, *pr. du Roi.*		

II. JURISDICTION D'ANGERS.

La Monnoie d'Angers, créée par édit d'Octobre 1716, a été supprimée par édit de Juin 1738. Sa jurisdiction s'étend sur les communautés d'Orfévres établies dans les villes d'Angers, Saumur, Château-Gontier & Laval.

OFFICIERS, *Messieurs*

1763 Desmazieres, *juge-gard.* | 1763 Raymbauld, *pr. du Roi.*
1779 Chotard, *juge-garde.* | 1743 le Moinier, *greffier.*

III. JURISDICTION DE BESANÇON.

On fabriquait des monnoies à Besançon long-tems avant la conquête de la Franche-Comté par Louis XIV. Il y établit, par son édit de Décembre 1693, un hôtel des monnoies, qui a été supprimé par l'édit de Février 1772. On en a conservé la jurisdiction, qui s'étend sur toutes les villes de la province.

OFFICIERS, *Messieurs*

1779 Clerc, *juge-garde.* | 1779 d'Ici, *greffier.*
     Michel, *juge-garde.* | 1781 Charmet, *essayeur.*
1780 Ruffin, *proc. du Roi.* |

IV. JURISDICTION DE BOURGES.

On fait remonter l'établissement de la Monnoie de Bourges à l'année 1557 : elle a été supprimée par l'édit de Février 1772. Sa jurisdiction s'étend sur la province du Berry, le Bourbonnais & le Nivernais.

OFFICIERS, *Messieurs*

1750 de Grasset, *général provincial.* | 1756 Dagout des Gravières, *procureur du Roi.*
1768 du Chatelier, *juge-gard.* | 1783 Barenton, *greffier.*
1777 Boyer, *juge-garde.* | 17 du Montet, *essayeur.*
     Cl. Boyer, *juge-garde honoraire.* | 17 Julien, *graveur.*

V. JURISDICTION DE CAEN.

La Monnoie de Caen avait été établie par édit du mois de Septembre 1693. Elle a été supprimée par autre édit donné au mois de Février 1772.

Sa jurisdiction s'étend sur toutes les villes qui composent la généralité de Caen & sur une partie de celles qui dépendent de la généralité d'Alençon.

OFFICIERS, *Messieurs*

1772 Biot, *juge-garde.*
Geffray Desportes, *juge-garde.*
Fouquet, *jug.-gard. hon.*
Duperé, *av. du Roi hon.*
1775 de Losmont, *procur. du Roi.*
1773 de Prebois, *greffier.*

VI. JURISDICTION DE DIJON.

La Monnoie de Dijon, créée en. . . . a été supprimée par l'édit de Février 1772. Sa jurisdiction comprend le duché de Bourgogne, & les pays de Bresse, Gex & Bugey.

OFFICIERS, *Messieurs*

1751 Robelot, *gén. provinc.*
1766 Chapuis, *premier juge-garde.*
1773 Latour, *second juge-garde.*
1752 Renault, *procureur du Roi.*
1767 Rousselain, *greffier en chef.*

VII. JURISDICTION DE GRENOBLE.

La Monnoie de Grenoble, établie en. . . . a été supprimée par l'édit de Février 1772. Sa jurisdiction s'étend sur toute la province du Dauphiné.

OFFICIERS, *Messieurs*

Dupré de Mayen, *juge-garde.*
Pison du Galand, pere, *juge-garde.*
Choin de Montgay, *proc. du Roi.*
. . . . *greffier.*

VIII. JURISDICTION DE POITIERS.

La Monnoie de Poitiers avait été établie en vertu des lettres patentes de Charles V, du 25 Novembre 1372. Elle a été supprimée par l'édit du mois de Février 1772.

OFFICIERS, Messieurs

1776 Riffault, *juge-garde.*	1744 Letard, pere, *proc. du Roi, honoraire.*
Letard, *procureur du Roi.*	1777 Pascault Dumas, *greff.*

IX. JURISDICTION DE REIMS.

La Monnoie de Reims était du nombre de celles qui furent créées par le Capitulaire de Charles le Chauve, du mois de Juillet 864 : elle a été supprimée par l'édit de Février 1772. Sa jurisdiction s'étend sur les villes de Reims, Châlons-sur-Marne, Sainte-Menehould, Laon, Château-Thierry, la Fere, Guise, Vervins, Notre-Dame-de-Liesse, Soissons, Rethel, Mézieres & Charleville.

OFFICIERS, Messieurs

1774 Bidet, *juge-garde.*	Petit, *essayeur.*
1749 Callou, *proc. du Roi.*	Favoie, *graveur.*
1776 Drion, *greffier.*	

X. JURISDICTION DE RENNES.

La Monnoie de Rennes, établie en 1374, a été supprimée par l'édit de Février 1772. Sa jurisdiction s'étend sur les villes qui composent les diocèses de Rennes, Dol, Saint-Malo, Saint-Brieuc, Tréguier & Saint-Pol-de-Léon.

OFFICIERS, Messieurs

. . . . . *gen. provincial.*	Bongerard, *proc. du Roi.*
. . . . . *juge-garde.*	Philippes de Tronjolly,
. . . . . *juge-garde.*	*juge-garde hon.*

XI. JURISDICTION DE RIOM.

La Monnoie de Riom, qui avait été établie en 1426, a été supprimée par l'édit de Février 1772. Sa jurisdiction s'étend sur l'Auvergne haute & basse, le Bourbonnais, la Marche & le Vélay.

OFFICIERS, *Messieurs*

1777 Ducrochet, *juge-garde.* | 1783 Assolent, *proc. du Roi.*
. . . . | 1767 Soulier, *greff. en chef.*

XII. JURISDICTION DE TOURS.

La Monnoie de Tours, créée par édit de Charles VI, du mois de Septembre 1392, a été supprimée par édit de Février 1772. Le ressort de sa jurisdiction comprend toute l'étendue des présidiaux de Tours & du Mans.

OFFICIERS, *Messieurs*

1783 Briffault de Moran, *prem. juge-garde.*
17 N....., *second juge-garde.*
17 Abraham, *proc du Roi.*

17 Dubreuil. *subst. du proc. du Roi*
1782 Prud'homme, *gre en chef.*
17 le Blanc de Francrosier, *greffier en exercice.*

XIII. JURISDICTION DE TROYES.

La Monnoie de Troyes existait dès le tems où cette ville était sous la domination des Comtes de Champagne. Elle fut rétablie en 1690, & elle a été supprimée en Février 1772. Sa jurisdiction s'étend sur les villes de Troyes, Tonnerre, Bar-sur-Aube, Chaumont, Langres, Sezanne, Arcis, Bar-sur-Seine, Bray-sur-Seine, Château-Vilain, Joigny, Joinville, Provins, les Ricey, Saint-Dizier, Saint-Florentin, Vermanton, Villenaux-la-Grange, Vitry-le-Français, Vaucouleurs, Nogent-sur-Seine & Vassy.

OFFICIERS, *Messieurs*

Vernier, *premier juge-garde.*
1782 Roland Guéslon, *second juge-garde.*

le Rouge de Neyrement, *avoc. du Roi.*
Dessain, *proc. du Roi.*
Mitantier, *greffier.*

GOUVERNEURS DES MAISONS ROYALES,
Messieurs

1767 *Versailles, Marly & dépendances.* Le prince de Poix.
   Le maréchal-duc de Mouchy, *adj. & en surv.*
1754 *S. Germain-en-Laye.* Le maréchal-duc de Noailles.
   Le duc d'Ayen, *en survivance.*
1766 *Compiegne.* Le vicomte de Laval.
1770 *La Muette, Madrid & bois de Boulogne.* Le maréchal prince de Soubise.
1722 *Fontainebleau.* Le marquis de Montmorin.
1770 Le comte de Montmorin, son fils *en survivance.*
1781 *Blois.* Phelippeau d'Herbault.
1760 *Meudon, Chaville & dépendances.* Le marquis de Champcenetz.
1782 De Richebourg, *en survivance.*
   Vincennes. Le comte d'Argenson.
1774 *Monceaux.* Le duc de Gèvres.
1758 *Choisy-le-Roi.* Le duc de Coigny.
1770 *S. Hubert.* Le duc de Duras.
   Le maréchal-duc de Mouchy, *adj. & en surviv.*
1775 *Les Tuileries.* Le marquis de Champcenetz.
   M. le marq. de Champcenetz son pere, *en surviv.*
1780 *Le Louvre.* Le baron de Champlost.
1775 *Le Luxembourg.* Le comte de Modene.
1762 *L'Arsenal.* Le marquis de Paulmy.
1783 *Les Invalides.* Le comte de Guibert.
1773 *L'Ecole Militaire.* Le marquis de Timbrune-Valence.
1776 *La Bastille.* Le marquis de Launay.
1784 *Rambouillet.* Le comte d'Argenviller.

GOUVERNEURS GÉNÉRAUX ET PARTICULIERS DES PROVINCES ET DES PRINCIPALES VILLES DE FRANCE.

I. ALSACE.

1762 M. le duc d'Aiguillon, *gouverneur & lieutenant-géner.*

ET VILLES DE FRANCE. 217

M. le maréchal de Contades, *comm. en chef.*
M. le marquis Caillebot la Salle, *comm. en second.*
M. le marquis de Paulmy, *lieutenant-général.*
M. le marquis de Vogué, *lieutenant-général.*
M. le marquis de Peschery, *lieutenant de Roi.*
M. Maret, *lieutenant de roi.*

GOUVERNEURS PARTICULIERS, *Messieurs*

Belfort.	Le marq. de Clermont-Tonnerre, *gouv.*
	De Chazelles ✠, *lieut. de Roi.*
Colmar.	Le comte de Hanwil, *commandant.*
	Duboys, *major-commandant.*
Fort-Louis.	Le maréchal de Contades, *gouverneur.*
	Marier d'Unienville, *lieut. de Roi.*
Haguenau.	. . . .
	Le chevalier de Pons, *lieut. de Roi.*
Huningue.	Le marquis de Traisnel, *gouverneur.*
	D'Aribat Descamps, *lieut. de Roi.*
Landau.	Le duc de Gontaut, *gouverneur.*
	De Beaumanoir, *lieutenant de Roi.*
Redoute de Landau.	Le chevalier de Lanzac, *commandant.*
Landscrone.	Le chevalier de Sombreuil, *command.*
Lauterbourg.	Müller, *commandant.*
	De la Ville, *major.*
Lichtenberg.	de Klie, *commandant.*
	Herbain, *major.*
Newbrisack.	Le marquis de Conflans, *gouverneur.*
	Le chevalier de S. Denac, *lieut. de Roi.*
Oberheim.	Le chevalier de Sommery, *maj. comm.*
Lutzerstein.	Le vicomte de Montberaut, *comm.*
Phalsbourg.	Le marquis de Talaru, *gouverneur.*
	De Seilhac, *lieutenant de Roi.*
Sarrebourg.	Le baron de la Girousiere, *comm.*
Saverne.	De Meyerhoffen, *commandant.*
Schlestadt.	Le duc de Croi-d'Havré, *gouverneur.*
	Le comte de Montbel, *lieut. de Roi.*
Strasbourg.	Le maréchal de Stainville, *gouverneur.*
	Le baron de Lort de S. Victor ✠, *l. de Roi.*
	Le Cousturier de Pithienville, *major.*
Cit. de Strasbourg.	Le maréchal de Stainville, *gouverneur.*
	De Bergues, *lieutenant de Roi.*
	Philippe, *major.*
Weissembourg.	De la Jolais ✠, *comm.*
	Fouquet de Closneuf, pere, *major.*
	Fouquet de Closneuf, fils, *en surviv.*

II. ANJOU.

1761 M. le prince de Lambesc, *gouverneur-général.*
1784 M. le comte de la Tour-d'Auvergne, *lieut. gén.*
     M. le marquis d'Autichamp, *lieutenant de Roi.*

III. ARTOIS.

1765 M. le maréchal-duc de Lévis, *gouverneur-général.*
     M. le marquis d'Ossun, *lieut. gén.*
     M. le comte de Sommievre, *commandant en second.*
     M. le duc de Guines, *lieut. de Roi.*

GOUVERNEURS PARTICULIERS, *Messieurs*

Aire.	Le prince de Robecq, *gouverneur.*
	Framsault de Tortonval, *lieut. de Roi.*
Fort d'Aire.	Le chev. de Lannoy Beaurepaire, *comm.*
	Marcelin, *major.*
Arras.	Le maréchal-duc de Levis, *gouverneur.*
	Fénis de la Combe, *lieut. de Roi.*
Citadelle d'Arras.	De la Porterie, *gouverneur.*
	De Montgon, *lieut. de Roi.*
Bapaume.	Le duc de Liancourt, *gouverneur.*
	De la Haye, *lieut. de Roi.*
Béthune.	Le chevalier de Meaupou, *gouv.*
	Le comte de Beaulincourt, *lieut. de Roi.*
Hesdin.	Le marquis d'Havrincourt, *gouv.*
	Le comte de Siougeat, *lieut. de Roi.*
Saint-Omer.	Le chevalier de Beauteville, *gouv.*
	De Saint-Cernin, *lieut de Roi.*
Chât. de S. Omer.	Varlet de Brule, *commandant.*
Saint-Venant.	Le marquis de la Roche-Aymon, *gouv.*
	Le bar. de Segur la Roquette, *l. de Roi.*

IV. AUNIS.

1771 M. le Maréchal-duc de Laval, *gouverneur-général.*
     M. le comte de Puysegur, *commandant en chef.*

ET VILLES DE FRANCE.   219

M. le comte de la Tour-du-Pin, *comm. en second.*
M. le comte de Flamarens, *lieutenant-général.*
M. le comte de la Grange d'Arquien, *lieut. de Roi.*

GOUVERNEURS PARTICULIERS, *Messieurs*

Brouage & Fort-Lupin.	le comte d'Apchon, *gouverneur.*
	de Chailly, *lieutenant de Roi.*
Isle d'Aix.	de Beaumont, *commandant.*
Isle d'Oleron.	le baron de Verteuil, *gouv.*
	Dudemaine, *lieutenant de Roi.*
	Marchais de la Tromiere, *major.*
Isle de Ré.	le bailli des Escotais de Chantilly, *gouv.*
Cit. de Ré.	de Molmont, *lieutenant de Roi.*
	Rabreuil de la Peroderie, *major.*
S. Martin de Ré.	de Pagés de Fallieres, *lieut. de Roi.*
	le chevalier de Nesle, *major.*
Fort de la Prée.	de Nesle, *commandant.*
La Rochelle.	le baron de Viomesnil, *gouverneur.*
	le chev. de Roussy, *lieutenant de Roi.*
Rochefort.	le chev. d'Orville, *lieutenant de Roi.*
	le chev. de Fornets, *major.*
Fort-Chapus.	de Lustrade, *major commandant.*

V. AUVERGNE.

1776 M. le duc de Bouillon, *gouverneur-général.*
M. le comte de Montboissier, *commandant en chef.*
M. le duc de Caylus, *lieutenant-général.*
M. le vicomte de Beaune, *lieutenant-général.*
M. Huet d'Ambrun, *lieutenant de Roi.*
M. le comte de Sarret de Fabregues, *lieut. de Roi.*

VI. BOULONNAIS.

1782 le duc de Villequier, *gouverneur-général.*
le comte de Rochambeau, *commandant général.*
le comte d'Houdetot, *lieut. de Roi.*

GOUVERNEURS PARTICULIERS, *Messieurs*

Boulogne & Château.	le duc de Villequier, *gouverneur.*
	du Blaisel, *lieut. de Roi.*
Tour d'Ambleteuse.	du Blaisel de La Claye, *maj. comm.*

VII. BOURBONNAIS.

1754 M. le comte de Peyre, *gouverneur-général.*
M. le comte de Bercheny, *commandant en chef.*
M. le comte de Fougieres, *lieut. général.*
M. le comte de Viry-la-Forest, *lieut. de Roi.*
M. le comte de Vertamitz, *lieut. de Roi.*
M. le comte de Peyre, *gouv. part. de Moulins & de Bourbon-l'Archambaud.*

VIII. BOURGOGNE, Comté.

1770 M. le maréchal duc de Duras, *gouv. & lieut. général.*
M. le duc de Lorges, *lieut. général.*
M. le maréchal de Vaux, *commandant en chef.*
M. le marquis de S. Simon, *commandant en second.*
M. le marquis de Vauban, *lieut. de Roi.*
M. le comte de Fleury, *lieut. de Roi.*
M. Villayer, *lieutenant de Roi.*
M. de Bory, *lieutenant de Roi.*

GOUVERNEURS PARTICULIERS, *Messieurs*

Besançon.	le maréchal duc de Duras, *gouverneur.*
	le chev. de Franchet de Rans, *l. de Roi.*
Cit. de Besançon.	le chev. de la Forest d'Yvoane, *l. de Roi.*
Fort Griffon.	le Picart d'Ascourt, *commandant.*
Dôle.	le comte de la Ferronays, *gouverneur.*
	le chevalier de Bouhelier, *lieut. de Roi.*
Chât. de Blam.	de Thurey, *commandant.*
Pontarlier.	le vicomte de la Tour du Pin, *gouv.*
	le comte de S. Mauris, *lieut. de Roi.*
Salins.	le baron de Montmorency, *gouvern.*
	de Court, *lieutenant de Roi.*
Fort S. André.	le chev. d'Esbief ✠, *commandant.*
	Bernard, *major.*
	Blondeau, *adjoint.*
Fort Blin.	de Vaugrand, *commandant.*

IX. BOURGOGNE, Duché.

1754 M. le prince de Condé, *gouverneur général.*
M. le marquis de la Tour du Pin - Gouvernet, *comm. en chef.*
MM. le comte de Monteynard, le comte de Saulx-Tavannes, le marquis de la Valette, le marquis de Gouvernet, le marquis de Sales, & le marquis d'Apchon, *lieutenans-généraux.*
MM. de la Vernette, le comte de Créancé, le comte de la Fautrière, le comte du Peron, le comte de Ferrary de Romans, Clerguet de Loyſey, les comtes de Ste. Maure, de la Touraille, & le marquis de Choiſy-Montalan, *lieutenans de Roi.*

GOUVERNEURS PARTICULIERS, *Meſſieurs*

Auxonne.	le comte de Biſſy, *gouverneur.*
	de la Martinière, *maj. comm.*
Bourg.	Loubat de Bohan, *commandant.*
Châlons.	le comte de Monteynard, *gouverneur.*
	de Villeneuve Beringhen, *maj. comm.*
Dijon.	le prince de Condé, *gouverneur.*
	de Neuilly, *commandant de la ville.*
	Gayard de Changey, *commandant du château.*
L'Ecluſe.	Proſſer, *major.*
	de Laurens, *adjoint.*
Pontvelle.	le comte de la Touraille, *gouverneur.*
Seyſſel.	de Chamolles, *commandant.*

X. BRETAGNE.

1737 M. le duc de Penthievre, *gouverneur général.*
1784 M. le comte de Montmorin, *commandant en chef.*
M. le comte de Gôyon, *commandant en ſecond.*
M. le duc d'Aiguillon, *lieut. gén. au Comté-Nantois.*
M. le duc de Praſlin, *lieut. gén. aux huit autres évê.*
MM. les comtes de Langeron, de Colbert & de Marbeuf, *lieutenans de roi.*

GOUVERNEURS PARTICULIERS, *Meſſieurs*

Breſt & Iſle-d'Oueſ-ſant.	le comte de Thiars, *gouverneur.*
	Moynier de S. Blancard, *lieut. de roi.*

Messieurs

Belle-Isle.	le comte de Behague, *commandant.*
	de Briance, *lieut. de roi.*
Morlaix.	le baron de Bruyeres S. Michel, *gouv.*
	M. son fils, *en survivance.*
Nantes	le marquis de Brancas, *gouver.*
	le comte de Menou, *lieut. de roi.*
Port Louis &	⎧ le comte de Balincourt, *gouver.*
l'Orient.	⎨ de Minard, *lieut. de roi.*
Quimper.	le marquis de Molac, *gouver.*
Chât. du Taureau.	le comte de Saulx-Tavannes, *gouver.*
Rennes.	le marquis de Vassé, *gouver.*
	de Navarre de Longuejoue, *lieut. de roi.*
	le marquis de Pontcalec, *en survivance.*
Saint-Malo.	le marquis de Roncherolles, *gouver.*
	le chevalier Desdorides, *lieut. de roi.*
Vannes.	le marquis de Noailles, *gouver.*

XI. CHAMPAGNE ET BRIE.

1769 M. le duc de Bourbon, *gouverneur général.*
M. le baron de Besenval, *comm. en chef.*
M. le comte de Bercheny, *comm. en second.*
MM. les comtes d'Argenteuil, & de Choiseuil la Baume,
 le maréchal de Segur & le marquis d'Equevilly,
 lieutenans-généraux.
MM. le comte de Gisaucourt, le baron de Trinquette,
 le marquis de Paroy, & Rogier de Monclin,
 lieutenans-généraux.

GOUVERNEURS PARTICULIERS, *Messieurs*

Mezieres.	le marquis de la Ravoye, *gouver.*
	le comte de Puffevent, *lieut. de roi.*
Rocroy,	le comte d'Esterhazy, *gouver.*
	le chevalier du Chatelet, *lieut. de roi.*

XII. CORSE.

1772 M. le marquis de Monteynard, *gouver. général.*
M. le comte de Marbeuf, *lieut. général.*
M. le comte du Rosel de Beaumanoir, *comm. en sec.*

ET VILLES DE FRANCE. 223

GOUVERNEURS PARTICULIERS, *Messieurs*

Ajaccio.	de Petity, *commandant.*
	de S. Ange, *major.*
Bastia.	de Balathier, *lieut. de roi.*
	Masot, *major.*
Bonifaccio	Mainbourg, *major-comman.*
Calvi.	le comte de Maudet, *comman.*
	le vicomte de Murat-Siftrieres, *major.*
Corté.	le baron de l'Hôpital, *lieut. de roi.*
	la Besse, *major.*
Isle-Rousse.	d'Antin, *major-commandant.*
S. Florent.	Blanchart, *commandant.*

XIII. DAUPHINÉ.

1747 M. le duc d'Orléans, *gouverneur général.*
M. le duc de Tonnerre, *lieut. gén., comman.*
M. le comte de Blot, *comman. en second.*
MM. les marquis de Virieu, le comte de Vantavon, le comte de Morges, le marquis de Chabrillan & le chevalier de Caufans, *lieut. de roi.*

GOUVERNEURS PARTICULIERS, *Messieurs*

Briançon & Forts.	le marquis de Langeron, *gouver.*
	le chevalier Jobal de Pagny, *l. de roi.*
	d'Oumet, *major.*
	le chevalier de Font Galland, *aide-maj.*
	Bataille, *major des forts.*
	d'Aftier, *major du fort Randouil.*
Embrun.	de Savines, *gouverneur.*
	de la Corcelle, *lieutenant de roi.*
Grenoble.	le marquis de Marcieu, *gouverneur.*
	de Luffaye, *lieut. de roi.*
	Rolland de Montal, *major.*
Fort Barraux.	le marquis de Molac, *gouverneur.*
	Morel, *lieut. de roi*
Montelimart.	le marquis de Chabrillan, *comm.*
Mont-Dauphin.	le marquis d'Héricourt, *gouverneur.*
	de Pmnieres, *lieut. de roi.*
	d'Arbaleftier, *major.*

GOUVERNEURS DES PROVINCES

Messieurs

Pont de Beauvoisin.	de la Tour-du-Pin Gouvernet, *c. en s.*
Queiras.	Allemand de Chatelard, *comman.*
Valene.	de Rigneux, *commandant.*

XIV. ÉVÊCHÉS.

1771 M. le maréchal duc de Broglie, *gouv. gén. & comm.*
1780 M. le comte de Caraman, *comman. en sec.*
1783 M. le comte de Damas, *comm. en trois.*
     M. . . . . *lieut. gén. au pays Messin.*
     M. de Noinville, *lieut. gén. du Verdunois.*

GOUVERNEURS PARTICULIERS, *Messieurs*

Chât. de Bouillon.	Fauveau, *lieut. de roi.*
	la Motte Gondreville, *major.*
Longwi.	le Chevalier de Chastelux, *gouver.*
	de Crepin, *lieut. de roi.*
	Cellier de Grizy, *major.*
Marsal.	le chevalier Culture, *commandant.*
	de Lanoue, *major.*
Metz.	de Seguier, *lieutenant de roi.*
	de Calviere, *major.*
Citadelle de Metz.	Jobal de Pagny, *lieutenant de roi.*
	de Métric, *major.*
Montmedy.	le marquis de Vogué, *gouver.*
	de Reumond, *lieut. de roi.*
	Jacquesson, *major.*
Rademacker.	le chevalier de Bertrandy, *comman.*
Sarrelouis.	le marquis de Monteynard, *gouver.*
	de Lambertye, *lieut. de roi.*
	Serrier, *major.*
Sierck.	de Kennedy, *commadant.*
Stenay.	de Mezera, *commandant.*
Thionville.	le maréchal de Vaux, *gouver.*
	de Gohin, *lieut. de roi.*
	de Coudray de Nangeville, *major.*
Verdun & Citad.	le comte de Choiseuil-la-Baume, *gouv.*
	de Phelippes, *lieut. de Roi.*
	de Beaumeford, *major de la ville.*
	de d'Aubermenil, *major de la citadel.*

XV.

XV. FLANDRE ET HAINAULT.

1751 le maréchal prince de Soubise, *gouverneur général.*
M. le prince de Tingry, *lieutenant général.*
M. le prince de Robecq, *commandant général.*
M. de Chaulieu, *commandant en second en Flandre.*
M. le vicomte de Sarsfield, *comm. en sec. en Hainault.*
MM. Pottier, comte Desmaills, le comte de Varennes,
& le baron de Sart, *lieutenans de roi.*

Gouverneurs particuliers, *Messieurs*

Avesnes.	le comte de Verceil, *gouverneur.*
	de Cabriere Descombies, *lieut. de roi.*
Bergues.	le marquis de Sourches, *gouver.*
	de Salces, *lieutenant de roi.*
Fort François.	de Belhomme, *lieut. de roi.*
Bouchain.	le comte Durfort, *gouverneur.*
	de Tournefort, *lieut. de roi.*
Cambrai.	le duc de Coigny, *gouverneur.*
	des Gaudieres, *lieut. de roi.*
Cit. de Cambrai.	de Grandmaison, *gouverneur.*
	Fenis de Susanges, *lieut. de roi.*
Charlemont & les deux Givets.	le marquis de Montmort, *gouver.*
	le chevalier de Nadaillac, *lieut. de roi.*
	le ch. Desgardes, *maj. com. de Charle.*
	de la Chabossiere, *maj. com. des 2 Givets*
Condé.	le prince de Croi, *gouverneur.*
	de Plotot, *lieutenant de roi.*
Douay.	le marquis de Bouillé, *gouverneur.*
	de Villedieu, *lieutenant de roi.*
Fort de Scarpe.	le comte de Turpin de Crissé, *gouver.*
	le chevalier de Sariac, *major.*
Dunkerque.	de Chaulieu, *commandant.*
	de Guichard, *major.*
Fort Mardick.	le comte de Violaine, *major.*
Gravelines.	le marquis de Pontecoulan, *gouver.*
	le chevalier de Durfort, *lieut. de roi.*
Landrecies.	le marquis du Sauzay, *gouver.*
	Vaubert de Genlis, *lieut. de roi.*
Le Quesnoy.	le comte de Puysegur, *gouverneur.*
	de Vialeix, *lieutenant de roi.*

Messieurs

Lille.	le maréchal prince de Soubise, *gouv.* de Sombreuil, *lieutenant de roi.*
Cit. de Lille.	le vicomte de Sarsfield, *gouverneur.* le chevalier du Bosc, *lieut. de roi.*
Fort S. Sauveur.	le chevalier de Disse, *lieut. de roi.* le baron de Mengin, *aide major com.*
Marienbourg.	de Marsac, *commandant.* Porin de Bellefin, *major.*
Maubeuge.	le marquis Dessalles, *gouverneur.* le chev. de la Roche S. André, *li. de roi.*
Philippeville.	le comte de Jumilhac, *gouverneur.* le chev. de Franqueville, *lieut. de roi.*
Valenciennes.	le prince de Tingry, *gouverneur.* le chev. de Raincourt, *lieut. de roi.*
C. de Valenciennes.	Deshaulles, *gouverneur.* de Caumont, *major.*

XVI. FOIX, DONEZAN ET ANDORE.

1753 M. le maréchal de Segur, *gouverneur général.*
M. le comte de Donezan, *lieut. de roi de la province.*
M. Roussel d'Espourdon, *lieut. de roi du chât. de Foix.*

XVII. GUIENNE.

1755 M. le maréchal duc de Richelieu, *gouverneur général.*
1775 M. le maréchal de Mouchy, *comm. en chef & lieut. ge.*
1776 M. le vicomte de Noailles, *lieut. géné. en surviv.*
M. le comte de Fumel, *comm. en sec. en basse Guienne.*
M. le comte d'Esparbès, *comm. en sec. en hau. Guién.*
1770 M. le marquis de Conflans, *lieut. g. pour la hau. Guien.*
MM. de la Deveze, de S. Alvere, de Pujols, de Vertcillac, de Caupene d'Amou, de Salha, & de Gontaut, *lieut. de roi pour la haute Guienne.*
MM. de Tauriac, de la Serre, de Vignolles, de Jumilhac, de Marcellus, de Picot & de la Verpilliere, *lieut. de roi pour la basse Guienne.*

ET VILLES DE FRANCE.

GOUVERNEURS PARTICULIERS, *Messieurs*

Château Trompette. le comte de Fumel, *gouverneur.*
d'Anglars de Baffignac, *lieut. de roi.*
Fort Ste. Croix. de Montbrun, *commandant.*
Château du Ha. le chevalier Danville, *comman.*
Blaye. le marquis de Jaucourt, *gouver.*
de la Mothe, *lieutenant de roi.*
Bort Médoc. le comte de Durfort, *comman.*
du Mirat, *major.*
Lourdes. de Maignols, *commandant.*

XVIII. ISLE-DE-FRANCE.

1766 M. le duc de Gesvres, *gouverneur général.*
MM. le marquis d'Arbouville, de Gouy, le comte de Gouy, *en surviv.*, & le duc de Lauzun, *lieut. ge.*
MM. Desavennes & de Boulainvilliers, *lieut. de roi.*

GOUVERNEURS PARTICULIERS, *Messieurs*

Compiégne. le maréchal duc de Laval, *gouver.*
Lancry de Rimberlieu, *lieut. de roi.*
Saint-Germain. le maréchal duc de Noailles, *gouver.*
Versailles. le prince de Poix, *gouverneur.*
le maréchal de Mouchy, *en survivan.*

XIX. LANGUEDOC.

1751 M. le maréchal duc de Biron, *gouverneur général.*
M. le comte de Talleyrand Perigord, *comm. en chef.*
M. le vicomte de Cambis d'Orsans, *comm. en second.*
M. le comte de Rochefort, *aux Cevennes.*
M. le comte de Montchenu, *au Vivarais.*
M. le baron de Ridberg, *au Velay.*
M. le comte de Bissy, *lieutenant général.*
M. le duc de Gontaut, *lieutenant général.*
M. le comte de Caraman, *lieutenant général.*
MM. de Brisis, de S. Felix, d'Estables, de Murviel, d'Hutau, de Montpezat, de Falguerolles, de Barral d'Arenes, *lieutenans de roi.*

GOUVERNEURS PARTICULIERS, *Messieurs*

Aigue-Morte.	le duc de Fleury, *gouverneur.*
	le chevalier de Graulée, *major comm.*
Fort Peccais.	le chevalier Deshours, *major comm.*
Alaïs.	S. André, *commandant*
Cette.	de Querelles, *lieutenant de roi.*
	le chevalier d'Alphonse, *major.*
Agde.	le comte d'Archiac, *gouverneur.*
	le chevalier de Bernard, *lieut. de roi.*
Chât. de Ferrieres.	le chevalier de Laroque, *major.*
Montpellier.	le maréchal de Castries, *gouver.*
	le comte de la Marliere, *lieut. de roi.*
Narbonne.	le comte de Merainville, *gouver.*
	le comte de Monteil, *lieut. de roi.*
Nismes.	le prince de Rohan-Rochefort, *gouver.*
	Ducailar, *lieutenant de roi.*
Pont S. Esprit.	le comte du Roure, *gouverneur.*
	de Bournissac, *lieutenant de roi.*
Pradelles.	de la Coste, *commandant.*
S. Hyppolite.	le marquis de Comeiras, *gouverneur.*
	de Brigaud, *major.*
	Dadre de la Coste, *en surviv.*
Sommieres.	le vicomte de Narbonne-Pelet, *gouv.*
	de Thesond, *major comman.*
Villeneuve-les-Avignon.	Quintin de Beynes, *commandant.*

XX. *LE HAVRE.*

1773 M. le comte de Buzançois, *gouver. & lieut. général.*
M. le comte de Villeneuve-Cillart, *lieut. de roi, comm.*
M. Montbert, *major pour la ville & la citadelle.*
M. de Bruchié, *major comm. dans la Tour.*

XXI. *LIMOUSIN.*

1734 M. le maréchal duc de Fitz-James, *gouver. géné.*
M. le duc de Fitz-James, son fils, *en survivance.*
M. le marquis d'Escars, *lieutenant général.*
M. le comte du Doignon, *lieut. de roi.*

XXII. LE MAINE ET PERCHE.

1766 M. le comte de Mellet, *gouverneur général.*
M. le comte Tessé, *lieutenant général.*
M. le comte de Crequy, *lieut. de roi pour le bas Maine.*
M. le comte de Vauvineux, *lieutenant de roi.*
M. le marq. de Champcenets, *li. de roi p. le h. Maine.*

XXIII. LYONNAIS.

1763 M. le duc de Villeroy, *gouverneur général.*
M. le duc de Castries, *lieutenant général.*
M. le marquis de Fumel, *lieutenant général.*
M. le comte d'Albon, *lieutenant de roi.*
M. le baron de Brosse, *lieut. de roi.*
M. le marquis de la Ferriere, *sénéchal du Lyonnais.*
M. le chevalier de Scepaux, *comman. en Lyonnais.*
M. le marq. de Bellescise, *gouv. part. de Pierre-en-Cise.*
M. le chevalier de Courtaurel, *major.*

XXIV. MARCHE.

1752 M. le marquis de Caillebot de la Salle, *gouver. général.*
M. le comte de Pontbriant, *lieutenant de roi.*
M. le comte de la Gorze, *lieutenant de roi.*

XXV. MONACO.

Le Prince Souverain, *gouver. général perpétuel.*
M. Millo, *lieut. de roi, commandant.*
M. de Beauchamp, *major.*

XXVI. NAVARRE ET BÉARN.

1745 M. le duc de Gramont, *gouver. général.*
M. le vicomte de la Rochefoucauld, *lieut. général.*
M. le marquis de Lons, *lieutenant de roi.*
M. le comte de Lons, son fils, *en surviv.*

GOUVERNEURS PARTICULIERS, *Messieurs*

Bayonne.	le duc de Gramont, *gouverneur.*
	le marquis d'Amou, *lieutenant de roi.*
	de Lincé, *major de la ville & de Châteauvieux.*
Cit. de Bayonne.	de la Salle, *lieutenant de roi.*
	Geste de Laas, *major.*
Châteauvieux.	Dampierre, *commandant.*
Châteauneuf.	de Vallier, *commandant.*
	Dubosc, *major.*
Dax & S. Sever.	le comte de Tourville, *gouverneur.*
	de Larrey, *lieutenant de roi.*
	le chevalier de S. Paul, *major.*
Navarreins,	le vicomte de Cambis, *gouverneur.*
	le chevalier de Noguès, *lieut. de roi.*
Pau.	le duc de Gramont, *gouverneur.*
	le baron de Capdeville, *commandant.*
S. Jean - Pied - de - Port.	le marquis de S. Simon, *gouverneur.*
	Delaistre de Champgueffier, *lieut. de roi.*
R. d'Andaye.	Ravier, *major commandant.*
Fort Socoa.	d'Hiriberry, *comman. en second.*

XXVII. *NIVERNAIS.*

1768 M. le duc de Nivernais, *gouv. géné. & part. de Nevers.*
M. le baron de Besenval, *commandant. en chef.*
M. le comte de Bercheny, *commandant en second.*

XXVIII. *NORMANDIE.*

1784 M. le duc de Harcourt, *gouv. géné. & comm. en chef.*
M. le duc de Beuvron, *lieutenant général.*
M. le comte de Valentinois, *lieutenant général.*
MM. le duc de Gesvres, le baron de Monteau, le marquis de Canisy, le marquis de Faudoas & le marquis de Bongars d'Aspremont, *lieutenant de roi.*

GOUVERNEURS PARTICULIERS, *Messieurs*

Caen.	le duc de Coigny, *gouverneur.*
	le comte de Mathan, *lieutenant de roi.*

Messieurs

Cherbourg.	le comte de Valentinois, *gouverneur.*
	de S. Germain, *major.*
Dieppe.	le comte d'Adhemar, *gouverneur.*
	le baron de Feugueray, *lieut. de roi.*
Grandville.	de Préfort, *commandant.*
La Hogue	le chevalier du Colleville, *commandant.*
Rouen.	le marquis de Romé, *gouverneur.*

XXIX. ORLÉANAIS.

1757. M. le comte de Rochechouart, *gouverneur général.*
M. le baron de Besenval, *commandant en chef.*
M. le comte de Bercheny, *commandant en second.*
M. le comte d'Enonville, *lieutenant-général.*
M. de Brisay, son fils, *en survivance.*
M. le comte de Chiverny, *lieutenant-général.*
M. le marquis d'Avaray, *lieutenant-général.*
MM. de Quincy, Phelipeau, d'Herbault & de Sourdis, *lieutenant de roi.*

XXX. PARIS, PRÉVOTÉ ET VICOMTÉ.

1776 M. le duc de Brissac, *gouverneur général.*
1784 M. le baron de Besenval, *commandant en chef.*
M. le comte de Bercheny, *commandant en second.*

GOUVERNEURS PARTICULIERS, *Messieurs*

L'Arcenal.	le marquis de Paulmy, *gouverneur.*
La Bastille.	le marquis de Launay, *gouverneur.*
	le chevalier de S. Sauveur, *lieut. de roi.*
	Chevalier, *major.*
Invalides.	le comte de Guibert, *gouverneur.*
	de Gillibert, *major.*
Vieux Louvre.	de Champlost, *gouverneur.*
Luxembourg.	le comte de Modene, *gouverneur.*
Vincennes.	de Rougemont, *lieutenant de roi.*

XXXI. PICARDIE.

1769 M. le comte de Perigord, *gouver. général.*
1784 M. le comte de Rochambeau, *comman. en chef.*
MM. le duc de Charost, le marquis de Feuquieres & le vicomte de la Maillardiere, *lieut. général.*
M. le marquis de Vauchelles, *lieutenant de roi.*
M. le marquis de Lamire, *lieutenant de roi.*

GOUVERNEURS PARTICULIERS, *Messieurs*

Amiens.	le marquis de la Ferriere, *gouverneur.*
	de Contres, *lieutenant de Roi.*
	la Boulandiere, *major.*
Cit. d'Amiens.	Virgilles, *lieutenant de Roi.*
Ardres.	le comte de Banne, *commandant.*
	Baudot de Breuil, *major.*
Calais.	le duc de Charost, *gouverneur.*
	de Bienassise, *l. de Roi, c. dans le Calaisis.*
	Hobacq, *major.*
Cit. de Calais.	le chevalier d'Andreville, *lieuten. de Roi.*
Dourlens.	Picquet du Quesnel, *lieutenant de Roi.*
	de Digoine, *major.*
Fort Nieuley.	Langlantier, *lieutenant de Roi.*
Fort du Risban.	Billon Descautaites, *commandant.*
Fort du Courgain.	la Colombiere, *commandant.*
Guise.	le duc de Brancas, *gouverneur.*
	de Pradine, *lieutenant de Roi.*
	Ricard, *major.*
Ham.	le marquis d'Aguesseau, *gouverneur.*
	le chevalier d'Avricourt, *lieuten. de Roi.*
	Benoît de Buissy, *major.*
Montreuil & citad.	le duc de Villequier, *gouverneur.*
	de Hame, *lieutenant de Roi de la ville.*
	du Tertre, *lieuten. de Roi de la citadelle.*
	de la Chaussée, *major.*
Péronne.	le chevalier de S. Mauris, *gouverneur.*
	de Frechencourt, *lieuten. de Roi.*
	le chevalier de Bazantin, *major.*
Château de Pér.	le chevalier de Gaucourt, *commandant.*
S. Quentin.	le comte de la Billarderie, *gouverneur.*
	d'Estouilly, *lieutenant de Roi.*
	Coquebert, *major.*

XXXII. POITOU.

1776 M. le duc de Chartres, *gouverneur & lieuten. général.*
M. le marquis de Verac, *lieutenant général.*
M. le duc de Beuvron, *lieutenant-général.*
MM. de Roque-Jacquelin, de Gaugy & de Juigné, *lieutenans de Roi.*

GOUVERNEURS PARTICULIERS, *Messieurs*

Poitiers.	le duc de Chartres, *gouverneur.*
Château.	le marquis de Paligny, *gouverneur.*
Châtellerault.	Joanne de S. Martin, *gouverneur.*
	le chevalier de S. Sauveur, *en survivance.*
Niort.	le marquis de Castellane, *gouverneur.*
	de la Pomelie, *lieutenant de Roi.*
Fontenai-le-Comte.	le marquis de la Coudraye, *gouverneur.*
Melle.	le chevalier de S. Etienne, *gouverneur.*
Loudun.	le marquis de Dreux, *gouverneur.*

XXXIII. PROVENCE.

1782 M. le maréchal prince de Beauveau, *gouv. & lieut. gén.*
M. le comte de Thiars, *commandant en chef.*
M. le marquis de Miran, *commandant en second.*
MM. les marquis de Brancas, de Pilles & de Caufans, *lieutenans-généraux.*

GOUVERNEURS PARTICULIERS, *Messieurs*

Antibes.	le marquis de Janson, *gouverneur.*
	le chevalier de Lesserat, *lieut. de Roi.*
	Sanglier de la Noblaye, *major.*
Fort quarré.	de Bouchard, *aide-major.*
Barcelonnette.	de Rignac, *commandant.*
Colmar.	d'Herand, *commandant.*
Entrevaux.	de Mandolx de la Pallu, *commandant.*
Isles Ste. Marguerite.	{ le marquis de Castellane, *gouverneur.* { le marquis de Castellane, *en survivance.* { de Robaux, *lieutenant de Roi.*

GOUVERNEURS DES PROVINCES

Messieurs

Marseille.	le maréchal prince de Beauveau, *gouvern.*
	le marquis de Pilles, *gouv. viguier & commandant.*
	le comte de Pilles, *adjoint.*
	le comte de Fortia de Pilles, *en surviv.*
Citadelle.	le comte de Montazet, *gouverneur.*
	de Montlezun, *lieutenant de Roi.*
	de Marengo, *en survivance.*
Fort S. Jean.	de Cherisey, *gouverneur.*
	de Calvet, *lieutenant de Roi.*
F. de N. D. de la Gard.	de Jarente, *gouverneur.*
	de Laugier, *cap. comm. les Invalides.*
Chât. d'If, Pome & Ratoneau.	le comte de Scey, *gouverneur.*
	d'Alegre, *major-commandant.*
Seyne.	de Marty, *aide-major commandant.*
Sisteron.	le comte de Choiseul-Beaupré, *gouvern.*
	le comte de Courcenay, *lieut. de Roi.*
Toulon.	le comte de Custine, *gouverneur.*
	la Riviere de Coincy, *commandant.*
Fort de la Malg.	Pomme, *aide-major.*
Grosse Tour.	le chevalier de Montespin, *comm. major.*
S. Tropez.	Colomiés, *major-commandant.*
Tour de Bouc.	Giry de la Roque, *aide-major.*
Porq. & Ling.	Besson de Mondiol, *major-commandant.*
Portecros.	de Meric, *major-commmandant.*

XXXIV. ROUSSILLON.

1766 M. le maréchal duc de Noailles, *gouverneur-général.*
M. le duc d'Ayen, *en survivance.*
M. le maréchal de Mailly, *lieutenant-général.*
M. le duc de Mailly, *commandant en chef, en surviv.*
M. de Chollet, *commandant en second.*
M. Ancelin, *lieutenant de Roi.*

GOUVERNEURS PARTICULIERS, *Messieurs*

Bellegrade.	le comte de Montboissier, *gouverneur.*
	le chevalier de S. Sernin, *lieuten. de Roi.*
Fort des Bains.	Vilar d'Hames, *major-commandant.*
Collioure.	le marquis de Jonsac, *gouverneur.*
	le chevalier de Berard, *lieuten. de Roi.*

Messieurs

Mont-Louis.	le vicomte de Mailly, *gouverneur*.
	Sauret de la Borie, *lieutenant de Roi*.
Port-Vendre.	de la Loubiere, *major*.
Perpignan.	le maréchal de Noailles, *gouverneur*.
	de Chollet, *lieutenant de Roi*.
Citadelle.	Chazal de Montrond, *lieutenant de Roi*.
	de Fontane, *major*.
Salces.	Hébert, *gouverneur*.
	de la Houliere, *lieutenant de Roi*.
Villefranche.	le comte de Rochambeau, *gouverneur*.
	de Wareil, *lieutenant de Roi*.
Château.	le chev. Martrin, *major-commandant*.

XXXV. SAINTONGE EN ANGOUMOIS.

1753 M. le duc d'Uzès, *gouverneur-général*.
M. le marquis de Chauveron, *comm. en Angoum*.
M. le marquis de Montalembert, *lieutenant-général*.
MM. des Choisy, de Rochemont & de Simiane, *lieuten. de Roi*.

GOUVERNEURS PARTICULIERS, *Messieurs*

Angoulême.	le marquis de Chauveron, *lieut. de Roi*.
S. Jean d'Angely.	le comte de Marinis, *commandant*.

XXXVI. SAUMUROIS.

1782 M. le comte d'Egmont, *gouverneur général*.
1784 M. le comte de la Tour d'Auvergne, *lieuten. général*.
M. le comte d'Andigné, *lieutenant de Roi*.
M. Dupetit-Thouars, *lieutenant de Roi pour Saumur & le Chât*.
M. de Mondomaine, *major*.

XXXVII. PRINCIP. DE SEDAN.

1764 M. le maréchal de Laval, *gouv. gén. & part. de Sedan*.
17 M. le duc de Laval, son fils, *en survivance*.

M. de S. Simon, *lieutenant de Roi.*
M. de la Tranchere, *major de la ville.*
M. Savary, *major du château.*

XXXVIII. TOUL ET PAYS TOULOIS.

1783 M. le duc du Châtelet, *gouverneur & lieutenant-général.*
M. de la Falaine, *lieutenant de Roi.*

XXXIX. TOURAINE.

1760 M. le duc de Choiseul, *gouverneur-général.*
1784 M. le baron de Besenval, *commandant en chef.*
M. le comte de Bercheny, *commandant en second.*
M. le comte de Reignac, *lieutenant de Roi.*
Château du Plessis-les-Tours. M. le Vidame de Vassé, *gouv.*

GÉNÉRALITÉS DE FRANCE.

Voyez dans l'édition de 1784, l'étendue, la population & le nombre des Élections de chaque Généralité.

I. GÉNÉRALITÉ D'AIX, *pays d'Etat.*

1775 M. des Gallois, marquis de Saint-Aubin, vicomte de Glené, seigneur de la Tour, Chazelles, Dampiere, &c. premier président au parlem. de Provence, & maître des requêtes honor., *intendant.*
M. Serré, trésor. génér. de France, *secret. de l'intend.*

Janvier 1551. BUREAU DES FINANCES.

Les Trésoriers de France unissent en leurs personnes les offices des Trésoriers de France, qui avaient été créés pour la direction & l'administration du domaine, dont le produit était perçu sous le titre de finances ordinaires, & des Généraux les finances, qui avaient été créés pour l'administration des fonds provenans des impôts & levées qui étaient connus sous le titre de Finances extraordinaires.

Toutes les loix données sur l'état de ces Officiers, rappellent la noblesse & l'antiquité de leur origine; & il est établi par les anciennes ordonnances, qu'ils ne formaient qu'une seule & même compagnie avec les gens des comptes.

Telle avait été la volonté des Rois, & cette volonté s'est perpétuée depuis que les Trésoriers de France ont été séparés du lieu de la Chambre des Comptes, & distribués dans les dix-sept généralités qui avaient été créées en 1551.

Le bien seul du service exigeait la présence des Trésoriers de France dans chaque généralité, lorsque l'édit de Janvier 1551 opéra leur séparation de la Chambre des Comptes & de la Cour des Aides; aussi cet édit leur assura les droits de leur institution, & prononça qu'ils auraient entrée aux Chambres des Comptes & aux Cours des Aides, & qu'ils auraient voix, opinion, rang & place honorable dans ces cours, ainsi que les Trésoriers de France, & Généraux des finances anciens.

L'édit de 1551, & toutes les loix postérieures, qui y sont relatives, ont été confirmées par une declaration du 12 Juillet 1770.

Les Trésoriers de France étant membres des Chambres des Comptes & des Cours des Aides, fraternisent avec ces compagnies supérieures, & ils y ont toujours une place honorable, soit lorsqu'ils y ont été appelés, soit lorsqu'ils s'y sont présentés pour traiter d'affaires de leurs charges. L'édit de Décembre 1627, portant création du Bureau des Finances de Grenoble, ordonne » que les Trésoriers de France auront séance & voix » délibérative, quand les occasions s'en présenteront, dans nos » Cours de Parlement & Chambre des Comptes de cette pro-» vince ». Les registres des Parlements & des autres Cours souveraines du Royaume déposent de ce droit assuré aux Trésoriers de France.

Les Trésoriers de France, & les Généraux des Finances eurent, dans le principe, non seulement l'administration du domaine & des finances, mais encore la connaissance de toutes les affaires contentieuses, sur lesquelles ils prononçaient souverainement.

Les occupations importantes & multipliées des Trésoriers de France & des Généraux des Finances ne leur permettant pas de porter leur attention toute entière sur l'administration & le contentieux, la partie contentieuse fut séparée de l'administration, & elle fut commise, pour le domaine, à des Officiers, qui composèrent ensuite la Chambre du Trésor, créée en 1543, à laquelle les Tréforiers de France eurent droit de préfider.

Cependant l'édit de Cremieu, de 1536, avait attribué le contentieux du domaine aux baillis & sénéchaux, chacun dans leur reffort : ces Officiers connaiffaient également du contentieux de la Voierie ; ils étaient fubordonnés aux Tréforiers de France, & foumis à leur infpection.

A l'égard des finances, le contentieux avait été attribué aux Généraux fur le fait de la juftice, & la Cour des Aides, établie à Paris par François Ier, au mois de Juillet 1543, leur a été fubftituée. Cette Cour eft le principe des Cours des Aides établies dans le Royaume, & les édits des mois de Juin 1500 & Mars 1551, en ont fixé les compétences & les fonctions.

Henri III, en réuniffant en un feul office les offices féparés de Tréforiers de France & de Général des Finances, avait réuni les fonctions de ces deux offices, pour être exercées par le même Officier, fous le titre de Tréforier de France & Général des Finances. Ce Monarque avait fixé le fervice de ces Officiers ; il les avait établis en corps de Bureau des Finances, au nombre de cinq dans chaque bureau, par édit de Juillet 1577 ; il leur avait ordonné de s'affembler aux jours & heures réglés, pour exercer conjointement leurs fonctions, & il avait auffi créé un Greffier en chef & deux Huiffiers, pour rédiger & mettre à exécution leurs ordonnances.

Les connoiffances acquifes de la partie d'adminiftration qui était commife aux bureaux des finances, fuppofaient néceffairement dans les Officiers qui compofaient ces tribunaux, des connaiffances plus que fuffifantes pour prononcer fur le contentieux : enfin le nombre des offices des Tréforiers de France s'était accru par les différentes créations qui en avaient été faites. Ces confidérations portèrent Louis XIII à révoquer l'édit de Cremieu ; à réunir, par édit d'Avril 1627, la partie contentieufe à la partie d'adminiftration, & à en donner l'attribution aux Bureaux des Finances.

Cette réunion, qui n'eut pas alors généralement lieu, s'eft opérée fucceffivement dans toutes les généralités par la fuppreffion de la Chambre du Tréfor, ordonnée par l'édit de Mars 1693 ; par l'édit d'Avril 1694, donné pour les bureaux des finances de Normandie, & par l'édit d'Octobre 1703, donné pour le bureau des finances de Dijon.

L'appel des jugements des Bureaux des Finances, étant fujet aux Parlements, il a été ordonné que cette fujétion ne pourrait nuire ni préjudicier au droit des Tréforiers de France, d'avoir les titre & rang d'Officiers de compagnies fupérieures, &

qu'ils ne feraient tenus à aucun ferment, réception, ni comparence, aux jours ordinaires de la comparence des Officiers du reffort.

Ainfi, les Bureaux des Finances, dans leur état actuel, connaiffent du domaine, des finances, & de la voyerie, en direction & en contentieux.

Les honneurs particuliers attachés au titre de Tréforiers de France & de Généraux des finances, dont jouiffent les Officiers qui compofent les bureaux des finances, font de prêter ferment de fidélité au Roi entre les mains de M. le Chancelier; de recevoir du Roi les commiffions que S. Majefté leur adreffe pour le département des tailles; d'avoir l'exécution des Etats du Roi pour les domaines & les finances; d'avoir la qualité & les fonctions de Grands-Voyers; d'avoir l'affiftance aux Etats des provinces, comme Commiffaires du Roi; enfin les édits de Mai 1635, & Mai 1689, ont conféré le titre conservé aux Bureaux des finances de Montpellier, Aix & Metz, de fe qualifier Intendans des finances & gabelles dans leurs généralités.

Les bureaux des finances font diftribués dans les généralités d'Aix, Alençon, Amiens, Auch, Bordeaux, Bourges, Caen, Châlons, Dijon, Flandre & Artois, Franche-Comté, Grenoble, la Rochelle, Limoges, Lyon, Metz, Montauban, Montpellier, Moulins, Orléans, Paris, Poitiers, Riom, Rouen, Soiffons & Tours; on rapportera, à l'article qui concerne chacune de ces généralités, l'époque de la création de ces tribunaux, & le nombre des Officiers qui les compofent.

Quant à celui d'Aix, dont il eft ici queftion, il eft compofé de 23 Tréforiers de France, y compris les trois Préfidents, dont les offices ont été créés en différens tems, & ont été réunis à la compagnie qui les a acquis du Roi ou des Titulaires, & depuis, ils prennent le titre de Préfidents Tréforiers de France, foit en corps, foit en particulier.

Il y a encore quatre Officiers dans le parquet des Gens du Roi; favoir, un Avocat & un Procureur du Roi, créés par édit d'Avril 1627; & un autre Avocat & un Procureur du Roi, créés en 1635, & levés par édit de 1713. Il fut encore créé, par cet édit de 1713, un office de Subftitut du Procureur du Roi, qui eft vacant depuis quelques années, & tombé aux parties cafuelles.

Il n'y a dans ce bureau qu'un greffier en chef, qui réunit les deux offices de Greffier des finances & du domaine; un premier Huiffier & quatre Offices d'Huiffier, dont trois font aux parties cafuelles, & un feul pourvu par lettres de provifions en titre d'office.

OFFICIERS, Messieurs

1739 de Mestre d'Eygalades, président.
1746 d'Astier, présid.
1748 de Parnoin, prés.
1752 de Berne de Bourrhoumieuves, doyen.
1736 le Chantre, honoraire.
1737 Brignol, honoraire.
de Magniol, honoraire.
1740 de Reynaud de Fontbelle, honoraire.
1742 de Ribbe, honoraire.
1749 de Roubaud, honoraire.
1752 de Pagi.
1758 du Bousquet de S. Barthélemy.
1759 de Castel.
1764 le Brun d'Aubignoc.
1765 de Serié.
1767 de Legier.
1768 de Naus d'Ampus.
1770 de Rostolan.
de Giraud de Cuers.
1775 de Brouillony de Montferrat.
1777 de Grandin de Salignac.
de Leon.
de Ribbe.
1778 de Taillas.
1779 d'Ulme.
de Boirely.
1782 de Magniol.
de Sauvaire.
1783 de Barthélemy.
1755 Benoît, av. du Roi.
1766 de Tour, proc. du Roi.
de Bonnet, av. du Roi.
1783 de Faure de Vercors, pr. du Roi.
1759 Imbert, greff. en chef.

OFFICIERS DES FINANCES, Messieurs

Noguier de Malijai, fils, recev. gén. des fin. à Marseille.
Legrand, comm. à la recette gén. à Aix.
Desages, direct. & recev. gén. des dom., à Aix.
Girard de Soubeyrand, recev. & contr. gén. des dom. à Aix.
Gerault de Mont-Royal, direct. & recev. gén. de la régie, à Marseille.
Campion, direct. gén. des fermes, à Marseille.
Rouslier, recev. gén. des cinq grosses fermes, à Marseille.
Barthe, recev. gén. du tabac, à Marseille.

II. GÉNÉRALITÉ D'ALENÇON, pays d'Election.

1766 M. Julien, maître des requêtes, intendant.

Mai 1763. BUREAU DES FINANCES.

Le bureau des finances de cette généralité, dont les noms des membres ne nous ont pas été fournis, est composé de 21 trésoriers de France, d'un chevalier d'honneur, de deux avocats & d'un procureur du Roi, de trois greffiers en chef, & d'un premier huissier.

III. GÉNÉRALITÉ D'ALSACE, *pays d'État.*

1777 M. Chaumont de la Galaisiere, maître des req *intendant.*
M. Desmarais, *subdélégué général*, à Strasbourg.
M. Doyen, *premier secrétaire.*

OFFICIERS DES FINANCES, *Messieurs* ;

Perrin, *recev. des fin. exercice pair.* } Bur. de Strasbourg.
Perceval, *exercice impair.*
de Mougué, *exercice pair.* } Bureau de Colmar.
Kempffer, *exercice impair.*
Brunck, *exercice pair.* } Bureau de Landau.
Gau de Vomorin, *exercice impair.*
Maguier, *directeur général des fermes.*
Gagnerot de Fagy, *receveur général.*
de Salomon, *directeur & recev. général des dom. & droits*, à Colmar.
d'Erlon, *contrôleur général*, aussi à Colmar.

PONTS ET CHAUSSÉES, *Messieurs*

de Clinchamp ✠, *directeur général*, à Strasbourg.
Charpentier, *en surv. & ingénieur en chef*, à Strasbourg.

IV. GÉNÉRALITÉ D'AMIENS, *pays d'Election.*

1771 M. d'Agay de Mutigney, maître des requêtes, *intend.*
M. Maugendre, *subdélégué général.*

Janvier 1551. BUREAU DES FINANCES.

Cette jurisdiction comprend les élections d'Amiens, d'Abbeville, de Doullens, de Mondidier, de Péronne & de Saint-Quentin, le gouvernement du Boulonnais, &c. elle connaît aussi de la mouvance du comté de Ponthieu, accordé par le Roi à M. le Comte d'Artois pour supplément d'appanage, suivant les lettres-patentes en forme d'édit, publiées au mois de juin 1776, enregistrées au parlement & en la chambre des comptes, les 5 & 16 juillet suivant.

Q

PRÉSIDENTS-TRÉSORIERS GÉNÉRAUX DE FRANCE, *Messieurs*

- 1743 Duval de Nampty, *doy.*
- 1782 Parent de Martygnei-Briand, *chev. d'hon.*
- 1750 Pellier.
- 1755 Dubois.
- Artus.
- 1756 Duliege de Warluzel.
- 1759 Delegorgue de Rosny.
- 1760 Gorin de Tronville.
- 1761 Lagrené du Chauffoy.
- Duliege.
- 1764 de Bosquillon.
- 1766 Vrayet de Moranvillers.
- Guerard.
- 1767 Froment.
- 1770 Ducrocq de Bancres.
- Duval de Nampty, fils.
- 1773 Godart d'Argoules.
- 1778 Boiftel d'Exauviller.
- Cofette.
- 1779 Sevault.
- Cofette de Rubempré.
- 1781 Boiftel de Belloy.
- 1783 Thierion de Chepilly.
- 1784 le Marchant de Wouallieux.

HONORAIRES, *Messieurs*

De Croquoison de la Cour-de-Fiefs.
Fuzelier d'Allier.
Vrayet de Franslieux.
Thierion de Chipilly, pere.

GENS DU ROI, *Messieurs*

- 1770 Debray de Fleffelles, *avocat du Roi, ancien.*
- 1783 Dumollin de Viencourt, *proc. du Roi, ancien.*
- 1768 de Sachy de S. Aurin ✠, *avocat du Roi.*
- . . . . *proc. du Roi.*
- Dumollin, *proc. du Roi, ancien honoraire.*
- 1778 Lagrené du Chauffoy, *commiffaire du confeil pour les ponts & chauffées.*
- 1783 Delafaux, *greffier ancien.*
- 1765 Degand, *greffier en chef.*
- Boiftel de Belloy, pere, *greffier ancien honoraire.*

OFFICIERS DES FINANCES, *Messieurs*

Fayard de Bourdeille, *rec. gén. des fin. pour les années impaires*, à Paris, rue S. Honoré
d'Arjuzon, *années impaires*, à Paris, rue Louis-le-Grand.
Houzé, *commis à la recette gén. pour les deux exercices*, à Amiens.
Genet, *direct. & recev. gén. des dom. & bois.*
Bauny, *contrôl. partic. des dom. & bois.*
Deu de Perthes, *direct. gén. des fermes pour les gabelles, les traites, le tabac & les brigades.*

GÉNÉRALITÉS DE FRANCE.

Messieurs

Devin des Ervilles, *rec. gén. pour les gabelles & les traites.*
Sachy de Riencourt, *recev. géné. pour le tabac.*
Viot, *direct. & recev. géné. des domaines.*

PONTS ET CHAUSSÉES, *Messieurs*

Faneau de Latouche, *ingénieur en chef.*
Mandoux, *inspecteur au département de S. Quentin.*
Loyer, *sous-ingénieur au département d'Amiens.*
Grandclas, *sous-ingénieur au département de Boulogne.*
Brun, *sous-ingénieur au département d'Abbeville.*
Hebert, *sous-ingénieur au département de Mondidier.*
Sganciu, *sous-ingénieur au département d'Albert.*

V. GÉNÉRALITÉ D'AUCH.

1784 M. Fournier de la Chapelle, *intendant.*

Avril 1716. BUREAU DES FINANCES, *Messieurs*

1751 Devienne, *président.*	1784 Lassus.
1780 Dupont, *chev. d'hon.*	Solliraine, *acquereur non reçu.*
1768 Couzin de la Blenerie.	
1774 Barès de la Fargue.	1766 Mothe de Belloc, *avoc. du Roi.*
1777 Seren.	
1778 Gauran.	1754 de Larrue-Sauviac, *pr. du Roi.*
1779 Limouzin.	
1780 Lechaux-Douilhé.	1772 Verdier, *greff. en chef.*

VI. GÉNÉRALITÉ DE BORDEAUX,
pays d'Élection.

1776 M. Dupré de Saint-Maur, chev. seigneur de Brinon, Argent, Clemon, Villezon, Sainte-Montaine, la Jaulge, & maître des requêtes hon. *intendant.*

Janv. 1751, BUREAU DES FINANCES ET DOMAINES.

Ce bureau des finances fut l'un des dix-sept que Henri II établit par édit du mois de janvier de l'an 1551 : il avait dans son ressort tout le gouvernement général de Guienne, & tenait ses séances à Agen. On divisa depuis la province en trois généralités, & il fut transferé à Bordeaux. Il comprend aujourd'hui les élections de Bordeaux, Périgueux, Sarlat, Agen, Condom & les Lannes; il vérifie & arrête les états au vrai des receveurs particuliers des tailles, & connaît de tout ce qui concerne la voierie. Sa compétence s'étend aussi sur les affaires du domaine : il reçoit les foi & hommages, aveux & dénombrements. A l'égard des terres titrées, la chambre des comptes les lui renvoie à examiner, pour que ces titres y soient vérifiés.

Officiers, *Messieurs*

1746	Delbos de Laborde, *pr. président.*		de Tronquoy.
1751	Labrousse Dubossrand, *second président.*	1769	de Pelet.
		1772	Alessen de Boisredon.
1752	de Beaudouin, *doyen.*	1776	Foucault de Boisregard.
1753	Pontet de Perganson, comm. pour les ponts & chaussées, d*Tourny.*	1777	Dast du Loc.
			de Menoire.
			de Banizette.
		1778	Vigneron.
1762	Legrix, *garde-scel.*	1781	Bouchier de Vigneras.
1764	Dupuy.		Bourg de Laprade.
1765	Bouchereau de Saint-Georges.	1783	Lafaysse de Maisonneuve.
			Baujouan Duplessy.
1766	de Roullier de Gassies.		Duvivier.
	Dumas.		*Chevalier d'honneur.*
1767	Duffour.		. . . .
	Desprès de Launay.		

Honoraires, *Messieurs*

De Gales.
Chauvet.
de Roullier.
Cholet.

de Mermeur.
Mercier.
Peyronnet.

Gens du Roi, *Messieurs*

1759 Berny, *avocat du Roi des finances.*
Dublan, *proc. du Roi des fin. & du domaine.*
La Maletie, *avocat du Roi du domaine.*
de Fonfrede, *greffier en chef des finances.*
de Lafrance, *greffier en chef du domaine.*

OFFICIERS DES FINANCES, *Messieurs*

Choart, *receveur général des fin. à Paris, rue S. Honoré.*
Marquet, *receveur général des finances, à Paris, rue Saint-Louis, au marais.*
Mel de Fontenay. } *commis à la recette.*
Meul.
Segalier, *recev. des revenus casuels du Roi.*
Fouan, *contrôl. pour les années paires.*
Blancan, *contrôl. pour les années impaires.*
Mel de Fontenay, *directeur des vingtièmes.*
Genevoix, *directeur des dom. & droits féodaux.*
de Vernan, *direct. gén. des fermes & de la douane.*
Doazan, *receveur général.*
Lebrun, *receveur particulier pour les droits d'entrée.*
Dubignon, *recev. part. pour les droits de sortie.*
Dublan, *secrétaire du Roi, directeur & recev. général du domaine, contrôleur des actes & droits unis.*
Paumard, *directeur & receveur de la régie.*
Desmoulins, *contrôleur.*

PONTS ET CHAUSSÉES, *Messieurs*

Pontet de Perganson, *commissaire, à Tourny.*
Mel de Fontenay, *trésorier provincial.*
de Vaftambert, *ingén. en chef pour toute la généralité.*

VII. GÉNÉRALITÉ DE BOURGES, *pays d'Élect.*

1780 M. Dufour de Villeneuve, *maître des req. intendant.*

Janvier 1551. BUREAU DES FINANCES.

Ce bureau, dont on ne nous a pas communiqué le nom des membres, est composé d'un président, de 23 trésoriers de France, d'un chevalier d'honneur, de deux avocats & d'un procureur du Roi, de deux greffiers en chef, & d'un premier huissier.

VIII. GÉNÉRALITÉ DE CAEN, *pays d'Élection.*

1783 M. Feydeau de Brou, *maître des requêtes hon. ci-devant intendant à Dijon, intendant.*

Janvier 1551. BUREAU DES FINANCES.

Ce bureau comprend 22 trésoriers de France, un avocat & un premier huissier. On ne nous a pas communiqué le tableau des membres de cette compagnie.

IX. GÉNÉRALITÉ DE CHALONS, *pays d'Élect.*

1764 M. Rouillé d'Orfeuil, chevalier, grand-croix, maître des cérémonies de l'ordre royal & militaire de Saint-Louis, *intendant*.

Janvier 1551. BUREAU DES FINANCES.

Cette compagnie, dont le nom des membres ne nous est pas parvenu, est composée de vingt-cinq trésoriers de France, d'un chevalier d'honneur, de deux avocats & d'un procureur du Roi, de trois greffiers & d'un premier huissier.

X. GÉNÉRALITÉ DE DIJON, *pays d'État.*

1783 M. Amelot de Chaillou, maître des requêtes, *intendant de justice, police & finances, dans les provinces de Bourgogne, Bresse, Dombes, Bugey, Valromey & Gex.*

M. le Prince, premier *secrétaire*.

1577. BUREAU DES FINANCES DE DIJON.

L'établissement des trésoriers de France en Bourgogne a suivi de près la réunion du duché à la couronne ; ces officiers étaient à la suite de la cour. Ce n'est qu'en 1577 qu'ils ont commencé à former une compagnie par la réunion qui se fit alors des trésoriers de France avec les généraux des finances. Leur nombre fut augmenté successivement, ainsi que leurs attributions. Le bureau des finances de Dijon n'accepta la chambre du domaine qu'en 1703, avec des modifications qui lui conservaient sa supériorité ; ce fut l'objet de la déclaration de 1703, & du concordat passé dans la même année, entre les officiers du parlement & ceux du bureau des finances.

Les trésoriers de France de Dijon font corps avec la chambre des comptes de la même ville, & gardent avec les maîtres leur rang de réception dans les cérémonies publiques. Ils sont commissaires du Roi pour la convocation & l'ouverture des états de la province, & pour la répartition des tailles dans les provinces de Bresse, Dombes, Bugey, Valromey & Gex, avec le commissaire départi. C'est de leur corps qu'est tiré l'élu pour le Roi aux états de Bourgogne : leur département comprend non-seulement le duché de Bourgogne, mais encore les provinces ci-dessus, avec le Mâconnais, le comté de Charolais, l'Auxerrois & le Barrois. On ne peut se pourvoir contre leur ordonnance qu'au conseil d'état ; la juridiction contentieuse du domaine est seule sujette à l'appel au parlement, au second chef de l'édit des présidiaux. Les officiers de cette compagnie jouissent des mêmes privilèges que ceux du parlement & de la chambre des comptes de Dijon.

Cette compagnie a produit des hommes célèbres dans la magistrature & dans les lettres.

BUREAU DES FINANCES ET CHAMBRE DU DOMAINE.

Présidents, Messieurs.

1750 Piffond de Pressy.	1759 Broudeault, chev. d'hon.
1752 Jouard de Gissey.	

Trésoriers de France, Messieurs.

1753 Garnier de Terreneuve.	poux.
1754 Maulbon d'Arbaumont.	1779 Bouillet de la Faye.
1757 Febvre.	1781 Joanin.
1761 de la Grange de Colonges.	Trouvé.
1763 Jobard.	1782 Hosanon.
1764 Elleney.	1783 Maulbon d'Arbaumont, fils.
Pierre.	
1767 Morel.	1784 Simon de Calvy.
1770 Deschamps.	1781 Bazard, proc. du Roi.
de Mortiere.	1780 Perret, av. du Roi.
1774 de Bruere.	Florens.
1775 Mathieu.	Chandon. } gr. en chef.
1777 Montchanin de Cham-	Colin.

Officiers des Finances, Messieurs.

Dewanx de Saint-Maurice, receveur gén. des finances de Bourgogne, Bresse & Bugey, à Paris, rue Neuve Luxembourg.

Messieurs

Mallogé, *commis à la recette générale.*
Campan, *receveur général des domaines.*
Varenne de Fenil, *receveur général de la Brosse.*
Le Camus de Limard, *recev. general de Bugey.*
Joly, *directeur des gab. & fermes unies.*
Hebert, *recev. gén. des gabelles & traites foraines.*
Thieriat, *contrôl. général des fermes.*
Jacquin, *receveur des traites.*
Liebaut, *receveur général du tabac.*
Brouain, *directeur & recev. de la régie.*
Larme, *directeur & recev. gén. à Mâcon.*
Lefecq, *direct. & recev. gén. à Châtillon-sur-Seine.*

ADMINISTRATION DE LA PROVINCE.

Les états généraux du duché de Bourgogne, comtés & pays adjacents, sont composés des trois ordres de la province, le clergé, la noblesse & le tiers-état. Le Roi les assemble, tous les trois ans, dans la ville de Dijon.

Dans l'intervalle qui s'écoule entre une assemblée & l'autre, l'administration générale est confiée aux élus généraux. Leur chambre est composée de l'élu du clergé qui y préside; de l'élu de la noblesse qui y préside en l'absence de l'élu du clergé; de deux députés de la chambre des comptes de Dijon; d'un élu pour le Roi; du vicomte Mayeur de la ville de Dijon; d'un maire, du tiers-état, des secrétaires en chef, & du trésorier général de la province.

A chaque triennalité, l'élu du clergé est successivement choisi parmi les évêques, les abbés & les doyens de la province. L'élu de la noblesse est choisi parmi les gentilshommes qui composent la chambre de la noblesse des états. Les députés de la chambre des comptes sont alternativement un président & un conseiller maître, & deux conseillers maîtres. L'élu du Roi est choisi, tous les trois ans, par MM. les officiers du bureau des finances, & parmi eux, conformément à l'arrêt du conseil, du 10 octobre 1758, qui unit à cette compagnie l'office d'élu du Roi. Le vicomte maieur de la ville de Dijon est élu perpétuel. L'élu du tiers-état est, à chaque triennalité, le maire de l'une des quatorze villes de la grande roue, selon leur rang.

Les délibérations de la chambre des élus généraux se forment à la pluralité des suffrages. L'élu du clergé, l'élu de la

GÉNÉRALITÉS DE FRANCE.

noblesse & l'élu pour le Roi ont chacun une voix. Les députés de la chambre des comptes n'en forment qu'une seule entr'eux. Il en est ainsi du vicomte maieur de la ville de Dijon, & du maire, élu du tiers-état. Les secrétaires en chef & le trésorier général n'ont que voix consultative. En cas de partage, la voix du président de la chambre est prépondérante.

L'une des principales fonctions des élus généraux est de présenter au Roi le cahier contenant les demandes que les états font au gouvernement pour les intérêts de la province. Cette présentation se fait dans l'année qui suit immédiatement celle de l'assemblée des états. La députation est composée de trois élus des ordres, de l'un des secrétaires en chef, du trésorier général, & de l'un des procureurs-syndics.

A la fin de chaque triennalité, l'administration des élus généraux est examinée par les commissaires-alcades, qui en rendent compte à l'assemblée suivante des états. Les alcades sont au nombre de sept; savoir, deux du clergé, deux de la noblesse, & trois du tiers-état. Ceux du clergé & de la noblesse sont choisis, à chaque triennalité, par leurs chambres respectives; les trois alcades du tiers-état sont nommés successivement, suivant l'ordre du tableau des villes de la province, & il y a toujours parmi eux un maire de la grande roue. Les alcades de la noblesse & du tiers-état ont chacun un substitut pour les remplacer, en cas d'absence. La chambre des commissaires-alcades n'a que deux séances dans chaque triennalité; la premiere dans le mois de décembre, qui précede l'assemblée des états; la seconde quinze jours avant cette assemblée.

CHAMBRE DES ÉLUS GÉNÉRAUX DE LA PROVINCE.

Messieurs

L'abbé de Luzines, abbé de S. Seine, *le clergé.*
le vicomte de Virieu ✠, *la noblesse.*
Jomard, maître des comptes. } *la chambre des comptes.*
Gauthier, maître des comptes. }
Maulbon d'Arbaumont, trésorier de France, *le Roi.*
Raviot, maire de Dijon, *élu perpétuel.*
Martene, maire de S. Jean-de-Losne, *le tiers état.*

XI. GÉNÉRALITÉ DE FLANDRE ET D'ARTOIS, *pays d'État.*

1783 M. Esmangart, chev. seigneur des Bordes, de Feynes, Pierrerue, &c. maître des requêtes, *intendant.*

M. Guiard, avocat au parlement, *prem. secrétaire.*

Département des Secrétaires en chef, Messieurs

Pelard : *tous les détails militaires, les monts de piété & les fonds des ci-devant Jésuites.*

Denyau : *les affaires relatives à la province d'Artois, les fermes générales, domaines & régies, les amortissements & Francs-fiefs, les oblats & main-mortes, les défrichements, marais & communes, l'agriculture, les grains & la population, les rivières, canaux & navigation, la caisse de la mendicité.*

Pajot, avocat au parlement : *les affaires relatives aux provinces de la Flandre Wallone & maritime, les postes & messageries, les maisons de forces & lettres de cachet, les carrieres & extraction de pavés, l'imprimerie & la librairie, les impositions, le commerce, les manufactures, les arts & métiers, & les affaires communes à tout le département.*

Coquelin, *secrétaire du cabinet.*

Septembre 1691. BUREAU DES FINANCES DE LILLE.

Le Bureau des finances de Lille a été créé par édit de Septembre 1691, pour suppléer à la plupart des fonctions de l'ancienne Chambre des comptes instituée par Philippe le Hardy, duc de Bourgogne, en 1385, qui s'était retirée sur les terres de la domination Espagnole, lors de la prise de Lille en 1667.

Ce tribunal tient ses séances dans les bâtiments de l'ancienne Chambre des comptes. Ses principales fonctions sont 1°. d'entendre les comptes des deniers d'octroi & patrimoniaux des communautés : 2°. ceux des finances & domaines du Roi, tant engagés que non engagés : 3°. d'enregistrer les lettres d'octrois, d'ennoblissement, d'érection de terres en dignité, de provisions des Officiers royaux ayant gages de Sa Majesté, des quittances du Trésor royal & contrat donnant & attribuant rentes héritieres ou viageres ; des aliénations ou engagements des domaines ou droits domaniaux, des changements & mutations des propriétaires : 4°. d'ordonner l'exécution & le paiement des états des charges, des domaines, bois & finances : 5°. de procéder à la réception des foi & hommages, aveu & dénombrement des fiefs tenus du Roi dans toute l'étendue de son ressort.

Les Officiers de ce tribunal ouvrent leurs séances le premier jeudi après le 2 Novembre, & les continuent tous les mardis, jeudis & vendredis, à neuf heures du matin jusqu'à midi, pour répondre aux requêtes & juger les procès. Outre cela, tous les jeudis &, en cas de fête, le lendemain, ils donnent audience publique, pour décider toutes les contraventions & matières sommaires, recevoir les Officiers & les foi & hommages.

Les grandes vacances commencent le 15 Août, & finissent à la Toussaint ; dans cet intervalle néanmoins on s'assemble tous les quinze jours, pour les matières provisoires & autres, qui demandent expédition & célérité. Les autres vacances commencent la veille de la Pentecôte, & finissent le jour de l'octave de la Fête-Dieu.

Présidents, Messieurs

1777 du Chambge, *premier*.	lecque ✠, *chevalier*
1780 Dufart d'Ecarne.	*d'honneur*.
1770 M. Imbert de la Pha-	

Trésoriers de France, Messieurs

1757 Bonnier Dumetz, *doyen*.	1783 Baillieu.
1758 Leleu.	Beaugrand.
1766 Defontaine Deresbecq.	Ricourt.
1767 Regnault.	Quecq Desevelingue.
1769 Goudart du Canville.	Legillon de Montjoie.
1770 Wattelet d'Assinghem.	Quecq d'Henripret.
1777 Delagarde.	

Trésoriers de France honoraires, Messieurs

1736 Breckvelt de la Rive.	1754 Quecq de la Cherie.
1748 Bonnier.	1756 Defontaine.
1751 Becquet.	Bernard de Meurin.

Gens du Roi, Messieurs

1775 Malus, *procur. du Roi*.	1780 Marechal, *chapelain*.
1777 le Blinc, *substitut*.	17 Frans, *commis juré au*
1767 Castellain, *greff. en chef*	*greffe*.
& *en second*.	1769 Flamand, *recev. payeur*

Messieurs

des gages, honoraire.	*épices, honoraire.*
1781 Malsiné, *receveur des épices.*	17 Lequeux, *ingénieur, géographe & arpenteur, expert juré des domaines.*
1782 Grufon, *contrôleur des épices.*	
1758 Richebé, *receveur des*	

OFFICIERS DE FINANCE, *Messieurs*

De Launay, *receveur général des finances de Flandre, Hainault & Artois, pour les années impaires; à Paris, rue de Richelieu.*

Perrinet de Tauvernay, *receveur général, pour les années paires, représenté, à cause de sa minorité, par M. Guillot; à Paris, grande rue du Fauxbourg-Saint-Honoré.*

Renard, *préposé à la recette gén. des finances de Flandre.*

Mazel, *préposé à la recette gén. des finances d'Artois.*

Morel, *directeur gén. des fermes, aux dép. de Fland. & Art.*

Darmancour, *contrôleur général.*

Le Dien de Grandfort, *receveur général.*

Bochet, *direc. & recev. gén. des dom. & bois.*

Boussemart de Thieanes, *receveur pour Arras, Avesnes, Saint-Paul & Aubigny, à Arras.*

Blanchon, *insp. gén. des droits d'amortissement & francs-fiefs, & recev. partic. des mêmes droits, à Lille.*

Ryspett du Theron, *contrôleur général des dom. & droits domaniaux.*

Delafresnoye, *contrôl. amb. des dom. au dép. de Flandres.*

Mauroy, *contrôl. ambul. au départem. d'Artois.*

Villette de la Louvelais, *recev. princip. des dom. & droits féodaux de Flandres & d'Artois.*

Gamonet de Berval, *direct. & recev. gén. de la régie, pour la province d'Artois & les domaines réunis de la Flandre maritime, à Arras.*

ÉTATS D'ARTOIS.

Les États d'Artois sont composés des trois ordres, du Clergé, de la Noblesse & du Tiers-État. L'Ordre de la Noblesse est représenté par les Évêques d'Arras & de S. Omer; par les Abbés de S. Vaast, de S. Bertin, d'Anchin, de S. Éloi, de Blangy, d'Auchy, d'Ham, de Clairmarais, de Cercamps, d'Arrouaise, d'Henin-Lietard, d'Eaucourt, de Choques, de Ruisseauville, de Marœil, de Dompmartin, de Saint Augustin, & de S. André-aux-bois; enfin, par les Députés des Chapitres d'Arras, de S. Omer, d'Aire, de Béthune, de Lens, de Lillers, de S. Pol, d'Hesdin & de Douviers, avec le Grand-Prieur de S. Vaast. Chacun de ces Chapitres, quoique représenté par plusieurs Députés, n'a qu'une seule voix. La noblesse compose le second ordre. Pour être admis aux États, il faut être noble de six générations, & être seigneur de paroisse ou d'église succursale. Les gentils-hommes y ont date, sans distinction de grade ni de qualités, du jour de leur première admission. Le tiers-état est représenté par les Députés des villes de la Province. Chaque ville n'a qu'une voix, quelque soit le nombre de ses Députés.

L'abondance des matières ne nous permet pas de placer ici l'état noble de cette province. Nous réservons cet article pour l'année prochaine.

XII. GÉNÉRALITÉ DE FRANCHE-COMTÉ,
pays d'État.

1784 M. Caumartin de S. Ange, maître des requêtes, *intendant.*

Octobre 1771. BUREAU DES FINANCES DE BESANÇON.

L'édit du mois d'octobre 1771 supprima la chambre des comptes de Franche-Comté, qui était en même tems cour des aides & bureau des finances. La comptabilité fut remise à des commissaires pris dans le corps du parlement, tandis que la cour des aides & le bureau des finances furent créés de nouveau sous la dénomination de bureau des finances. L'objet de l'institution de cette compagnie n'ayant rien de commun avec ce qui occupe le parlement, elle fut soustraite à sa juridiction, & elle n'est en aucun cas soumise à l'appel en cette cour.

OFFICIERS, *Messieurs*

1784 Caumartin de S. Ange, intendant de la province, *premier président.*
1772 D'Audelange, anc. proc. gén. de la chambre des comptes, *second président.*

Messieurs

1771 Viennot, *doyen.*	1778 Vieilleret.
Lobereau.	1779 Perreciot.
Bouveret.	1784 Lange.
Rances de Guiseul.	1771 Philippon, *av. du Roi.*
Bienot.	1779 Droz de Rozel, *procureur du Roi.*
1773 Nicot de Ronchaux.	
1776 Marin de Pierre.	1771 Grouffot, *greff. en chef.*

OFFICIERS DES FINANCES DE LA PROVINCE, *Messieurs*

Fougeret, *recev. géné. des fin.*, à Paris, rue Bourtibourg.
Baron, *recev. géné. des fin.*, à Paris, rue des SS. Peres.
Boutin, *direct. des fermes*, à Besançon.
Dumont de Vaux, *recev. général du tabac.*
Roslin de Lémont, *direct. & recev. géné. des Domaines.*
Charlet, *direct. & recev. gené. de la Régie.*

POUDRE ET SALPÊTRE, *Messieurs*

de Villeneuve, *commiss. pour le Comté de Bourgogne*, à Besançon.
Croichet, *commiss. pour le Dép. de Poligny*, à Poligny.

CONFRÉRIE NOBLE DE LA PROVINCE.

1741 M. le marquis de Gramont, lieut. géné. des armées, chev. d'honneur au parlement de Besançon, *gouv. de l'ordre, depuis* 1757.
1724 M. le marquis de Falletans, anc. off. au rég. de la Marine.
1734 M. de Lezay, doy. des com. de Lyon, anc. évê. d'Evreux.
1735 M. le comte de Scey, lieut. géné. des armées du Roi.
1736 M. de Maizod, ancien off. au rég. de Normandie.
1738 M. le marquis de Germigney, anc. capit. au rég. du Roi.
1740 M. de Falletans, doyen du noble chapitre de Gigny.
1741 M. de Raincourt, maréch. de camp, lieut. de Roi.
      M. le marq. de Raincourt, anc. cap. au rég. de Tallard inf.
1745 M. le mar. de Jouffroy d'Abans, anc. cap. au rég. de Lorr.
      M. le bar. de Jouffroy, anc. off. aux gard. fr., li. c. d'inf.
1746 M. le mar. de Champagne, anc. off. au rég. de Champa.
1747 M. le marq. de Chevigney, anc. off. de Gendarmerie.
1748 M. de la Villete, chan. du chap. noble de Baume.
      M. de Jouffroy-Gonsans, évêque du Mans.

GÉNÉRALITÉS DE FRANCE. 255

1749 M. le marq. de Sorans, maréch. des cam. & arm. du Roi.
M. de Belot-Montbozon, doyen du chap. de Gigny.
M. le baron de Malseigne, lieut. col. du rég. de Toul, artil.
M. de Scey, anc. chan. du chap. de S. Pierre de Mâcon.
M. de Jouffroy d'Abans, chan. du ch. noble de S. Claude.

1750 M. de Poutier, anc. cap. au rég. de Lorraine.

1751 M. le comte de Gramout, lieut. géné. des armées.
M. le chev. de Malseigne, maj. gé. du cor. des Carabiniers.
M. le comte de Grivel, mestre de camp du cinquième rég. des Chasseurs à cheval, & brig. des armées.

1753 M. de Sonnet, seigneur d'Auxon.

1757 M. le comte de Bouttechoux.

1759 M. le marq. de Laubespin, cap. des vaiss. du Roi.

1760 M. le chev. de Sorans, ancien cap. au rég. du Roi, infan.

1762 M. de Poutier, lieut. col. du cinq. rég. des Chass. à chev.

1763 M. le ch. de Germigney, cap. de drag. au rég. du Roi.
M. le chevalier de Franchet de Rans, brig. des arm. du Roi, son lieut. à Besançon.

1764 M. de Malseigne-Valangin, c. au rég. de Lambesc, dra.
M. le marq. de Broissia, chev. d'honn. au parl. de Besançon, mestre de camp en sec. au rég. de Beauce inf.
M. de la Rochelle, anc. cap. au rég. de la Marine.

1765 M. le comte de Raincourt, grand-trés. du noble chap. de S. Pierre de Mâcon.
M. le comte de Falletans, anc. officier au rég. de Bourbon Busset, cavalerie.
M. le baron d'Iselin, ancien cap. au rég. du Roi, inf. ✠
M. le ch. de Lasnans, mestre-de-camp.
M. le prince de Monbarey, chev. des ordres du Roi, lieut. géné. des armées.

1767 M. le com. de Lallemand, anc. cap. d'in. au rég. de Flan.
M. le comte d'Esteinoz, maréchal de-camp, ambassadeur en Prusse.

1768 M. de Sagey, anc. off. au rég. d'Enghien.

1769 M. de Rans, év. de Rhosy, haut-doyen du chap. métropol.
M. le comte de Lallemand, major du cinquième régim. des Chasseurs à cheval.

1770 M. de Vers, anc. cap. au rég. d'inf. d'Alsace.
M. de Falletans, chanoine de la métropole.
M. le comte de Salives, lieut. col. comm un bataillon de garnison, anc. chev. d'honn. à la Chambre des Comptes de Dole.

1771 M. de Rosiere-Sorans, chan. du chap. de S. Pierre de Mâcon, vicaire-général de Mâcon.
M. le ch. d'Ambly, capit. au 5ᵉ, rég. des chev. légers.

1772 M. de l'Aubespin, chan. du chap. princier & équestral de Lure.

M. le chev. d'Ambly, off. au rég. de Bourgogne, caval.

1773 M. d'Amandre, off. au rég. d'Artois, infan.

M. le chev. de Raincourt, cap. de carabiniers.

M. le comte de Raincourt, lieut. colon. de caval. cap. au rég. Dauphin.

M. le comte de Jouffroy d'Abans, mestre-de-camp de cavalerie, sous-lieut. des gardes-du-corps du Roi.

M. le comte de Maillac, lieut. col. du rég. de la Marine

M. de Maillac, chan. de S. Claude, prieur de Moyrans.

M. le comte de Champagne, cap. au rég. d'Artois, inf.

M. le comte de Bonzey, cap. au rég. de Royal-Roussillon, cavalerie.

1775 M. le comte de Rully, mestre de camp au rég. d'Austrasie, infanterie.

M. le marq. de Bersaillin, off. au rég. des Gardes-Franç.

1776 M. le comte de Crecy, lieut. col. du premier régim. des Chevaux-Legers.

M. le chev. de Crecy, sous-aide-maj. aux Gard. Walonnes.

1777 M. le comte de Laubespin.

M. de Belot-Rofet, chan. de la métrop. de Besançon.

M. le Marq de Marnésia anc cap. au rég. du Roi, inf.

M. le marq. de Marnier, anc. lieut. col de cavalerie.

1778 M. le comte de Bouttechoux, officier au reg. de Royal-Normandie, cavalerie.

M. le comte de Maucler, anc. cap. au rég. des Gardes de Lorraine.

1779 M. le comte de Bousies, anc. cap. de Mestre-camp, dr.

M. le chev. de Marnésia, lieut. col. du   . scure, d

M. de Bousies, chanoine. du chap. p.   &   trial de Mourbach, vic. gén. du dioc.   nço

M. le vicomte de Bousies, col. de   rie, sous-lieut. des Gardes-du-Corps du Roi d'   p. g

1780 M. de Lezay, comte de Lyon, abbé comm. de l'abb. royale d'Acey.

1781 M. de Moyria, chan. du chap. noble de Gigny.

M. de Buzon-Champdivers, chan. du ch. noble de Paume.

M. le marq. de Montrichard, cap. de dr. au rég. de Royal.

1782 M. de Montessu, abbé de Rully, comte de Lyon.

M. de Franchet de Rans, officier au régiment du Colonel-général dragons.

1783 M. de Bousies, off. au premier rég. des Chevaux-Légers

Le sieur Bertin, *secrétaire*.

XIV.

XIV. GÉNÉRALITÉ DE HAINAUT ET CAMBRESIS, *pays d'État.*

1775 M. Senac de Meilhan, chev. seigneur de Varennes, Maison-Rouge, Volstin, Fief du Bourg, &c. intendant de la province du Hainaut, pays d'Entre-Sambre, Meuse, d'Outre-Meuse, Cambrai & Comté de Cambraisis, Bouchain, S. Amand, Mortagne & leurs dépendances.

 M. Gucheneuc, *premier secrétaire.*
 M. Biston, *secrétaire du cabinet.*

OFFICIERS DE FINANCES FIXÉS A VALENCIENNES, *Messieurs*

Fressiniac, *direct. & receveur principal des dom. & droits.*
Mauroy fils, *receveur général.*
Mauroy, *direct. & recev. gén. des droits unis à la ferme générale.*
de la Serre, *directeur des fermes.*
Geoffrion, *receveur-général.*
Notaris, *contrôleur-général.*
Mauroy fils, *direct. & recev. général de la régie.*
Duponchel cadet, *receveur particulier.*
Desmarets, *secrétaire du Roi, direct. des vivres.*
Gallimart, *sous-directeur & trésorier.*

PONTS ET CHAUSSÉES, *Messieurs*

Kolly de Montgazon, *ingénieur en chef.*
Liard de Sordi, *sous-ingén. au département de Givet.*
Griffet de la Bove, *au département de Valenciennes.*
Ducorron, *trésorier.*

ÉTATS DU CAMBRESIS.

M. l'archevêque, duc de Cambrai, *président.*

DÉPUTÉS DU CLERGÉ, *Messieurs*

De Carondelet, *chanoine & gr. ministre de la métropole.*
Fremicourt, *chanoine & gr. min. de l'égl. prem. collégiale de S. Geri.*

R

Députés de la Noblesse, *Messieurs*

de Sart du Catelet, seigneur d'Audencourt.
d'Herbuis, seigneur de Thun-Saint-Martin.

Députés du Tiers-État, *Messieurs*

Lallier, avocat & échevin.
Lievra, avocat & échevin.
Defranqueville d'Avrancourt, *proc. du Roi.*

Greffiers Secrétaires. *Messieurs*

Hubert.
Boulenger, *honoraire.*

Mallet, *trésorier général.*

XV. GÉNÉRALITÉ DE LA ROCHELLE,
pays d'Élection.

1781 M. de Gueau de Reverseaux, chev. marquis de Reverseaux, comte de Niermaigne, seigneur châtelain de Theuville, Allonne, Beaumont, Argenvilliers, & maître des requêtes, *intendant.*
M. Dumarest de la Valette, *prem. secrétaire.*
M. Bruna de S. Joseph, *secrét. du cabinet.*
M. Gilbert, *subdélégué général.*

Bureau des Finances et Domaines, *Messieurs*

Massias, *doyen.*
Gilbert.
Gilbert de Jouy.
de Chassiron.
le Febvre Dufrêne.

Cadoret de Beaupreau.
Pierre Rodrigues.
Lessenne.
Leon Rodrigues.
1784 Dufaurs de Chatelars.

Trésoriers de France, honoraires, *Messieurs*

Depont des Granges.
du Paty, prés. au parlement de Bordeaux.
Carré de Candé.

Andrieu.
Meaume, *proc. du Roi hon.*
Navarre.

GÉNÉRALITÉS DE FRANCE.

Gens du Roi, Messieurs

Hery, avoc. du Roi.
Mulon d'Ayué, procureur du Roi.
Touchebeuf Lecomte.
Coffin.
} greff. en chef.

Receveurs Généraux des Finances de la Généralité,

Messieurs

Leger, *exercice impair*, à Paris, rue de Clery.
le Normand de Chamflay, *exerc. pair*, à Paris, vieille rue du Temple.

Receveurs Particuliers à La Rochelle, Messieurs

Pichon, *exercice impair*. Duperré, *exercice pair*.

Domaines et Bois, Messieurs

Defcures, *directeur*.
le Febvre, *receveur*.
Charpentier de Longchamps, *altern. par comm.*
contrôl. général.
Nicolas Roy, *contrôl. gén.*

Régie Générale des Aides, Messieurs

Joly, *directeur*.   Gallot, *receveur*.

Inspecteur des Haras.

M. Bouchillon, *à Surgeres*.

XVI. GÉNÉRALITÉ DE LIMOGES, *pays d'Élect.*

1783 M. Meulan d'Ablois, maît. des requêtes, hon. *intend.*

Septembre 1573. BUREAU DES FINANCES, *Messieurs*

1743 Darche de Lauzelou, *doyen.*
1779 Lajoumard de Belabre, *chev. d'hon.*
1751 Chaud de Lanet.
1756 de Vintaux.
1757 de Noalhié des Bailes.
  Durand de la Couture.
1761 Baillot d'Etivaux.
1765 Pijon.
  Tandeau de Marfac.
1767 la Rapidie de Tiffeuil.
1768 Maharet de Baftry.
1769 Devoyon du Buiffon.
  Sanfon de Royere.
1770 Mailhard de la Couture.
1772 Barbarin.
1773 Roffignol de la Combe.

R ij

Messieurs

1774 Barny de Romanet.	1779 Durand de Richemont.
1777 Benoît d'Etivaux.	1782 Goudrin de Clary.
1778 Gauthier de Villemon-jeanne.	de Verdillac.
Laobardy de Mazan.	Bignorie du Chambon.

GENS DU ROI, *Messieurs*

1765 Vaucourbeil de Bachelerie, *av. du Roi au dom.*
1768 Roulhac de Roulhac, *proc. du Roi aux fin.*
1782 Robineau de Gajoubert, *av. du Roi aux fin.*

XVII. GÉNÉRALITÉ DE LORRAINE ET BAROIS, *pays d'État.*

1778 M. de la Porte de Meslay, maître des requêtes, *intend.*

XVIII. GÉNÉRALITÉ DE LYON, *pays d'Élect.*

1784 M. Terray, maître des requêtes, ci-devant intendant de Moulins, *intendant.*

1520. BUREAU DES FINANCES DE LYON.

On peut fixer l'époque des premiers trésoriers de France & généraux des-finances, envoyés par la cour dans la généralité de Lyon, à l'année 1520. Henri III, à son avénement à la couronne, créa, par édit du mois d'août 1576, un général des finances & un trésorier de France, affectés à cette généralité; & par l'édit de juillet 1577, ces officiers, dont le nombre fut porté jusqu'à cinq, furent réunis sous le nom de *trésoriers de France & généraux des finances.*

Les différentes fonctions qui leur ont été depuis attribuées, ont forcé d'augmenter le nombre des offices dans chacun de ces tribunaux érigés sous le nom de bureau des finances. Celui de Lyon est composé d'un premier président en titre, de quatre présidents, qui sont les plus anciens de la compagnie, d'un chevalier d'honneur, de vingt-un Trésoriers de

France, de deux avocats du Roi, d'un procureur du Roi, & de trois greffiers en chef. Les receveurs-généraux des finances, les receveurs & contrôleurs généraux des domaines, ont droit d'entrée & de séance, & font corps avec la compagnie.

Les trésoriers de France ont la direction & jurisdiction du domaine de la couronne ; ils ont encore dans la ville, les fauxbourgs & la généralité, la direction & jurisdiction contentieuse de la grande & petite voierie. Ils ont sous leurs ordres, en cette partie, deux voyers-inspecteurs, un voyer sous-inspecteur, & des voyers particuliers dans les différentes villes de la généralité. Leur jurisdiction s'étend aussi sur les deniers royaux, & autres officiers comptables.

Présidents, Trésoriers de France généraux des finances, grands-voyers, juges & directeurs du domaine du Roi en la généralité de Lyon, chevaliers, conseillers du Roi & autres officiers qui composent le bureau qui se tient à l'hôtel de Flécherès, place S. Alban.

Présidents, *Messieurs*

1782 Rigod de Terrebasse, chevalier, *premier.*
1732 Agnel de Chenelettes.
1743 Vial.
1748 de Previdé-Massara.
1749 Delglat de la Tour du Bost.
1782 Mammert de Montluel, *chev. d'honn.*

Trésoriers de France, *Messieurs*

1764 Bruyset de Mannevieux, *doyen.*
1764 Servant de Poleymieux, *commissaire du conseil pour le département des tailles, ponts & chaussées.*
1765 Duveiney, *syndic.*
1766 Biclet.
1768 Duculty, *abbé de Sain-Jean de Poitiers, chanoine de Saint-Paul.*
1769 Durand de Châtillon.
1771 de Boissieux.
1774 Charton.
1778 Flachon de la Jomariere.
1779 Terrasse.
     Beuf de Curis.
     Burtin de la Riviere.
1741 Bordeaux de Lurcy.
1764 Palerne de Chintré.
1781 Garnier, *syndic.*
     Galtier.
     Chorel de la Plagny.
1782 Sarton de Jonchay.
1783 Lacour.
     Dugas de Varennes.
     Faure.

HONORAIRES, Messieurs

1753 Claret de Fleurieux, ch. premier.
1728 Trollier de Senevas, prés.
1748 Rigod de Terrebasse,
pere, *président*.
1732 Teriasse d'Yvours.
1748 Mermier.
1760 Thorel de Campigneulles.

GENS DU ROI, Messieurs

1746 Michon, *avocat du Roi*.
1778 Catalan de la Sarra, ancien avocat-général au parlement de Dombes, *procureur du Roi*.
1766 Pollet, *avocat du Roi*.
1751 Delafont de Juis, *proc. du Roi, honoraire*.

GREFFIERS EN CHEF, Messieurs

1774 Cathelin, *ancien*.
Fulchiron, *alternatif*.
1768 Delafont, *triennal*.

XIX. GÉNÉRALITÉ DE METZ, *pays d'État*.

1778 M. Depont, maître des requêtes, honor. *intendant*.

Novembre 1661. BUREAU DES FINANCES.

PRÉSIDENTS, Messieurs

de Fischer, *premier*.
Bourdelois.
de Gironcourt, *chev. d'hon*.

TRÉSORIERS DE FRANCE, Messieurs

Manguay de Beting.
Perolle.
Gallois.
Georges.
Foureau-Seignier.
Olry de la Bry.
Bliard.
Galhau de Femestroff.
Motte d'Alteviller.

Basoche.
Joppé.
Yvon.
Dupont.
Poncet.
de Tennujact.
Deux charges de trésoriers & celles des gens du Roi vac.
Renaud, *greff. en chef*.

XX. GÉNÉRALITÉ DE MONTAUBAN.

1783 M. de Trimond, maître des requêtes, *intendant*.

Janvier 1635. BUREAU DES FINANCES, *Messieurs*

1746	Decombelles, *pr. préf.*		Deslandes de Combettes.
1749	Racle.	1770	Rodat de Druette.
	Lislebribes.		Redon de Bonrepaux, *chev. d'hon.*
1755	Demanas.		
1758	Rous.	1772	Darrassus de la Terrasse.
	Durand.	1775	Dufau.
1759	de la Grange.	1778	Moly Desordes de Malleville.
1761	Demonbrun.		
1764	Gelis.		Valet de Reganhac.
	Desneiges.	1780	Chabert.
	Boissy d'Hauterive.		Campmas de S. Remy.
1765	le Febvre de la Boulaye.	1782	Leon de Puijalon.
1766	Durban.		Pancarel.
1767	Boisson de Boisse.		Guenevau Dumenil.
1768	Gouges Despeaux.		Frauque.
1769	Verdier de Marcillac.	1783	Lade.

GENS DU ROI. *Messieurs*

1769 Ayral de Serinhac, *av.* 1774 Tandol, *proc. du Roi.*
1757 Dusserre, *second avoc. du Roi.* 1779 Danglade, *second proc. du Roi.*
1774 Dufau de S. Sautin, *greff. ancien.*
1766 Creissel, *greff. en chef alternatif.*
1778 Demotes, *greff. triennal du dom. & de la voierie.*
1779 Latapie de Ligoniers, *greff. en chef du dom. & voierie.*

XXI. GÉNÉRALITÉ DE MONTPELLIER.

1781 M. Guignard de S. Priest, *cons. d'état ordin. intendant.*
1764 M. Guignard de S. Priest fils, *adjoint.*

Nota. Cette généralité comprend deux bureaux des finances, ceux de Montpellier & de Toulouse, comme ayant été formée de deux généralités de ce nom.

Janvier 1551. BUREAU DES FIN. DE MONTPELLIER.

L'origine de cette compagnie se perd dans l'obscurité des siècles. Ses officiers représentent les anciens trésoriers de France, auxquels le gouvernement confiait autrefois les fonctions les plus importantes. Leur jurisdiction s'étend sur les domaines, les finances & la voierie. Ils sont aussi intendans généraux des gabelles du Languedoc & du Roussillon. Ils jouissent des mêmes priviléges que les membres de la chambre des comptes de Montpellier, où ils sont reçus de la même manière. Ils sont commissaires nés aux états de Languedoc ; ils acquièrent la noblesse, & la transmettent à leurs descendans.

Ce tribunal a dans son arrondissement douze diocèses, S. Pons, Narbonne, Beziers, Agde, Lodève, Montpellier, Nîmes, Alais, Uzès, Viviers, Mende & le Puy.

PRÉSIDENTS. *Messieurs*

1728 de Maupel, chev. *prem.*
1730 Massilian de Sanilhac.
1783 de Fornier, chev. d'hon.

TRÉSORIERS DE FRANCE, *Messieurs*

1732 Benezet, *doyen.*
1733 de Reversat.
1739 Lecourt.
1742 Dumas.
Reboul.
1744 Magnol.
1747 de Girard, baron d'A-premont.
Baron.
de Vichet, seigneur de Murviel.
1750 Beyrès.
1753 Nougarede.
1754 de la Pierre.
1756 Loyre de Marigny.
1760 Rives de la Ribaute.
1762 Bosquat de Ferriere.
Astruc.
1768 Campredon.
1769 Flandio de la Combe.
1777 De Guibal.
1781 Lajard.
1783 de Serenne d'Acqueria.
de la Pierre d'Ayroles.
. . . .

GENS DU ROI, *Messieurs*

1753 Bellonnet, *av. du Roi.*
1764 Argelier, *avoc. du Roi ancien.*
1775 Loüyt de Peyret, *proc. du Roi.*
1781 de Fargeon, *pr. du Roi.*

GREFFIERS EN CHEF, *Messieurs*

1751 Imbert, *greff. en chef.*
1772 Rouaud, *greff. trienn.*
. . . . . *alternatif.*

Janv. 1551, BUREAU DES FINANCES DE TOULOUSE.

PRÉSIDENTS, *Messieurs*

d'Haumont de Lasserre, chev. premier.
de Lapeyrie.

de Lafite de Vergognan, chev. d'honneur.

TRÉSORIERS DE FRANCE, *Messieurs*

Desclaux, *doyen.*
Dufour.
Descoffres.
Martin.
Viguier.
Candie de S. Simon.
Lartigue.
de Valette.
Boutonier.
d'Olivier.
Duzerre.
de Voisins Lavernier.
Lanes.

Holier.
Domezon.
Bermont-Dauriac.
Duilhé ✠.
de Perignon.
Pons.
Bastide de la Descarie.
Lubet.
Gardez d'Azeran.
1784 Delpech.
Daran.
Guibert.

TRÉSORIERS VÉTÉRANS, *Messieurs*

Fornier.
Cucsac.
Foulquier.

Bermond-Dauriac.
Maurel de Lapujade.

GENS DU ROI, *Messieurs*

de Lamouzié, *av. du Roi.*
Bazillac, *proc. du Roi.*

. . . . *proc. du Roi.*

GREFFIERS EN CHEF, *Messieurs*

Monconet, *ancien & mi-triennal.*

de Lavedan, *anc. & alternatif mi-triennal.*

ÉTATS DU LANGUEDOC.

Cette province est gouvernée par des états généraux, qui s'assemblent ordinairement à Montpellier, dans la grand'salle de l'hôtel-de-ville. L'assemblée est composée de trois ordres ; de l'église, de la noblesse & du tiers-état. Les officiers de la province sont aussi obligés d'y assister; sçavoir, trois syndics généraux, deux secrétaires-greffiers & le trésorier de la province. Il y a aussi deux huissiers des Etats. Cette assemblée commence ordinairement vers la fin de novembre, & dure pendant quarante jours : elle peut être prolongée de huit jours au plus, si les circonstances & le grand nombre d'affaires l'exigent. Le Roi envoie, tous les ans, des commissaires aux Etats, pour y faire connaître ses intentions; & l'assemblée députe, chaque année, deux capitouls, pour porter au pied du trône la demande des peuples, & le détail des délibérations touchant les besoins de la province.

Ordre du Clergé, Messieurs

l'archevêque de Narbonne, *président né des états.*	l'évêque de Mirepoix.
l'archevêque de Toulouse.	de S. Pons.
l'archevêque d'Albi.	de Mande.
l'évêque de Nîmes	de Lavaur.
de Lodève.	de Rieux.
d'Agde.	du Puy.
de Montauban.	de S. Papoul.
d'Alet.	de Beziers.
de Comminges.	de Carcassonne.
de Montpellier.	d'Alais.
de Castres.	de Viviers.
	d'Uzès.

États de la Noblesse, Messieurs

le maréc. de Castries, c. d'Alais.	le baron de Cast d'Estrefonds.
le vicomte de Polignac.	de Castries.
le baron du Vivarais.	de Florensac.
du Gevaudan.	de Ganges.
de Merinville.	de Lanta.
d'Ambres.	de Mirepoix.
de Barjac.	de Murviel.
d'Avejan.	de S. Felix.
de Bram.	de Villeneuve.
de Calvisson.	de Cailus.
de Pierre-Bourg.	de Hautpont & Tornac.

Tiers État, Messieurs

Les Capitouls, premiers Consuls, Maires, seconds Consuls, Lieutenans de Maires & Députés des villes de

Toulouse.	Carcassonne.
Montpellier.	Nîmes.

GÉNÉRALITÉS DE FRANCE.

Narbonne.	Agde.
le Puy.	Mirepoix.
Beziers.	Lodeve.
Uzès.	Lavaur.
Alby.	S. Papoul.
Vivarais.	Alet & Limoux.
Mende.	Rieux.
Castres.	Alais.
S. Pons.	

Messieurs les Diocesains de

Toulouse.	Castres.
Montpellier.	S. Pons.
Carcassonne.	Agde.
Nîmes.	Mirepoix.
Narbonne.	Lodeve.
du Puy.	Lavaur.
Beziers.	Alet & Limoux.
Uzès.	Rieux.
Alby,	Alais.
Viviers.	Montauban.
Mende.	Comminges.

OFFICIERS DE LA PROVINCE.

SYNDICS GÉNÉRAUX, *Messieurs*

de Montferrier.	Rome.
de Montferrier, fils, *en surv.*	de Puymaurin.

SECRÉTAIRES-GREFFIERS, *Messieurs*

de Carriere.	de Bezaucelle.

XXII. GÉNÉRALITÉ DE MOULINS, *pays d'Election.*

1784 M. Mazirot, maître des requêtes, *intendant.*

BUREAU DES FINANCES DE MOULINS.

Le bureau des finances de Moulins a été établi par édit du mois de septembre 1587. Il fut alors composé de deux présidents, de huit trésoriers de France, & de deux greffiers en chef. Depuis cette époque, les offices des présidents ont été réunis à la compagnie, & différentes créations ont augmenté le nombre de ses officiers. Le Bureau est actuellement composé de 23 trésoriers de France, quatre officiers du parquet

& trois greffiers en chef. L'édit du mois de mars 1773, en supprimant la chambre du domaine, l'a réunie au bureau des finances.

Cette cour connaît de toutes les affaires du domaine, des finances & de la voyerie : elle donne audience tous les vendredis pour les affaires contradictoires, & elle s'assemble les mardis & mercredis pour l'expédition de celles qui concernent le service de la couronne.

Les archives des domaines de Bourbonnais, de la Marche & de St. Pierre-le-Moutier, sont ouvertes tous les vendredis de chaque semaine, & en vacance les jours d'audience seulement.

Les vacances de ce tribunal commencent le 8 septembre, & finissent le jour de St. Martin exclusivement.

PRÉSIDENTS-TRÉSORIERS, *Messieurs*

1728	Vernoy de Montjournal.	1775	Lault.
1754	Vernin d'Aigrepont.	1776	Deschanges de Fonteny.
1755	Gory de Chaux.	1777	Simon de Lessart.
1759	Baucheron.	1779	Alarose de Beauregard.
1761	Hastier de la Jolivette.		Perrotin de Chevague.
	Robin de Belair.		de Quirielle.
1764	de Bonnefoy.	1780	Vaillant.
1766	Gascoing de Villecourt.	1783	Nogueres.
1767	Garreau Duplanchat.	1784	Faure.
	Russeau de Ste. Placide.		*Deux charges vacantes.*
	Jacquet.	1774	Jacquet de Chantemerle,
1771	Cornu de Villers.		*chev. d'honn.*

GENS DU ROI, *Messieurs*

1767 Perthon, *avocat du Roi du Domaine.*
1763 Mars, *procureur du Roi du domaine.*
1767 Garreau Duplanchat, *avocat du Roi des finances.*
1768 De la Brosse, *procureur du Roi des finances.*

HONORAIRES, *Messieurs*

le Begue d'Ambly.	de Saincy.
Ripond de Moulin-Neuf.	de Morigny.
Chaillot.	Perthon, *avocat du Roi.*
Ribiere de Naillac.	Legrand, *avocat du Roi.*
Cimetierre de la Bazolle.	

GREFFIERS EN CHEF, *Messieurs*

1770	Heuillard, *ancien.*	1780	Battellier, *alternatif.*
1774	Boucaumont, *triennal.*		Durye, *greff. honoraire.*

Officiers de Finances, *Messieurs*

Millet, *recev. gen. des finan.* à Paris, rue d'Artois.
Lamouroux, *recev. gén. des fin.* à Paris, rue de Surêne.
Donjon, *commis à la recette générale.*
Priolo, *direct. gén. des gabelles, des traites & du tabac.*
De Bard, *contr. gén. des gabelles au dép. de Vichy.*
De la Raucheraye, *contrôleur général*, à Evreux.
Birouste de Tourveon, *rec. gén. des gab. & des traites.*
De Lievyns, *direct. gén. des aides.*
Peron de la Forest, *receveur général des aides.*
De Fressiniat, *direct. & rec. gén. des dom. & bois.*
Jacquesson de l'Herbet, *direct. gén. des vingtièmes.*

Ponts et Chaussées, *Messieurs*

de Limay, *inspect. général.* | Benoît, *inspecteur.*
Mauricet, *ingenieur.*

XXIII. GÉNÉRALITÉ D'ORLÉANS, *p. d'Élect.*

1760 M. de Cypierres, maître des requêtes, *intendant.*
1784 M. de Cypierres de Chevilly, maître des req. *adjoint.*
M. Bretonneau, *subdelegué pour la partie militaire, les villes, le commerce & la mendicité.*
M. Parent, *pour le contentieux, les impositions, les corvées & les presbyteres.*

Septembre 1573. BUREAU DES FINANCES.

Le royaume était divisé en quatre généralités, lorsqu'Henri II, par édit de 1551, en créa 17, détermina la résidence de deux généraux des finances dans chaque chef-lieu qu'il leur assigna, & y joignit deux trésoriers de France pour le service du domaine. Par édit de septembre 1573, Charles IX créa une 18e. généralité, & fixa la résidence de deux trésoriers de France, & de deux généraux des finances, à Orléans. Dans la suite, les fonctions & le titre de généraux des finances furent réunis aux trésoriers de France.

Il existait à Blois une chambre des comptes, qui exerçait en même tems les fonctions de chambre du domaine sur toute l'étendue de ce comté. Le premier président réunissait le titre & les fonctions de trésorier de France & général des finances du comté de Blois.

GÉNÉRALITÉS DE FRANCE.

Par édit de juillet 1775, le Roi, ayant suprimé cette chambre S. M. en a réuni les fonctions, comme chambre des comptes, à celle de Paris, & au bureau des finances d'Orléans, celles qui lui appartenaient tant en finance qu'en domaine, dans l'étendue de son ressort.

PRÉSIDENTS, Messieurs

1784 Detabour, *premier*.	1747 Handiy, 2ᵉ *prési. hon*.
1781 Fleureau d'Alou.	1780 de Montbruny, *ch. d'hon*.

CONSEILLERS, TRÉSORIERS DE FRANCE ET GÉNÉRAUX DES FINANCES, Messieurs

1731 Patas Dubourgneuf, *d*.	Neuve.
1750 Levassort Dubouchet.	Boucher de Mezierre,
1752 Saintonge.	*Comm. pour les imp*.
1753 Sinson d'Auneux.	1775 de Mainville.
1754 Stemple.	d'Aligre.
1755 Bezanson. ✠	1778 Laurent.
1762 Landré, *Syndic*.	1781 Pasquier de Lumeau,
1763 Gravet d'Huisseaux.	*Com. des p. & chauss*.
1765 Garnier Dubreuil.	1784 Tribout.
1766 Papillon.	Ferandy.
1770 Lamé Duperron.	Brossard.
Groteste Despratcaux.	1735 de Buzonnierre, *hon*.
Baguenault de Villebourgeon.	1742 Mercier de Solvin, *hon*.
1771 Bailly de Montaran.	1749 Laurent de Villantroys, *honoraire*.
d'Aigens.	de Goissons, *honoraire*.
1773 Pougin de la Maison-	

GENS DU ROI, Messieurs

1775 Capitant, *av. du Roi* } *pour le dom. & la voirie*.
1774 Regnard, *proc. du Roi* }
1765 l'abbé Guinebaud, *avocat du Roi*. } *pour les finances*.
1777 Pierre Bretonneau, *p. du R. hon*. }
1751 Rossard de Chatenay, *av. du Roi du domaine*.
1754 Masson du Monceau, *proc. du Roi des finances*.
1772 Porcheron, *greffier en chef, ancien & alternatif*.

AUTRES OFFICIERS POUR LE DOMAINE, Messieurs

1778 Le Breton, *Directeur*.
Bechade, *receveur*.
1783 Aurioust, *contrôleur des bâtimens du Roi*.

GÉNÉRALITÉS DE FRANCE.

FINANCES, *Messieurs*

1750 Watelot, *receveur général, impair.*
1783 Parat de Chalandray, *receveur général, pair.*
1759 d'Oimpuys, *contrôleur général, ancien.*
1760 Place de la Vallée, *contrôleur général, alternatif.*
1752 Jérôme Delaage Demeux, *commis à la recette gén.*

XXIV. GÉNÉRALITÉ DE PARIS, *pays d'Election.*

1768 M. Bertier, maître des requêtes, *intendant.*

BUREAU DES FINANCES.

PRÉSIDENTS, *Messieurs*

1777 Denis, chev. *premier.*
1743 Poirier d'Arigny.
1768 le duc de Luxembourg, chev. d'hon.

TRÉSORIERS DE FRANCE, *Messieurs*

1744 Lambert, *doyen.*
1745 le Roi de Valmont.
1764 Augiers de Bernay.
1766 Hebert de Hauteclaire.
1767 Giſſey.
1768 Rua.
Malus Dumitry.

GENS DU ROI. *Messieurs*

1773 Guichard, av. gén. du Conseil de Monsieur, av. du Roi.
1772 Marin, *proc. du Roi.*
1722 Iſſaly, *greff. en chef.*
1781 de Saint, perc, comm. gr.

PRINCIPAUX OFFICIERS DE LA GÉNÉRALITÉ.

ÉLECTION DE PARIS.

Président, M. Marry, rue des Bernardins.
Procureur du Roi, M. Marmottant, rue de Bievres.

SUBDÉLÉGUÉS, *Messieurs*

Brie-Comte-Robert.	Pinon du Coudray, rue Pavée au Marais.
Choisy-le-Roi.	Christophe, rue des Foſſés Montmartre.
Corbeil.	de Courville, à Corbeil.
Enghien.	Marmottant, rue de Bievres.
Gonneſſe.	Sprote, rue S. Honoré, près celle des Poulies.
Lagny.	Delacorre, à Livry.
Montlhery.	Lorgerie, Enclos des Mathurins, ou à Linas.

Messieurs

Saint-Denis.	Maillard, rue S. Louis au Marais, ou à la Cour neuve.
Saint-Germain,	Cousin, à S. Germain-en-Laye.
Versailles.	Duval, à Versailles.

Receveurs particuliers des Finances.

Exercice pair, M. Duchestret, rue de Bondy.
Exercice impair, M. Clouet, à l'Arsenal.

Élection de Beauvais.

Président, M. Regnault.
Procureur du Roi, M. le Febvre.
Subdélégué, M. Regnonval de Rochy.
Receveur particulier des Finances, M. Auxeouseaux.

Élection de Compiegne.

Président, M. Poulthier.
Procureur du Roi, M. de Mouchy.
Subdélégué, M. de Prosnay.
Receveur particulier des Finances, M. de Croüy.

Élection de Coulomiers.

Président, M. Liégeard de Lieubaron.
Procureur du Roi, M. Prevot.
Subdélégué, M. Huvier.
Receveur particulier des Finances, M. Leroi de Marcheville.

Élection de Dreux.

Président, M. Foucher.
Procureur du Roi, M. Revel.
Subdélégué, M. le Prince.
Receveur particulier des Finances. M. Milard,

Élection d'Étampes.

Président, M. Piccard.
Procureur du Roi, M. Baudy.
Subdélégué, M. Gabailles.
Receveur particulier des Finances, M. Bouraines.

Élection de Joigny.

Président, M. Dusausoy.

Procureur

GÉNÉRALITÉS DE FRANCE.

Procureur du Roi, M. Ragon des Essarts.
Subdélégué, M. Dusausoy.
Receveur particulier des Finances, M. Malut de Montarsis.

ÉLECTION DE MANTES.

Président, M. Cezile.
Procureur du Roi, M. Hua.
Subdélégué, M. Gervaise.
Receveur particulier des Finances, M. Duprey.

ÉLECTION DE MEAUX.

Président, M. Bocquet de Chantreine.
Procureur du Roi, M. Pelletier.
Subdélégués, { à Meaux, M. de la Noue, *dél.* Devernon, *subd.*
                { à la Ferté-Sous-Jouarre, M. la Goupelliere.
Receveur particulier des Finances, M. Veillet de Vaux.

ÉLECTION DE MELUN.

Président, M. Simon.
Procureur du Roi, M. Cadot.
Subdélégués, { à Melun, M. Guerin de Cercilly.
                { à Fontainebleau, M. Jamin.
Receveur particulier des Finances, M. Guerin de Vaux.

ÉLECTION DE MONTFORT.

Président, M. Thomas.
Procureur du Roi, M. Gibourg.
Subdélégué, M. l'Epine.
Receveur particulier des Finances, M. l'Epine.

ÉLECTION DE MONTEREAU.

Président, M. Mesnidrieux.
Procureur du Roi, M. Fauquez.
Subdélégué, M. de Villemont.
Receveur particulier des Finances, M. de Villemont.

ÉLECTION DE NEMOURS.

Président, M. d'Outreleau.
Procureur du Roi, M. Menager.
Subdélégués, { à Nemours, M. Prieur de la Comble.
                { à Courtenay, M. Dumas.
Receveur particulier des Finances, M. Desnaudieres.

S

GÉNÉRALITÉS DE FRANCE.

ÉLECTION DE NOGENT.

Président, M. Beaugendre.
Procureur du Roi, M. Taffoureau.
Subdélégué, M. Miffonnet.
Receveur particulier des Finances, M. Boucher.
 M. de Valville, *en furvivance, & retenue de fervice.*

ÉLECTION DE PONTOISE.

Préfident, M. Fontaine.
Procureur du Roi, M. Langlois.
Subdélégué, M. Pihan de la Forêt.
Receveur particulier des Finances, M. Chappron.

ÉLECTION DE PROVINS.

Préfident, M. Gilofon.
Procureur du Roi, M. Rivot.
Subdélégué, M. Chaillot de Samondé.
Receveur particulier des Finances, M. Martin de Bouval.

ÉLECTION DE ROZOY.

Préfident, M. Fadin.
Procureur du Roi, M. Piecault.
Subdélégué, M. Piecault.
Receveur particulier des Finances, M. Mahon.

ÉLECTION DE S. FLORENTIN.

Préfident, ...
Procureur du Roi, M. Jeanneft.
Subdélégué, M. l'Enfume.
Receveur particulier des Finances, M. Sallot de Magny.

ÉLECTION DE SENLIS.

Préfident, M. Defmarets, fils.
Procureur du Roi, M. Boucher.
Subdélégué, M. Roze. *Adjoint*, M. le Blanc.
Receveur particulier des Finances, M. Cancel.

ÉLECTION DE SENS.

Préfident, M. Billebaut.
Procureur du Roi, M. de Calembert.
Subdélégué, M. Baudry, pere. *Adjoint*, M. Baudry, fils.
Receveur particulier des Finances, M. Foacier.

ÉLECTION DE TONNERRE.

Président, M. Deschamps.
Procureur du Roi, M. Roze.
Subdélégués,
{ à Tonnerre, M. le Prince. *Adjoint*, M. Berry.
{ à Auxerre, M. Billetou, conseiller. *Adjoint*, M. Billetou de Guilbaudon.
Receveur particulier des Finances, M. Després de Fontenay.

ÉLECTION DE VEZELAY.

Président, M. Barbier de la Brosse.
Procureur du Roi, M. Pillon du Chaumont.
Subdélégués,
{ à Vezelay, M. Grossot de Vercy. *Adjoint*, M. Vassal de Grandpié.
{ à Avalon. M. Préjan.
{ à l'Isle-sous-Montreal. M. Rives. *Ad.* M. Aubry.
Receveur particulier des Finances, M. Chauchon.

XXV. GÉNÉRALITÉ DE PAU, *pays d'État.*

1784 M. le Camus de Neville, M^c des requêtes, *intendant*.

ÉTATS DE LA PROVINCE.

Les Assemblées Nationnales du Béarn rémontent au berceau même de la constitution de cette Province. Elles avaient autrefois le pouvoir législatif & le droit de lever des tributs. Leurs fonctions se bornent aujourd'hui à abonner l'Impôt & à l'asseoir, à défendre les Priviléges de la Nation, contre les innovations ou les abus, & à porter au pied du Trône les vœux de ceux qu'elles représentent. La convocation s'en fait par Commission du Roi, expédiée vers le mois de Décembre de chaque année, au Lieutenant de la Province; & celui-ci prévient, par des lettres circulaires, adressées à chacun des Membres, du jour & du lieu de l'assemblée.

Ces Membres sont de deux espèces; ceux du grand corps, & ceux du Tiers-Etat. Le premier est composé du Clergé & de la Noblesse, dont les voix se réunissent pour former un avis indivisible. L'Évêque de Lescar le préside, & en son absence, celui d'Oleron; & successivement, selon l'ordre de réception, un des trois Abbés Commendataires de la Province, un des Barons ou l'un des autres Membres du Corps.

Le droit d'entrée aux États, est attaché aux Fiefs, & tout

Possesseur de Fief y est admis, pourvu qu'il n'ait pas exercé d'état réputé vil, depuis cinq ans. A la tête de tous les Fiefs sont les grandes Baronies du Béarn.

CLERGÉ, *Messieurs*

1763 de Noé, *évêq. de Lescar.* belade.
1783 de Villoutreix de Faye, 17 de Maillé, *abbé de Luc.*
     évêque d'Oleron. 17 de Noguès, *abbé de*
1747 d'Amou, *abbé de Sau-*   *Larreule.*

GRANDS BARONS DU BÉARN, *Messieurs*

le duc de Gramont, *baron d'Audouins.*
de Mesplés, *bar. de Navailles.*
de Laur, *baron de Lescun.*
de Faget, *baron de Gabaston.*
de Boeil, *baron de Coarraze.*
de Courreges, *baron de Domy.*
D'Espalungue, *bar. d'Arros.*
de Larborie, *bar. de Gayrosse.*
de Navailles Poeyferré, *baron de Miossens.*
de Noguès, *bar. de Gerderest.*

Les baronnies de Miramon & de Bidouze ont été distraites du Bearn, depuis plus de 400 ans.

PETITS BARONS, *Messieurs*

de Mont-Real, *b. de Monein.*
de Lons, *baron de Lons.*
le Vic. de Navailles, *baron de*
Mirepeix.
de Lateulade, *baron de Lads.*

Ces petites baronies ont été érigées par Henri II & Henri IV.

Après tous les Barons, qui occupent le premier rang, viennent les Possesseurs de moyenne & basse Justice, de patronage laïc, enfin de Fiefs simples appellés *Domengoadures* dans le pays. Le nombre en est de plus de 500. Plusieurs de ces titres se trouvent rassemblés sur une même tête, & l'on ne peut en représenter qu'un à la fois.

Enfin, le Tiers-État est composé des villes & des bourgs de la Province. Quelques-uns de ces endroits ont deux Députés, mais ils n'ont qu'une voix. Les montagnes qui ont cinq Députés, n'ont que trois voix.

BUREAU DE ÉTATS, *Messieurs*

de Peborde, *syndic général de robe.*
le baron de Mesplés, *syndic général d'épée.*
de Day, *trésorier.*
de Vitau, *secrétaire.*

GÉNÉRALITÉS DE FRANCE.

TRÉSORIERS RECEVEURS GÉNÉRAUX DES FINANCES DE LA MAISON ET COURONNE DE NAVARRE, *Messieurs*

1766 de Lauſſat, *exercice impair.*
1771 de Pene, *exercice pair.*

RECEVEURS PARTICULIERS, *Messieurs*

d'Abidos, *Pau.*
Laclergue, *Vicbilh.*
Salet, *Oleron.*

Leſparda, *Orthez.*
Lafferrere, *Navarrenx.*

DE LA FERME GÉNÉRALE, *Messieurs*

Picot, *contrôleur-général.*
Touyla de Lort, *receveur général du tabac.*
Dufaut, *entrepoſeur.*

RÉGIE GÉNÉRALE DES AIDES ET DROITS RÉUNIS.

M. Lanſac, *directeur & receveur général.*

ADMINISTRATION GÉNÉRALE DES DOMAINES ET DROITS Y RÉUNIS, *Messieurs*

Bourdier de Beauregard, *directeur & receveur général.*
Soufron, *contrôleur des actes.*
Labat, *receveur des domaines & bois.*
Broucaret, *receveur des droits réſervés.*

XXVI. GÉNÉRALITÉ DE POITIERS, *pays d'Election.*

1784 M. Boula de Nanteuil, Mᶜ des requêtes, *intendant.*

Janvier 1551. BUREAU DES FINANCES.

PRÉSIDENTS, TRÉSORIERS DE FRANCE, GÉNÉRAUX DES FINANCES, GRANDS VOYERS, JUGES CONSERVATEURS DES DOMAINES, *Messieurs*

Aublneau d'Infay, *commiſ. du Roi pour le dép. des tailles & les ponts & chauſſées.*
Budan de Ruſſé.
Imbert de la Cholletiere.
Beauviſage de Montaigu.

278 GÉNÉRALITÉS DE FRANCE.

Messieurs

Espron de Beauregard.
Merland de la Guichardiere.
Duval de la Vergne.
Poirier de Clisson.
Goursault de Meilis.
le Breton de Neuil.
Rabilhac de Lavareille.
Turquand de la Chutteliere.
Dansays de la Villate.
Ferruyau.
Arnaud Desruhes.
Miron de Villereau.
Guillon de la Paliniere.
Fouqueteau de Mortier.
Imbert, *honoraire*.
Moreau de la Vigerie, *dép. du bureau, à Paris*.
du Chastel, *honoraire*.

Gens du Roi, *Messieurs*

Durand de la Pâteliere, *a. du R.*
Pelletier, *proc. du Roi*.
Maurrot, *avoc. du Roi*.
Gaultier de la Moinerie, *pro-cureur du Roi*.
Creuzé du Fresne, *greffier en chef alternatif*.
Leretz, *gref. en chef triennal*.

Officiers des Finances, *Messieurs*

Dejully, *direct. & recev. géné. des dom. & bois*.
Houllier, ...
Robert de Beauchamps, } *contr. gén. des fin. dom. & bois*.
. . . .
Dauvilliers, *direct. de la recette gén. des fin.*
Gremion, *directeur des vingtiémes*.
Poiraton, *contrôleur principal*.
Jahan de Belleville, *directeur des fermes*.
Darlus, *receveur général des fermes*.
Daguin, *contrôleur*.
Vigier, *directeur de la régie*.
Chaillot, *receveur général*.
de Jully, *direct. & recev. gén. des contrôles*.

Ponts et Chaussées.

1744 M. Barbier, *ingénieur*.

Inspecteurs des Haras, *Messieurs*

Bouchet *pour le Poitou*, à Niort.
Bouchet de la Jettiere, *bas Poitou*, près Chatillon.

Manufactures de la Généralité.

M. Vaugelade, *inspecteur*.

XXVII. GÉNÉRALITÉ DE RENNES, *pays d'État*.

1784 M. Bertrand de Molleville, maître des req. *intendant*.

BUREAU DES FINANCES.

Cette compagnie a été réunie à la chambre des comptes de Nantes. *Voyez cet article.*

ÉTATS DE BRETAGNE.

Les états de Bretagne sont, comme ailleurs, composés des trois ordres de la province. La convocation se fait de deux en deux ans par lettres de cachet. Dans celles qui sont adressées aux barons, le Roi les appelle *cousins*. L'ouverture s'en fait par lettres-patentes adressées aux commissaires du Roi & aux états. Après la lecture, le commandant & le premier président de la province font leur discours, & l'un des deux procureurs-généraux-syndics y répond.

Le lendemain, on célèbre pontificalement la messe du S. Esprit; les commissaires du Roi entrent aux états; l'intendant fait son discours, y demande le don gratuit; & l'autre procureur-général-syndic y répond au nom de l'assemblée. La place du gouverneur ou du commandant en son absence est sous un dais, dans un fauteuil élevé de quelques marches. Les deux lieutenans-généraux sont à ses côtés, chacun dans un fauteuil placé sur la première marche. Près le marche-pied sont les deux lieutenans de Roi sur des chaises à bras. Le premier président du parlement a son fauteuil vis-à-vis la noblesse. Les trois anciens présidents à Mortier, & les procureurs & avocats-généraux ont leur place après le premier président, sur des chaises. Le premier & le second président & le procureur-général de la chambre des comptes se placent après les avocats-généraux du parlement; mais ordinairement ils n'entrent pas. L'intendant de la province, premier commissaire du conseil, a un fauteuil vis-à-vis l'état de l'église. Le second commissaire, sur une chaise au-dessous de l'intendant, & au-dessous sont les autres commissaires sur un banc couvert.

L'état de l'église est à droite, & son président en une chaise à bras sous le dais, derrière le fauteuil du gouverneur. Les évêques y siégent en rochet & en camail noir, & les députés du chapitre en soutane & en bonnet carré.

La noblesse est à la gauche, & son président à côté de celui de l'église, sur une chaise à bras. Ce corps nombreux, qui, dans des assemblées, s'est trouvé quelquefois monter jusqu'à 800 membres, y assiste par le seul droit de sa naissance; il n'a pas besoin de lettres de convocation, telles qu'on en adresse à l'ordre du clergé & aux communautés des villes. La noblesse n'a pas d'habillement particulier; son épée est sa seule distinction.

Le tiers-état est au-dessous du clergé; il assiste aux états en petit manteau & en cravatte; outre le député, quelques villes obtiennent du gouverneur de la province la permission d'envoyer des aggrégés: ceux-ci n'ont point de voix, & assistent en habit noir, mais sans manteau.

Le président du clergé est toujours l'évêque diocésain: mais l'évêque de Dol, comme ancien métropolitain de Bretagne, & qui, en cette qualité, prétend être président né de l'ordre du clergé, fait toujours ses protestations à l'ouverture de chaque assemblée. Quand l'évêque diocésain est absent, c'est le plus ancien évêque qui préside à sa place.

Le président de la noblesse est l'un des neuf hauts barons de la province. Quand il n'y a pas de baron, la noblesse choisit son président.

Le président du tiers-état est toujours le sénéchal du présidial dans le ressort duquel les états se tiennent. Quand le sénéchal du présidial où les états se tiennent, est absent, sa place est occupée par le plus ancien des autres sénéchaux.

La clôture de l'assemblée se fait par le premier commissaire du Roi, sur l'invitation des états.

PRÉSIDENTS NÉS DES TROIS ORDRES.

Ordre de l'Église, *Messieurs*

Bareau de Girac, *évêque de Rennes.*
de Hercé, *évêque de Dol.*
des Laurens, *évêque de S. Malo.*
de la Marche, *évêque de S. Pol de Leon.*
Conen de S. Luc, *évêque de Quimper.*
de la Laurencie, *évêque de Nantes.*
Amelot, *évêque de Vannes.*
Regnault de Bellescise, *évêque de S. Brieuc.*
le Mintier, *évêque de Treguier.*

Ordre de la Noblesse, *Messieurs*

le duc de Rohan, *baron de Leon.*

GÉNÉRALITÉS DE FRANCE.

Messieurs

le duc de la Tremoille, *baron de Vitré*.
le prince de Condé, *baron de Châteaubriand*.
le duc de Villeroy, *baron de Retz*.
le marquis de Boisgelin, *baron de la Roche-Bernard*.
le duc de Charost, *baron d'Ancenis*.
le prince de Condé, *baron de Derval*.
le marquis de Serent, *baron de Malestroit*.
le duc de Lorges, *baron de Quintin*.

ORDRE DU TIERS-ÉTAT, *Messieurs*

Boric, *sénéchal de Rennes*. | le Gros, *sénéchal de Vannes*.
Bellabre, *sénéchal de Nantes*. | de Kervelegan, *s. de Quimper*.

OFFICIERS DES ÉTATS.

PROCUREURS-GÉNÉRAUX-SYNDICS, *Messieurs*

de la Bourdonnais de Boishulin. | Beaugeard, chev. de l'ordre du
de Robien de Coetsal. | Roi.
de la Bintinaye, *greffier*.

TRÉSORERIE, *Messieurs*

1777 Beaugeard, chev. de l'ordre du Roi, *trésorier*, à Paris.
Olive, *caissier général*, à Paris.

Doutremer-Dumargat, *direct. du bureau de Rennes*.
Doré, *caissier*.

RECETTE DES DENIERS ROYAUX, *Messieurs*

Mazeau, *receveur des fouages extraordinaires, vingtiemes, capitation de la noblesse & des campagnes, des tabliers de Rennes, Fougeres & Vitré*, à Rennes.
Burnel, *recev. de la capitation*, à Rennes.
le Boucher, *recev. des vingtiemes*, à Rennes.
Lacombe de Villers, *direct. & recev. gén. des dom. & contr.*

PONTS ET CHAUSSÉES, *Messieurs*

Frignet, *ingénieur en chef pour toute la province*.
Even, *ingénieur au premier département de Rennes*.
Chevalier, *ingénieur au sec. département de Rennes*.
Piou, *ingénieur au département de Dol*.
Thuillier, *sous-ingénieur*.
Montant, *sous-ingénieur*.

XXVIII. GÉNÉRALITÉ DE RIOM, *pays d'Élect.*

1771 M. de Chazerat, maître des requêtes, *intendant.*
1770 M. Lambert, *subdélégué-général.*

Janvier 1551. BUREAU DES FINANCES.

1768 M. Devissaguet, *premier président.*

PRÉSIDENTS. *Messieurs*

1750 Dufour.
1782 de Chamerlat des Guerins, *chev. d'honneur.*
1756 Panthot.
1757 de la Gorce.
1762 Bravy Dumazet.
1765 Baudet.
    Teillard Duchambon.
    Chacaton.
1766 Lemoyne.
1770 Podevigne, sieur de la Ville-Vielle.
1771 Arnauld.
1773 Geslin.
1774 Mabru.
    Brunet, sieur de Privezac.
1775 Chamerlat.
    Marchand, sieur de Marans.
    Hennequin.
1776 de Chamerlat des Guerins.
1777 Faydit.
1779 Valon de Grandville.
1781 Chassaing.
1783 Teallier.
1784 Brugiere de Barante.
    Chevogeon du Vivé.

HONORAIRES, *Messieurs*

1739 Rigaud, sieur de la Chabanne.
    Tassy.
1750 Chacaton.
1739 de Chamerlat des Guerins.
1738 Peyrols des Moneiroux.
1751 l'Hopital, sieur de la Lunelle.
1750 Chevogeon du Vivé.

GENS DU ROI, *Messieurs*

1742 Chabrol, conseiller d'état. }
1755 Rancilhat de Chazelles. } *Avocats du Roi.*
1773 Dupuy. }
1783 Brujas. } *Procureurs du Roi.*

GREFFIERS, *Messieurs*

1769 Desolieres.
1777 de S. Quentin.
1780 Vidal de Ronat.
1742 Matussiere, *honoraire.*

XXIX. GÉNÉRALITÉ DE ROUEN, *pays d'Élea.*

1767 M. Thiroux de Crosne, m. des req. honor. *intendant.*

Janvier 1551. BUREAU DES FINANCES.

PRÉSIDENTS, *Messieurs*

· · · · · · · *premier.*
1755 de Fourneaux.
1760 Hely de S. Saen.
1783 Durand de Montcroix.

TRÉSORIERS DE FRANCE, *Messieurs*

1737 de la Pairiere, *doyen.*
1733 Duval, *honoraire.*
1736 Beniere, *honor.*
1739 le Maitre, *honor.*
1743 Bournisien Deslandes.
1748 Poullain.
1750 Duvert, *honor.*
1751 Ruellon.
1752 Dubellay, *garde-scel.*
1754 Dufour.
1759 Lange.
Berigny.
Amiot Dumesnil.
1772 Sinson de la Houssaye.
1764 de la Faviere.
1766 le Courtois.
1774 Gaillard Durecu.
1779 de Folleville.
le Rigue.
d'Epinay.
1781 l'Homme de Freneville.
des Aucoureaux.
1782 des Hebert.
1783 Prier de Benéville.
Dupont.

GENS DU ROI, *Messieurs*

1768 le Tendre, *avocat du Roi.*
1775 Pallet de Roncherolles, *procureur du Roi.*
d'Ornay, *procureur du Roi.*
1746 de Branville, *proc. du Roi honor.*
1753 de la Cour, *proc. du Roi honor.*
1772 de la Roche de Normanville, *greffier.*
1780 le Canu de Boisrobert, *greff. en chef.*

RECEVEURS GÉNÉRAUX DES FINANCES, *Messieurs*

1781 Monbreton, *pair,* à Paris, place Vendôme.
1782 Beaujon, *impair,* à Paris, fauxb. S. Honoré.
Dufresne, *adjoint & en survivance.*

AUTRES OFFICIERS DE FINANCES RÉSIDANS A ROUEN.

Richard, *directeur des cinq grosses fermes.*

GÉNÉRALITÉS DE FRANCE.

Messieurs

Deschamps, *receveur des droits d'octrois.*
Barbazan, *direct. des contr. & droits domaniaux.*
Laprife, *direct. & receveur part. des dom. & bois.*
Colin, *recev. des traites & gabelles.*
de la Pierre, *receveur de la Romaine.*
Truffon, *receveur du tabac.*
Robert, *recev. général de la régie.*
Lullin, *direct. & recev. gén. des dom. & droits y unis.*
Chappe, *contrôleur.*

PONTS ET CHAUSSÉES.

1767 M. de Ceffart, *ingénieur en chef*, à Rouen.

XXX. GÉNÉRALITÉ DE ROUSSILLON, *pays d'État.*

1765 M. de Raymond de S. Sauveur, Maitre des req. *intend.*

XXXI. GÉNÉRALITÉ DE SOISSONS, *pays d'Élection.*

1784 M. de la Bourdonnaye de Bloffac, ci-devant intendant de Poitiers, *intendant.*

Novembre 1595. BUREAU DES FINANCES.

Création de 1595. Messieurs

1756 de Vauvillé.	Beauvisage de Seuil.
1760 Grangez.	1781 Vigneron de Breteuil.
1762 le Duc de la Tournelle.	1782 Couftant d'Yonville.
1766 Menneffon.	le Tellier.
Bernier de la Martinière.	

Création de 1621. Messieurs

1750 Soular.   1769 Blouquier.

Création de 1626. Messieurs

1740 Capitain.   1774 Picart Reverend.

GÉNÉRALITÉS DE FRANCE.

Création de 1627. Messieurs

1760 Sezille du Buhat.
1761 Pigniere de la Boulloye.
1762 de la Fargue.
1781 Prevot de Vaudigny.

Création de 1635. Messieurs

1764 Lescarbotte de l'Ecouffe.
Beauvisage de Guny.
1778 Dumoulin.
1779 Bertin de la Loutre.

TRÉSORIER GARDE SCEL, Création de 1633.

M. Robincau de la Maudreuse.

CHEVALIER D'HONNEUR, Création de 1702.

1775 M. de Willefroy.

La place du chevalier d'honneur est la troisieme.

GENS DU ROI, Création de 1727, Messieurs

777 Hutin, *avoc. du Roi.* 1761 Boully, *proc. du Roi.*

Création de 1735. Messieurs

1767 Poitevin de Cambronne. 1777 Gouillard.

GREFFIERS ANCIENS, Création de 1595, Messieurs

1779 Chain. 1783 Durier.

Création de 1628.

1779 M. Tanquerel de la Panissaye.

Nota. L'abondance des matières nous force à remettre à l'année prochaine des éclaircissements utiles que cette compagnie a eu la bonté de nous fournir sur l'origine de son établissement.

XXXII. GÉNÉRALITÉ DE TOURS, *pays d'Elect.*

1783 M. Daine, *maître des requêtes, intendant.*
M. Genty, *secrét. en chef & subdél. gén.*

Janvier 1551. BUREAU DES FINANCES.

PRÉSIDENTS, Messieurs

Aubry, *premier.*
Letort.
Petiteau, *garde-scel.*
Douineau.
Viot.
Legrand, *chev. d'honneur.*

… GÉNÉRALITÉS DE FRANCE.

TRÉSORIERS DE FRANCE, Messieurs

Egrot, *doyen.*
Bellanger.
Soulas.
le Febvre de la Borde.
Patry de l'Aubiniere.
Pihery de Sivré.
Franquelin.
Verger.
Gauffereau.

Caffin.
Bruley.
Chereau de la Boullaye.
Gigault de Marconné.
Jannart.
Caffin de la Loge.
Abraham.
Nadot.
1784 de la Carriere.

TRÉSORIERS DE FRANCE HONORAIRES, Messieurs

de la Selle.
Godard d'Ussé.
Villain de la Tabaise.

Roullet de la Grange.
Coupedelance de la Rouverelle.
Duvau.

GENS DU ROI, Messieurs

Megessier, *avocat du roi du domaine.*
Mignon, *procureur du roi du domaine.*
Bouraffé, *avocat du roi des finances.*
Daudier, *procureur du roi des finances.*
Brousse de Gersigny, *greffier en chef.*
le Blanc Dorion, *altern. & mitriennal honoraire.*

FERMES GÉNÉRALES DES GABELLES ET TABAC, Messieurs

Chevallier, *directeur.*
Gault de la Galmandiere, *receveur général.*
Truffon, *receveur général du tabac.*

INSPECTEURS DES HARAS, Messieurs

de Grandmaison, *la Touraine & l'Anjou.*
le vicomte de Longueval d'Harcourt, *le Maine.*
Defrivaux, *sous-inspecteur pour toute la généralité.*

PONTS ET CHAUSSÉES.

de Montrocher, *ingénieur en chef*, à Tours.
Bastier, *inspecteur*, à Saumur.
Sarbourg, *inspecteur*, à la Fleche.
Denis, *sous-ingénieur*, à Loches.

XXXIII. ISLE DE CORSE, *pays d'Etat.*

1775 M. Bertrand de Boucheporn, M^e. des requêtes, *intendant.*
M. le Changeur, *secré. en chef de l'intendance.*
M. Cadet, avocat au parlem. de Paris, *prem. secré. de l'intendant, & chargé des droits domaniaux & du commerce.*
M. Colchen, avocat au parlem. de Metz, *chargé des dom. des biens fonds, des municipalités, & de l'agriculture.*
M. Mazade, *la guerre & la caisse militaire.*
M. le Changeur, fils aîné, *le détail des grains.*
M. Lambert, *le détail des impositions & des Etats de Corse.*
MM. Cartier & Armand, *les bois & les forêts.*

ÉTAT DE CORSE.

Les États de Corse sont composés du Gouverneur de l'Isle, de l'Intendant & de douze Gentilshommes qui représentent la Nation. Ces douze Membres demeurent alternativement de mois en mois auprès de ces deux Officiers, pour traiter des affaires de ceux dont ils tiennent leurs pouvoirs.

M. Gautier pere, *trésorier général des Etats.*

CHEFS DES CAPITAINERIES ROYALES.

Messieurs

1780 *le Louvre*, le duc de Coigny.
1749 *les Thuilleries*, le maréchal prince de Soubise.
Madrid & le bois de Boulogne, le prince de Soubise.
1781 le prince de Guemené, *en survivance.*
1754 *S. Germain-en-Laye*, le maréchal duc de Noailles.
le duc d'Ayen, *en survivance.*
1766 *Corbeil*, le duc de Villeroy.
1774 *Senars*, Monsieur.
le marq. de Montesquiou, *en survivance.*
1766 *Compiegne*, le vicomte de Laval.
1740 *Halatte*, le prince de Condé.
1774 *Monceaux*, le duc de Gesvres.
1722 *Fontainebleau*, le marquis de Montmorin.
1750 le comte de Montmorin, *en survivance.*

GÉNÉRALITÉS DE FRANCE.

1752 *Vincennes & Livry*, le duc d'Orléans.
1774 le duc de Chartres, *en survivance.*
1760 *Meudon*, le marquis de Champcenetz.
1766 M. son fils, *en survivance.*
1784 *Rambouillet* : Thiery de Villedavray.

GRANDS MAÎTRES DES EAUX ET FORÊTS. *Messieurs*

I. Guienne. Bastard, *à Agen.*
II. Haynault. de Saint-Laurent, *à Paris.*
III. Blois. Duquesnoy de Moussy, *à Paris.*
IV. Alsace, Bourgogne & Franche Comté. de Marisy, *à Paris.*
V. Montpellier & Toulouse. . . . .
VI. Poitiers. Cosson de Guimps, *à Paris.*
VII. Bretagne. . . . .
VIII. Flandres & Picardie. de Caulet de Wasigny, *à Paris.*
IX. Touraine. . . . .
X. Auvergne, Lyonnais & Dauphiné. Amat de la Plaine, *à Paris.*
XI. Metz. Coulon, *à Charleville.*
XII. Lorraine. Mathieu, *à Nancy.*
XIII. Paris. de Cheyssac, *à Paris.*
XIV. Soissons. Desjobert, *à Paris.*
XV. Orléans. { Tassin de Chassonville, *ancien,* } *d'Orléans.*
             { Boucault, *alternatif* . . . . }
XVI. Rouen. de Mondran, *à Paris.*
XVII. Alençon. Geoffroy, *à Paris.*
XVIII. Caen. Guyon de Fremout, *à Paris.*
XIX. Champagne. Tellés d'Acosta, *à Paris.*
XX. Isle de Corse. de Boucheporn, *intendant, ordonnateur, conservateur & réformateur général des bois & forêts.*

Voyez dans l'Edition de 1784, pag. 185 — 201 la distribution de toutes les maîtrises particulieres qui ressortissent au département de chacun des grands maîtres.

Fin de la seconde Partie.

UNIVERSITÉS DU ROYAUME.

On distingue en France deux espèces d'Universités ; les Universités simples & les Universités fameuses. On entend par Université fameuse, celles qui ont le privilège de nommer des gradués aux collateurs & patrons par leurs lettres. Il n'y a que 12 Universités en France qui ayent droit de donner des lettres de gradués nommés pour requerir des bénéfices; Paris, Reims, Orléans, Bourges, Angers, Poitiers, Toulouse, Montpellier, Caen, Dijon, Bordeaux & Valence. Douai, Pont-à-Mousson, Strasbourg, Besançon, Orange, Aix en Provence, Perpignan, Nantes, ne sont point Universités privilégiées, parce qu'elles ne sont pas en pays de concordat, & que l'expectative des gradués n'a pas lieu dans les provinces où elles sont. Avignon, par la même raison, ne devrait pas être non plus une Université privilégiée. Cependant, quoique les gradués de ces Universités n'aient pas droit de requerir en vertu de leurs grades, ils jouissent des autres priviléges des gradués, & notamment de celui de posséder des cures de villes murées, & autres bénéfices, pour lesquels les dégrés sont requis. Regulierement une Université pour être fameuse, doit avoir une faculté des arts avec une des trois facultés superieures; cependant, à Orléans, il n'y a que la faculté de Droit, & à Valence les facultés de Théologie, de Droit & de Medecine, & il n'y a point de faculté des Arts, dans l'une ni dans l'autre de ces Universités, qui néanmoins sont au nombre des privilégiées.

On compte en France 24 Universités, qui sont :

1409. A I X, *les quatre Facultés.*
12.. A N G E R S, *les quatres Facultés.*
1303. A V I G N O N, *les quatre Facultés.*
1292. B E S A N Ç O N, *les quatre Facultés.*
1441. B O R D E A U X, *les quatre Facultés.*
1463. B O U R G E S, *les quatres Facultés.*
1431. C A E N, *les quatre Facultés.*
1332. C A H O R S, *les quatre Facultés.*
1722. D I J O N, *le Droit seulement.*
1559. D O U A I, *les quatre Facultés.*
1180. M O N T P E L L I E R, *les quatre Facultés.*
1572. N A N C Y, *les quatre Facultés.*
1460. N A N T E S, *les quatres Facultés.*
1365. O R A N G E, *les quatre Facultés.*
1302. O R L É A N S, *le Droit seulement.*

II. *Partie.* T

UNIVERSITÉS DU ROYAUME.

. . . PARIS, *les quatre Facultés.*
1722. PAU, *les quatre Facultés.*
1349. PERPIGNAN, *les quatre Facultés.*
1431. POITIERS, *les quatre Facultés.*
1572. PONT-A-MOUSSON, *les quatre Facultés.*
1547. REIMS, *les quatre Facultés.*
1566. STRASBOURG, *les quatre Facultés.*
1618. STRASBOURG, *université épiscopale.*
1215. TOULOUSE, *les quatre Facultés.*
1339. VALENCE, *la Théologie, le Droit & la Medecine.*

ACADÉMIES DU ROYAUME.

1750. AMIENS, *Sciences, Belles-Lettres & Arts.*
    M. Baron, *secrétaire perpétuel.*
1685. ANGERS, *Académie Royale des Sciences.*
    M. Aveline de Narcé, *prem. secrét. perpétuel.*
1773. ARRAS, *Belles-Lettres.*
    M. Harduin, avocat, *secrétaire perpétuel.*
1749. AUXERRE, *Sciences, Arts & Belles-Lettres.*
    M. Marie de S. George, *secrétaire.*
1752. BESANÇON, *Arts & Belles-Lettres.*
    M. Droz, *secrétaire perpétuel.*
1773. BESANÇON, *Peinture & Sculpture.*
1766. BEZIERS, *Sciences & Belles-Lettres.*
    M. Bouillet, *secrétaire perpétuel.*
1712. BORDEAUX, *Belles-Lettres, Sciences & Arts.*
    M. de la Montagne, *secrétaire perpétuel.*
1779. BORDEAUX, *Peint., Sculp. & Archit. civ. & naval.*
    MM. Baranchon & . . . *secrétaires.*
1762. BORDEAUX, *Société & Académie de Chirurgie.*
    M. Mestivier, *secrétaire.*
1782. BOURG-EN-BRESSE, *Société Littéraire.*
1752. BREST, *Marine.*
    M. de la Prévalaye, l. d. v. *secrétaire.*
1705. CAEN, *Belles-Lettres.*
    M. de Moysan, *secrétaire perpétuel.*
1527. CAEN, *PALINOD, Eloquence & Poësie.*
1762. CAEN, *Société d'Agriculture.*
    M. Desmoueux, *secrétaire perpétuel.*
1775. CHALONS-SUR-MARNE, *Belles-Lett., Sciences & Arts.*
    M. Sabatier, *secrétaire perpétuel.*

ACADÉMIES DU ROYAUME.

1773. CHERBOURG, *Belles-Lettres.*
   M. Voisin de la Hougue, *secrétaire.*
1747. CLERMOND-FERRAND, *Sciences, Belles-Lett. & Arts.*
   M. Pellissier de Feligonde, *secrétaire.*
1740. DIJON, *Sciences, Belles-Lettres & Arts.*
   M. Maret, *secrétaire perpétuel.*
1724. LYON, *Sciences, Belles-Lettres & Arts.*
   M. de la Tourette, *secrét. perp. pour les sciences.*
   M. de Bory, *secret. perpét. pour les Belles-Lett.*
1761. LYON, *Société Royale d'Agriculture.*
   M. l'Abbé de Vitry, *secrétaire perpétuel.*
1726. MARSEILLE, *Sciences & Belles-Lettres.*
   M. L'Abbé Robineau de Beaulieu, *sec. perpétuel.*
1760. METZ, *Sciences & Arts.*
   M. Dupré de Geneste, *secrétaire perpétuel.*
1751. MILHAUD.
   M. l'Abbé de Valette-Travessac, *secrét. perpét.*
1744. MONTAUBAN, *Belles-Lettres.*
   M. l'Abbé de Latour, *secrétaire perpétuel.*
1706. MONTPELLIER, *Sciences.*
   M. de Ratte, *secrétaire perpétuel.*
17   MONTPELLIER, *Arts.*
   M. Gamelin, *directeur.*
1750. NANCY, *Sciences & Belles-Lettres.*
   M. Pierre de Sivry, *secrétaire perpétuel.*
1682. NISMES, *Inscriptions & Belles-Lettres.*
   M.   *secrétaire perpétuel.*
1633. PARIS, *Académie Françoise.*
   M. Bailly, *secrétaire perpétuel.*
1663. PARIS, *Inscriptions & Belles-Lettres.*
   M. Dupuy, *secrétaire perpétuel.*
1666. PARIS, *Sciences.*
   M. le M. de Condorcet, *secrétaire perpétuel.*
1648. PARIS, *Peinture & Sculpture.*
   M. Pierre, peintre du Roi, *directeur.*
1671. PARIS, *Architecture.*
   M. Seden, *secrétaire perpétuel.*
1748. PARIS, *Chirurgie.*
   M. Louis, *secrétaire perpétuel.*
17   PARIS, *Société de Medecine.*
   M. Vicq d'Azir, *secrétaire perpétuel.*
1761. PARIS, *Agriculture.*
1721. PAU, *Sciences & beaux Arts.*
   M. d'Elissade, *secrétaire.*

1731. LA ROCHELLE, *Belles-Lettres.*
   M. Seignette, *premier secrétaire perpétuel.*
   M. le Chevalier de Malartic, *sec. secr. perpétuel.*
1762. LA ROCHELLE, *Société Royale d'Agriculture.*
   M. Seignette, *assess. au présid. secret. perpétuel.*
1486. ROUEN, *Poésie & Eloquence.*
   M. l'Abbé Hamel, *professeur d'éloquence au Collége royal de Rouen, secrétaire.*
1744. ROUEN, *Sciences, Belles-Lettres & Arts.*
   M. Haillet de Couronne, *sec. p. les Belles-Lett.*
   M. d'Ambournay, *secrét. perpét. pour les sciences.*
1674. SOISSONS, *Belles-Lettres.*
   M. Charpentier, *secrétaire perpétuel.*
XIIIᵉ Siécle. TOULOUSE. *Jeux-Floraux.*
   M. Delpy, *secrétaire perpétuel.*
1746 TOULOUSE, *Sciences, Inscriptions & Belles-Lettres.*
   M. l'Abbé de Rey, *secrétaire perpétuel.*
1751. TOULOUSE, *Peinture, Sculpture & Architecture.*
   M. le Chevalier d'Aufrery, *secrétaire perpétuel.*
1761. TOURS, *Agriculture.*
   M. l'Abbé Rouere, *secrét. perpét. du b. de Tours.*
   M. Pocquet de Livonniere, *secrétaire perpétuel du bureau d'Angers.*
   M. l'Abbé de Moncé, *sec. perp. du bur. du Mans.*
1695. VILLEFRANCHE, *Sciences Belles-Lettres & Arts.*
   M. Plant, *secrétaire perpétuel.*

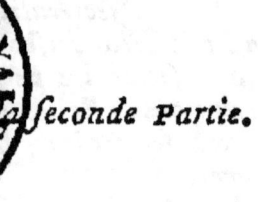

Fin de la seconde Partie.

NOTA. C'est par erreur que l'on a mis à la fin de la page 288, *Fin de la seconde Partie.*

www.ingramcontent.com/pod-product-compliance
Lightning Source LLC
Chambersburg PA
CBHW052334230426

43664CB00041B/1308